한 번에 합격, 자격증은 이기적

이렇게 기막힌 적중률

자격증 독학, 어렵지 않다!
수험생 합격 전담마크

이기적 스터디 카페

 스터디 만들어 함께 공부

 전문가와 1:1 질문답변

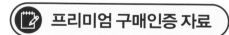 프리미엄 구매인증 자료

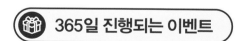 365일 진행되는 이벤트

이기적 스터디 카페

인증만 하면, **고퀄리티 강의가 무료!**

100% 무료 강의

영진닷컴 이기적 🔍

1년 365일 이기적이 쏜다!

365일 진행되는 이벤트에 참여하고 다양한 혜택을 누리세요.

EVENT ❶
기출문제 복원

- 이기적 독자 수험생 대상
- 응시일로부터 7일 이내 시험만 가능
- 스터디 카페의 링크 클릭하여 제보

이벤트 자세히 보기 ▶

EVENT ❷
합격 후기 작성

- 이기적 스터디 카페의 가이드 준수
- 네이버 카페 또는 개인 SNS에 등록 후
  이기적 스터디 카페에 인증

이벤트 자세히 보기 ▶

EVENT ❸
온라인 서점 리뷰

- 온라인 서점 구매자 대상
- 한줄평 또는 텍스트 & 포토리뷰 작성 후
  이기적 스터디 카페에 인증

이벤트 자세히 보기 ▶

EVENT ❹
정오표 제보

- 이름, 연락처 필수 기재
- 도서명, 페이지, 수정사항 작성
- book2@youngjin.com으로 제보

이벤트 자세히 보기 ▶

N Pay
네이버페이
포인트 쿠폰
20,000원

영진닷컴 쇼핑몰
30,000원

- N페이 포인트 5,000~20,000원 지급
- 영진닷컴 쇼핑몰 30,000원 적립
- 30,000원 미만의 영진닷컴 도서 증정

※ 이벤트별 혜택은 변경될 수 있으므로 자세한 내용은 해당 QR을 참고하세요.

이렇게
기막힌
적중률

정보기기운용기능사
필기 기본서

1권 · 이론서

"이" 한 권으로 합격의 "기적"을 경험하세요!

YoungJin.com Y.
영진닷컴

시험은 이렇게 출제된다!

시험 출제 경향

백날 천날 공부해도 이해 안 되는 어려운 과목은 과감하게 과락을 면제받을 정도로만 공부하고 자신 있는 과목에 집중하세요. 그게 합격의 지름길입니다. 마무리 체크를 원하는 수험생, 시간이 없어서 중요한 것만 공부하고 싶은 수험생은 자주 출제되는 기출 태그만이라도 꼭 짚고 넘어가세요. 우리의 목표는 100점이 아니라 합격이니까요.

Part 01 전자계산기 일반 가장 쉬운 난이도, 무조건 점수를 따고 들어가자!

이론을 꼼꼼히 확인하고, 암기하여 공부한다면 어렵지 않게 점수를 딸 수 있는 과목입니다. 난이도가 가장 쉬운 부분이므로 고득점을 따두고 가야합니다. 섹션마다 비슷한 비율로 폭넓게 출제가 되고 있으니 모든 섹션에 대하여 꼼꼼히 공부를 하고 넘어가세요.

빈출태그

항목	비율	빈출태그
1. 컴퓨터의 개요	16%	컴퓨터의 정의, 세대별 구분, 응용 분야
2. 컴퓨터의 구성	11%	주기억 장치, 보조기억 장치, 입력 장치, 화면 출력장치
3. 자료의 표현	14%	진법의 변환, 보수에 의한 감산, 문자 자료 표현 방식
4. 논리 회로	32%	OR회로, 논리 대수, 조합 논리 회로, 순서 논리 회로
5. 기본 프로그래밍	14%	어셈블리어, FORTRAN, COBOL
6. 운영체제와 기본 소프트웨어	13%	실시간 처리 방식, 일괄 처리 방식, 인터럽트, 워드프로세서

Part 02 정보기기 일반 공식에 대한 암기라도 꼭 하고 넘어가자!

직류와 교류의 특징을 묻는 문제와 전압, 전류, 저항, 전력량 등을 회로도를 보고 계산하는 문제가 주로 출제되는 과목입니다. 무조건적인 공식 암기로는 한계가 있기 때문에 기본적인 개념부터 이해를 하는 것이 중요하지만 시험이 급할 때에는 공식에 대한 암기라도 꼭 하고 넘어가주세요.

빈출태그

항목	비율	빈출태그
1. 전자 기초 이론	32%	직류, 교류, 저항, 전지, 콘텐서, 전력량, 줄의 법칙, 주파수의 분류
2. 정보 통신 기기	28%	텔레텍스, 모뎀, 다중화기, 집중화기, 전화기, 교환기, 위선/동화상/정지 화상 통신 기기
3. 사무 정보 기기	18%	OA, 정보 전달 기기, ID, POS 시스템
4. 기기 운용 관리	22%	운용/보전 관리의 목표, 전기적 보호 장치, 바이러스 예방/특징, 정보기기 관련 환경 기준

Part 03 **정보통신 일반** 외울 양이 많은 과목, 암기와 기출 반복!

가장 많은 내용을 담고 있는 과목이라 할 수 있습니다. 그만큼 암기해야 하는 부분도 많지만 포기하지 말아요. 할 수 있습니다. 크게 어렵진 않지만 외울 양이 많기 때문에 계속해서 읽고, 문제를 풀면서 익혀 나가는 것이 좋습니다.

빈출태그

항목	비율	빈출태그
1. 정보 통신 개요	6%	데이터 통신 시스템 구성 요소, 거래 처리 시스템, 통신 제어 장치
2. 정보 전송 회선	22%	선로의 종류, 광섬유와 광통신, 통신 방식에 따른 분류, 통신 속도
3. 정보 전송 설비	7%	동기 전송과 비동기 전송, 디지털 신호 변조 방식, 펄스 변조 방식, 전송 오류 제어 방식
4. 정보 통신 설비	13%	단말 설비의 구성, DSU, ITU–T 시리즈 인터페이스, RS–232C 인터페이스
5. 통신 프로토콜	21%	DHCP, HDLC, SDLC, OSI 7 레벨 계층과 역할, TCP/IP
6. 정보 통신망	16%	네트워크, 망형 통신망, 별형 통신망, 정보 교환망, ISDN, 인터넷의 주소, 방화벽
7. 멀티미디어	4%	비트맵 파일, 안티에일리어싱, 동영상, 자료의 압축과 통신 규약
8. 정보보안	11%	대칭암호, 공개키 암호, IEEE 802.11, 애플리케이션, OTP, 지식기반 인증, 악성 코드, 불법 유통

Part 04 **정보통신 업무 규정** 암기만이 답이다!! 기출 문제 풀며 요령껏 공부하자!

법 관련 내용으로 상당히 많은 시간과 노력이 필요한 과목이라 할 수 있습니다. 크게 욕심을 부리기보다는 관련 법률 용어쪽에 치중을 두고, 반복적인 기출문제 풀이를 바탕으로 유형을 파악하고 암기하는 것이 좋습니다.

빈출태그

항목	비율	빈출태그
1. 정보통신의 관장과 경영	43%	자가전기통신 설비, 전기통신기자재의 관리, 과학기술정보통신부장관, 방송통신위원회의 활동
2. 정보통신의 이용 조건	32%	전기통신설비 설치의 조건, 전자문서
3. 정보통신 비밀 관리	25%	불법정보의 유통 금지, 통신비밀의 보호, 정보통신역무제공자의 의무, 저작권

차례

PART 01 전자계산기 일반

1권

각 섹션을 출제 빈도에 따라
상 > 중 > 하로 분류하였습니다.

- 상 : 시험 전 반드시 보고 가야하는 이론
- 중 : 시험에 보편적으로 다루어지는 이론
- 하 : 시험에 잘 나오지 않지만 알고 가면 좋은 이론

PDF 다운로드 안내

[부록] 기출문제 PDF를 이기적 홈페이지에서 다운로드 받을 수 있습니다.
추가 제공되는 자료를 언제든지 다운로드하세요. 이기적은 여러분의 합격을 응원합니다.
검색창에 '이기적'을 검색하거나 주소창에 license.youngjin.com을 입력하세요.

테스트 시작

맞춤 학습 플랜

▶ QR 코드를 스캔하여 테스트를 시작하세요.

▶ 선택지에 따라 나에게 맞는 학습 플랜이 제시됩니다.
(학습플랜은 참고용으로 개인의 상황에 맞게 조정하세요.)

☑ 1주 완성 : 중급 플랜
부족하다고 느끼는 유형에 집중하세요.

1단계 : 이론 학습
• 도서의 내용을 빠르게 다독하세요.
• 출제빈도가 높은 키워드 위주로 공부하세요.

2단계 : 예상 문제
• 다양한 유형의 문제를 통해 시험에 대비하세요.
• 어렵게 느껴지는 문제는 체크하고 이론을 확인하세요.

플러스 알파 단계 : 기출문제
• 자주 출제되는 기출문제들을 공부하여 고득점을 노려보세요.
• 이기적 홈페이지에서 추가 기출문제를 다운로드하여 활용해보세요.

☑ 2주 완성 : 초급 플랜
기본서와 함께 꼼꼼히 학습하세요.

1단계 : 꼼꼼하게 이론 학습
• 도서의 내용을 꼼꼼히 공부하세요.
• 난이도가 높은 부분을 여러 번 다독하세요.
• 기출문제를 통해서 문제 유형을 점검하세요.

2단계 : 이론 학습 심화
• 출제 빈도가 높은 키워드를 확인하세요.
• 어려운 키워드는 구글링도 하며 폭넓게 공부하세요.

3단계 : 예상 문제
• 다양한 유형의 문제를 통해 시험에 대비하세요.

전자계산기 일반 | 정보기기 일반 | 정보통신 일반 | 정보통신 업무 규정

☑1주 완성 : 중급 플랜

	1일	2일	3일	4일	5일	6일	7일
1주	전자계산기 일반		정보기기 일반	정보통신 일반		정보통신 업무 규정	기출문제

☑2주 완성 : 초급 플랜

	1일	2일	3일	4일	5일	6일	7일
1주	전자계산기 일반		정보기기 일반		정보통신 일반		
2주	정보통신 업무 규정			기출문제			

이기적 합격 서비스

🏛 CBT 온라인 모의고사

실제 시험장처럼 PC로 시험에 응시해 보세요(모바일로도 응시 가능합니다!).
하나하나 풀다 보면 실력이 쑥쑥 올라가는 것을 확인할 수 있습니다.

💬 질문답변

이기적 스터디 카페에서 컴활, 워드, 빅분기 자격증을 준비하세요.
다양한 시험 정보와 질문답변까지 해결해 드립니다.
* 이기적 스터디 카페 : cafe.naver.com/yjbooks

🖥 자료실

책으로는 모자라다! 자료를 더 원하는 수험생을 위해 준비했습니다.
이기적 홈페이지에서 추가 제공 자료를 다운로드받으세요.

💬 정오표

이미 출간된 도서에는 오류가 있을 수 있습니다.
출간 후 발견되는 오류는 정오표를 확인해 주세요.
* 도서의 오류는 교환, 환불의 사유에 해당하지 않습니다.

이 책의 구성

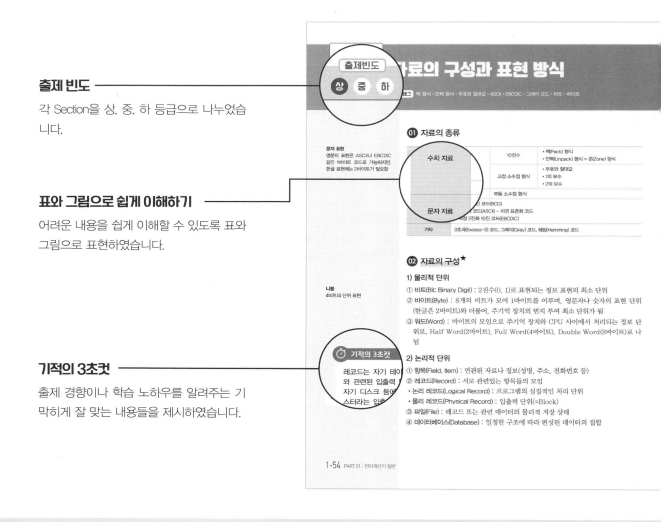

출제 빈도

각 Section을 상, 중, 하 등급으로 나누었습니다.

표와 그림으로 쉽게 이해하기

어려운 내용을 쉽게 이해할 수 있도록 표와 그림으로 표현하였습니다.

기적의 3초컷

출제 경향이나 학습 노하우를 알려주는 기막히게 잘 맞는 내용들을 제시하였습니다.

출제빈도 **자료의 구성과 표현 방식**

상 중 하

팩 형식 · 언팩 형식 · 부호와 절대값 · ASCII · EBCDIC · 그레이 코드 · 비트 · 바이트

문자 표현
영문자 표현은 ASCII나 EBCDIC 같은 1바이트 코드로 가능하지만, 한글 표현에는 2바이트가 필요함

01 자료의 종류

수치 자료		10진수	• 팩(Pack) 형식
			• 언팩(Unpack) 형식 = 존(Zone) 형식
		고정 소수점 형식	• 부호와 절대값
			• 1의 보수
			• 2의 보수
		부동 소수점 형식	
문자 자료		코드(BCD)	
		코드(ASCII) – 미국 표준화 코드	
		장 2진화 10진 코드(EBCDIC)	
기타		3초과(Excess-3) 코드, 그레이(Gray) 코드, 해밍(Hamming) 코드	

02 자료의 구성 ★

1) 물리적 단위
① 비트(Bit: Binary Digit) : 2진수(0, 1)로 표현되는 정보 표현의 최소 단위
② 바이트(Byte) : 8개의 비트가 모여 1바이트를 이루며, 영문자나 숫자의 표현 단위 (한글은 2바이트)와 더불어, 주기억 장치의 번지 부여 최소 단위가 됨
③ 워드(Word) : 바이트의 모임으로 주기억 장치와 CPU 사이에서 처리되는 정보 단위로, Half Word(2바이트), Full Word(4바이트), Double Word(8바이트)로 나뉨

니블
4비트의 단위 표현

기적의 3초컷

레코드는 자기 테이프와 관련된 입출력과 자기 디스크 등에 스터라는 입출...

2) 논리적 단위
① 항목(Field, Item) : 연관된 자료나 정보(성명, 주소, 전화번호 등)
② 레코드(Record) : 서로 관련있는 항목들의 모임
• 논리 레코드(Logical Record) : 프로그램의 실질적인 처리 단위
• 물리 레코드(Physical Record) : 입출력 단위(=Block)
③ 파일(File) : 레코드 또는 관련 데이터의 물리적 저장 상태
④ 데이터베이스(Database) : 일정한 구조에 따라 편성된 데이터의 집합

1-54 PART 01 : 전자계산기 일반

이론을 확인하는 기출문제

01 컴퓨터의 특징과 그에 대한 설명으로 옳지 않은 것은?

① 자동처리 : 프로그램 내장 방식에 의한 순서적 처리가 가능하다.
② 대용량성 : 대량의 자료를 저장하며, 저장된 내용의 즉시 재생이 가능하다.
③ 신속·정확성 : 처리에 소요되는 시간이 다른 기계와 비교할 수 없을 정도로 신속, 정확하다.
④ 동시 사용, 호환성 : 다른 장비와 결합하여 사용할 수 있다.

기출문제

각 Chapter별 Section에서 가장 많이 출제된 기출문제를 수록하여 시험 유형을 파악할 수 있도록 하였습니다.

합격을 다지는 예상문제

01 컴퓨터의 특징과 그에 대한 설명으로 옳지 않은 것은?

① 자동처리 : 프로그램 내장 방식에 의한 순서적 처리가 가능하다.
② 대용량성 : 대량의 자료를 저장하며, 저장된 내용의 즉시 재생이 가능하다.
③ 신속·정확성 : 처리에 소요되는 시간이 다른 기계와 비교할 수 없을 정도로 신속, 정확하다.
④ 동시 사용, 호환성 : 다른 장비와 결합하여

예상문제

기출문제의 유형을 변경한 예상문제를 수록하여 어떤 유형에도 대비가 가능하도록 하였습니다.

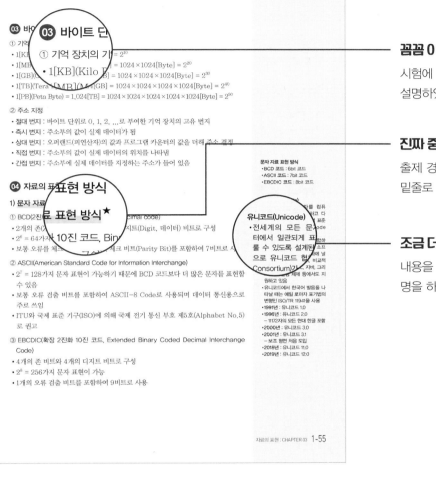

꼼꼼 이론

시험에 필요한 기본 이론을 이해하기 쉽게 설명하였습니다.

진짜 중요해

출제 경향을 파악하여 꼭 알아야 할 부분은 밑줄로 표시하였습니다.

조금 더 알기

내용을 좀 더 이해하기 쉽도록 추가적인 설명을 하였습니다.

자출 정리

자주 출제되는 기본문제 유형을 수록하여 문제 경향을 파악할 수 있도록 하였습니다.

INDEX

궁금한 부분을 빨리 찾을 수 있도록 이론서 맨 뒤에 인덱스를 수록하였습니다.

CBT 시험 안내

CBT 시험 체험하기

CBT란 Computer Based Test의 약자로, 종이 시험 대신 컴퓨터로 문제를 푸는 시험 방식을 말합니다. 직접 체험을 원하는 수험생은 한국산업인력공단 홈페이지 큐넷(Q-net)을 방문하거나, 본 도서의 QR코드를 통해 자격검정 CBT 웹 체험 프로그램을 이용하실 수 있습니다.

* CBT 온라인 모의고사 체험(cbt.youngjin.com)

01 유의 사항

수험자 접속 대기 화면에서 본인의 좌석 번호를 확인합니다.

02 수험자 정보 확인

시험 감독관이 수험자의 신분을 확인하는 단계입니다. 신분 확인이 끝나면 시험이 시작됩니다.

03 안내 사항

시험 안내 사항을 확인하고, 다음을 클릭합니다.

04 유의 사항

시험과 관련된 유의 사항을 확인합니다.

05 문제풀이 메뉴 설명

시험을 볼 때 필요한 메뉴에 대한 설명입니다. 메뉴를 이용해 글자 크기와 화면 배치를 조정할 수 있습니다. 남은 시간을 확인하며 답을 표기하고, 필요한 경우 아래의 계산기를 이용할 수 있습니다.

06 문제풀이 연습

시험 보기 전, 연습을 해 보는 단계입니다. 직접 시험 메뉴 화면을 클릭하며, CBT가 어떻게 진행되는지 확인 합니다.

07 시험 준비 완료

문제풀이 연습을 모두 마친 후 [시험 준비 완료] 버튼을 클릭하면 시험 감독관의 지시에 따라 시험이 시작됩니다.

08 시험 시작

시험이 시작되었습니다. 수험자분들은 제한 시간에 맞추어 문제풀이를 시작합니다.

09 답안 제출

시험을 완료하면 [답안제출] 버튼을 클릭합니다. 답안을 수정하기 위해 시험화면으로 돌아가고 싶으면 [아니오] 버튼을 클릭합니다.

10 답안 제출 최종 확인

수험자의 실수를 방지하기 위해 한 번 더 주의 문구가 나타납니다. 완벽히 시험 문제 풀이가 끝났다면 [예] 버튼을 클릭하여 최종 제출합니다.

11 합격 발표

CBT 시험이 모두 종료되면, 바로 합격/불합격 여부를 확인할 수 있습니다.

시험 안내

01 필기 응시 자격 조건

- 남녀노소 누구나 응시 가능

02 필기 원서 접수하기

- 정기검정 : 1년에 4회, q-net.or.kr
- 검정 수수료 : 14,500원

03 필기 시험

- 신분증과 수험표 지참
- 객관식 60문항(60분)

04 필기 합격자 발표

- 정기검정 : q-net.or.kr에서 발표

자주 질문하는 Q&A

Q 정보기기운용기능사 시험은 언제 어떻게 진행되나요?

정보기기운용기능사 시험은 1년에 4회, 정기 기능사 시험 일정에 맞추어 진행됩니다. 필기시험 합격 후 실기시험에 접수할 수 있으며 필기시험과 약 6~8주의 간격을 두고 실기시험이 시행됩니다.

Q 정보기기운용기능사 시험은 관련 전공자만 볼 수 있는 시험인가요?

기능사 시험은 응시 조건에 자격, 나이 등의 제한이 없습니다.

Q 신분증 인정 범위는 어떻게 되나요?

신분증 인정 범위는 주민등록증, 유효기간내 여권, 재외동포 거소증, 운전면허증, 외국인등록증, 공무원증, 학생증(사진 및 주민등록번호가 개재된 경우만 허용) 등을 신분증으로 인정하고 있습니다.

Q 필기 시험은 어떻게 진행되나요? 문제는 공개되나요?

종이 시험지가 아닌 컴퓨터를 이용하여 문제를 풀고 답을 제출하는 CBT(Computer Based Test) 방식으로 진행됩니다. 출제문제는 공개되지 않습니다.

Q 정보기기운용기능사 필기 합격 유효 기간은 어떻게 되나요?

필기 합격 유효 기간은 필기 합격 발표일을 기준으로 만 2년입니다. 예를 들어 정보기기운용기능사 필기를 2025년 1월 30일에 합격하시면 필기 합격 유효 기간은 2027년 1월 29일입니다.

Q 정보기기운용기능사 필기 합격 유효 기간을 연장할 수 있나요?

필기 합격 유효 기간은 국가기술자격법 시행령에 의하여 시행되는 것으로 기간의 변경이나 연장이 되지 않습니다.

Q 자격증 발급은 어떻게 하나요?

한국산업인력공단에서 발급하는 자격증은 '상장형 자격증'을 기본으로 합니다. 상장형 자격증은 무료 발급이며 인터넷으로 편리하게 신청하고 자가 프린터를 통해 즉시 출력하실 수 있습니다. '수첩형 자격증' 발급을 희망하는 경우 인터넷 신청을 통해 수수료와 배송비 결제 후 우편 배송 받을 수 있습니다.

PART

01

전자계산기 일반

 1과목 소개

컴퓨터의 발전 과정별로 중요한 특징, 최초의 컴퓨터의 명칭, 컴퓨터의 분류와 특징들에 대한 문제들이 출제되었으며, CPU, 기억 장치, 입·출력 장치의 종류와 각각의 특징을 확인하는 문제가 출제되었습니다. 진법의 변환과 감산, 보수의 계산 문제가 매년 꾸준히 출제되고 있고, 자료표현 코드의 특징 문제도 자주 출제되고 있습니다. 논리 회로의 특징, 드모르간의 법칙을 이용한 논리식의 정리, 플립플롭 관련 문제, 저급 언어와 고급 언어의 특징과 종류, 프로그램의 순서도, 언어 번역기의 종류, 프로그램의 대표적인 명령어, 운영체제의 목적과 운영 및 구성에 대한 문제, 인터럽트의 발생요인과 각각의 운영체제 시스템의 특징, 응용 프로그램의 종류와 특징을 묻는 문제가 주로 출제되었습니다.

CHAPTER 01

컴퓨터의 개요

학습방향

컴퓨터의 역사에서 발전 단계의 계기가 되는 미분기관, MARK-1, ENIAC, UNIVAC 등의 직접적인 개발자와 각각의 특징을 중심으로 암기합니다.

출제빈도

- Section 01   하   10%
- Section 02   상   50%
- Section 03   상   40%

컴퓨터의 개념

빈출 태그 EDPS · 신속성 · 정확성 · 신뢰성 · 대용량성 · 공유성

01 컴퓨터의 정의

컴퓨터는 내부에 저장된 여러 가지 프로그램을 이용하여 입력된 자료를 처리하고 그 결과를 출력하는 시스템(EDPS; Electronic Data Processing System)이다.

02 컴퓨터의 기능

- 대량의 자료를 자동으로 신속·정확하게 처리(대량성, 신속성, 정확성, 범용성)
- 사칙연산, 관계연산, 논리연산 등 다양한 형태의 자료를 빠르게 처리 가능
- 디지털 자료 및 아날로그 자료의 입력 및 출력 가능
- 처리된 자료의 수정, 삽입, 삭제 등 변경 및 재처리 용이
- 많은 사람이 동시에 사용할 수 있으며, 원격지 간의 자료도 공유 가능

03 컴퓨터의 특징

컴퓨터는 입력, 처리, 저장, 출력 등의 기능을 가지고 있으며 단순한 계산뿐 아니라 복잡한 논리 연산도 가능하다.
- **신속성** : 컴퓨터의 연산은 전자회로를 사용하여 빠르게 처리됨
- **정확성** : 연산과 처리에 있어서 오류 및 오차 없이 정확하게 산출됨
- **신뢰성** : 빠르고 정확한 처리 기능에 있어서 높은 신뢰성을 가지고 있음
- **대용량성** : 방대한 자료를 대량으로 처리, 가공 할 수 있는 성능을 가지고 있음
- **공유성** : 인터넷의 발달과 함께 통신망을 이용하여 원거리의 원격지와도 데이터를 주고받거나 활용할 수 있는 공유성이 발달함

▲ 개인용 컴퓨터

이론을 확인하는 기출문제

01 컴퓨터의 특징과 그에 대한 설명으로 옳지 않은 것은?

① 자동처리 : 프로그램 내장 방식에 의한 순서적 처리가 가능하다.

② 대용량성 : 대량의 자료를 저장하며, 저장된 내용의 즉시 재생이 가능하다.

③ 신속·정확성 : 처리에 소요되는 시간이 다른 기계와 비교할 수 없을 정도로 신속, 정확하다.

④ 동시 사용, 호환성 : 다른 장비와 결합하여 사용할 수 있다.

컴퓨터의 주요 특징은 대량성, 신속성, 정확성, 범용성 등이며, 다른 방식의 장비와 결합하여 사용할 수 있는 호환성도 일부 특징일 수는 있으나, 동시 사용에 대한 설명까지는 포함되지 않음

02 컴퓨터를 사용하기 위해 가장 근본적으로 필요한 것으로 사용자가 컴퓨터를 효율적으로 사용할 수 있도록 시스템의 제반 환경을 관리하는 프로그램은?

① 작업관리 프로그램

② 시스템 프로그램

③ 유틸리티 프로그램

④ 응용 소프트웨어

컴퓨터를 작동시키고 운영을 도맡아 관리하여 사용자의 응용 프로그램이 효율적으로 실행될 수 있는 환경을 제공해 주는 운영체계라 볼 수 있음

03 컴퓨터에서 인간의 눈과 귀에 해당하는 부분은?

① 연산 장치

② 입력 장치

③ 출력 장치

④ 기억 장치

인간의 눈과 귀는 외부의 정보를 받아들이는 기관이므로 컴퓨터의 입력 장치에 해당함

04 다음 중 전자 계산 조직(EDPS)의 특징에 해당되지 않는 것은?

① 대량성

② 신속성

③ 정확성

④ 중복성

컴퓨터 시스템은 대량의 자료를 자동으로 신속·정확하게 처리함(대량성·신속성·정확성·범용성)

05 손바닥 위에 올려놓고 사용하기 편리한 컴퓨터는?

① 팜탑(PalmTop)

② 랩탑(LapTop)

③ 노트북(NoteBook)

④ 데스크탑(DeskTop)

팜탑은 손바닥에 올려놓을 정도의 크기를 가진 컴퓨터를 뜻하므로 손바닥 크기의 휴대용 컴퓨터는 모두 팜탑으로 분류되며, 초미니 PC, 초미니 노트북, HPC가 모두 팜탑의 범주에 포함됨

02

출제빈도

상 중 하

컴퓨터의 발달 과정

빈출 태그 · 미분기관 · MARK-1 · ENIAC · EDSAC · EDVAC · UNIVAC-1 · 진공관 · IC · LSI

기적의 3초컷

기기 및 설계/제작자를 연결해서 외워주세요.

★ 치차란 톱니바퀴를 말함

01 컴퓨터의 역사

원리	기기 및 이론	설계/제작	특징
기계식	치차식 계산기(1642)	파스칼	• 기계식 계산기의 원형 • 톱니바퀴를 이용한 10진수 가감산
	승산기(1671)	라이프니츠	• 컴퓨터의 모체 • 파스칼의 치차★식 계산기를 계량 4칙 연산 가능
	미분기관(1823)	배비지	• 증기로 작동 • 유효숫자 5자리까지 계산
	해석기관(1884)	배비지	• '천공카드-명령저장-인쇄 시스템' 설계 • 설계 도면으로만 제시 • 현대 디지털 컴퓨터의 원형
	천공카드(1889)	홀러리스	• 천공 카드 시스템 이용 • 미국 인구조사에 이용 • 일괄 처리 방식의 효시
전기 기계식	MARK-1(1944)	에이컨	• 계전기(Relay)를 사용한 최초의 전기 기계식 계산기 • 종이 테이프에 프로그램을 기록하여 자동 운영
전자식	ABC(1942)	아타나소프	• 최초의 전자식 컴퓨터 작동모형 • 디지털 컴퓨터의 기본 개념 구현
	ENIAC(1946)	에커트 모클리	• 10진법을 사용한 최초의 범용 전자식 작동 계산기 • 포탄의 탄도표 계산, 난수 생성, 기상 예측 등에 사용
	프로그램 내장 방식(1947)	노이만	• 숫자 형태의 명령어를 기억 장치에 기억시킬 것을 제안 • 현대의 컴퓨터에 사용되고 있는 이론
	EDSAC(1949)	윌크스	• 최초로 프로그램 내장 방식★ 실현 • EDVAC 설계를 기본으로 EDVAC보다 앞서 완성
	EDVAC(1950)	노이만	• 1946년 노이만 등에 의해 설계, 제작은 EDSAC보다 늦음 • 프로그램 내장 방식을 갖춘 최초의 2진법 사용 컴퓨터
	UNIVAC-1(1951)	에커트 모클리	• 미국 인구조사, 대통령 선거 예측 등에 사용 • 최초의 상업용 컴퓨터

컴퓨터의 발달
ENIAC → EDSAC → EDVAC → UNIVAC

★ 프로그램 내장 방식
1945년 Von Neumann(폰 노이만)이 계산기에 기억장치를 설치하고 여기에 프로그램과 데이터를 저장한 다음 저장된 내용을 제어 장치가 차례로 명령어를 하나씩 읽어 해독하고, 해독된 내용에 따라 데이터를 처리하여 그 결과를 출력 장치로 보내 문제를 처리하도록 설계한 방식

02 컴퓨터의 세대별 구분 ★

구분	1세대	2세대	3세대	4세대	5세대
소자	진공관	트랜지스터	IC	LSI VLSI	SLS, ULSI 바이오·광 소자
기억	수은 지연회로	자기 코어	IC		
저장	자기 드럼	자기 드럼 자기 테이프	자기 테이프 자기 디스크		
입력	천공 카드		OCR, MICR OMR		
언어	기계어 어셈블리어	FORTRAN COBOL	구조적 언어 BASIC, LISP	문제 중심 언어 비절차적 언어	인공지능 언어 자연어
용도	군사 일기예보	과학 기술 사무 처리	예측 의사결정	전산망 관리 Database 관리	인공지능 로봇 자동 설계
처리속도	10^{-3}	10^{-6}	10^{-9}	10^{-12}	10^{-15}
특징	H/W 중심 소비전력 과대 거대한 부피 기계적 불안정 유지보수 곤란	H/W 신뢰성 향상 S/W 중심 일괄처리 실시간 시스템 온라인 시스템	고속·다중처리 O/S 개발 시분할 시스템 온라인 실용화 MIS 개발	마이크로프로세서 멀티미디어 인공지능(AI) OA, FA, HA 분산 처리	컴퓨터의 지능화 퍼지 이론 인터넷 확대 패턴 인식 개발 병렬 처리

- 1세대 – 진공관, 기계어
- 2세대 – 트랜지스터, FORTRAN, COBOL
- 3세대 – IC, 다중처리 시스템, 시분할 시스템
- 4세대 – LSI, 인공지능, 분산 처리
- 5세대 – SLSI, ULSI, 컴퓨터의 지능화

기억소자 발전 단계
진공관 → 트랜지스터 → IC → LSI → VLSI → ULSI

▲ IC 칩셋

▲ 진공관

이론을 확인하는 기출문제

01 실행할 프로그램이나 데이터는 주기억장치에 탑재해야 한다는 프로그램 내장 방식을 최초로 제안한 사람은?

① 홀러리스
② 배비지
③ 노이만
④ 파스칼

프로그램 내장방식을 컴퓨터에 최초로 채택한 사람은 폰 노이만임

02 Computer에서의 세대라는 말은 제작 연대가 아닌 변화된 Computer의 주요 구성요소가 분류의 기준이 된다. 이러한 Computer의 주요 구성요소가 발달한 순서대로 정리된 항은?

① 진공관 – 집적 회로 – Transistor
② Transistor – 진공관 – 집적 회로
③ 진공관 – Transistor – 집적 회로
④ 집적 회로 – 진공관 – Transistor

컴퓨터 소자의 발전 : 제1세대(진공관) → 제2세대(트랜지스터; TR) → 제3세대(집적 회로; IC) → 제4세대(대규모 집적 회로; LSI) → 제5세대(극대규모 집적 회로; ULSI)

03 세계 최초의 전자식 전자계산기는?

① IBM
② UNIVAC
③ ENIAC
④ VAX

전자식 전자계산기의 최초는 에니악(ENIAC)임

04 컴퓨터를 세대별로 나눌 때 제2세대와 제4세대로 맞게 짝지어진 것은?

① 진공관 – 트랜지스터
② 트랜지스터 – 고밀도 집적 회로
③ 진공관 – 집적 회로
④ 집적 회로 – 초고밀도 집적 회로

세대별 논리소자
- 제1세대 : 진공관(Tube)
- 제2세대 : 트랜지스터(TR)
- 제3세대 : 집적 회로(IC)
- 제4세대 : 고밀도 집적 회로(LSI)

컴퓨터의 분류 및 응용

01 데이터 취급 형태에 따른 분류

1) 디지털 컴퓨터(Digital Computer)

문자나 숫자화 된 비연속적인 데이터를 처리하는 컴퓨터로 현재 가장 일반적으로 사용하고 있는 컴퓨터이다.

입력	숫자(부호화 된 음성, 영상, 문자 등)	종류	개인용 컴퓨터
출력	숫자, 문자, 영상, 그래프 등	처리 속도	아날로그에 비해 느림
구성 회로	논리 회로	기타	• 다용도에 적합하나, 설계가 어려움 • 각 용도에 맞는 프로그램 별도 요구 • 일반적 컴퓨터 모델
기본 연산	가산		
정밀도	필요에 따라 증가		

2) 아날로그 컴퓨터(Analog Computer)

온도, 전류 등과 같이 연속적으로 변화하는 형태를 처리하기 위한 컴퓨터이다.

입력	물리량(길이, 전압, 각도, 속도, 입력 등)	종류	심전도 검사기, 지진계
출력	곡선, 그래프	처리 속도	빠름(결과를 즉시 알 수 있음)
구성 회로	증폭 회로	기타	• 다양한 정보 처리 불가 • 내장된 것 외의 별도 프로그램 불필요 • 설계가 간단, 처리속도가 빨라 제어용에 적합
기본 연산	가산, 적분		
정밀도	0.01%(일반적으로는 0.1% 가량)		

하이브리드 컴퓨터
아날로그 데이터를 입력하여 디지털 처리를 할 때 유용

3) 하이브리드 컴퓨터(Hybrid Computer)

아날로그 컴퓨터와 디지털 컴퓨터의 장점만을 결합하여 만든 컴퓨터이다.

02 용도에 의한 분류

1) 특수용 컴퓨터

군사용, 기상 관측용, 제어용, 교통관제용 등 각각의 용도에 맞게 사용하는 전용 컴퓨터이다.

2) 범용 컴퓨터

사무처리와 자료처리를 하는 일반적인 컴퓨터를 지칭한다.

03 처리 능력에 의한 분류

1) 마이크로 컴퓨터

개인이 사용하는 가장 일반적인 사무처리용 컴퓨터이다.

- 워크스테이션 : 네트워크상에서 서버의 역할을 수행하거나 고성능 그래픽 등을 작업할 수 있는 고성능 컴퓨터
- 데스크탑 컴퓨터 : 책상에 놓고 사용할 수 있는 컴퓨터를 지칭하는 용어로 보통 일반적으로 사용하는 컴퓨터
- 휴대용 컴퓨터 : 가볍고 크기가 작아서 휴대하기 용이하게 개발된 컴퓨터
- 노트북 : 노트 크기만 한 휴대용 컴퓨터
- 넷북 : 노트북보다 더욱더 경량화하여 인터넷 검색 등을 위주로 사용할 수 있게 만든 소형 컴퓨터

노트북, 랩탑, 팜탑
휴대 가능한 형태의 컴퓨터로 랩탑, 노트북, HPC, 팜탑, 포켓PC 등을 들 수 있으나, 최근에는 노트북과 랩탑의 구분은 거의 의미가 없으며, 한 손에 올려놓을 정도의 크기와 무게를 가진 팜탑도 펜컴퓨터나 PDA, HPC 등의 제품으로 변화하고 있음

개인용 컴퓨터의 분류

- SX는 DX에서 수치 보조 프로세서를 제거한 보급형임
- 인텔 펜티엄과 경쟁하는 CPU는 AMD 사의 K6 계열과 K7(애슬론), CYRIX 사의 6X86 계열과 MII, 그리고 IDT 사의 C6, C6+(윈칩2) 등이 있음

종류	CPU 명칭	종류	CPU 명칭
XT(1983년)	8086, 8088	AT(1984년)	80286
386(1985년)	80386 DX · SX	486(1989년)	80486 DX · SX
펜티엄(1993년)	PENTIUM	펜티엄 프로(1995년)	PENTIUM PRO
펜티엄 MMX(1997년)	PENTIUM MMX	펜티엄 II(1997년)	PENTIUM II · 제온, CELERON · A
펜티엄 III(1999년)	PENTIUM III · 제온	펜티엄 4(2000년)	PENTIUM 4
펜티엄 D(2005년)	PENTIUM D	코어 2 듀오(2006년)	Core 2 Duo

- 현재 코어 i3/i5/i7/i9 시리즈로 세대가 이어지고 있음

---

2) 중형 컴퓨터

중소기업, 교육기관, 연구기관 등에서 소수 인원이 공유하기 적합한 컴퓨터이다.

3) 대형 컴퓨터

많은 수의 이용자가 공유할 수 있는 컴퓨터로 은행, 병원, 대학 등에서 사용한다.

4) 슈퍼 컴퓨터

일기예보, 해양탐사, 우주탐사, 영화 제작 등에 이용하는 컴퓨터이다.

컴퓨터의 처리 시간 단위

컴퓨터의 처리 시간은 시간의 기본 단위인 초(Second)에 보조 단위를 덧붙여 표현함
① 1[ms] = 10^{-3}(천분의 일초) (밀리/초, milli second)
② 1[μs] = 10^{-6}(백만분의 일초) (마이크로/초, micro second)
③ 1[ns] = 10^{-9}(십억분의 일초) (나노/초, nano second)
④ 1[ps] = 10^{-12}(일조분의 일초) (피코/초, pico second)
⑤ 1[fs] = 10^{-15}(천조분의 일초) (펨토/초, femto second)
⑥ 1[as] = 10^{-18}(백경분의 일초) (아토/초, atto second)
⑦ 1[zs] = 10^{-21}(십해분의 일초) (젭토/초, zepto second)
⑧ 1[ys] = 10^{-24}(일자분의 일초) (욕토/초, yocto second)

04 컴퓨터의 응용 분야 ★

과학 · 기술 분야	모의 실험(Simulation), 우주 탐사, 해양 및 기상 관측, 의료 진단 및 치료 • 모의 실험 : 어떠한 현상이나 사건을 컴퓨터로 모형화하여 실제 상황의 결과 예측
사무 · 행정 분야	기업의 급료 및 세금 계산, 문서 작성, 금융 기관, 각종 통계 처리
공업 분야	컴퓨터를 이용한 설계(CAD), 컴퓨터를 이용한 제조(CAM), 공정 제어, 로봇, 공장 자동화 • CAD : 컴퓨터를 이용한 기계, 자동차, 건축물 등을 3차원 설계 • CAM : 제조 공정에 컴퓨터를 이용, 무인 공장 실현 • CAD/CAM 시스템 : 기계 설계를 비롯하여 CAM, 영상 처리 등을 수행하는 시스템
교육 · 문화	컴퓨터 보조 교육(CAI), 컴퓨터 관리 수업(CMI), 탁상 출판(DTP), 방송 프로그램 제작 • CAI : 교사와 학습자 간의 대화식 컴퓨터 보조 학습 • CMI : 학습 스케줄, 성적 처리 등 학습자의 교육을 관리하기 위한 도구 • DTP : 컴퓨터를 이용하여 보고서, 소책자, 서적 등의 인쇄물을 만들어 내는 것
교통 · 통신 분야	운송 수단의 컴퓨터 좌석 예약, 교통 통제, 항공 관제 통신, 전자 교환 시스템, 데이터 통신

이론을 확인하는 기출문제

01 다음 중 컴퓨터 네트워크의 목적이 아닌 것은?

① 컴퓨터 하드웨어 자원의 공유
② 컴퓨터 소프트웨어 자원의 독점
③ 데이터 자원의 공유
④ 작업 처리의 분산화

정보통신망의 목적
• 지리적으로 분산된 컴퓨터나 단말기간의 정보교환 및 데이터 자원의 공유
• 하드웨어 및 소프트웨어를 비롯한 컴퓨터 자원의 공동 이용에 의한 경제화
• 분산 처리 및 공동 처리를 통한 비용 절감, 성능비의 향상, 처리 능력 확대

02 아날로그 계산기에 비하여 디지털 계산기의 특징이 아닌 것은?

① 비교적 고가이다.
② 정밀도가 높다.
③ 미분, 적분 등의 연산이 간단하다.
④ 데이터를 기억할 수 있다.

증폭회로를 통한 미적분 연산에 유리한 것은 아날로그 컴퓨터의 특징임

03 컴퓨터를 데이터의 형태에 따라 분류한 것 중 옳게 나타낸 것은?

① 아날로그 컴퓨터, 대형 컴퓨터
② 아날로그 컴퓨터, 디지털 컴퓨터
③ 범용 컴퓨터, 전용 컴퓨터
④ 초소형 컴퓨터, 중형 컴퓨터

컴퓨터는 취급 데이터에 따라 불연속적(이산적)인 물리량을 취급하는 디지털 컴퓨터와 연속적인 물리량을 취급하는 아날로그 컴퓨터, 그리고 두 가지 데이터를 모두 취급하는 하이브리드 컴퓨터로 나뉨

04 컴퓨터에서 사이클 타임 등에 사용되는 나노(nano)의 단위는?

① 10^{-6}
② 10^{-9}
③ 10^{-12}
④ 10^{-15}

컴퓨터의 처리 시간 단위
• 1ms = 10^{-3}(밀리/초, milli second)
• 1μs = 10^{-6}(마이크로/초, micro second)
• 1ns = 10^{-9}(나노/초, nano second)
• 1ps = 10^{-12}(피코/초, pico second)
• 1fs = 10^{-15}(펨토/초, femto second)
• 1as = 10^{-18}(아토/초, atto second)

01 컴퓨터의 특징과 그에 대한 설명으로 옳지 않은 것은?

① 자동처리 : 프로그램 내장 방식에 의한 순서적 처리가 가능하다.
② 대용량성 : 대량의 자료를 저장하며, 저장된 내용의 즉시 재생이 가능하다.
③ 신속 · 정확성 : 처리에 소요되는 시간이 다른 기계와 비교할 수 없을 정도로 신속, 정확하다.
④ 동시 사용, 호환성 : 다른 장비와 결합하여 사용할 수 있다.

02 데이터를 처리하기 위하여 주기억 장치에 기억된 명령을 가져와 해독한 후 그 내용에 따라 장치에 지시를 하는 장치는?

① 연산 장치
② 제어 장치
③ 기억 장치
④ 산술 장치

03 다음 중 계산 속도와 단위가 순서대로 나열된 것은?

① ms − μs − ns − ps
② μs − ns − ps − ms
③ ms − ns − ps − μs
④ ps − ms − ns − μs

04 컴퓨터 각 부분의 동작을 제어하고 연산을 수행하는 핵심적인 부분을 담당하는 구성요소는 어떤 장치인가?

① 입력 장치
② 출력 장치
③ 중앙 처리 장치
④ 기억 장치

05 최초의 디지털(Digital) 컴퓨터는 어느 것인가?

① BINAC
② IBM − 704
③ FACOM
④ ENIAC

06 최초의 기계식 계산기는?

① MARK−I
② ENIAC
③ UNIVAC
④ EDVAC

07 프로그램 내장 방식을 갖추었으며 최초로 2진법을 사용한 컴퓨터는?

① EDVAC
② ENIAC
③ UNIVAC
④ EDSAC

08 전자계산기를 세대별로 분류할 때 진공관을 사용하던 세대는 몇 세대라 하는가?

① 제1세대
② 제2세대
③ 제3세대
④ 제4세대

09 일반적인 컴퓨터의 세대 분류에서, 제2세대에 해당하는 논리 소자는 어느 것인가?

① 진공관
② 트랜지스터
③ 집적 회로
④ 고밀도 집적 회로

10 H/W 중심에서 S/W로 옮겨지고 컴파일 언어가 개발된 단계는 어느 세대인가?

① 제1세대
② 제2세대
③ 제3세대
④ 제4세대

11 구조적인 프로그래밍 언어가 개발된 시기는 언제인가?

① 제1세대
② 제2세대
③ 제3세대
④ 제4세대

12 다음 중 제4세대 컴퓨터의 특징이 아닌 것은?

① 마이크로컴퓨터가 실용화되어 일반 대중에 널리 보급되었다.
② 진공관의 발열 때문에 냉각 장치가 필요하다.
③ 컴퓨터 네트워크(Network)가 활용되었다.
④ 분산처리시스템(Distributed Processing System)이 보편화 되었다.

13 다음 중 컴퓨터 기억 소자의 발전 단계가 옳게 나열된 것은?

① Tube − TR − IC − LSI − VLSI
② Tube − IC − TR − LSI − VLSI
③ Tube − LSI − ULSI − IC − TR
④ Tube − ULSI − IC − TR − LSI

14 컴퓨터의 작동 원리에 따른 분류가 아닌 것은?

① 아날로그 컴퓨터(Analog Computer)
② 디지털 컴퓨터(Digital Computer)
③ 익스텐션 컴퓨터(Extension Computer)
④ 하이브리드 컴퓨터(Hybrid Computer)

15 아날로그 컴퓨터의 설명 중 옳지 않은 것은?

① 프로그램을 기억하여 작동한다.
② 셀 수 없는 연속적인 양의 데이터를 처리한다.
③ 처리 결과는 곡선이나 그래프로 출력이 용이하다.
④ 고도의 정밀도를 얻기가 어렵다.

16 CPU와 주기억 장치의 속도 차이를 줄이기 위해 고안된 메모리는 무엇인가?

① 가상 메모리
② 버퍼 메모리
③ 캐시 메모리
④ 메인 메모리

17 자주 사용하는 프로그램을 ROM에 저장하여 하드웨어처럼 사용하는 프로그램은 무엇인가?

① 미들웨어
② 쉐어웨어
③ 프리웨어
④ 펌웨어

18 다음 중 디지털 컴퓨터에 관련되는 사항은?

① 연속되는 물리량을 입력한다.
② 프로그램의 보존이 용이하다
③ 고도의 정밀한 계산을 할 수 있다.
④ 주요 회로의 구성은 증폭 회로이다.

19 다음 중 디지털 컴퓨터(Digital Computer)의 특성으로 옳은 것은?

① 보다 정확한 결과 수치를 가진다.
② 입력 형식이 전압, 길이 등 실제 물리량이다.
③ 출력은 대부분 그래프로 나타낸다.
④ 미분 방정식의 해 등 시뮬레이션에 적합하다.

20 사무자동화의 장점에 대한 설명이 아닌 것은?

① 문서의 다양성을 추구할 수 있다.
② 업무작성의 시간을 절약할 수 있다.
③ 자료의 보관과 검색을 용이하게 할 수 있다.
④ 업무 데이터의 중복을 최소화 할 수 있다.

21 디지털 컴퓨터와 아날로그 컴퓨터의 비교 설명으로 옳은 것은?

	비교 항목	디지털 컴퓨터	아날로그 컴퓨터
①	입력값	전압, 전류	숫자, 문자
②	연산 형식	미적분	사칙 연산
③	구성 회로	논리 회로	증폭 회로
④	프로그램	불필요	필요

22 1945년 Von Neumann이 개발한 컴퓨터로 기억 장치를 설치하고 여기에 프로그램과 데이터를 저장한 프로그램 내장방식을 사용한 컴퓨터는?

① UNIAC
② EDSAC
③ UNIVAC
④ MARK1

23 보조기억장치가 데이터에 접근하는 방식 중 자기 테이프 장치에서와 같이 필요한 데이터를 판독 또는 기록할 때 파일의 처음부터 순차적으로 접근하는 방식은?

① DAM
② SAM
③ CAM
④ 일괄처리

24 광범위한 분야에 걸친 문제들의 해결을 위하여 설계·제작되었으며, 실제 과학 기술 계산용과 사무 처리용으로 나누어진 컴퓨터는?

① 범용 컴퓨터
② 특수용 컴퓨터
③ 개인용 컴퓨터
④ 계수형 컴퓨터

25 다음은 컴퓨터의 종류에 대한 설명이다. 옳지 않은 것은?

① 취급 데이터에 따라 디지털 컴퓨터, 아날로그 컴퓨터, 하이브리드 컴퓨터로 나눈다.
② 아날로그 컴퓨터는 이산적인 데이터를 취급하며, 논리 회로로 구성된다.
③ 사용 목적에 따라서 특수용과 범용 컴퓨터로 나눈다.
④ 하이브리드 컴퓨터는 디지털 컴퓨터와 아날로그 컴퓨터의 특징을 함께 가진다.

26 다음 중 은행 창구의 거래 상황을 처리해 주는 응용 분야는?

① 거래처리
② 시차배분
③ 공정제어
④ 전자메일

27 어떠한 현상이나 사건을 컴퓨터로 모형화하여 가상으로 수행시켜 봄으로써 실제 상황에서의 결과를 예측하는 것을 무엇이라 하는가?

① CAD/CAM 시스템
② Rehearsal
③ Simulation
④ DTP

28 다음 중 CAD에 관한 설명 중 틀린 것은?

① 컴퓨터를 이용한 제조 방법이다.
② 라이트 펜이나 마우스 같은 도구를 이용해서 설계 정보를 컴퓨터에 입력시켜 도형화된 내용을 그래픽 단말기에 출력시킨다.
③ 2차원, 3차원의 설계 자료 처리가 가능하다.
④ 컴퓨터를 이용한 설계 방법이다.

29 다음 중 컴퓨터를 교육의 도구로 활용하는 시스템은 무엇인가?

① CAI(Computer Assisted Instruction)
② CAM(Computer Aided Manufacturing)
③ FMS(Flexible Manufacturing System)
④ CAD(Computer Aided Design)

30 다음 중 CAI에 대한 설명으로 틀린 것은?

① 학습자의 개별 학습 과정 스케줄 관리, 교재 관리 등을 효과적으로 수행할 수 있게 한다.
② 멀티미디어 단말기를 이용하여 교사와 학습자 간에 일 대 일 대화식 수업의 효과를 낼 수 있다.
③ Computer Assisted Instruction의 약어이다.
④ 컴퓨터 보조 학습 프로그램이다.

31 컴퓨터의 처리 능력을 나타내는 단위로서 1초 동안에 몇 개의 명령이 실행 가능한지를 나타내는 단위는?

① CPI
② MIPS
③ OSI
④ DBMS

CHAPTER 02

컴퓨터의 구성

학습방향

컴퓨터 하드웨어 중 연산 장치와 제어 장치의 구성 요소와 기능에 대해 완벽하게
이해하고 최신 메모리 기술들에 관심을 기울여야 합니다.

출제빈도

• Section 01	상	60%
• Section 02	중	20%
• Section 03	중	20%

중앙 처리 장치

빈출 태그 CPU · ALU · 누산기 · 레지스터 · LOAD

임시 기억 장소
• 레지스터(Register) : 산술 및 논리적 연산이나 정보 해석, 전송 등을 할 수 있는 일정 길이의 2진 정보를 저장하는 CPU 내의 기억 장치로, 주기억 장치에 비해서 접근 시간이 빠름
• 버퍼(Buffer) : 장치 간의 자료 전송 시간 차이를 보상하기 위해 일시적인 데이터 저장에 사용되는 레지스터의 일종
• 채널(Channel) : 주기억 장치와 입출력 장치 사이에서 CPU와 독립적으로 입출력을 처리함으로써 CPU의 부담을 덜고 작업 효율을 높이기 위한 회로 또는 소형 컴퓨터

계수기(Counter, 카운터)
• 클럭펄스를 세어서 수치를 처리하기 위한 논리 회로(디지털 회로)
• 어떤 값을 기억하고 있다가 거기에 다음의 입력 펄스가 하나 들어오면 먼저의 값이 1만큼 증가하거나 감소하여 새로운 값으로 기억되는 레지스터
• 플립플롭 회로를 쓴 2진식 계수 회로나 데카트론 등의 특수 전자관을 이용한 계속 회로를 바탕으로 함

01 중앙 처리 장치의 구성

중앙 처리 장치(CPU; Central Processing Unit)는 인간의 두뇌에 해당하는 부분으로 제어 장치와 연산 장치, 주기억 장치로 구성되어 있다. 요즘은 여기에 레지스터도 추가하는 추세이다.

02 제어 장치

제어 장치는 컴퓨터에 있는 장치들의 동작을 지시하고 제어하는 장치로 명령을 해독하여 필요한 장치에 신호를 보내고 작동시키는 일을 담당한다.
• 프로그램 카운터, 프로그램 계수기(PC; Program Counter) : 다음번에 실행할 명령어의 번지를 기억하는 레지스터
• 명령 레지스터(IR; Instruction Register) : 현재 실행 중인 명령의 내용을 기억하는 레지스터
• 명령 해독기(디코더; Decoder) : 명령 레지스터에 있는 명령어를 해독하는 회로
• 부호기(Encoder) : 해독된 명령에 따라 각 장치로 보낼 제어 신호를 생성하는 회로
• 메모리 주소 레지스터(MAR; Memory Address Register) : 기억 장치를 출입하는 데이터의 번지를 기억하는 레지스터
• 메모리 버퍼 레지스터(MBR; Memory Buffer Register) : 기억 장치를 출입하는 데이터가 잠시 기억되는 레지스터

03 연산 장치

연산 장치(ALU; Arithmetic & Logic Unit)는 제어 장치의 명령에 따라 실제로 연산을 수행하는 장치(산술 연산, 논리 연산, 관계 연산, 이동 등)이다.
• 가산기(Adder) : 2진수의 덧셈을 수행하는 회로
• 보수기(Complementor) : 뺄셈의 수행을 위해 입력된 값을 보수로 변환하는 회로
• 누산기(AC; Accumulator) : 연산된 결과를 일시적으로 저장하는 레지스터
• 데이터 레지스터(Data Register) : 연산에 사용될 데이터를 기억하는 레지스터
• 상태 레지스터(Status Register) : 연산 중에 발생하는 여러 가지 상태 값을 기억하는 레지스터
• 인덱스 레지스터(Index Register) : 주소 변경을 위해 사용되는 레지스터

04 명령과 주소 지정 방식

1) 명령어

- 프로그램 내장 방식 컴퓨터를 동작시키는 기본이 되는 것으로 사용자가 컴퓨터를 동작시키는 방법이 되는 정보
- 기능에 따른 컴퓨터 명령 종류 : 연산 명령, 분기 명령, 제어 명령, 입출력 명령
- 명령어의 형식 : 명령부와 주소부로 구성

부호(Operation Code)	수치(Operand)

- 명령의 종류 : 연산 명령, 비연산 명령으로 구성

연산 명령	산술 연산 명령, 논리 연산 명령
비연산 명령	전송 명령, 분기 명령, 상태 제어 명령, 입출력 명령, 매크로 명령

2) 주소 지정 방식

컴퓨터의 전형적인 명령어에서는 주소부의 길이가 제한되어 있으므로 주소 지정 방식 기법을 사용하여 포인터, 프로그램 재배치 등을 이용하여 명령어의 주소부 비트수를 줄일 수 있게 한다.

① 주소 지정 방식

- 절대 번지 : 바이트 단위로 0, 1, 2, …로 부여한 기억장치의 고유 번지
- 즉시 번지 : 주소부의 값이 실제 데이터가 됨
- 상대 번지 : 오퍼랜드(피연산자)의 값과 프로그램 카운터의 값을 더해 주소 결정
- 직접 번지 : 주소부의 값이 실제 데이터의 위치를 나타냄
- 간접 번지 : 주소부에 실제 데이터를 지정하는 주소가 들어 있음

② 실제의 기억 장소에 연관시키는 방식

- 절대 주소 : 물리적 메모리 주소를 직접 접근하는 방식
- 상대 주소 : 현재 실행 위치를 기준으로 참조할 때 사용

CISC(Complex Instruction Sets)
명령수행시간에 대한 부담이 적은 복합명령을 많이 포함하여 빠르게 처리되나 제어장치가 복잡하게 됨

RISC(Reduced Instruction Sets)
복합명령어를 사용하지 않고 간단한 명령어만을 사용하여 처리하는 방법으로 레지스터를 이용하여 기억장치에 접근하는 명령을 수행함

01 오퍼랜드 내에 주소 부분이 있어 그 곳에 쓰여 있는 값이 실제 데이터의 주소를 나타내는 주소 지정 방법은?

① 상대 번지   ② 절대 번지

③ 간접 번지   ④ 직접 번지

주소 지정 방식
- **절대 번지** : 바이트 단위로 0, 1, 2, …로 부여한 기억장치의 고유 번지
- **즉시 번지** : 주소부의 값이 실제 데이터가 됨
- **상대 번지** : 오퍼랜드(피연산자)의 값과 프로그램 카운터의 값을 더해 주소 결정
- **직접 번지** : 주소부의 값이 실제 데이터의 위치를 나타냄
- **간접 번지** : 주소부에 실제 데이터를 지정하는 주소가 들어 있음

02 명령어는 연산자와 오퍼랜드로 구성된다. 다음 중 연산자(Operation Code)의 기능과 관련이 없는 것은?

① 함수연산 기능

② 제어 기능

③ 자료의 주소지정 기능

④ 입출력 기능

연산자(Operator)는 수행되는 연산(+, −, *, /, shift 등)을 나타내는 부분임

03 인스트럭션(Instruction)에 관한 내용으로 틀린 것은?

① 인스트럭션은 프로그램의 기본요소로서 연산자와 오퍼랜드로 구성된다.

② 연산자 부분은 자료의 주소 또는 주소를 구하는데 필요한 정보와 명령어의 순서를 나타낸다.

③ 주소 명령어의 종류는 주소 부분이 없는 명령어와 주소 부분이 있는 명령어가 있다.

④ 연산자는 컴퓨터가 실행할 연산의 종류를 나타낸다.

인스트럭션은 컴퓨터에게 일을 시키는 단위로서, 연산자(Operator)는 수행되는 연산(+, −, *, /, shift 등)을 나타냄

04 다음 중 0−주소 인스트럭션에 필요한 것은?

① 스택(Stack)

② 큐(Queue)

③ 인덱스 레지스터

④ 기본 레지스터

0−주소 인스트럭션 : 모든 연산은 스택에 있는 자료를 이용하여 수행

05 입출력 전송이 중앙 처리 장치의 레지스터를 경유하지 않고 수행되는 방법은?

① 인터리빙

② 디인터리빙

③ 버퍼링

④ DMA

DMA(Direct Memory Access) : 입출력 장치 제어기(I/O Device Controller)가 CPU에 의한 프로그램의 실행 없이 자료의 이동을 할 수 있도록 하는 것으로, 이 방식에 의해서 입출력의 속도를 향상할 수 있으며, CPU와 주변 장치 간의 속도차를 줄일 수 있음

기억 장치

빈출 태그 ROM · RAM · 보조 기억 장치 · SAD · DAD

01 기억 장치의 기능

기억 장치는 컴퓨터 내부에 데이터와 프로그램 등을 기억하는 장치로 실행할 프로그램과 명령을 기억, 입력 데이터의 기억, 연산 장치에서 연산한 결과를 기억, 출력할 데이터 등을 기억하는 것이 주된 기능이다.

02 기억 장치의 종류

1) 주기억 장치★

주기억 장치는 CPU가 직접 접근하여 데이터를 처리할 수 있는 기억 장치로 ROM과 RAM이 있다.

① ROM(Read Only Memory)

기억된 내용을 읽을 수만 있는 기억 장치로서 일반적으로 쓰기는 불가능하며, 비휘발성인 메모리로 주로 입출력 시스템(BIOS), 글자 폰트, 자가진단프로그램 등이 저장되어 있다.

Mask ROM	제조 과정에서 미리 내용을 기억시킨 ROM으로 사용자가 임의로 수정할 수 없음
PROM (Programmable ROM)	특수 프로그램을 이용하여 한 번만 기록할 수 있으며, 한 번의 기록 뒤에는 읽기만 가능
EPROM (Erasable PROM)	자외선을 이용하여 기록된 내용을 여러 번 수정할 수 있는 ROM
EEPROM (Electrically EPROM)	전기적인 방법을 이용하여 기록된 내용을 여러 번 수정하거나 새로운 내용을 기록할 수 있는 ROM

② RAM(Random Access Memory)

쓰고 읽는 것이 자유로운 기억 장치로 전원이 꺼지면 기억된 내용이 사라지는 휘발성 메모리이다. 일반적으로 주기억 장치라 하면 RAM을 의미하며, RAM은 재충전 여부에 따라 DRAM과 SRAM으로 나누어진다.

DRAM	동적램이라 불리며 전원이 공급되어도 일정 시간이 지나면 전하가 방전되어 주기적으로 재충전이 필요한 RAM
SRAM	정적램이라 불리며 전원이 공급되는 동안에는 기억 내용이 유지되는 RAM

DRAM의 종류
- **FPMDRAM** : 초기 DRAM의 속도를 높이기 위해 기술을 적용한 RAM
- **EDORAM** : FPMDRAM을 개선하여 만든 것으로 입·출력을 위한 별도의 저장 공간을 마련하여 입·출력 속도를 빠르게 한 RAM
- **SDRAM** : 동기식 DRAM이란 뜻으로 CPU와 RAM의 정보 교환을 동일한 속도로 교환함
- **DDR SDRAM** : 두 개의 전송로로 SDRAM의 속도에 비하여 2배의 속도를 냄
- **RDRAM** : 메모리칩을 직렬로 접속하여 고속 전송이 가능
- **DRDRAM** : 램버스 사의 초고속 메모리 기술을 여러 종류의 장비에 사용할 수 있는 기술
- **SLDRAM** : DRDRAM의 대안으로 개발된 빠른 전송 능력의 메모리

2) 보조 기억 장치★

보조 기억 장치는 주기억 장치의 단점을 보완하기 위한 장치로 주기억 장치에 비해 속도는 느리지만 저장된 내용의 보관과 용량이 크다는 장점이 있다.

① 플래시 메모리(Flash Memory)

- RAM의 특성과 하드 디스크의 특성을 합쳐 놓은 정정이 가능한 비휘발성 기억 장치
- DRAM이나 SRAM과 같이 전자식 정보를 메모리 셀에 저장시키지만, 전원이 꺼졌을 때 데이터가 메모리에 남아 있음
- 기억 내용을 소거할 수 있는 점에서 EEPROM과 유사하지만, EEPROM은 한 번에 1바이트씩 소거할 수 있는 데 비해 플래시 메모리는 블록 단위로 소거됨
- 휴대형 컴퓨터의 하드 디스크 대용 또는 보충용으로 사용
- 플래시 메모리의 용도 : 디지털 카메라, 핸드폰, 호출기, 오디오 리코더(녹음기), USB 메모리

▶ 플래시 메모리의 특징

비휘발성	전원이 꺼져도 데이터가 유지됨
낮은 전압	적은 전력을 소비하며, 건전지 수명도 오래 감
높은 내구성	심한 충격이나 진동에도 데이터가 잘 보존됨
작은 크기	여러 용도의 휴대용 전자 제품으로 적합
빠른 속도	접속 속도가 매우 빠름(DRAM보다는 느림)

▶ 플래시 메모리의 종류

구분	노어(NOR)형 플래시	낸드(NAND)형 플래시
셀 구조	셀이 병렬로 연결	셀이 직렬로 연결
용도	MMC카드, Flash 메모리, 핸드폰, 셋톱박스	SD카드, Memory Stick, 디지털카메라, MP3
특징	• 데이터 안정성이 우수 • 인텔이 최초로 개발	• 대용량이 가능 • 89년 일본 도시바가 개발

국정원에서 정의한 보안 USB의 필수 기능

규정사항	세부기능
사용자 식별 인증	• PC 또는 노트북 삽입 시 보안 S/W 자동 가동 • 보안 S/W 강제 종료 · 삭제 금지 • 공인인증서 또는 ID/PW 방식 사용 • 사용자 인증 후 매체 접근
지정 데이터 암 · 복호화	KCDSA(표준전자서명알고리즘) 등의 암호화 표준 준수
지정된 자료의 임의복제 방지	• 인증없는 매체 접근 불가 • USB 내의 비밀문서 암호화
분실시 데이터 보호를 위한 삭제	지정 횟수 이상의 PW 입력 오류 시 파일 삭제
기타	• 보안 USB에 대한 사용 횟수/기간/대상 PC 설정 기능 • 이메일과 서버 전송을 통한 분실/도난 추적 정보 제공

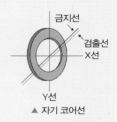

② 순차 접근 보조 기억 장치(Sequential Access Storage Device)

◎ 자기 테이프 특성
- 플라스틱 테이프 표면에 자성 물질을 입힌 것으로 저속이나, 값이 싸고 많은 정보를 기록할 수 있어 데이터 보관이나 순차 처리 업무에 많이 이용
- 자기 테이프의 트랙은 7트랙(BCD 코드), 9트랙(ASCII, EBCDIC 코드)이 있음
- 정보 기록 밀도의 단위로 BPI(Bytes Per Inch)를 사용
- IRG(Inter Record Gap), IBG(Inter Block Gap)가 존재
- 헤더 레이블에는 파일명, 기록 날짜, 릴(Reel)의 번호 등이 기입됨
- 후미 레이블에는 기록된 레코드의 수, 해시 합계 등이 기입됨

◎ 자기 테이프 관련 용어
- IRG : 연산 및 내부적 처리는 대부분 논리 레코드의 단위로 이루어지는데, 자기 테이프에서는 이 논리 레코드의 구분을 위한 빈 공간(IRG)이 반드시 필요
- IBG : 효율적인 입·출력을 위해 논리적 레코드를 적절히 묶어 블록화하는 것이 일반적인데, 이 때 하나의 블록을 물리적 레코드라 하고 물리적 레코드의 구분을 위한 빈 공간을 IBG라 함
- 트랙(Track) : 테이프에서는 자화되는 방향으로 7개나 9개의 bit를 동시에 저장하도록 나누어져 있는데 이를 트랙이라 함
- BPI : 기록 밀도의 단위로서 1인치에 기록 가능한 Byte 수를 말함
- 블록화 인수(Blocking Factor) : 블록 안에 포함된 논리 레코드 수를 의미하며, 고정 길이 블록 레코드에서 IBG와 IBG 사이에 3개의 논리 레코드가 들어 있다면 블록화 인수는 3이 되며, 이 블록화 인수를 가지고 아래와 같이 테이프 전체의 레코드 수를 계산해 낼 수 있음

$$레코드\ 수 = (테이프\ 길이 \div (IBG\ 길이 + \frac{블록\ 내\ 기록량}{기록\ 밀도})) \times 블록화\ 인수$$

③ 직접 접근 보조 기억 장치(Direct Access Storage Device)

◎ 자기 디스크(Magnetic Disk)
- 둥근 원판(Disk)의 표면에 자성 물질을 입힌 후 특수 코팅하여 자료 기록
- 주소에 의해서 임의의 장소에 직접 액세스할 수 있음
- 트랙(Track) : 디스크를 여러 개의 동심원으로 나누는데 이 구역을 트랙이라 함
- 실린더(Cylinder) : 디스크 팩(Pack)의 중심축으로부터 동일한 거리에 있는 트랙의 모임
- 섹터(Sector) : 트랙을 다시 여러 구역으로 나누었을 때 각 구역을 섹터라 함
- 클러스터(Cluster) : 입·출력의 효율적인 처리를 위해 여러 개의 섹터를 하나로 묶은 단위

◎ CD-ROM(Compact Disk ROM)
- 음악용 CD, 레이저 디스크, DVD 등과 더불어 레이저 빔(Laser Beam)을 이용하여 정보를 기록하거나 읽는 광디스크의 한 종류로 디지털 기록 방식이기 때문에 고품질의 기록 가능

자기 디스크형 보조 기억 장치
- 플로피 디스크(Floppy Disk) : 디스크 한 장이 간단한 케이스에 들어 있으며, 용량이 작고 속도가 느려 사용하지 않는 추세임
- 하드 디스크(Hard Disk) : 디스크 팩, 모터, 제어 구동기 등이 일체화된 고정형 디스크로 가장 일반적으로 사용됨
- 기타 : 광자기(Magnetic Optical) 디스크, JAZZ 드라이브 등

• 초기에는 ROM으로서 재기록이 불가능했으나, CD-RW(CD-Recordable & Writable) 등의 개발로 자료의 추가 및 삭제가 가능함

◎ 자기 드럼(Magnetic Drum)
• 개발 초기에는 잠깐 동안 주기억 장치로 쓰였으나 새로운 소재의 개발로 보조 기억 장치로 쓰이게 됨
• 원통형으로 표면에 강한 자화물질이 있어 여기에 데이터를 기록하고 읽음

3) 기억 장치의 계층

기억 계층은 컴퓨터에서 사용되는 기억 장치들의 처리 속도가 각각 달라 그대로 사용하면 가장 느린 처리 장치에 맞추어 전체적인 속도가 느려질 수밖에 없다. 각각의 장치들의 다양한 성능과 용량, 가격을 가진 여러 기억 장치를 적절하게 조합하여 시스템의 처리 능력을 향상시키는 작업이 필요하다.

▶ 메모리 계층 구조 및 처리 시간

메모리 구조	용량	처리 시간	단위 가격
레지스터군 : SRAM	소용량 ↕ 대용량	빠름 ↕ 느림	고가 ↕ 저가
캐시 메모리 : SRAM			
주기억 장치 : DRAM			
보조 기억 장치 : 디스크 장치			
대용량 시스템(MSS) : 테이프 장치			

4) 기억 관리의 배치 전략

① 최초 적합(First Fit)
• 프로그램이 적재될 수 있는 가용 공간 중, 첫 번째 블록에 할당
• 장점 : 배치시간이 신속
• 단점 : 사용되지 않은 작은 크기의 가용공간이 누적될 경우 할당 결정이 늦을 수 있음

② 최적 적합(Best Fit)
• 적재 가능한 가용 공간 중 가장 작은 공백이 남는 블록에 할당
• 기억장소를 크기 순서로 배열해야 하므로 많은 시간 소요
• 가용 공간을 반만 탐색해도 필요한 공간을 찾을 수 있음
• 크기순으로 되어있지 않으면, 가용 공간 전체를 검색

③ 최악 적합(Worst Fit)
• 가용 공간 중 가장 큰 공백이 남는 블록에 할당
• 할당 후 남은 공간이 크기 때문에 다른 프로그램 사용이 가능
• 큰 프로그램이 적재될 수 있는 가용 공간이 없어짐
• 크기순으로 배열되지 않으면 모든 공간 탐색이 필요

기억 장치의 처리 속도
자기 테이프 < 자기 디스크 < 자기 드럼 < 반도체 기억 소자

탐색 시간(Seek Time)
디스크의 헤드가 정해진 트랙이나 실린더 위에 도달하기까지의 시간

회전 지연 시간(Search Time, Latency Time)
디스크의 헤드가 정해진 섹터에 도달하기까지의 시간

접근 시간(Access Time)
데이터의 요구(Read/Write)가 발생된 시점부터 데이터의 전달이 완료되기까지의 시간(Seek Time + Search Time)

유휴 시간(Idle Time)
컴퓨터 시스템이 사용 가능한 상태이나 실제적인 작업이 없는 시간

이론을 확인하는 기출문제

01 컴퓨터의 연산 장치에서 수행하는 것은?

① 사칙연산, 시프트, 논리연산

② 시프트, 산술연산, 인터럽트

③ 논리연산, 산술연산, 버스제어

④ 버스제어, 인터럽트, 산술연산

연산 장치 : 컴퓨터 시스템의 중앙 처리 장치(CPU)를 구성하는 핵심 부분의 하나로, 산술 연산(+, −, *, /)과 논리 연산(not, and, or)을 수행

02 제어 장치에 대해서 잘 설명한 것은?

① 다량의 데이터를 읽고, 출력 및 계산을 할 수 있다.

② 인간의 두뇌와 마찬가지로 입출력 장치를 제어한다.

③ 다량의 데이터를 기억하여 보관할 수 있다.

④ 자기 잉크 문자를 판독할 수 있다.

제어 장치(CU) : 결합된 모든 장치를 조절하여 시스템의 상호 효과적인 작동을 유지해 주는 장치로, 명령을 해독하여 필요한 장치에 신호를 보내고 작동시킴

03 CPU와 주기억장치의 속도차를 줄여 CPU의 효율을 높이고 시스템의 성능을 향상시키기 위해 고안된 기억장치는?

① 캐시 메모리 　　　② 가상 메모리

③ 메인 메모리 　　　④ 보조 기억 장치

오답 피하기
- **캐시 메모리** : CPU와 주기억 장치 사이의 속도 차이를 완화시켜 주는 장치로, 주기억 장치에 비해 월등한 읽기/쓰기 속도를 가짐
- **연관(연상) 메모리** : 메모리에 저장된 항목을 찾는데 요구되는 시간을 줄이기 위하여 저장된 데이터를 번지에 의해서가 아닌 내용 그 자체에 의해서 찾을 수 있게 한 것
- **가상 메모리** : 주기억 장치의 용량보다 훨씬 큰 가상 공간을 쓸 수 있게 하는 기억 장소 관리 방법으로, 페이징 또는 세그먼테이션 기법 사용

04 연산 장치에 대한 설명 중 틀린 것은?

① 산술 및 논리 연산을 수행한다.

② 레지스터에 기억된 데이터들을 입력으로 받아 연산을 수행한다.

③ 연산 결과에 대한 정보를 출력 장치로 보낸다.

④ 연산 수행에 필요한 제어 신호는 제어 장치에서 통제한다.

연산 수행에 필요한 제어 신호와 더불어 결과를 출력 장치로 보내는 것도 제어 장치에서 통제함

05 보조 기억 장치의 자기 테이프 장치의 구성과 데이터 표를 표시한 그림이다. 빗금 친 부분(*표)을 무엇이라 하는가?

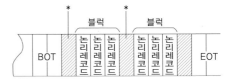

① 인덱스 홀(Index Hole)

② 트랙(Track)

③ IBG(Inter Block Gap)

④ 스프로킷 홀

자기 테이프상의 빈 공간
- **IRG** : 연산 및 내부적 처리를 하는 논리 레코드의 구분을 위한 빈 공간
- **IBG** : 효율적인 입·출력을 위해 논리적 레코드를 적절히 묶은 블록 간의 빈 공간

입·출력 장치

빈출 태그 키보드 · 마우스 · 스캐너 · OMR · OCR · MICR · 바코드 판독기 · 디지타이저 · CRT · LCD · 충격식 프린터 · 비충격식 프린터 · 잉크젯 프린터 · 레이저 프린터 · 플로터

기적의 3초컷

입력 장치와 출력 장치를 구분하고 종류들 위주로 암기하세요.

01 입 · 출력 장치의 개요

입 · 출력 장치란 컴퓨터와 사용자 사이의 정보를 교환하는 장치이다. 컴퓨터로 데이터를 처리하기 위하여 사용자는 입력 장치를 통하여 자료를 입력하고 컴퓨터가 자료를 가공하여 처리한 결과는 출력 장치를 통하여 사용자에게 출력된다.

02 입력 장치의 종류

1) 키보드(Keyboard)

- 키를 손가락으로 누름으로써 자음, 모음과 같은 글자의 구성 요소, 특수 문자, 숫자나 알파벳을 컴퓨터에 입력할 수 있으며, Ctrl(컨트롤) 키나 기능키와 같은 특수키와 조합하여 컴퓨터를 조종할 수 있음
- 보통 영문 표준(QWERTY) 자판에 한글 2벌식을 표준으로 사용
- 86/101/103/106 키보드 또는 AT, PS/2, USB용으로 구분

2) 위치 지정 도구★

① 마우스(Mouse)
- CUI 환경에서 GUI 환경으로 변하면서 급격히 일반화됨
- 직렬 · PS/2 · USB 방식 또는 기계 · 광학 · 광기계식으로 구분

② 도형 입력판(Tablet)
- 컴퓨터의 그래픽 사용자 인터페이스에 사용되는 기기로 무선, 혹은 유선으로 연결된 펜과 펜에서 전하는 정보를 받아주는 납작한 판으로 이루어짐
- 마우스와 달리 필압을 감지할 수 있어 주로 정교한 작업(제도, 미술 등)에 사용됨

③ 터치패드(Touchpad)
- 마우스 포인터의 조작을 하는 포인팅 장치의 하나로 슬라이드 패드, 트랙 패드라고도 불림
- 보통 노트북 컴퓨터에 채용되지만, 디지털 오디오 플레이어, 휴대 전화 등에도 쓰임

④ 포인팅 스틱(Pointing Stick)
- 짧은 막대 모양의 단추로 컴퓨터 자판에 설치되어 있어, 이것으로 화면 위의 마우스 포인터를 제어함

입력 환경
- CUI(Character User Interface) : 사용자가 문자를 입력하여 컴퓨터와 정보를 교환하는 환경(DOS, 유닉스 등)
- GUI(Graphic User Interface) : 아이콘(Icon)이나 메뉴 항목을 마우스 등으로 선택하여 정보를 교환하는 환경(Windows, 맥 OS 등)
- 입력 장치의 복합화 : 키보드와 마우스 결합 기기, 디지털 카메라와 화상 카메라 겸용 기기, 스캐너에 복사기와 프린터, 팩스 기능까지를 갖춘 복합 기기도 있음

- 한 번의 조작으로 마우스 포인터를 화면 위의 모든 장소로 이동할 수 있으나, 마우스나 터치 패드에 비해 곡선을 그리는 세세한 포인터의 이동은 쉽지 않음

⑤ 라이트펜(Light Pen)
- 내부에 감광 소자를 가지고 있어 디스플레이 장치의 표시면에 펜으로 지시를 하여 도형을 입력하거나 수정

3) 기타 입력 장치

① 조이스틱(Joystick)
- 축을 사용하여 방향을 입력할 수 있으며, 스틱과 버튼 세트로 구성
- 현재는 게임뿐만 아니라 항공기, 선박, 트럭, 기능성 휠체어, 내비게이션, 휴대전화 등의 장치로도 쓰임

② 스캐너(Scanner)
- 그림, 사진, 도표, 그래프, 문서 등을 이미지 그대로 입력하는 장치
- 기능과 구조에 따라 플랫베드(Flatbed) · 핸드 · 포토 · 페이지 스캐너 등이 있음

③ 광학마크판독기(OMR)
- 연필이나 수성 사인펜으로 기록한 글자, 숫자, 기호 등을 기계가 직접 읽어들임
- 객관식 시험의 답안지나, 수강 신청서, 각종 조사 및 수치 기록의 용도로 사용

④ 광학문자판독기(OCR)
- 타이프라이터나 프린터로 인쇄된 문자를 광학적으로 판독
- 전표, 청구서, 바코드 등의 입력에 사용

⑤ 자기잉크 문자판독기(MICR)
- 자성을 띤 잉크로 숫자나 기호를 프린트하여 자기 헤드로 판독
- 전표, 수표, 어음 등 주로 금전 거래 업무와 승차권 등에 사용

⑥ 바코드 판독기(Bar Code Reader)
- 물품의 가격, 재고 번호, 제작국명, 품목 등을 굵기가 다른 막대 부호로 표시
- POS를 통해 실시간으로 정보를 수집하여 매상/상품/재고 등의 관리 업무에 활용

⑦ 종이 테이프(Paper Tape)
- 종이 테이프에 구멍을 뚫어 사용
- 가격은 싸지만 입출력 속도가 느리고 오류를 수정하기가 불편함

⑧ 디지타이저(Digitizer)
- 평면 직사각형의 판(태블릿, Tablet)과 센서가 부착된 광전 펜으로 구성
- 주로 CAD/CAM 등에서 도형을 그리거나 문서를 편집하는 데 사용

⑨ 마이크(Microphone)
- 보통 이어폰 스피커가 내장된 헤드폰 마이크(Headset) 사용

🕐 **기적의 3초컷**

OMR, OCR, MICR은 용도를 확실하게 구분할 수 있어야 합니다.

▲ 디지타이저

03 출력 장치

1) 화면 출력 장치★

① 음극선관 디스플레이(CRT)

- 해상도가 높고 저렴하며 출력 속도가 빨라 가장 널리 사용
- 눈에 부담이 많고 전력 소비가 큼
- 시분할 시스템(TSS)에서 출력용 단말 장치로 사용

② 액정 디스플레이(LCD)

- 액정이 들어 있는 유리판에 전압을 가해 화면을 표시함
- 저렴하고 전력 소비와 부피가 작아 휴대용으로 많이 사용
- 눈에 부담이 적고 정면에서의 선명도가 우수함
- CRT에 비해 속도가 느리며 측면에서 화면을 선명하게 볼 수 없음

③ 플라즈마 디스플레이(PDP)

- 네온과 제논 가스 혼합물을 유리판 사이에 집어넣은 뒤 방전시켜 자체 발광토록 함
- 고해상도이고 눈에 부담이 적어 그래픽용으로 우수함
- 전력 소비와 열 방출이 많고 가격이 높음

④ 전계 방출형 디스플레이(FED)

- 진공체 내에서 방출된 전자와 형광체를 충돌시켜 화상 표시
- 얇고 구조가 간단하며 소비 전력이 작음
- 해상도가 뛰어나며, 각도에 따른 화면 왜곡이 거의 없음

⑤ LED 모니터

- LED는 발광다이오드의 약자로 전류를 통하면 빛을 내는 일종의 반도체 소자임
- LED 백라이트를 구현하는 방식에는 LCD 모서리에 LED를 장착하여 비추는 엣지 방식과 LCD 패널 바로 뒷면에 LED를 장착하여 직접 비추는 직하방식이 있음

⑥ 유기 EL 디스플레이(AMOLED)

- 형광성 유기화합물을 전기적으로 여기시켜 발광시키는 자체 발광형 디스플레이
- 낮은 전압에서 구동이 가능하고 얇으며, 넓은 시야각, 빠른 응답속도 등의 장점으로 인해 핸드폰, 내비게이션, Hand PC 등에 주로 쓰임

2) 인쇄 장치★

① 충격식 프린터

- 도트 프린터 : 핀 수에 따라 8핀, 9핀, 18핀, 24핀 프린터로 구분(CPI)
- 활자식 프린터 : 활자에 없는 문자를 인쇄할 수 없고 인자 속도가 느림(CPS)
- 라인 프린터 : 한 행씩 출력(LPM)

② 비충격식 프린터
- 잉크젯 프린터 : 소음이 거의 없고 출력 속도나 품질이 비교적 뛰어남
- 열전사 프린터 : 리본에 묻은 잉크를 녹여 인쇄
- 감열 프린터 : 감열지에 열을 가하여 검게 변색시켜 인쇄
- 레이저 프린터 : 페이지 단위로 인쇄되어 속도가 빠름(PPM)

③ 플로터(Plotter)
- 기상도나 지도, 통계 도표, 설계 도면, 컴퓨터 아트 등 대형 출력물 출력
- 드럼식(XY) 플로터가 대표적임

④ 카드 천공기
- 12줄, 80칸(Column)의 종이 카드 한 칼럼에 한 문자 천공
- 내용에 대한 수정이 불편하며, 카드 가격과 천공 비용이 많이 듦

3) 스피커
- 컴퓨터를 이용한 학습 프로그램, 전자북, 영화 감상 등에 활용

04 입 · 출력 제어 방식

사용자가 자료를 입력하면 중앙 처리 장치의 연산 장치, 제어 장치, 주기억 장치로 자료를 전달하고 처리된 결과를 다시 입 · 출력 장치 쪽으로 응답하는 방식이다.

1) 버퍼 방식
입 · 출력 장치와 주기억 장치 사이에 버퍼 장치를 두어 양쪽의 속도 차이를 조절하는 방식으로 입 · 출력 장치에 버퍼 기억 장치를 설치할 경우 주 기억 장치는 입 · 출력 장치에 직접 접근하는 대신에 버퍼 기억 장치와의 사이에서 데이터 전송한다.

2) 채널 방식
입 · 출력 장치는 채널을 통하여 직접 주 기억 장치에 접근할 수 있으며 입 · 출력 명령은 데이터의 송수신을 개시시키는 지시만을 하고 그 후 입 · 출력 장치의 제어는 채널이 담당한다.

05 입 · 출력 채널의 개념 및 종류

입 · 출력 채널(I/O Channel)은 입출력이 일어나는 동안 프로세서가 다른 일을 하지 못하는 문제를 극복하기 위해 개발된 것으로, 시스템의 프로세서와는 독립적으로 입출력만을 제어하기 위한 시스템 구성요소라 할 수 있다.

▲ 플로터

플로터의 종류
- **펜 플로터(Pen Plotter)** : 플랫 베드형(X–Y 플로터), 드럼형, 벨트 베드형, 리니어 모터형
- **래스터 플로터(Raster Plotter)** : 정전식, 열전사식, 광전식, 잉크젯 방식, 레이저 방식

채널
정보를 저장하거나 검색하기 위해서 주기억 장치를 직접 접근할 수도 있음(DMA). 채널은 프로세서로부터 요청된 입출력 작업을 수행하고, 입출력 작업이 끝나면 완료되었다는 사실을 인터럽트의 형식으로 프로세서에 알림

선택 채널(Selector Channel)
1개의 보조 채널만 가지고 있어서 한 순간에 1개의 주변기기만 서비스할 수 있음

멀티플렉서 채널(Multiplexor Channel)
여러 개의 보조 채널을 가지고 있어서 한 번에 여러 개의 데이터 열을 인터리빙 할 수 있음

06 인터럽트의 개념과 체제

1) 인터럽트의 개념

컴퓨터가 프로그램을 수행하는 동안 컴퓨터의 내부 또는 외부에서 예기치 않은 긴급한 일이 발생했을 때 조치를 강구하여 계속적으로 프로그램 처리를 하도록 해주는 기능이다.

2) 인터럽트 처리

인터럽트가 발생하면 현재 수행 중인 프로그램 처리는 일시 중단되고 제어권이 제어 프로그램으로 넘어간다. 제어 프로그램 중에 준비된 인터럽트 처리 루틴과 인터럽트 서비스 루틴이 처리하고 시스템은 인터럽트가 발생하기 이전의 상태로 돌아가서 먼저 실행하던 처리 프로그램의 실행을 다시 시작한다.

3) 인터럽트의 종류

- 기계 검사 인터럽트(Machine Check Interrupt) : 프로그램을 수행하는 도중에 기계의 착오로 인하여 생기는 인터럽트
- 외부 인터럽트(External Interrupt) : 외부의 신호에 의하여 발생하는 인터럽트
- I/O 인터럽트(I/O Interrupt) : 입출력의 종료나 입출력의 오류에 의해 생기는 인터럽트
- 프로그램 검사 인터럽트(Program Check Interrupt) : 연산기에서 0으로 나누는 경우라든가 명령 코드를 잘못 사용한 경우와 같이 프로그램의 오류에 의해 생기는 인터럽트
- 감시 프로그램 호출 인터럽트(Supervisor Call Interrupt) : 프로그램 내부에서 특정한 요구를 하는 경우에 생기는 인터럽트

4) 인터럽트의 우선 순위

- 정전 또는 기계 잘못으로 인하여 발생하는 인터럽트
- 프로그램의 연산자나 주소 지정 방식의 잘못으로 인하여 발생하는 인터럽트
- 컴퓨터 조작자의 의도적인 조작에 의한 인터럽트
- 입출력 장치로부터의 인터럽트

이론을 확인하는 기출문제

01 화면 이용 입력 장치는 CRT 화면을 이용하여 입력시킬 수 있는 입력 장치를 의미한다. 다음 중 화면 이용 입력 장치가 아닌 것은?

① X-Y 플로터(X-Y Plotter)
② 터치 스크린(Touch Screen)
③ 마우스(Mouse)
④ 라이트 펜(Light Pen)

XY 플로터(XY Plotter) : 기상도나 설계도, 그래프 등을 출력하는 인쇄 장치임

02 자기 잉크를 사용하여 문자를 나타내는 방법으로 은행의 수표 처리 등에 널리 이용되는 입력 매체는?

① Bar Code
② OMR
③ OCR
④ MICR

입력 장치의 기능
• **광학 마크 판독기(OMR)** : 객관식 시험의 답안지나, 수강 신청서 등에 사용
• **광학 문자 판독기(OCR)** : 전표, 청구서, 바코드 등의 입력에 사용
• **자기 잉크 문자 판독기(MICR)** : 전표, 수표, 어음 등 주로 금전 거래 업무와 승차권 등에 사용
• **바 코드(Bar Code)** : POS 시스템을 통해 실시간으로 정보를 수집하여 상품 관리 등에 활용

03 다음 입·출력 장치 중 하드 카피(Hard Copy)라 불리는 것은?

① 음극선관(CRT)
② 복사기
③ 콘솔(Console)
④ 라인 프린터(Line Printer)

Hard Copy : 소프트 카피된 출력 상태 그대로를 보관할 목적으로 종이 등에 출력하는 것

04 컴퓨터에서 발생한 정보를 마이크로필름에 축소 출력하는 시스템은?

① COM
② CAR
③ 전자파일링 시스템
④ 데이터베이스 시스템

컴퓨터 마이크로필름 출력(COM) : 마이크로필름은 단위 면적당 보존비용이 싸고 반영구적이며, 검색이 쉽고 확대를 통한 인쇄 출력도 가능하여 정보의 보존 및 검색 매체로 사용됨

05 인터럽트의 필요성으로 옳지 않은 것은?

① CPU가 데이터를 효율적으로 입력 또는 출력하고자 하는 경우
② CPU에 타이밍 기능을 부여하고자 하는 경우
③ 시스템에 비상사태가 발생할 때 그 처리를 위한 경우
④ 내부에 부당한 일이 발생할 경우에 이에 상응하는 일을 할 수 없도록 하기 위한 경우

인터럽트 : 프로그램 실행 중에 중앙 제어 장치가 강제적으로 끼어들어 그 프로그램의 실행을 중단시킨 다음 다른 곳으로 제어를 옮기는 것

06 주기억 장치 안의 프로그램 양이 많아질 때, 사용하지 않은 프로그램을 보조 기억 장치 안의 특별한 영역으로 옮겨서, 그 보조 기억 장치 부분을 주기억 장치처럼 사용할 수 있는 것을 무엇이라 하는가?

① 채널
② 캐시 기억 장치
③ 연관 기억 장치
④ 가상 기억 장치

가상 기억 장치 : 외부 기억 장치를 주기억 장치의 연장부로 간주하여 프로그램을 운영하므로, 실제의 주기억 장치보다 매우 큰 용량의 프로그램도 운영이 가능

01 운영체계의 구성 요소 중 제어 프로그램에 해당하지 않는 것은?

① 감독 프로그램
② 데이터 관리 프로그램
③ 연산 프로그램
④ 작업 관리 프로그램

02 기억 장치 칩(Chip) 중에서 중요한 프로그램의 영구 저장은 일반적으로 펌웨어(Firmware)를 통해 이루어진다. 펌웨어의 대표적인 유형은?

① RAM
② LOGO
③ ROM
④ LISP

03 마이크로컴퓨터는 마이크로프로세서와 주변 장치 및 기억 장치로 구성되어 이들 장치 간에 데이터를 전송하는 버스(Bus)로 이루어져 있다. 아래 그림의 빈 곳에 맞는 장치명은 무엇인가?

① 입출력(I/O) 인터페이스
② 입출력(I/O) 버스
③ 입출력(I/O) 레지스터
④ 입출력(I/O) 단말기

04 출력 장치로 액정이 들어있는 유리판에 전압을 가해 화면에 표시하는 것으로, 노트북이나 휴대용 컴퓨터에 주로 쓰이는 표시장치는?

① CRT
② PDP
③ LCD
④ LED

05 인쇄되거나 손으로 쓴 문자에 빛을 쬐어 반사되는 양으로 정보를 입력하는 장치는?

① Digitizer
② Mouse
③ LCD
④ OCR

06 다음 중 누산기(Accumulator), 가산기(Adder)와 관계 깊은 장치는?

① 연산 장치
② 제어 장치
③ 기억 장치
④ 출력 장치

07 다음 연산 장치에 대한 설명 중 틀린 것은?

① 산술 연산 및 논리 연산을 수행한다.
② 레지스터에 기억된 데이터들을 입력으로 받아 연산을 수행한다.
③ 연산 결과에 대한 정보를 출력 장치로 보낸다.
④ 연산 수행에 필요한 제어 신호는 제어 장치에서 통제한다.

08 연산 결과가 양수(0) 또는 음수(1)인지, 자리 올림(Carry)이나 넘침(Overflow)이 발생했는지를 표시하는 레지스터는?

① 누산기
② 데이터 레지스터
③ 상태 레지스터
④ 가산기

09 I/O 장치와 주기억 장치를 연결하는 중계 역할을 담당하는 부분은?

① Bus
② Buffer
③ Channel
④ Device

10 중앙 처리 장치의 기억 장소에 대한 설명 중 틀린 것은?

① 각 기억 장소에는 어드레스가 할당된다.
② 1Byte는 보통 8Bit로 되어 있다.
③ 기억 소자는 1 또는 0을 기억시킨다.
④ 1Bit는 1문자를 나타낸다.

11 반도체 기억 장치에서 전원이 공급되는 동안에도 주기적으로 재충전하지 않으면 기억된 내용이 소멸되는 기억 매체는?

① EPROM   ② ROM
③ DRAM   ④ SRAM

12 CPU와 주기억 장치의 속도 차이를 줄여 컴퓨터의 효율을 높이고자 만들어진 기억 장치는 어떤 것인가?

① 캐시 메모리   ② 플래시 메모리
③ 메인 메모리   ④ 가상 메모리

13 주기억 장치와 CPU의 속도차가 크므로 인스트럭션의 수행속도를 CPU의 속도와 맞추기 위하여 운용하는 장치는?

① 레지스터(Register)
② 가산기(Adder)
③ 캐시 메모리(Cache Memory)
④ 누산기(Accumulator)

14 다음 보조 기억 장치 중 동작 특성이 다른 것은?

① USB 메모리   ② 자기 테이프
③ 플래시 메모리   ④ 광디스크(CD)

15 다음에 열거한 장치 중에서 순차 처리(Sequential Access)만 가능한 것은?

① 자기 코어   ② 자기 드럼
③ 자기 디스크   ④ 자기 테이프

16 자기 테이프에서의 기록 밀도를 나타내는 것은?

① Second Per Inch
② Bits Per Second
③ Block Per Second
④ Bits Per Inch

17 자기 테이프에 논리 레코드 단위로 데이터를 기록시킬 때 레코드와 레코드 사이에 생기는 여백(GAP)을 무엇이라고 하는가?

① IRG   ② IBG   ③ Track   ④ Sector

18 디스크상의 파일을 관리하는 단위는?

① 클러스터   ② 섹터
③ FAT   ④ 디렉토리

19 광디스크(Optical Disk)에 대한 설명으로 잘못된 것은?

① 랜덤 액세스가 가능하다.
② 광디스크도 포맷(Format)를 해야 데이터를 기록할 수 있다.
③ 광디스크는 대용량의 데이터를 기록할 수 있으나 매체의 교환이 불가능하다.
④ CD-ROM도 광디스크의 일종이다.

20 주기억 장치안의 프로그램 양이 많아질 때, 사용하지 않은 프로그램을 보조 기억 장치안의 특별한 영역으로 옮겨서, 그 보조 기억 장치 부분을 주기억 장치처럼 사용할 수 있는 것을 무엇이라 하는가?

① 채널   ② 캐시 기억 장치
③ 연관 기억 장치   ④ 가상 기억 장치

21 다음은 가상 기억(Virtual Memory)의 필요성 및 장점에 대한 설명이다. 옳지 않은 것은?

① Overlaying 설계 개념을 몰라도 된다.
② 프로그램을 작성할 때 기억 용량을 직접 고려할 필요가 없다.
③ 주기억 장치 이용 효율의 개선이 가능하다.
④ 페이지나 세그먼트 기법이 필요없다.

22 다음 기억소자 중 ACCESS TIME이 가장 빠른 것은?

① 자기 테이프   ② 자기 디스크
③ 자기 드럼   ④ 자기 코어

23 기억 장치에 정보를 Read 또는 Write할 때까지의 소요시간을 무엇이라 하는가?

① Run Time
② Idle Time
③ Access Time
④ Seek Time

24 은행이나 수표 등에 처리되는 방법으로 자기 잉크를 사용하여 문자를 나타내는 매체는?

① OMR
② OCR
③ MICR
④ BAR CODE

25 그림, 사진, 삽화 등을 이미지 형식으로 읽어들여 작업중인 문서에 삽입하는데 사용되는 것을 무엇이라 하는가?

① 마우스
② 스캐너
③ 키보드
④ 조이스틱

26 다음 중 연관성 있는 것끼리 짝지은 것으로 적당하지 않은 것은?

① OCR – 전표, 청구서
② OMR – 성적 처리, 수강 신청
③ MICR – 지도, 출생 신고
④ Plotter – 천기도

27 다음 중 타이프 라이터나 프린터로 인쇄된 문자를 광학적으로 판독하는 입력장치는?

① OCR
② MICR
③ OMR
④ Card Reader

28 다음의 출력 장치 중 인쇄되는 문자가 점(Dot)에 의해 출력되는 것은?

① 체인 프린터(Chain Printer)
② 링 프린터(Ring Printer)
③ 매트릭스 프린터(Matrix Printer)
④ 프린트 휠(Print Wheel)

29 인쇄 방식 중 충격식에 대한 설명으로 바르지 못한 것은?

① 잉크를 분사하여 인쇄하는 방식이다.
② 충격식에는 매트릭스식과 활자식이 있다.
③ 소음이 큰 편이며 잉크 리본은 여러 번 사용할 수 있다.
④ 가장 많이 보급되어 있으며, 활자식이 도트 매트릭스식보다 인쇄 속도가 빠르다.

30 다음 중 프린터와 관계없는 단위는?

① LPM
② CPI
③ IRG
④ CPS

31 다음은 어떤 프린터에 대한 설명인가?

• 빛을 이용한 프린터로, 복사기가 이미지를 복사해 내는 원리와 비슷한 전자적 사진 그래픽 방식
• 고속의 해상도, 고품질, 선명한 그래픽 출력 가능
• 토너 공급, 드럼 보유

① 열전사(Thermal) 프린터
② 레이저(Laser) 프린터
③ 잉크젯(Inkjet) 프린터
④ 도트 매트릭스(Dot Matrix) 프린터

32 데이터의 처리 결과를 그래프나 도형으로 인쇄 용지에 출력하고자 할 때 사용되는 장치는?

① 조이스틱(Joy Stick)
② 전자 마우스(Electronic Mouse)
③ 바코드 스캐너(Bar Code Scanner)
④ XY 플로터(XY Plotter)

33 다음 중 휘발성이면서 읽기/쓰기가 모두 가능한 기억 장치로 나열한 것은?

① 레지스터, 캐시 메모리, ROM
② 레지스터, 캐시 메모리, RAM
③ 캐시 메모리, ROM, 디스크
④ 캐시 메모리, RAM, 디스크

CHAPTER 03

자료의 표현

학습방향

진법 간의 가중치에 의한 변환 원리를 터득하고, 자료의 표현에 있어서는 기본적으로 문자 자료와 수치 자료의 표현을 구분하여 각 코드별 특징을 기억해야 합니다.

출제빈도

- Section 01 **하** _____ 30%
- Section 02 **상** _____ 70%

수의 변환과 연산

빈출 태그 2진수의 변환 • 16진수의 변환 • 보수에 의한 감산 • 1의 보수 • 2의 보수

01 진법의 변환

1) 10진수의 변환

① 10진수를 2진수로 변환

- 정수부 : 몫이 0이 될 때까지 2로 나누면서 나머지를 취함
- 소수부 : 2로 곱한 값의 소수부가 0이 될 때까지 곱하면서 정수부를 취함
- $100_{(10)}$

```
2 │100
2 │ 50  →  0    ┐
2 │ 25  →  0    │
2 │ 12  →  1    │
2 │  6  →  0    │ 읽는 순서
2 │  3  →  0    │
2 │  1  →  1    │
     0  →  1    ┘
```

$\therefore 100_{(10)} = 1100100_{(2)}$

- $23.625_{(10)}$

소수의 변환
소수의 진법 변환 시 소수점 왼쪽(정수부)은 변환하려는 진수로 나누고, 소수점 오른쪽(소수부)은 변환하려는 진수로 곱함

[정수부]

```
2 │ 23
2 │ 11  →  1    ┐
2 │  5  →  1    │ 읽는
2 │  2  →  1    │ 순서
2 │  1  →  0    │
     0  →  1    ┘
```

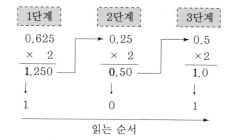

[소수부] ※ 정수 부분은 버리고 다음 단계로 이동

읽는 순서

정수부 : $10111_{(2)}$ 소수부 : $0.101_{(2)}$

$\therefore 23.625_{(10)} =$ (정수부+소수부) $= 10111.101_{(2)}$

② 10진수를 8진수로 변환
- 정수부 : 몫이 0이 될 때까지 8로 나누면서 나머지를 취함
- 소수부 : 8로 곱한 값의 소수부가 0이 될 때까지 곱하면서 정수부를 취함
- $144.3125_{(10)}$

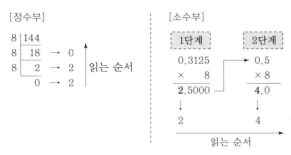

$$\therefore 144.3125_{(10)} = 220.24_{(8)}$$

③ 10진수를 16진수로 변환
- 정수부 : 몫이 0이 될 때까지 16으로 나누면서 나머지를 취함
- 소수부 : 16으로 곱한 값의 소수부가 0이 될 때까지 곱하면서 정수부를 취함
- $266.6015625_{(10)}$

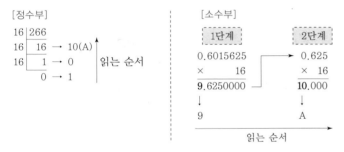

$$\therefore 266.6015625_{(10)} = 10A.9A_{(16)}$$

2) 2진수의 변환

① 2진수를 10진수로 변환 : 2진수의 각 자릿수(가중치)를 곱하되, 0은 제외
- $1011_{(2)} = 1 \times 2^3 + 1 \times 2^1 + 1 \times 2^0 = 8 + 2 + 1 = 11_{(10)}$
- $10111.011_{(2)} = 1 \times 2^4 + 1 \times 2^2 + 1 \times 2^1 + 1 \times 2^0 + 1 \times 2^{-2} + 1 \times 2^{-3}$
$$= 16 + 4 + 2 + 1 + \frac{1}{2^2} + \frac{1}{2^3} = 23 + \frac{3}{8} = 23.375_{(10)}$$

16진수의 숫자 표현

10진수	16진수
0	0
1	1
2	2
3	3
4	4
5	5
6	6
7	7
8	8
9	9
10	A
11	B
12	C
13	D
14	E
15	F

진법 변환 계산
- 모든 수의 0승은 1
  (2^0=1, 8^0=1, 16^0=1)
- x가 어떠한 수이든 $\frac{0}{x} = 0$

② 2진수를 8진수로 변환 : 소수점을 중심으로 좌우 3자리씩 나누되, 빈 자리는 0으로 채움

- $1100110101_{(2)} = (001\ 100\ 110\ 101)_2$

  $= 001 \rightarrow 1,\ 100 \rightarrow 4,\ 110 \rightarrow 6,\ 101 \rightarrow 5 \Leftarrow$ 가중치 값(421)으로 바로 계산

  $= 1465_{(8)}$

- $10011.01_{(2)} = (010\ 011.\ 010)_2$

  $= 010 \rightarrow 2,\ 011 \rightarrow 3,\ 010 \rightarrow 2$

  $= 23.2_{(8)}$

③ 2진수를 16진수로 변환 : 소수점을 중심으로 좌우 4자리씩 나누되, 끝에서 모자라는 자리는 0으로 채움

- $1100110101_{(2)} = (0011\ 0011\ 0101)_2$

  $= 0011 \rightarrow 3,\ 0011 \rightarrow 3,\ 0101 \rightarrow 5 \Leftarrow$ 가중치 값(8421)으로 바로 계산

  $= 335_{(16)}$

- $100011.01_{(2)} = (0010\ 0011.\ 0100)_2$

  $= 0010 \rightarrow 2,\ 0011 \rightarrow 3,\ 0100 \rightarrow 4$

  $= 23.4_{(16)}$

3) 8진수의 변환

① 8진수를 10진수로 변환 : 8진수의 각 자릿수(가중치)를 곱하되, 0은 제외

- $220_{(8)} = 2 \times 8^2 + 2 \times 8^1 = 128 + 16 = 144_{(10)}$
- $0.24_{(8)} = 2 \times 8^{-1} + 4 \times 8^{-2} = \dfrac{2}{8^1} + \dfrac{4}{8^2} = \dfrac{16+4}{64} = \dfrac{20}{64} = 0.3125_{(10)}$

② 8진수를 2진수로 변환 : 소수점을 중심으로 각 자리를 2진수 3자리로 변환

- $1456_{(8)}$

  $1 \rightarrow 001,\ 4 \rightarrow 100,\ 5 \rightarrow 101,\ 6 \rightarrow 110$

  $1456_{(8)} = 1100101110_{(2)}$

- $0.54_{(8)}$

  $5 \rightarrow 101,\ 4 \rightarrow 100$

  $0.54_{(8)} = 0.1011_{(2)}$

③ 8진수를 16진수로 변환 : 먼저 8진수 각 자리를 2진수 3자리로 바꾼 후 소수점을 중심으로 좌우로 4자리씩 끊어 맞추어 가중치 계산

- $270_{(8)}$

  [1단계] $2 \rightarrow 010,\ 7 \rightarrow 111,\ 0 \rightarrow 000$

  [2단계] $270_{(8)} = 10\ 111\ 000_{(2)} = 1011\ 1000_{(2)} = B8_{(16)}$

- $0.234_{(8)}$

  [1단계] $2 \rightarrow 010,\ 3 \rightarrow 011,\ 4 \rightarrow 100$

  [2단계] $0.234_{(8)} = 0.\ 010\ 011\ 1_{(2)} = 0.\ 0100\ 1110_{(2)} = 0.4E_{(16)}$

2진수 → 8진수 변환 시 가중치 값 계산

2진수	10진수			10진수
	4	2	1	
001	0	0	1	1
100	1	0	0	4
110	1	1	0	4+2=6
101	1	0	1	4+1=5

2진수 → 16진수 변환 시 가중치 값 계산

2진수	10진수				10진수
	8	4	2	1	
0011	0	0	1	1	2+1=3
0100	0	1	0	0	4
0101	0	1	0	1	4+1=5

8진수 → 2진수 변환 시 가중치 값 계산

2진수	10진수			10진수
	4	2	1	
1	0	0	1	001
4	1	0	0	100
4+2=6	1	1	0	110
4+1=5	1	0	1	101

4) 16진수의 변환

① 16진수를 10진수로 변환 : 16진수의 각 자릿수(가중치)를 곱하되, 0은 제외

- $10A_{(16)} = 1 \times 16^2 + 10 \times 16^0 = 256 + 10 = 266_{(10)}$
- $0.9A_{(16)} = 9 \times 16^{-1} + 10 \times 16^{-2} = \dfrac{9}{16^1} + \dfrac{10}{16^2} = \dfrac{144+10}{256} = \dfrac{154}{256} = 0.6015625_{(10)}$

② 16진수를 2진수로 변환 : 소수점을 중심으로 각 자리를 2진수 4자리로 변환

- $3A5_{(16)}$

  [1단계] 3 → 0011, A → 1010, 5 → 0101 ⇐ 가중치 값으로 바로 계산

  [2단계] $3A5_{(16)} = 1110100101_{(2)}$
- $0.B8_{(16)}$

  [1단계] B → 1011, 8 → 1000

  [2단계] $0.B8_{(16)} = 0.10111_{(2)}$

③ 16진수를 8진수로 변환 : 먼저 16진수를 2진수 4자리로 바꾼 후 소수점을 중심으로 좌우로 3자리씩 끊어 맞추어 가중치 계산

- $B8_{(16)}$

  [1단계] B → 1011, 8 → 1000

  [2단계] $B8_{(16)} = (1011\ 1000)_2 = (010\ 111\ 000)_2 = 270_{(8)}$
- $0.4E_{(16)}$

  [1단계] 4 → 0100, E → 1110

  [2단계] $0.4E_{(16)} = (0.\ 0100\ 1110)_2 = (0.\ 010\ 011\ 100)_2 = 0.234_{(8)}$

16진수 → 2진수 변환 시 가중치 값 계산

16진수	10진수				2진수
	8	4	2	1	
2+1=3	0	0	1	1	0011
4	0	1	0	0	0100
4+1=5	0	1	0	1	0101

02 2진수의 연산

1) 가산

$$
\begin{array}{cc} 0 \\ +0 \\ \hline 0 \end{array} \quad
\begin{array}{cc} 0 \\ +1 \\ \hline 1 \end{array} \quad
\begin{array}{cc} 1 \\ +0 \\ \hline 1 \end{array} \quad
\begin{array}{cc} 1 \\ +1 \\ \hline 10 \end{array} \quad
\begin{array}{cc} 1 \\ 1 \\ +1 \\ \hline 11 \end{array}
$$

자리 올림수

예

$$
\begin{array}{rr} 10 & 1010 \\ +15 & +1111 \\ \hline 25 & 11001 \end{array}
$$

2) 감산

자리 빌림수

$$
\begin{array}{cc} 0 \\ -0 \\ \hline 0 \end{array} \quad
\begin{array}{cc} 10 \\ -1 \\ \hline 1 \end{array} \quad
\begin{array}{cc} 1 \\ -0 \\ \hline 1 \end{array} \quad
\begin{array}{cc} 1 \\ -1 \\ \hline 0 \end{array}
$$

예

$$
\begin{array}{rr} 13 & 1101 \\ -11 & -1011 \\ \hline 2 & 10 \end{array}
$$

4자리 2진수 가중치

가중치 8421	16진수
0001	1
0010	2
0011	3
0100	4
0101	5
0110	6
0111	7
1000	8
1001	9
1010	A(10)
1011	B(11)
1100	C(12)
1101	D(13)
1110	E(14)
1111	F(15)

3) 승산

$$
\begin{array}{r} 0 \\ \times\, 0 \\ \hline 0 \end{array}
\qquad
\begin{array}{r} 0 \\ \times\, 1 \\ \hline 0 \end{array}
\qquad
\begin{array}{r} 1 \\ \times\, 0 \\ \hline 0 \end{array}
\qquad
\begin{array}{r} 1 \\ \times\, 1 \\ \hline 1 \end{array}
$$

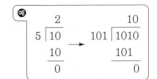

$$
\begin{array}{r} 11 \\ \times\, 5 \\ \hline 55 \end{array}
\;\rightarrow\;
\begin{array}{r} 1011 \\ \times\, 101 \\ \hline 1011 \\ 0000 \\ 1011 \\ \hline 110111 \end{array}
$$

4) 제산

$$
\overset{\text{부정}}{0\,\big|\,0}
\qquad
1\,\big|\begin{array}{l}0\\ \hline 0 \\ \hline 0\end{array}
\qquad
\overset{\text{불능}}{0\,\big|\,1}
\qquad
1\,\big|\begin{array}{l}1\\ \hline 1 \\ \hline 0\end{array}
$$

$$
5\,\big|\begin{array}{l}2\\ \hline 10 \\ 10 \\ \hline 0\end{array}
\;\rightarrow\;
101\,\big|\begin{array}{l}10\\ \hline 1010 \\ 101 \\ \hline 0\end{array}
$$

⓷ 보수에 의한 감산 ★

감수의 보수를 피감수에 더하여 감산은 물론 가산의 반복을 통해 승·제산까지 처리한다.
컴퓨터에 별도의 감산 및 승·제산 회로를 설계하지 않아도 되는 장점이 있다.

1) 1의 보수(Complement)에 의한 감산

- 1의 보수 : 0은 1로, 1은 0으로 바꾸어 구함
- 감수를 피감수의 자릿수와 맞춘 후, 감수의 보수를 구하여 피감수에 더함
- 최좌측 비트에 자리 올림수가 발생할 경우 자리 올림수를 잘라서 남은 값 끝자리에 더함

$$
\begin{array}{r} 14 \\ -\;5 \\ \hline 9 \end{array}
\;\Rightarrow\;
\overset{\text{[감산식]}}{\begin{array}{r} 1110 \\ -\,0101 \\ \hline \end{array}}
\;\Rightarrow\;
\overset{\text{[보수 가산식]}}{\begin{array}{r} 1110 \\ +\,1010 \\ \hline 11000 \end{array}}
\;\Rightarrow\;
\overset{\text{[자리 올림 가산]}}{\begin{array}{r} 1110 \\ +\,1010 \\ \hline 1000 \\ +\quad 1 \\ \hline 1001 \end{array}}
$$

↳ 자리 올림수

- 최좌측 비트에 자리 올림수가 없을 경우 결과의 1의 보수를 구하여 '−'를 붙임

$$
\begin{array}{r} 5 \\ -\;14 \\ \hline -\;9 \end{array}
\;\Rightarrow\;
\overset{\text{[감산식]}}{\begin{array}{r} 0101 \\ -\,1110 \\ \hline \end{array}}
\;\Rightarrow\;
\overset{\text{[보수 가산식]}}{\begin{array}{r} 0101 \\ +\,0001 \\ \hline 0110 \end{array}}
\;\Rightarrow\;
\overset{\text{[결과의 보수]}}{\begin{array}{r} 0110 \\ \downarrow \\ -\,1001 \end{array}}
$$

2) 2의 보수에 의한 감산

- 2의 보수 : 1의 보수에 1을 더하여 구함

- 감수의 2의 보수를 구하여 피감수에 더함
- 최좌측 비트에 자리 올림수가 발생할 경우 자리 올림수를 버림

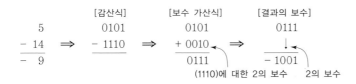

	[감산식]	[보수 가산식]	[자리 올림 버림]
14	1110	1110	11001
− 5 ⇒	− 0101 ⇒	+ 1011 ⇒	↓
9		11001	1001

↳ 자리 올림수

- 최좌측 비트에 자리 올림수가 없을 경우 결과의 2의 보수를 구하여 '−'를 붙임

	[감산식]	[보수 가산식]	[결과의 보수]
5	0101	0101	0111
− 14 ⇒	− 1110 ⇒	+ 0010 ⇒	↓
− 9		0111	− 1001

(1110)에 대한 2의 보수   2의 보수

이론을 확인하는 기출문제

01 2진수 $(1101)_2$에 대한 2의 보수(2's Complement) 값을 바르게 나타낸 것은?

① 1001　　　　② 0010
③ 0101　　　　④ 0011

2의 보수는 1의 보수에 1을 더하여 계산하므로, 0010 + 1 = 0011

02 10진수 21을 2진수로 변환하면 얼마인가?

① $(10011)_2$　　　② $(10100)_2$
③ $(10101)_2$　　　④ $(10110)_2$

10진수의 2진수 변환

∴ $21_{(10)} = 10101_{(2)}$

03 16진수 27D를 10진수로 변환하면 얼마인가?

① 237　　　　② 357
③ 637　　　　④ 897

$27D_{16} = 2 \times 16^2 + 7 \times 16^1 + 13 \times 16^0 = 512 + 112 + 13 = 637$

04 2진수 음수(Negative Number)를 표현하는 방법이 아닌 것은?

① Signed − Magnitude 표현
② Signed − 2's Complement 표현
③ Signed − 1's Complement 표현
④ Signed − Gray 표현

수치 자료의 음수 표현 방식
① 고정 소수점
- **부호화 절대값 표현** : 최좌측 부호 비트가 0이면 양수, 1이면 음수임
- **1의 보수 표현** : 양수 표현은 부호와 절대값 표현과 같으나, 음수는 1의 보수 형태로 표현
- **2의 보수 표현** : 양수 표현은 부호와 절대값 표현과 같으나, 음수는 2의 보수 형태로 표현
② 부동 소수점 : 최좌측 부호 비트를 이용하여 음수 표현

/ SECTION / 02 자료의 구성과 표현 방식

출제빈도
상 중 하

빈출 태그 팩 형식 • 언팩 형식 • 부호와 절대값 • ASCII • EBCDIC • 그레이 코드 • 비트 • 바이트

문자 표현
영문자 표현은 ASCII나 EBCDIC 같은 1바이트 코드로 가능하지만, 한글 표현에는 2바이트가 필요함

01 자료의 종류

수치 자료	정수	10진수	• 팩(Pack) 형식 • 언팩(Unpack) 형식 = 존(Zone) 형식
		고정 소수점 형식	• 부호와 절대값 • 1의 보수 • 2의 보수
	실수	부동 소수점 형식	
문자 자료			• 2진화 10진 코드(BCD) • 아스키 코드(ASCII) – 미국 표준화 코드 • 확장 2진화 10진 코드(EBCDIC)
기타			3초과(Excess-3) 코드, 그레이(Gray) 코드, 해밍(Hamming) 코드

02 자료의 구성 ★

1) 물리적 단위

① 비트(Bit; Binary Digit) : 2진수(0, 1)로 표현되는 정보 표현의 최소 단위
② 바이트(Byte) : 8개의 비트가 모여 1바이트를 이루며, 영문자나 숫자의 표현 단위 (한글은 2바이트)와 더불어, 주기억 장치의 번지 부여 최소 단위가 됨
③ 워드(Word) : 바이트의 모임으로 주기억 장치와 CPU 사이에서 처리되는 정보 단위로, Half Word(2바이트), Full Word(4바이트), Double Word(8바이트)로 나눔

니블
4비트의 단위 표현

2) 논리적 단위

① 항목(Field, Item) : 연관된 자료나 정보(성명, 주소, 전화번호 등)
② 레코드(Record) : 서로 관련있는 항목들의 모임
• 논리 레코드(Logical Record) : 프로그램의 실질적인 처리 단위
• 물리 레코드(Physical Record) : 입출력 단위(=Block)
③ 파일(File) : 레코드 또는 관련 데이터의 물리적 저장 상태
④ 데이터베이스(Database) : 일정한 구조에 따라 편성된 데이터의 집합

⏱ **기적의 3초컷**

레코드는 자기 테이프 장치와 관련된 입출력 단위이고, 자기 디스크 등에서는 클러스터라는 입출력 단위를 사용합니다.

03 바이트 단위의 응용

① 기억 장치의 기억 단위

- 1[KB](Kilo Byte) = 1,024[Byte] = 2^{10}
- 1[MB](Mega Byte) = 1,024[KB] = 1024×1024[Byte] = 2^{20}
- 1[GB](Giga Byte) = 1,024[MB] = $1024 \times 1024 \times 1024$[Byte] = 2^{30}
- 1[TB](Tera Byte) = 1,024[GB] = $1024 \times 1024 \times 1024 \times 1024$[Byte] = 2^{40}
- 1[PB](Peta Byte) = 1,024[TB] = $1024 \times 1024 \times 1024 \times 1024 \times 1024$[Byte] = 2^{50}

② 주소 지정

- 절대 번지 : 바이트 단위로 0, 1, 2, …로 부여한 기억 장치의 고유 번지
- 즉시 번지 : 주소부의 값이 실제 데이터가 됨
- 상대 번지 : 오퍼랜드(피연산자)의 값과 프로그램 카운터의 값을 더해 주소 결정
- 직접 번지 : 주소부의 값이 실제 데이터의 위치를 나타냄
- 간접 번지 : 주소부에 실제 데이터를 지정하는 주소가 들어 있음

04 자료의 표현 방식

1) 문자 자료 표현 방식 ★

① BCD(2진화 10진 코드, Binary Coded Decimal code)

- 2개의 존(Zone, 구역) 비트와 4개의 디지트(Digit, 데이터) 비트로 구성
- 2^6 = 64가지 문자 표현이 가능
- 보통 오류를 체크하기 위한 1개의 체크 비트(Parity Bit)를 포함하여 7비트로 사용

② ASCII(American Standard Code for Information Interchange)

- 2^7 = 128가지 문자 표현이 가능하기 때문에 BCD 코드보다 더 많은 문자를 표현할 수 있음
- 보통 오류 검출 비트를 포함하여 ASCII-8 Code로 사용되며 데이터 통신용으로 주로 쓰임
- ITU와 국제 표준 기구(ISO)에 의해 국제 전기 통신 부호 제5호(Alphabet No.5)로 권고

③ EBCDIC(확장 2진화 10진 코드, Extended Binary Coded Decimal Interchange Code)

- 4개의 존 비트와 4개의 디지트 비트로 구성
- 2^8 = 256가지 문자 표현이 가능
- 1개의 오류 검출 비트를 포함하여 9비트로 사용

문자 자료 표현 방식
- BCD 코드 : 6bit 코드
- ASCII 코드 : 7bit 코드
- EBCDIC 코드 : 8bit 코드

유니코드(Unicode)
- 전세계의 모든 문자를 컴퓨터에서 일관되게 표현하고 다룰 수 있도록 설계된 산업 표준으로 유니코드 협회(Unicode Consortium)가 제정
- 다양한 문자 집합들을 통합하는 데 성공하면서 컴퓨터 소프트웨어의 국제화와 지역화에 널리 사용되게 되었으며, 비교적 최근의 기술인 XML, 자바, 그리고 최신 운영 체제 등에서도 지원하고 있음
- 유니코드에서 한국어 발음을 나타낼 때는 예일 로마자 표기법의 변형인 ISO/TR 11941을 사용
- 1991년 : 유니코드 1.0
- 1996년 : 유니코드 2.0
  - 11172자의 모든 현대 한글 포함
- 2000년 : 유니코드 3.0
- 2001년 : 유니코드 3.1
  - 보조 평면 처음 도입
- 2018년 : 유니코드 11.0
- 2019년 : 유니코드 12.0

2) 수치 자료 표현 방식

① 고정 소수점 : 숫자를 정수로 표현

• **부호와 절대값 표현** : 최좌측 비트는 부호, 나머지는 절대값을 나타내며, 부호 비트가 0이면 양수, 1이면 음수임

• **1의 보수** : 양수 표현은 부호와 절대값 표현과 같으나, 음수는 1의 보수 형태로 표현

0	0	0	0	1	0	1	0	+10

1	1	1	1	0	1	0	1	−10

• **2의 보수** : 양수 표현은 부호와 절대값 표현과 같으나, 음수는 2의 보수 형태로 표현

0	0	0	0	1	0	1	0	+10

1	1	1	1	0	1	1	0	−10

② 부동 소수점

• 매우 큰 수나 작은 수 표현
• 실수 형태의 표현이 가능하므로 정밀도가 요구되는 연산 처리에 적합
• 최좌측 비트는 부호 비트, 7개 비트의 지수부와 실제 데이터 값이 기록되는 가수부로 구성

0	1	7 8	31
부호 비트	지수부	소수부(가수부)	

③ 10진 데이터 표현

• 부호 비트로 4개의 비트(Nibble)를 사용하며 양수는 $C_{(16)}$, 음수는 $D_{(16)}$로 표기함
• **팩(Pack) 형식** : 연산 목적으로 사용

Digit	Digit	Digit	Digit	Digit	Digit	Digit	Sign	기본 형식

0	0	0	1	2	3	4	C	+1234

0	0	0	1	2	3	4	D	−1234

테라플롭스(TFlops)
컴퓨터가 초당 부동 소수점 연산을 몇 번이나 할 수 있느냐를 횟수로 나타내는 단위

기적의 3초컷

지수부는 음지수와 양지수를 모두 표현하기 위해 지수부의 최대 표현값의 중간값을 0승으로 약속합니다. 즉, 7비트 지수부에서는 64(= 4 0 = 100 0000)를 기준으로, 8비트 지수부에서는 128(= 8 0 = 1000 0000)을 기준으로 1씩 작아지면 음수승, 1씩 커지면 양수승 값이 됩니다.

• 언팩(Unpack) 형식 : 존(Zone) 형식이라고도 하며 저장과 입 · 출력 목적으로 사용

Zone	Digit	Zone	Digit	Zone	Digit	Sign	Digit	
F	1	F	2	F	3	C	4	+1234
F	1	F	2	F	3	D	4	−1234

기본 형식

3) 그 외의 코드 ★

① 3초과 코드(Excess-3 Code)
• 가장 대표적인 비가중치 코드
• 보통의 8421 코드(BCD 코드)에 십진수 $3(11_{(2)})$을 더한 코드
• 자기 보수 코드이므로 연산이 용이

② 그레이 코드(Gray Code)
• 오류의 발생이 적고 자료의 연속적인 변환이 가능
• 입출력 장치나 Analog/Digital 변환기에 사용

③ 해밍 코드(Hamming Code)
• 8421 코드에 3개의 비트를 추가하여 오류의 검출뿐 아니라 교정도 가능
• 3개 이상의 체크 비트를 가지며, 데이터 비트는 BCD(8421)로 구성

④ 2진 5코드(Biquinary Code)
• 각 그룹에 1이 반드시 2개만 포함되어 있어, 어느 한 비트라도 오류가 발생하면 1의 개수가 달라져 오류 검출 가능
• 1과 0의 비트가 동시에 서로 바뀌는 오류에 대해서는 검출이 불가능함

⑤ 보도 코드(Baudot Code)
• 5개의 비트 조합(2^5)에 의해 32개의 정보 표현 가능
• 국제 전기 통신 연합(ITU)에서 정한 국제 전기 통신 부호 제2호(Alphabet No.2)
• 가입 전신(TELEX)이나 전보 등에서 주로 사용되나, 오류 검출 기능은 없음

코드 특징

• **가중치 코드** : 8421(BCD) 코드, 바이퀴너리(5043210) 코드, 링카운터(9876543210) 코드, 5421 코드, 2421 코드, 51111 코드 등
• **비가중치 코드** : 3초과 코드, 5중 2(2-out-of-5) 코드, 그레이 코드, 시프트 카운터(Johnson Code) 등
• **자기 보수 코드** : 3초과 코드, 2421 코드, 51111 코드, 8421 코드 등
• **에러 검출 코드** : 순환 부호, 패리티 부호, 해밍 코드, 2진 5코드, 5중 2코드, 5중 3코드, 링 카운터(Ring Counter) 코드 등
• **에러 정정 코드** : 해밍 코드 등

01 정보를 표현하는 최소 기억 단위는?

① 비트(Bit) ② 바이트(Byte)

③ 워드(Word) ④ 어드레스(Address)

정보표현 단위 : Bit → Byte → Word → Field(=Item) → Record → File → Data Base

02 다음이 설명하는 용어로 가장 알맞은 것은?

- 의미가 있는 정보를 전달하는 최소한의 문자집합
- 레코드 안에서 파일을 기록하는 물리적인 장소

① File ② Field ③ Word ④ Byte

항목(Field, Item) : 연관된 자료나 정보(성명, 주소, 전화번호 등)

03 다음 중 6bit로 구성된 코드는?(단, 패리티 bit 제외)

① ASCII ② BCD ③ EBCDIC ④ BCC

문자 자료 표현 방식

- BCD : 6비트 코드로 2개의 존 비트와 4개의 디지트 비트로 구성되며, 64개의 영문자 및 숫자 표현
- ASCII : 7비트로 구성된 통신용 표준 코드로 128개의 문자 표현
- EBCDIC : 8비트 구성된 IBM 컴퓨터 기종의 정보처리용 코드로 256개의 문자 표현

04 다음 보기의 8421 BCD 부호수를 해독한 것 중 맞는 것은?

(보기) 0011, 1000, 0111

① 783 ② 784 ③ 387 ④ 487

2진 가중치 코드의 변환

- $0011 = 1 \times 2^1 + 1 \times 2^0 = 3$
- $1000 = 1 \times 2^3 = 8$
- $0111 = 1 \times 2^2 + 1 \times 2^1 + 1 \times 2^0 = 7$

05 2진수 10101101을 그레이(Gray) 코드로 변환하면?

① 1101001 ② 10101101

③ 10101100 ④ 11111011

가중치 없는 코드 옆의 자리와 더하여 내림

```
 1 0 1 0 1 1 0 1
 ⊕⊕⊕⊕⊕⊕⊕
 1 1 1 1 1 0 1 1
```

06 다음 ( ) 안에 적합한 용어는?

"(㉮) 표현 방식은 소수점의 위치를 움직일 수 있도록 함으로써 (㉯) 방식보다 수의 표현에 있어서 정밀도를 높일 수 있다. (㉮)에 의한 수의 표현은 부호비트, 지수부분, 가수부분으로 구분하여 표현한다. (㉮)의 산술 연산은 (㉯) 연산에 비하여 복잡하고 많은 시간이 소요되며, 또한 하드웨어적으로 복잡하다."

① ㉮ : 팩 10진수, ㉯ : 언팩 10진수

② ㉮ : 부동 소수점, ㉯ : 고정 소수점

③ ㉮ : 부동 소수점, ㉯ : 팩 10진수

④ ㉮ : 10진 데이터, ㉯ : 고정 소수점

수치 자료 표현 방식

① 고정 소수점 : 숫자를 정수로 표현

- **부호와 절대값 표현** : 최좌측 비트는 부호, 나머지는 절대값을 나타내며, 부호 비트는 0이면 양수, 1이면 음수임
- **1의 보수 표현** : 양수 표현은 부호와 절대값 표현과 같으나, 음수는 1의 보수 형태로 표현
- **2의 보수 표현** : 양수 표현은 부호와 절대값 표현과 같으나, 음수는 2의 보수 형태로 표현

② 부동 소수점

- 매우 큰 수나 작은 수 표현
- 실수 형태의 표현이 가능하므로 정밀도가 요구되는 연산 처리에 적합
- 최좌측 비트는 부호비트, 7개 비트의 지수부와 실제 데이터 값이 기록되는 가수부로 구성

07 다음 중 컴퓨터의 문자 코드 표현인 가중치 코드에 해당하지 않는 것은?

① 8421 코드 ② 6421 코드

③ 5421 코드 ④ 2421 코드

가중치 코드로는 8421(BCD) 코드, 바이퀴너리(5043210)코드 링카운터(9876543210) 코드, 5421 코드, 2421 코드, 51111 코드 등이 있음

오답 피하기

비가중치 코드로는 3초과 코드, 5중2(2-out-of-5) 코드, 그레이 코드, 시프트카운터 등이 있음

08 다음 중 자체 보수 코드(Self Complement Code)는?

① BCD(Binary Coded Decimal)

② 2421 Code

③ 그레이 코드(Gray Code)

④ ASCII

자체 보수 코드 : 3초과 코드, 2421 코드, 51111 코드 등

01 다음 353(10)을 2진수로 변환하면?

① 101100001　　② 101100011
③ 101100101　　④ 101100111

02 10진수 144를 8진수로 변환하면?

① 144　　② 202
③ 141　　④ 220

03 2진수 101110110을 10진수로 변환하면?

① 371　　② 372
③ 373　　④ 374

04 2진법 10100101을 16진법으로 고치면?

① A4　　② B4
③ A5　　④ B5

05 8진수 0.114를 10진수로 변환시킨 것은?

① 0.1484　　② 0.1596
③ 0.1672　　④ 0.1818

06 8진수 0.1142는 2진수로 얼마인가?

① 0.00100110001　　② 0.01011001
③ 0.0010011001　　④ 0.0100110001

07 8진수 0.234는 16진수로 얼마인가?

① 0.AB　　② 0.4E
③ 0.414　　④ 0.B8

08 10진수 3327을 16진수로 바꾸면?

① BF5　　② 15F
③ BFE　　④ CFF

09 16진법의 2F는 10진법으로 얼마인가?

① 30　　② 35
③ 42　　④ 47

10 16진수 3B4(16)를 2진수로 변환하면?

① 1110110100(2)　　② 1101101100(2)
③ 1101011100(2)　　④ 1111010100(2)

11 2진수 (10101010)₂을 8진수로 나타내면?

① 170　　② 204
③ 368　　④ 252

12 16진수인 F9A−A8F를 계산하면 얼마인가?

① 4067　　② 30B
③ 50B　　④ 5012

13 다음에 들어갈 말이 아닌 것은?

> Byte 단위의 글자들이 모여 Word를 이루고, Word 단위의 단어들이 모여 (　)을(를) 이룬다.

① File　　② Field
③ Item　　④ 항목

14 데이터의 표현에서 한 바이트(Byte)는 몇 비트(Bit)를 뜻하는가?

① 5Bits　　② 8Bits
③ 6Bits　　④ 7Bits

15 영문 1문자를 표현하기 위해서는 1Byte가 필요하다. 그러면 한글 1문자를 표현하기 위해 필요한 용량은 얼마인가?

① Half Word   ② Full Word
③ Double Word   ④ Word

16 주기억 장치에 데이터를 기억시킬 때 기억 번지와 1 대 1로 부여되어 있는 고유의 번지 이름은?

① 절대 번지   ② 상대 번지
③ 직접 번지   ④ 간접 번지

17 EBCDIC Code는 몇 개의 Bit로 구성되는가?

① 16   ② 4
③ 7   ④ 8

18 BCD 코드로 10개의 숫자와 26개의 알파벳을 비롯한 특수 문자를 표현할 때 각각 최대 몇 비트가 필요한가?

① 숫자 3비트, 문자 6비트이다.
② 숫자와 문자 모두 4비트씩이다.
③ 숫자 4비트, 문자 6비트이다.
④ 숫자 6비트, 문자 4비트이다.

19 다음의 표현 방식과 수치는?

1111	0001	1111	0010	1111	0011	1100	0100

① 언팩, + 1234   ② 팩, −FFFC
③ 팩, + 1234   ④ 언팩, −FFFC

20 컴퓨터에서는 2진수에서 음수를 표현할 때 특정한 자리를 정해두고 그 비트가 음수를 나타낸다. 어떤 경우가 양수인가?

① 0이 SET   ② 1이 SET
③ −가 SET   ④ +가 SET

21 다음 그림에 해당되는 데이터 표현 형식은?

0	1	7	8	31
부호	지수부		가수부(2진) 크기	

① 고정 소수점 데이터 형식
② 부동 소수점 데이터 형식
③ 10진 데이터 형식
④ 2진 데이터 형식

22 그레이 코드(Gray Code)에 관한 설명 중 옳지 않은 것은?

① Non−Weighted Code이다.
② A/D Code 변환기나 입출력 장치 Code로 많이 사용된다.
③ 연산에는 부적당하다.
④ 입력 Code로 사용하면 오차가 많이 발생한다.

23 2진수의 음수(Negative Number)를 표현하는 방법이 아닌 것은?

① Signed − Magnitude 표현
② Signed − 2's Complement 표현
③ Signed − 1's Complement 표현
④ Signed − 0's Complement 표현

24 부동 소수점 숫자에 관한 설명으로 옳지 못한 것은?

① 부동 소수점 숫자는 정규화 함으로써 상대적으로 많은 유효 숫자를 갖는다.
② 부동 소수점 숫자의 연산은 고정 소수점 숫자에 비해 간단하고 속도도 빠르다.
③ 부동 소수점 숫자는 가수 부분과 지수 부분으로 나눈다.
④ 부동 소수점 숫자를 포트란에서 실수라고 부른다.

논리 회로

기본 논리 회로의 기능과 역할을 충분히 이해하고, 이를 활용한 불 대수의 드모르간 정리, 그리고 전가산기, 디코더, 인코더 등의 조합 논리 회로의 특징을 중점적으로 학습합니다.

출제빈도

- Section 01 **상** ━━━━━━━━━━━━━━━━ 50%
- Section 02 **상** ━━━━━━━━━━━━━━━━ 50%

기본 논리 회로

빈출 태그 배타적 논리합·불 대수·드모르간의 정리·전가산기·디코더·인코더·플립플롭

기본 논리 회로
좁은 의미의 기본 논리 회로는 AND, OR, NOT만을 가리킴

01 AND 회로

- 두 개의 입력 신호가 모두 1일 때 출력이 1이 되는 회로
- 입력되는 값이 A, B라면 A AND B 또는 A · B로 표현

논리 기호	논리식	집합	진리표
A B ─────X	$X = A \cdot B$ (논리곱)	A∩B	A B X / 0 0 0 / 0 1 0 / 1 0 0 / 1 1 1

02 OR 회로 ★

- 두 개의 입력 신호 중 어느 하나만 1이라도 출력이 1이 되는 회로
- 입력되는 값이 A, B라면 A OR B 또는 A+B로 표현

🕐 **기적의 3초컷**

기본적인 논리함수인 AND, OR, NOT 회로를 기본 회로로 이해하고 넘어갑니다. 하지만, 불 대수를 이용한 응용 문제가 많이 출제되며 컴퓨터 시험의 기본 공식이므로 외워둡니다.

논리 기호	논리식	집합	진리표
A B ─────X	$X = A+B$ (논리합)	A∪B	A B X / 0 0 0 / 0 1 1 / 1 0 1 / 1 1 1

03 NOT 회로

- 입력 신호의 반대 신호가 출력되는 회로
- 입력되는 값이 항상 1개이며 입력되는 값이 A라면, NOT A 또는 A' 또는 $\overline{A}$로 표현

논리 기호	논리식	집합	진리표
A ─────X	$X = \overline{A}$ (논리 부정)	A^c	A X / 0 1 / 1 0

04 NAND 회로

- AND 회로에 NOT 회로를 더한 것
- 출력 신호가 AND에 대한 1의 보수로 나타남

논리 기호	논리식	진리표		
		A	B	X
A, B → X	$X = \overline{A \cdot B}$	0	0	1
		0	1	1
		1	0	1
		1	1	0

05 NOR 회로

- OR 회로에 NOT 회로를 더한 것
- 출력 신호가 OR에 대한 1의 보수로 나타남

논리 기호	논리식	진리표		
		A	B	X
A, B → X	$X = \overline{A+B}$	0	0	1
		0	1	0
		1	0	0
		1	1	0

06 X-OR(eXclusive-OR; 배타적 논리합) 회로 ★

- 두 개의 입력 신호가 서로 다를(배타적) 때 1이 되는 회로

논리 기호	논리식	진리표		
		A	B	X
A, B → X	$X = A \oplus B$ $= \overline{A} \cdot B + A \cdot \overline{B}$	0	0	0
		0	1	1
		1	0	1
		1	1	0

1) 불 대수의 기본 공식

① 기본 공식

- $0 + X = X$
- $0 \cdot X = 0$
- $\overline{\overline{X}} = X$

- $1 \cdot X = X$
- $X + \overline{X} = 1$

- $1 + X = 1$
- $X \cdot \overline{X} = 0$

② 멱등 법칙

- $X + X = X$
- $X \cdot X = X$

③ 교환 법칙

- $X + Y = Y + X$
- $X \cdot Y = Y \cdot X$

④ 결합 법칙

- $X + (Y + Z) = (X + Y) + Z$
- $X \cdot (Y \cdot Z) = (X \cdot Y) \cdot Z$

⑤ 흡수 법칙

- $(X \cdot Y) + X = X$
- $(X + Y) \cdot X = X$

⑥ 분배 법칙

- $X \cdot (Y + Z) = X \cdot Y + X \cdot Z$
- $X + Y \cdot Z = (X + Y) \cdot (X + Z)$

⑦ 드모르간(De Morgan)의 정리

- $\overline{X+Y} = \overline{X} \cdot \overline{Y}$
- $\overline{X \cdot Y} = \overline{X}+\overline{Y}$

2) 카르노 맵(Karnaugh Map)

① 변수가 많은 복잡한 논리식의 간략화에 이용

- 가능한 한 많이 묶되 사각형이 되게 하며, 2의 배수승(1, 2, 4, 8, 16, …)으로 함
- 반복 또는 양쪽 모서리의 가로 · 세로끼리도 묶을 수 있음

② 변수가 2개인 경우(A, B)

B＼A	0	1
0	$\overline{A}\overline{B}$	$A\overline{B}$
1	$\overline{A}B$	AB

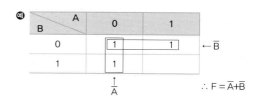

∴ $F = \overline{A}+\overline{B}$

③ 변수가 3개인 경우(A, B, C)

C \ AB	0	1	0	1
0	$\overline{A}\,\overline{B}\,\overline{C}$	$\overline{A}B\overline{C}$	$AB\overline{C}$	$A\overline{B}\,\overline{C}$
1	$\overline{A}\,\overline{B}C$	$\overline{A}BC$	ABC	$A\overline{B}C$

예

C \ AB	0	1	0	1
0	1			1
1	1	1		1

$\overline{A}C$

$\overline{B}$

$\therefore F = \overline{B} + \overline{A}C$

이론을 확인하는 기출문제

01 다음 중 NOT 회로를 가장 잘 설명한 것은?

① 다수의 입력과 한 개의 출력을 갖는다.
② 입력과 출력이 정반대가 된다.
③ 입력과 출력 신호가 같다.
④ NOR와 동일한 회로이다.

NOT 회로는 입력을 부정하는 회로이므로, 출력은 입력의 반대가 됨

02 두 입력 A, B가 모두 1일 때만 출력 Y가 1이 되는 회로는?

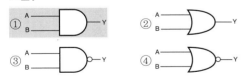

두 입력이 모두 1일 때만 출력이 1이 되는 회로는 AND 회로임

03 다음 중 조합 논리 회로에 속하지 않는 것은?

① 반가산기(Half Adder)
② 디코더(Decoder)
③ 멀티플렉서(Multiplexer)
④ 링 카운터(Ring Counter)

조합 논리 회로 : 기억 회로가 없으므로 출력 신호는 입력 신호에 아무런 영향을 주지 못하며 반가산기, 전가산기, 디코더 등이 대표적임

04 $A\cdot(A\cdot B + C)$를 간략화시키면?

① $A + B + C$
② $A\cdot(B + C)$
③ $B\cdot(A + C)$
④ $C\cdot(A + B)$

논리식의 간략화
$A\cdot(A\cdot B+C) = A\cdot(A+C)\cdot(B+C) = (A\cdot A+A\cdot C)\cdot(B+C)$
$= (A+A\cdot C)\cdot(B+C) = A(1+C)\cdot(B+C) = A\cdot(B+C)$

05 드모르간(De Morgan)의 정리에 해당되는 식은?

① $A\cdot B = \overline{A}\cdot\overline{B}$
② $\overline{A + B} = \overline{A}\cdot\overline{B}$
③ $A + B = (\overline{A + B}) + (\overline{A + \overline{B}})$
④ $A + AB = A$

드모르간의 법칙
· $\overline{(A + B)} = \overline{A}\cdot\overline{B}$
· $\overline{(A \cdot B)} = \overline{A} + \overline{B}$

응용 논리 회로

빈출 태그 반가산기 · 전가산기 · 디코더 · 인코더 · Flip-Flop · Set · Reset

조합 논리 회로
이전의 입력에는 관계없이 현재의 입력 조합으로 결정되는 논리 회로

순서 논리 회로
외부로부터 입력과 현재 상태의 출력이 결정되는 회로로, 플립플롭, 카운터, 레지스터, RAM 등이 있음

가산기의 종류
① 병렬 가산기
• n비트 2진수의 덧셈을 하는 2진 병렬 가산기는 1개의 반가산기와 n-1개의 전가산기가 필요함
• 계산 시간이 빠르나 더하는 비트 수만큼 전가산기가 필요하므로, 회로가 복잡함
② 직렬 가산기
• 1개의 전가산기와 1개의 자리 올림수 저장기가 필요함
• 회로가 간단하나, 병렬 가산기에 비해 계산 시간이 느림

01 조합 논리 회로 ★

기억 회로가 없으므로, 출력 신호는 입력 신호에 아무런 영향을 주지 못한다.

1) 반가산기(Half Adder)

• 두 2진수를 더한 합(S; Sum)과 자리 올림수(C; Carry)를 얻는 회로
• 배타적 논리합과 논리곱 회로로 구성

회로도	논리식	진리표

회로도	논리식	A	B	S	C
(회로도)	$S = \bar{A}B + A\bar{B} = A \oplus B$ $C = A \cdot B$	0	0	0	0
		0	1	1	0
		1	0	1	0
		1	1	0	1

2) 전가산기(Full Adder)

• 완전한 가산을 위해 자리 올림도 처리할 수 있는 회로
• 보통 반가산기 2개와 OR 회로로 구성

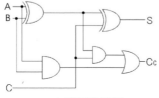

• Sum = $A \oplus B \oplus C$
• Carry = $(A \oplus B) \cdot C + A \cdot B$

▲ 전가산기 회로도

3) 디코더(Decoder; 해독기)

• n개의 입력 신호를 2^n개의 출력선 중 하나로 선택 출력하는 회로
• 2진 부호를 10진수로 해독, AND 게이트로 구성

4) 인코더(Encoder; 부호기)

• 2^n개 이하의 입력 중 하나를 선택하여, n개의 비트를 출력하는 회로
• 10진수를 2진 부호(BCD)로 변환, OR 게이트로 구성

⑫ 순서 논리 회로 ★

조합 논리 회로에 기억 회로를 추가하여 구성되어, 출력된 결과가 기억 회로에 의해 다시 입력에 영향을 준다. 가장 대표적인 것으로 1비트 기억 회로인 플립플롭(Flip-Flop)이 있다.

🕐 **기적의 3초컷**

1bit 기억 회로인 플립플롭의 종류를 기억하세요.
· RS 플립플롭
· JK 플립플롭
· T 플립플롭
· D 플립플롭

1) RS(Reset-Set) 플립플롭

- 가장 기본적인 플립플롭으로, Set과 Reset의 두 입력 S, R을 가짐
- S=1, R=1이 각각 입력되면 출력 값을 예상할 수 없음(금지 입력)

회로도	진리표

입력		출력
S	R	Q_{n+1}
0	0	Q_n(상태 불변)
0	1	0(Reset, Clear)
1	0	1(Set)
1	1	허가 금지

2) JK(Jack-King) 플립플롭

- RS 플립플롭의 결점을 보완한 플립플롭으로 가장 널리 쓰임
- 금지 입력 없이 J=1, K=1일 때의 동작은 이전 상태의 반전이 됨

회로도	진리표

입력		출력
J	K	Q_{n+1}
0	0	Q_n(상태 불변)
0	1	0(Reset, Clear)
1	0	1(Set)
1	1	$\overline{Q_n}$(반전)

3) T(Toggle) 플립플롭

- Toggle(On/Off 반복) 플립플롭으로, T=1일 때 출력이 반전됨
- 카운터 회로(계수기)에 이용

회로도	진리표

입력		출력
T	Q_n	Q_{n+1}
0	0	0
0	1	1
1	0	1
1	1	0

4) D(Delay) 플립플롭

- D는 지연(Delay)을 의미
- 입력값과 출력값이 같으므로 버퍼(Buffer)로 이용

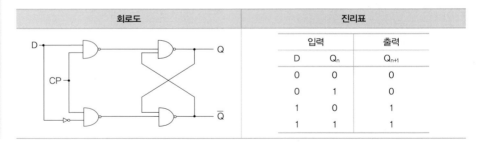

회로도	진리표		
	입력		출력
	D	Q_n	Q_{n+1}
	0	0	0
	0	1	0
	1	0	1
	1	1	1

이론을 확인하는 기출문제

01 전가산기 회로의 구성으로 옳은 것은?

① 반가산기 2개 + OR 회로 1개
② 반가산기 2개 + AND 회로 1개
③ 반가산기 1개 + OR 회로 2개
④ 반가산기 1개 + AND 회로 2개

전가산기는 2개의 반가산기와 1개의 OR 게이트로 구성됨

02 Encoder에 대한 설명으로 적합한 것은?

① 입력 신호를 2진수로 부호화하는 회로이다.
② 2진 부호를 10진 부호로 변환하는 회로이다.
③ 출력 단자에 신호를 보내는 회로이다.
④ 입력 신호를 해독하는 해독기이다.

인코더(Encoder, 부호기)
- 2^n개 이하의 입력 중 하나를 선택하여, n개의 비트를 출력하는 회로
- 10진수를 2진 부호(BCD)로 변환
- OR 게이트로 구성

03 클록펄스(Clock Pulse)에 의해 동작되는 순서 논리 회로가 아닌 것은?

① 전가산기 회로
② RS 플립플롭 회로
③ JK 플립플롭 회로
④ T 플립플롭 회로

클록펄스에 의해 동작되는 순서 논리 회로는 플립플롭(Flip-Flop)이며 RS 플립플롭, JK 플립플롭, T 플립플롭, D 플립플롭이 있음

04 AND Gate와 EX-OR Gate, 그리고 OR Gate를 이용하여 3비트를 가산하는 전가산기 회로를 구성하려고 한다. 이 전가산기를 만들기 위하여 각각의 Gate는 몇 개씩 필요한가?

① AND Gate : 1개 EX-OR Gate : 1개 OR Gate : 1개
② AND Gate : 2개 EX-OR Gate : 1개 OR Gate : 1개
③ AND Gate : 2개 EX-OR Gate : 2개 OR Gate : 1개
④ AND Gate : 2개 EX-OR Gate : 2개 OR Gate : 2개

전가산기는 반가산기 2개와 OR 게이트로 구성되는데, 반가산기에는 AND 게이트와 EX-OR 게이트가 한 개씩 들어 있으므로, 결국 AND 게이트 2개, EX-OR 게이트 2개, 그리고 OR 게이트 하나가 필요함

05 JK 플립플롭의 J, K 사이를 NOT 게이트로 연결한 것은?

① D 플립플롭
② MS 플립플롭
③ RS 플립플롭
④ T 플립플롭

D 플립플롭
입력값과 출력값이 같으므로 버퍼로 주로 사용

회로도	진리표		
	입력		출력
	D	Q_t	Q_{t+1}
	0	0	0
	0	1	0
	1	0	1
	1	1	1

01 기본 논리 게이트에 해당되지 않는 것은?

02 연산 장치의 더하기 논리 기능을 나타내는 논리 회로는?

① NOT　　　② AND
③ OR　　　④ NOR

03 2^n개의 입력선과 N개의 출력선, OR–Gate 회로로 구성된 논리 회로는?

① 디코더　　　② 멀티플렉서
③ 인코더　　　④ 플립플롭 회로

04 보기의 논리 회로에 맞는 논리식은?

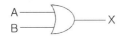

① X = A + B
② X = A · B
③ X = A⊕B
④ X = $\overline{A \cdot B}$

05 다음 중 NAND 게이트는?

06 OR 회로에서는 다음 중 어느 경우에 출력이 논리 "0"이 되는가?

① 어느 한 개 입력이 논리 0일 때
② 모든 입력이 논리 1일 때
③ 모든 입력이 논리 0일 때
④ 어느 2개 입력이 논리 1일 때

07 다음 스위칭 회로(Switching Circuit)를 논리식으로 표현한 것은?

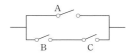

① A(B + C)
② A + BC
③ ABC
④ A + B + C

08 AND 회로의 출력 C의 값을 순서대로(㉠ → ㉣) 기록할 때 맞는 것은?

입력		출력
A	B	C
0	0	㉠
1	0	㉡
0	1	㉢
1	1	㉣

① 1110　　　② 0001
③ 1010　　　④ 0111

09 다음 불 대수식 중 결과가 A가 아닌 것은?

① A · 1
② A + A
③ A + 0
④ $\overline{A}$ + A

10 다음 진리표를 나타내는 논리 게이트는?

A	B	C
0	0	0
0	1	1
1	0	1
1	1	1

① AND
② OR
③ NOT
④ NAND

11 다음 진리표는 배타적 논리합 회로(Exclusive-OR)이다. 빈 칸에 알맞은 값은 얼마인가?

A	B	C
0	0	0
0	1	㉠
1	0	㉡
1	1	0

① ㉠ 1, ㉡ 1
② ㉠ 1, ㉡ 0
③ ㉠ 0, ㉡ 1
④ ㉠ 0, ㉡ 0

12 다음 중 배타적 OR(Exclusive-OR) Gate의 표현식이 틀린 것은?

① $f = \overline{A}B + A\overline{B}$
② $f = (A + B)(\overline{A} + \overline{B})$
③ $f = A \oplus B$
④ $f = A \odot B$

13 다음 진리표의 (   ) 안에 각각 적당한 값은?

X	Y	$(\overline{X + Y})$
0	0	(A)
0	1	0
1	0	0
1	1	(B)

① A : 0, B : 0
② A : 0, B : 1
③ A : 1, B : 0
④ A : 1, B : 1

14 다음 중 조합 논리회로에 속하지 않는 것은?

① 반가산기(Half Adder)
② 디코더(Decoder)
③ 링 카운터(Ring Counter)
④ 전가산기(Full Adder)

15 다음 그림의 연산 결과는 어떻게 되는가?

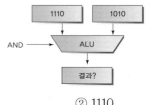

① 1010
② 1110
③ 1101
④ 1001

16 다음 그림에 표시된 논리 회로에서 A의 값은 1010, B의 값은 0110이 입력될 때 출력되는 값은 얼마인가?

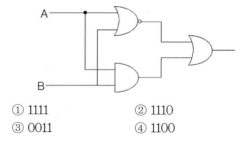

① 1111
② 1110
③ 0011
④ 1100

17 A=1, B=0일 때 논리 회로 출력 X, Y의 값은?

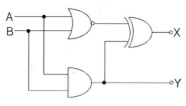

① X=0, Y=0
② X=0, Y=1
③ X=1, Y=0
④ X=1, Y=1

18 그림에서 출력 D를 나타내는 식은?

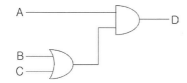

① A(B+C)
② (A+B)(A+C)
③ ABC
④ A+B+C

19 다음 논리 회로에 대한 논리식으로 옳은 것은?

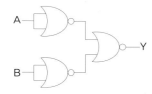

① $\overline{A} + \overline{B}$
② A + B
③ A · B
④ $\overline{A} \cdot \overline{B}$

20 다음 중 불 대수의 정의로 옳지 않은 것은?

① C + 1 = 1
② C + C = C
③ C × $\overline{C}$ = 1
④ C + $\overline{C}$ = 1

21 다음 불 대수 중 틀린 것은? (단, A와 B는 2진 데이터이다.)

① A + AB = A
② AB + C = (A + C)(B + C)
③ A + $\overline{A}$B = A + B
④ A($\overline{A}$ + B) = A

22 논리식 A + $\overline{A}$의 출력은?

① 1
② 0
③ A
④ $\overline{A}$

23 다음 논리식 중 등식이 성립하지 않는 것은?

① X + Y = Y + X
② X · (Y + Z) = (X + Y) · Z
③ X · Y = Y · X
④ X + (Y + Z) = (X + Y) + Z

24 드 모르간(De-Morgan)의 정리에 의한 기본 공식 중 옳은 것은?

① $\overline{X+Y}$ = $\overline{X}$ + $\overline{Y}$
② $\overline{X+Y}$ = $\overline{X}$ · $\overline{Y}$
③ $\overline{X \cdot Y}$ = $\overline{X}$ · $\overline{Y}$
④ $\overline{X+Y}$ = X + Y

25 다음의 논리식을 간략하게 했을 때 맞는 항은?

$$C = XY + X\overline{Y} + X$$

① X
② 0
③ 1
④ XY

26 다음 논리식을 간단히 하면 어떻게 되는가?

$$K = (A + B)(A + \overline{B})$$

① A
② $\overline{B}$
③ B
④ A · B

27 반가산기의 출력 S(합), C(캐리)는?(단, X, Y는 입력이다.)

① $S = \overline{X}Y + X\overline{Y}$, $C = XY$
② $S = XY$, $C = X + Y$
③ $S = \overline{X}\overline{Y} + XY$, $C = XY$
④ $S = \overline{X}Y + X\overline{Y}$, $C = X + Y$

28 그림의 4변수의 카르노 도표(Karnaugh Map)에서 배열되어야 할 변수는?

$\overline{A}\overline{B}$	$\overline{A}B$	AB	$A\overline{B}$
$\overline{C}\overline{D}$			
$\overline{C}D$			
CD		1	
$C\overline{D}$			

① $(\overline{AB})CD$
② $AB(\overline{CD})$
③ $ABC\overline{D}$
④ $ABCD$

29 다음은 0과 1을 입력으로 하는 논리 회로이다. 이 회로를 무슨 회로라고 하는가?

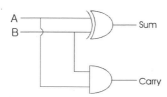

① 전가산기
② 플립플롭
③ 전감산기
④ 반가산기

30 중앙 처리 장치의 레지스터는 무엇으로 구성되어 있는가?

① 플립플롭들이나 래치들로 구성
② 메모리 또는 저항으로 구성
③ TR과 OR 게이트로 구성된 연산장치
④ 메모리 또는 LED로 구성

31 다음 중 1비트(Bit) 스토리지(Storage) 장치에 속하는 것은?

① 레지스터(Register)
② 어큐뮬레이터(Accumulator)
③ 플립플롭(Flip-Flop)
④ 릴레이(Relay)

32 다음 중 플립플롭(Flip-Flop)의 종류에 해당되지 않는 것은?

① JK형
② T형
③ D형
④ K형

33 두 입력이 모두 1이면 출력의 반전이 일어나는 플립플롭은?

① JK형
② T형
③ D형
④ RS형

34 T 플립플롭의 T가 의미하는 것은?

① Toggle
② Transistor
③ Tera
④ Table

35 다음 중 입력과 출력이 같으며 버퍼로 사용되는 것은 무엇인가?

① 배타적 논리합
② 인코더
③ 멀티플렉서
④ D F/F

CHAPTER 05

기본 프로그래밍

학습방향

주요 프로그래밍 언어(기계어, 어셈블리어, 코볼, C 언어)의 특징을 프로그램 번역 방법과 연계하여 암기하고, 메모리 활용과 매개 변수 전달 방법 등 주요 프로그래 밍 기법의 개념과 순서도를 명확히 이해해 두어야 합니다.

출제빈도

- Section 01 하 0%
- Section 02 중 20%
- Section 03 상 80%

프로그램의 개요

빈출 태그 소스 프로그램 · 목적 프로그램 · 문법적 오류 · 논리적 오류 · 디버깅 · Test Run

01 프로그램(Program)의 구분

소스 프로그램 (Source Program)	• 프로그래밍 언어를 이용하여 작성한 원시 프로그램 • 알파벳과 숫자, 기호를 이용하여 기록하므로 인간이 이해할 수 있는 형태
목적 프로그램 (Object Program)	• 소스 프로그램을 컴파일러에 의해 번역한 상태의 프로그램 • 0과 1로만 구성된 기계어로 기록되어 있으므로 인간이 이해하기 어려움 • 실행에 필요한 여러 가지 데이터가 없으므로 실행이 불가능함
실행 프로그램 (Execute Program)	• 목적 프로그램을 연계 편집기에 의해 재편집한 상태의 프로그램 • 기계어이면서 실행에 필요한 모든 정보를 담고 있으므로 실행이 가능함

02 프로그래밍의 순서

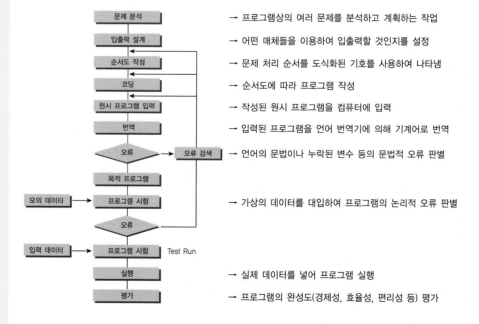

문제 분석 → 프로그램상의 여러 문제를 분석하고 계획하는 작업

입출력 설계 → 어떤 매체들을 이용하여 입출력할 것인지를 설정

순서도 작성 → 문제 처리 순서를 도식화된 기호를 사용하여 나타냄

코딩 → 순서도에 따라 프로그램 작성

원시 프로그램 입력 → 작성된 원시 프로그램을 컴퓨터에 입력

번역 → 입력된 프로그램을 언어 번역기에 의해 기계어로 번역

오류 → 오류 검색 → 언어의 문법이나 누락된 변수 등의 문법적 오류 판별

목적 프로그램

모의 데이터 → 프로그램 시험 → 가상의 데이터를 대입하여 프로그램의 논리적 오류 판별

오류

입력 데이터 → 프로그램 시험 Test Run

실행 → 실제 데이터를 넣어 프로그램 실행

평가 → 프로그램의 완성도(경제성, 효율성, 편리성 등) 평가

오류의 종류 및 수정
• **문법적 오류(Syntax Error)** : 프로그램이 정해진 문법에 맞지 않을 경우 발생(번역 시 발견)
• **논리적 오류(Logical Error)** : 실행이 되지 않거나 결과가 나타나지 않는 등의 오류(Test Run에서 발견)
• **디버깅(Debugging)** : 프로그래밍 과정에서 일어나는 실수(Bug)를 찾아내어 정정하는 것

순서도(Flow Chart)

빈출 태그 시스템 순서도 • 프로그램 순서도 • 순서도 기호 • 비교/판단/분기

01 순서도의 개념 및 종류

프로그램의 흐름을 기호화한 것으로 프로그램의 흐름 분석과 논리적인 오류 파악이 쉬우며, 원시 프로그램의 작성을 용이하게 하여 코딩 작업이 간편해진다.

시스템 순서도	시스템 전반에 걸친 내용을 나타내며, 처리 순서도라고도 함
프로그램 순서도	프로그램의 이론에 맞도록 작성
개요 순서도	프로그램의 대략적인 흐름을 한눈에 파악할 수 있도록 작성
상세 순서도	일반 순서도를 세분화하여 자세히 풀어놓은 것으로 코딩의 기본적인 자료가 됨

순서도의 특징
순서도의 가장 큰 특징은 어떤 언어라도 똑같은 기호로 흐름을 표시할 수 있다는 것임

02 순서도 기호

이름	기호	사용 용도
터미널(Terminal)		순서도의 시작과 끝
처리(Process)		여러 가지의 처리 및 조작을 나타내는 기호
입출력(Input/Output)		일반적으로 터미널에 의한 입출력을 표현
준비(Preparation)		변수의 초기화 및 준비 사항 기입
출력(Document)		서류를 매체로 하는 출력
판단(Decision)		조건 비교, 판단, 분기 등 결정
수작업 입력(Manual Input)		키나 스위치 또는 콘솔에 의한 입력
수작업(Manual Operation)		Off–Line에 의한 모든 정보 기억
카드 입출력(Punch Card)		천공 카드를 매체로 하는 입출력

순서도 기호
순서도 기호는 1962년 국제표준화기구(ISO)에서 정한 것을 표준으로 사용하며 전세계적으로 공통으로 사용함

⏱ **기적의 3초컷**

순서도 기호 중에는 비교, 판단 기호가 가장 많이 출제되고 있습니다.

자기 테이프(Magnetic Tape)		자기 테이프를 매체로 하는 입출력
표시(Display)		화면 출력
자기 디스크(Magnetic Disk)		자기 디스크를 매체로 하는 입출력

이론을 확인하는 기출문제

01 프로그래밍 절차 중에서 프로그램의 전반적인 흐름을 일정한 기호를 이용하여 일목요연하게 나타내는 과정은?

① 입출력 설계
② 순서도 작성
③ 원시 프로그램 코딩
④ 프로그램 번역

순서도(Flow Chart)는 프로그래밍 절차 중 프로그램의 전반적인 흐름을 일정한 기호로 체계화하여 표현하는 과정임

02 다음은 프로그램을 작성하는 순서도이다. ☐ 안에 알맞은 것은?

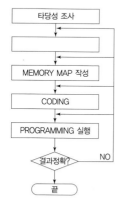

① 입출력 설계
② 프로그램 교정
③ 프로그램 작성
④ 결과 분석

메모리 맵과 프로그램 코딩을 위해서는 문제 분석에 이은 입출력 설계가 선행되어야 함

03 순서도(Flow chart) 작성에 대한 설명으로 옳지 않은 것은?

① 사용하는 언어에 따라 기호 형태가 다르다.
② 프로그램 보관 시 자료가 된다.
③ 프로그램 갱신 및 유지 관리가 용이하다.
④ 오류 수정(Debugging)이 용이하다.

순서도는 사용하는 언어에 상관없이 공통된 기호를 사용함

04 다음 중 순서도의 작성은 언제 하여야 적당한가?

① 타당성 조사 후
② 입·출력 설계 후
③ 프로그램 코딩 후
④ 자료 입력 후

순서도는 프로그램 코딩의 기초자료가 되며, 입출력 설계가 끝난 후 작성함

05 다음 순서도 기호 중 비교·판단 기호는?

①   ②
③   ④

순서도 기호
• ① : 출력 – 서류를 매체로 하는 출력
• ② : 카드 입출력 – 천공 카드를 매체로 하는 입출력
• ④ : 터미널 – 순서도의 시작과 끝

/ SECTION /
03
출제빈도
상 중 하

프로그래밍 언어

빈출 태그 알고리즘 • 기계어 • 어셈블리어 • FORTRAN • COBOL • 컴파일 • 가상 메모리 •
매개 변수 전달 방법 • 인스트럭션

01 프로그래밍 언어의 분류 및 특징 ★

저급 언어	기계어	컴퓨터가 직접 이해할 수 있는 2진수로 구성되어 처리 속도가 가장 빠름
	어셈블리어	기계어 명령어 하나에 어셈블리 기호 명령어 하나씩을 대응시켜 놓은 것
고급 언어	BASIC (Beginner's All-pupose Symbolic Instruction Code)	• 교육용 • 대표적인 인터프리터 방식의 언어 • 시분할 시스템 지원
	FORTRAN (FORmula TRANslation)	• 과학 기술 계산용 언어 • 복잡한 계산을 요구하는 곳에 적합
	COBOL(Common Business Oriented Language)	• 사무 처리용 언어 • 다량의 데이터 처리에 적합
	ALGOL(ALGORithmic Language)	알고리즘을 기술하기 위한 언어
	RPG(Report Program Generator)	• 사무용 언어 • 간단한 파일 입출력 처리에 강함
	PL/1(Programming Language/One)	COBOL, ALGOL, FORTRAN의 장점을 취한 이상적 언어
	PASCAL	교육용으로 제작된 알고리즘 형식의 언어
	C 언어	• B 언어에서 발전, UNIX 시스템 구축 목적으로 개발 • 하드웨어 제어와 이식성이 뛰어남

알고리즘(Algorithm)
• 어떠한 주어진 문제를 풀기 위한 절차나 방법을 말하는데, 컴퓨터 프로그램을 기술함에 있어 실행 명령어들의 순서를 의미
• 컴퓨터로 어떤 문제를 해결하기 위하여 필요한 자료들과 해결 절차를 알기 쉽게 기술하는 과정으로, 프로그램을 작성하기 전에 반드시 설계 되어야 함

알고리즘의 일반적인 조건
• **입력** : 외부에서 제공되는 자료가 0개 이상 존재
• **출력** : 적어도 1개 이상의 결과를 내어야 함
• **명확성** : 각 명령어들은 명확하고 모호하지 않아야 함
• **유한성** : 알고리즘의 명령어들은 유한번의 수행 후에 종료되어야 함
• **효과성** : 모든 명령어들은 원칙적으로 종이와 연필만으로 수행될 수 있는 기본적인 것이어야 함

02 언어 번역기의 종류

① 어셈블(Assemble) 방식 : 어셈블리어

어셈블리 언어로 작성한 원시 프로그램	번역(Assemble) / Assembler	목적 프로그램 (기계어)

② 컴파일(Compile) 방식 : FORTRAN, COBOL, C, JAVA, ALGOL, PASCAL 등

컴파일 언어로 작성한 원시 프로그램	번역(Compile) / Compiler	목적 프로그램 (기계어)	연계 편집(Link) / Linker	실행 프로그램

③ 인터프리터(Interpreter) 방식 : BASIC, PROLOG, LISP, R, PYTHON 등
• 작성된 원시 프로그램을 한 줄씩 읽어 번역 및 실행하기 때문에 대화형이라 함
• 번역된 중간 코드는 실행이 끝나면 삭제되므로, 목적 프로그램이 남지 않음

⏱️ **기적의 3초컷**

저급 언어와 고급 언어의 종류를 구분하세요.

03 프로그래밍 관련 기법

① **구조적 프로그래밍** : 작은 단위의 모듈을 작성하는 데는 매우 효과적이나, 전반적인 시스템 분석 및 설계에는 부적합함
② **라이브러리(Library)** : 프로그램 작성 시 자주 사용되는, 이미 만들어진 프로그램이나 루틴
③ **매크로** : 프로그램 내에서 반복적으로 쓰이는 별도 정의의 명령어 집합
④ **세그먼테이션(Segmentation)** : 가상 기억 장치에서 주기억 장치보다 큰 프로그램이나 데이터를 처리하기 위한 메모리 활용 기법으로, 명령 부분을 담고 있는 코드 세그먼트, 자료 부분을 담고 있는 스택 · 데이터 · 엑스트라 세그먼트 등이 있음
⑤ **가상 메모리(Virtual Memory)** : 사용자로 하여금 주기억 장치의 용량보다 훨씬 큰 가상 공간을 쓸 수 있게 하는 기억 장소 관리 기법으로 페이징 기법이나 세그먼테이션 기법 등이 있음
⑥ **루핑(Looping)** : 프로그램에서 일정한 횟수나 조건을 만족할 때까지 주어진 범위(Loop)를 반복적으로 수행시키는 것
⑦ **서브루틴(Sub-Routine)** : 프로그램은 여러 개의 루틴으로 이루어지는데, 자주 수행되는 작업을 서브루틴으로 독립시킨 후 메인 루틴(Main-Routine)이나 다른 서브루틴에서 필요할 경우 호출함

04 프로그래밍 언어

1) BASIC

① 변수
• **정수형 변수** : 변수 뒤에 %를 붙여 정의
• **실수형 변수** : 변수 뒤에 !나 #를 붙여 정의(생략 가능)

② 산술 연산 기호
• +(덧셈), −(뺄셈), *(곱셈), /(나눗셈), ^(거듭제곱)

$$F=\left\{\frac{(2x+y)^2}{xy}\right\}+y \rightarrow F = \{(2*x+y)\wedge 2 \,/\, (x*y)\}+y$$

• **연산의 우선 순위** : 괄호 → 거듭제곱 → 곱셈/나눗셈 → 덧셈/뺄셈

③ 명령어
• **READ/DATA** : READ문의 변수에 대하여, DATA문에서 지정된 자료 대입
• **IF/THEN** : IF문에서 지정한 조건이 참이면 THEN 이하 수행
• **FOR/NEXT** : FOR문에서 정해진 조건만큼 NEXT가 있는 문장까지를 반복 수행
• **GOSUB/RETURN** : 서브루틴으로 제어를 옮겨 실행하다가 RETURN문을 만나 주 프로그램으로 복귀

매개 변수 전달 방법
• **참조 호출(Call By Reference)** : 전달받은 주소로 실매개 변수의 값을 간접적으로 조회
• **값 호출(Call By Value)** : 실매개 변수의 값을 형식 매개 변수에 복사
• **이름 호출(Call By Name)** : 형식 매개 변수명이 실매개 변수명으로 대치되어 자료 공유

Instruction과 주소 지정 방식
① **명령의 구성** : OP(OPeration code; 연산자) + 오퍼랜드(operand)
② **연산자의 기능** : 함수연산기능, 전달기능, 제어기능, 입출력기능
③ **명령의 형식**
• **0-주소 명령** : 명령코드만으로 구성, 스택을 이용한 연산
• **1-주소 명령** : 누산기(1개)를 이용한 연산명령
• **2-주소 명령** : 가장 흔히 사용되는 형식으로, 명령코드와 두 개의 오퍼랜드로 구성
• **3-주소 명령** : 다음 수행 명령주소를 표시, 분기명령 불필요

2) FORTRAN ★

① 산술 연산 기호

- +(덧셈), −(뺄셈), *(곱셈), /(나눗셈), **(거듭제곱)

$$F=\{\frac{(2x+y)^2}{xy}\}+y \rightarrow F = \{(2*x+y)**2 \,/\, (x*y)\}+y$$

- 연산의 우선 순위 : 괄호 → 거듭제곱 → 곱셈, 나눗셈 → 덧셈, 뺄셈

② 변수

- **정수형 변수** : 실수형으로 선언되지 않고, 변수의 첫 글자가 I, J, K, L, M, N 중 하나이면 정수로 기억(묵시적 선언)
- **실수형 변수** : 변수의 첫 글자가 I, J, K, L, M, N이 아닌 다른 문자로 시작했거나, 이들 문자로 시작했더라도 실수형으로 선언되었으면 실수형 변수가 됨

③ 관계 연산 기호

- .GT. : Greater Than(큼)
- .LT. : Less Than(작음)
- .GE. : Greater than or Equal to(크거나 같음)
- .LE. : Less than or Equal to(작거나 같음)
- .EQ. : Equal to(같음)
- .NE. : Not Equal to(같지 않음)

④ 실행문 : 입출력문, 제어문 등

- IF : 조건 분기
- DO/CONTINUE : 순환 반복문
- STOP : 실행의 끝을 컴퓨터에게 알려주는 제어문
- READ : 데이터 입력문
- WRITE : 데이터 인쇄 출력문

⑤ 비실행문 : 선언문, 정의문 등

- COMMON : 기억 장소를 공통적으로 사용하도록 지정하는 선언문
- FORMAT : WRITE에 의해 인쇄될 내용의 형식을 지정
- END : 하나의 루틴이 끝났음을 컴파일러에게 알리는 문장

기적의 3초컷

FORTRAN은 알골 등과 함께 과학 계산용으로 주로 사용되는 언어입니다.

3) COBOL ★

① 프로그램 구성 : 4개의 DIVISION과 각 SECTION으로 구성

```
IDENTIFICATION DIVISION.
ENVIRONMENT DIVISION.
        CONFIGURATION SECTION.
        INPUT-OUTPUT SECTION.
DATA DIVISION.
        FILE SECTION.
        WORKING-STORAGE SECTION.
        LINKING-STORAGE SECTION.
PROCEDURE DIVISION.
```

② 단계 번호

- 사용되는 숫자는 01~49, 66, 77, 88 등 두 자리 수
- 레코드에는 01을, 항목들에는 02~49의 숫자 사용
- 독립 항목에는 77, 재명명(Rename)에는 66, 재정의(Redefine)에는 88을 사용

4) C 언어

컴파일러나 소프트웨어 개발용 도구로도 사용되는 미국 벨 연구소에서 개발한 시스템 언어이다.

① 특징

- 프로그램을 기계어 명령에 가까운 유형으로 직접 기술
- 언어를 간단하게 하여 다양한 자료를 표현
- 연산자가 다양함
- 다른 기종에 프로그램 이식이 용이함

② 문법적 요소

- **변수** : 메모리 공간에 데이터를 저장하게 되는데, 그 저장 공간에 붙여진 이름 또는 그 공간을 뜻함. 수시로 변할 수 있는 값
- **상수** : 데이터를 변경할 수 없는 저장된 값. 일반적으로 쓰는 숫자들이 많음
- **연산자** : +, -, ×, /, %, = 등 수학에서 수식을 계산하기 위해 사용되는 기호
- **자료형** : C언어는 정수형과 실수형의 형태로 데이터 형을 가지고 있고 다양한 변수의 종류에 따라서 각각 다른 자료형을 사용해 변수를 저장함
- **기본 입출력** : 콘솔 프로그래밍을 할 때 표준으로 지정해둔 입력/출력하는 방식으로 입력 시 scanf( ) 함수, 출력 시 printf( ) 함수
- **반복문** : 규칙적인 작업이 계속해서 진행될 때 이것을 단순화시켜서 컴퓨터로 반복적으로 자동 실행할 수 있도록 처리하는 명령이며 for, while, do while 등이 있음
- **분기문** : 어떤 조건이 되었을 때 특정 처리를 할 수 있게 이동하도록 만들어 주는 역할로 if else 문, switch 문 등이 있음

- 함수 : 프로그램이 하고자 하는 일을 해결할 수 있는 작은 프로그램 그룹이라 할 수 있으며, 함수를 호출하여 처리하고 그 처리된 결과를 반환하면서 프로그램이 진행됨
- 배열 : 똑같은 자료형을 갖는 변수를 많이 저장할 때, 여러 개의 방을 갖는 하나의 변수를 지정하고 각각에 값을 넣어서 활용하는 데이터 저장 방식
- 포인터 : 변수를 선언한 저장 공간에 주소를 붙여 지시하는 명령으로 주로 정수형을 띰
- 문자열 : 사람이 사용하는 문자들의 집합으로 일반적으로 입력값을 받음
- 구조체 : 동일한 자료형을 여러 개로 저장하는 배열과 달리, 서로 다른 자료형의 데이터를 다수 저장하는 방법
- 파일 입출력 : 프로그램에서 문서파일 혹은 이진 파일 등을 열어 작업할 수 있게 하는 것
- 전처리기 : #으로 시작되는 문장을 처리하는 것(#include, #define 등)

③ 입출력 함수

- scanf( ) : 대표적인 표준 입력 함수
- getchar( ) : 키보드로부터 한 글자를 입력받고 Enter를 기다림(입력 글자 화면 표시)
- getch( ) : 키보드로부터 한 글자를 입력받음(입력되는 글자는 화면에 나타나지 않음)
- gets( ) : Enter를 입력받기 전까지의 모든 문자를 입력받음(입력 글자 화면 표시)
- printf( ) : 대표적인 표준 출력 함수
- putchar( ) : 한 문자를 출력하고 줄을 바꾸지 않음
- putch( ) : putchar( )와 같은 역할
- puts( ) : 문자행 출력 후 줄을 바꿈

④ 산술 연산 기호

- + : 덧셈, − : 뺄셈
- * : 곱셈, / : 나눗셈
- % : 나머지
- a++ : 연산 후에 a값 1 증가
- ++a : a값의 1 증가 후 연산
- a−− : 연산 후에 a값 1 감소
- −−a : a값의 1 감소 후 연산

⑤ 관계 연산 기호

- 〉: 큼, 〈 : 작음
- 〉= : 크거나 같음, 〈= : 작거나 같음
- == : 같음, != : 같지 않음

⑥ 논리 연산 기호

- ! : NOT, && : AND, || : OR

01 기계어를 기호화시킨 언어는?

① BASIC

② C 언어

③ Assembly어

④ FORTRAN

어셈블리어 : 알파벳 기호 등 인간이 판독하기 쉬운 기호 형식으로 기계 명령 (Machine Instruction)에 대응하는 저수준 언어로 각 명령문은 통상 단일 기계 명령과 1 : 1로 대응함

02 컴퓨터 C 언어 프로그램의 요소 설명으로 틀린 것은?

① 연산자 : 연산자에는 연산 속도를 낮추기 위해 36개의 다양한 연산자가 있다.

② 블록 : 문이 여러 개 모인 논리적인 하나의 뭉치이다.

③ 식 : 변수나 정수를 연산자로 묶은 것이다.

④ 문 : 어떤 단일의 임의의 사항을 기술하는 것이다.

연산자는 연산속도를 높이기 위하여 존재하는 가감승제의 규칙

03 다음 중 원시 프로그램을 기계어로 번역해 주는 것은?

① 컴파일러 프로그램

② C 언어

③ 목적 프로그램

④ 운영체제(Operating System)

언어 번역기에는 컴파일러, 어셈블러, 인터프리터 등이 있음

04 다음 프로그래밍 언어 중 저급 언어에 해당하는 것은?

① C++

② 기계어

③ 자바

④ 코볼

• **저급 언어** : 기계어, 어셈블리어
• **고급 언어** : FORTRAN, COBOL, C++, LISP, BASIC, JAVA

05 다음 중 미국 벨 연구소에서 개발된 고급 프로그램 언어이며, UNIX 운영체계의 중심 언어는?

① FORTRAN

② ALGOL

③ ADA

④ C

프로그래밍 언어
• **FORTRAN** : 과학 기술 계산용 언어로 통계학, 공학, 수학 등 복잡한 계산을 요구하는 곳에 적합
• **COBOL** : 사무 처리용으로 개발되어 다량의 데이터 처리에 적합
• **ALGOL** : 가장 논리적 언어 이론을 가졌으며, 알고리즘을 기술하기 위한 언어로 채택
• **PASCAL** : 교육용으로 제작된 알고리즘 형식의 프로그래밍 언어
• **C** : 고급 언어이면서 저급 언어 수준의 하드웨어 제어 함수가 풍부하고 이식성이 뛰어남

01 컴퓨터 시스템이 직접 처리할 수 없는 언어로 작성된 프로그램은 컴퓨터가 직접 처리할 수 있는 프로그램으로 변환해야 한다. 이 변환된 프로그램을 무엇이라 하는가?

① 원시(Source) 프로그램
② 응용-(Application) 프로그램
③ 목적(Object) 프로그램
④ 제어(Control) 프로그램

02 다음 중 프로그램 작성 단계에서 어떠한 데이터를 어떻게 입력하여, 처리 결과를 어떻게 출력할 것인지를 결정하는 단계는?

① 순서도 작성 단계
② 문제 분석 단계
③ 프로그램 번역 단계
④ 입출력 설계 단계

03 다음 중 신텍스 에러(Syntax Error)를 설명하고 있는 것은?

① 논리적인 에러
② 판단이 잘못된 에러
③ 문법적인 잘못이 있는 에러
④ 분기가 잘못된 에러

04 프로그램의 잘못을 수정해 나가는 작업은?

① 코딩(Coding)
② 펀칭(Punching)
③ 디버깅(Debugging)
④ 레코드(Record)

05 다음 중 프로그램을 테스트하기에 가장 적합한 방법은 어느 것인가?

① 프로그램을 수행해서 비교한다.
② 프로그램을 주의깊게 읽는다.
③ 프로그램 수행 후 발생한 오류를 무시한다.
④ 프로그램을 맨 처음으로 분기한다.

06 프로그램의 내용이나 데이터를 펀치한 후 그 내용에 대한 에러 여부를 정확하게 파악하기 위해 다시 한 번 그 내용을 펀치하여 검사해 보는 방법을 무엇이라 하는가?

① Verify   ② Punch
③ Debugging   ④ Checking Punch

07 Flow Chart를 작성하는 이유로 적당하지 않은 것은?

① 처리 절차를 일목요연하게 한다.
② 프로그램의 인계 인수가 용이하다.
③ Error 수정이 용이하다.
④ Memory가 절약된다.

08 정보 처리용 순서도 기호이다. 명칭을 다르게 적은 것은?

① ⬭ : 자기 드럼
② ◇ : 분기(판단)
③ ⬜ : 수동 조작 입력
④ ⬭ : 천공 카드

09 순서도 작성에 필요한 다음 기호는 무엇을 나타내는가?

① 처리 기호   ② 조건 기호
③ 출력 기호   ④ 종료 기호

10 다음 순서도(Flow Chart)는 어떤 일을 하는 것인가?

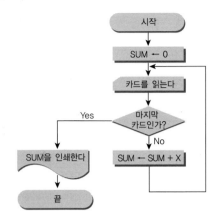

① 일정수의 카드를 읽어서 평균치를 계산한다.
② 일정하지 않은 매수의 카드를 읽어서 합산한다.
③ 카드를 읽어서 수치의 크기순으로 배열한다.
④ N!을 계산한다.

11 다음 중 해석이 잘못된 것은?

① PL/1 – PROGRAMMING LANGUAGE ONE
② FORTRAN – FORMULA TRANSLATION
③ COBOL – COMMENT BUSINESS ORIENTED LANGUAGE
④ ALGOL – ALGORITHMIC LANGUAGE

12 컴파일러(Compiler)에 대한 설명 중 옳은 것은?

① 프로그램 언어에 관계없이 모두 같다.
② 에러(Error)를 고쳐주는 기계이다.
③ 목적 프로그램을 원시 프로그램으로 바꾸어 주는 장치이다.
④ 원시 프로그램을 기계가 수행할 수 있는 기계 언어로 바꾸어 주는 일종의 프로그램이다.

13 다음 4개의 사항들을 프로그램 실행순으로 옳게 나열한 것은?

> a. 원시 프로그램(Source Program)
> b. 목적 프로그램(Object Program)
> c. 컴파일러(Compiler)
> d. 로더(Loader)

① b – c – d – a
② a – c – b – d
③ c – d – a – b
④ b – d – c – a

14 컴파일러 언어에 속하지 않는 것은?

① COBOL
② FORTRAN
③ RPG(Report Program Generator)
④ IBG(Inter Block Gap)

15 다음 설명 중 옳지 않은 것은?

① Interpreter는 원시 프로그램을 번역한다.
② Interpreter는 목적 프로그램을 생성한다.
③ Compiler는 목적 프로그램을 생성한다.
④ Compiler는 원시 프로그램을 번역한다.

16 기계어를 기호화시킨 언어는?

① 베이직   ② C 언어
③ 어셈블리어   ④ Fortran

17 인터프리터 방식에 대한 설명으로 옳지 않은 것은?

① 원시 프로그램을 한 줄씩 번역, 실행한다.
② 프로그램의 실행 속도가 빠르다.
③ 문법 오류를 쉽게 수정할 수 있다.
④ 일부가 수정되어도 프로그램 전체를 수정할 필요가 없다.

18 언어 처리 프로그램에 해당되지 않는 것은?

① 어셈블러(Assembler)
② 컴파일러(Compiler)
③ 인터프리터(Interpreter)
④ 작업 스케줄러(Job Scheduler)

19 다음 중 프로그래밍 언어에 해당되지 않는 것은?

① 코볼(COBOL)
② 포트란(FORTRAN)
③ 어셈블리(ASSEMBLY)
④ 라이브러리(LIBRARY)

20 다음 중 기계어(Machine Language)의 단점이 아닌 것은?

① 계산 속도가 느리다.
② 하나의 명령으로 한 가지 처리를 한다.
③ 명령 부호가 컴퓨터마다 다르다.
④ 프로그램이 잘못되었을 때 찾기 어렵다.

21 명령어로 니모닉 코드(Mnemonic Code)를 사용하는 프로그램 언어는?

① 기계어(Machine Language)
② 어셈블리어(Assembly Language)
③ 포트란(FORTRAN)
④ 코볼(COBOL)

22 포트란 언어(FORTRAN Language)가 가장 많이 이용되는 분야는?

① 사무자동화(OA)
② 데이터 통신
③ 과학 기술 계산
④ 교육 인력 관리

23 어셈블리어(Assembly Language)를 사용하는 것이 가장 적합한 것은?

① 인사 관리 프로그램
② 수치 계산 프로그램
③ 입출력 장치 제어 프로그램
④ 통계 처리 프로그램

24 다음 중 컴퓨터가 직접 이해할 수 있는 언어는?

① 기계어
② 자연어
③ 컴파일러 언어
④ 인터프린터 언어

25 프로그램을 작성할 때 반복되는 연산을 효과적으로 하기 위해 필요한 것은?

① Microprocessor
② MACRO
③ Multiprogramming
④ COBOL

26 다음 중 Code Segment에 관한 설명이 올바르게 된 것은?

① 프로그램이 위치하고 있는 장소를 가리킨다.
② 프로그램이 사용하고 있는 데이터의 위치를 지정한다.
③ Stack에 저장되는 내용을 추적하는 데 사용된다.
④ 마이크로프로세서가 프로그램의 어느 부분이 실행되고 있는지를 알려준다.

27 다음 중 Looping에 대해 옳게 설명한 것은 어느 것인가?

① 실행할 명령을 새로운 어드레스로부터 가져오는 명령이다.
② 프로그램의 처리 내용에 따라 그 실행 순서를 바꾸고자 할 때 사용한다.
③ 종료 명령이 있을 때까지 명령이나 명령문을 재실행하는 과정이다.
④ 기억 장치 내에서 Program을 찾는 명령이다.

28 서브루틴(Subroutine)에 대한 설명으로서 적합하지 않은 것은?

① 컴퓨터의 동작 상태를 관찰하고 통제하며, 제어하는 목적으로 작성되는 프로그램이다.
② 자주 사용하는 일련의 프로그램이나 인터럽트 발생 시의 처리 프로그램은 서브루틴으로 구성한다.
③ 서브프로그램(Subprogram)이라고도 하며, 일반적으로 I/O 프로그램은 서브프로그램으로 구성한다.
④ 주프로그램이 서브루틴을 호출하고, 서브루틴 수행 시에는 주프로그램이 중단된다.

29 베이식의 산술식에서 연산 순서를 옳게 나타낸 것은?

① 괄호 안의 수식 → 거듭제곱 → 덧셈, 뺄셈 → 곱셈, 나눗셈
② 괄호 안의 수식 → 곱셈, 나눗셈 → 덧셈, 뺄셈 → 거듭제곱
③ 괄호 안의 수식 → 거듭제곱 → 곱셈, 나눗셈 → 덧셈, 뺄셈
④ 괄호 안의 수식 → 덧셈, 뺄셈 → 거듭제곱 → 곱셈, 나눗셈

30 C 언어에서 프린트를 출력하는 명령어는?

① scanf( )
② #define
③ printf( )
④ show( )

31 C 언어에 대한 설명으로 잘못된 것은?

① 변수의 값은 C 언어에서는 한 번 입력한 뒤 변경이 가능하다.
② 포인터는 변수를 선언한 저장 공간을 가리키는 용어이다.
③ 구조체는 동일한 자료형을 여러 개로 저장한 배열이다.
④ #으로 시작되는 문장은 이전 것을 호출하는 전처리기가 처리하는 문장이다.

32 포트란(FORTRAN)에서 연산 순서는?

① **, *, +
② *, +, **
③ +, *, **
④ **, +, *

33 다음 산술식을 FORTRAN 산술식으로 바꾸면 어떻게 되는가?

$$A = \frac{F(R-C)}{HW}$$

① A = F(R−C)/H*W
② A = F*(R−C)/(H*W)
③ A = F*R−C/H*W
④ A = F*(R−C)/H/W

34 COBOL Program에서 사용되는 Level Number 중 특수 목적에 사용되는 Number는?

① 88
② 49
③ 01
④ 03

35 코볼 프로그램은 4개의 Division으로 구성된다. 관계없는 부분은?

① PROCEDURE DIVISION
② CONFIGURATION DIVISION
③ DATA DIVISION
④ IDENTIFICATION DIVISION

CHAPTER 06

운영체제와
기본 소프트웨어

학습방향

운영체제의 개념 및 구성, 그리고 시스템 운영 기법에 대해서는 전체적으로 빠트리지 말고 학습해야 하며, 구체적인 운영체제의 종류 및 주요 명령어, 응용 프로그램 등에 대해서는 개요 정도만 파악해 두면 됩니다.

출제빈도

- Section 01 **상** ██████████████████████████████ 90%
- Section 02 **하** ████████ 10%

운영체제
(OS; Operating System)

빈출 태그 OS · 제어 프로그램 · 처리 프로그램 · 실시간 처리 · 일괄 처리 · TSS · 다중 프로세싱 · 다중 프로그래밍 · 인터럽트

01 운영체제의 개념 및 특징 ★

1) 운영체제의 개념
- 컴퓨터의 모든 운영을 관리하고 제어하기 위한 기본 체제
- 컴퓨터 시스템의 성능을 최대로 발휘하기 위한 시스템 소프트웨어

2) 운영체제의 목적
- 사용자에게 컴퓨터를 사용할 수 있는 환경을 제공하고 업무 처리의 생산성을 높임
◎ 시스템 향상과 관련한 운영체제의 평가 기준
- 처리능력(Throughput) : 단위 시간 내에 처리할 수 있는 작업의 양
- 응답 시간(Turn Around Time) : 처리 요구 시점부터 결과를 얻을 때까지의 시간
- 사용 가능도(Availability) : 얼마나 빠른 시간에 사용이 가능한지의 정도
- 신뢰도(Reliability) : 얼마만큼 정확하게 주어진 기능을 수행하는지를 나타냄

02 운영체제의 구성

기적의 3초컷

제어 프로그램과 처리 프로그램의 종류를 정확히 구분할 수 있어야 합니다.

통신 에뮬레이터(통신 소프트웨어)
- 유틸리티의 한 형태로 컴퓨터를 이용한 통신을 보다 편하고 빠르게 도와주는 각종 프로그램들을 말함
- 기본적으로 데이터 송수신, 통신 하드웨어 및 사용자 인터페이스 제어 기능을 가짐

제어 프로그램	감시 프로그램	시스템 전반의 작동 상태를 감시하며, 운영체제의 골격에 해당
	자료 관리 프로그램	파일 및 여러 데이터 관리
	작업 관리 프로그램	작업 스케줄이나 입·출력 장치 할당 등을 맡은 프로그램
처리 프로그램	언어 번역 프로그램	컴파일러, 인터프리터, 어셈블러 등
	서비스 프로그램	연계 편집 · 정렬/병합 유틸리티 · 라이브러리 프로그램 등
	문제 처리 프로그램	사용자가 작성한 업무 프로그램

03 시스템의 운영 기법 ★

1) 실시간 처리 방식(Real Time Processing)
① On-Line이 되어 있을 때 가능한 처리 방식으로 응답 시간이 비교적 빠름
② 단말기로부터 발생한 데이터를 통신 회선으로 즉시 전송 · 처리하여 결과 출력
③ 기차표 예매, 온라인 입출금 등 대부분의 전산 시스템에서 사용

2) 일괄 처리 방식(Batch Processing)

① Off-Line 시스템에서 처리해야 할 데이터를 정해진 기간이나, 일정 용량이 되기까지 축적해 두었다가, 한꺼번에 처리하는 방식
② 컴퓨터의 처리 효율은 좋지만, 필요한 데이터를 즉시 얻지 못하는 단점이 있음
③ 급여, 전기 요금, 수도 요금 등에 사용

3) 시분할 처리 방식(TSS; Time Sharing System)

① 대형 컴퓨터 1대를 공유하는 방식으로 CPU에 일정한 짧은 시간을 할당해 주면 여러 단말기에서 전송되어온 데이터를 할당된 시간만큼 고속으로 번갈아 수행함
② 한 대의 컴퓨터로 여러 대의 컴퓨터를 사용하는 효과를 얻는 방식

4) 다중 프로세싱(Multi Processing) 시스템

① 두 개 이상의 프로세서(CPU)를 연결하여 여러 개의 작업을 동시에 수행하는 방식으로, 듀얼 시스템과 듀플렉스 시스템으로 구분됨
• 듀얼 시스템(Dual System) : 2개의 CPU가 같은 업무를 동시에 처리하며 그 결과를 상호 점검하면서 운영하다가, 만일 한쪽이 정지되면 다른 컴퓨터가 계속해서 처리함
• 듀플렉스 시스템(Duplex System) : 한 쪽의 CPU가 가동 중일 때는 다른 한 CPU는 대기하며, 가동 중인 CPU가 고장이 나게 되면 즉시 대기 중인 다른 CPU가 가동됨
② 비용은 비싸지만 시스템의 안정도가 높으므로, 은행이나 방송국 등 컴퓨터 고장으로 인해 중대한 문제가 생길 수 있는 곳에 사용

5) 다중 프로그래밍(Multi Programming) 시스템

① 여러 개의 프로그램이 하나의 프로세서에 의해 동시에 수행되는 방식
② 컴퓨터에서 느린 출력 속도와 중앙 처리 장치의 빠른 속도 차이를 이용하여 컴퓨터의 이용도와 처리능력 향상을 목적으로 함

04 인터럽트(Interrupt)★

1) 인터럽트의 개념

① CPU를 가로채는 기법으로 CPU에서 수행중인 작업을 일시 중단시켜 다른 작업을 먼저 수행하는 것
② 정상적인 시스템 운영중에 예외적인 상황으로 인하여 시스템 자체가 중단되지 않도록, 발생한 예외적 상황을 신속하게 처리하고 이전 상태로 복귀

2) 인터럽트의 발생 원인

① 기계적인 문제(정전, 데이터 전달 과정에서 오류의 발생)
② 프로그램 상의 문제(보호된 기억 공간에 접근, 불법적인 명령의 수행 등)

에뮬레이션
한 컴퓨터가 다른 컴퓨터처럼 동일하게 작동되는지를 확인하기 위하여 프로그램을 실행하는 모의 시스템을 말함

집중 처리 시스템과 분산 처리 시스템
• **집중 처리 시스템** : 중앙의 컴퓨터에 접속하여 모든 작업을 수행하는 호스트 중심의 중앙 집중 방식
• **분산 처리시스템(Distributed Processing)** : 여러 개의 물리적으로 분산된 데이터 저장 장소와 처리기들을 네트워크로 상호 연결하고 이들이 서로 통신을 하면서 일을 처리하는 방식
 − 이기종 컴퓨터 간 프로그램을 분산시켜 부하를 줄이고, 시스템의 성능 저하와 네트워크 병목 현상 해결
 − 시스템을 재구축할 필요 없이 서로 다른 시스템에 존재하는 객체들을 통합하여 사용할 수 있음
 − 유지 보수 비용이 저렴해지고, 소프트웨어 업그레이드가 간편해짐

③ 컴퓨터 조작자(Operator)의 의도적인 조작 또는 조작 실수로 중단되는 경우
④ 입출력과 같은 주변 장치들의 조작에 중앙 처리 장치의 기능이 요청되는 경우
⑤ 산술 연산 중에 범람(Overflow)이나 언더플로(Underflow)가 발생하는 경우

3) 인터럽트의 처리

① 현재 수행 중인 프로그램 처리를 일시 중단하고 수행 상태를 저장한 후, 제어권을 제어 프로그램으로 넘김
② 제어 프로그램 중에 준비된 인터럽트 처리 루틴과 인터럽트 서비스 루틴을 처리함
③ 인터럽트 루틴들의 처리가 끝나면 인터럽트가 발생하기 이전의 상태로 돌아가 수행하던 프로그램을 재개함

4) 인터럽트의 종류

하드웨어적인 인터럽트	정전	정전 시 발생
	기계 검사 인터럽트	CPU 고장 등 기계·고장 시 발생
	외부 인터럽트	타이머나 컴퓨터 조작자에 의해 발생
	입출력(I/O) 인터럽트	입출력이 종료하였을 때 발생
소프트웨어적인 인터럽트	프로그램 체크 인터럽트	프로그램상에서 에러가 발생하였을 때 발생
	SVC(Super Visor Call) 인터럽트	운영체제의 감시 프로그램에 의해 발생

5) 인터럽트의 우선 순위

① 정전 또는 기계 잘못으로 인하여 발생하는 인터럽트
② 프로그램의 연산자나 주소 지정 방식의 잘못으로 인하여 발생하는 인터럽트
③ 컴퓨터 조작자의 의도적인 조작에 의한 인터럽트
④ 입출력 장치로부터의 인터럽트
⑤ 소프트웨어적인 인터럽트

05 DOS(Disk Operating System)

1) DOS의 종류

도스는 PC-DOS, MS-DOS, DR-DOS, 그리고 K-DOS 등이 개발되었으며 MS-DOS가 가장 널리 쓰인다.

2) MS-DOS의 구성

① MSDOS.SYS : 파일 관리와 시스템 호출의 처리를 중심으로 하는 부분이며, 키보드, 모니터, 프린터, RS-232C 등도 하나의 파일로 취급
② IO.SYS : MSDOS.SYS에서 입출력 요구가 나타나면 실제 입출력을 행하는 부분이며, CONFIG.SYS에 기술한 환경을 구성하여 MS-DOS의 유연성을 높여줌
③ COMMAND.COM(명령 프로세서) : 키보드로부터 입력된 명령이나 배치 파일에 저장된 명령을 판독하여 실행

3) DOS의 기본 명령

① DIR : 드라이브와 폴더 내의 파일 정보를 보기 위한 명령

DIR A :	A 드라이브 내의 파일 정보(파일명, 크기, 작성 날짜 등) 표시
DIR /W	현재 폴더의 파일과 파일명만 한 줄에 5개씩 표시
DIR /P	파일의 수가 많은 경우 한 화면만큼 파일 정보를 표시한 후 대기하였다가, 엔터키 등을 누르면 다음 페이지로 넘어감

② COPY : 드라이브나 폴더 간 파일 복사를 위한 명령

COPY A:*.* C:\TEMP	A 드라이브 내의 모든 파일을 C 드라이브의 TEMP라는 폴더에 복사

③ DELETE : 보통 DEL로 쓰며, 드라이브나 폴더 내의 파일을 삭제하기 위한 명령

DEL A:*.*	A 드라이브 내의 모든 파일 삭제

④ CHDIR : 보통 CD로 쓰며, 원하는 디렉터리(폴더)로 이동하기 위한 명령

CD HWP	현재보다 한 단계 아래인 HWP 디렉터리(폴더)로 이동
CD..	현재보다 한 단계 위인 디렉터리로 이동
CD\	루트 디렉터리로 이동

⑤ TYPE : 텍스트 파일(아스키 코드의 문서)의 내용을 보기 위한 명령

TYPE D:\SERIAL.TXT	D 드라이브 루트에 있는 시리얼 번호가 담긴 파일 보기

06 WINDOWS

1) WINDOWS의 개요

- Microsoft 사에서 개발한 그래픽 유저 인터페이스(GUI)를 기반으로 하는 운영체제
- 각 응용 프로그램에서 작성된 데이터를 해당 프로그램의 형식으로 변환없이 서로 공유(OLE 기능)하여 사용 가능
- 새로운 하드웨어를 추가할 때 컴퓨터에 꽂기만 하면 자동 인식(PnP 기능)
- 그래픽, 사운드 및 멀티미디어의 최신 기술에 대한 지원 기능, 유니버설 직렬 버스 (USB)를 지원하여 주변 장치를 쉽게 추가하거나 제거할 수 있는 기능 제공

2) WINDOWS의 발전

```
       1.0
윈도 2.0 → 윈도 3.1 ⟨ 윈도 95 → 윈도 98 → 윈도 ME ⟩ 윈도 2000 → 윈도 XP → 윈도 Vista → 윈도 7 → 윈도 10
       3.0              윈도 NT
```

3) WINDOWS에서의 마우스 기본 조작

- 클릭(Click) : 왼쪽 버튼을 눌렀다 떼는 것, 어떠한 대상을 선택할 때 사용
- 더블 클릭 : 왼쪽 버튼을 연속 두 번 누르는 것, 프로그램을 실행시키는 데 사용
- 드래그(Drag) : 대상 선택 후 마우스 왼쪽 버튼을 누른 상태로 이동시키는 것
- 드래그 앤 드롭(Drag & Drop) : 드래그 후 눌렀던 왼쪽 버튼을 놓는 것, 선택된 대상을 다른 위치로 이동시킬 때 사용

07 UNIX

벨연구소에서 개발된 운영체제로 하드웨어에 의존하지 않아서 이식성이 뛰어나며, C언어로 기술되었다.

1) UNIX의 특징

- 뛰어난 이식성 : 타 기종으로의 이식성이 좋음
- 대화식 운영체제 : 편리한 사용과 문제점을 바로 파악할 수 있도록 함
- 다중 작업(Multi Tasking) 시스템 : 여러 개의 작업 동시 수행
- 멀티 유저(Multi User) 시스템 : 많은 사용자가 동시 사용 가능
- 시스템 프로그램의 공개 : 시스템 프로그램이 공개되어 있어 변경이 용이

2) UNIX의 기본 명령어

- ls : 도스의 dir 명령과 비슷하며 파일의 목록을 보는 데 사용
- rm : 도스의 del 명령과 비슷하며 파일과 디렉토리를 지우는 명령
- cp : 도스의 copy 명령과 비슷하며 파일의 복사본을 만들 때 사용
- mv : 도스의 move 명령과 비슷하며 파일을 현재 디렉토리에서 다른 곳으로 옮기고 파일명을 바꿀 때 사용
- cd : 디렉토리 이동 명령으로 DOS에서는 디렉토리 구분을 ₩(역슬래시, \)로 하지만, UNIX에서는 /(슬래시)로 함

기타 운영체제
- OS/2 : IBM 사에서 개발한 운영체제로 음성 인식 기능 등 지원
- System x.x : Apple 사에서 개발한 매킨토시 전용 운영체제 (MacOS)
- CTSS : MIT에서 시분할 체제를 처음 도입한 OS로 MULTICS의 시초가 됨
- MULTICS : BELL 연구소와 MIT 그리고 GE의 세 곳에서 공동으로 연구하여 개발

이론을 확인하는 기출문제

01 운영체제는 제어 프로그램과 처리 프로그램으로 나누는데, 다음 중 제어프로그램이 아닌 것은?

① 감시(Supervisor) 프로그램
② 작업 제어(Job Control) 프로그램
③ 데이터 관리(Data Management) 프로그램
④ 사용자 서비스(User Service) 프로그램

운영체제의 구성
• **제어 프로그램** : 감시 프로그램, 데이터 관리 프로그램, 작업 관리 프로그램
• **처리 프로그램** : 언어 번역 프로그램, 서비스 프로그램(유틸리티), 사용자 정의 프로그램

02 바이러스(Virus)가 주는 피해가 아닌 것은?

① 프로그램의 실행 속도 저하
② 부팅 속도의 저하
③ 기억장치의 연결 케이블 파괴
④ CMOS 셋업 내용의 삭제 또는 변경

바이러스는 물리적인 피해보다는 데이터 삭제나 부팅이 되지 않는 등 소프트웨어적인 피해를 줌

03 한 컴퓨터가 다른 컴퓨터처럼 똑같이 작동하기 위하여 특별한 프로그램 기술이나 기계적 방법을 사용하는 것은?

① 구현   ② 코딩
③ 원격제어   ④ 에뮬레이션

에뮬레이션 : 한 컴퓨터가 다른 컴퓨터처럼 동일하게 작동되는지를 확인하기 위하여 프로그램을 실행하는 모의 시스템

04 항공 회사의 좌석 예약 등에 활용되는 처리 방식으로 자료(Data)가 발생하는 즉시 처리하는 방식은?

① 랜덤 처리(Random Processing) 방식
② 순차 처리(Sequential Processing) 방식
③ 배치 처리(Batch Processing) 방식
④ 리얼-타임 처리(Real-Time Processing) 방식

실시간 처리 방식 : 데이터의 발생과 동시에 즉시 처리하는 방식으로, 온라인 실시간 시스템으로 운영됨

05 오퍼레이터(Operator)가 필요에 의해서 인터럽트키를 조작함으로써 발생되는 인터럽트는?

① 입출력 인터럽트   ② 프로그램 인터럽트
③ 외부 인터럽트   ④ 기계 착오 인터럽트

인터럽트의 종류
• **정전** : 전기가 꺼졌을 때 발생(최고 우선 순위)
• **기계 고장 인터럽트** : CPU 고장 등 기계 고장 시에 발생
• **외부 인터럽트** : 타이머나 콘솔 조작에 의함
• **입출력(I/O) 인터럽트** : 입출력이 종료하였을 때 발생
• **프로그램 에러 인터럽트** : 프로그램 에러 시 발생
• **슈퍼바이저 콜 인터럽트** : 슈퍼바이저를 호출할 때 발생

06 다음 중 일정량의 자료를 모은 후에 처리하는 방식은?

① 원격 처리(Teleprocessing)
② 실시간 처리(Real Time Processing)
③ 일괄 처리(Batch Processing)
④ 온-라인 처리(On-Line Processing)

처리할 데이터를 모았다가 일정량이 되었을 때 처리하는 방식을 일괄 처리 방식이라 함

빈출 태그 워드프로세서 • 메일 머지 • WYSIWYG • 기능키

소프트웨어 패키지의 기본

01 워드프로세서(Word Processor)★

1) 워드프로세서의 개요

- 일상 생활이나 업무 중에서 요구되는 여러 형태의 문서에 대한 작성, 기억, 편집, 인쇄 등의 처리 기능을 갖추고 있는 기기나 프로그램을 총칭함
- 일체형의 "워드프로세서 전용기"와 컴퓨터를 이용한 "PC 워드프로세서"로 나뉘며, 현재는 PC의 보급 및 발달로 워드프로세서 전용기는 거의 사용하지 않음

2) 워드프로세서의 이점

- 문서 작성 시 시간과 노력을 절감할 수 있으며, 온라인으로 어디서나 쉽게 공유 가능
- 작성된 문서를 수정 및 재편집할 수 있으며, 다양한 문서 형태로 사용자의 욕구를 충족시킬 수 있음
- 문서의 체계화와 통일성을 기할 수 있으며, 비밀번호를 부여하여 보안 유지 가능
- 문서의 보존 및 검색이 편리하고 같은 문서를 여러 장 작성할 필요가 없음

3) 워드프로세서의 기능

- **정렬(Align)** : 문자열을 오른쪽, 중앙, 왼쪽 중 어느 한쪽을 기준으로 하여 맞추는 것
- **메일 머지(Mail-Merge)** : 어떤 목록이나 데이터베이스에서 추출한 이름 또는 특정한 항목을 편집하는 작업으로, 동일한 내용의 공문이나 편지를 보낼 때 수신자 및 주소 등의 교체에 활용
- **각주(Foot Note)** : 해당 페이지의 하단 또는 도서의 뒤쪽 한 곳에 인용문의 출처를 밝혀 적거나, 생소한 낱말에 대해 부연 설명 등을 붙여놓은 글귀
- **매크로(Macro)** : 반복적인 키보드 동작을 간단한 기능키의 조합으로 대신하는 명령
- **레이아웃(Layout)** : 표시 장치로 해당 페이지의 배치를 표시하는 것
- **위지윅(WYSIWYG)** : 'What You See Is What You Get'의 약자로 워드프로세싱이나 전자 출판에서 모니터 화면에서 보는 그대로 프린터에 출력되는 기능을 말함
- **인서트(Insert)** : 문서의 특정 위치에 새로운 내용을 끼워 넣는 것
- **블록 복사** : 문서의 일부를 블록으로 지정하여 그것을 다른 곳에 복사하는 일
- **블록 이동** : 문서의 지정된 부분을 한 곳에서 다른 곳으로 이동시키는 것
- **스크롤(Scroll)** : 보이지 않는 부분을 보기 위해 화면 내용을 상하좌우로 움직이는 것
- **검색(Search)** : 데이터 집합 중에서 필요한 특성을 지닌 것을 찾아내는 것
- **치환(Replace)** : 데이터를 갱신하거나 수정하는 것

워드프로세서의 작업 형태
- **Close형** : 전담자만이 문서를 작성하는 형태로 워드프로세서의 생산성(가동률)이 가장 높음
- **Open형** : 전담자없이 아무나 문서를 작성하는 형태로 생산성은 폐쇄형보다 떨어지지만 효율성은 큼
- **Semi Close형** : 전담자없이 몇몇 특정인만이 문서를 작성하는 형태
- **Semi Open형** : 전담자없이 주로 조작하는 사람을 1명 배정하여 문서를 작성하는 형태

매크로
반복되는 작업을 단축키화하여 입력해 놓은 명령

- 기능키(Function Key) : 키보드상에서 특별한 기능을 수행하기 위해 사용되는 특수
  키로 보통 F1, F2, F3 등으로 표시되어 있으며, Ctrl 또는 Alt 와 함께 사용하면 보
  다 확장된 기능을 실행할 수 있음
- 들여쓰기(Indent) : 문단의 첫째 줄을 다른 줄에 비하여 오른쪽으로 들여쓰는 기능으
  로, 왼쪽을 나란하게 똑같이 쓰면 가독성이 떨어지므로 의미를 명확하게 표현하기
  위한 것임
- 내어쓰기(Outdent) : 문단의 첫째 줄을 다른 줄에 비하여 왼쪽으로 내어쓰는 것
- 금칙 처리 : 문서 편집 시 특정 문자나 기호가 행(줄)의 처음이나 마지막에 올 수 없
  는 규칙으로, 앞에 오지 못하는 행두 금칙과 뒤에 오지 못하는 행말 금칙이 있음
- 디폴트(Default) : 응용 프로그램에서 사용자가 별도의 명령을 내리지 않았을 때, 시
  스템이 미리 정해진 값이나 조건을 자동으로 적용시키는 것
- 래그드(Ragged) : 워드프로세싱에서 텍스트의 왼쪽 끝이나 오른쪽 끝을 가지런히
  맞추지 않은 비정렬 상태

02 스프레드시트(Spread Sheet)

- 일반 사무실 등에서 사용되는 전표를 컴퓨터에서 사용 가능하도록 컴퓨터 화면을
  마치 큰 계산표 같이 사용할 수 있게 해 주는 프로그램
- 초기의 비지칼크(VisiCalc), 슈퍼칼크(SuperCalc), 멀티플랜(Multiplan)부터 현
  재 사용되는 로터스 1-2-3(Lotus 1-2-3), 엑셀(Excel), 쿼트로 프로(Quattro
  Pro), 맥용인 윙즈(Wings) 등이 있음

03 프레젠테이션(Presentation)

- 회의나 발표, 브리핑에서 효과적으로 활용할 수 있는 그래픽 작업을 보다 간편하게
  자동화시켜 주는 프로그램
- Microsoft 사의 파워포인트(Power Point), 한글과컴퓨터 사의 한쇼, 애플 사의
  매킨토시 컴퓨터에서 사용되는 키노트(Keynote) 등이 대표적임

04 PC 데이터베이스(Database)

- 중복을 최소화하여 자료의 일치를 기하며, 데이터의 물리적, 논리적 독립성을 유지
  하여 데이터의 내용이 바뀌어도 프로그램에 영향을 미치지 않음
- DOS 버전의 dBASE Ⅲ+와 WINDOWS 버전의 ACCESS 등이 대표적임

이론을 확인하는 기출문제

01 소프트웨어의 분류와 종류를 나타낸 것이다. 다음 중 옳지 않은 것은?

① 운영체제 : 윈도, 리눅스
② 유틸리티 프로그램 : 알집, V3
③ 언어 번역 프로그램 : 어셈블러, 컴파일러
④ 응용 프로그램 : 워드프로세서, 인터프리터

인터프리터는 응용 프로그램이 아니라 언어 번역기로서 운영체제의 처리 프로그램에 속함

02 통신 워드프로세서에 대한 설명으로 옳지 않은 것은?

① 상대편 컴퓨터에 문서를 보낼 수 있고 기억 장치에 문서를 수록할 수도 있다.
② 워드프로세서의 기능이 있는 Computer 간의 통신을 말한다.
③ 전송 제어가 필요하지 않기 때문에 회선을 필요로 하지 않는다.
④ 교환 회선 또는 전용 회선을 통해 전송을 제어한다.

통신을 위해서는 반드시 전송 제어가 필요하며, 회선이 필요하지 않는 경우는 무선 통신 방식을 사용할 때임

03 반복되는 작업을 쉽게 하기 위해 특정키에 일련의 작업을 기억시켜 필요시 연속적으로 실행시키는 기능은?

① 매크로(Macro)
② 병합(Merge)
③ 레이아웃(Layout)
④ 정렬(Align)

매크로(Macro) 기능은 계속하여 일정하게 반복하는 기능을 쉽게 하기 위하여 단축키화 하여 작업을 기억하게 하는 기능

04 데이터베이스의 종류가 아닌 것은?

① 독립형 데이터베이스
② 네트워크형 데이터베이스
③ 관계형 데이터베이스
④ 계층형 데이터베이스

데이터베이스 모델에는 계층형 데이터베이스, 네트워크형 데이터베이스, 관계형 데이터베이스, 그리고 객체지향형 데이터베이스가 있음

01 오퍼레이팅 시스템(Operating System)의 대표적인 기능이 아닌 것은?

① 기억 장치와 입·출력 장치 등의 시스템 구성 요소의 관리
② 프로그램의 집행을 감독하고 통제하는 일
③ 입·출력 장치의 통제
④ 코볼, FORTRAN 등 원시 프로그램의 번역

02 컴퓨터를 더욱 효율적으로 사용하기 위하여 작성된 동작 프로그램의 집합과 관계 깊은 것은?

① 스프레드시트(Spread Sheet)
② 프로그램 언어(Program Language)
③ 시스템 소프트웨어(System Software)
④ 전자 우편(Electronic Mail)

03 다음의 프로그램 중 종류가 다른 것은 무엇인가?

① 리눅스　　　② 윈도우
③ 유닉스　　　④ 크롬

04 턴 어라운드 시간(Turn Around Time)을 나타낸 것은?

① 작업 시작 시간 – 작업 실행 시간
② 작업 종료 시간 – 작업 실행 시간
③ 작업 종료 시간 – 작업 시작 시간
④ 작업 실행 시간 – 작업 시작 시간

05 운영체제를 사용하는 목적에 해당하는 것은?

① 시스템의 기능 향상
② 시스템의 가격 파괴
③ 전원 안정
④ 컴퓨터의 소형화

06 오퍼레이팅 시스템은 제어 프로그램과 처리 프로그램으로 나뉘는데, 다음 중 제어 프로그램이 아닌 것은?

① 감시(Supervisor) 프로그램
② 작업 제어(Job Control) 프로그램
③ 데이터 관리(Data Management) 프로그램
④ 사용자 서비스(User Service) 프로그램

07 다음 중 서비스 프로그램에 속하지 않는 것은?

① Utility 프로그램
② Sort 프로그램
③ Assembler 프로그램
④ Merge 프로그램

08 다음 중 정보의 처리가 가장 신속하도록 구성한 데이터 통신 시스템은?

① 실시간 시스템(Real Time System)
② 축적 후 전진 시스템(Store And Forward System)
③ 오프라인 시스템(Off-Line System)
④ 배치 처리 시스템(Batch Process System)

09 리얼 타임 처리 방식에 알맞지 않은 것은?

① 급료 계산 업무
② 조회 및 문의 업무
③ 긴급한 재고 조사
④ 항공사의 좌석 예약 업무

10 Data가 발생할 때마다 Computer로 처리하여 On-Line 예금처럼 즉시 그 결과를 내도록 하는 방식은 다음 중 어느 것인가?

① Real-Time Processing
② Batch Processing
③ Off-Line Processing
④ Time-Sharing System

11 일괄 처리 방법(Batch Processing)에 대한 설명 중 틀린 것은?

① 데이터 발생 시 보조 기억 장치에 기억시켜 두었다가 처리하는 방법
② 온라인 실시간 처리(On-Line Real Time System)와 상반되는 방법
③ 데이터의 일정량을 모아 처리하는 방법
④ 데이터가 발생하는 즉시 처리하는 방법

12 배치 처리(Batch Processing)에 대한 설명으로 옳은 것은?

① 중앙 처리 장치로부터 신호를 직접 받아들일 수 있는 상태로 되어 있는 것을 말한다.
② 일반적으로 Host와 Terminal 사이의 거리가 500ft 이상 떨어져 설치된 Terminal을 지칭할 때 사용된다.
③ Terminal에서 사용되는 것으로 명령의 내용을 전기 신호로 변조 혹은 복조하는 장치이다.
④ 거래 실적을 조사하기 위하여 거래가 성립될 때마다 그 내용을 Card에 Punch해 두었다가 분기별로 처리한다.

13 다음 중 일괄 처리(Batch Processing)와 실시간 처리(Real Time Processing)가 모두 가능한 것은?

① 발주 또는 수주 업무
② 조회 및 문의
③ 월급 계산
④ 월간 판매 분석

14 컴퓨터의 데이터 처리 방식 중 일괄 처리 방식(Batch Process System)이 아닌 것은?

① 데이터 수집(Data Entry) 처리
② 오프라인(Off-line) 처리
③ 시분할(Time Sharing) 처리
④ 원격(Remote) 처리

15 시분할 시스템(Time Sharing System)의 특징이 아닌 것은?

① 주파수에 따라 제어 기능이 있다.
② 시간의 우선도에 따른 Data 처리에 적합하다.
③ Data의 입·출력이 자유롭다.
④ 사용자가 필요한 응답을 바로 얻을 수 있다.

16 다중 프로그래밍에 관한 설명 중 옳지 않은 것은?

① 두 개 이상의 프로그램을 한 대의 컴퓨터로 병행 실행하는 것이다.
② 두 개 이상의 컴퓨터를 연결하여 동시에 사용하는 것이다.
③ 주기억 장치에는 복수 개의 처리 프로그램이 들어있다.
④ 주기억 장치는 몇 개의 구획으로 나누어져 있다.

17 전자 파일링(Electronic Filing) 시스템의 특징과 거리가 먼 것은?

① 그룹별 보관으로 중복되는 내용의 문서를 없앨 수 있다.
② 문서의 검색 및 사용이 용이하다.
③ 문서 관리에 필요한 공간이 절약되며 업무 환경 개선에 도움을 줄 수 있다.
④ 많은 양의 자료를 보관하므로 일률적이고 표준화된 관리가 어렵다.

18 컴퓨터 시스템에 예상치 않은 일이 발생하였을 때 그것을 제어 프로그램(Supervisor)에 알려주는 역할을 하는 것은?

① 인터럽트(Interrupt)
② PSW(Program State Word)
③ 프로그램 라이브러리
④ 메인 메모리

19 다음 중 인터럽트(Interrupt)가 발생하지 않을 경우는?

① 프로그램(Program)에 에러(Error)가 발생할 때
② 하드웨어(Hardware)에 에러(Error)가 발생할 때
③ 부대 장치에 인터럽트(Interrupt) 요구가 있을 때
④ 시스템(System)에 대한 하나의 명령이 끝날 때

20 다음 중 인터럽트의 종류에 속하지 않는 것은?

① 외부 인터럽트
② 기계 검사 인터럽트
③ 매크로 호출 인터럽트
④ 슈퍼바이저 콜 인터럽트

21 다음 ( )에 적합한 용어는?

(㉠)은 어떤 하나의 장치가 그와는 별도의 기능을 수행하는 다른 장치의 상태를 검사하는 한 방법으로 오버헤드가 많은 방법이며, (㉡)는 어떤 장치가 다른 장치의 일을 잠시 중단시키고, 자신의 상태변화를 알려주는 것이다.

① ㉠ 폴링(Polling)
　㉡ 인터럽트(Interrupt)
② ㉠ 버퍼링(Buffering)
　㉡ 인터럽트(Interrupt)
③ ㉠ 폴링(Polling)
　㉡ 인터프리터(Interpreter)
④ ㉠ 버퍼링(Buffering)
　㉡ 인터프리터(Interpreter)

22 컴퓨터의 시스템 성능을 극대화하고 사용자가 컴퓨터를 효과적으로 사용할 수 있도록 도와주는 시스템 소프트웨어는?

① 운영체제　　　② 프로그래밍 언어
③ 정보처리　　　④ 데이터베이스

23 공장에서 생산된 디스켓은 Track과 Sector를 만들어 주어야 하는데, 이 때 사용하는 명령은?

① LOAD
② BOOTING
③ COPY
④ FORMAT

24 워드프로세서 전용기는 전원을 ON함과 동시에 워드프로세서 프로그램이 작동한다. 어느 기억 장치에서 읽어들이는가?

① ROM
② RAM
③ CPU
④ Floppy Disk

25 워드프로세서(Word Processor)의 구성으로 볼 수 없는 것은?

① 단말 장치
② 인쇄 장치
③ 메인 프로세서
④ 문서 보존 및 관리 장치

26 워드프로세서의 기능에 대한 설명으로 옳지 않은 것은?

① 정렬(Align) : 화면이나 프린터에 출력된 문서들의 왼쪽과 오른쪽 공백을 맞추는 것
② 메일 머지(Mail-Merge) : 어떤 목록이나 데이터베이스에서 추출한 이름 또는 특정한 항목을 편집하는 작업
③ 각주(Foot Note) : 문서나 페이지의 밑부분에 쓰여진 문서 분류를 나타내는 색인 문자
④ 매크로(Macro) : 반복적인 키보드 동작을 간단한 기능키의 조합으로 대신하는 명령

27 전자 우편(E-Mail) 시스템에서 편지의 작성과 수정 및 편집과 가장 밀접한 기술은?

① 워드프로세싱 기술
② DBMS 기술
③ 네트워크 기술
④ O/S 및 인터페이스 기술

28 PC를 조작·운용할 때 작성하는 문서 내용 중 특정한 문자나 문자열을 다른 곳으로 옮기는 것은?

① 블록 이동
② 블록 복사
③ 블록 편집
④ 정정

29 Word Processor에서 각 기능의 명령이 가지고 있는 기본적인 값은?

① 디폴트(Default)
② 래그드(Ragged)
③ 로그인(Log-In)
④ 옵션(Option)

30 문서를 편집할 때 어떤 기호나 특수 문자들이 행의 처음이나, 행의 마지막에 올 수 없는 경우를 무엇이라 하는가?

① 절차 처리
② 들여쓰기
③ 레이아웃
④ 금칙 처리

31 기능키(Function Key)에 대한 설명 중 옳지 않은 것은?

① 워드프로세서에서 다양한 기능들이 지정되어 있는 키
② 86 키보드를 제외한 방향키와 F1 ~ F10 까지의 키
③ Esc 를 제외한 방향키와 F1 ~ F10 까지의 키
④ 101 키보드의 위쪽에 위치

32 워드프로세서 작업 형태 중 문서 전담자를 두고 문서를 작성하는 것으로, 가동률이 가장 높은 것은?

① 세미 오픈(Semi Open) 형태
② 클로즈(Close) 형태
③ 오픈(Open) 형태
④ 세미 클로즈(Semi Close) 형태

33 스프레드시트에 대한 일반적인 특징이 아닌 것은?

① 임의의 자료를 수정하면 결과가 자동으로 바뀌는 자동계산 기능이 없다.
② 자료를 오름차순이나 내림차순으로 정렬할 수 있다.
③ 자료를 이용하여 각종 그래프를 쉽게 그릴 수 있다.
④ 처리된 결과를 문서 형태로 종이에 출력할 수 있다.

34 스프레드시트의 업무와 관계없는 것은?

① 자료 수정이 필요하지 않은 업무
② 그래프 작성 업무
③ 자료의 집계나 표 작성
④ 각종 통계 자료 작성 업무

35 데이터베이스에 대한 설명으로 옳지 않은 것은?

① 데이터의 중복 배제
② 데이터를 상호 연결하여 통합 관리
③ 프로그램과 데이터 간의 독립성
④ EXCEL, LOTUS-123, QUATTRO 등이 있음

MEMO

정보기기 일반

2과목 소개

직류와 교류의 특징을 묻는 문제와 전압, 전류, 저항, 전력량 등을 회로도를 보고 계산하는 문제가 주로 출제되며, 주파수의 계산 문제가 조금씩 출제 빈도가 높아지고 있습니다. 통신기기와 각각의 특징에 대한 문제, 사무자동화의 기본 개념과 정의, 사무정보기기의 특징과 기능, 전자 우편 시스템, 메시지 처리 시스템, 복사기의 원리와 사무지원시스템의 문제, 정보기기의 보호와 관리의 방법 및 바이러스 예방법과 바이러스의 종류 문제, 정보기기 관련 환경 기준에 대한 문제가 주로 출제되었습니다.

CHAPTER 01

전자 기초 이론

학습방향

전기와 전자에 대한 기본적인 이해없이 무조건적인 공식 암기만으로는 한계가 있으므로, 처음부터 차근차근 기본적인 개념부터 착실하게 공부해야만 응용되는 계산 문제들에 적절하게 대처할 수 있습니다.

출제빈도

- Section 01　하　　　　　　　　　　　　　　　　10%
- Section 02　중　　　　　　　　　　　　　　　　50%
- Section 03　중　　　　　　　　　　　　　　　　20%
- Section 04　중　　　　　　　　　　　　　　　　20%

직류와 교류 개념

빈출 태그 양전기·음전기·자유전자·도체·부도체·반도체·쿨롬의 법칙·직류·교류·순시값·
실효값·일렉트론 볼트

원자가전자로 본 도체와 부도체

• 도체(Conductor) : 원자가전자
의 수가 채워져야 할 양의 절반
에 훨씬 못미치는 경우의 원자들
로 구성된 물질로 주로 금속류가
해당됨. 도체는 전기 또는 열의
전도성이 뛰어남

• 부도체(Insulator) : 원자가전자
의 수가 많아서 전자가 원자에
속박되어 있어 전자가 잘 이동할
수 없는 원자들로 구성된 물질로
전기 부도체(유리, 에보나이트)와
열 부도체(솜, 석면)가 있음

• 반도체(Semiconductor) : 원자
가전자가 채워져야 할 양의 딱
절반(실리콘, 게르마늄 등)인 원
자들로 구성된 물질로 저온에서
는 부도체의 성질이 강하지만,
고온으로 갈수록 전기의 전도성
이 높아짐

01 물질과 전기 ★

1) 원자의 상태와 전기의 발생

① 양전기의 발생 : 원자에 열이나 빛 등을 가하면 원자가전자가 에너지 준위를 이탈
하여 자유전자가 되며, 이때 원자 속에는 양성자가 전자보다 많아져 원자(물질)는
양전기(+)를 나타내게 됨

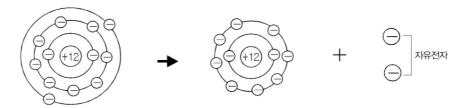

▲ 마그네슘 원자가 양전기를 띤 모습

② 음전기의 발생 : 원자 내의 양성자보다 전자의 수가 많아지면 그 원자는 음전기(−)
를 나타내게 됨

▲ 산소 원자가 음전기를 띤 모습

쿨롬(Coulomb)의 법칙

• 전하 둘 사이에 작용하는 전기력
(F)은 서로의 거리의 제곱(r^2)에
반비례하며, 각 전하량(q)에 비례
한다는 법칙

• $F = k\dfrac{q_1 q_2}{r^2}$ [r : 전하 사이의 거리,
q_1 : 한 전하의 전하량, q_2 : 다른
전하의 전하량, k : 비례상수]

③ 대전과 전하 : 원자가 본래의 수와 다른 전자를 가지게 됨으로써, 특정한 전기적 성
질을 가지게 된 것을 대전(Electrification)되었다고 하고, 대전에 의하여 원자가
가지게 된 전기를 전하(Electric Charge)라고 함

④ 전자의 성질

• 전자 1개의 질량은 9.10955×10^{-28}g으로, 모든 물질 중에서 최소임
• 전자 1개의 전기량(전하량)은 1.60219×10^{-19} 쿨롬으로, 전하비로는 −1이 됨
• 양성자 1개의 질량은 1.67261×10^{-24}g으로, 전자에 비해 약 1836배 무거움
• 양성자 1개의 전기량은 1.60219×10^{-19} 쿨롬(C)으로, 전하비로는 +1이 됨

2) 전자와 전류의 흐름

전하가 서로 다른 두 가지 물질을 도선 등으로 연결하면 전자는 저전위(음전기) 쪽에서 고전위(양전기) 쪽으로 이동하는데 이 흐름을 전류라고 한다. 전류의 방향은 양전기를 기준으로 하여 전자의 흐름과 반대 방향으로 이동한다.

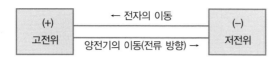

02 직류(DC; Direct Current)★

시간이 변화되더라도 전자의 흐름이 방향과 크기(전자량)에 있어서 항상 일정한 전류이다(예 건전지, 직류 발전기, 축전지, 정류기 등).

▲ 직류 파형

03 교류(AC; Alternating Current)★

시간에 따른 전하의 변화에 의해 전류의 방향과 크기가 주기적으로 변화하는 전류이다(예 전동기, 발전소, 변전소 및 일반 가정용 전기 등).

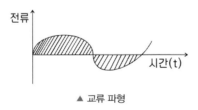

▲ 교류 파형

① 순시값 : 시시각각으로 변하는 교류의 순간 크기 v

$v = V_m sin\omega t[V]$(단, V_m : 최대값, ω : 각속도($2\pi[rad/sec]$), t : 시간)

② 최대값 : 교류의 순시값 중 가장 큰 값($V_m = \sqrt{2} \cdot V$)

③ 실효값 : 동일한 일을 한 직류 V로 나타낸 교류 v의 기준 크기

$$V = \frac{V_m}{\sqrt{2}} ≒ 0.707V_m$$

④ 평균값 : 교류의 순시값 1주기 동안의 평균값(V_a)

$$V_a = \frac{2}{\pi}V_m ≒ 0.637V_m$$

기적의 3초컷

직류와 교류는 꼭 구분할 수 있어야 합니다.

전원 회로
• **정류회로** : 교류를 정류해서 맥류성분을 얻는 정류부와 맥류로부터 직류분을 취하는 평활부로 구성
• **인버터** : 직류전력을 교류전력으로 변환하는 장치(역변환장치)
• **DC/DC 컨버터** : 직류를 다른 여러 직류전압으로 변환하는 장치
• **주파수 컨버터**(Frequency Converter) : 수신 전파의 주파수 대역을 그보다 낮은 중간 주파수 대역으로 바꾸는 변환기

기적의 3초컷

컨버터는 넓은 의미로 직류를 다른 직류 전압으로 변환, 교류와 직류간의 변환, 교류의 주파수 상호변환 등의 의미도 있습니다.

기적의 3초컷

우리나라의 가정용 전기는 과거 110[V]에서 현재는 220[V]로 교체되어 사용되고 있습니다.

일렉트론 볼트(eV; electron Volt)
• 1[eV]는 반도체에서 흔히 사용하는 에너지 단위로, 볼트라는 말이 들어가지만 전압 단위는 아님
• 전자 하나는 -1.6×10^{-19}[C]의 전하량을 지니고 있으므로, 전자 하나가 1[V]의 전압 차이로 움직이면 잃거나 얻게되는 에너지는 1.6×10^{-19}[J]이 되고 이 양을 1[eV]라고 함
• 1[eV] = 1.6×10^{-19}[J]

04 맥류(PC; Pulsating Current)

전류가 흐르는 방향은 일정한데 크기가 일정하지 못한 전류를 말하며, 와전류라고도 한다(📌 전화 송수화기의 음성 전류, 직류 전신 부호의 전류 등).

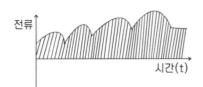

▲ 맥류 파형

이론을 확인하는 **기출문제**

01 다음 중 전자가 이동되는 방향은?

① 어느 방향으로도 이동되지 않음
② 양전기(+)에서 음전기(−) 쪽으로 이동
③ 음전기(−)에서 양전기(+) 쪽으로 이동
④ 양전기(+)와 음전기(−) 서로 양방향으로 이동

전자는 저전위(음전기) 쪽에서 고전위(양전기) 쪽으로 이동

02 시간이 변함에 따라 크기와 방향이 주기적으로 변하는 전압, 전류를 무엇이라 하는가?

① 직류   ② 교류
③ 변류   ④ 맥류

교류 : 시간에 따른 전하의 변화에 의해 전류의 방향과 크기가 주기적으로 변화하는 전류(📌:전동기, 발전소, 변전소 및 일반 가정용 전기 등)

03 다음 중 직류(DC)에 대한 설명으로 가장 적합한 것은?

① 맥류와 교류가 중첩하는 것
② 시간에 따라 기전력의 방향과 크기가 변하는 것
③ 시간에 따라 기전력의 방향이 불변하고 크기가 변하는 것
④ 시간에 따라 기전력의 방향이 불변하고 크기가 일정한 것

전류의 종류
• **직류(DC)** : 시간과 상관없이 흐름 방향과 크기가 항상 일정(건전지, 직류 발전기, 정류기 등)
• **교류(AC)** : 시간에 따라 방향과 크기가 주기적으로 변화(전동기, 발전소 및 가정용 전기 등)
• **맥류(PC)** : 방향은 일정한데, 크기가 일정하지 못함(전화 송·수화기의 음성전류 등)

04 매 순간마다 연속적으로 변화하는 파형을 사인파 형태로 나타낸 교류 값은?

① 최대값   ② 실효값
③ 평균값   ④ 순시값

순시값은 아날로그 데이터 등에서 시간과 함께 변화하는 양을 연속적으로 사인 파형태로 나타내는 교류값을 의미함

05 다음 중 2[J]과 같은 것은?

① 2[W·sec]   ② 2[kg·m]
③ 2[cal]   ④ 2[N·sec]

1[W]는 1Sec 동안에 1[J]의 비율로 일을 하는 속도이므로,
1[W] = 1[J/sec]에서 1[J]=1[W·sec]
∴ 2[W·sec]

06 1[eV]는 몇 [J]인가?

① 1   ② 1.6×10^{19}
③ 1.6×10^{-19} ④ 9.1×10^{-31}

일렉트론 볼트(electron Volt) : 전자 하나가 지닌 -1.6×10^{-19}[C]의 전하량을 잃거나 얻게되는 에너지 양   ∴ 1[eV] = 1.6×10^{-19}[J]

전압, 전류, 저항

빈출 태그 전압 · 전위 · 기전력 · 전류 · 전하량 · 전기 효과 · 저항 · 전압강하 · 옴의 법칙 ·
키르히호프의 법칙 · 전지 · 콘덴서

01 전압(Electric Voltage, 기전력)

1) 전위(Electric Potential)와 전위차(Electric Potential Difference)

① 도체 간 지속적인 전자 이동이 발생하도록 하는 각각의 전기적 크기를 전위라고
하며, 양쪽을 비교할 때 나타나는 차이값을 전위차 또는 전압이라고 함

② 어떤 도체에 Q[C]의 전기량이 이동하여 W[J]의 일을 한 경우의 전압

$$E = \frac{W}{Q}[V] \text{ 또는 } W = E \cdot Q[J]$$

③ 1[V](볼트; Volt) : 1[C]의 전기량이 이동하여 1[J]의 일을 했을 때, 두 점 간의 전위차

2) 기전력(EMF; Electromotive Force)

① 두 지점 사이에 일정한 전위차가 생기게 하는 힘을 기전력이라고 하며, 단위는 전
압과 같은 [V]를 사용

$$V = \frac{W}{Q} \left[\frac{J}{C} = V\right]$$

② 발전기나 전지와 같이 전위차를 만들어, 전류를 흐르게 하는 원동력으로 전지에서
의 전위와 전위차를 예로 들면 다음과 같음

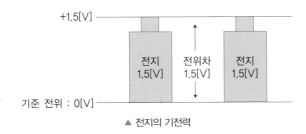

▲ 전지의 기전력

02 전류(Electric Current)

① 건전지와 같이 전위차가 있는 두 전위를 도체로 연결하면 전자가 이동하게 되는
데, 이 때 이 도체의 단면을 1초간 통과한 전기량(전하량)을 전류(I)라고 함

$$I = \frac{Q}{T}[A] \left(\frac{C}{Sec} = [A]\right)$$

전기 효과
- **톰슨(Thomson) 효과** : 도체(금
속 또는 반도체) 막대의 양 끝을
서로 다른 온도로 유지하면서 전
류를 통할 때 줄(Joule)열 이외에
발열이나 흡열이 일어나는 현상
- **펠티에(Peltier) 효과** : 종류가 서
로 다른 두 개의 도체 양단을 접
속하여 폐회로를 만들고 여기에
전류를 흘리면 한쪽 접점은 고온
이 되고 다른 한쪽 접점은 저온
이 되는 현상
- **지백(Seebeck; 제백) 효과** : 서
로 다른 도체의 양쪽 끝을 접합
하여 회로를 만들 때 두 접점의
온도를 서로 다르게 하면 이 회
로에 기전력이 발생하는 현상
- **홀(Hall) 효과** : 도체의 A에서 B
방향으로 전류를 흘리고 이것과
직각 방향으로 자기장을 가하면
플레밍의 왼손 법칙에 의해 기전
력이 생기는 현상

② 전류(I)는 양전기를 기준으로 하여 [+]에서 [−]로 흐르는 것으로 하며, 시간에 따른 전류의 방향과 크기 변화에 따라 직류, 교류, 그리고 맥류로 구분함

③ 1[A](암페어; Ampere) : 1초 동안 1[C]의 전기량이 통과했을 때의 전류를 가리킴

❸ 저항(R; Resistance)★

모든 물질은 전자의 이동을 방해하려는 작용이 있어 전류 흐름을 방해하는데, 이처럼 전기의 이동을 방해하는 성질을 저항이라고 하며, 단위로는 [Ω](옴; Ohm)을 사용한다.

1) 저항의 직렬 연결(Series Connection)

① 저항의 직렬 연결

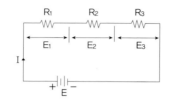

$E = E_1+E_2+E_3 = I \cdot (R_1+R_2+R_3)$에서

저항$(R) = \dfrac{E}{I} = R_1+R_2+R_3$가 됨

여러 개의 저항을 직렬로 연결하면 합성 저항(R_S)은 다음과 같은 식이 성립함

$$R_s = R_1+R_2+R_3+ \dots +R_n = nR$$

② 전압 강하(Voltage Drop)

• 저항에 전류가 흐를 때 저항에 생기는 전위차를 말하는 것으로, 저항이 커지거나 전류가 커질수록 전압 강하도 커짐

• 부하(전구) 회로에 직렬로 저항이 들어가면 저항의 양끝에 걸리는 전압의 크기만큼 부하(전구)에 걸리는 전압은 강하(낮아짐)됨

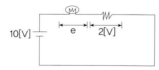

$\therefore e + 2 = 10$

$e = 10 - 2 = 8[V]$

③ 고유 저항으로 본 도체와 부도체

• 도체 : $10^{-4}[\Omega \cdot m]$ 이하의 고유 저항을 가지는 물질(수은 〉 백금 〉 알루미늄 〉 구리 〉 은 등)로, 온도가 올라가면 저항값도 직선적으로 상승함

• 반도체 : $10^{-4} \sim 10^6[\Omega \cdot m]$ 사이의 고유 저항을 가지는 물질(탄소 〉 게르마늄 〉 실리콘 등)로, 온도가 올라가면 전도율이 커져서 저항이 급격히 감소함

• 부도체 : $10^6[\Omega \cdot m]$ 이상의 고유 저항을 가지는 물질(유리 〉 고무 〉 수정 등)로, 온도변화에 매우 다르게 변화하지만 일반적으로는 고유 저항이 작아짐

2) 저항의 병렬 연결(Parallel Connection) ★

① 저항의 병렬 연결

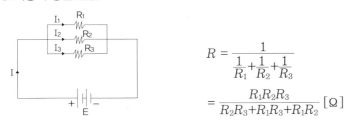

$$R = \cfrac{1}{\cfrac{1}{R_1}+\cfrac{1}{R_2}+\cfrac{1}{R_3}}$$

$$= \frac{R_1 R_2 R_3}{R_2 R_3 + R_1 R_3 + R_1 R_2}\,[\Omega]$$

여러 개의 저항을 병렬로 연결하면 합성 저항(Rs)은 다음과 같은 식이 성립함

$$R_s = \cfrac{1}{\cfrac{1}{R_1}+\cfrac{1}{R_2}+\cfrac{1}{R_3}\cdots+\cfrac{1}{R_n}}\, , \ \frac{1}{R_s}=\frac{1}{R_1}+\frac{1}{R_2}+\frac{1}{R_3}+\cdots+\frac{1}{R_n}=\sum_{i=1}^{n}\frac{1}{R_i}$$

② 전위의 평형과 휘트스톤 브리지(Wheatstone Bridge)

- 전기 회로에 전압을 가하여도 전기 회로에 전위차가 일어나지 않아 전류의 흐름이
  발생하지 않는 경우 전위 평형이 이루어졌다고 함
- 휘트스톤 브리지는 $0.5{\sim}10^5\,[\Omega]$ 정도의 중저항 측정에 널리 사용되는 회로로, 4개
  의 저항을 그림과 같이 연결하고 X의 저항값을 모른다고 가정할 경우 전위 평형을
  위한(검류계 G에 전류가 흐르지 아니할) 조건은 다음과 같음

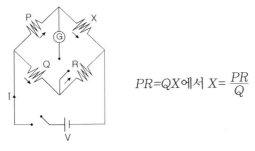

$$PR=QX\text{에서 } X=\frac{PR}{Q}$$

3) 저항의 직병렬 연결(Series–Parallel Connection)

그림과 같이 저항을 직·병렬 혼합으로 연결한 경우라면 먼저 병렬 회로 저항을 풀고
나서, 직렬 회로 저항을 계산하면 된다.

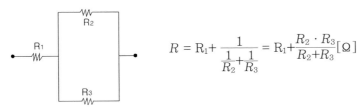

$$R = R_1 + \cfrac{1}{\cfrac{1}{R_2}+\cfrac{1}{R_3}} = R_1 + \frac{R_2 \cdot R_3}{R_2 + R_3}[\Omega]$$

저항의 종류 및 특성
- **고정 저항** : 저항기에 저항값(컬러 코드로 표시), 허용차 표시
  - **카본 피막 저항** : 일반용으로 가격이 싸며, 가장 많이 사용
  - **솔리드 저항** : 소형 대용량으로 주파수 특성이 좋으며, 고온 고압에 사용
  - **권선(코일) 저항** : 안정되고 신뢰성이 뛰어나 계측기에 주로 쓰임
  - **홀 저항** : 전류 용량이 큼
  - **금속 피막 저항** : 온도 특성이 좋아, 아날로그 회로 등 정밀도가 높은 곳에 사용
  - **산화 금속 피막 저항** : 열에 강해 전원 회로 등 대전력용 사용
  - **시멘트 저항** : 대전력용으로 전력과 저항치가 숫자로 인쇄
- **가변 저항** : 접점의 이동으로 저항값이 변함
  - **가변 저항 볼륨** : 음량 조절 등 수시 변경 가능
  - **반고정 저항** : 한 번 조정 후 고정

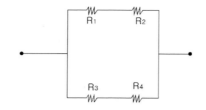

$$R = \frac{(R_1+R_2) \cdot (R_3+R_4)}{(R_1+R_2)+(R_3+R_4)}[\Omega]$$

04 전지(Battery, Cell)★

전지에는 방전 이후 충전이 불가능한 1차 전지와 방전 이후에도 재충전하여 반복 사용이 가능한 2차 전지가 있다.

1) 1차 전지(Primary Cell)

- 대표적인 것이 망간 건전지(Dry Cell)로, 표준 전압은 1.5[V]
- 용량이 작아 수명이 짧고, 전해액의 누출이 심한 단점이 있음

2) 2차 전지(Secondary Cell)

- 대표적인 것으로는 납축전지(Lead Storage Cell), 알칼리전지 등이 있음
- 납축전지의 표준 전압은 2[V]

3) 전지의 연결

① 직렬 연결

- 합성 전압이 전지의 개수만큼 증가하므로 큰 전압을 얻고자 할 때 사용
- 그림과 같이 기전력 E[V], 내부 저항 r[Ω]인 전지 n개를 직렬로 접속시키면 기전력과 내부 저항이 모두 n배가 되며, 이때의 전류는 다음과 같음

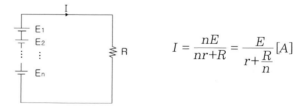

$$I = \frac{nE}{nr+R} = \frac{E}{r+\frac{R}{n}}[A]$$

② 병렬 연결

- 전지의 개수와 상관없이 1개의 전압과 합성 전압이 동일하므로 전지를 오랜 시간 사용하고자 할 때 사용
- 그림과 같이 기전력 E[V], 내부 저항 r[Ω]인 m개의 전지를 병렬로 연결하면 기전력은 전지 1개 때와 같고 내부 저항은 배가 되며, 이때의 전류는 다음과 같음

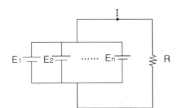

$\dfrac{r}{m}I + RI = E$에서 $I = \dfrac{E}{\dfrac{r}{m}+R}\,[A]$

③ 직병렬 연결

- 직렬 전지의 전체 합에 해당하는 전압이 m배만큼 지속적으로 흐름
- 기전력 E[V], 내부 저항 r[Ω]인 전지 n개를 직렬 접속하고, 여기에 다시 m개의 전지를 병렬로 연결하였을 때의 전체 전류는 다음과 같음

$$I = \dfrac{nE}{\dfrac{n}{m}r+R} = \dfrac{E}{\dfrac{r}{m}+\dfrac{R}{n}}\,[A]$$

내부 저항과 단자 전압
- **내부 저항** : 직류 전원인 전압의 경우 전지, 전해액, 도체마다 각각 약간씩의 저항을 가지고 있는데 이것을 내부 저항이라고 하며, 보통 외부 저항(R)과 구분하여 r로 표시함
- **단자 전압** : 전원의 양단자(+, −) 간에 나타나는 전압을 가리키며 전원이 흐르지 않으면 기전력이 없지만, 회로에 전원이 흐르면 양쪽 단자에는 내부 저항값(Ir)만큼이 소비된 전압이 나타남
- $E = I(r+R)$에서 $IR = E-Ir$

05 콘덴서(Condenser; Capacitor) ★

전기를 저축할 수 있는 능력을 정전 용량(Electrostatic Capacity)이라고 하는데, 전기 회로에 연결하였을 때 정전 용량이 발생하도록 만든 장치가 콘덴서(축전기)이다. 콘덴서는 회로상에서 교류 전류는 흐르게 하지만, 직류 전류는 콘덴서의 정전 용량이 충족되면 더이상 흐르지 못하게 한다.
콘덴서의 정전 용량은 기호 C, 단위는 F(패럿 : Farad)를 사용한다.

1) 콘덴서의 직렬 접속

- 콘덴서의 직렬 연결에서 각 콘덴서에 걸린 전압의 합은 반드시 전체에 가한 전압과 같음

$$V = V_1+V_2 = \dfrac{Q}{C_1}+\dfrac{Q}{C_2}\,[V]$$

- 합성 용량(C)은 Q=CV에서 식을 변형하면 다음과 같이 식이 구해짐

$$C = \dfrac{Q}{V} = \dfrac{Q}{\dfrac{Q}{C_1}+\dfrac{Q}{C_2}} = \dfrac{Q}{Q\left(\dfrac{1}{C_1}+\dfrac{1}{C_2}\right)} = \dfrac{1}{\dfrac{1}{C_1}+\dfrac{1}{C_2}}$$

$$= \dfrac{C_1 C_2}{C_1+C_2}\,[F]$$

정전 용량 C[F], 충전 전기량 Q[C]에 나타나는 전압 V[V]와의 관계
- $Q = CV$
- $V = \dfrac{Q}{C}$
- $C = \dfrac{Q}{V}$

2) 콘덴서의 병렬 접속

- 그림에서 2개의 콘덴서에 축적된 전체 전하를 계산하면 다음과 같음

$$Q = C_1 V + C_2 V = V(C_1 + C_2)[C]$$

- 위에서와 같이 $Q=CV$ 식을 변형하면 다음과 같은 식이 성립함

$$C = \frac{Q}{V} = \frac{V(C_1 + C_2)}{V} = C_1 + C_2 [F]$$

이론을 확인하는 기출문제

01 전지(cell)의 종류는 1차 전지와 2차 전지로 나눌 수 있다. 1차 전지와 2차 전지를 구분하는 가장 큰 특징은?

① 축전지의 저장 용량
② 전지의 재사용 여부
③ 전지의 연결 방법
④ 전지의 크기

- **1차 전지** : 전지 내의 전기화학 반응이 비가역적이기 때문에 한 번 쓰고 버려야 하는 일회용 전지
- **2차 전지** : 일회용이 아닌 충전하여 사용하는 전지로 가장 많이 사용되는 것은 납축전지

02 10[Ω], 20[Ω], 10[Ω]의 3개의 저항을 직렬로 접속했을 때 합성 저항은 몇 [Ω]인가?

① 30
② 10
③ 40
④ 20

직렬 회로의 합성 저항(R) = 10 + 20 + 10 = 40[Ω]

03 회로의 접속점에서 "유입되는 전류의 합과 유출되는 전류의 합이 같다."를 나타내는 법칙은?

① 등접의 원리
② 노튼의 법칙
③ 키르히호프의 제1법칙
④ 데브난의 법칙

키르히호프의 제1법칙(전류 평형의 법칙) : 임의의 접속점에 유입되는 전류의 합은 유출되는 전류의 합과 같음

04 3[V]의 건전지 15개를 병렬로 연결하면 합성 전압은 얼마인가?

① 3[V]
② 15[V]
③ 45[V]
④ 9[V]

전지를 병렬로 연결하면 기전력은 증가하지 않고 전지 1개의 양과 동일함

05 다음 중 콘덴서를 병렬로 0.2[μF]와 0.3[μF]를 연결하였을 때 합성 정전 용량은?

① 0.12[μF]
② 0.2[μF]
③ 0.5[μF]
④ 0.3[μF]

병렬로 접속된 콘덴서의 합성 용량은 각각의 정전 용량을 전부 더하면 됨
∴ C = C1+C2 = 0.2+0.3 = 0.5[μF]

전력과 열량

빈출 태그 전력 • 와트 • 전력량 • 와트시 • 칼로리 • 줄의 법칙

01 전력(Electric Power)

- 1초 동안에 소비되는 전기량(Q), 즉 전류가 1초 동안에 하는 일을 말하며, 단위는 와트(Watt)를 사용
- 만약 저항(R)에의 전압 1[V]을 가하여 1[A]의 전류가 흘렀다면 전력(P)은 다음과 같음

$$P = EI = VI = (IR)I = I^2R$$
$$= E(\frac{E}{R}) = \frac{E^2}{R}$$
$$= V(\frac{V}{R}) = \frac{V^2}{R}[W]$$

- 1와트(W) : 1[V]의 전압(E)을 가하여 1[A]의 전류(I)가 흐를 때의 전력(P)

02 전력량(Electric Energy)★

- 2지점 간의 전압(E) 차이로 전기량(Q)이 이동하여, 일정 시간(T) 동안 일을 지속한 것을 전력량(W)이라고 하며, 단위는 와트시[Wh]를 사용
- $W = PT[Sec] = I^2RT = VIT[Wh]$
- 1와트시[Wh] : 1W의 전력을 1시간(h) 동안 사용할 때 소비되는 전력량을 말하며, 1[Wh]는 3,600[J]에 해당
- 1칼로리[cal] : 열량의 단위로서, 1g의 물(4℃)을 1℃ 높이는 데 필요한 열량을 말하며, 1[J]은 0.24[cal]에 해당

03 줄의 법칙(Joule's Law)★

- 영국의 물리학자 Joule이 1840년에 발표한 "도체에 전류가 흐를 때 발생하는 열량은 전류의 제곱과 저항을 곱한 값에 비례한다"는 법칙

$$H = 0.24PT = 0.24EIT = 0.24I^2RT = 0.24\frac{E^2}{R}T[cal]$$

- 도선에서 발생하는 열의 양은 전류의 세기의 제곱에 비례하고 저항에 반비례하며, 전류가 통하는 시간에 비례함

전력과 전력량
전류가 흐르면서 한 일, 즉 전기에너지가 다른 에너지(운동, 열, 소리 등)로 바뀌는 비율을 전력이라고 하고, 이 전력에 시간을 곱한 양을 전력량이라고 함

01 110[V], 25[W]인 컴퓨터를 이용하여 1시간 동안 작업하였다. 25[W]의 전력이 소비되고 있을 때, 컴퓨터에 흐르는 전류는?

① 4.41[A]
② 1.14[A]
③ 0.44[A]
④ 0.23[A]

전력 $P = V \cdot I$이고 $I = \frac{P}{V}, I = \frac{25}{110} = 0.227 \fallingdotseq 0.23[A]$
이 문제의 함정은 60분임. 흐르는 전류는 순수 전류이므로 시간의 개념은 없음

02 어떤 정보기기의 사용전압이 200[V]라 한다. 이 때 흐르는 전류가 5[mA]라고 할 때 소비전력은?

① 1[W]
② 2[W]
③ 3[W]
④ 5[W]

$P = VI = 200 \times 5[mA] = 1000 = 1[W]$

03 전압 100[V]인 50W의 백열전구 10개를 2시간 동안 점등하였을 때 전력량은?

① 1[kWh]
② 10[kWh]
③ 50[kWh]
④ 100[kWh]

$W = VI = V^2/R$
그러므로 $R = V^2/W = 100^2/50 = 200$
100V에서 2시간
$K = W*h = (V^2/R)*h$
  $= (100^2/100)*2*10개 = 1,000[Wh] = 1[kWh]$
또는
50W*10개*2시간
  = 500W×2
  = 1,000[kWh]
  = 1[kWh]

04 저항 값이 일정할 때 전력에 대한 설명으로 옳은 것은?

① 전압에 비례한다.
② 전압의 자승에 비례한다.
③ 전압에 반비례한다.
④ 전압의 자승에 반비례한다.

$P = \frac{V^2}{R}$에서 분모인 저항이 일정하다면, 전력(P)은 분자인 전압의 제곱(V^2)에 비례하여 커지거나 작아짐

/ SECTION / 04 주파수와 파형

출제빈도
상 **중** 하

빈출 태그 주기 · 주파수 · 위상 · 헤르츠 · 음성 주파수 · 고조파 · 저조파 · 정재파 · 반송파 · 등화기

일반적으로 전기는 도체의 선을 통하여 이동하게 되는데, 이러한 도선이 없이 공간을 빛의 속도로 퍼져 나가는 전자기파를 전파(Radio Wave)라고 한다.

주파수란 진동 전류나 전파, 음파 등이 도선 또는 공간을 통해 전달되는 과정에서 일정한 진폭으로 운동하는 펄스(Pulse), 또는 물리량의 시간적 변화인 파(Wave)와 같은 주기 현상이 1초 사이에 몇 번 반복되는가를 나타내는 파형의 수이다.

전파는 1888년 독일의 헬츠(Hertz)가 전자기파의 방출 실험을 통해 그 존재를 밝혀내어, 주파수의 단위로 헤르츠(Hz)를 사용한다.

- 주기 T[s]와 주파수 f[Hz] 사이의 관계 : $T = \dfrac{1}{f}$[s], $f = \dfrac{1}{T}$[Hz]

01 전파의 용도 및 특성

- 전파는 무선전신, 무선전화, 라디오, TV 등의 무선 통신을 비롯하여 방향 탐지, 레이더, 무선조정, 고주파 가열 등에 이용
- 전파는 주파수의 파장 또는 공간에서 전파가 퍼져 나가는 특성에 따라 장파, 중파, 단파, 초단파, 극초단파 등으로 구분됨

번호	주파수대 호칭	주파수 범위 /파장	특성	용도
4	초장파(VLF) 데카킬로미터파	3~30[KHz] 10~100[Km]	파장이 길어 안테나를 수평적으로 설치함	해상 무선 항행 업무
5	장파(LF) 킬로미터파	30~300[KHz] 1~10[Km]	• 선박 간의 원거리 통신에 주로 사용되었음 • 대형 안테나가 요구되어 이용률이 낮아짐	• 무선 항행 업무 • 선박 및 항공 무선
6	중파(MF) 헥토미터파	300~3,000[KHz] 100~1,000[m]	• 지구의 지표면을 따라 전파됨 • 멀리까지 안정적으로 보낼 수 있음	• 일반 라디오(AM) 방송 • 중거리의 선박 통신
7	단파(HF) 데카미터파	3~30[MHz] 10~100[m]	• 파장이 짧아 지표파는 감쇠가 심함 • 전리층에 반사돼 지구 뒤쪽까지 전파됨 • 위성 통신의 발달에 따라 사용이 점점 줄어듦	• 국제 라디오 방송 • 원거리의 국제 통신 • 선박과 항공기의 통신
8	초단파(VHF) 미터파	30~300[MHz] 1~10[m]	• 전리층에서 반사되지 않고 통과해 버림 • 보통 가시거리 통신에 사용 • 차폐물(산악, 고층 건물 등)에 크게 감쇠	• 텔레비전 방송(채널2~13) • FM 라디오 방송 • 육상 · 해상 · 항공 단거리 통신 • 레이더

진공과 전파 속도
빛과 전파, 그리고 전기는 진공 상태에서 속도가 모두 같으나 진공 상태가 아닌 환경에서는 금속이나 대기, 물 같은 매체를 통과할 때의 저항에 의해 속도가 약간 느려짐

진동 파형의 3요소
- 주파수(Frequency) : 단위 시간에 진동하는 횟수
- 크기(Amplitude) : 진폭, 진동의 크기
- 위상(Phase) : 기준점 혹은 진동 파형 사이의 상대각

9	극초단파(UHF) 데시미터파	300~3,000[MHz] 10~100[cm]	• 직진성이 강해 통달 거리는 가시거리에 한정됨 • 470~890[MHz]대는 TV(채널14~83)에 사용	• 육상 · 해상 · 항공 이동 통신 • 무선 호출, 항공 무선 항행 • 위성 통신, 지구 탐사, 전파 천문
10	초고주파(SHF) 센티미터파	3~30[GHz] 1~10[cm]	• 작은 안테나로 첨예한 빔을 얻을 수 있음 • 다른 전파로부터의 방해 및 다른 전파에 대한 방해가 적음 • 광대역 변조로 S/N비를 크게 개선할 수 있음	• 고정 장거리 통신, 이동 통신 • 텔레비전 중계 및 위성 통신 • 무선 항행, 각종 레이더 • 산업 · 과학 · 의료 분야의 고주파 이용 설비
11	EHF 밀리미터파	30~300[GHz] 1~10[mm]	• 통신 주파수 대역의 획기적 확장 • 초광대역 전송 가능 • 안테나와 송수신 장치의 소형화 가능 • 빛에 가까운 강한 직진성 • 강수나 수증기 입자에 흡수 또는 산란됨	• 고정 · 이동 · 위성 통신 • 무선 항행 • 지구 탐사 • 전파 천문

국제단위계(SI; System International Units) 단위

유도량	이름	기호
주파수	헤르츠	Hz
힘	뉴턴	N
압력, 음력	파스칼	Pa
에너지, 일, 열량	줄	J
일률, 전력, 동력	와트	W
전하량, 전기량	쿨롬	C
전위차, 기전력, 전압	볼트	V
전기용량	패럿	F
전기저항	옴	Ω
컨덕턴스	지멘스	S
자기선속	웨버	Wb
자기선속밀도	테슬라	T
인덕턴스	헨리	H
섭씨온도	섭씨도	℃
광선속	루멘	Lm
조도	룩스	Lx
방사능	베크렐	Bq
흡수선량	그레이	Gy
선량당량	시버트	Sv
촉매활성도	캐탈	kat

• 전파는 빛의 속도와 같은 초당 30만[KM]($≒3×10^8$m=$3×10^{10}$cm)로 진행함
• 빛과 전파, 그리고 전기는 진공상태에서 속도가 모두 같으나, 진공상태가 아닌 환경에서는 금속이나 대기, 물과 같은 매체를 통과할 때의 저항에 의해 속도가 약간 느려짐
• 전파의 파장 = $\dfrac{전파\ 속도(m)}{주파수[Hz]}$
• 주파수가 높아지면 파장이 작아져 안테나의 길이도 따라서 작아지는데, 보통 전파의 파장 또는 1/2 파장 길이로 함

02 주파수의 분류 ★

① **전파 주파수** : 국제적인 조약에서는 일반적으로 전파의 주파수 범위를 3,000[GHz] 이하로 규정하고 있으며, 그 안에서 용도에 따라 주파수대를 나누어 사용
② **상용 주파수** : 발전소에서 송전선을 통하여 전기 사용자에 공급되는 전력의 주파수로서 50[Hz] 또는 60[Hz]가 사용
③ **음성 주파수** : 가청 주파수라고도 하는데, 보통 20~20,000[Hz] 범위에 해당하며, 통화의 질을 해치지 않는 가청 범위는 300~3,400[Hz]임
④ **스퓨리어스(Spurious)** : 통신 시스템에서 목적으로 하는 주파수 이외의 주파수성분(불요파)을 통칭하는 것으로 크게 고조파(Harmonic)에 의한 것, 저조파(Sub-Harmonic)에 의한 것, 그리고 기타 상호 변조신호의 영향에 의한 것으로 구분됨
⑤ **고조파(Harmonic)** : 기본 상용 주파수(50[Hz] 또는 60[Hz])에 대해 2배(제2고조파), 3배(제3고조파), 4배(제4고조파)와 같이 정수의 배에 해당하는 물리적 전기량으로 잡음이나 오류가 아니므로, 고조파에 따른 통신의 영향은 없음
⑥ **저조파(Sub-Harmonic)** : 기본 주파수의 1/2, 1/3, …, 1/n인 전파로 정상적인 상태에서는 거의 발생하지 않지만, 주파수를 배수 증가(체배; Doubling; Multiply)

하는 경우 고조파 뿐 아니라 저조파까지 발생하며, 이 때문에 스퓨어리스 특성이 더 복잡해짐

⑦ 반송파(Carrier) : 주파수가 낮은(baseband; 기저대역) 신호는 잡음에 약하고 전달 거리도 짧기 때문에, 변조(높은 주파수에 보내려는 신호를 싣는 과정)를 거치게 되는데, 이때 원래의 신호를 실어나르는(Carry) 역할을 하는 특정주파수를 반송파라고 함

⑧ 중간주파수(Intermediate Frequency) : 수신신호의 반송파를 기저대역으로 변환하기 전의 중간에 있는 주파수를 말하며, 주파수를 2회 이상 변환하는 경우는 제1, 제2, … 중간주파수라고 함

⑨ 정재파(Standing Wave) : 선로상의 경계면에서 반사되어 돌아온 전파가 진행파와 합쳐지면서 생겨난 진행하지 않는 파동으로 정상파(Stationary Wave)라고도 하며, 정재파가 크다는 것은 반사량이 많다는 의미임

등화기(Equalizer)
• 주파수 특성을 개선하기 위하여 전송 회로 또는 증폭 회로에 삽입되는 수동 회로망으로 코일, 콘덴서, 저항 등으로 구성
• 동축 케이블을 사용한 광대역 다중 통신로에서 계절적인 온도 변화에 의한 케이블의 전기 저항 변화 등을 보정하여 균일하게 유지함

이론을 확인하는 기출문제

01 전류가 1초 동안 진동하는 횟수를 나타내는 것은 무엇인가?

① 저항   ② 주기
③ 주파수   ④ 파장

주파수 : 물리량의 시간적 변화인 파(Wave)와 같은 주기 현상이 1초 사이에 몇 번 반복되는가를 나타내는 파형의 수

02 송신기에 의해 발생되는 신호는 전송 매체를 통해 전송되는데 이는 주파수 대비 주기(Period)에 의해 영향을 받는다. 이 때 주기 신호의 영향을 주는 주요 요소가 아닌 것은?

① 진폭   ② 주파수
③ 온도   ④ 위상

진동 파형의 3요소
• **주파수(Frequency)** : 단위 시간에 진동하는 횟수
• **크기(Amplitude)** : 진폭, 진동의 크기
• **위상(Phase)** : 기준점 혹은 진동파형 사이의 상대각

03 일반적인 주파수(f)와 주기(T)와의 관계를 단적으로 표현한 식은?

① $f = 1/4T$ ② $f = 1/3T$
③ $f = 1/2T$ ④ $f = 1/T$

주기 T[s]와 주파수 f[Hz] 사이의 관계

$T = \frac{1}{f}$ [s], $f = \frac{1}{T}$ = [Hz]

04 사인파의 주기가 0.1[sec]일 때 이 파형의 주파수는 몇 [Hz]인가?

① 1   ② 15   ③ 5   ④ 10

사인파의 주파수

$f = \frac{1}{T} = \frac{1}{0.1} = 10$[Hz]

05 주파수가 10[KHz]인 신호의 주기는 몇 [ms]인가?

① 1.01   ② 0.1   ③ 1   ④ 10

주기 T[s]와 주파수 f[Hz] 사이의 관계

$T = \frac{1}{f} = \frac{1}{10000} = 0.0001$[s]=0.1[ms]

01 자유 전자의 이동으로 특정 물질이 양전기 또는 음전기를 띠게 된 상태를 무엇이라고 하는가?

① 전하
② 대전
③ 전류
④ 전기량

02 대전에 의해 물체가 띠고 있는 것을 전하라 한다. 전자의 전하량[C]을 나타낸 것은?

① +9.10956 × 10⁻³¹
② +1.67261 × 10⁻²⁷
③ −1.60219 × 10⁻¹⁹
④ +1.67491 × 10⁻²⁷

① $+9.10956 \times 10^{-31}$
② $+1.67261 \times 10^{-27}$
③ -1.60219×10^{-19}
④ $+1.67491 \times 10^{-27}$

03 직류에 대한 설명 중 옳은 것은?

① 시간의 흐름에 비례하여 기전력의 방향이 불변하고 크기가 일정한 것을 말한다.
② 직류란 맥류와 교류의 중첩 현상이라고 표현한다.
③ 시간의 흐름에 비례하여 기전력의 방향이 변하고 크기가 일정한 것을 말한다.
④ 시간의 흐름에 비례하여 기전력의 방향과 크기가 변하는 것을 말한다.

04 교류 회로에서 복소수의 성질에 대한 설명으로 옳지 않은 것은?

① 허수를 제곱하면 양수이다.
② 허수를 i 또는 j 로 표시한다.
③ 허수의 단위는 $\sqrt{-1}$로 표시한다.
④ 복소수는 실수와 허수로 이루어진다.

05 다음 중 가정용 220[V]의 교류 최대값 [Vm]은 얼마인가?

① 244
② 140
③ 311
④ 156

06 다음 교류 전압 $v = 100\sin 120\pi t$에서 주파수 f는 몇 [Hz]인가?

① 120
② 100
③ 60
④ 0

07 다음과 같은 회로에서 a로부터 b로 1[A]의 전류가 흐른다면 a, b 사이의 전위차[V]는 얼마인가?

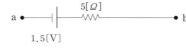

① 1.5
② 3.5
③ 5
④ 6.5

08 2종의 금속 또는 반도체를 폐회로가 되도록 접속하고 접속한 두 점 사이에 온도차를 주면 기전력이 발생하여 전류가 흐른다. 이와 같은 현상을 무엇이라고 하는가?

① 톰슨 효과
② 펠티에 효과
③ 지백 효과
④ 홀 효과

09 100[V]의 전위차로 2[A]의 전류가 3분간 흘렀다고 한다. 이때 이 전기가 한 일은 얼마인가?

① 3,600[J]
② 18,000[J]
③ 36,000[J]
④ 28,000[J]

10 어떤 도체에 T[sec] 동안에 Q[C]의 전기량이 이동했다면 전류 I[A]는?

① I = T/Q
② I = Q/T
③ I = I/T
④ I = Q/T²

11 20[Ω]의 저항에 100[V]의 전압을 가하면 몇 [A]의 전류가 흐르겠는가?

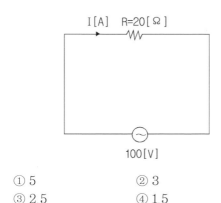

I[A]   R=20[Ω]

100[V]

① 5
② 3
③ 2.5
④ 1.5

12 100[Ω]의 저항과 R[Ω]의 저항이 병렬로 접속된 회로에서 100[Ω]의 저항에 흐르는 전류가 10[A], R[Ω]에 흐르는 전류가 5[A]이라면, R 값은?

① 10[Ω]
② 100[Ω]
③ 200[Ω]
④ 300[Ω]

13 다음 옴의 법칙중 공식이 잘못된 항목은?

① $I = \dfrac{V}{R}[A]$
② $R = \dfrac{V}{I}[Ω]$
③ $V = R^2I$
④ $V = RI[V]$

14 다음 그림에서 저항 10[Ω], 20[Ω], 30[Ω]이 직렬로 연결되고 양단에 600[V]의 전압이 인가되었다. 이 때 이 회로의 전류[I]는?

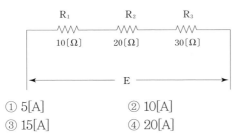

R_1 R_2 R_3
10[Ω]   20[Ω]   30[Ω]

E

① 5[A]
② 10[A]
③ 15[A]
④ 20[A]

15 100[Ω]과 200[Ω]이 병렬로 접속되어 있는 회로에 전체 전류가 300[mA]일 때, 100[Ω]의 저항에 흐르는 전류는 몇 [mA]인가?

① 100
② 200
③ 300
④ 500

16 기전력 2[V], 내부 저항 0.15[Ω]의 전지 10개를 직렬로 접속하고 두 극 사이에 부하 저항을 접속했더니 1.6[A]의 전류가 흘렀다. 이때 부하 저항은 얼마인가?

① 1.1[Ω]
② 12.5[Ω]
③ 1.5[Ω]
④ 11[Ω]

17 저항 2[Ω]과 4[Ω]의 병렬 회로의 합성 저항치는?

① 3[Ω]
② 3/4[Ω]
③ 4/3[Ω]
④ 6[Ω]

18 다음 회로에서 a, b 간 등가 합성 저항은 몇 [Ω]인가?

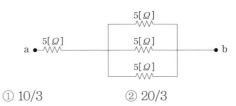

5[Ω]
a ●—5[Ω]—   5[Ω]   —● b
5[Ω]

① 10/3
② 20/3
③ 8.5
④ 16/5

19 1[Ω]의 저항 10개를 직렬 접속했을 때의 합성 저항을 병렬 접속했을 때와 비교하면?

① 직렬로 접속하면 저항은 100배 작다.
② 직렬로 접속하면 저항은 10배 작다.
③ 직렬로 접속하면 저항은 10배 크다.
④ 직렬로 접속하면 저항은 100배 크다.

20 다음 중 길이 1[m], 지름 1[cm]의 구리 막대를 지름 1[mm]의 도선으로 뽑았다. 이 도선은 원래 구리 막대 저항의 몇 배가 되겠는가? (단, 길이는 같음)

① 10
② 100
③ 1,000
④ 10,000

21 다음 키르히호프(Kirchhoff)의 제1법칙에 대한 설명 중 옳은 것은?

① 접속점에 유입되는 전류의 합은 접속점에서 유출되는 전류의 합과 무관하다.
② 전원 전압의 합은 전압 강하의 합과 같다.
③ 접속점에 유입되는 전류의 합은 접속점에서 유출되는 전류의 합과 같다.
④ 접속점에 유입되는 전압의 합은 접속점에서 유출되는 전압의 합과 같다.

22 그림에서 전류를 구하는 식으로 옳지 않은 것은?

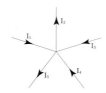

① $I_1 - I_2 + I_3 + I_4 - I_5 = 0$
② $I_2 + I_5 - I_1 - I_4 - I_3 = 0$
③ $I_1 + I_3 + I_4 = I_2 + I_5$
④ $I_1 - I_2 = I_3 + I_4 - I_5$

23 전지(Cell)의 종류는 크게 1차 전지와 2차 전지로 나눌 수 있다. 1차 전지와 2차 전지를 구분하는 가장 큰 특징은 무엇인가?

① 전지의 크기
② 전지의 연결 방법
③ 전지의 재사용 여부
④ 축전지의 저장 용량

24 다음 중 기전력 V = 2.0[V] 내부 저항 r = 0.5[Ω]인 전지 6개를 직렬로 접속하여 부하 R = 9[Ω]에 연결할 때 전류가 흘렀다. 이때 단자 전압은 몇 Volt인가?

① 0
② 9
③ 10
④ 11

25 다음 중 콘덴서의 기호는?

① ⊣⊢
② ⊣⊢
③ (sine wave symbol)
④ (V)

26 콘덴서 2[μF], 3[μF], 6[μF]를 직렬로 연결하였을 때 합성 정전 용량은 몇 [μF]인가?

① 0.5
② 1
③ 2
④ 4

27 다음 중 1[W]에 대한 단위는 어느 것인가?

① $1\dfrac{N}{C}$
② $1\dfrac{V}{m}$
③ $1\dfrac{J}{Sec}$
④ $1\dfrac{Sec}{J}$

28 110[V], 25[W]인 PC를 이용하여 1시간 동안 작업하였다. 이 PC에 흐르는 전류는 얼마인가?

① 4.4[A]
② 1.14[A]
③ 0.44[A]
④ 0.23[A]

29 200[Ω], 50[W]인 저항의 최대 해당 전류는 몇 [A]인가?

① 0.5[A]
② 0.1[A]
③ 4[A]
④ 1[A]

30 전기가 단위 시간인 1초 동안에 하는 일의 양을 무엇이라고 하는가?

① 전류　　　　　　② 저항
③ 전력　　　　　　④ 전압

31 어떤 전열기에 100[V]의 전압이 가해져 있는데, 그 전류는 5[A]라고 한다. 이때 전열기에 흐르는 소비전력은 얼마인가?

① 5[KW]　　　　　② 500[W]
③ 2[KW]　　　　　④ 200[W]

32 50[Ω]의 저항에 100[V]의 전압을 가했을 때 소비되는 전력은 몇 [W]인가? (단, 자체 선로에 대한 내부 저항치는 무시한다.)

① 5000　　　　　　② 200
③ 100　　　　　　　④ 2

33 그림과 같이 6[V]의 전자 양단에 내부 저항이 4[Ω]인 전등 L1과 내부 저항이 2[Ω]인 전등 L2를 접속하였을 때 전등 L1에서 소모되는 전력은?

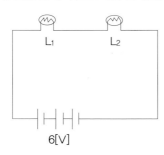

6[V]

① 1[W]　　　　　　② 2[W]
③ 4[W]　　　　　　④ 6[W]

34 200[V]를 가하여 10[A]의 전류가 흐르는 직류 전동기를 2시간 동안 사용할 때 전력량(P)은 얼마인가?

① 2[KWh]　　　　　② 5[KWh]
③ 4[KWh]　　　　　④ 8[KWh]

35 다음 중 저항 600[Ω]의 백열 전구가 100[V]의 전위차가 있는 곳에서 1시간 동안에 발생시키는 열은?

① 61[Kcal]　　　　② 600[cal]
③ 14.4[Kcal]　　　④ 33.3[Kcal]

36 주파수(Frequency)에 대한 설명 중 틀린 것은?

① 주기와는 역수 관계이다.
② 1초 동안에 반복하는 사이클 발생 수를 나타낸다.
③ 단위는 초(Sec)를 사용한다.
④ 교류 전류, 전파, 음성 등에 사용된다.

37 전자파가 공간을 전파하는 속도가 1초간에 3×10^10[cm]일 때 주파수가 3[KHz]인 전파의 파장은?

① 100[m]　　　　　② 1[Km]
③ 10[Km]　　　　　④ 100[Km]

38 가청 주파수의 범위는 대략 얼마인가?

① 16[Hz] ~ 0.2[KHz]
② 200[Hz] ~ 4[KHz]
③ 20[Hz] ~ 20[KHz]
④ 300[Hz] ~ 200[KHz]

39 20[MHz]의 주파수를 사용하는 신호의 파장[m]은?

① 10
② 15
③ 20
④ 150

40 등화기(Equalizer)란 무엇인가?

① 누화를 방지하기 위한 장치이다.
② 송신측과 수신측에서 서로 신호의 레벨을 같게 하는 것이다.
③ 잡음의 발생 유무를 감지하기 위한 장치이다.
④ 진폭, 주파수 및 위상 왜곡을 보상하기 위한 장치이다.

41 어떤 신호가 A에서 B로 갈 때 5[dB] 감쇠, B에서 C로 갈 때 3[dB] 이득, C에서 D로 갈 때 7[dB] 감쇠, D에서 E로 갈 때 2[dB] 이득이 있었다면 A에서 E까지의 이득은?

① +5[dB]
② −5[dB]
③ −7[dB]
④ +7[dB]

42 표준 신호의 출력은 1[μV]를 기준으로 0[dB]로 표시하는 것이 보통이다. 출력이 40[dB]일 때 전압은 얼마인가?

① 100[μV]
② 1000[μV]
③ 1[μV]
④ 10[μV]

43 음성 대역에서 데이터 통신에 영향을 거의 미치지 않는 현상은?

① 누화(Cross Talk)
② 군 지연(Group Delay)
③ 고조파 잡음(Harmonic Noise)
④ 위상 지연(Phase Delay)

44 하나의 파형이 계속 변화를 이루다 처음의 위치로 돌아오는 시간이 주기(T)이다. 주기(T)를 계산하는 공식 "$T = 1/f$"에서 "f"가 뜻하는 것은?

① 전파
② 주파수
③ 열
④ 잡음

CHAPTER 02

정보 통신 기기

학습방향

전체 단원에 걸쳐 매우 많은 종류의 정보 통신 기기들이 나오므로 우선 각 기기들을 특성별로 크게 구분할 줄 알아야 합니다. 다음으로 각 기기별 주요 특성을 중점 학습해 나가는 것이 효율적인 방법입니다.

출제빈도

- Section 01 **하** 3%
- Section 02 **중** 33%
- Section 03 **하** 14%
- Section 04 **상** 50%

정보 단말 기기

빈출 태그 단말기 • 텔렉스 • 음성 정보 서비스 • 텔레텍스 • 텔레텍스트 • 지능 단말기 • 전용 단말 장치

단말기(Terminal)란 디지털 자료 전송 시스템에서 자료의 생성 및 검색, 자료의 송 · 수신 기능을 수행하는 기기들을 말한다.
단말기는 보통 데이터 통신 시스템과 사람 사이의 인터페이스 역할을 하며, 기본적으로 데이터의 입력, 송신, 수신, 출력의 기능을 갖추고 있다.

01 일반적인 분류 ★

전신기(TELEX; 가입 전신)
'TELeprinter'와 'EXchange'의 합성어로 국내 및 국제적인 통신망 회선을 통하여 가입자 상호 간에 50[Baud](분당 404자)의 전송 속도를 가지는 반이중의 비동기식 전신 서비스이며, 기록 통신으로 사용자가 부재 중이라도 통신이 가능하고 조보(Start–Stop)식 5단위(5개 구멍 조합으로 문자, 숫자, 기호 표시) 인쇄기를 사용함

음성 정보 서비스(ARS; Audio Response System)
은행/증권사의 부가 서비스, 교통 및 도로 상황 안내 등과 같이 전화로 조회 코드를 입력하면 음성 합성 장치에서 데이터를 음성으로 변환하여 들려주는 시스템으로, 1987년 한국통신이 시작한 700번 서비스가 시초임

범용 단말 장치	인쇄 장치	시리얼 · 라인 프린터, 잉크젯, 레이저, 플로터 등	
	표시 장치	CRT(음극선관), LCD(액정 디스플레이) 등	
	광학 인식 장치	MICR, OCR, OMR 등	
	자기/천공 장치	종이 카드, 종이 테이프, 자기 테이프, 자기 디스크 등	
	그래픽 단말기	주로 CAD나 CAM, CAE, 모의 실험(Simulation) 등에 사용	
	마이크로그래픽 단말기	COM(Microfilm 보관 장치), CAR(Microfilm 검색 장치) 등	
	전신기 결합 단말기	텔레넷(Telenet)	미국 텔레넷 커뮤니케이션사의 패킷 교환 방식을 사용한 정보 교환 서비스
		텔레프린터 (Teleprinter)	전신 신호를 수신한 측에서 자동적으로 문자 신호로 바꾸어 인쇄하는 전신기
		텔레텔(Teletel)	프랑스에서 개발된 문자 다중 방송을 통한 비디오텍스 서비스
		텔레텍스 (Teletex)	사무실용 텍스트 편집 기계에 통신 기능을 부가시켜 페이지 단위로 문서를 교환하는 시스템
		텔레텍스트 (Teletext)	텔레비전 방송을 통하여 문자나 도형 정보를 제공하는 시스템
		텔레타이프 (Teletype)	통신 시스템에 사용되는 테이프 천공기, 수신용 천공기, 페이지 인쇄기 등
		텔레타이프라이터 (Teletypewriter)	원격지 간에 2대의 타이프라이터를 통해 데이터를 송수신하는 시스템
		텔레라이터 (Telewriter, Telautograph)	송신측의 펜 움직임에 대응하여 원거리의 수신 장치에 딸린 펜도 같이 움직이도록 한 시스템
복합 단말 장치	원격 일괄 처리 단말기	원격지에서 작업이 일괄 투입될 수 있는 단말기로, 원격 작업 입력(RJE; Remote Job Entry)을 갖는 호스트 컴퓨터와 리모트 배치 단말기가 필요	
	지능(Intelligent) 단말기	프로그램이 내장되어 있어서 단독으로 일정 수준의 업무 처리가 가능한 고도 단말 장치	
전용 단말 장치	특정 업무에 필요한 기능만을 갖춘 단말 장치들로 은행 단말기, 의료 정보용 단말기, 생산 관리용 단말기, 교육용 단말기, 증권 · 주가용 단말기, POS용 단말기, 교통용 단말기 등이 있음		

02 기능상의 분류

① 입력 전용 단말 장치 : 변환 또는 출력 등의 기능이 없는 데이터의 입력만을 위한 단말 장치로, MICR, OCR, OMR, 종이 테이프 판독 장치 등이 여기에 속함
② 출력 전용 단말 장치 : 중앙 처리 장치나 다른 단말 장치로부터 데이터나 메시지 등을 수신하여 화면 또는 종이로 출력해주는 단말 장치로, 표시 장치와 인쇄 장치의 대부분이 여기에 속함

03 데이터 매체로서의 분류

① 직접 입출력 단말 장치 : 키보드에서 테이프(Key-to-Tape), 키보드에서 프린터(Key-to-Printer), 키보드에서 디스플레이(Key-to-Display) 등과 같이 장치 간 직접 입출력이 가능한 단말 장치
② 간접 입출력 단말 장치 : 종이 테이프나 종이 카드처럼 비전자적인 매체를 사용하는 단말 장치로 종이 테이프 판독 장치나 종이 테이프 천공 장치 등이 있음

04 프로그램 내장 유무에 따른 분류

프로그램 내장의 의미는 터미널 자체에서 어느 정도의 단독적인 업무 처리가 가능함을 나타내는 것으로, 지능형(Intelligent)과 비지능형(Non-Intelligent) 단말기로 구별된다.

이론을 확인하는 기출문제

01 단일장치로부터의 요구에 따라 정보센터가 통신망을 통하여 사용자에게 정보를 제공하는 것으로서 양방향통신 기능을 갖는 회화형 화상 정보서비스는?

① 비디오텍스
② 텔레텍스트
③ 워드프로세서
④ 텔렉스

비디오텍스(Videotex) : 대량의 중앙 데이터베이스 정보를 전화 통신망을 통하여 제공해 주는 대화형 화상 정보시스템

2 전선에 흐르는 전류의 단속(On-Off)에 의한 펄스 신호의 형태로 정보를 전달하는 통신 방식으로 데이터 통신의 모태라고 할 수 있는 것은?

① 수기
② 전신
③ 우편
④ 전화

텔렉스 : 국내 및 국제적인 통신망 회선을 통하여 가입자 상호 간에 50[Baud](분당 404자)의 전송 속도를 가지는 반이중의 비동기식 전신 서비스

03 텔레텍스 단말기의 특징이 아닌 것은?

① 파일 보관 기능이 있다.
② 전송 방식은 동기식의 전이중 방식을 사용한다.
③ 텔렉스보다 고속 전송이 가능하다.
④ 1문자 구성 단위는 5단위 Bit를 사용한다.

1문자 구성에서 5단위의 조보식(Start-Stop System)을 사용하는 것은 전신기(TELEX)용 인쇄기임

04 다음 중 700국 번호를 이용하여 지정된 전화번호를 호출하면 저장된 각종 정보를 청취할 수 있는 서비스는?

① 전자 게시판
② 음성 정보 서비스
③ 텔레메트리
④ 팩스

음성 정보 서비스(ARS) : 고객이 MFC식 전화기의 버튼을 이용하여 조회코드를 입력하면 음성합성장치에서 데이터를 음성으로 변환하여 들려주는 서비스

신호 변환 기기

빈출 태그 변조 · 복조 · MODEM · 반송파 · DSU · 다중화기 · 군변조 · FDM · TDM · 지능 다중화기 · 집중화기 · FEP

신호 변환 기기에는 가장 대표적인 모뎀을 비롯하여, 음향 결합기, DSU 등이 있으며, 이들 기기는 기본적으로 디지털(2진) 신호를 아날로그 신호 또는 교류 신호로 바꾸는 변조(Modulation)와 아날로그 신호 또는 교류 신호를 디지털(2진) 신호로 바꾸는 복조(Demodulation) 기능 외에 등화 기능, 루프(Loop; 반복 전송) 기능 등을 가진다.

01 모뎀(MODEM; 변복조기)의 분류 및 특성 ★

동기 방식에 따른 분류	비동기식 모뎀	• 버퍼 기능이 없는 주변 장치와의 통신에 사용 • 전화 회선을 통한 2,400[BPS] 이하의 저속 전송에 이용 • 변조는 주파수 편이 변조(FSK) 방식 사용
	동기식 모뎀	• 회선 효율이 뛰어나 2,400[BPS] 이상의 중고속 전송에 사용 • 음성 통신 회선과 광대역 회선을 모두 사용 • 변조는 위상 편이 변조(PSK) 방식 사용
등화 방식에 따른 분류	고정 등화 모뎀	전송로에서 주파수에 의한 누적 편차나, 파형의 일그러짐을 보상하기 위한 등화 회로의 특성이 고정되어 있음
	수동식 가변 등화 모뎀	등화 회로의 특성을 수동으로 변화시켜야 함
	자동식 가변 등화 모뎀	등화 회로를 선로의 특성에 맞도록 자동 조정 가능
사용 회선에 따른 모뎀	교환 회선용 모뎀	• 다이얼 업(Dial-Up) 회선을 이용하는 모뎀 • 선로 중간에 교환기가 필요하며 중 · 저속용으로 사용
	전용 회선용 모뎀	• 2선식 또는 4선식 전용 회선을 이용하는 모뎀 • 통신 속도는 제한이 없음
변조 방식에 따른 분류	진폭 편이 변조 모뎀(ASK)	• 반송 신호의 유무에 따라 2진 비트를 표현하는 비동기 모뎀 • 구조가 간단하고 가격이 저렴한 반면, 잡음이나 진폭 변동에 약함
	주파수 편이 변조 모뎀(FSK)	• 부호 0과 1에 각각 다른 주파수를 할당하여, 저속(1,200[BPS] 이하의 음성 전송) 비동기식에 사용 • 레벨 변동과 잡음에 강하고 주파수 변동이 적음
	위상 편이 변조 모뎀(PSK)	• 반송파 ★ 를 2/4/8등분하여 각각의 위상에 0 또는 1을 대응 • APSK, DPSK, QPSK로 나뉘며, 2,400[BPS] 이상의 중속 동기식 전송에 사용
	직교 진폭 변조 모뎀(QAM)	• 각각 독립적으로 진폭 변조하고, 이를 합성하여 전송 • 진폭 위상 편이 변조라고도 하며 9,600[BPS] 이상의 고속 전송에 사용
기타 모뎀	멀티 포인트 모뎀	멀티 포인트 시스템에서 중앙 컴퓨터가 고속으로 폴링을 할 수 있도록 설계된 모뎀
	지능형 모뎀	• 각 모뎀에 주채널과 부채널을 할당 • 주채널로는 데이터 전송, 부채널로는 망의 운영 정보 교환
	널(Null) 모뎀	• RS-232C 인터페이스를 사용하여 컴퓨터끼리 연결하는 것 • 전화선 대신 컴퓨터와 컴퓨터 사이를 직렬 케이블로 연결

★ 반송파(Carrier, Carrier Wave)
• 데이터 통신에서 데이터 신호를 변조하기 위해 사용되는 기준 파형으로, 보통 데이터 신호보다 훨씬 높은 주파수를 사용함
• 변조 조작에 있어서 정보 전송을 위해 정현파나 주기적인 펄스의 진폭, 주파수, 위상 등에 신호파의 변화를 주어 전송하고자 하는 정보를 포함시켜 놓은 것

02 음향 결합기(Acoustic Coupler)

컴퓨터나 텔렉스 등의 단말 장치를 전화와 연결하기 위한 장치로, 데이터 전송을 원할 때는 우선 전화로 수신측 번호를 호출한 다음 전화의 송수화기를 음향 결합기에 올려놓으면 된다.

03 DSU(Digital Service Unit; 디지털 서비스 유닛)

디지털 정보를 변환 과정(변조)없이 그대로 전송하기 위한 장치로 고속 전송이 가능하며, 모뎀처럼 교류 신호로 변환하지 않고, 직류(기저대) 전송을 하기 때문에 모뎀보다 경제적이다.

04 다중화기(Multiplexer)★

다수의 단말기들이 각 신호를 하나의 통신 회선에 결합된 형태로 전송(선로의 공동 이용)하면 수신측에서 이를 다시 분리하여 각 수신 장치에 입출력하는 장비이다.

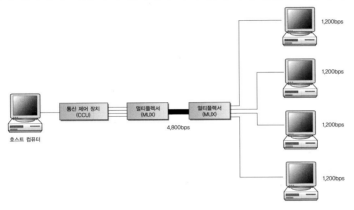

▲ 다중화기의 역할

주파수 분할 다중화기 (FDM)	• 주파수를 여러 개의 작은 대역폭으로 나누어 다수의 저속 장비를 동시에 이용 • 가드 밴드(Guard Band; 완충지역)를 주어야 하므로, 대역폭의 낭비가 생김 • FDM이 모뎀 역할까지 하므로 구조가 간단하며, 가격이 저렴함 • 저속도의 비동기에서 이용되며 멀티 포인트 방식에서 주로 이용
시간 분할 다중화기 (TDM)	• 데이터의 전송 시간을 일정한 시간폭으로 나누어 각 부채널에 배분하는 것 • 저속 단말기와의 속도차를 극복하기 위한 버퍼 필요 • 고속 전송이 가능하며, 포인트 투 포인트 시스템에서 가장 많이 이용됨 • 비트 삽입식의 동기 전송과 문자 삽입식의 비동기 전송이 모두 가능
지능 다중화기 (통계적 다중화기)	• 실제 보낼 데이터가 있는 회선에만 동적으로 전송을 허용하여 전송 효율을 높임 • 비동기식으로 비용과 접속에 소요되는 시간이 크고, 고가인 단점이 있음
광대역 다중화기	보통 2.4~56[KBPS]의 저속 채널들을 모아 19.2[KBPS]~1,544[MBPS]의 고속 채널로 전송하는 동기식 시분할 다중화기

역다중화기(디멀티플렉서)
• 멀티플렉서와 정반대 기능을 수행하는 조합 논리 회로
• 여러 개의 출력 중에서 하나를 선택하여 입력을 연결시키므로 분배기라고도 함

군변조(Group Modulation)
• 주파수분할다중통신(FDM)에서 주파수 축 위에 늘어선 복수의 통신로를 한데 모아 1군(群)으로 변조하는 것
• 군변조는 유선통신은 물론 무선통신에서도 12통화로 정도 이상의 다중통신방식에 넓게 사용되고 있으며, 군에 의해 변조되는 반송파를 군반송파라고 함

코드 분할 다중 접속(CDMA)
차세대 디지털 이동 통신 방식의 일종으로 스펙트럼 확산 기술을 채택한 방식

역 다중화기	• 시분할 다중화기의 역동작을 수행하는 다중화기(바이플렉서; 라인플렉서) • 2개의 음성 대역폭 중 하나의 채널이 고장나도 1/2의 속도로 운영
파장 분할 다중화기 (WDM)	하나의 광섬유 채널을 빛의 파장에 의해 분할하여 복수의 통신로로 사용할 수 있게 하는 것

05 집중화기(Concentrator) ★

고속 통신 회선 하나에 많은 수의 저속 통신 회선을 접속하고, 실제 전송할 데이터가 있는 단말 장치에 시간폭(부채널)을 할당하는 장비이다.

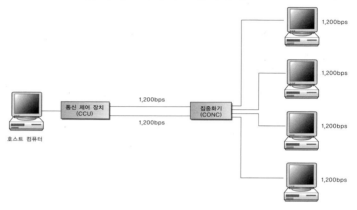

▲ 집중화기의 역할

전단위 처리기 (FEP)	• 중앙 시스템에 연결되어 입출력 기능을 전담하는 능력이 한정된 소형 디지털 컴퓨터 • 호스트 컴퓨터는 본래의 계산 기능을 수행하고 데이터의 변환, 폴링, 오류의 제어와 수정, 고장 소프트 기능, 대기 행렬, 메시지 전환, 직접 응답 등의 기능들은 전단위 처리기가 맡아서 처리함
모뎀 공동 이용기	• 다수의 단말기가 모뎀 하나를 공유하게 하는 장치로 모뎀과 선로의 수를 줄임 • 작동 방법은 폴(Polled) 반이중식임
선로 공동 이용기	• 여러 단말 회선을 모은 다음 적은 수의 중계 회선으로 센터와 결합하는 장치 • 모뎀 공동 이용기에는 없는 타이밍 소스가 있음
포트 공동 이용기 (PSU)	• 중앙 컴퓨터와 모뎀 사이에서 여러 대의 단말기가 포트 하나를 공유하게 하는 장치 • 모뎀 공동 이용기와 선로 공동 이용기의 대체 장비 또는 보충 장비로 사용
포트 선택기	• 컴퓨터와 단말 장치 사이에서 통신 포트 대 단말 장치의 수를 1 : n으로 연결 • 포트 공동 이용기는 폴링 네트워크에서 사용되는 반면, 포트 선택기는 경쟁 선택 네트워크에서 이용됨

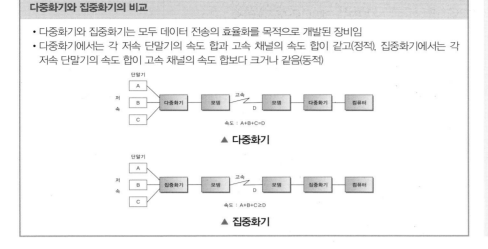

다중화기와 집중화기의 비교

- 다중화기와 집중화기는 모두 데이터 전송의 효율화를 목적으로 개발된 장비임
- 다중화기에서는 각 저속 단말기의 속도 합과 고속 채널의 속도 합이 같고(정적), 집중화기에서는 각 저속 단말기의 속도 합이 고속 채널의 속도 합보다 크거나 같음(동적)

▲ 다중화기

▲ 집중화기

이론을 확인하는 **기출문제**

01 데이터통신에서 진폭 변조 방식에 비해 주파수 변조 방식에 관한 설명으로 틀린 것은?

① 전송로의 레벨 변동에 강하다.
② 전송로의 주파수 변동에 강하다.
③ 잡음에 대하여 영향을 적게 받는다.
④ 대역폭이 비교적 넓다.

주파수 변조는 잡음에 강하고 따라서 음질이 우수하지만, AM보다는 높은 주파수를 사용하므로 전송거리가 짧다는 단점이 있음

02 데이터 전송에 사용되는 정보 통신 기기 중 디지털 신호의 전송에서 사용되는 것은?

① 음향 결합기(Acoustic Coupler)
② 모뎀(Modem)
③ DSU(Digital Service Unit)
④ HYB(Hybrid)

디지털 서비스 유닛(DSU) : 디지털 정보를 변환 과정(변조) 없이 그대로 전송하기 위한 장치

03 다중화 회선을 얻는 데 필요한 변조 방식이라고 할 수 없는 것은?

① TDM
② FDM
③ WDM
④ ATM

다중화 방식에는 주파수 분할 다중화(FDM), 시간 분할 다중화(TDM), 파장 분할 다중화(WDM) 등이 있음

04 다음 중 이동 통신망에 사용되는 코드 분할 다원 접속 방식은?

① GSM
② CDMA
③ AMPS
④ CSMA

코드 분할 다중 접속(CDMA) : 차세대 디지털 이동 통신 방식의 일종으로 스펙트럼 확산 기술을 채택한 방식

05 비동기식 시분할 다중화기로 볼 수 있는 것은?

① 지능다중화기
② 역다중화기
③ 역집중화기
④ 공동이용기

통계적(지능) 다중화기 : 동적인 방법을 통해 실제 전송할 데이터가 있는 단말 장치에게만 시간 폭을 할당하여 전송 효율을 높이는 다중화기로 비동기식

정보 전송 기기

빈출 태그 전화기 • MFC 전화기 • 무선 전화기 • PCS • CDMA • IMT-2000 • 교환기 • 셀룰러 방식 •
로밍 • 핸드 오프 • 위성 • 위성 통신

01 전화기(Telephone)★

1) 전화기의 분류 및 특징

다이얼 방식에 따른 분류	회전식 다이얼전화기 (RD; Rotary Dial)	사용자가 손가락으로 번호판을 돌림으로써 통화 회로의 직류 전류를 단속시켜 교환기를 동작시킴
	푸시 버튼전화기 (PB; MFC 전화기)	다이얼 대신 1~9, 0, *, #의 12개 소형키 각각에 2주파 교류 신호(다주파 코드)를 조합하여 발신음을 냄
전류 방식에 따른 분류	자석식 전화기	전화기에 필요한 통화용 전원을 가입자별로 자석 발전기에서 공급
	공전식 전화기	통화용 전원으로 전화국의 공동 축전지(직류 24[V]) 사용
	자동식 전화기	통화용 전원으로 전화국의 축전지(직류 48~52[V]) 사용
기타 분류	가입 전화	• 전기 통신 사업자의 공중 전화망의 가입자 회선에 접속된 전화 • 일반 가입 전화와 이동 가입 전화로 나뉨
	공중 전화기	주화 전용 전화기, 주화/카드 겸용 전화기, 자기 카드 전화기, 신용카드 전화기 등이 있음
	무선 전화기 (Codeless; Wireless)	• 보통 MHz대의 주파수를 이용하는 무선형 전화기 • 코드선이 없이 고정 장치(Base)부와 휴대 장치(Hand Set)부로 구성
	발신 전용 전화기	• 기지국(안테나)을 중심으로 최대 200m 범위 내에서 정지 또는 보행 중에 사용할 수 있는 발신 전용 휴대 전화 • 초기에는 셀 범위 내에서만 발신이 가능했지만, CT-2 Plus에서는 간접적인 착발신 및 로밍 가능
	PCS (개인 휴대 통신)	• 유무선 통합 시스템으로 개인 번호에 의해 이동 여부에 상관없이 언제 어디서나 통화가 가능하며, 잡음과 혼선에 강하고 실내 통화 품질이 우수함 • GSM, PHS, CDMA(코드 분할 다중 접속), TDMA(시분할 다중 접속) 방식 등이 있음 • 우리나라는 CDMA를 국가 단일 규격으로 확정하여 1997년 10월부터 서비스하고 있음
	인터넷 폰	PC를 이용해 인터넷에 접속한 상태에서 상대방과 1대1로 음성 또는 화상 통신이 가능한 전화

PB 방식의 전화기 CCITT 권고의 주파수 할당

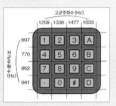

광대역 부호 분할 다중 접속 (W-CDMA)
국제 전기 통신 연합(ITU)이 표준화를 추진하고 있는 국제 이동 통신-2000(IMT-2000)을 위해 부호 분할 다중 접속(CDMA) 방식을 광대역화하는 기술

아날로그 셀룰러
• 일본('79), 미국('80초)의 AMPS ('84 국내 도입)
• 유럽('80초)의 TACS
• 스칸디나비아 반도('80초)의 NMT

디지털 셀룰러
• Macro-Cell에서 Micro-Cell로 전환
• Hand-Off 기능 보강

이동통신 규격의 발전 과정

무선 이동통신 규격은 현재 5세대(5G) 이동통신 방식으로 발전 중이며 각 세대 구분의 가장 중요한 기준은 데이터 전송 속도의 차이에 있음

	1G	2G	3G	Pre-4G / 4G
접속 방식	아날로그	GSM CDMA	CDMA2000 WCDMA, 와이브로	LTE / LTE-Advanced 와이브로-에볼루션(와이맥스2)
전송 속도		14.4 ~ 64Kbps	144Kbps ~ 2Mbps	100Mbps ~ 1Gbps
전송 형태	음성	음성/문자	음성/문자/동영상 등	음성/문자/동영상 등
다운로드 속도	다운로드 불가	약 6시간	약 10분	약 85초~6초

2) 이동 통신의 발전 단계

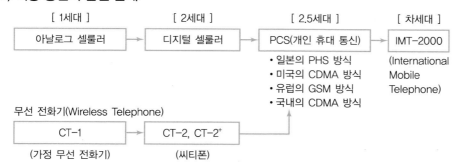

텔레마틱 서비스
통신과 정보처리를 결합한 새로운 비전화계 단말 장치에 의한 통신서비스로 ITU-T X.420에서 정의하고 있는 정보 유형의 메시지를 작성하고 수신함

02 교환기(Switchboard)★

전화기와 같은 단말 기기에서 호출 신호를 받아 원하는 상대방을 선택하여 통신이 가능하도록 통신 회선을 연결하는 장치이다.

수동식 교환기	자석식 교환기		• 건전지를 사용하기 때문에 전력이 없는 곳이나 통신 두절시 긴급 조치로 사용 가능 • 설치 및 유지 보수가 간단한 반면, 유지비가 크고 가입자 수용량이 적음
	공전식 교환기		교환국 내의 공통 전지를 통화 전류로 사용하는 방식으로, 전류 공급 방식에 따라 중계 선륜식(Hayes)과 색류 선륜식(Stone)이 있음
자동식 교환기	기계식	스트로저 자동 교환기	• 미국의 스트로저가 발명 • A형(ST)과 H(Siemens)형이 있으며, A형을 많이 사용함 • 단단식(Step by Step System)의 대표적 모델
		EMD 자동 교환기	• 독일 지멘스 사가 개발 • 통화선에 귀금속(은(Ag)과 팔라듐(Pd)의 합금) 접점 사용 • 표시(Marking) 조작으로 접속하기 때문에 M형이라고도 함
		크로스바 (X-bar) 교환기	• 1926년 스웨덴, 1938년 미국, 1955년 일본순으로 실용화됨 • 미끄럼선 저항(습동)이 없어서 전기적으로 안정적임 • 귀금속 접점을 사용하여 잡음이 적고 동작 시간이 짧음
	아날로그형 반전자식	M10CN형 교환기	• 벨기에 BTMC에서 발주하여 미국 ITT 사에서 제작 • 중앙 집중 제어와 부하 분담식으로 이중화되어 있음
		No1. 1A ESS 교환기	• 미국 Western Electric 사의 Bell System이 개발 • 공간 분할에 의한 축적 프로그램 제어(SPC) 방식 사용
	디지털형 전전자식	No.4 ESS 교환기	• AT&T 사에서 개발한 PCM 방식의 교환기 • 축적 프로그램에 의한 중앙 집중식 제어 방식 사용
		AXE-10	• 스웨덴의 Elemtal 연구소와 Ericsson에 의해 개발 • 시분할 방식에 의한 축적 프로그램 제어형 교환기
		TDX-1A	한국전자통신연구소(ETRI)에서 개발한 시내 및 중계용 교환기
		TDX-1B	TDX-1A의 기능을 보완하여 중소도시용으로 개발
	디지털형 전자식	TDX-10	• ISDN 구축을 위한 국내 대도시 표준형 • 시내 및 시외용으로 사용되며, 완전 분산 제어 방식
		5-ESS	• 미국의 AT&T 사에서 개발한 도시형 교환기 • 시내 및 중계용으로 사용되며, 완전 분산 제어 방식
		S-1240	벨기에의 ALCATEL/BTMC에서 개발

로밍 및 핸드 오프
• 셀룰러(Cellular) 방식 : 통화 구역을 몇 개의 작은 구역(Cell)으로 분할하여, 각각 그 구역을 관할하도록 함으로써 기지국의 송신 전력과 안테나의 성능을 증강시키지 않고도 통화 구역을 넓히고 경제성을 추구할 수 있는 통신망 구조
• 로밍(Roaming) : 이동 통신에서 특정 셀(Cell)을 벗어나 다른 셀 구역으로 이동하더라도 가입자가 전화를 받을 수 있게 해주는 기능
• 핸드 오프(Hand Off) : 통화 중에 로밍이 되더라도 통화 중인 호(Call : 통신 설비의 점유 상태)에 영향을 주지 않고, 통화가 계속 유지되도록 채널이나 회선을 교환해 주는 기능

03 무선 송수신기

AM(진폭 변조) 송수신기	• 반송파의 진폭을 신호파의 순간 진폭에 따라서 변화시키는 변조 방식으로 회로가 간단하고 경제적이지만, 잡음 등의 장애에 약함 • AM 송수신의 가장 대표적인 예로는 TV 영상을 들 수 있음
SSB(단측파대) 송수신기	• AM의 양측파대 중에서 어느 한쪽만을 이용하는 전송 방식 • 주파수 대역을 효과적으로 사용할 수 있음
FM(주파수 변조) 송수신기	• AM에 비해 잡음에 강하고, 음질이 좋아 라디오나 TV의 음성 전송에 사용됨 • FM 송신기는 높은 주파수대의 잡음비(S/N)를 줄이기 위해 프리엠퍼시스 회로 사용
마이크로파 송수신기	• 마이크로파는 빛과 같이 직진성을 가지며 규칙적인 반사를 함 • TV나 장거리 전화, 레이더, 물질의 구조 연구 등에 사용

04 위성(Satellite) 통신 기기 ★

1) 위성 통신 기기

- 지상 36,000km의 우주 상공에 쏘아 올린 중계 장치로 지상에서 전송한 신호를 수신, 증폭, 송신해주는 역할을 함
- 1957년 10월 4일 러시아가 첫 위성 스푸트니크 1호를 발사한 뒤, 수천 개의 인공위성이 지구 주위로 발사됨
- 60년대 발사된 위성들의 수명은 5년 이하였으나, 최근 상업용 인공위성인 방송 · 통신 위성들의 설계 수명은 15년 정도임
- 국내 최초의 통신 · 방송 복합 위성은 1995년 발사된 무궁화 1호인데, 목표 궤도 진입 실패 후 연료소모가 많아져 예상 수명이 10년에서 4년으로 단축됨. 이후 무궁화 7호(2017)까지 발사됨

2) 위성 통신의 특징

① 광역성 : 지형에 관계없이 동질의 서비스를 광역적으로 제공 가능
② 내재해성 : 지진이나 강우 등의 재해로 지상의 통신 회선이 단절되었을 경우라도 안테나를 탑재한 차량 등의 이동용 지구국에 의해 통신 가능
③ 동보성 : 위성 통신에서 바라볼 수 있는 범위에는 동시에 통신이 가능하기 때문에 그물형 네트워크에서와 같이 다수의 지역과 통신 회의 등을 하는 데에 가장 적합함
④ 대용량, 고품질의 전송 : 1개의 위성으로 대용량의 신호를 고품질로 전송이 가능하기 때문에 데이터, 전화, TV영상 등의 전송에도 적합함
⑤ 전파 지연과 강우 감쇠 : 통신 위성과 지상과의 거리 차이로 인하여 약 0.3~0.5초의 전송 지연이 생기고, 강우량이 큰 경우 고주파 신호 감쇠
⑥ 보안의 취약성 : 통신위성의 전파는 지구국만 갖추고 있으면 누구나 수신이 가능하여 보안성이 전혀 없으므로, 보안을 요하는 경우에는 별도의 보안 조치를 취해야 함

▲ 무궁화 5호 위성 : 예상 수명 15년 이상

3) 위성 통신 서비스의 종류

① 고정 위성 서비스
- 고정 지점에 있는 지구국 상호 간에 위성을 사용하는 통신 업무
- 국제 전기 통신 위성 기구(INTELSAT), 미국의 SATCOM, WESTAR, COMSTAR 등과 같은 국제 위성 통신과 인도네시아의 PALAPA, 유럽의 ESC, 중동의 ARABSAT 등과 같은 지역 위성 통신이 있음

② 이동 위성 서비스
- 이동국과 지상국 또는 이동국 상호 간의 통신을 수행하는 업무
- 항공 · 해상 · 육상 이동 업무로 나뉨

③ 방송 위성 서비스
- 일반 가정에서 수신할 수 있도록 방송 전파를 증폭하여 지상으로 중계 또는 전송
- 적도상 동경 110°상의 방송 위성에서 위성 방송을 할 경우 산간 벽지나 지리적으로 지상 중계국을 설치하기 어려운 곳까지 고품질의 방송 가능
- 방송 위성 중계는 전파의 전파로가 길어지기 때문에 약 0.3초의 전파 지연이 생김

④ 무선 항행 위성 서비스
- 선박이나 항공기의 위치 파악, 항공기의 편류(기류에 의한 수평 이행), 항공기의 대지 속도(지면이나 해면에 대한 속도) 등의 산출을 도와주는 서비스

⑤ 지구 탐지 위성 서비스
- 지구 자원 탐사 위성(EROS) 등을 통하여 자연 현상, 자원 등에 관계되는 정보 수집
- 미국의 LANDSAT이나 SERSAT 등이 탐지 업무에 관련된 대표적인 위성들임

⑥ 기상 위성 서비스
- 대기권 밖의 기상 위성에서 보내온 대기의 기압, 기온, 습도, 풍향, 풍속 등의 기상 관측 자료들을 분석하여 수치 예보나 강우량, 파도 등을 예보

대한민국 최초 위성 발사체
- 2009년 8월 나로호(KSLV-1) 발사 – 우주 궤도 진입 실패
- 2010년 5월 2차 발사 예정
- 2018년 순수 국산 기술 제작 KSLV-2 발사 계획

이론을 확인하는 **기출문제**

01 IMT-2000 통신 서비스란 어떤 통신 방식을 말하는가?

① 광통신 서비스를 말한다.
② 미래 공중 육상 이동 통신 서비스를 말한다.
③ 새로운 PC 통신 서비스를 말한다.
④ 우주 위성 통신 서비스를 말한다.

국제 이동 통신-2000(IMT-2000) : 미래 공중 육상 이동 통신 시스템 (FPLMTS)을 우리나라에서 부르는 이름

02 전자 교환기에서 'System Down' 현상과 관계가 없는 것은?

① 소프트웨어의 결함으로 발생되는 현상
② 하드웨어의 결함으로 발생되는 현상
③ 설계 통화량보다 높은 통화량이 가해지면 전체적인 교환 기능이 정지되는 현상
④ 가입자 번호 변경이나 특수 기능 부여 시 프로그램 변경을 용이하게 하기 위해서 하는 현상

시스템 다운 : 시스템의 기능이 중단되는 현상으로 기계적인 원인들에 기인하는 하드웨어적인 요인과, 프로그램의 오류로 인한 소프트웨어적인 요인에 기인함

03 다음 중 전화기에서 송·수화기를 올려 놓으면 절단 (OFF) 상태이고 송·수화기를 들게 되면 개통(ON) 상태가 되어 신호를 보낼 수 있도록 하는 기능을 가진 것은?

① 훅 스위치
② 측음방지회로
③ 다이얼
④ 유도코일

훅 스위치의 역할 : 송화기가 훅 스위치를 누르고 있으면 전화기의 신호회로를 구성하고, 수화기가 훅 스위치를 누르고 있지 않으면 통화 회로를 구성

04 다중화기 중 구조가 간단하고 주로 저속도의 장비에 이용 가능하며 멀티 포인트 방식 구성에 적합한 것은?

① 주파수 분할 다중화기
② 시분할 다중화기
③ 역 다중화기
④ 광대역 다중화기

주파수 분할 다중화기(FDM) : 주파수 분할 다중화 자체가 변복조의 역할을 하므로 별도의 변복조기가 필요 없으며, 저속의 비동기·멀티 포인트 전송에 적합함

화상 통신 기기

빈출 태그 화상회의 · 고품위 TV · CATV · CCTV · 팩시밀리 · 정전 기록 방식 · 주사 · 비디오텍스 ·
VRS · 혼합형 통신 기기

01 동화상 통신 기기 ★

1) 화상(영상 · 원격 전자) 회의(Teleconference; Video Conferencing) 시스템

- 로컬 또는 원격지 간을 디지털 통신망으로 연결한 후 TV 화면을 통하여 음성, 영상, 데이터를 주고받으며 얼굴을 보면서 회의를 진행하는 시스템
- 과거에는 주로 전화 시스템을 이용한 음성 원격 회의 중심이었으나, 최근에는 텔레비전 시스템을 활용한 비디오 및 컴퓨터 망을 이용한 다양한 형태의 전자 회의 시스템이 개발됨

▲ 원격 전자 회의

2) 고품위(High Definition) TV

- 기존의 TV 해상도를 비약적으로 향상시킨 고화상 텔레비전으로 주사선수 1,125개 (종래 525개), 화면의 가로:세로 비율도 16:9(종래 4:3)이며 디지털 전송을 통하여 선명한 화질 가능
- 현재 세계 각국이 HDTV를 개발하는 데 최대의 난점이 되고 있는 것은 제품 간 호환성을 유지시키는 데 필요한 표준 개발로 국가에 따라 MUSE(일본), NTSC(미국), HD · MAC(유럽) 방식 등이 있음
- 주사선 및 수직, 수평 해상도가 2배를 넘으며, 수평 해상도는 영상의 휘도 신호 대역으로 결정되는데 NTSC의 4.2[MHz]에 비해 HDTV는 22[MHz]로 5배 정도임
- 위성 통신 기술은 물론 CATV, 비디오텍스, 영상 회의 시스템의 보급을 확산시켜 종합 정보 통신망(ISDN)을 이용한 홈쇼핑, 홈뱅킹을 보편화시킬 전망임

3) 지역 공동 안테나 TV(CATV; Community Antenna TeleVision)

① CATV의 특징

- 케이블(Cable) TV라고도 하며, 최초에는 산간 벽지나 대도시의 난시청 해소를 목적으로 개발
- 초기에는 분배 기능만 갖는 단방향 시스템이었으나, 최근에는 가입자와 방송 센터 간에 의사 교환이 가능한 다채널, 양방향 시스템으로 발전
- 방송 응답 퀴즈, 앙케이트, 홈뱅킹(Home Banking), 홈쇼핑(Home Shopping), 방범, 방재 등의 다양한 서비스 제공에 활용

TV의 발달

시기	구분	특징
1930년대	CRT	전자빔
1980년대	프로젝션	40인치 이상 대화면
2000년	PDP	평판 TV의 시작, 네온광
	LCD	PDP보다 선명, 형광발광
2004년	LED	발광소재로 LED 사용
2008년	3D	3D용 특수 안경 필요
2009년	AMOLED	• 다이오드로 백라이트 불필요 • 방향에 관계 없이 같은 색 표현

② CATV의 기본 구성

- 헤드엔드(Head-End) : 무선 방송의 수신 설비 및 스튜디오, 유선 전송 설비들로 구성
- 중계 전송망(분배 전송로) : 전송 선로와 이에 부속되는 증폭기, 분배기들과 조합되어 전송망 구성
- 가입자 설비(단말 장치) : 정합기, 옥내 분배기, TV 등으로 구성

4) 폐쇄 회로 텔레비전(CCTV; Closed Circuit TeleVision)

① CCTV의 특징

- 특정의 수신자에게만 서비스하는 것을 목적으로 한 텔레비전 전송 시스템
- 용도에 따라 공업용(ITV), 의료용(MTV), 교육용(ETV), 상업용, 우주 관측용 등 다양하게 구분됨

② CCTV의 기본 구성

- 촬영계 : 광학 렌즈, TV 카메라, 지지 보호대 등으로 구성
- 전송계 : 영상 정보를 송신하는 장치로 동축 케이블, 광섬유 등이 주로 사용됨
- 수신계 : 전송받은 영상 신호를 수신하여 재생하는 장치로 TV 모니터를 가리킴

5) 화상 전화(Displayphone)

- 디스플레이, 카메라, 그리고 전화기를 결합하여 상대방의 모습을 보면서 통화하는 방식으로 단말 장치, 전송로, 교환기, 정보 센터 장치로 구성
- 상대의 얼굴을 볼 뿐만 아니라, 서류나 도면을 보내거나 회의를 하는 등의 용도로도 이용할 수 있음

6) 원격 검침(Remote Meter Reading) 서비스

- 가정 내의 전화선에 연결된 전자식 계량기를 통해 통화에는 지장을 주지 않으면서 수용가의 전기, 수도, 가스 등의 사용량을 자동으로 검침하는 서비스
- 최근에는 전용 선로를 이용하여 원격 검침은 물론 홈쇼핑, 상수도의 수질 관리, 원격 진료 등에까지 서비스가 확대되고 있음

02 정지 화상 통신 기기 ★

1) 팩시밀리(Facsimile)

① 팩시밀리의 개념

문자, 도표, 사진 등의 정지 화면을 화소로 분해하며, 이것을 전기 신호로 바꾸어 전송하고, 수신 지점에서 원화와 같은 모양으로 영구적인 기록 화상을 얻는 통신 기기

② 팩시밀리의 구성

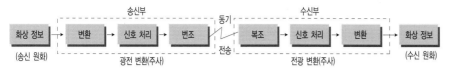

- **송신 주사(Scan)** : 송신 원화(사진, 도면, 그림 등)의 화상 표면을 조사하여 밝은 영역과 어두운 영역을 컴퓨터가 해석할 수 있는 2진 숫자로 변환
- **광전 변환(송신측)** : 광학적 성질을 전기적 성질(전류의 강약)로 전환
- **선로 전송** : 전기적 성질을 전송하는 조작(유선 또는 무선)
- **전광 변환(수신측)** : 전기적 성질을 광학적 성질로 전환하는 조작 변환
- **조립 주사** : 전광 변환된 신호를 순서대로 조립하여 화상 재현(수신 원화)

③ 팩시밀리의 종류 및 특징
- 국제표준규격(ISO) 제정 기관인 전기 통신 표준화 분과회(ITU-T)의 권고안에 따른 것으로 크게 4그룹으로 나뉨

그룹1(G1)	• ITU-T 관련 권고안 T.2에 해당, A4 원고를 약 4~6분에 전송하는 6분기 • 아날로그형으로 AM이나 PM으로 변조하여 전송
그룹2(G2)	• ITU-T 관련 권고안 T.3에 해당, A4 원고를 약 2~3분에 전송하는 3분기 • 중속의 아날로그형 팩시밀리로 대역 압축 및 진폭 변조를 함
그룹3(G3)	• ITU-T 관련 권고안 T.4에 해당, 대부분의 디지털형 팩시밀리가 속함 • 1분기로 분류되며, 부호화 방식에 의해 압축 전송

그룹4(G4)	• ITU-T 관련 권고안 T.563과 T.6에 해당, 디지털 전용망을 통해 A4 원고를 약 3~5초에 전송
	• 미국 전자산업협의회(EIA)의 팩스/모뎀 간 표준 방식에 따라 class1/2/3로 다시 나뉨
	   - class1 : 팩시밀리 단말기와의 통신 기능 담당
	   - class2 : class1 기능에 혼합형 단말기와의 수신 기능 추가
	   - class3 : class2 기능에 혼합형 단말기와의 송신 기능 추가

2) 정지 화상 통신 회의(Still Picture Conference) 시스템

- 정지 화상을 사용하는 원격 화상 회의로서 4[KHz] 또는 64[Kbit/s] 정도의 협대역 전송로를 통하여 음성, 문서, 삽화 등을 전송하기 때문에 비교적 가격이 저렴함
- 상대방의 반응을 볼 수가 없기 때문에 실무자 레벨의 회의에 적합

3) 비디오텍스(Videotex)

- 데이터베이스로부터 TV 수상기와 전화회선을 이용하여 필요한 정보를 제공하는 유선, 양방향의 공중 정보 검색 시스템
- 정보 검색, 거래 처리, 메시지 전달, 원격 감시 등 다양한 서비스 분야에 사용됨
- 영국에서 개발하여 유럽 지역에서 사용되는 알파 모자이크 방식의 PRESTEL, 캐나다에서 사용되는 알파 지오메트릭 방식의 TELIDON, 그리고 일본에서 사용되는 알파 포토그래픽 방식의 CAPTAIN 등이 있음

비디오텍스의 전송 기술
- **Alpha Mosaic Method** : 사전에 약속된 문자 코드와 모자이크 패턴의 그림 정보를 각각 점으로 변환하여 출력하는 방법
- **Alpha Geometric Method** : 문자 정보는 알파 모자이크 방식과 같이 표현하되, 그림 정보는 점, 선, 호, 원, 다각형 등의 기하학 요소의 조합으로 출력
- **Alpha Photographic Method** : 패턴 방식이라고도 하며, 팩시밀리와 같이 문자 및 그림 정보를 점의 형태로 분해하여 전송

4) 화상 응답 시스템(VRS; Video Response System)

- 푸시 폰(Push Phone)이나 전용 키보드를 이용하여 중앙의 컴퓨터와 대화하면서 이용자가 원하는 정보를 수신받을 수 있는 대화형 영상 시스템
- 문자, 도형, 자연 화상 등의 정지화, 음성 등의 형태로 되어 있는 각종 정보 안내나 학습 프로그램 등 주로 협대역계 서비스에 사용되며, 최근에는 광대역계 서비스를 통해 고해상의 정지 화면과 동화상까지도 지원이 가능함

5) 혼합형 통신 기기

- 혼합형 통신 기기에 대한 표준안은 1984년 ITU-T 제7차 총회에서 발표됨
- 기본적인 문자 정보의 통신 외에도 DTP 수준의 자체적인 편집 기능과 텔레텍스, G4 팩시밀리, 다른 혼합형 통신 기기 등과도 상호 송수신이 가능함
- 혼합형 통신 기기들은 높은 전송 효율과 고품질, 다양한 호환성을 특징으로 함
- 컴퓨터와 팩시밀리를 결합한 PC-FAX가 대표적임

복합기
Fax + Print + Copy + Scan + PC Fax

01 절연성 수지를 입힌 정전 기록지에 신호에 대응하는 펄스전압으로 잠상을 만든 다음, 토너를 현상하여 열이나 압력으로 정착시켜 기록하는 팩스 수신 기록 방식은?

① 정전 기록 방식
② 방전 기록 방식
③ 전해 기록 방식
④ 전자 사진 기록 방식

팩시밀리 수신기의 기록 방식
• **전자 프린터 방식** : 백지와 카본지를 겹쳐놓고 수신전류에 의해 전자적으로 기록
• **방전 기록 방식** : 반도전성 물질을 바른 기록지에 전압을 가하여 표면층을 파괴하여 기록
• **정전 기록 방식** : 정전 기록지에 토너로 현상하여 열이나 압력을 가해 기록

02 쌍방향 CATV의 응용 분야와 거리가 먼 것은?

① 자동 검침
② 문서의 전송
③ 홈뱅킹
④ 방송 응답 퀴즈

CATV의 응용 분야 : 방송 응답 퀴즈, 앙케이트, 홈뱅킹, 홈쇼핑, 방범, 방재 등

03 다음 화상 통신 기기 중 특정의 수신자에게만 서비스하는 것을 목적으로하는 폐쇄 회로 텔레비전은?

① CATV
② CCTV
③ HDTV
④ VIDEOTEX

CCTV(폐쇄 회로 텔레비전) : 특정의 수신자에게만 서비스하는 것을 목적으로한 텔레비전 시스템으로 산업 교육, 의료, 지역 정보 서비스 등에 이용

04 팩시밀리(Facsimile)의 신호를 받을 때 송신측의 송신 속도와 수신측의 기록 속도를 일치시키는 것은?

① 변조
② 동기
③ 주사
④ 복조

동기 : 두 개 이상의 발진기의 주파수와 위상을 일치시키는 것으로, 디지털 통신계에서는 수신측에서 오류 없이 신호를 추출하기 위해 송신측과 수신측 간 클록 주파수의 동기가 필요함

05 다음 중 팩시밀리의 종류 중 A4 한 장을 기준으로 해서 전송 속도가 5초 이내인 것은?

① G1
② G2
③ G3
④ G4

ITU-T의 권고안에 따른 팩시밀리의 4그룹
• **G1** : 6분기의 아날로그 전송 방식
• **G2** : 3분기의 아날로그 진폭 변조 방식
• **G3** : 현재 사용 중인 대부분의 디지털 방식으로 1분기로 분류
• **G4** : 디지털 전용망을 사용하여 A4원고를 3~5초에 전송

06 단말장치로부터의 요구에 따라 정보센터가 통신망을 통하여 사용자에게 정보를 제공하는 것으로서 양방향 통신 기능을 갖는 회화형 화상 정보 서비스는?

① 비디오텍스
② 텔레텍스트
③ 워드프로세서
④ 텔렉스

비디오텍스(Videotex) : 대량의 중앙 데이터베이스 정보를 전화 통신망을 통하여 제공해 주는 대화형 화상 정보 시스템

01 전기에너지를 원래 송신한 음성에너지로 변환하는 장치는?

① 수화기   ② 발신기
③ 발진기   ④ 송화기

02 수시로 변하는 정보를 컴퓨터 데이터베이스에 입력 저장했다가 일반 공중 전화망을 통해 이용자들에게 음성으로 정보를 제공하는 것은?

① Tele-conference
② ARS
③ Teletex
④ Electronic Mail

03 다음 정보 단말 기기의 조건 중 옳지 않은 것은?

① 조작 및 운영이 용이해야 한다.
② 신뢰성이 있어야 한다.
③ 가격이 저렴하면서도 대형이고, 보수가 용이해야 한다.
④ 정보량에 대응하는 처리 능력을 보유하고 있어야 한다.

04 다음 중 데이터 전송, 송신 장치로부터 데이터 신호를 전송에 적합한 전기적 신호로 변환하는 장치를 무엇이라 하는가?

① 복조 장치
② 검파 장치
③ 변조 장치
④ 혼합 장치

05 비동기식 다중화기로 실제 데이터가 있는 회선에만 동적으로 타임슬롯을 허용하여 전송 효율을 높인 장치는?

① 주파수 다중화기
② 지능 다중화기
③ 역 다중화기
④ 광대역 다중화기

06 다음 중 변복조기의 기능으로 옳지 않은 것은?

① 등화 기능
② 루프(Loop) 기능
③ 시분할 다중화 기능
④ 아날로그와 디지털 신호의 상호 변환 기능

07 모뎀을 사용하지 않고 컴퓨터끼리 케이블을 연결하여 직접 통신할 수 있는 것을 무슨 모뎀이라 하는가?

① 다이얼 업 모뎀
② 동기식 모뎀
③ 비동기식 모뎀
④ 널 모뎀

08 음향 결합기는 다음 중 어느 것과 직접 연결이 되는가?

① 컴퓨터   ② 단말기
③ 모뎀   ④ 전화기

09 통신 선로를 공동으로 이용하기 위한 장비는?

① 단말기
② 음향 결합기
③ 변복조기
④ 집중화기

10 다음 중 DSU(Digital Service Unit)에 대한 설명으로 옳은 것은?

① 아날로그로 변조된 신호를 디지털로 복조시킨다.
② 양극(Biopolar)성 신호가 송수신된다.
③ 동축 케이블을 사용한다.
④ 불형 데이터만 변복조된다.

11 여러 개의 디지털 신호를 모아서 한 개의 고속 디지털 신호를 만드는 것을 무엇이라고 하는가?

① 고속화   ② 표본화
③ 양자화   ④ 다중화

12 다음 블록도의 빗금친 부분에 알맞은 장치의 명칭은?

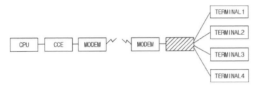

① ADSL   ② HUB
③ 멀티플렉서   ④ 디멀티플렉서

13 실제로 보낼 데이터가 있는 터미널에만 동적인 방식으로 부채널(Sub Channel)에 시간폭을 할당하는 다중화기는?

① 시분할 다중화기(TDM)
② 주파수 분할 다중화기(FDM)
③ 펄스 코드 변조기(PCM)
④ 통계적 시분할 다중화기(STDM)

14 다음 주파수 분할 다중화(FDM)에서 부채널 간의 상호 간섭을 막기 위한 완충 지역은?

① Guard Band   ② Channel
③ Buffer   ④ Master group

15 동기식 시분할 다중화기(Synchronous TDM)의 특징으로 틀린 것은?

① 음성급 선로에서 속도의 상한선은 9,600 BPS이다.
② 주파수 분할 멀티플렉서(FDM)보다 값이 싸다.
③ 비동기식 단말 장치들도 멀티플렉싱에 사용 가능하다.
④ 대역폭의 충분한 이용이 가능하다.

16 두 개의 음성 대역폭을 이용하여 광대역에서 얻을 수 있는 통신 속도를 이용하는 기기는?

① 광대역 다중화기
② 역다중화기
③ 집중화기
④ 시분할 다중화기

17 무선 네트워크 기술인 블루투스(Bluetooth)에 대한 표준 규격은?

① IEEE 802.5.1
② IEEE 802.10
③ IEEE 802.15.1
④ IEEE 802.9

18 시분할 다중화기와 집중화기의 차이점은?

① 다중화기는 입력측과 출력측의 속도가 같으나 집중화기는 다르다.
② 다중화기는 입력측과 출력측의 속도가 다르나 집중화기는 같다.
③ 다중화기와 집중화기 모두 입력측과 출력측의 속도가 같다.
④ 다중화기와 집중화기 모두 입력측과 출력측의 속도가 다르다.

19 IEEE 802.11 무선 LAN의 매체접속제어(MAC) 방식은?

① 토큰 링
② CSMA/CD
③ 토큰 패싱
④ CSMA/CA

20 다음 MFC 방식 중 '7'에 해당하는 주파수는?

① 저군 770, 고군 1366
② 저군 697, 고군 1477
③ 저군 852, 고군 1209
④ 저군 852, 고군 1633

21 푸시 버튼 다이얼 전화기를 MFC 전화기라고 한다. 이 MFC는 무엇을 나타내는가?

① 고군 주파수 신호 방식
② 저군 주파수 신호 방식
③ 단일 주파수 신호 방식
④ 다주파 코드 신호 방식

22 다음 설명 중 와이어레스(Wireless) 전화기에 관해 잘못된 것은?

① 착신 전용이기 때문에 발신은 안 된다.
② 보통 송수화기에 안테나와 푸시 버튼이 있다.
③ MHz대의 주파수를 사용한다.
④ 무선 전화기의 일종이다.

23 우리나라 이동 전화 시스템인 CDMA 방식의 뜻은?

① 캐리어 변 · 복조 방식
② 콤팩트 디스크 다중 접속 방식
③ 채널 분할 다중화 방식
④ 코드 분할 다중 접속 방식

24 이동 통신 등에서 통화 중 기지국의 위치가 바뀌더라도 통신 상태가 끊기지 않도록 해주는 기능을 가리키는 용어는?

① 셀룰러 방식
② 로밍
③ 핸드 오프
④ 온 후크

25 우리나라에서 개발한 전자 교환기 시스템은 무엇인가?

① EMD
② TDX
③ AXE
④ M10CN

26 다음 중 주로 무선 전파를 이용하는 것은?

① 구내 통신
② 광 통신
③ 해저 통신
④ 이동 통신

27 개인용 컴퓨터(PC)로 인터넷을 통해 음성 및 화상 통신이 가능하도록 한 전화기는?

① 인터넷 폰
② 텔레텍스트
③ 팩시밀리
④ 음향 결합기

28 무궁화 위성(1, 2, 3호)에 관한 설명으로 옳지 않은 것은?

① 서비스 지역은 한반도 및 동남아시아 지역이다.
② 통신용 중계기와 방송용 중계기가 탑재되어 있다.
③ 위성의 위치는 동경 116도 부근이다.
④ 위성의 수명은 영구적이다.

29 국제 통신용 정지 위성인 INTELSAT의 지상 높이는?

① 25,000[Km] 정도
② 6,000[m] 정도
③ 35,800[Km] 정도
④ 6,000[Km] 정도

30 CATV(종합 유선 방송)와 관계없는 것은?

① 쌍방향 전송
② 원격 검침
③ 방범 방재 서비스
④ 근거리 통신망

31 기존의 TV와 HDTV와의 비교 내용 중 틀린 것은?

① HDTV는 기존의 TV에 비해 주사선수가 거의 2배에 가깝다.
② 기존의 TV는 영상 신호 제어 방식이 주파수 변조(FM) 방식인 반면 HDTV는 진폭 변조(AM) 방식이다.
③ 기존의 TV는 음성 신호 제어 방식이 주파수 변조(FM) 방식인 반면 HDTV는 PCM 방식이다.
④ 화면은 기존의 TV가 4:3, HDTV가 16:9이다.

32 사진, 그림, 문자 등을 다수의 선으로 분해한 다음 이를 전기 신호로 변환시켜 전송하면 수신측에서 송신 원화와 같은 수신화로 재생시키는 통신 방식은?

① 텔레텍스
② 팩시밀리
③ 비디오텍스
④ 유선 통신 방송

33 다음 중 팩시밀리의 전기 기록 방식에 속하지 않는 것은?

① 감열 기록 방식
② 전해 기록 방식
③ 방전 파괴 기록 방식
④ 정전 기록 방식

34 다음 표는 팩시밀리(Facsimile)의 화상 통신 계통도이다. 각 번호에 들어갈 내용을 번호순으로 올바르게 나열한 것은?

① 송신 원화, 광전 변화, 전광 변화, 수신 원화
② 수신 원화, 광전 변화, 전광 변화, 송신 원화
③ 광전 변화, 수신 원화, 전광 변화, 송신 원화
④ 전광 변화, 송신 원화, 광전 변화, 수신 원화

35 그림은 정보화 사회에서 데이터 통신 서비스를 이용한 어느 한 응용 분야를 보이고 있다. 어떤 응용 부문인가?

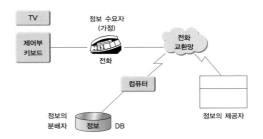

① 텔레텍스트
② 텔렉스
③ 비디오텍스
④ CATV 시스템

36 비디오텍스에서 도형 및 숫자 등을 구성하는 방식
이 아닌 것은?

① 지오 메트릭 방식
② 모자이크 방식
③ 포토그래픽 방식
④ 반이중 방식

37 공중 전화 통신망(PSTN)을 이용하여 퍼스널 컴퓨
터와 모사 전송 기능을 갖추어 이미지(Image) 데
이터를 송수신하게 하는 장비는?

① PC
② FAX
③ PC-FAX
④ SCANNER

38 이동통신 세대 중 접속 방식이 LTE를 사용하며 전
송 속도가 1Gbps 까지 나오는 방식은?

① 1G
② 2G
③ 3G
④ 4G

39 복사기에서 카본 분말과 열에 의해 녹기 쉬운 수지
로 형성되어 있는 분말잉크는?

① 셀렌(Se)
② 토너(Toner)
③ 황화카드뮴(CdS)
④ 드럼(Drum)

40 다음 중 디지털 신호를 직접 전화 회선에 전송하지
않고, MODEM을 사용하는 가장 큰 이유는?

① 신호를 증폭하기 위해서
② 신호의 왜곡(Distortion)을 줄이기 위해서
③ 대역폭을 증가시키기 위해서
④ 전력의 효율을 높이기 위해서

CHAPTER 03

사무 정보 기기

학습방향

사무자동화와 주변기기의 종류와 활용, 전반적인 사무자동화의 발전현황을 실제 환경과 연관지어 생각하면 좀 더 쉽게 이해할 수 있습니다.

출제빈도

- Section 01 **하** 18%
- Section 02 **중** 36%
- Section 03 **상** 46%

사무와 사무자동화

빈출 태그 사무 · 사무자동화 · 사무자동화의 기본 요소 · 사무자동화의 배경 · 사무자동화의 목적 · 사무자동화의 기능

01 사무의 개념 및 구성 요소

- 문서 처리 및 데이터 처리 업무와 의사 소통(통신) + 의사 결정 업무
- 사무의 구성 요소로는 사무원, 사무실, 사무 기기, 사무 문서, 사무 제도, 사무 조직 등이 있음

02 사무자동화 일반 ★

1) 사무자동화(OA; Office Automation)의 의미

- 사무 처리에 정보처리 및 통신 기술, 시스템 과학, 그리고 행동 과학 등의 분야를 통합하여 사무직 종사자와 사무 업무 전체의 생산성 향상을 이룩하려는 적극적인 노력
- 사무실에서 수행되는 업무에 컴퓨터를 비롯한 각종의 사무 정보 기기를 활용하여 정해진 목적을 보다 쉽고 빠르게 달성하는 것

2) 사무자동화의 배경

① 사회 · 경제적인 요인

- 산업 구조의 변화 : 농 · 공업 중심의 사회에서 정보화 사회로 이행됨에 따라 물질보다 정보의 가치가 증대됨
- 경영 환경의 변화 : 경영 환경이 점차 복잡화, 고도화, 국제화됨에 따라 많은 정보를 효율적으로 처리해야 함
- 사회적인 변화 : 두뇌 노동자의 증가와 인건비 상승으로 단순 노동일수록 기계에 의존하는 비율이 높아짐

② 기술적인 요인

- 전자 기술의 혁신 : 컴퓨터 하드웨어와 소프트웨어의 성능이 보다 급진적으로 향상됨
- 컴퓨터 이용의 대중화 : 컴퓨터의 보급과 이용이 널리 확산됨
- 통신 기술 및 통신망 이용의 보편화 : 사무실 근무자 간의 정보 교환이 고속화됨
- 사무 정보 기기의 대량 보급 : 각종 기기의 효율이 향상되고, 다양한 복합 기기가 보급됨
- 사무 부문의 비용 증가 : 인건비, 운영비 등이 늘면서 비용 절감에 대한 필요성 대두

사무자동화의 기본 요소
- **철학(Philosophy)** : 사무자동화에 대한 개념 파악 및 목적과 목표, 계획, 실천에 대한 확고한 신념과 의지
- **장비(Equipment)** : 각종 장비(하드웨어, 소프트웨어)의 적절한 활용을 통한 사무자동화의 활성화 도모
- **제도(System)** : 목적 달성을 위한 각각의 요소들이 유기적으로 결합한 활동 및 처리 방법
- **사람(People)** : 사무자동화의 주체

- 고객 요구의 다양화 : 빠르고 정확한 서비스를 요구하는 고객들을 위한 정보 처리 시간의 단축 및 온라인화 구축
- 정보량의 증대 : 방대한 양의 정보를 수집, 분석하고 신속한 대응 전략을 마련하기 위해서는 각종 사무자동화 기기를 활용할 수밖에 없게 됨

3) 사무자동화의 목적

① 사무 처리의 비용 절감
- 시간의 능률적 사용 : 문서의 작성, 자료의 검색 및 전송 시간 단축
- 인력의 능률적 사용 : 문서의 작성에 참여하는 인력 감축
- 공간의 효율적 사용 : 캐비닛, 파일 박스, 홀더 등의 점유 면적 축소

② 사무 처리의 질적 향상
- 업무 영역이 확대되고, 고객에 대한 서비스와 품질이 향상됨
- 사무 환경의 개선으로 근무 의욕과 업무 만족도가 향상됨
- 의사 소통이 원활해짐에 따라 의사 결정이 신속·정확해짐
- 형식이 통일되고 선명도가 좋아지며 이미지가 향상됨

기적의 3초컷

사무자동화의 목적은 사무 처리의 비용 절감, 사무 처리의 질적 향상에 있습니다.

③ 사무자동화의 궁극적 목적
- 최적화된 시스템 구축을 통한 사무 부분의 생산성(효율성) 향상
- 조직의 경쟁력과 인간성, 창조성 향상

4) 사무자동화의 기능

① 문서화 기능 : 문서 관리의 신속화 및 정확도 향상을 목표로 함
② 통신 기능 : 정보와 의사의 원활한 소통을 목표로 함
③ 정보 활용 기능 : 정보에 대한 이용을 고도화시키고, 새로운 창조적 활동에 효율적이고 유용하게 적용하는 것을 목표로 함
④ 업무 처리 자동화 기능 : 문서화·통신·정보 활용 기능을 유기적으로 결합하여 보다 신속하고 정확한 업무 처리를 목표로 함

이론을 확인하는 기출문제

01 다음 중 사무자동화(OA; Office Automation) 기기의 기능을 설명한 것으로 옳지 않은 것은?

① 팩시밀리 : 문서 및 도형의 작성
② 마이크로필름 : 정보의 저장과 검색
③ 프린터, 복사기 : 정보의 출력과 복사
④ 컴퓨터 : 문서, 그림, 계산 등의 처리

팩시밀리(Facsimile) : 문자나 그림을 전기적인 신호로 바꾸어 통신망을 이용해 원거리에서 이를 받아 재생해 내는 사무기기로 데이터 전송기기에 속함

02 사무자동화의 기대효과 중 옳지 않은 것은?

① 조직의 최적화
② 생산성의 개선
③ 경쟁력의 증대
④ 노동력의 극대화

사무자동화의 궁극적 목적
• 최적화된 시스템 구축을 통한 사무부분의 생산성(효율성) 향상
• 조직의 경쟁력과 인간성, 창조성 향상

03 MIS(경영 정보 시스템) 도입의 궁극적인 목적으로 가장 적합한 것은?

① 통신망의 보편화
② 정보처리기기의 대량 보급
③ 여성 근로자 고용 확대
④ 기업의 효율성과 생산성 향상

경영 정보 시스템(MIS) : 기업의 경영진이나 조직의 관리진에게 투자, 생산, 판매, 경리, 인사 등 경영 관리에 필요한 각종 정보를 신속하고 정확하게 공급함으로써 생산성과 수익성을 높이고자 하는 시스템

04 다음 사무자동화의 기본 요소 중 모든 시스템의 주체가 되는 것은?

① 인간
② 철학
③ 제도
④ 장비

사무자동화의 기본 요소
• **철학** : 사무자동화 전반에 대한 확고한 신념과 의지
• **장비** : 각종 장비의 적절한 활용을 통한 사무자동화의 활성화 도모
• **제도** : 목적 달성을 위한 각각의 요소들이 유기적으로 결합한 활동 및 처리 방법
• **사람** : 사무자동화의 주체

/ SECTION / 02 정보 자료의 가공, 저장, 검색 기기

출제빈도 상 중 하

빈출 태그 워크스테이션 • COM • 전자파일 • 데이터베이스 시스템 • CAR • 팩시밀리의 기능 • 다기능 전화기의 기능 • Camp On • Onhook • Hand Free • E-Mail • MHS

01 정보 가공 기기

1) 사무용 컴퓨터
- 데이터, 음성, 영상 등 대량의 멀티미디어 자료 처리
- 데이터 축적 기술을 이용하여 전자 우편, 전자 파일링, 의사 결정, 스케줄 관리 등 지원
- 사용이 편리하고 정확한 정보 제공

2) 워크스테이션(Workstation)
- 고도의 맨-머신 인터페이스 기능 : 문서의 작성, 편집, 보관, 검색이 간편함
- 고도의 연산 기능 : 32비트의 데이터 처리 단위로 고속의 연산 가능
- 화상 처리 기능 : 멀티 윈도(Multi-Window)를 이용하여 그래픽 처리 가능
- 파일링과 메일링 기능 : 문서의 보관 · 검색 · 처리 기능과 네트워크상의 정보들을 교환 접수 및 전송
- 네트워크 기능 : 각종 OA 기기를 유기적으로 접속하고 관리함

02 정보 저장 기기

1) 자기 테이프
오디오 테이프와 비디오 테이프의 종류로 오디오 테이프는 자기 저장 매체에 소리만을 기록한 형태고, 비디오 테이프(VTR)는 영상과 음성을 동시에 자기 테이프에 기록한 것이다.

2) 자기 디스크
자기 테이프와 마찬가지로 금속이 자력을 받아 자화되는 원리를 이용해 데이터를 테이프가 아닌 원형 형태의 디스크에 저장하는 방식이다.
디스크 표면에 기록하여 테이프와 달리 정보의 기록과 재생을 순차적으로 하지 않아도 되므로 정보의 재생이 매우 신속하다.

▲ 자료 수록 필름

자기디스크 관리
자기디스크는 자석 등과 닿으면 저장되는 데이터가 사라지거나 변형되므로 자력 근처는 피해야 함

MO(광 자기 디스크 드라이브)
- 레이저로 데이터를 읽고 쓰기 때문에 높은 신뢰성과 보관성이 좋음
- CD와 DVD는 기록매체에 레이저를 쏘아 변형된 부분인 피트에서는 레이저 빛이 잘 반사되지 않고, 원 형태 그대로의 랜드에서는 레이저 빛이 반사되는 원리를 이용하여 읽힘

3) 광 저장 기기

광 저장 기기는 기록과 재생에 레이저를 이용해 광기록 매체에 쏘았을 때 기록변형에 따라 그 반사도가 다른 점을 이용한 저장매체로 MO(광 자기 디스크 드라이브), CD, DVD 등이 대표적인 광 저장 기기이다.

03 정보 검색 기기★

1) 전자 파일링(Electronic Filing) 시스템

전자 파일 저장 매체에 수록된 자료들의 데이터베이스에 의거, 색인을 작성하고 필요할 때마다 신속하게 데이터를 검색할 수 있도록 한 시스템이다.

2) 데이터베이스(Database) 시스템

데이터의 중복성 최소, 데이터의 공유, 데이터의 일관성 유지, 데이터의 보안 보장 등을 통하여 전체적인 업무의 표준화와 효율을 극대화시킨다.

3) CAR(Computer Assisted Retrieval)

컴퓨터의 테이프 프로세싱과 마이크로필름의 이미지 프로세싱을 조립하여 필요한 정보를 수초 이내에 찾을 수 있다.

04 정보 전달 기기★

1) 팩시밀리(Facsimile)의 기능

데이터베이스 시스템의 특징
- 데이터베이스 사용자 : 데이터베이스 관리자(DBA), 일반 사용자, 전문 사용자, 독자적인 사용자, 시스템 분석가, 응용 프로그래머 등
- 장점 : 백업·회복·표준화의 용이, 응용 프로그램 개발 시간 단축, 융통성, 최신 정보의 가용성, 규모의 경제성
- 단점 : 고가의 운영비, 복잡한 시스템 및 자료 처리 방법, 시스템 고장에 따른 영향이 너무 큼

기능	내용
자동 송신	송신측이 없더라도 수신측에서 원격 조작으로 수신
자동 수신	수신측이 없더라도 송신측에서 수신기를 조작해 송신
정밀도 자동 제어	원고 내용의 정밀도를 자동 판별
상대방 확인	지정되지 않은 상대방으로부터의 송신 방지
발신원 및 일시 표시	수신측에서 자동적으로 발신원 및 일시 등 표시
자동 급지	여러 장의 원고를 한 번의 세트(Set)로 연속 자동 송신
자동 cut	수신 기록용 롤(Roll)을 필요한 크기대로 자동 조절
부분 전송	원고의 필요 부분만 전송
중간조 기록	흑백 외에 중간 명암 재현
동보 기능	복수의 수신처에 자동적으로 동일 내용 송신
전화 통화	송 · 수신 어느 쪽이라도 통신 종료 후 통화 가능
상대 확인	통신 상대를 자동 확인
복사	수신 기록을 필요한 만큼 자동 복사
음성 응답	부재 수신의 수신기로부터 송신측에 자동으로 음성 응답
축소 확대	원고의 크기를 임의로 축소, 확대

2) 다기능 전화(Keyphone)의 기능

① 발신 편리를 위한 기능

- **자동 다이얼** : 자주 사용하는 상대의 전화번호를 원터치로 호출
- **자동 대기(Camp On)** : 통화 중인 상대의 통화가 끝날 때까지 계속하여 호출
- **다이얼 번호 표시** : 다이얼한 번호를 디스플레이에 표시
- **재다이얼** : 가장 최근의 통화 번호를 원터치로 송출
- **비응답(Onhook)** : 수화기를 들지 않고 다이얼하여 상대방이 응답한 후에 통화
- **음성 다이얼** : 음성으로 전화번호 호출
- **발신 예약** : 통화 내용을 미리 녹음해 두고 지정 시간에 자동으로 송신

▲ 다기능 전화

② 착신 편리를 위한 기능

- **대리 응답(Call Pickup)** : 전화가 걸려왔을 때 다른 사람이 다른 전화기로 응답
- **호출 번호 표시** : 상대의 전화번호 디스플레이
- **스피커** : 상대방의 음성을 스피커에 의해 청취
- **암호 번호 수신** : 암호를 아는 사람의 전화만 수신
- **부재 전송(착신 전송)** : 부재 시 행선지의 등록된 전화로 전송
- **자동 응답** : 부재 시 자동 응답과 더불어 상대편의 용건을 녹음

③ 통화 편리를 위한 기능

- **핸드 프리(Hand Free)** : 수화기를 들지 않고 통화
- **일시 유보(Call Hold)** : 통화를 일시 유보하고 유보음 송출
- **정지/재개** : 통화를 일시 정지시킨 후 장소를 옮겨서 계속 통화
- **전송** : 통화 중 다른 사람의 전화로 바꾸어 주는 기능

3) 전자우편(E-Mail; Electronic Mail) 시스템

컴퓨터상에서 자신의 고유 번호와 상대방의 고유 번호를 입력하여 전송을 원하는 정보가 공중 전화망이나 데이터 통신망을 통해 중앙 컴퓨터의 데이터베이스(개인 사서함)에 기록되면, 그 후에 상대방이 컴퓨터를 조작해 이를 받아볼 수 있는 컴퓨터 통신시스템이다.

4) 메시지 처리 시스템(MHS; Message Handling System)

이용자가 컴퓨터를 통해 보내고 싶은 정보를 축적, 전송하고 이용자의 요구 조건에 따라서 수신측에 보내는 축적 전송형의 메시지 통신 서비스로, 전자 사서함 서비스라고도 한다.

전자 메일 시스템 구성
- **MUA(Mail User Agent)** : 사용자가 전자 메일을 송수신할 때 사용하는 클라이언트 프로그램
- **MTA(Mail Transfer Agent)** : 인터넷상에 있는 하나의 컴퓨터로부터 다른 컴퓨터(메일 서버)로 전자 메일을 전송하는 서버 프로그램
- **MDA(Mail Delivery Agent)** : 메시지를 사용자의 우편함에 쓰기 위해 MTA가 사용하는 프로그램

메일 서버(Mail Server; Mail Transfer Agent)
- 전자우편의 송수신 기능을 처리하는 컴퓨터 시스템과 관련 소프트웨어
- 수신되는 전자우편을 받아주고 송신되는 전자우편을 배달하는 역할을 하는 응용프로그램과 그 프로그램을 전담하여 운영하는 컴퓨터 하드웨어

프로브(Probe)
- MHS에서 메시지의 전달 가능성을 타진하기 위해 전송되는 정보
- 사용자를 대신하여 메시지의 송수신을 대행하는 사용자 에이전트(UA)는 메시지 발신에 앞서, 그 메시지의 전달 가능성을 메시지 전송 시스템(MTS)을 통하여 타진하고 그 결과를 보고받을 수 있음

01 다음 중 전화기의 종류가 아닌 것은?

① 전기식
② 자석식
③ 자동식
④ 공전식

전화기의 종류
• **다이얼 방식에 따른 분류** : 회전식 다이얼 전화기, 푸시 버튼 전화기
• **전류 방식에 따른 분류** : 자석식 전화기, 공전식 전화기, 자동식 전화기

02 다음의 사무 기기 중 주로 정보의 보존 검색에 사용되는 것은?

① 마이크로필름 시스템
② PBX
③ 워드프로세서
④ 팩시밀리

컴퓨터 마이크로필름 출력(COM) : 마이크로 필름은 단위면적당 보존 비용이 싸고 반영구적이며, 검색이 쉽고 확대를 통한 인쇄출력도 가능하여 정보의 보존 및 검색매체로 사용됨

03 광학적인 방법으로 문자나 그림을 읽어들여 전기적인 신호로 바꾸어 통신망을 이용해 원거리에서 이를 받아 복사해내는 사무 기기는?

① 팩시밀리
② 전자회의
③ 복사기
④ 전자우편

팩시밀리(Facsimile) : 팩시밀리란 라틴어로 '본을 뜬다(Make Similar)'는 의미임

04 다기능 전화 서비스 중 전화를 걸 때 송·수화기를 들지 않고 다이얼하여 상대방이 응답한 후 송·수화기를 들어 통화할 수 있게 하는 기능은?

① 자동 다이얼
② 음성 호출
③ 온훅 다이얼
④ 재다이얼

비응답(Onhook) : 수화기나 휴대 장치를 들지 않고 다이얼하여 상대방이 응답한 후에 통화할 수 있는 기능

사무 주변 기기 및 보조 기구

빈출 태그 알복사기 • 대전 • 토너 • 전자 비서 시스템 • MIS • DSS • ID 관리 시스템 • POS • CRM

01 복사기

복사기는 구분 방식에 따라 청사진(Diazo)식, 전자 사진식, 정전식, 감열식으로 구분하는데, 각각에서 다시 건식과 습식으로 나뉘기도 하며, 최근의 접촉식 전자 복사기에서는 반사식과 투과식으로 구분하기도 한다.

정전식 복사기는 카본(Carbon) 분말과 열에 의해 쉽게 녹는 수지로 형성된 분말 잉크인 토너(Toner)를 사용하여 복사한다.

02 전자 비서(Electronic Secretarial) 시스템

회의 일정 관리, 회의실 예약, 전자 전화 번호부, 스케줄 관리, 명함 정리, 방문객 응대 등의 기능을 전자적으로 제공하는 시스템이다.

03 경영 정보 시스템(MIS; Management Information System)

기업의 내부 및 외부 환경에 관한 정보를 수집, 저장, 검색, 처리하여 적절한 시기에 적절한 형태로 적절한 의사 결정 과정에 반영함으로써 기업의 목표를 보다 효율적으로 달성할 수 있도록 조직화된 체계이다.

경영 정보 시스템에는 인간과 기계(Computer)가 결합되어 상호 보완 작용을 하는 '인간과 컴퓨터 통합 체계(Man-Machine System)'의 개념이 포함된다.

04 의사 결정 지원 시스템(DSS; Decision Support System)

다양한 변동 요소가 복잡하게 얽히는 경영이나 정책 등에 대해 변동 요소의 데이터를 컴퓨터를 이용하여 분석하고, 각종 모델을 이용한 모의 실험을 통하여 의사 결정 정보를 제공한다.

05 ID(IDentification) 관리 시스템

사무실의 출입구 보안, 출퇴근 근태 관리, 식당의 지불, 사내 예금의 환불, 단말 조작의 패스워드 등에 사용되는 각종 전자 카드 및 IC 카드 등을 관리하기 위한 시스템이다.

복사기의 복사 과정

대전	감광체가 감광성(정전기)을 가지도록 고압의 전류를 흘림(Electrification)
노광	원화의 음영에 따른 반사광을 감광체에 쪼여 정전 잠상을 만듦(Exposure)
현상	정전 잠상에 토너(Toner)를 묻힘(Appearance)
전사	인쇄 용지의 뒷면에 고압을 가하여 감광체의 토너를 종이로 옮김(Transcribe)
정착	종이에 열을 가하여 토너에 들어있는 수지를 녹여 고착시킴(Fixation)
제전	감광체에 남아있는 정전기 제거(Electrostatic Discharge)
크리닝	감광체에 남아있는 전사되지 않은 토너 제거(Cleaning)

MIS의 기능

• **거래 처리 기능** : 컴퓨터를 이용한 업무 처리 기능으로서 거래 처리, 마스터 파일의 보존, 보고서 출력, 데이터베이스 검색 등 포함
• **정보 처리 기능** : 데이터베이스 시스템이라고도 하며, 의사 결정에 필요한 정보 제공
• **프로그램화 의사 결정 기능** : 구조적 의사 결정을 위한 기능
• **의사 결정 지원 기능** : 비정형적이고 비구조적 의사 결정을 위한 지원 기능
• **의사 소통 기능** : 시스템 간의 의사 소통 또는 정보 전달 담당

06 판매 시점 처리(POS; Point Of Sale) 시스템

상품에 붙은 레이블의 판독 기구와 금전 등록기가 하나로 집합, 구성된 장치를 사용하여 판독한 변동 자료(Transaction)를 다른 데이터 매체상에 기록하거나 연결망을 통해 중앙 컴퓨터 시스템에 전송하여 처리하는 시스템이다.

이론을 확인하는 기출문제

01 복사기를 복사 방식에 의해 분류할 때 가장 적당한 것은?

① 정전식과 감열식 　② 투과식과 반사식
③ 직접식과 간접식 　④ 습식과 건식

복사기 : 과거에는 감광지에 투사광선을 쏘여 복사하는 청사진(Diazo)식 복사기가 사용되었으나, 최근에는 일반 종이를 사용하는 보통 종이 복사기(PPC)가 사용됨

02 복사기의 복사 과정을 순서대로 나열한 것은?

① 대전→노광→현상→전사→정착→제전→클리닝
② 대전→현상→노광→전사→제전→정착→클리닝
③ 대전→노광→현상→정착→전사→제전→클리닝
④ 대전→현상→노광→제전→전사→정착→클리닝

복사기의 복사 과정
· **대전** : 감광체가 감광성(정전기)을 가지도록 고압의 전류를 흘림
· **노광** : 원화의 음영에 따른 반사광을 감광체에 쏘여 정전 잠상을 만듦
· **현상** : 정전 잠상에 토너(Toner)를 묻힘
· **전사** : 인쇄 용지의 뒷면에 고압을 가하여 감광체의 토너를 종이로 옮김
· **정착** : 종이에 열을 가하여 토너에 들어있는 수지를 녹여 고착시킴
· **제전** : 감광체에 남아있는 정전기 제거
· **크리닝** : 감광체에 남아있는 전사되지 않은 토너 제거

03 사무처리 분야에서 신속하고 합리적인 의사결정을 할 수 있도록 경영에 관한 각종 정보를 제공하는 시스템을 무엇이라고 하는가?

① MIS 　② OA 　③ HA 　④ OS

MIS(Management Information System) : 기업의 경영 관리에 필요한 정보를 기업 내의 각 부분으로부터 정확하고 신속하게 수집하여 종합적이고 조직적으로 가공, 저장하여 제공하는 토털 시스템과 그 네트워크

04 복사기의 복사 과정에 대한 설명으로 잘못 연결된 것은?

① 노광 - 원화의 음영에 따른 반사광을 감광체에 쏘여 정전 잠상을 만듦
② 현상 - 인쇄용지의 뒷면에 고압을 가하여 감광체의 토너를 종이로 전사시킴
③ 제전 - 감광체에 남아있는 정전기를 제거
④ 크리닝 - 감광체에 남아있는 전사되지 않은 토너 제거

05 최고 경영자의 의사 결정을 도와주는 시스템으로 End-User 지원 시스템이라고도 하는 것은?

① POS 　② CRM 　③ EDS 　④ DSS

의사결정 지원 시스템(Decision Support System) : DSS로 경영자의 의사 결정을 여러 통계적 자료로 도와주는 시스템. End-User라고도 불리움

06 POS용 단말기를 가장 잘 설명한 것은?

① 일반적인 사무처리, 진료, 연구 등에 사용
② CCTV의 화면 전송 장치로 사용
③ 주가나 상품거래에 대한 정보를 표시하는데 사용
④ 바코드를 이용하여 상품의 판매 시 금액의 집계나 현금관리 등에 사용

POS 단말기 : 백화점이나 슈퍼마켓 등에서 바코드를 이용하여 상품의 판매 시점에서 발생하는 금액의 집계를 내거나 현금을 관리함

01 다음 설명 중 옳지 않은 것은?

① 사무자동화 기술이라 함은 OA 기기에 관한 기술 및 통신과 운용 기술을 모두 포함한다.
② 광의의 OA 개념은 정보의 획득, 처리, 전달, 보관에 관련된 기술이다.
③ OA 기기라 함은 팩시밀리, 워드프로세서, PC 등과 다기능 전화기도 포함된다.
④ OA 기기의 동향은 단기능 독립형에서 복합 기능을 가진 기기로 발전하고 있는 추세이다.

02 오피스에서 실시되고 있는 여러 가지 작업이나 업무를 효과적으로 지원하기 위해서 OA가 제공해야 할 주요 기능이 아닌 것은?

① 정보 이용
② 기계화 업무 처리
③ 커뮤니케이션
④ 도큐멘테이션

03 전자 파일링(Electronic Filing) 시스템의 특징과 거리가 먼 것은?

① 많은 양의 자료를 보관하므로 일률적이고 표준화된 관리가 어렵다.
② 그룹별 보관으로 중복되는 내용의 문서를 없앨 수 있다.
③ 문서의 검색 및 사용이 용이하다.
④ 문서 관리에 필요한 공간이 절약되며 업무 환경 개선에 도움을 준다.

04 정보에 대응해서 변조된 레이저 빔을 이용하여 매체면 위에 기록하고, 재생 시에는 기록 시 보다 약한 레이저 빔을 조사해서 정보를 읽어내는 장치는?

① 자기 디스크 장치
② 마이크로필름 장치
③ 광 디스크 장치
④ 비디오 자기 파일 장치

05 컴퓨터 마이크로필름 출력 장치에서 장점이 아닌 것은?

① 다량의 정보를 축소 기록, 보관할 수 있다.
② 레코드를 순서적으로 할 수 있다.
③ 별도의 장치없이 내용을 검색할 수 있다.
④ 데이터와 함께 양식도 출력이 가능하다.

06 다음 중 데이터베이스의 구축 목적에 해당되지 않는 것은?

① 데이터의 일관성 유지
② 데이터의 공유화
③ 통합되지 않은 데이터를 체계적으로 정리
④ 데이터의 중복성을 최대화시킴

07 다음 중 데이터베이스 시스템의 단점에 해당하지 않는 것은?

① 운영비가 많이 든다.
② 시스템이 복잡하다.
③ 시스템 고장에 따른 영향이 작다.
④ 데이터 보안에 어려움이 따른다.

08 컴퓨터를 이용한 마이크로필름을 고속으로 자동 검색하는 시스템은 무엇인가?

① CAR   ② DTP   ③ DBMS   ④ WORM

09 OA(Office Automation) 기기와 관계가 적은 것은?

① 팩시밀리
② 컴퓨터
③ CAM
④ 복사기

10 최대한의 통신 편리성을 제공하기 위한 교환 장치로 특정 키를 누르면 원하는 기능이 처리되는 것은?

① 전화기(Telephone)
② 키폰(Keyphone)
③ 카폰(Carphone)
④ 휴대폰(Cellphone)

11 다기능 전화 서비스 중 디스플레이가 이용되는 기능은?

① 자동 호출 기능
② 전화번호 표시 기능
③ 메시지 기록 기능
④ 부재 전송 기능

12 다기능 전화(Keyphone)에서 통화 과정상의 사용자 편리를 위하여 갖추어진 기능은?

① 핸드 프리   ② 비응답
③ 자동 다이얼   ④ 부재 전송

13 다기능 전화 서비스 중 전화를 걸 때 송·수화기를 들지 않고 다이얼하여 상대방이 응답한 후 송·수화기를 들어 통화할 수 있게 하는 기능은?

① 자동 다이얼   ② 음성 호출
③ 온훅 다이얼   ④ 재다이얼

14 개인용 컴퓨터를 통해 이용자 간에 서신을 상호 교환할 수 있는 정보 통신 서비스를 무엇이라 하는가?

① 데이터베이스   ② 전자 회의
③ 하이텔 서비스   ④ 전자우편

15 다음 중 전자우편(EMS)에 대한 설명으로 옳지 않은 것은?

① 문서 우편에 비해 복수의 수신자에게 메모가 가능하다.
② EMS는 컴퓨터 내에 파일화가 용이하지만 필요할 때 자유롭게 검색할 수는 없다.
③ Paperless Office 실현을 지향하는 기업 활동과 밀접한 관계가 있다.
④ 전자적인 수단을 통해 순간적인 전송이 가능하므로 즉시성의 효과를 얻을 수 있다.

16 다음 중 전자우편의 특성이 아닌 것은?

① 빠른 정보 수신
② 빠른 의사 결정
③ 지역 간 공간의 해결
④ 종이 및 우편료 절약

17 서로 다른 전자 사서함 간의 메시지 전송과 개인용 컴퓨터, 팩시밀리 등 서로 다른 통신 서비스 간의 전송이 가능하도록 해주는 시스템은?

① MHS   ② Teletex   ③ CATV   ④ FAX

18 다음 중 복사기에 대한 주요 기능과 이에 대한 설명이 바르지 못한 것은?

① 확대 축소 기능 : A4 → B4, A4 → B5 등의 고정 배율 복사만 가능하다.
② 정렬(Sort) : 여러 페이지를 복사할 경우 페이지 순서대로 묶음 처리가 된다.
③ 색 변환 : 컬러 복사와 원화 안의 특정 부분만 색을 바꿀 수도 있다.
④ 반전 : 원화의 흑백을 서로 바꾸거나 흑백 원화를 단색 변환할 수도 있다.

19 MIS(경영 정보 시스템) 도입의 궁극적인 목적으로 가장 적합한 것은?

① 통신망의 보편화
② 정보 처리 기기의 대량 보급
③ 여성 근로자 고용 확대
④ 기업의 효율성과 생산성 향상

20 판매장에 단말기와 컴퓨터 시스템을 연결하여 사무관리, 매상관리, 상품관리 등을 종합적으로 할 수 있게 하는 시스템은?

① 판매 시점 관리 시스템(POS)
② 경영 정보 시스템(MIS)
③ 의사 결정 지원 시스템(DDS)
④ ID 관리 시스템

CHAPTER 04

기기 운용 관리

학습방향

정보기기들의 보호와 재해 예방에 있어서는 사후 정보의 복구가 중요하기 때문에 이와 연관지어 생각하면 이해가 쉽습니다. 가장 많이 출제되는 컴퓨터 바이러스 부분에 대해서는 바이러스의 종류 및 특성, 예방책과 치료법에 대해 구체적으로 알아두어야 합니다.

출제빈도

- Section 01 　중　　　　　　　　　　　　　　23%
- Section 02 　상　　　　　　　　　　　　　　69%
- Section 03 　하　　　　　　　　　　　　　　8%

정보기기의 조작, 운용, 관리 방법

빈출 태그 고장 진단 방법 • FLT • 기능 진단 방식 • 마이크로 진단 방식 • 번-인 시험 • 발췌 검사 • ABC 분말 소화기

01 정보기기의 운용 및 보전 관리의 개념

관련 기기의 작동 상태를 양호하게 유지하고, 보전 관리를 효율적으로 행함으로써, 각 기기들이 고도의 기능을 유지함은 물론 작업의 성과를 극대화시킨다.

구체적인 작업 내용에는 운용, 보전 목표를 수립하고, 기기의 결점 또는 고장을 보완, 수리하여 규정된 목표를 유지하도록 하는 일련의 과정이 포함된다.

02 운용, 보전 관리의 목표★

① 신뢰성의 확보 : 각 기기들이 규정된 환경 조건하에서 규정된 일정 시간 동안 고장 없이 규정된 성능을 발휘하는 능력을 말하는 것으로, 신뢰성을 높이기 위해서는 평균 고장 시간을 낮추고, 평균 가동 시간을 늘려야 함
② 정비 유지성의 확보 : 규정된 자격의 기술자가 규정된 절차와 기기 및 부품을 사용하여 노후 또는 고장난 제품의 성능을 규정된 수준으로 회복, 유지시킴

03 운용, 보전을 위한 기기 분석 방법

1) 시험(Testing)

① 규격 시험 : 기기의 재료, 형상, 구조, 기능 및 특성 등이 규정된 사항과 일치하는지 판단
② 신뢰성 시험 : 기기의 시간적 안정성 조사(번-인 시험, 환경 시험 등 사용)
③ 실용 시험 : 시제품을 평가하여 구입 또는 채택 여부 결정
④ 상용 시험 : 실용 시험 후 실제 도입 · 운용에 필요한 신뢰성, 정비 유지성 재확인
⑤ 환경 시험 : 기기들이 겪게 될 환경 조건(온도, 습도, 방사능, 전자계, 충격, 진동 등)을 만들어 시험
⑥ 번-인(Burn-in) 시험 : 고장 방지를 위해 일정 기간 동안 온도, 습도, 진동 등의 환경적 부하를 가함

2) 검사

① 전수 검사 : 검사 대상이 되는 기기에 대하여 하나하나 전부 조사하는 검사 방법으로, 신뢰성은 크지만 시간과 비용이 많이 듦
② 발췌 검사 : 일부 품목 또는 소량만을 추출하여 검사하는 것으로, 전수 검사에 비해 신뢰성은 떨어지지만 시간과 비용은 절약됨

고장 진단 방법
• FLT(Fault Location Test) 방식 : 대형 컴퓨터 등의 CPU에 사용되며, 자체적인 회복 및 보수 기능을 갖춘 서비스 프로세서(SVP; SerVice Processor)를 갖춤
• 기능 진단 방식 : 기기별로 규격에 규정된 기능이 정상적으로 발휘되는지를 시험
• 마이크로 진단 방식 : 마이크로 프로그램에 의해 각 회로의 기능이 정상적으로 동작되는지를 시험

③ 간접 검사 : 이미 다른 목적으로 검사된 것을 현재의 조사 목적에 간접적으로 이용
④ 완화 검사 : 전수 또는 발췌 검사에 있어서 각각의 조사 대상에 대하여 중요 항목 일부 또는 각 기기별로 상이한 항목 적용

04 정보기기의 운용 및 보전을 위한 작업 계획

작업 계획의 수립은 보전 계획의 기점이 되고, 작업을 하는 데 진로가 되며, 작업 성과를 판단하는 척도가 된다.
① 운용, 보전 서비스의 기준치 달성 목표   ② 회선이나 시설의 고장 발생 경향
③ 회선이나 시설의 불량 상태   ④ 현재의 가동 시설수와 미래의 시설 증가 예상수
⑤ 운용 보전 요원의 기술 수준 및 교육 계획   ⑥ 계절적, 지역적인 특수 사정

05 재해 방지

1) 내진 대책

- 진동 가속도 250gal(진도 5에 해당) 정도에도 시스템 운영상 지장이 없어야 함
- 400gal 정도에는 오동작 가능성이 있더라도 진동 이후에는 재사용이 가능해야 함

진동 가속도
400gal은 진도 6에 해당함

2) 방화 대책

- 화재 발생 방지와 화재 발생시 시설 보호를 위하여, 사전에 화재 및 연소 방지책을 수립하여야 하며, 화재시 조기 발견과 소화 대책 수립 및 홍보 대책을 마련해야 함
- 정보 기기 관련 시설은 스프링클러로 진화를 하게 되면 합선 및 감전 등으로 사고가 확대될 수 있으며, ABC 분말 소화기의 분말은 정상적인 기기에도 손상을 끼칠 수 있으므로 하론이나 이산화탄소 등의 가스 소화기를 준비해 두어야 함

이론을 확인하는 기출문제

01 기기별로 규격에 규정된 기능이 정상적으로 발휘되는지를 시험하는 고장 진단 방식은?

① FLT 방식
② 마이크로 진단 방식
③ 직렬 진단 방식
④ 기능 진단 방식

- **기능 진단 방식** : 기기별로 규격에 규정된 기능이 정상적으로 발휘되는지를 시험
- **FLT(Fault Location Test) 방식** : 대형 컴퓨터 등의 CPU에 사용되며, 자체적인 회복 및 보수 기능을 갖춘 서비스 프로세서(SVP; SerVice Processor)를 갖춤
- **마이크로 진단 방식** : 마이크로프로그램에 의해 각 회로의 기능이 정상적으로 동작되는지를 시험

02 컴퓨터실이나 자기 매체 보관실에 화재가 발생했을 때 사용할 수 있는 소화기는?

① 하론 가스 소화기와 스프링클러
② 이산화탄소 소화기와 ABC 소화기
③ 이산화탄소 소화기와 하론 가스 소화기
④ ABC 소화기와 프레온 가스 소화기

정보기기 관련 시설은 전기 배선이 연결되어 있어서 화재 발생 시 스프링클러로 진화를 하게 되면 합선 및 감전 등으로 사고가 확대될 수 있으며, 분말 소화기의 분말은 정상적인 기기에도 손상을 끼칠 수 있으므로 하론 가스나 이산화탄소 등의 가스 소화기를 준비해 두어야 함

정보 기억 매체의 보호, 운용, 관리 방법

빈출 태그 AVR · UPS · 마루 공사 · 액세스 플로어 방식 · 평면 케이블 방식 · 디스켓의 관리 · 컴퓨터 바이러스

기적의 3초컷

AVR과 UPS를 구분할 수 있어야 합니다.

▲ 무정전 장치

01 전기적 보호 장치 ★

① 자동 전압 조정기(AVR; Automatic Voltage Regulator) : 일정한 전압을 유지시켜 주는 장치로 전압이 기기가 필요로 하는 수준 이하로 떨어지는 전압 저하(Brownout)나 전원의 순간적인 전압 상승 현상인 전압 스파이크(Voltage Spike)로부터 장비 및 데이터 보호

② 무정전 장치(UPS; Uninterruptible Power Supply) : 일정한 전압을 유지시켜 주면서 순간 정전(Power Failure)에 대비하여 Battery 장치를 갖추어 정전이 되어도 일정 시간 동안 전압을 보내주는 장치로, CVCF(Constant Voltage Constant Frequency)라고도 함

③ 항온 항습기 : 일정한 온도(21℃; 16~28℃)와 일정한 습도(50%±5%)를 유지시켜 주는 장치

02 기기 설치 장소의 공사

① 마루(Floor) 공사 : 바닥이 불규칙한 경우 알루미늄 주조물 등의 보조재를 이용하여 수평을 유지하고, 기기의 설치 위치를 조절하여 공기의 흐름을 원활히 하기 위한 공사

② 배선 공사

• 전원용 전선 및 통신용 케이블과 이에 부속되는 접속 기기 등의 노출을 최소화시키기 위한 공사

• 정보 기기화의 진전에 따라 전원을 필요로 하는 단말기군의 증가로, 각종 전선과 집선 또는 배선 장치들의 처리도 매우 중요해짐

• 바닥이나 천장에 배선용 배관, 3선 케이블 덕(Duck), 벽면용 폴(Pole) 등을 사용한 기존의 노출 배선 방식은 콘센트 추가, 배선의 증설 등 시공상의 어려움이 많음

• 콘센트 플러그의 이전이나 증설 등에서 보다 쉬운 배선 방법으로는 마루를 들어 올리는 액세스 플로어(Access Floor) 방식과 카펫 아래에 평면 케이블(Flat Cable)을 부설하는 방법이 있음

• 액세스 플로어 방식 : 바닥에 알루미늄 주조물로 된 높이 조정식 조립 마루를 부설하고 그 공간에 케이블을 설치하는 것으로, 기존의 마루보다 바닥이 높아지기 때문에 천장이 낮은 경우에는 부적합함

• 평면 케이블 방식 : 바닥에 카펫(Carpet)이 깔려있는 경우에는 융통성과 안전성, 미관상에서 가장 효과적임

▲ 액세스 플로어   ▲ 평면 케이블

03 기록 매체의 보호

① 고정 디스크의 관리
- 컴퓨터 등에 내장된 고정형 디스크의 경우는 전기적 충격이나 진동에 약하므로, 안정된 전력 공급을 위해 AVR과 같은 전기 장치를 사용하고, 동작 중 이동을 금지함
- 디스크의 수명은 영구적이 아니므로 평균적인 수명을 고려하여 정기적으로 교체하고, 중요한 자료는 반드시 백업(Backup)을 해두어야 함

② 디스켓(Floppy Disk)의 관리 요령
- 디스켓을 잡을 때는 노출된 디스켓 면에 직접 닿지 않도록 함
- 디스켓의 라벨에 기입할 때는 끝이 단단한 필기구 대신 부드러운 것을 사용함
- 중요한 정보가 담겨 있는 디스켓은 쓰기 방지 홈에 불투명 접착 탭을 붙이거나 슬라이드의 위치를 쓰기 방지쪽에 두어 Write−Protect시킴
- 디스켓을 사용하지 않을 때는 보호 재킷에 넣어 보관함 등에 세워서 보관함
- 디스켓을 구부리거나 접지 않도록 함
- 디스켓에 클립이나 고무밴드를 사용하지 않도록 함
- 디스켓을 직사광선이나 고온에 노출시키지 않도록 함
- 강력한 영구 자석 등에 디스켓을 노출시키지 않도록 함

③ CD−ROM의 관리
- 중요 자료의 백업용으로 많이 사용
- 자기 매체에 비해 비교적 안정적이기는 하지만 먼지나 기름 등에 약하며, 기록 표면에 손상을 입는 경우가 많으므로 반드시 보관용 케이스 등에 넣어 보관

04 컴퓨터 바이러스의 예방★

1) 컴퓨터 바이러스의 개념
컴퓨터 시스템에 손상을 주기 위한 악의적인 프로그램으로, 컴퓨터의 시스템 영역이나 정상적인 파일 속에서 자기 복제와 증식 등의 과정을 반복하여 시스템 운영을 방해하고 프로그램 파일과 데이터 파일을 손상시킨다.

2) 컴퓨터 바이러스의 분류

① 부트 바이러스 : 컴퓨터 전원을 켜면 최초로 읽혀지는 부트 섹터를 감염시키는 바이러스로, Cri_Cri/LBC/미켈란젤로 바이러스 등이 대표적임

② 파일 바이러스 : 실행 파일인 EXE, COM, OVL, SYS 등을 감염시키는 바이러스로, CIH/예루살렘/님다 바이러스 등을 포함하여 대부분의 바이러스가 여기에 속함

③ 부트/파일 바이러스 : 부트 섹터와 실행 파일 모두를 감염시키는 바이러스로, 피해 정도가 크며 안락사/사탄 바이러스 등이 대표적임

④ 매크로 바이러스 : MS의 오피스 제품(엑셀, 워드, 파워포인트 등) 문서 파일에 감염되는 바이러스로, 멜리사 바이러스 등이 대표적임

⑤ 윈도 바이러스 : Windows를 기반으로 동작을 하는 바이러스로, 님다 바이러스를 비롯하여 현재 유포되고 있는 대부분의 바이러스들이 여기에 해당함

⑥ 웜(Worm) : 시스템에 직접적인 영향은 주지 않고 자기 복제만 반복하는 것(벌레 프로그램)을 가리켰으나, 최근의 인터넷 웜은 파괴 증상도 나타내고 있으며 I-Worm/Happy99, I-Worm/Naked, I-Worm/Wininit 등이 대표적임

⑦ 트로이 목마(Trojan Horse) : 운영체제에 대한 침투 유형의 하나로 계속적인 불법 침투가 가능하도록 시스템 내에 영역을 구축하는 바이러스로, 에코키스(Ecokys) 등이 대표적임

⑧ 백 도어(Back Door) : 시스템의 정상적인 보호 수단을 우회할 수 있는 숨겨진 메커니즘이나 비정상적인 접근을 허가받기 위한 비밀 입구를 말하며 백오리피스가 대표적임

⑨ 가짜 바이러스 : 경고 또는 '행운의 편지' 같은 장난편지(Hoax)로, SULFNBK. EXE Warning/WOBBLIER 등이 대표적임

⑩ 스크립트(Script) : 소프트웨어 처리 절차를 문자로 기술한 일종의 프로그램이라고 할 수 있으며, VBS/VBSWG.X 등이 대표적임

3) 바이러스의 감염 증상 ★

① 부트 바이러스에 감염된 경우
- 컴퓨터가 부팅이 되지 않거나 부팅 시간 및 자료를 읽어들이는 속도가 느려짐
- 볼륨 레이블이 다른 것으로 바뀌거나 부팅 시 특정 메시지가 화면에 나타남
- 사용 가능한 메모리 및 디스크의 용량이 줄어듦

② 파일 바이러스에 감염된 경우
- 실행 파일 날짜가 최근으로 바뀜
- 파일을 실행시킬 때 LOAD 시간이 오래 걸리거나 아예 프로그램이 실행되지 않음
- 파일을 실행시키고 난 뒤 크기가 지나치게 커져서 기억 장치로 읽어들이지 못함

③ 기타 증상
- 디스크를 포맷★하여 데이터를 날려 버리거나 컴퓨터를 Reset시킴
- 키보드의 기능을 마비시키거나 디스크 드라이브의 공회전을 많이 시킴
- FAT를 수정하여 파일의 위치를 못 찾게 만듦
- RAM 상주 프로그램의 기능이 중지됨

★ FORMAT
디스켓을 사용할 수 있는 TRACK
과 SECTOR를 만들어주거나 데이
터를 삭제하여 초기화시키는 명령

4) 바이러스의 예방 및 치료

① 바이러스의 예방책

- 부팅과 바이러스 치료 기능이 담긴 디스켓을 준비하고 Write-Protect시켜 보관
- 공개나 무료 프로그램을 사용할 때는 반드시 백신 프로그램으로 검사 후 사용
- 바이러스 예방 및 치료 백신은 반드시 최신 엔진으로 업그레이드해야 함
- 특정 날짜에 발현하는 바이러스에 대해서는 시스템 날짜를 일시 변경함
- 부팅과 동시에 메모리 상주용 바이러스 감시 프로그램 실행
- 다른 사람이 사용하던 컴퓨터를 사용할 때는 반드시 전원을 OFF한 다음 재부팅
- 중요한 프로그램이나 자료는 별도의 보조 기억 장치에 복사해서 보관
- 다른 사람의 부팅용 플로피 디스크로 부팅시키지 않음
- 전자 우편에 대한 보안책이나 공유 폴더에 대한 접근 제한

② 바이러스의 치료법

- 일단 바이러스에 감염되면 디스켓은 재포맷하여 사용하며, 중요 자료가 담긴 하드 디스크의 경우에는 각종 백신 프로그램을 사용하여 최대한 치료
- 감염된 컴퓨터 안의 백신보다 별도의 치료용 백신 디스켓이나 인터넷 서비스를 이용하며, 한 가지 백신에만 의존하거나 몇 년 된 것을 그대로 사용하지 말 것
- 님다(Nimda) 바이러스와 같이 메일이나 공유 폴더를 통해 감염되는 바이러스는 컴퓨터의 LAN선을 제거하거나 공유 폴더를 해제한 상태에서 치료

5) 주요 바이러스 및 특징★

바이러스명	주요특징	유형 및 기타
CIH 1.2 (체르노빌 바이러스)	• 타이완의 천잉하오에 의해 개발되었으며, 매년 4월 26일에 발현하여 일명 '체르노빌 바이러스'로 불림 • BIOS와 C-MOS를 파괴하기 때문에 하드 디스크에 저장된 데이터의 복구가 불가능함	상주/겹쳐쓰기형
Code_Red	• MS의 웹 서버를 해킹 경유지로 삼아 시스템에 피해를 주는 웜 • 서버급 컴퓨터에서 작동	웜/윈도/상주형
Dark_Avenger	• COM/EXE/SYS 등의 파일에 감염(감염 시 1,800Byte 증가) • "The Dark Avenger, Copyright 1988, 1988" 등의 메시지 출력	도스/상주/기생형
Jerusalem (13일의 금요일 바이러스)	• 일명 예루살렘 바이러스 또는 13일의 금요일 바이러스로 불림 • 감염되면 COM 파일은 1,813KB, EXE 파일은 1,808KB 증가	도스/상주/기생형
JOSHI (생일 축하 바이러스)	• 1월 5일이 되면 "Type 'Happy Birthday Joshi!' !$"출력 • 기본 메모리가 6KB 정도 줄며, 디스크의 부트 섹터에 감염	상주/은폐형
Melisa (멜리사 바이러스)	• MS 워드 문서용 매크로 바이러스 • 감염된 컴퓨터 사용자에게 메일을 보낸 50명의 상대편 주소로 자동 전달됨	매크로 바이러스
Michelangelo (미켈란젤로 바이러스)	• 외국산 부트 바이러스로 부트 섹터 또는 파티션 테이블에 감염되며, 메모리가 2KB 줄어듦 • 미켈란젤로의 생일로 알려진 3월 6일이면 시스템을 포맷함	상주형
VBS/VBSWG.X	• 메일을 통해 'homepage.HTML.vbs' 웜이 첨부된 메일 발송 • 익스플로러 초기 화면을 특정 성인 사이트로 변경	스크립트

카비르
- 최초의 핸드폰 바이러스는 카비르
- 핀란드와 러시아에서 발견되었는데 핀란드의 노키아와 미국의 모토롤라 등의 스마트폰에서 발생함

바이러스 피해 복구 시 필요한 준비물
- 자신의 컴퓨터 시스템에 알맞는 부팅용 USB 또는 CD : DOS, WINDOWS, OS/2, SYSTEM 등
- 백신 프로그램 : V3, 카스퍼스키, Avira, Avast, AVG, NORTON, 비트디펜더, 윈도우즈 디펜더, McAfee 등

분산 서비스 거부 공격 (DDOS; Distributed Denial Of Service attack)
인터넷 또는 네트워크 연결상에서 다수의 시스템이 하나의 대상 표적을 대상으로 다량의 패킷을 전송, 트래픽을 발생시켜 시스템을 마비시키는 공격

Win32/AntiWar	•ICQ 사이트에서 직접 가져온 사용자의 Email 주소로 메일 발송 •아웃룩에서 보안 패치가 안 되어 있는 경우 메일을 읽기만 해도 첨부 파일 실행	윈도/바이러스
Win32/Nimda (님다 바이러스)	•아웃룩을 통해 'readme.exe' 파일을 첨부하여 메일로 발송 •각 폴더마다 '*.eml' 혹은 '*.nws' 파일 생성	윈도/바이러스
X97M/HJB	•한국산 매크로 바이러스로 엑셀 97/2000의 모든 엑셀 문서 감염 •4월 24일 오후 2시에 질문을 해서 틀리면 현재 작업 중인 모든 엑셀 시트의 내용 삭제	매크로 바이러스

이론을 확인하는 기출문제

01 정전 대비용으로 정전이 되어도 시스템을 정상적으로 가동시켜 주는 전원 공급 장치는?

① AVR
② 서지 보호기
③ UPS
④ 항온 항습기

전기적 보호 장치
• AVR : 일정한 전압을 유지시켜 주는 장치
• UPS : Battery를 갖추어 정전이 되어도 일정 시간 동안 전압을 보내주는 장비로, CVCF라고도 함

02 최근 통신실에 주로 사용되는 배선 방법으로 이전이나 증설이 편리한 것은?

① 천장 배선용 배관
② 벽면용 폴(Pole)
③ 3선 케이블 덕(Duck)
④ 액세스 플로어(Access Floor)

액세스 플로어 방식 : 바닥에 알루미늄 주조물로 된 높이 조정식 조립 마마를 부설하고 그 공간에 케이블을 설치하는 방식

03 바이러스(Virus) 자신의 자기 복제, 자체 메일 전송, 정보 수집 기능 등을 갖추고 있는 바이러스는?

① 웜(Worm)
② 백도어(Backdoor)
③ 스팸(SPAM)
④ 매크로(MACRO)

• 웜(Worm) : 바이러스와는 달리 시스템에는 직접적인 영향은 주지 않고 자기 복제만 반복하는 것(벌레 프로그램)을 가리켰으나, 최근의 인터넷 웜은 파괴 증상도 나타내고 있음
• 백 도어(Back Door) : 시스템의 정상적인 보호 수단을 우회할 수 있는 숨겨진 메커니즘이나 비정상적인 접근을 허가받기 위한 비밀 입구
• 스팸(Spam) : PC 통신이나 인터넷 ID를 가진 불특정 다수의 사람에게 일방적으로 전달되는 대량의 광고성 전자 우편으로, 정크 메일(Junk Mail)이라고도 함
• 매크로(Macro) : 매크로 명령어(Macro Instruction)의 줄임말로 프로그램 내에서 반복적으로 사용되는 부분을 약자로 따로 정의하여, 그 약자로 사용되는 명령어

04 바이러스의 예방책으로 볼 수 없는 것은?

① 부팅용 디스켓은 반드시 Write Protect(쓰기 금지) 시킨다.
② 부팅과 동시에 메모리 상주용 바이러스 감시 프로그램을 실행한다.
③ 무료 프로그램은 가능한 여러 가지 백신 프로그램으로 사전 검사 후 사용한다.
④ 중요 프로그램이나 자료는 하드 디스크에 보관한다.

바이러스는 첨부 파일 속에 숨겨져 있는 경우가 많기 때문에, 내용이 분명하지 않은 첨부 파일은 받지 않는 것이 좋고 중요 내용은 이동저장매체 등으로 복사하여 보관하는 것이 좋음

정보기기 관련 기술 기준 및 환경 기준

빈출 태그 PC 설치 환경 • VDT 증후군 • 작업 시간 • 단말기 작업 자세 • 온도와 습도 • 소음 대책 • 가우스

01 정보기기 관련 기술 기준 ★

1) PC 설치 환경

- 전압(AC)은 정격 전압 ±10%, 정격 주파수 ±0.5㎐ 이내의 규정 전원 사용
- 전기적인 잡음이나 진동이 적은 곳에 설치
- 전기 사용 용량이 큰 기기(복사기 등)와는 전원부를 공유하지 않도록 함
- 직사광선, 난방 열기기 및 습기가 많은 곳을 피하여 통풍이 잘 되는 곳을 선택
- 먼지나 불순물이 적은 곳
- 평평한 장소를 선택하여 알맞은 크기의 테이블 위에 설치

2) 주위 환경에 의한 컴퓨터의 증상

- 습도가 높음 : 부팅이 되지 않음
- 습도가 낮음 : 정전기가 발생하며, 프린트 시 중단되는 경우도 있음
- 온도가 높음 : 사용 중 작동이 중단됨
- 온도가 낮음 : 부팅이 안 되며, HDD 등에서 소음이 발생함
- 직사광선이 비치는 곳 : 램프 등이 역으로 비치고, 형태가 변형 또는 변색됨
- 진동, 소음이 심한 곳 : 사용 중 파일이 깨지거나 작동이 중단됨
- 전압 변동이 심한 곳 : 전압 저하 시에는 스크린이 움츠려 들며, 전압 스파이크 시에는 회로가 파괴될 수 있음

02 정보기기 관련 환경 기준 ★

1) 작업 시간

- 1시간에 1회 10~15분 정도의 휴식을 취하는 것이 좋음
- 1일 기준으로는 4~5시간, 주 5일 근무를 권장함
- 휴식 시간에는 가벼운 안구 운동이나 체조 등으로 쌓인 피로를 품

2) 단말기 작업 자세

- 화면을 향한 눈높이는 화면보다 약간 높은 곳(10~20°)에서 내려다 볼 수 있게 함
- 화면과의 거리는 40~50cm로 함
- 의자가 너무 낮아 팔이 심장보다 높으면 쉽게 피곤해짐
- 팔은 겨드랑이에 수직으로 하고 팔꿈치는 90°로 함

태블릿 PC 증후군
최근에는 노트북이나 넷북이 아닌 태블릿 PC를 사용하는 사용자들이 장기적인 잘못된 자세로 목, 손목, 어깨 저림을 유발하는 신종 증후군

손목 터널 증후군
장기간 키보드 등을 사용하는 사용자들 중 손저림부터 중기는 통증을 유발하고, 증세가 심각해지는 말기에는 손가락의 감각이 무뎌지는 증후군

VDT 증후군
- VDT란 Video Display Terminal의 약자로 키보드의 입력을 화면에 표시하거나 CPU의 처리 결과를 음극선관에 표시하는 장치들을 총칭
- VDT 증후군이란 VDT의 전자파에 장시간 노출됨으로써 입게 되는 새로운 직업병으로, 현재 우리나라에서는 키보드를 장기간 두드림으로써 어깨나 손가락 부위의 손상을 입게 되는 경우 직업병으로 인정하고 있음
- 외국에서 인정하는 VDT 증상으로는 시력 장애(시력의 저하 및 두통, 스트레스, 어지럼증 등), 임신, 출산 장애(여성의 경우 빈혈, 생리불순, 유산 등) 등이 있음

- 손등은 팔과 수평 유지
- 의자 깊숙히 앉아 등이 의자 등받이에 닿게 함
- 무릎의 각도는 90° 이상 유지
- 원고대는 모니터 오른쪽에 50cm 이상 떼어 놓음

3) 조명

▶ 건축법 시행 규칙에서 규정한 사무 용도별 표준 조도

용도		조도 바닥 위 85cm의 수평면 조도(단위 : Lux)
집무	설계, 제도, 계산	700
	일반 사무	300
	기타	150
작업	검사, 시험, 정밀 검사, 수술	700
	일반 작업, 제조, 판매	300
	포장, 세척	150
	기타	70
집회	회의	300
	집회	150
	공연, 관람	70

- 일반적으로 사무실은 100~500Lux, 작업 테이블은 400~600Lux가 적당함

4) 온도와 습도

① 전산실 및 통신실의 경우 온도는 16~28℃, 습도는 40~70%를 유지해야 함
② 사람에게 적정한 온도는 20~25℃, 습도는 50~70%, 불쾌지수는 70 이하임

5) 공기 오염 방지

▶ 건축법 시행령에서 규정한 공기 오염 허용 기준

구분	허용기준
공기 중의 먼지량	공기 1㎥당 0.15mg 이하
일산화탄소(CO) 함유량	공기 1㎥당 1백만분의 10 이하
이산화탄소(CO_2) 함유량	공기 1㎥당 1백만분의 1천 이하
아황산(SO_2) 함유량	공기 1㎥당 0.2mg 이하
유화수소(H_2S)	공기 1㎥당 0.006mg 이하
이산화질소(NO_2)	공기 1㎥당 0.42mg 이하
암모니아(NH_2)	공기 1㎥당 0.045mg 이하
염소(CL_2)	공기 1㎥당 0.23mg 이하

- 분진의 허용 농도 : 분진의 허용 농도는 $50\mu g/㎡$ 이하이며, 전자 설비가 있는 곳은 5 ㎛ 이상, 기계 교환 및 전력 설비가 있는 곳은 10㎛ 이상의 입자를 각각 90% 이상 제거해야 함

6) 전자계 강도와 진동

① 전자계 강도 : 전자계 강도는 기기로부터 1m 주위에서 측정했을 때 전계 강도는 127dB−V/m, 자계 강도는 127dB−A/m가 허용치임

② 진동 : 진동은 설비의 접촉면에서 측정하여 진동치 0.1G, 진동 주파수 0.1~100[Hz] 이하이어야 함

7) 소음 대책

▶ 장소에 따른 소음 허용도

장소	허용도	장소	허용도
일반 사무실	50 ~ 55dB	식당	60 ~ 65dB
현관 및 복도	60 ~ 65dB	중역실	40 ~ 50dB
전화 교환실	65 ~ 70dB	대회의실	50 ~ 55dB
컴퓨터실	75dB 이하	소회의실	50dB 이하

• 일반적으로 허용되는 건축물의 평균 소음은 50~55dB임

Gauss(가우스)

• 독일의 물리학자 가우스가 제창한 자기 유도의 강도를 나타내는 전자 단위로 기호는 G임

• 전자장(EMF) 또는 전자파는 전기장과 자기장의 합성어로, 전기장(전계)은 전기의 힘이 수직으로 미치는 공간을 말하며 V/m로 표시하고, 자기장(자계)은 자기의 힘이 수평으로 미치는 공간을 말하며 단위는 보통 mG로 표시함

• 전계와 자계가 발생되어 인체가 장시간 노출되면 체온변화와 생체리듬이 깨져 질병으로 발전될 가능성이 큼

• 인체에 영향을 주는 자기장의 세기는 2~3mG로, 세계적으로 권고된 인체 안전 기준은 2mG임

• 전신에 대한 하루 중 최대 2시간까지 노출된 자기장 값은 50,000mG를 초과하지 않아야 함

이론을 확인하는 기출문제

01 단말기에서 작업할 때의 자세 및 환경에 대한 설명 중 옳지 않은 것은?

① 눈에서 화면까지의 거리는 40~50cm를 유지한다.
② 작업테이블의 조도는 400~600Lux 정도로 한다.
③ 모니터 화면의 높이는 눈높이보다 높게 한다.
④ 무릎의 각도는 90° 이상을 유지한다.

단말기 작업에서 모니터 화면의 높이는 눈보다 낮아야 함

2 키보드를 장시간 두드림으로써 어깨나 손가락 부위에 손상을 입게 되는 직업병을 나타내는 것은?

① VDT 증후군　　② HDD 증후군
③ DOS 증후군　　④ V3 증후군

VDT 증후군 : VDT의 전자파에 장시간 노출됨으로써 입게 되는 새로운 직업병으로, 현재 우리나라에서는 키보드를 장기간 두드림으로써 어깨나 손가락 부위의 손상을 입게 되는 경우 직업병으로 인정하고 있음

03 단말기 작업 자세로서 적당하지 않은 것은?

① 화면과의 거리는 40~50cm가 적당하다.
② 손등을 팔과 수평으로 유지한다.
③ 의자 높이를 적당하게 조정한다.
④ 무릎의 각도는 45° 이하를 유지한다.

이상적인 작업 자세로써 무릎의 각도는 90° 이상을 유지해야 함

04 전산실이나 통신실의 환경 조건으로 가장 알맞은 것은?

① 온도 : 16~28℃, 습도 : 40~70%
② 온도 : 28~38℃, 습도 : 10~30%
③ 온도 : 20~30℃, 습도 : 70~90%
④ 온도 : 10~20℃, 습도 : 20~40%

항온 항습 기준 : 사람 중심이 아닌 전산 장비를 고려한 온도는 21℃가 가장 적합하며, 사람에게 적절한 하한선인 20℃보다 약간 낮은 16℃에서 28℃정도의 범위를 유지하고 습도는 50%±5% 정도로 조절함

01 정보 기기의 운용, 보전을 위한 기기의 고장 진단 방법 중 대형 컴퓨터 등의 CPU에 사용되는 고장 진단 방식은?

① FLT
② 기능 진단 방식
③ 마이크로 진단 방식
④ Burn−In Test

02 다음 시스템 고장 진단 중 기억 장치 고장에 해당되는 것은?

① DRIVE 점멸등 점등 여부 확인
② 시스템 파일을 재장착하고 시스템 재시동
③ 단말기의 주파수 설정 확인
④ RAM 확장 보드가 느슨한지 접촉 여부 확인

03 시스템의 운용 보전을 위하여 기기의 재료, 형상, 구조, 기능 등이 규정된 사항과 일치하는지를 테스트하는 시험은?

① 신뢰성 시험
② 안정성 시험
③ 규격 시험
④ 실용 시험

04 정보기기 운용, 보전 관리를 위한 작업 계획에 포함되지 않는 것은?

① 회선이나 시설의 불량 상태
② 계절적, 지역적인 특수 사정
③ 운용, 보전 서비스의 기준치 달성 목표
④ 작업자의 태도 및 노조 가입 여부

05 일정 전압을 유지 공급하며, 순간 정전에 대비하여 배터리 장치를 갖추어 정전이 되어도 일정 시간 동안 전압을 공급해주는 사무정보 보조 장치는?

① UPS
② EMI
③ AVR
④ CAR

06 다음 중 최근 통신실에 주로 사용되는 배선 방법으로 이전이나 증설이 편리한 것은?

① 천장 배선용 배관
② 액세스 플로어(Access Floor)
③ 벽면용 폴(Pole)
④ 3선 케이블 덕(Duck)

07 다음 컴퓨터 관련 시설의 안전 관리에 대한 설명 중 잘못된 것은?

① 컴퓨터실을 설치할 때는 전기, 급수, 난방 등의 건축 설비와 근접시켜야 한다.
② 접지는 사용할 때의 최대 투입 전류와 차단 시 최대 전류를 고려해야 한다.
③ 컴퓨터실 내의 공기를 정화하기 위한 정화 장치를 설치해야 한다.
④ 전원 안전 장치로서 과전류 보호기, 자동 전압 조정기, 무정전 전원 장치를 설비한다.

08 다음 중 디스켓의 보관 요령 중 옳은 것은?

① 가끔 물로 닦아준다.
② 기름으로 닦아준다.
③ 항상 보관용 디스켓을 만든다.
④ 무거운 책을 올려놓는다.

09 다음 중 보조 기억 매체의 관리 방법이 아닌 것은?

① 직사광선을 피해야 한다.
② 적당한 온도와 습도가 유지되는 곳에 보관한다.
③ 기록 매체의 노출된 면을 접촉하지 말아야 한다.
④ 자력이 있는 곳에 보관한다.

10 다음 중 컴퓨터 바이러스의 특징으로 적당하지 않은 것은?

① 다른 소프트웨어의 구조를 변경시킨다.
② 어떤 프로그램에 행해진 수정 여부는 대부분 알 수 없다.
③ 바이러스는 자기 자신을 감염시키지 않는다.
④ 한 번 수정한 프로그램은 다시 수정하지 않는다.

11 바이러스의 예방책으로 볼 수 없는 것은?

① 신뢰성이 떨어지는 사이트에서는 파일 등을 다운받기 전 바이러스 검사를 실행한다.
② 중요 프로그램이나 자료는 하드디스크에 보관한다.
③ 부팅과 동시에 메모리 상주용 바이러스 감시프로그램을 실행한다.
④ 무료 프로그램은 백신 프로그램으로 사전 검사 후 사용한다.

12 컴퓨터 바이러스에 대한 설명 중 옳은 것은?

① 자생 능력이 없다.
② 감염된 프로그램은 소생 불가능하다.
③ 감염된 프로그램은 소생 가능하다.
④ 자연적으로 발생한다.

13 다른 파일이나 보조 기억 장치를 파괴하지 않고 단순히 자기 자신을 계속 복제시키는 프로그램은?

① 트로이 목마
② 악성 바이러스
③ 양성 바이러스
④ 벌레 프로그램

14 컴퓨터 바이러스의 감염 경로로 옳지 않은 것은?

① 인터넷 등에 의한 전파
② 살아있는 생물처럼 공기로도 감염
③ 프로그램 불법 복사
④ 다수의 사람이 공용으로 사용할 경우

15 컴퓨터 바이러스가 주는 피해 양상에 해당되지 않는 것은?

① 프로그램
② 데이터
③ 운영체제
④ 주변 장치

16 컴퓨터 바이러스 중 부트 바이러스에 감염되었을 때 나타나는 증상이 아닌 것은?

① 디스크의 실행 파일의 날짜가 최근으로 바뀌어 있다.
② 디스크가 부팅이 되지 않는다.
③ 디스크의 내용을 읽어들이는 속도가 현저하게 느려진다.
④ 디스크를 부팅하는 시간이 평소보다 오래 걸린다.

17 부트 바이러스에 감염된 것으로 보이는 증상으로 가장 타당한 것은?

① 실행 날짜가 최근으로 바뀌었다.
② 사용 가능한 메모리 및 디스크의 용량이 줄어든다.
③ 실행 파일이 부분적으로 훼손되어 프로그램이 실행되지 않는다.
④ 파일을 실행시킬 때 LOAD하는 시간이 평상시보다 오래 걸린다.

18 여러 대의 PC에서 동시에 하나의 서버로 데이터를 전송하여 과도한 트래픽으로 상대의 서버를 다운시키는 공격을 무엇인가?

① 트로이 목마   ② DDOS
③ WORM   ④ 스푸핑

19 컴퓨터 바이러스에 감염된 시스템들의 일반적인 증상이 아닌 것은?

① 디스크에 파일이 이유없이 많아진다.
② 전원이 꺼져 있는데도 이상한 소리가 난다.
③ 화면에 이상한 메시지가 나타난다.
④ 메모리의 크기가 이유없이 줄어든다.

20 다음 중 컴퓨터 바이러스에 대한 예방책으로 옳은 것이 아닌 것은?

① 하드 디스크가 있는 컴퓨터는 반드시 하드 디스크로 부팅을 시킨다.
② DOS 디스크는 반드시 쓰기 방지 탭을 붙일 필요가 없다.
③ COMMAND.COM의 파일 속성을 읽기 전용으로 만들어 둔다.
④ 새로운 프로그램을 실행시킬 때 반드시 바이러스 퇴치 프로그램으로 검사한다.

21 컴퓨터 바이러스의 예방 및 치료 방법에 관한 사항으로 잘못된 것은?

① 복사해 온 프로그램 디스켓은 반드시 쓰기 방지를 한다.
② 원본 디스켓은 반드시 백업을 받아둔다.
③ 램(RAM) 상주 바이러스 체크 프로그램을 메모리에 올린다.
④ 윈도우즈 디펜더, V3 등을 이용하여 자료를 치료한다.

22 바이러스 증상을 막는 방법이 아닌 것은?

① 디스크 상의 파일을 검사한다.
② 파일을 쓰기 방지 상태로 읽는다.
③ 프로그램을 실행시킬 때 Checksum을 비교한다.
④ 실행 파일의 확장자를 비실행 확장자로 바꾼다.

23 해킹 예방 방법으로 옳지 않은 것은?

① 정체불명의 웹사이트에는 접근하지 않는다.
② 비밀번호를 정기적으로 교체한다.
③ 보안 솔루션을 사용한다.
④ 비밀번호는 자신만이 알 수 있도록 주민등록번호 등을 사용한다.

24 바이러스에 감염되었다고 의심되면 유틸리티 프로그램을 이용해서 디스켓의 파일들을 점검해 보는 것이 좋다. 다음 중 이에 해당되는 유틸리티 프로그램이 아닌 것은?

① NORTON
② COMMAND
③ KASPERSKY
④ V3

25 4월 26일에 활동하는 바이러스는?

① LBC 바이러스　　② 매크로 바이러스
③ CIH 바이러스　　④ 예루살렘 바이러스

26 금요일이 되는 13일에만 작동하는 바이러스는?

① 미켈란젤로 바이러스
② 예루살렘 바이러스
③ 브레인 바이러스
④ 1571 바이러스

27 다음 바이러스 중 시한폭탄 바이러스에 해당하는 것은?

① 이스라엘 바이러스
② 러하이 바이러스
③ LBC 바이러스
④ 변형 브레인 바이러스

28 마이크로소프트 사의 엑셀에만 걸리는 전용 바이러스는?

① 전갈 바이러스
② 매크로 바이러스
③ CIH 바이러스
④ 예루살렘 바이러스

29 컴퓨터 시스템의 입력 전원으로서 가장 적당한 전압 및 주파수 허용 범위는?

① 정격 전압 ±10%, 정격 주파수 ±0.5Hz
② 정격 전압 ±15%, 정격 주파수 ±10Hz
③ 정격 전압 ±0.5%, 정격 주파수 ±10Hz
④ 정격 전압 ±10%, 정격 주파수 ±10Hz

30 컴퓨터를 설치할 때 고려할 사항 중 가장 관계가 먼 것은?

① 온도 및 습도
② 전압
③ 정전기
④ 스프링클러 장치

31 보기는 무엇을 설명하는 것인가?

> 컴퓨터 또는 워드프로세서, TV 방송 모니터 등의 작업 시 시각 정보를 표현하는 영상 표시 장치를 총칭하는 어휘로, 이러한 터미널에서는 영상 표시를 위해 음극 선관(CRT)을 사용하므로 화면을 통해 전자파가 방출된다.

① 멀티비디오
② CRT 터미널
③ VDT
④ 뉴 미디어

32 VDT 작업 표준 시간으로 권장되는 것 중 잘못된 것은?

① 1달 30일 작업
② 1주일 5일 작업
③ 1일 4~5시간 작업
④ 1시간에 50분 작업, 10분 휴식

33 단말기에서 작업할 때 작업 자세에 대한 설명 중 옳지 않은 것은?

① 표시 화면의 밝기는 500Lux 정도로 한다.
② 무릎의 각도는 90° 이상을 유지한다.
③ 눈에서 화면까지의 거리는 40~50cm를 유지한다.
④ 모니터 화면의 높이는 눈높이보다 높게 한다.

34 작업 환경에 대한 설명 중 틀린 것은?

① 작업 테이블 위에 컴퓨터를 올려놓았을 경우 지면과의 높이는 100~150cm 정도로 한다.
② 의자는 등받이가 달린 의자가 좋다.
③ 화면과는 항상 적정 거리를 유지한다.
④ 바닥과 비품 등에 방전 처리를 해둔다.

35 눈으로부터 모니터까지 알맞은 거리는?

① 10~20cm
② 20~30cm
③ 40~50cm
④ 1m

36 다음 중 컴퓨터의 사용 시 가장 올바른 자세는?

① 엉덩이는 의자 중간쯤에 위치시킨다.
② 팔꿈치는 직각이 되게 한다.
③ 손은 키보드에 얹어 놓는다.
④ 등은 의자에서 떼어 놓는다.

37 다음 중 전자 계산기실의 조명 기준으로 적합한 것은?

① 50Lux
② 1,000Lux
③ 500Lux
④ 2,000Lux

38 전산실이나 통신 센터의 환경 조건 중 가장 이상적인 온도 조건은?

① 0~10℃
② 5~15℃
③ 25~35℃
④ 16~28℃

39 전산실 및 통신센터에서 각종 시설물의 기능을 보호하기 위한 습도 허용 범위로 가장 적합한 것은?

① 10~30%
② 30~40%
③ 40~70%
④ 70~100%

40 소음과 그 대책에 대한 설명으로 옳지 않은 것은?

① 소음이란 주어진 작업과 상관없는 청각적 자극을 말한다.
② 커다란 소음에 장시간 노출되면 일시적 또는 영구적 청력 손실을 가져올 수도 있다.
③ 소음을 줄이려면 천정이나 벽 등에 흡음재와 방음재를 사용한다.
④ 사무실의 평균 소음은 60~65dB이 좋다.

MEMO

PART
03

정보통신 일반

 3과목 소개

데이터와 정보의 개념과 특징, 정보통신의 이용 형태, 데이터 처리계와 전송계, 통신 제어 장치의 특징
이 많이 출제되었습니다. 동축 케이블의 특징과 용어, 광섬유, 광통신, 통신 회선의 특징과 방향에 따른
분류, 통신 속도 계산과 용량 계산 등의 문제, 동기 전송 방식의 통신 제어 문자, 변조 방식에 따른 종류
와 특징, 전송 시 발생하는 오류 제어 방식의 종류와 각각의 특징을 확인하는 문제, 정보 단말 설비의 구
성, 마이크로그래픽 단말기의 종류와 특징, 모뎀의 변환 원리와 변환 방식, ITU-T와 RS-232C 인터페
이스 규격, 전화기의 원리와 상세한 기능 등을 물어보는 문제, 프로토콜의 기본 개념과 요소, 통신 프로
토콜의 종류와 특징, OSI 7 계층의 각각의 계층 간의 특징과 역할, 정보통신망의 형태에 따른 특징, 정보
통신망의 용어에 대한 정의, 정보 통신 교환망의 종류와 특징, 인터넷의 프로토콜과 기본 용어, 신기술
에 대한 정의, 비디오텍스의 특징, 멀티미디어의 신기술의 표준에 대한 문제가 출제되었습니다.

CHAPTER 01

정보 통신 개요

학습방향

데이터와 정보에 대한 기본적인 이해를 바탕으로 정보 통신의 개념과 요소/발달 과정/이용 형태, 그리고 정보 통신 시스템의 데이터 처리계와 데이터 전송계의 순서로 학습해 나갑니다.

출제빈도

- Section 01 하 2%
- Section 02 중 14%
- Section 03 상 84%

정보와 정보화 사회

빈출 태그 데이터 • 정보 • 코드 • 정보의 특성 • 정보화 사회의 개념 • 정보화 사회의 역사적 전개 • 정보화 사회의 특징 • 산업 사회 • 정보 사회

사실 : 실제로 일어난 일
데이터 : 사실을 기계가 활용할 수 있는 형태로 가공
정보 : 데이터를 목적에 맞게 정리한 자료

코드(Code)
① 한 방식으로 표현된 자료를 다른 표현으로 나타내는 방법을 설명하는 규칙의 집합
  ⓔ ASCII : 컴퓨터 내부에서 2진수로 표현하는 규칙
    BCD : 10진수를 2진수로 표현하는 규칙
② 프로그램 작성자에 의해 작성된 프로그램의 일부 또는 전부로 데이터와 반대되는 뜻의 실행 가능한 프로그램이라는 의미로 사용
③ 부호를 작성하거나 프로그램을 짜는 것

01 정보

1) 데이터와 정보

① 데이터(Data)의 개념

- 사상, 개념, 의사, 명령 등을 인간 또는 기계가 인식할 수 있는 형태의 숫자, 문자, 기호 등으로 표현한 것
- 수, 단어 또는 숫자나 영문자 혹은 특수한 기호로 구성되어 있는 코드(Code)의 형태를 취함

② 정보(Information)의 개념

- 의도를 가지고 정리되고 가치가 평가된 자료 또는 유용한 형태로 가공되어진 자료의 집합
- 데이터를 체계화하여 인간의 의사 결정과 판단 자료로서의 가치를 부여해 놓은 것

2) 정보의 특성

무형태성	정보는 현상에 대한 인간의 두뇌 반응이기 때문에 그 자체로는 형태가 없음
적시성	정보가치는 시간에 따라 급격히 감소하므로 적정시점에 잘 활용되어야 함
희소가치성	정보는 공개되었을 때보다 비공개된 상태에서, 소유 인원이 적을수록 가치가 큼
가치차별성	동일한 정보라도 사람, 시간, 장소에 따라 그 가치는 전혀 다르게 평가됨
누적효과성	정보는 여러 다른 정보와 합쳐지고 누적되는 과정에서 가치가 증대됨
비소모성	정보 자체는 아무리 사용하고 복사하더라도 소모되거나 없어지지 않음
신용가치성	정보 창출자 또는 이전 소유자의 신용에 의해 그 가치가 판단됨

02 정보화 사회 ★

1) 정보화 사회의 개념

정보가 정치, 경제, 교육, 문화, 가정, 개인에 이르는 사회 각 분야에서 기여하는 역할이 보다 증대되어 물질이나 에너지 중심이 아닌 정보와 지식을 기반으로 하는 사회를 말한다.

2) 정보화 사회의 역사적 전개

사회 발달 단계	생산 구조의 특징	사회 구조의 특징
수렵 사회 (1차 산업 사회)	육체와 도구에 기반한 수렵 및 채집 생산	족장 중심의 부계 사회
↓ 변혁의 계기 : 농업 혁명		
농업 사회 (2차 산업 사회)	• 토지에 기반한 노동력 생산 • 농업과 수공업의 발달	• 인간과 토지의 유대 • 영속적인 전통 사회
↓ 변혁의 계기 : 산업 혁명		
공업 사회 (3차 산업 사회)	• 증기기관에 기반한 기계 생산 • 고용에 의한 노동인력의 대체 • 제조업 및 서비스 산업의 발달	• 인간을 생산 장소에 제약시킴 • 집중화된 지역 사회 • 동적인 자유 경쟁 사회
↓ 변혁의 계기 : 정보 혁명		
정보화 사회 (4차 산업 사회)	• 컴퓨터에 기반한 정보 생산 • 계약에 의한 두뇌인력의 대체 • 정보지식 및 시스템 산업의 발달	• 인간을 사회 시스템에 제약시킴 • 분산된 네트워크 사회 • 정적인 창조적 사회

3) 정보화 사회의 특징

- 가사 업무 자동화(HA)의 촉진
- 사무자동화와 재택 근무의 확산
- 환경 보호 및 자연 재해의 방지
- 생활 문화의 국제화
- 공장 자동화와 생산 구조의 변화(다품종 소량 생산)
- 노동 인력 구조의 변화(고령자, 여성 및 주부의 취업 확대)

정보의 종류

정보 상태에 따른 분류	원천 정보
	메시지 정보
	신호 정보
정보 형태에 따른 분류	음성 정보
	데이터 정보
	화상 정보
전달 수단에 따른 분류	시각 정보
	청각 정보
	촉각 정보
	후각 정보
	미각 정보

4) 산업 사회와 정보 사회의 비교

산업 사회	정보 사회
• 아날로그 정보 신호에 의한 단방향 통신	• 디지털 정보 신호에 의한 쌍방향 동시 통신
• 집중형의 정보 관리 시스템	• 분산형의 정보 관리 시스템
• 대기업 중심의 제조 산업 발달	• 중소기업 중심의 서비스 및 지식산업 발달
• 자동화에 의한 대량 생산	• 자율화로 다품종 소량 생산
• 대자본, 물질, 노동력 투자에 의한 공업 기술	• 소자본, 고부가 가치화에 의한 정보 기술

이론을 확인하는 기출문제

01 다음 중 정보의 개념으로 가장 적합하지 않은 것은?

① 아직 평가가 내려지지 않은 기호 또는 문자
② 데이터를 처리 가공한 결과물
③ 데이터에 의미를 부여한 것
④ 이용이 가능한 상태의 것

아직 평가가 내려지지 않은 기호 또는 문자는 정보가 아닌 데이터(Data)임

02 다음 중 정보화 사회의 특징으로 가장 거리가 먼 것은?

① 제조업이 주로 발전하는 사회이다.
② 분산된 네트워크 사회이다.
③ 지식 창조적 사회이다.
④ 개방형 다기능 사회이다.

정보화 사회의 중심 산업은 제조가 아닌 서비스 및 지식 산업

정보 통신의 개념과 발달 과정

빈출 태그 정보 통신의 개념 • 정보 통신의 3요소 • 정보 통신의 특성 • 정보 통신 기술의 발전 단계 • SAGE • CTSS • 온라인 시스템 • 오프라인 시스템 • 실시간 처리 시스템 • 온라인 리얼 타임 처리

RFID(Radio-Frequency IDentification)
- 자동화 데이터 수집 장치(Automatic Data Collection)의 한 분야에 속하는 무선 통신 시스템
- RF 태그(외부 신호에 감응하여 자동적으로 신호를 다시 보내는 라디오 송수신기)와 RF 리더로 구성
- 사람, 자동차, 화물, 가축 등에 개체를 식별하는 정보를 부가하고, 이 부가 정보를 무선통신 매체를 이용하여 비접촉으로 해독
- 바코드 시스템과 다른 점은 빛 대신 전파를 이용하는 것으로 바코드 판독기처럼 짧은 거리에서만 작동하지 않고 먼 거리에서도 태그를 읽을 수 있으며, 물체를 통과해서 정보를 수신할 수도 있음

01 정보 통신의 의의★

1) 정보 통신의 개념

2진부호(디지털 형태)로 표시된 정보를 대상으로 각종 통신 매체를 통해 인간과 인간, 기계와 기계 또는 인간과 기계 사이에서 정보의 수집, 가공, 처리, 분배 등의 기능을 수행하는 모든 형태의 통신이다.

2) 정보 통신의 3요소

```
┌─────────────┐   ← 전송 매체(Medium)    ┌─────────────┐
│   정보원    │                          │  정보 목적지 │
│(Data Source)│   메시지(Message) →      │(Destination)│
└─────────────┘                          └─────────────┘
```

① 정보원 : 전달하고자 하는 정보가 생성된 근원지
② 전송 매체 : 통신 신호를 전달하는 수단(회선, 전파 등)
③ 정보 목적지 : 정보가 전달되는 곳(정보 처리원)

3) 정보 통신의 특성

- 고속, 다중 전송이나 광대역 전송 가능
- 에러 제어(Error Control)의 기능을 가지므로 신뢰성이 높음
- 시간, 거리에 구애받지 않고 고품질의 통신 가능
- 경제성이 높고 응용 범위가 대단히 넓음
- 전문적인 기술과 별도의 장비가 요구됨

02 정보 통신의 발달 과정

1) 정보 통신 기술의 발전 단계

제1단계	음성 전용 회선과 모뎀(MODEM)을 이용한 저속 데이터 전송
제2단계	정보 전송에 기존의 전화 교환망 이용
제3단계	광대역 데이터 전송 회선(아날로그 방식)을 이용하여 고속의 데이터 전송
제4단계	디지털 전용 회선 구축과 시분할 방식 실현
제5단계	데이터 전용 교환망 구축
제6단계	ISDN과 디지털 방식에 의한 문자, 음성, 화상 정보 등의 다양한 정보 전송

2) 정보 통신 시스템의 발전 단계

통신 시스템	주요 특징
ENIAC	1946년 개발, 사무 처리 및 정보 통신에 전자계산기 도입
SAGE	1958년 미국 공군에서 군사적 목적으로 개발된 최초의 정보 통신 시스템
SABRE	1964년 미국 Air Line 사가 개발한 최초의 상업용 정보 통신 시스템(좌석 예약 관리)
TSS, On-Line	1960년대 들어 시분할 시스템과 온라인 시스템의 응용으로 정보 통신이 더욱 발달함
CTSS	1963년부터 미국 MIT에서 사용된 운영체제로 세계 최초로 시분할 방식 도입
ARPA-NET	1969년 미국 국방성에 도입된 컴퓨터 통신망으로 인터넷의 모체가 됨
SNA	1974년 컴퓨터와 단말기 간 연결을 위해 IBM에서 개발한 통신 제어용 소프트웨어

03 정보 통신의 이용 형태 ★

정보 통신 시스템	주요 특징
온라인 시스템	• 각종 단말기를 중앙 처리 장치와 직결 처리(응답 시간이 빠름) • 기본 구성 요소 : 단말 장치, 중앙 처리 장치, 통신 제어 장치, 통신 회선 • 은행 업무(홈뱅킹) 및 좌석 예약(홈쇼핑), 전화 교환의 제어 등
오프라인 시스템	• 단말기와 컴퓨터 사이에 직결 회선이 없어 통신 제어 장치 불필요 • 급여, 경영자료 작성 등 즉각적인 처리를 요구하지 않는 업무에 적합
질의 응답 시스템	• 중앙의 데이터베이스를 이용해 터미널의 질의에 즉시 응답 • 도서관의 문헌정보 검색이나 각종 생활정보, 주식시세, 일기예보 등
정보 정정 시스템	호텔 객실 및 항공기 좌석 예약 등의 업무처럼 기존의 내용 수정
데이터 수집/입력 시스템	원격지 발생 데이터를 중앙 컴퓨터에 전송 · 수집(전기 사용량, 교통량 등)
원격 일괄 처리 시스템	• 원격지 발생 데이터를 중앙 컴퓨터의 유휴 시간에 일괄처리 • 로컬 배치에 반대되는 개념으로 원격 작업 입력 시스템이라고도 함
거래 처리 시스템	은행 창구나 백화점 판매대 등에서 이루어지는 거래 상황을 실시간으로 처리
공정 제어 시스템	전력 공급 시스템, 원유 정제 시스템, 화학 공정, 자동차 조립 등

정보 통신 시스템의 결합

- Real Time System : 데이터를 발생 시점에서 입력과 동시에 처리 · 출력시켜 주는 시스템으로, 보통 수초 내 처리
- Delayed Time System : 발생 데이터를 중간 매체(카드, 테이프 등)에 일정량 또는 일정 기간 동안 모아서 처리
- Batch Process System : 결과 출력 시간이 비교적 길고, 마스터 파일의 갱신이 주기적임(≒로컬 일괄 처리)

이론을 확인하는 기출문제

01 다음 중 데이터 통신시스템의 3가지 기본 구성 요소가 아닌 것은?

① 전송 회선
② 단말 장치
③ 원격 장치
④ 중앙 처리 장치

데이터 통신시스템의 구성 요소
- 데이터 전송계 : 단말 장치, 교환 장치, 통신 제어 장치, 데이터 전송 회선
- 데이터 처리계 : 컴퓨터(중앙 처리 장치)

02 네트워크상의 전 장비들의 중앙감시체제를 구축하여 모니터링, 계획 및 분석이 가능하여야 하며 관련 데이터를 보관하여 필요한 즉시 활용 가능하게 하는 관리 시스템은?

① NMS
② MIS
③ CRM
④ IMS

네트워크 관리 시스템(Network Management System) : 네트워크 관리 업무를 지원하기 위한 컴퓨터 시스템

오답 피하기
- MIS(Management Information System) : 경영 정보 시스템
- CRM(Customer Relationship Management) : 고객 관계 관리
- IMS(Information Management System) : 정보 관리 체계

03 중앙의 데이터베이스(Database)에 대량의 정보를 저장해 두고 터미널에서 이 중 필요한 사항을 질의하면 즉시 응답해 주는 응용 형태는?

① 시차 배분
② 수집과 입력
③ 거래 처리
④ 질의 응답

질의 응답
- 중앙의 데이터베이스를 이용해 터미널의 질의에 즉시 응답하는 형태
- 도서관의 문헌정보 검색이나 각종 생활정보, 주식시세, 일기예보 등의 문의에 활용

04 다음 중 은행 창구의 거래 상황을 처리해 주는 응용 분야는?

① 공정 제어
② 시차 배분
③ 거래 처리
④ 전자 메일

시스템의 응용
- **질의 응답 시스템** : 도서관의 문헌정보 검색, 각종 생활정보, 주식시세, 일기예보 등
- **공정 제어 시스템** : 전력공급 시스템, 원유 정제 시스템, 화학공정, 자동차 조립 등
- **거래 처리 시스템** : 은행 창구나 백화점 판매대 등

정보 통신 시스템의 기본 구성

빈출 태그 정보 통신 시스템의 구성 요소 • 데이터 처리계 • 데이터 전송계 • 단말 장치의 기능 •
통신 회선 • 회선 종단 장치 • 통신 제어 장치

정보 통신 시스템은 크게 데이터 처리계와 데이터 전송계로 나뉜다.

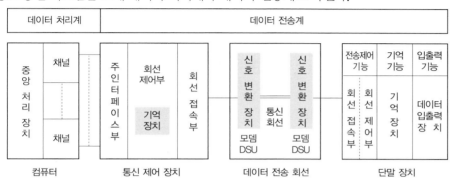

컴퓨터   통신 제어 장치   데이터 전송 회선   단말 장치

01 데이터 처리계의 구성

다른 컴퓨터나 단말 장치로부터 전송되어진 데이터를 처리하고 그 결과를 재전송하
는 등의 기능을 담당한다.

① 중앙 처리 장치(CPU) : 연산 장치, 제어 장치, 기억 장치, 그리고 입출력 채널 등으
로 구성
② 주변 장치 : 입력 장치, 출력 장치 등으로 구성
③ 통신 소프트웨어 : 데이터 전송 회선과 통신 제어 장치 등을 이용한 정보 통신의 원
활한 처리를 위한 프로그램

02 데이터 전송계의 구성★

1) 단말 장치(DTE)의 기능

① 입출력 기능 : 화상, 문자, 숫자, 음성 등의 외부 정보를 컴퓨터 내부에서 처리 가능
한 2진 신호로 변환하고, 다시 인간이 식별 가능한 형태로 표현함
② 기억 기능 : 단순 입출력만 담당하는 단말기의 경우는 버퍼만 있으면 되지만, 지능
형 단말기 등에서는 보다 큰 용량의 기억 장치를 필요로 함

③ 전송 제어 기능

• 회선 접속부 : 통신 회선의 종류 및 통신 방법에 따라 접속 방법, 연결핀의 종류 등
을 결정하고 전송할 데이터를 비트열 형식으로 정리하여 통신 회선에 보냄

정보 통신 시스템의 구성 요소
• 3대 요소 : 단말 장치, 교환 장치,
통신 회선
• 4대 요소 : 단말 장치, 데이터 전
송 회선, 통신 제어 장치, 컴퓨터
• 5대 요소 : 단말 장치, 데이터 전
송 회선, 통신 제어 장치, 컴퓨터,
통신 소프트웨어

• 회선 제어부 : 프로토콜에 따른 통신 문자와 메시지를 조립하고 분해하는 역할 담당

2) 통신(전송) 회선

① 신호 변환 장치/회선 종단 장치(DCE)

• 정보를 원격지까지 전달하기 위한 장치로 통신 회선의 양끝에서 신호 변환, 전송 신호의 동기 제어, 송수신 확인, 오류 제어 등의 기능을 함
• 음성 전용의 아날로그 회선에서는 변복조기(MODEM)가 사용되고, 디지털 정보 전달을 위한 디지털 회선에서는 디지털 서비스 유니트(DSU) 사용

② 통신 회선

• 단말 장치와 단말 장치 사이에 송수신되는 자료를 전달해주는 통로로 전화선, 동축 케이블, 광섬유 케이블 등 이용
• 송수신측이 직접 연결되는 전용 회선과 전화 교환망 등을 이용하여 다이얼링을 통해 서로 연결되는 교환 회선으로 구분됨

3) 통신 제어 장치(CCU) ★

① 역할

• 데이터 전송계와 데이터 처리계 사이에서 양자 결합
• 데이터 전송 회선과 컴퓨터를 전기적으로 결합(인터페이스)시키고, 컴퓨터로 처리된 데이터를 분해하여 전송 회선으로 내보냄
• 단말 장치는 통신 제어 장치와 일대일 통신을 수행하지만, 통신 제어 장치는 다수의 단말기들과 통신 수행

② 구성

• 주인터페이스부(입출력 제어부) : 입출력 장치의 직접적인 제어 및 상태의 감시
• 회선 제어부 : 문자의 조립과 분해 및 오류 제어 기능을 갖는 장치, 직렬 데이터를 병렬로 변환
• 회선 접속부 : 단말기와 통신 회선을 물리적으로 상호 연결

③ 기능

• 데이터의 송수신 및 전문 해석
• 문자 및 메시지의 조립과 분해
• 회선의 감시 및 접속 제어
• 데이터 링크 확립 및 개방
• 통신 회선의 차단
• 전송 오류의 검출과 정정
• 데이터 전송 제어 및 전송 속도 변경(버퍼링)
• 메시지의 교환 및 순서 정리
• 다수 회선의 시분할 다중 제어
• 단말로부터의 명령 해석

03 아날로그 및 디지털 통신 시스템

1) 아날로그 회선의 정보 통신 시스템
신호 변환 장치로 모뎀을 사용하고, 회선 방식이 교환 회선인 경우 그 회선 연결을 위한 교환기가 필요하다.

2) 디지털 회선의 정보 통신 시스템
신호 변환 장치로 DSU를 사용하고, 회선 방식이 교환 회선인 경우 그 회선 연결을 위한 MUX(다중화 장치)가 필요하다.

이론을 확인하는 기출문제

01 다음 중 데이터 통신 시스템의 기본 구성 요소가 아닌 것은?

① 단말 장치
② 중앙 처리 장치
③ 교환 장치
④ 통신 회선

데이터 통신 시스템의 기본 구성
• 데이터 전송계 : 단말 장치, 데이터 전송 회선, 통신 제어 장치
• 데이터 처리계 : 하드웨어, 소프트웨어

02 데이터 통신 시스템을 데이터 전송계와 데이터 처리계로 분류한다면 다음 중 데이터 전송계에 관련되지 않는 것은?

① 중앙 처리 장치
② 신호 변환 장치
③ 통신 제어 장치
④ 전송 회선

정보 통신 시스템의 기본 구성
• 정보 전송계 : 단말 장치, 신호 변환 장치, 전송 회선, 통신 제어 장치
• 정보 처리계 : 컴퓨터(중앙 처리 장치, 주변 장치)

03 정보 단말기의 구성 요소가 아닌 것은?

① 변·복조기
② 회선 제어부
③ 회선 접속부
④ 입력 장치부

신호 변환기인 모뎀(변복조기)이나 DSU 등은 전송 회선부에 속함

04 데이터 회선 종단 장치의 약어로 옳은 것은?

① DTE
② DCE
③ CCU
④ TCU

DTE는 컴퓨터와 같은 데이터 단말 장치를, DCE는 모뎀같은 데이터 회선 종단 장치를 뜻함

05 다음 중 DTE와 DCE의 물리적 인터페이스의 일반적 특성이 아닌 것은?

① 기계적 특성
② 전기적 특성
③ 기능적 특성
④ 논리적 특성

물리적이란 실제 가시적인 요소를 의미하므로 논리적 특성은 해당되지 않음

06 다음 중 통신 제어 장치의 기능과 관계없는 것은?

① 접속 제어
② 전송 제어
③ 에러의 검출 및 재전송
④ 데이터 파일의 저장

통신 제어 장치 : 단말 장치의 전송 제어 기능이 가지는 버퍼링, 문자 및 메시지의 조립과 분해 기능 외에 전송회선과의 전기적 결합, 송수신 제어 및 전송 제어, 오류 검출 및 오류 제어, 회선의 감시 및 접속 제어 기능을 가짐

01 데이터의 개념으로 가장 적당하지 않은 것은?

① 실제적으로 일어난 현상
② 매일 매일 변하는 온도를 기록하여 저장한 자료
③ 컴퓨터로 이용 가능한 자료
④ 상호작용을 하기 위해 전송이 가능한 자료

02 정보의 정의로서 적합하지 않은 것은?

① 가치가 평가된 자료의 집합
② 데이터를 특정 목적에 유용토록 처리한 것
③ 데이터에 의미를 부여하여 체계화한 것
④ 아직 평가가 내려지지 않은 기호의 계열

03 일반적으로 부호화된 정보를 무엇이라 하는가?

① 코드(Code)
② 소프트웨어(Software)
③ 데이터(Data)
④ 하드웨어(Hardware)

04 두 개 또는 그 이상의 정보 신호를 하나의 신호로 만든 후 동시에 전송하는 것을 무엇이라 하는가?

① 부호화
② 다중화
③ 고속화
④ 양자화

05 정보화 사회의 특징에 관한 설명으로 적합하지 않은 것은?

① 중심 산업은 반도체 제조 공업이 된다.
② 지식 관련 산업이 주종을 이룬다.
③ 에너지의 비중보다 정보의 비중이 더 커진다.
④ 컴퓨터의 이용이 극대화된다.

06 데이터 통신으로 사용될 수 있는 분야가 아닌 것은?

① 정보의 조회(Information Retrieval)
② 신호 전류 증폭(Signal Amplification)
③ 메시지 교환(Message Switching)
④ 프로세서(Processor) 간의 데이터 교환

07 데이터 통신의 목적으로 가장 적합한 것은?

① 신속한 업무 개발
② 컴퓨터 자원의 공유 및 비용 절감
③ 미니 컴퓨터의 효율성 증대
④ 정보에 대한 비밀 보장

08 데이터 통신에 대한 설명으로 가장 적합한 것은?

① 광 케이블만을 회선으로 이용하는 통신 방식이다.
② 컴퓨터 기술과 통신 기술의 결합으로 발전하였다.
③ 위성 통신을 제외한 모든 통신 수단을 일컫는 말이다.
④ 음성 중심의 통신 방식이다.

09 데이터 전송 시스템을 도표처럼 나누어 볼 때 A에 가장 적합한 요소는?

① 통신 매체
② 터미널(CRT)
③ 펀치 카드
④ 컴퓨터

10 다음 보기를 참고하여 정보 통신의 발전 단계를 순서대로 바르게 나열한 것은?

1. 데이터 전용 교환망 구축
2. 광대역 데이터 전송 회선 구축
3. 디지털 전용 회선 구축
4. 종합 통신망 구축

① 2 – 3 – 1 – 4
② 2 – 1 – 3 – 4
③ 3 – 2 – 1 – 4
④ 4 – 3 – 2 – 1

11 다음 중 데이터회선종단장치의 약어로 옳은 것은?

① CCU   ② DTE   ③ DCE   ④ TCU

12 크레디트(Credit) 점검, 은행 잔고 상태 등의 응용 분야는?

① 대화형 시차 배분
② 원격 일괄 처리(Remote Job Entry)
③ 정보 검색(Information Retrieval)
④ 전문 교환

13 다음 중 데이터 발생 현장에 설치된 터미널이 원격지에 설치된 컴퓨터와 통신 회선을 통해 연결되는 방식은?

① 오프라인 방식   ② 실시간 방식
③ 온라인 방식   ④ 일괄 처리 방식

14 중앙 처리 장치(CPU)로부터 항상 신호를 직접 받아들일 수 있는 상태로 되어 있는 것은?

① Down-Line   ② On-Line
③ Off-Line   ④ Up-Line

15 은행 창구의 거래 상황을 처리해 주는 응용 분야는?

① 시차 배분   ② 질의 응답
② 공정 제어   ④ 거래 처리

16 다음 중 온라인 시스템(On-Line System)의 장점이라고 볼 수 없는 것은?

① 인력이 감소될 수 있다.
② 통신 회로를 사용하지 않으므로 비용이 절감된다.
③ 자료를 변환시키거나 전송하는 비용이 절감된다.
④ 자료의 발생으로부터 처리 결과를 얻기까지의 시간이 단축된다.

17 온라인 시스템(On-Line System)을 구성하는 3요소에 해당하지 않는 것은?

① 단말 장치(Terminal) ② 전송 제어 장치
③ 회선(Cable)   ④ 조작원(Operator)

18 오프라인(Off-Line) 시스템에 대한 설명이 아닌 것은?

① 단말 장치가 중앙 처리 장치에 직결되어 있지 않다.
② 일괄 처리(Batch Processing) 방법을 사용한다.
③ 원격지 단말 장치와 중앙의 단말 장치와의 사이에 데이터를 수집·교환하는 장치가 있다.
④ 실시간 처리가 가능하다.

19 일괄 처리(Batch Process)에서 주로 사용되는 방식은?

① 온라인 시스템   ② 리얼 타임 시스템
③ 딜레이드 타임 시스템 ④ 오프라인 시스템

20 다음 중 통신 제어 장치의 기능과 관계없는 것은?

① 데이터 파일의 저장
② 전송 제어
③ 에러의 검출 및 재전송
④ 접속 제어

21 온라인 실시간 시스템(On-Line Real Time System)의 특징이 아닌 것은?

① 발생된 데이터를 사람이 가지고 가서 단말 장치에 입력한다.
② 처리 방식이 다른 방식에 비해서 응답 시간이 빠르다.
③ 입력된 레코드(Record) 단위로 처리한다.
④ 중앙 처리 장치의 제어하에 직결하여 동작하는 처리 방식이다.

22 다음 중 정보화 시대에서 가정에 도입되는 정보 통신 서비스가 아닌 것은?

① 재택 쇼핑(Home Shopping)
② 재택 은행(Home Banking)
③ 원격 검침(Telemetering)
④ 경영 관리(Management)

23 데이터 통신의 전형적 응용 분야 중 기계 도구의 수치 제어 및 원격계수 수치 판독은 어떤 것에 의해 이루어지는가?

① 프로세서 간 데이터 교환
② 대화형 시차 배분
③ 즉시 처리 데이터 획득과 공정 제어
④ 정보검색

24 온라인, 오프라인의 기능이 잘못 연결된 것은?

① 오프라인 ↔ 배치처리
② 오프라인 ↔ 리얼 타임
③ 온라인 ↔ 배치처리
④ 온라인 ↔ 리얼 타임

25 데이터 통신 시스템의 기본 계통의 구성 순서는?

① 중앙 처리 장치 – 통신 제어 장치 – 전송 제어 장치 – 데이터 전송 회선 – 단말 장치
② 중앙 처리 장치 – 통신 제어 장치 – 데이터 전송 회선 – 전송 제어 장치 – 단말 장치
③ 중앙 처리 장치 – 전송 제어 장치 – 통신 제어 장치 – 데이터 전송 회선 – 단말 장치
④ 중앙 처리 장치 – 전송 제어 장치 – 데이터 전송 회선 – 통신 제어 장치 – 단말 장치

26 정보 통신망의 기본 구성은?

① 데이터 신호계와 처리계
② 데이터 전송계와 처리계
③ 데이터 생산계와 분배계
④ 데이터 가공계와 응용계

27 정보 통신 시스템의 구성 요소 중 데이터 전송계 요소에 해당되지 않는 것은?

① 단말 장치
② 데이터 전송 회선
③ 중앙 처리 장치
④ 통신 제어 장치

28 단말 장치(Terminal)의 기능에 속하지 않는 것은?

① 입출력 제어 기능
② 오류 제어 기능
③ 송수신 제어 기능
④ 연산 제어 기능

29 데이터 통신 시스템에서 DTE로 사용할 수 없는 기기는?

① 모뎀
② 개인용 컴퓨터
③ CRT 터미널
④ 프린터

30 통신 제어 장치의 주된 기능은?

① 데이터 단말기에서 출력되는 신호를 전송 회선에 적합하도록 하는 신호 변환 장치이다.
② 컴퓨터 본체와 모뎀 사이의 인터페이스 장치이다.
③ 컴퓨터 센터와 단말 장치 상호 간을 접속시켜 주는 장치이다.
④ 데이터 전송 회선과 컴퓨터와의 사이에서 양자를 결합하는 장치이다.

31 통신 제어 장치의 역할이 아닌 것은?

① 회선 접속 및 전송 에러 감시
② 통신 회선과 중앙 처리 장치의 결합
③ 데이터의 교환 및 축적 제어
④ 중앙 처리 장치와 데이터 송수신 제어

정보 전송 회선

정보 통신 선로에 있어서는 동축 케이블, 특히 광섬유 케이블과 이를 바탕으로 하는 광통신 시스템에 중점을 두고, 통신 방식과 관련해서는 단향/반이중/전이중 통신, 회선 제어, 그리고 끝으로 통신 속도의 계산과 통신 용량과 관련한 샤논의 정리를 명확하게 이해해야 합니다.

출제빈도

- Section 01 **중** ━━━━━━━━━━━━ 29%
- Section 02 **상** ━━━━━━━━━━━━━━━ 38%
- Section 03 **상** ━━━━━━━━━━━━━ 33%

/ SECTION /

01

정보 전송 선로의 종류와 특성

빈출 태그 나선 · 평형 케이블 · 동축 케이블 · 광섬유 케이블 · 페란티 현상 · 블루투스 · 마이크로웨이브 · 라디오 웨이브 · 광통신 시스템 · 발광 소자 · 수광 소자

페란티 현상
(Ferranti Phenomenon)
• 고전압 장거리 송전선에서 무부하 또는 경부하 시에 선로 충전에 의한 진상충전전류의 영향으로 수전측 전압이 송전측 전압보다 높아지는 현상
• 페란티 현상이 일어나면 수전측에 연결되어 있는 각종 전기 기기가 손상될 수 있음

블루투스(Bluetooth)
가정이나 사무실 내에 있는 컴퓨터, 프린터, 휴대폰, PDA 등 정보 통신 기기는 물론 각종 디지털 가전제품을 물리적인 케이블 접속 없이 무선으로 연결해 주는 근거리 무선 접속 기술

블루투스 주요 규격

주파수	내용
주파수 대역	2,400~2,483.5[MHz]
변조방식	G-FSK(Gaussian Frequency Shift Keying)
변조속도	1[MBPS]
접속방식	동기 및 비동기 접속
에러 정정	• 동일 정보를 3회 반복 전송하는 단순 반복 코드 적용 • 쇼트 해밍(Shortened Hamming) 코드 적용 • ARQ 채택으로 패킷 훼손 시 송신측에 재송신 요구

블루투스 표준규격
IEEE 802.15.1

---

01 정보 전송 선로의 종류 ★

1) 유선 선로

동선 케이블	나선 (Open Wire)	• 전신주에 가설된 두 줄의 동선에 의해 이루어진 전송 매체 • 혼선 및 감쇠 현상이 커서 현재는 거의 사용하지 않음
	평형(쌍대) 케이블	• 피복 도선 다발을 절연체로 감싼 것으로 절연체에 따라 재구분됨 • 폼 스킨 케이블(폴리에틸렌 이중 피복, 시내 통신 선로에 사용, PE 케이블 : 폴리에틸렌을 절연체로 사용), 국내 케이블(전화국이나 교환실 내부의 배선용—PE 절연), 강대외장 케이블(금속띠 피복, 지하 케이블 등에 사용)
동축 케이블		• 폴리에틸렌으로 감싼 심선을 그물 모양의 외선으로 싼 다음 전체에 피복을 입힘 • 초고주파[Mhz]대의 광대역 및 장거리 다중화 전송에 적합함 • 혼선, 감쇠, 전송 지연이 적어 TV급전선, 유선 방송(CATV), LAN 등에 가장 많이 사용
광섬유 케이블		• 규소를 주재료로 하는 광섬유 케이블에 전기 에너지를 빛 에너지로 바꾸어 전송 • 전반사에 의한 도파 원리를 이용하며, 발광 소자로는 레이저 다이오드(LD) 사용 • 전력 유도나 전자 유도에 영향을 받지 않으므로 잡음이나 누화가 거의 없음 • 광대역 전송이 가능하여 다중화에 유리하고 선로의 수를 줄일 수 있음 • 너무 구부리면 부러질 수 있으며, 중계 급전선이 필요함 • 가볍고 부드러워 설치 및 취급이 용이하나, 케이블 이음 부분의 접속이 어려움

2) 무선 선로

마이크로웨이브 (Microwave)	지상 M/W	• 접시형 안테나를 사용하며, TV나 레이더 탐지, 인공 위성 등에 이용됨 • 장거리 통신에 유리하며 대용량 고속 정보 통신 가능하나 직통 중계로 장애물이 없어야 함
	위성 M/W	• 통신 위성을 이용하는 무선 회선으로 국제전화, 전신, TV 등에 사용 • 광역 통신에 의한 다수의 지역에 공동 대용량, 고품질의 정보 전송 • 전파 지연과 폭우로 감쇠 현상이 나타날 수 있음
라디오웨이브 (Radiowave)		• 10[KHz]~1[GHz]대로 단파, VHF TV와 FM 라디오, UHF TV와 라디오 등이 있음 • 패킷 라디오, 텔레텍스트 등의 분야에 사용하며 도파관이라고도 함
웨이브가이드 (Waveguide)		• 속이 빈 금속판으로 만든 마이크로파 전송로로 도파관이라고도 함 • 주로 1[GHz] 이상의 마이크로파대에서 이용되며, 유선 케이블 등에 비해 감쇠가 적음
인프라레드 (Infrared)		• 적외선을 이용하여 TV나 비디오 리모컨, 컴퓨터 장비 간 근거리 연결에 사용 • 설치 비용이 저렴하고 전선이 필요없으며, 많은 양의 데이터 송신 가능 • 직통 중계여야 하며, 먼지 등으로 인한 투과 장애 발생

02 광섬유와 광통신 ★

1) 광섬유의 구조

① 코어(Core) : 빛이 전파되는 통로
② 클래딩(Cladding) : 코어의 외부에서 코어의 특성을 보호

2) 광통신 시스템

▲ 광섬유의 구조

① 발광 소자 : 전기 신호를 광 신호로 변환시키는 소자를 말하며, 발광 다이오드(LED; Light Emitting Diode)와 레이저 다이오드(LD; Laser Diode)가 있음
② 수광 소자 : 광 신호를 전기 신호로 변환시키는 소자를 말하며, 포토 다이오드(PD; Photo Diode), 에벌런치 포토 다이오드(APD; Aberancy Photo Diode)가 있음

3) 광통신의 3요소

① 발광기(발광 소자) : 정보에 해당되는 빛을 발생시키는 장치(전기 신호 → 광 신호)
② 수광기(수광 소자) : 원래의 전기적 신호로 재생하는 장치(광 신호 → 전기 신호)
③ 광 케이블 : 광 신호를 전송하는 선로(광섬유)

> **선로 정수**
> • **1차 정수** : 선로에는 저항(R), 인덕턴스(L), 정전 용량(C), 누설 콘덕턴스(G) 등을 비롯한 여러 가지 요소들이 작용하는데, 이상의 4가지 요소를 1차 정수라고 하며, 이들 사이에는 RC=LG의 관계가 성립함
> • **2차 정수** : 1차 정수로부터 유도되는 감쇠 정수(a), 위상 정수(b), 특성임피던스(Z_0)

이론을 확인하는 기출문제

01 다음 중 모뎀을 쓰지 않는 근거리 통신의 경우 손실이 가장 적은 선은?

① 동축 케이블
② Feeder Line
③ 연선
④ 전화선

전송 선로의 종류 및 특성
• **동축 케이블** : 주파수에 따른 신호 감쇠나 전송 지연의 변화가 작아 광대역 전송에 유리
• **급전선(Feeder line)** : 송신기와 안테나 또는 수신기와 수신안테나의 급전점을 전기적으로 접속하여 고주파 전력을 전송하기 위한 선로
• **연선(Twisted Pair Wire)** : 각각 절연된 두 줄의 작은 직경의 동선을 서로 꼬아서 1조의 도선으로 피복한 것

02 빛을 이용하여 정보를 전송하는 매체는?

① 동축 케이블
② 광섬유 케이블
③ 무선 전자파
④ 통신 위성

광 케이블(Optical Cable) : 레이저광의 전반사에 의한 도파 원리를 이용한 통신 선로

03 광섬유 케이블의 특성에 대한 설명으로 옳은 것은?

① 누화가 심하다.
② 전자 유도를 받지 않는다.
③ 혼선이 심하다
④ 에코가 심하다.

광 케이블(Optical Cable)은 전력 유도나 전자 유도에 영향을 받지 않으므로 잡음이나 누화가 없음

04 마이크로파(Microwave) 통신 방식과 관계없는 것은?

① 이동 통신 수단으로도 이용되고 있다.
② 중계 거리를 고려하여야 한다.
③ 전자파를 이용하는 무선 통신 방식이다.
④ 광을 이용하므로 전송 속도가 빠르다.

빛을 이용하는 것은 광통신이며, 마이크로파 통신은 전파를 이용함

정보 전송 회선의 종류와 특성

빈출 태그 xDSL • 교환 회선 • 전용 회선 • 전송 품질 척도 • 단향 통신 • 반이중 통신 • 전이중 통신 •
콘텐션 • 폴링 • 셀렉션 • 회선 제어 절차

01 정보 전송 회선의 분류

1) 접속 형식에 의한 분류

① 2선식 회선 : 2개 회선으로 단향 또는 반이중 통신 방식만 가능한 저속 회선
② 4선식 회선 : 4개 회선으로 동시 송 · 수신이 가능하여 전이중 통신 방식에 적합

2) 전원에 의한 분류

① 직류 회선 : 데이터를 직류 신호 그대로 전송, 주로 디지털 전송에 사용
② 교류 회선 : 직류 신호를 교류 신호로 변환하여 전송, 전화 회선이 대표적

3) 전송 정보에 따른 분류

① 아날로그 통신 회선 : 아날로그(연속적인 물리량) 정보 전송(전화)
② 디지털 통신 회선 : 디지털(2진 부호) 정보 전송(전신)

4) 교환 회선과 전용 회선

① 교환 회선 : 다른 가입자와 교환기를 통해 연결되고, 전화가 가능한 곳은 어디든 전
송 가능한 보통 4,800[BPS] 이하의 단시간용 회선
② 전용 회선 : 교환기를 이용하지 않고 단말기 간에 직접 고정적으로 연결되며, 사용
구간 및 시간에 따라 서비스의 종류가 나뉨

• 전용 회선의 전용 구분

종류	구분	내용
구간 전용	시내 전용	전신급 회선의 양측 단말기가 동일한 가입 구역 또는 준가입 구역 내에 설치
	시외 전용	전신급 회선의 양측 단말기가 시내 전용에 해당되지 않는 구간에 설치
시간 전용	장기 전용	31일 이상의 전용 기간을 정하여 매일 24시간 사용
	단기 전용	30일 이하의 전용 기간을 정하여 매일 24시간 사용

• 전용 회선의 품질 기준

구분	통신 속도	비트오율	오류오율	측정 시간	품질 기준
전화급 회선	1,200/2,400[BPS] 4,800/9,600[BPS]	1×10^{-5} 이하	4.8% 이하	15분	비트오율 오류초율
디지털 회선	2,400/4,800[BPS] 9,600/56,000[BPS]	1×10^{-6} 이하	0.5% 이하	1시간	비트오율 오류초율 과오류초율

각종 디지털 가입자 회선(xDSL; x Digital Subscriber Line)
전화국에서 수요 밀집 지역까지는 케이블을 포설하고, 가입자까지는 기존의 구리 전화선을 이용하는 것으로, 비대칭 디지털 가입자 회선(ADSL), 대칭형 디지털 가입자 회선(SDSL), 고속 디지털 가입자 회선(HDSL), 초고속 디지털 가입자 회선(VDSL) 등을 통칭하는 개념

전송 품질 척도
① 일반적인 전송 품질 요소
• 전송 손실(Transmission Loss)
• 회선 잡음(Circuit Noise)
• 신호 대 잡음비(SN 비)
• 위상지터(Phase Jitter)
• 비트 오율(BER)
② ITU-T의 전송 품질에 척도
• 명료도 등가 감쇠량(AEN)
• 통화당량(RE)
• 음량정격(LR)
• 실효전송당량
• 평점등가 감쇠량

5) 통신 방식에 따른 분류 ★

① 단향 통신(Simplex) 회선 : 정해진 일방으로만 가능(예 라디오, TV 등)
② 반이중 통신(Half Duplex) 회선 : 동시 양방향 불가능(예 무전기 등)
③ 전이중 통신(Full Duplex) 회선 : 양방향 동시 통신 가능(예 전화 등)

6) 회선망 형태에 따른 분류

① 포인트 투 포인트(Point To Point) 회선

• 중앙의 컴퓨터와 각 단말기 등이 독립적인 회선으로 일대일로 연결
• 전용 회선이 해당되며, 전송량이 많을 때 유리하고 고장 시 보수가 용이함

② 멀티 포인트(Multi Point) 회선

• 1개의 회선에 여러 대의 단말기 연결, 멀티 드롭(Multi Drop) 회선이라고도 함
• 통신 회선을 공유하므로 통신 규약이 필요하며, 속도가 느리고 고장 시 보수가 어려움

③ 혼합(Composite) 회선

• 포인트 투 포인트 회선과 멀티 포인트 회선을 혼합한 형태의 회선
• 다중의 각 회선에 여러 개의 장치들이 인터페이스를 통하여 결합됨

02 회선 제어

1) 개념

여러 개의 단말이 통신 회로를 공유하여 전송을 행할 때, 경쟁을 피하기 위해 개개의 단말에 문의하여 데이터의 송수신을 요구하거나 사용하지 않는 회선을 선택하는 것이다.

2) 제어 방식

① 콘텐션(Contention; 경합)

• 포인트 투 포인트와 같이 단말기 사이가 대등한 상태에서의 회선 쟁탈 제어 방식
• 회선 제어 형태 중 가장 간단한 방식으로 위성 통신과 같은 전파 지연 시간이 큰 통신망에서 효율적

② 폴링(Polling)

• 중앙의 컴퓨터가 각각의 단말기에 대해 '송신할 데이터가 있는가'라는 질문을 통해 긍정 응답하는 단말기로부터 데이터를 받음
• 터미널에게 폴링을 수행하는 동안에 상당한 제어 오버헤드가 수반됨

③ 셀렉션(Selection)

• 중앙의 컴퓨터가 각각의 단말기에 대해 '수신 준비가 되어 있는가'라는 질문을 통해 긍정 응답을 하는 단말기로 데이터를 보냄
• 폴링과 셀렉션은 호스트가 터미널을 선택하므로, 터미널 간의 충돌이 없으며 여러 터미널이 회선을 공유하므로 회선 비용이 절감됨

> **⏱ 기적의 3초컷**
>
> 회선 제어 또는 데이터 링크 확립 방식에 있어서 콘텐션은 거의 제어가 없는 것으로 볼 수 있고, 폴링은 강력한 중앙 집중 제어 방식이라고 할 수 있습니다.

3) 회선 제어 절차

회로 연결	수신지의 위치를 알리고 실제적인 전송 회선 연결
링크 확립	제어 방식을 정하여 그 제어에 따른 데이터 송신
데이터 전송	오류를 체크하면서 데이터 전송
링크 단절	데이터 전송 종료 후 설정된 링크 반환
회로 단절	전송 회선의 연결 종료

이론을 확인하는 기출문제

01 데이터 회선 구성 방식을 대별하면 어떻게 분류하는가?

① 군별 단선식과 다선식
② 반2중과 전2중 방식
③ 2선식과 4선식
④ 3선식과 5선식

접속 형식에 의한 전송 회선은 2선(Two-wire Line)식과 4선(Four-wire Line)식 회선으로 나뉨

02 두 지점 간을 직통 회선으로 연결한 방식으로 트래픽이 많은 경우에 적합한 것은?

① 분기 회선 방식
② 전용 회선 방식
③ 루프 회선 방식
④ 교환 회선 방식

전용 회선 방식은 두 지점을 직통회선으로 연결하여 상호 교환할 정보량이 많은 경우 유용한 회선

03 이용자가 많아 통신량이 많은 정보 전송 회선인 경우 가장 효율적인 통신 방식은?

① 전이중 통신 방식
② 우회 통신 방식
③ 단향 통신 방식
④ 반이중 통신 방식

양방향 동시 통신이 가능한 전이중 통신 방식(전화 등)이 가장 효율적임

04 공중 전화 교환 회선을 이용한 데이터 통신에서 가장 용이하게 구성할 수 있는 데이터 통신 회선의 구성 형태는?

① 포인트 투 포인트 방식(Point To Point)
② 멀티드롭 방식(Multidrop)
③ 다중화 방식(Multiplex)
④ 루프 방식(Loop)

포인트-투-포인트 방식 : 중앙의 컴퓨터와각 단말기 등이 독립적인 회선으로 일 대일로 연결된 형태. 전송량이 많을 때 유리하고 고장날 때 보수가 용이함

05 전송 지연을 최소화하기 위해 고속 폴링을 할 수 있도록 설계된 변·복조기는?

① 멀티포인트 모뎀
② 단거리 모뎀
③ 널 모뎀
④ 다이얼 업 모뎀

멀티포인트 모뎀 : 멀티포인트 시스템에서 중앙 컴퓨터가 고속으로 폴링을 할 수 있도록 설계된 모뎀

통신 속도와 통신 용량

빈출 태그 Baud · Packet · 변조 속도 · 신호 전송 속도 · 비트와 보의 관계 · 샤논의 정리 · 코딩 레벨 · 샘플링 기본 원칙

01 보(Baud)와 패킷(Packet)

① 보(Baud)

- 변조 과정에서의 초당 상태 변화 또는 신호 변화의 횟수를 나타냄
- 전신(Telex)에서의 Baud는 초당 송출되는 최단 펄스의 수를 나타냄
- 변조 속도$(B) = \dfrac{1}{T}$(T : 단위 펄스의 시간)

> **변조 시 상태변화 수**
> - **1비트** : 모노비트
> - **2비트** : 디비트
> - **3비트** : 트리비트
> - **4비트** : 쿼드비트

② 패킷(Packet)

- 전송할 메시지를 일정한 크기의 비트수로 나누어 정해진 형식에 맞춘 데이터 블록
- 패킷 교환 방식에서 데이터를 전송할 때 데이터를 패킷 단위로 분해하여 전송한 후, 다시 원래의 데이터로 재조립함
- TCP/IP의 TCP 계층은 파일을 패킷 단위로 잘라 각각에 별도의 번호와 함께 목적지의 인터넷 주소를 포함시켜 인터넷상의 서로 다른 경로를 통해 전송하며, 수신부에서는 패킷들이 모두 도착하면 원래의 파일로 재조립함
- 패킷은 일반적으로 128바이트가 표준이지만 52, 64, 256 옥텟★ 등 편의에 따라 크기를 바꿀 수 있음
- CCITT에서 규정한 1패킷의 크기는 1,024비트(= 2Segment = 128Octet)

> ★ **옥텟(Octet)**
> 컴퓨터에서의 옥텟은 8비트의 배열을 말하는데, 바이트(Byte)의 경우는 코드에 따라 비트 배열의 수가 달라지기 때문에 8비트 한 셋을 일컫는 분명한 의미 제공을 위해 옥텟이라는 용어를 사용함

02 통신 속도★

① 변조 속도 : 전신이나 전화 통신로에서의 신호 변환수로 단위는 보(Baud)
② 신호 전송 속도 : 단위 시간에 전송되는 문자수, 블록수, 비트수(BPS) 등의 속도
③ 베어러 속도 : 베이스 밴드 전송에서 데이터 · 동기 · 상태 신호 속도의 합(BPS)
④ 비트(Bit)와 보(Baud)의 관계
- 1비트가 한 신호 단위인 경우 : BPS와 Baud의 속도비가 같음
- 2개 비트(Dibit)가 한 신호 단위인 경우 : BPS의 속도비 2배
- 3개 비트(Tribit)가 한 신호 단위인 경우 : BPS의 속도비 3배
- 4개 비트(Quadbit)가 한 신호 단위인 경우 : BPS의 속도비 4배

03 통신 용량

① 통신 용량 : 단위 시간 동안 전송 회선당 최대로 전송할 수 있는 통신 정보량

② 샤논(Shannon)의 정리

> 통신 용량 = $B \log_2(1+\frac{S}{N})$[BPS] (단, B : 대역폭, S : 신호 전력, N : 잡음)

- 통신 용량은 대역폭과 신호 전력에 비례하고, 반대로 잡음 세력에는 반비례함
- 전송로의 통신 용량을 늘리고 전송 속도를 높이기 위해서는 대역폭을 늘리거나 신호 전력을 높이는 대신 잡음을 최대한 줄여야 함
- 샘플링 기본 원칙 : 신호를 샘플링할 때 온전히 샘플링하려면 적어도 그 신호 주파수의 2배만큼 해야 함(샤논 정리 또는 나이퀴스트(Nyquist) 정리)

코딩 레벨
통신 채널의 부호화(Encoding)에 있어서 보통 음성급의 저속 전송에는 레벨이 낮은 Convolutional Coding(돌림형·길쌈 부호)을, 이미지 등의 고속 전송에는 레벨이 높은 Turbo Coding(터보 부호) 사용

이론을 확인하는 기출문제

01 전신 통신 속도 보(Baud)에 관한 설명으로 옳은 것은?

① 1초간 송출의 최단 펄스의 수
② 1분간 송신 지수
③ 1초간 송신 지수
④ 1초간 송출의 정지 펄스의 수

보(Baud)
- 데이터 신호의 발생 속도
- 정보 또는 정보 흐름 속도
- 단위시간에 정보 전달을 위해 얻을 수 있는 펄스의 수

02 Bits/sec에 대한 설명으로 옳지 않은 것은?

① 정보의 전송 단위이다.
② 마크와 스페이스가 서로 상반되는 부호의 정보량이 1Bit이다.
③ 5 단위 부호의 정보량은 $\log_2 2^5$ = 5Bit이다.
④ 1분의 신호 펄스(Code 단위) 수이다.

1분간의 신호 펄스(Code 단위) 수는 보(Baud)임

03 데이터 통신에서 가장 기본이 되는 정보의 단위는 Bit이며, 통신 매체에서는 비슷한 단위로 Baud가 쓰인다. 이들의 관계를 설명한 것 중 적합하지 않은 것은?

① Bit Rate와 Baud Rate는 항상 같다.
② Baud = Signal/sec이다.
③ Baud는 시간에 관계되나, Bit는 시간과 무관하다.
④ Bit Rate와 Baud Rate는 다를 수도 있다.

비트(Bit)와 보(Baud)의 관계
- 1비트가 한 신호 단위인 경우 : BPS와 Baud의 속도비가 같음
- 2개 비트(Dibit)가 한 개의 신호 단위인 경우 : BPS의 속도비가 2배로 늘어남
- 3개 비트(Tribit)가 한 개의 신호 단위인 경우 : BPS의 속도비가 3배로 늘어남
- 4개 비트(Quadbit)가 한 개의 신호 단위인 경우 : BPS의 속도비가 4배로 늘어남

04 변조 속도가 1200[Baud]이며, 쿼드비트(Quadbit)를 사용하는 경우 전송 속도[bps]는?

① 2400
② 4800
③ 9600
④ 19200

1,200 × 4 = 4,800[bps]

01 동선 케이블 중 CATV 가입자 전송 설비에 많이 이용되며, 표피 효과(Skin Effect)를 줄이기 위하여 원통형의 중심 도체와 외부 도체 사이에는 절연 물질을 채운 구조의 케이블은?

① 국내 케이블   ② 강대외장 케이블
③ 폼스킨 케이블   ④ 동축 케이블

02 다음 통신 케이블 중에서 광대역의 높은 주파수를 진동할 수 있는 가장 적합한 케이블은?

① 시내 케이블   ② 시외 케이블
③ 국간 중계 케이블   ④ 동축 케이블

03 다음 전송 선로 중 전송 속도와 통신 용량 면에서 장점이 가장 큰 것은?

① 광섬유 케이블   ② 도파판
③ 동축 케이블   ④ 폼스킨 케이블

04 다음 중 LAN의 전송 선로에 가장 적합하지 않은 것은?

① CCP 케이블   ② UTP 케이블
③ 광섬유 케이블   ④ 동축 케이블

05 광섬유 통신 케이블에 사용되는 코어의 주재료에 해당되는 것은?

① 석영(Si)   ② 구리(Cu)
③ 금(Au)   ④ 은(Ag)

06 광통신 케이블의 장점이 아닌 것은?

① 중계 급전선 필요   ② 잡음의 영향 감소
③ 대용량 전송   ④ 누화 방지

07 데이터 통신망에 이용되는 광섬유 케이블의 광신호 전송(도파) 원리는?

① 빛의 반사 현상   ② 빛의 흡수 현상
③ 빛의 분산 현상   ④ 빛의 유도 현상

08 홈네트워크용 무선 멀티미디어, 무선 LAN 등 근거리 이동 통신을 위한 표준화 방식으로 권고하고 있는 프로토콜은?

① ADSL   ② CDMA
③ IMARSAT   ④ Bluetooth

09 다음 중 광통신용의 발광 소자는?

① 레이저 다이오드
② 바렉터 다이오드
③ PIN 포토 다이오드
④ 애벌런치 포토 다이오드

10 다음 중 광통신 시스템의 적합한 구성은?

① 발광부-음성변환-중계부-음성변환-수광부
② 송신부-전광변환-광섬유-광전변환-수신부
③ 음성-전기신호-전광변환-광신호-음성
④ 부호부-표본화-전송부-양자화-복호부

11 광통신 시스템의 기본 구성요소로 볼 수 없는 것은?

① 광검출기   ② 광원   ③ 광섬유   ④ 모뎀

12 광통신 방식의 구성 소자들에 대한 설명 중 옳지 않은 것은?

① 광 커넥터 – 광신호의 중계 증폭
② 레이저(Laser) 다이오드(Diode) – 전기적인 신호를 광신호로 변환
③ 포토 다이오드(Photo Diode) – 광파를 전기적인 신호로 변환
④ 광섬유(Fiber Optics) – 광신호의 전송 매체

13 광섬유는 코어 및 클래딩으로 구성된다. 빛이 통과하는 주 통로는?

① 코어와 클래딩 경계면
② 코어와 클래딩
③ 클래딩
④ 코어

14 송·수신측 간 통신 회선이 고정적이고, 언제나 통신이 가능하며 많은 양의 데이터 전송에 효율적인 회선은?

① 구내 회선　　　② 교환 회선
③ 전용 회선　　　④ 중계 회선

15 다음 중 전용 회선에 관한 설명으로 적합하지 않은 것은?

① 언제나 통신이 가능하도록 회선이 구성되어 있다.
② 사용 구간에 따라 장기 전용과 단기 전용으로 구분한다.
③ 많은 양의 데이터 전송에 효율적이다.
④ 송신측과 수신측 간에 통신 회선이 고정되어 있다.

16 데이터 전송 회선을 구별하는 방법으로 옳은 것은?

① 공중 회선과 가입 회선
② 공중 회선과 전용 회선
③ 전화 회선과 전용 회선
④ 전화 회선과 데이터 회선

17 정보 통신의 전송 기준의 척도가 아닌 것은?

① 비트오율　　　② 블록오율
③ 전신왜율　　　④ 비트/초

18 정보 통신 회선(전용 회선)의 사용 기간에 따른 구분 중 단기 사용에 해당하는 것은?

① 회선을 1개월 이하 사용하는 것
② 회선을 20일 이상 3개월 이내 사용하는 것
③ 회선을 31일 이상 사용하는 것
④ 회선을 30일 이하 사용하는 것

19 하나의 전용 회선의 양측 단말 장치를 2인 이상 공동으로 사용하는 전용의 종류는?

① 단독 전용　　　② 공동 전용
③ 통신 전용　　　④ 설비 전용

20 다음 중 통신 채널이나 통신 매체를 통하여 전송되는 전송 방식이 아닌 것은?

① 단방향 통신　　② 반이중 통신
③ 전이중 통신　　④ 멀티 포인트

21 데이터 통신 방법 중 서로 다른 방향에서 동시에 송·수신을 행할 수 있는 통신 시스템은?

① 이중 시스템(Dual System)
② 반이중 시스템(Half Duplex System)
③ 전이중 시스템(Full Duplex System)
④ 단향 시스템(Simplex System)

22 단말기(Terminal)에서 Message 출력 도중에 주전산기(HOST)로부터 입력 신호를 받을 수 있는 회선 형태는?

① Full-Duplex 회선　② Triplex 회선
③ Simplex 회선　　　④ Half-Duplex 회선

23 다음 중 방송망으로 이용되지 않은 것은?

① 인공 위성망　　② 패킷 라디오망
③ 메시지 교환망　④ 근거리 통신망

24 통신 회선 1회선에 터미널 시스템이 각각 1개씩 연결된 접속 방법은?

① 접선 방식   ② 2지점 간 방식
③ 분기 접속 방식   ④ 라디오 방식

25 A와 B를 연결하는 포인트 투 포인트(Point To Point) 라인에서 빗금친 부분의 데이터가 화살표 방향으로 전송된다. 이 전송 방식은 다음 중 어느 것을 나타내는가?

① 전이중 방식(Full Duplex)
② 반이중 방식(Half Duplex)
③ 심플렉스(Simplex)
④ 에코플렉스(Echoplex)

26 통신망 구성 방법 중의 하나인 멀티 포인트 회선에 대한 설명으로 옳지 않은 것은?

① 2대 이상의 다수 터미널이 하나의 통신 회선에 접속되어 있는 방식이다.
② 통신료 절감에 효과적이며, 고장 시 유지 보수가 쉽다.
③ 폴링을 하여 통신을 행한다.
④ 멀티 드롭(Multidrop) 방식이라고도 한다.

27 전송지연을 최소화하기 위해 고속 폴링을 할 수 있도록 설계된 변·복조기는?

① 멀티포인트 모뎀   ② 다이얼 업 모뎀
③ 널 모뎀   ④ 단거리 모뎀

28 데이터 통신에서 중앙국(주국)이 특정 단말국을 지정하여 그 단말이 데이터를 송신하도록 권유하는 과정을 무엇이라고 하는가?

① 어드레싱(Addressing)
② 폴링(Polling)
③ 스위칭(Switching)
④ 셀렉팅(Selecting)

29 데이터 전달을 5가지 단계로 구분한 것 중 순서가 옳은 것은 어느 것인가?

① 링크 확립 – 회로 연결 – 전문 전달 – 회로 단절 – 링크 단절
② 회로 연결 – 링크 확립 – 전문 전달 – 링크 단절 – 회로 단절
③ 회로 연결 – 전문 전달 – 링크 확립 – 링크 단절 – 회로 단절
④ 링크 확립 – 회로 연결 – 전문 전달 – 링크 단절 – 회로 단절

30 통신에서 송신측과 수신측을 회선으로 연결하는 작업을 무엇이라고 하는가?

① 버퍼(Buffer)   ② 국선(Trunk)
③ 채널(Channel)   ④ 링크(Link)

31 다음 설명 중 옳지 않은 것은?

① 데이터 전송에서 에러(Error)를 제어하는 것은 통신 제어 장치이다.
② 통신 속도란 단위 시간에 송출되는 정보 전달의 양이다.
③ Baud와 Bit/Sec[BPS]는 정의하는 방법은 다르나 모두 데이터 전송 속도를 나타내는 단위이다.
④ 데이터 전송에서는 전송 속도에 관계없이 직류 신호를 교류 신호로 바꾸기 위해 전송로의 말단에 모뎀이 이용된다.

32 신호의 변조 속도가 1,600[Baud]이고, 트리비트(Tribit)인 경우 전송 속도[BPS]는?

① 1,600   ② 3,200
③ 4,800   ④ 6,400

33 단위 펄스의 전송 시간 길이가 2[㎳]이면, 보(Baud)는 얼마인가?

① 50[Baud]　　　② 200[Baud]
③ 2000[Baud]　　④ 500[Baud]

34 위상 변조를 하는 동기식 변복조기의 전송 속도가 1,200보(Baud)이고 디비트(Dibit)를 사용한다면 통신 속도는 몇 BPS인가?

① 1,200[BPS]　　② 2,400[BPS]
③ 4,800[BPS]　　④ 9,600[BPS]

35 4위상 변조를 하여 데이터를 전송하는데 신호의 전송 속도가 60보(Baud)라 할 때, 이것을 BPS 속도로 나타내면 얼마인가?

① 60　　　　　② 120
③ 200　　　　④ 240

36 8위상 변조와 동기식 모뎀의 신호 전송 속도가 2,400[Baud]인 경우에 비트 속도는?

① 7,200[BPS]　　② 2,400[BPS]
③ 9,600[BPS]　　④ 4,800[BPS]

37 한 블록의 크기가 400개의 비트일 때 2,000[BPS]의 속도로 100개의 블록을 전송하는데 소요되는 시간은?

① 30초　　　　② 10초
③ 40초　　　　④ 20초

38 비동기 전송 방식에서 2,200[BPS]로 전송하는 것을 7비트 ASCII 코드로 보내면 초당 몇 캐릭터가 전송되는가? (단, 1 스타트 비트, 1 스톱 비트, 1 패리티 비트가 사용됨)

① 200　　　　② 220
③ 300　　　　④ 110

39 비동기 전송 방식이며, 전송 속도가 2,400[BPS]인 회선을 사용하여 24,000문자(8[Bit]/문자, 비동기식)를 전송하는데 걸리는 시간은? (단, 스타트 비트와 스톱 비트는 각 1[Bit]이다.)

① 100초　　　② 1,000초
③ 50초　　　　④ 10초

40 변조 속도가 1200[Baud]이며, 쿼드비트(Quadbit)를 사용하는 경우 전송 속도[bps]는?

① 1,200　　　② 2,400
③ 3,600　　　④ 4,800

41 다음 중 데이터 통신 속도의 종류가 아닌 것은?

① 데이터 변조 속도　　② 데이터 전송 속도
③ 데이터 신호 속도　　④ 데이터 인자 속도

42 신호 전력이 P, 잡음 전력이 N, 채널의 대역폭이 W[Hz]인 전송선에서의 채널 용량(Channel Capacity) C는?

① $C = 2W\log_2(1+P/N)$
② $C = W\log_2(1+P/N)$
③ $C = 2W\log_2(1+N/P)$
④ $C = W\log_2(1+N/P)$

43 전송 주파수 대역폭과 통신 속도와의 관계는?

① 정비례한다.
② 반비례한다.
③ 통신 속도의 제곱에 반비례한다.
④ 관계없다.

44 전송 선로의 무왜곡 조건은? (단, R = 저항, C = 정전용량, G = 콘덕턴스, L = 인덕턴스)

① R+L = C+G　　② RG = LC
③ RC = LG　　　④ R−L = C−G

CHAPTER 03

정보 전송 설비

학습방향

동기 전송과 비동기 전송, 아날로그 신호 변조 방식과 디지털 신호 변조 방식에 대한 기본 개념을 이해하고, 정보 전송에서 필수적으로 발생하는 오류의 종류와 이를 보완하기 위한 여러 가지 오류 제어 방식에 대해 학습합니다.

출제빈도

- Section 01 **하** 24%
- Section 02 **중** 35%
- Section 03 **상** 41%

정보 전송 방식

빈출 태그 직렬 포트 · 병렬 포트 · USB · IEEE · 동기식 전송 · 문자 동기 방식 · 비트 동기 방식 · 비동기식 전송 · 혼합 동기식 전송

> ⏱ **기적의 3초컷**
>
> 문자 동기 방식의 제어 문자의 종류를 구분할 수 있게 눈에 익혀두세요.
> STX, ENQ, ACK, NAK, SOH, ETX, EOT, DLE, SSN, ETB

01 직렬 전송과 병렬 전송

1) 직렬 전송

- 정보 비트들이 하나의 전송로에 차례로 전송되는 방식으로 대부분의 데이터 통신 시스템(텔렉스, 팩시밀리, 모뎀, 마우스 등)에서 이용
- 하나의 회선만 있으면 되므로, 회선 비용이 적고 전송 대역을 유효하게 사용할 수 있음

2) 병렬 전송

- 정보 비트들이 여러 전송로를 통해 동시에 전송되는 방식(프린터 등)으로, 거리에 따른 비용이 증대됨
- 동시에 전송되므로 전송 속도가 빠르고, 단말 장치와의 인터페이스 구성이 단순함

02 동기 전송과 비동기 전송 ★

1) 동기식 전송

- 전송할 자료를 문자 단위가 아닌 블록 단위로 묶어 전송하는 방식으로 보통 전송 속도가 2,400BPS가 넘는 경우에 사용하며, 비트 동기식과 문자 동기식으로 나뉨

① 문자 동기 방식 : 다음의 ASCII 전송용 제어 문자로 동기를 맞춤

STX(Start of TeXt)	본문의 개시 및 정보 메시지 헤더의 종료 표시
ENQ(ENQuiry)	상대국에게 데이터 링크의 설정 및 응답 요구
ACK(ACKnowledge)	수신한 정보 메시지에 대한 긍정 응답
NAK(Negative AcKnowledge)	수신한 정보 메시지에 대한 부정 응답
SOH(Start Of Heading)	정보 메시지 헤더의 첫 번째 문자로 사용
ETX(End of TeXt)	본문의 종료 표시
EOT(End Of Transmission)	전송의 종료를 표시하고 데이터 링크 초기화
DLE(Data Link Escape)	연속된 글자들의 의미를 변경하거나, 전송 제어 확장 기능 제공
SYN(SYNchronous idle)	문자를 전송하지 않은 상태에서 동기를 취하거나 동기 유지
ETB(End of Transmission Block)	전송 블록의 종료 표시

- 문자 동기 방식에 의한 데이터 전송의 예

	동기 문자	프레임 시작 문자들		데이터 문자열							프레임 끝 문자들		
···	SYN	SYN	DLE	STX				···				DLE	ETX	···

② 비트 동기 방식

- 문자 동기 방식을 개선한 것으로, 제어 문자를 이용한 방식에 비해 전송 효율과 속도면에서 우수함
- 데이터 문자열의 처음과 시작을 알리기 위해 동기 문자 대신에 시작 플래그와 종료 플래그 사용

2) 비동기식 전송

- 스타트 스톱(Start-Stop) 전송이라고도 하며, 문자 단위로 송수신
- 각 문자 단위는 앞쪽에 스타트 비트, 뒷쪽에 1개 또는 2개의 스톱 비트를 가짐
- 각 문자 단위 간에는 유휴 시간이 있을 수 있음
- 송신측과 수신측이 항상 동기를 맞출 필요가 없으며, 1,800BPS를 넘지 않는 경우에 사용

3) 혼합 동기식 전송

- 비동기식에서와 같이 각각의 문자 단위 앞뒤에 스타트 · 스톱 비트를 삽입한 후 동기 상태에서 전송
- 각 문자 단위 사이에 존재하는 유휴 시간은 한 문자의 길이와 같거나 그 길이의 정수배로 함
- 동기식에 비해 효율성이 떨어지지만, 비동기식보다는 빠름

전송품질 중 송수신 되는 신호가 그 신호를 구성하는 주파수 대역에 따라서 서로 다른 전송속도를 가지게 되는 현상

코드 및 전송 효율
- **코드 효율(Ec)** : 전체 비트 중 정보 비트가 차지하는 비율

$$E_c = \frac{정보\ 비트\ 수}{전체\ 비트\ 수}$$

- **전송 효율(Er)** : 전송 비트 중 정보 비트가 차지하는 비율

$$E_r = \frac{정보\ 비트\ 수}{전송된\ 전체\ 비트\ 수}$$

- **전체 효율**

$$E_s = E_c \times E_r$$

정보 전송 설비 : CHAPTER 03 1-201

01 직렬 전송과 병렬 전송에 대한 설명으로 틀린 것은?

① 한 글자가 8개의 비트로 이루어져 있다면 병렬 전송에서는 최소한 8개의 전송선이 필요하다.

② 병렬 전송 방법은 대체로 컴퓨터와 주변기기 사이의 데이터 전송을 위해 사용된다.

③ 장거리 회선의 경우 직렬 전송을 주로 사용한다.

④ 직렬 전송의 장점은 병렬 전송에 비해 전체적으로 전송 속도가 빠르다.

전송 속도에 있어서 여러 개의 채널을 동시에 사용하는 병렬 전송이 빠름

02 ASCII 제어 문자들 중 수신기에서 긍정적인 응답으로 송신기에 보내는 통신 제어 문자는 어느 것인가?

① STX   ② ENQ

③ ACK   ④ NAK

ITU−T에서 정한 ASCII 전송용 제어 문자
• STX(STart of teXt) : 본문의 개시 및 정보 메시지 헤더의 종료를 표시
• ENQ(ENQuiry) : 상대국에게 데이터 링크의 설정 및 응답을 요구
• ACK(ACKnowledge) : 수신한 정보 메시지에 대한 긍정 응답
• NAK(Negative AcKnowledge) : 수신한 정보 메시지에 대한 부정 응답

03 데이터 전송 방식 중 한 번에 한 글자씩 전송되며, 스타트 비트(Start Bit), 스톱 비트(Stop Bit)를 갖는 전송 방식은?

① 비동기식

② 동기식

③ 혼합 비동기식

④ 혼합 동기식

비동기식 전송 : 한 문자씩 송수신하는 방식으로, 각 문자는 앞쪽에 스타트 비트 뒤쪽에 1개 또는 2개의 스톱 비트를 가지며, 각 문자 간에는 유휴 시간이 있을 수 있음

04 BSC(Binary Synchronous Communication)의 제어 문자가 아닌 것은?

① RNR(Receive Not Ready)

② ETX(End of Text)

③ NAK(Negative Acknowledge)

④ SOH(Start Of Heading)

BSC 제어 문자
• SYN(SYNchronous idle)
• DLE(Data Link Escape)
• STX(Start of TeXt)
• ENQ(ENQuiry)
• ACK(ACKnowledge)
• NAK(Negative AcKnowledge)
• SOH(Start Of Heading)
• ETB(End of Transmission Block)
• ETX(End of TeXt)
• EOT(End Of Transmission)

05 다음 중 전송 제어 문자에서 '전송의 종료'를 뜻하는 것은?

① STX

② ACK

③ EOT

④ ETB

전송 제어 문자
• SOH(Start Of Heading) : 정보 메시지 헤더의 첫 번째 문자로 사용
• STX(Start of TeXt) : 본문의 개시 및 정보 메시지 헤더의 종료를 표시
• ETX(End of TeXt) : 본문의 종료를 표시
• ETB(End of Transmission Black) : 전송 블록의 종료를 표시
• EOT(End of Transmission) : 전송의 종료를 표시하고 데이터 링크를 초기화

정보 신호의 변환 및 전송 방식

빈출 태그 AM · FM · PM · AMPM · 기저 대역 전송 · 대역 전송 · ASK · FSK · PSK · 펄스 변조 방식 · PCM 방식 · 변성기 · 표본화 · 양자화

01 변조

음성과 같은 아날로그 신호를 일정한 파형을 가지는 반송파에 합성시켜 전송한다.

① 진폭 변조(AM; Amplitude Modulation)
- 입력 신호의 진폭에 따라 반송파의 진폭을 변화시키는 방식으로 회로가 간단함
- 신호파의 변화에 따른 찌그러짐과 외부 잡음의 영향이 큼

② 주파수 변조(FM; Frequency Modulation)
- 변조 파형에 따라 주파수를 변조하는 방식으로 잡음과 레벨 변동에 영향을 받지 않음
- 진폭 변조보다 잡음이 적어 텔레비전 음성 채널이나 라디오의 음악 방송에 사용

③ 위상 변조(PM; Phase Modulation)
- 신호파의 진폭 변화를 반송파의 위상 변화로 바꿈
- 데이터 통신에서 디지털 신호의 0과 1에 대응하여 반송파의 위상을 변화시킴
- 방해 잡음에 크게 영향을 받지 않으며, 특히 VHF대의 통신에서 많이 사용됨

④ 진폭 위상 변조(AMPM; Amplitude Modulation – Phase Modulation)
- 정현파의 위상과 더불어 진폭별로 정보를 전송하는 방식
- 고속 전송이 가능하지만 잡음이나 진폭 변동에 따른 잡음의 영향이 큼

02 디지털 신호 변조 방식 ★

컴퓨터 내부의 펄스 신호를 그대로 전송하는 기저 대역(Base Band) 전송과 아날로그 형태로 바꾸어 전송하는 대역(Band) 전송 방식이 있다.

1) 기저 대역 전송 방식

① 디지털 신호 전송
동축 케이블 등의 근거리용 전용 회선을 통해 보내는 데이터 전송 방식

단류 방식	신호가 없는 상태(2진수 0)는 0 전위, 신호가 있는 상태(2진수 1)는 + 또는 − 전위로 전송
복류 방식	신호가 없는 상태는 − 전위, 신호가 있는 상태 + 전위로 전송하는 방식으로 비교적 안정적임
RZ 방식 (Return to Zero)	• 비트 신호가 전송될 때마다 상태가 변함 • $\frac{1}{2}$ 시간만큼 +, − 상태를 유지하고 그 뒤에 0 상태로 복귀

- **기저 대역 방식** : 내부 펄스 신호를 그대로 전송
- **대역 방식** : 아날로그 신호로 변환 후 전송

기저 대역 및 대역 전송의 분류

디지털 신호 전송 방식 (기저대역 전송)	단류, 복류
	RZ, NRZ
	단극성, 양극성
정보 형태에 따른 분류	음성 정보
	데이터 정보
	화상 정보
아날로그 신호 전송 방식 (대역 전송)	진폭 편이 변조 (ASK)
	주파수 편이 변조 (FSK)
	위상 편이 변조 (PSK)

NRZ 방식 (None Return to Zero)	• 비트 신호가 전송될 때마다 상태가 변함 • 비트 신호 시간만큼 +, − 상태 유지
단극성 방식 (Unipolar)	• 신호가 없는 상태는 − 전류, 신호가 있는 상태는 + 전류로 전송 • 동일한 신호가 계속되는 경우에는 상태 변화가 없음
양극성 방식 (Bipolar)	신호가 전송될 때마다 그 상태가 반전하고 신호가 없는 경우에는 0 전위로 전송

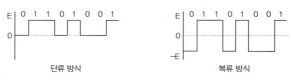

▲ 단류 방식과 복류 방식의 신호 상태

2) 대역 전송 방식

모뎀을 통해 디지털 신호를 아날로그 신호로 변환한 후, 기존의 음성 전화망으로 쉽게 데이터를 전송할 수 있으나, 감쇠된 신호에 대한 증폭 시 잡음이나 왜곡된 신호도 함께 증폭되는 단점이 있다.

① 진폭 편이 변조(ASK; Amplitude Shift Keying)
• 전압의 송출(1), 단절(0)로 정현파의 진폭에 정보를 실어 보냄
• 2 또는 4진폭 편이 변조로 나뉘며, 2,000~2,400[BPS]의 중속도 모뎀에 쓰임
• 보통은 위상 편이 변조와 조합(APSK; 진폭 위상 변조)하여 9,600[BPS] 이상의 고속 전송에 사용

② 주파수 편이 변조(FSK; Frequency Shift Keying)
• 일정 진폭을 가진 정현파의 주파수를 두 가지로 정하여 '1'이나 '0'을 각각의 정해진 주파수대로 바꾸어 전송
• 1,200[BPS] 정도의 저속, 비동기 모뎀에 사용

③ 위상 편이 변조(PSK; Phase Shift Keying)
• 정현파의 위상을 2/4/8등분으로 나누어 각각 다른 위상에 0 또는 1을 할당하거나 2비트 또는 3비트를 한꺼번에 할당하여 전송
• 2,000~2,400[BPS] 정도의 중속, 동기 모뎀에 사용
• 절대 위상 편이 변조(APSK)와 상대 위상 편이 변조(DPSK)가 있음

정현파와 구형파
• **정현파(Sine Wave)** : 진폭과 주파수가 시간적으로 매우 일정한 상태를 유지하는 파형으로, 아날로그 신호는 주파수와 진폭, 위상이 서로 다른 정현파들의 중첩에 의해 그 모양이 정해짐
• **구형파(Square Wave)** : 디지털 전송에 이용되며, 직류를 번갈아 단속한 것과 같은 파형으로서 머리 부분과 밑 부분의 기간이 같음

03 펄스 변조 방식 ★

대역 전송과 반대로 아날로그 신호를 펄스로 분할하여 불연속적인 디지털 신호로 변환하는 방식이다.

1) 펄스 변조 방식의 종류

- 펄스 변조 방식에는 펄스 진폭 변조(PAM), 펄스 폭 변조(PWM), 펄스 위치 변조(PPM), 펄스 부호 변조(PCM), 펄스 주파수 변조(PFM) 등이 있음
- PAM, PWM, PPM 등은 잡음과 왜곡이 심하지만 PCM은 잡음과 왜곡에 강하여 가장 많이 사용됨

2) PCM(Pulse Code Modulation) 방식

① PCM의 특징

- 아날로그 신호를 표본화하여 각 표본의 진폭이 같은 크기의 디지털 신호로 변환하여 전송하는 방식으로 누화, 잡음, 진폭의 변동에 강함
- 시분할 다중 방식(TDM)의 하나로 입력 신호 정보를 펄스 유무의 조합으로 표시한 부호로 변환하여 전송하면, 수신측에서 원래의 신호로 재생

② PCM의 진행 순서

아날로그 신호	전송하고자 하는 아날로그 형태의 신호
표본화(Sampling)	연속적 아날로그 신호를 주기적인 간격으로 읽어들여 표본값을 만듦
양자화(Quantization)	표본값을 정수화하는 단계로 이때 발생하는 오차를 양자화 잡음이라고 함
부호화(Coding)	양자화된 표본 펄스의 진폭값을 디지털 부호로 변화
복호화(Encoding)	수신된 디지털 부호를 아날로그 신호로 재변환
여과(Filtering)	복호화된 표본 펄스열을 저역 여과기에 통과시켜 원래 신호로 복원

펄스 변조 방식의 종류
- PCM(Pulse Code Modulation) : 펄스 부호 변조
- PAM(Pulse Amplitude Modulation) : 펄스 진폭 변조
- PFM(Pulse Frequency Modulation) : 펄스 주파수 변조
- PPM(Pulse Phase Modulation) : 펄스 위상 변조
- PWM(Pulse Width Modulation) : 펄스 폭 변조

변성기
- 전압 또는 전류를 변환하는 장치로, 전압을 오르내리게 하는 것은 변압기 또는 트랜스라고 함
- 변성기에는 펄스 전류에 사용하는 펄스 변성기, 4선식 회선과 2선식 회선 접속에 사용되는 3권 변성기(Hybrid Coil) 등이 있음

01 신호 파형 중 주파수를 변환시키는 변조 방식은?

① PCM
② PM
③ AM
④ FM

변조 방식
• PCM(Pulse Code Modulation) : 펄스 부호 변조
• PM(Phase Modulation) : 위상 변조
• AM(Amplitude Modulation) : 진폭 변조
• FM(Frequency Modulation) : 주파수 변조

02 다음 중 반송파의 진폭과 위상을 동시에 변조하는 방식은?

① PSK
② FSK
③ ASK
④ QAM

QAM(Quadrature Amplitude Modulation; 직교 진폭 변조) : 디지털 변조 방식의 하나로, 피변조(반송파)의 진폭과 위상을 조합하여 변조함

오답 피하기
• PSK(위상 편이 변조) : 반송파의 위상을 2/4/8등분 등으로 나누어 각각 다른 위상에 0 또는 1을 할당
• FSK(주파수 편이 변조) : 일정 진폭의 정현파를 디지털 신호의 1과 0을 나타내는 2개의 주파수로 변조
• ASK(진폭 편이 변조) : 일정 주파수의 정현파를 디지털 신호의 1과 0으로 나타내는 2가지 진폭상태로 표시

03 입력 신호를 펄스화함과 동시에 그 진폭에 따라 부호로 바꾸어 송출하는 방식은?

① PWM
② PCM
③ PAM
④ PPM

펄스 변조 방식의 종류 : 펄스 변조 방식에는 펄스 진폭 변조(PAM), 펄스 폭 변조(PWM), 펄스 위치 변조(PPM), 펄스 부호 변조(PCM), 펄스 주파수 변조(PFM) 등이 있음

04 시분할 다중 통신 방식의 수신측에서 이루어지는 과정은?

① 복호화
② 표본화
③ 부호화
④ 양자화

PCM 진행 순서

송신측의 변조 과정				수신측의 복조 과정	
아날로그 신호	표본화	양자화	부호화	복호화	여과

전송 에러 제어 방식

빈출 태그 백색 잡음 • 충격성 잡음 • 위상 지터 • 위상 히트 • 반복 전송 • 궤환 전송 • 전진 오류 수정(FEC) • ARQ • 패리티 검사 코드 • CRC • 해밍 코드

01 오류 발생의 원인★

백색 잡음 (White Noise)	• 모든 전자 장치와 전송 매체에서 발생하며, 제거될 수 없는 잡음 • 분자나 원자의 열운동에 의해 생기므로 열 잡음이라고도 하고, 가우스(Gaussian) 잡음, 랜덤 잡음으로도 불림
충격성 잡음 (Impulsive Noise)	• 전송 시스템에서 불규칙적이며 짧은 순간 동안 일어나는 높은 진폭의 잡음 • 보통 교환기와 케이블 부분에서 발생하며, 데이터 전송 시 비트 오류의 가장 큰 요인이 됨
충격파 잡음 (Impulse Noise)	• 회로의 입력측에서 전송되지 않은 펄스가 출력측에 나타나는 것 • 보통 중계(Relay) 동작에서 중계기 내부 회로 및 회로와 관련된 입출력 장치로부터 발생
상호 변조 잡음 (Intermodulation Noise)	• 다중화된 신호들이 증폭기의 이웃하는 채널끼리 상호 변조를 일으켜 발생 • 서로 다른 주파수들이 같은 전송 매체를 사용할 때 여러 주파수가 혼합됨으로써 발생
위상 지터 (Phase Jitter)	• 재생 펄스가 원래의 파형에서 벗어난 상태로 연속하여 전달되는 현상으로, 위상 변화가 15°이상이면 데이터에 심한 오류 발생 • 지터 현상에 의해 발생하는 잡음을 타이밍 편차라고도 함
위상 히트 (Phase Hit)	• 잡음, 누화, 중계기 내부 요인 등으로 신호 위상이 불연속적으로 순간 변화하는 현상 • 위상 변조 방식을 사용하는 데이터 전송에서 발생
지연 왜곡 (Delay Distortion)	• 수신측에 도착하는 시간 차이로 인해 원래의 신호 모양이 찌그러지는 현상 • 디지털 전송에서 수신 도착 신호들이 서로 겹쳐질 경우에 영향이 크며, 최대 전송 속도를 결정짓는 주된 요인임
누화 (Crosstalk)	• 전화 혼선과 같이 서로 다른 전송 선로상의 신호가 비정상적으로 결합되어 발생 • 송신측에 전해지는 것을 근단 누화, 수신측에 전해지는 것을 원단 누화라고 함

오류율(Error Rate) 표시 방식

구분	공식
비트 오율	$\frac{오류가 발생한 비트 수(n)}{총 전송한 비트 수(N)} \times 100$ 전송 회선의 품질 비교에 주로 사용
문자 오율	$\frac{오류가 발생한 문자 수(n)}{총 전송한 문자 수(N)} \times 100$ 가입 전선 회선의 품질 평가 등에 사용
블록 오율	$\frac{오류가 발생한 블록 수(n)}{총 전송한 블록 수(N)} \times 100$ ITU-T에서 정의한 블록의 크기는 511비트임

02 전송 오류 제어 방식★

① 송신측에서 오류를 정정하는 방식

반복 전송	송신측에서 동일한 데이터를 2번 이상 연속 전송하고, 수신측에서 비교하여 오류 확인
궤환 전송	• 수신측 경유 데이터 비교, 루프(Loop) 또는 에코(Echo) 방식이라고도 함 • 전송 데이터에 검사 코드가 부가되지 않으므로, 전송 속도가 좋고 회선 구성도 간단함 • 4선식 방식을 사용해야 하므로 전송 효율이 낮아짐

② 수신측에서 오류를 정정하는 방식

• 정지 대기(Stop and Wait) ARQ

송신측 | 블록1 → | 수신측
← ACK | (정상)
블록2 → |
← NAK | (오류)
(재전송) | 블록2 → |
← ACK | (정상)
블록3 → |
...

오류 유추 정정	오류 자체를 무시하는 것으로, 보통 중요하지 않은 정보를 다루는 통신 시스템이나 텔렉스 통신에서와 같이 앞뒤 문맥으로 전체 정보를 파악할 수 있는 경우에 사용
전진 오류 수정(FEC)	• 정보 비트 외에 오류의 검출 및 정정이 가능한 부가 코드를 함께 전송하여, 수신측에서 이 부호를 이용하여 오류를 검출하고 자체적인 수정을 행함 • 사용되는 부가 코드로는 해밍 코드, 순환 잉여 검사(CRC) 코드, 블록 제어 헤더(BCH) 코드, 순환 코드 등이 있음
오류 검출 후 재전송(ARQ) 또는 후진 오류 수정(BEC)	• 오류 검출 코드를 부가하여 오류 발견 시 재전송 요구 • 부가 코드로는 패리티 체크 코드, 군계수 체크 코드, 정마크 부호 코드 등이 있음 • 정지 대기 ARQ : 한 개의 블록을 전송한 후 수신측에서 오류의 발생을 점검하고, ACK 나 NAK 신호를 보내오면 다음 블록을 보내거나 재전송(BSC 프로토콜에서 사용) • 연속적 ARQ : 정지 대기 ARQ의 수신측 응답을 기다리는 단점 보완을 위해 데이터 블록을 연속적으로 송신하는 방식으로, Go Back N ARQ(NAK를 받은 블록부터 남은 블록까지 재전송)와 선택적 재전송 ARQ(NAK를 받은 블록만 재전송)가 있음 • 적응적 ARQ : 블록의 길이를 동적으로 변경시켜 전송하는 방식으로, 전송 효율을 극대화시킬 수 있으나 제어 절차가 복잡함

• Go Back N ARQ

송신측 | 블록1/2 → | 수신측
← ACK(블록1) | (정상)
블록3 → |
← NAK(블록2) | (오류)
(재전송) | 블록2/3 → |
...

• 선택적 재전송(Selective Repeat) ARQ

송신측 | 블록1/2 → | 수신측
← ACK(블록1) | (정상)
블록3 → |
← NAK(블록2) | (오류)
(재전송) | 블록2/4 → |
...

03 오류 검출 및 정정용 부가 코드

패리티 검사 코드 (Parity Check Code)	• 각각의 문자에 패리티 비트를 부가하며, 주로 비동기 전송에 사용 • 동시에 2의 배수에 해당하는 비트에서 오류가 발생하면 오류 검출이 불가능함 • 수직 패리티 : 수직 방향으로 패리티 비트를 부가하여, 각 부호의 1의 개수가 우수(Even : 짝수) 또는 기수(Odd : 홀수)인지 판정 • 수평 패리티 : 수평 방향으로 패리티 비트 부가 • 수평 · 수직 패리티 : 블록 합 검사 등에서 사용
정마크 부호 코드	• 일정비 코드, M-out-of-N 코드라고도 함 • 각 부호의 1(또는 0)의 개수를 일정하게 유지하여 전송 • 2-out-of-5 코드, 7중 2부호(Biquinary : 바이퀴너리) 코드 등이 있음
순환 잉여 검사 코드 (CRC)	• 블록마다 검사용 코드를 부가시켜 전송, 집단 오류 검출에 사용 • CRC 방식의 오류 검출 능력은 생성 다항식 G(X)의 차수에 의해 정해짐
군계수 검사 코드	한 블록 내의 1의 개수를 수평 방향으로 10진 계산하여 2진수로 변환한 후, 아래 2자리에 체크 비트를 부가하여 전송
해밍 코드 (Hamming Code)	• n개의 비트 속에 m개의 정보 비트와 p개의 체크 비트를 조합하여 전송함으로써 단일 착오에 대한 검출과 정정이 가능하도록 한 코드 • 고도의 지능을 가진 터미널과 고속의 동기식 전송 방식에 사용

패리티 검사 방식

• **홀수(Odd; 기수) 패리티 방식**

전송 데이터							패리티 비트	
1	0	1	1	0	0	1	1	패리티 비트를 포함한 1의 개수가 홀수가 되게 함

• **짝수(Even; 우수) 패리티 방식**

전송 데이터							패리티 비트	
1	0	1	1	0	0	1	0	패리티 비트를 포함한 1의 개수가 짝수가 되게 함

01 다음 중 데이터 통신에서 오류(Error)의 주 원인은?

① 임펄스 잡음   ② 감쇠
③ 누화   ④ 백색 잡음

충격성 잡음(Impulse Noise) : 디지털 전송에서 순간적인 전기적 충격으로 인해 정보가 유실되는 잡음으로, 주로 기계적인 충격에 의해서 발생하며 데이터 전송 에러의 주요 원인이 됨

02 다음 중 에러(Error) 검출 방식이 아닌 것은?

① CRC 방식
② 펄스 부호 방식
③ 수평 패리티 방식
④ 정(定)마크 부호 방식

펄스 부호 방식(PCM)은 아날로그 신호를 디지털 신호로 바꾸는 변조 방식의 하나임

03 에러 검출 후 재전송(ARQ) 방식에 속하지 않는 것은?

① 정지-대기 ARQ
② 적응적 ARQ
③ 연속적 ARQ
④ 전진 에러 ARQ

ARQ 방식
① 정지 대기(Stop and Wait) ARQ 방식 : 수신측에서 ACK나 NAK를 보내올 때까지 기다리는 방식
② 연속적 ARQ 방식
• Go Back N ARQ : NAK를 받은 블록부터 남은 블록까지 재전송
• Selective Repeat ARQ : NAK를 받은 블록만을 재전송
③ Adaptive ARQ 방식 : 전송 효율을 높이기 위해 블록의 길이를 동적으로 변경시켜 전송

04 DATA 통신 방식에서 사용되는 전송 제어 방식 중 ARQ란 무엇을 의미하는가?

① 오류의 발생을 무시하는 것이다.
② 오류가 발생하면 재전송하는 것이다.
③ 오류가 발생하지 않는 것이다.
④ 오류가 발생하면 전송을 중단하는 것이다.

오류 검출 후 재전송(ARQ) 방식 : 오류 검출 코드를 부가하여 오류 발견시 재전송을 요구함

05 패리티 비트(Parity Bit)에 대한 설명으로 옳지 않은 것은?

① 오류 비트를 검사하기 위하여 사용한다.
② 정보 단위에 여유를 주기 위하여 사용된다.
③ 우수(Even) 체크에 사용할 수 있다.
④ 기수(Odd) 체크에 사용할 수 있다.

패리티 비트는 정보의 오류 발생 유무를 파악하기 위한 것으로 정보 표현 기능은 없음

06 다음 중 백색 잡음(White Noise)의 특성과 가장 거리가 먼 것은?

① 잡음세력이 시간에 대해 무관한 크기를 갖는다.
② 거의 모든 주파수에 걸쳐 잡음이 존재한다.
③ 분자나 원자들의 운동에서 기인한다.
④ 순간적으로 잡음이 발생한다.

잡음의 종류
• 충격성 잡음 : 전송 시스템에서 순간적으로 일어나는 높은 진폭의 잡음으로 데이터 전송 시 비트 오류의 가장 큰 요인이 됨
• 백색 잡음 : 주파수 대역 전체에 걸쳐서 평탄한 형태로 나타나며 분자나 원자의 열운동에 의해 발생

01 데이터 통신에서 전송해야 할 정보를 2개 이상의 통신로로 분할하여 동시에 전송시키는 방식은?

① 직렬 전송 ② 병렬 전송
③ 대역 전송 ④ 합성 전송

02 다음 중 비동기(Asynchronous) 데이터 전송을 설명한 것은?

① 한 문자 전송 때마다 시작과 끝 비트(Bit)를 갖고 전송하는 것이다.
② 순수한 메시지(Message)만을 전송하는 것이다.
③ 송·수신 클록(Clock)에 따라 데이터를 전송하는 것이다.
④ 한 데이터 블록(Block) 단위로 데이터를 전송하는 것이다.

03 비동기 전송 방식(ATM)에서 고정 셀(Cell)의 크기는?

① 16바이트 ② 24바이트
③ 48바이트 ④ 53바이트

04 변조 방식을 분류한 것에 속하지 않는 것은?

① 주파수 편이 변조 ② 위상 편이 변조
③ 멀티 포인트 변조 ④ 진폭 편이 변조

05 일정한 주파수의 전송파의 위상을 한 개 이상의 Bit 조합에 일대일 대응시켜서 보내는 변조 방식을 무엇이라 하는가?

① 주파수 변조 방식 ② 위상 변조 방식
③ 펄스 변조 방식 ④ 진폭 변조 방식

06 반송파 신호의 피크 투 피크(peak to peak) 전압이 전송하는 신호의 크기에 따라 변하는 변조방식은?

① 주파수 변조 ② 진폭 변조
③ 위상 변조 ④ 파장 변조

07 비동기 변복조기에서 가장 많이 사용하는 변조 방법은?

① 단측파대(SSB) 변조
② 진폭(AM) 변조
③ 주파수 편이(FSK) 변조
④ 위상 편이(PSK) 변조

08 데이터 통신의 부호 전송 방식 중 0과 1의 신호를 직류의 +, 0, -의 전위에 대응시켜 전송하는 방식은?

① ASK(Amplitude Shift Keying) 방식
② 기초 대역(Base-Band) 방식
③ 정(+)마크(Mark) 부호 방식
④ FSK(Frequency Shift Keying) 방식

09 신호파 표본값의 크기에 따라 펄스폭과 진폭이 일정한 펄스파의 주파수를 변화시키는 변조 방법은?

① PCM ② PAM ③ PFM ④ PPM

10 8상 위상 변조 방식에서 동시에 전송할 수 있는 Bit 수는?

① 8Bit ② 1Bit ③ 3Bit ④ 2Bit

11 펄스의 위치를 변조시키는 방식은?

① PAM ② PCM ③ PPM ④ PWM

12 PCM 통신 방식에서 PAM 신호를 허용된 몇 단계의 레벨 값으로 근사화시키는 과정은?

① 양자화　　　　　② 부호화
③ 표본화　　　　　④ 다중화

13 펄스 코드 변조 방식의 송신 계통 중 옳은 것은?

① 양자화 – 표본화 – 압축기 – 부호기 – 변환기
② 표본화 – 압축기 – 양자화 – 부호기 – 변환기
③ 표본화 – 압축기 – 변환기 – 양자화 – 부호기
④ 양자화 – 압축기 – 표본화 – 변환기 – 부호기

14 데이터 전송 방식에서 표본화, 양자화, 부호화의 단계가 필요한 변조 방식으로 가장 적합한 것은?

① 주파수 변조 방식　　② 펄스 부호 변조 방식
③ 위상 변조 방식　　　④ 진폭 변조 방식

15 주파수 분할 다중 통신에서 각각의 신호를 추출하기 위해서는 무엇을 통과해야 하는가?

① 표준화 회로　　　　② 저역 감쇠기
③ 동기 신호 발생기　　④ 대역 여파기

16 데이터 통신에서 교환기와의 회선 접촉 불량에 의하여 생기는 잡음은?

① 비선형 왜곡(Nonlinear Distortion)
② 감쇠(Attenuation)
③ 위상 왜곡(Phase Distortion)
④ 충격성 잡음(Impulse Noise)

17 전송 시스템에 순간적으로 일어나는 높은 진폭의 잡음으로, 주로 기계적인 충격에 의해서 발생하는 잡음의 형태는?

① 충격성 잡음(Impulsive Noise)
② 교차 잡음(Cross Talk)
③ 메아리 잡음(Echoes)
④ 백색 잡음(White Noise)

18 전송로에서 기본 신호 (1)에 대해 응답 신호 (2)와 같은 현상이 나타났다. 어떤 현상인가?

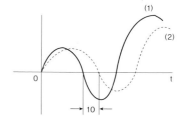

① 충격성 위상 변이(Phase Hit)
② 위상 지터(Phase Jitter)
③ 순간 잡음
④ 고조파 왜곡(Harmonic Distortion)

19 다음 중 왜곡(Distortion)과 관계없는 말은?

① 불규칙한 계전기의 동작에서 일어난다.
② 전송로의 특성 때문에 일어난다.
③ 증폭기의 비선형적 특성 때문에 일어난다.
④ 조작원의 부주의로 일어난다.

20 데이터 통신의 비트 에러율(BER)은?

① 에러가 발생한 비트 수/총 전송한 비트 수
② 총 전송한 비트 수/에러가 발생한 비트 수
③ 에러가 발생한 비트 수/(에러가 발생한 비트 수 + 총 전송한 비트 수)
④ 총 전송한 비트 수/(에러가 발생한 비트 수 + 1)

21 송신측이 한 개의 블록을 전송한 다음 수신측에서 오류의 발생을 점검한 후 ACK나 NAK를 보내올 때까지 기다리는 방식은?

① Stop And Wait ARQ　　② 연속적 ARQ
③ 적응적 ARQ　　　　　④ 전진 오류 수정

22 정보 통신 회선에서 블록 오율의 측정을 위한 표준 신호의 블록 크기는?

① 300비트　　　　② 511비트
③ 600비트　　　　④ 1200비트

23 36,000[BPS]의 모뎀기를 사용해 전송이 이루어졌다. 그 중에서 72개의 비트 오류가 발생했다면 그 비트 오류율은 얼마인가?

① 0.2%　　　　② 0.3%
③ 0.5%　　　　④ 0.6%

24 오류 검출 코드로서 각 디지트(Digit)에 1이 반드시 포함되어 있어 어느 한 비트에서 오류가 발생하면 1의 개수가 달라져 이를 검출할 수 있는 코드는?

① 홀수(Odd) 패리티 체크 8-4-2-1 코드
② 짝수(Even) 패리티 체크 8-4-2-1 코드
③ 바이퀴너리(Biquinary) 코드
④ 해밍(Hamming) 코드

25 에러 검출 코드인 FCS(Frame Check Sequence)를 정보에 추가하여 전송하는 에러 제어 방식은?

① 패리티 검사 방식
② 블록합 검사 방식
③ 순환 중복 검사 방식
④ 전진 에러 수정 방식

26 전송 구간에서의 에러 제어 방식 중 서로 상이한 것은?

① Stop And Wait ARQ
② 연속적 ARQ
③ 적응적 ARQ
④ 전진 에러 수정(Forward Error Correction)

27 패리티 비트(Parity Bit)에 대한 설명 중 옳지 않은 것은?

① 홀수 검사로 사용된다.
② 짝수 검사로 사용된다.
③ 자료값을 표현할 때 사용된다.
④ 오류를 판별하기 위해 사용한다.

28 짝수 패리티 체크 방법에서 오류의 발생을 검색할 수 없는 경우는 몇 개의 오류가 동시에 발생할 경우인가?

① 1개　　② 2개　　③ 3개　　④ 5개

29 우수 패리티(Even Parity) 방법이 옳게 적용된 것은?

① 1101 : 1　　　② 1001 : 1
③ 1010 : 1　　　④ 1111 : 1

30 데이터 전송에 있어서 패리티 비트(Parity Bit)를 첨부하는 주 목적은?

① 오류(Error)의 정정
② 오류의 검출(Checking)
③ 효율(전송율) 향상
④ 비용(Cost) 감소

31 데이터 전송에 있어서 수평-수직 패리티 방식은 수평 패리티 방식 또는 수직 패리티 방식 등 단독 방식에 비해 어떠한 장점이 있는가?

① 장점은 전혀 없다.
② 오자 검출 능력이 감소된다.
③ 오자 검출 능력이 향상된다.
④ 전송 장비가 소형화된다.

32 에러(Error) 검출 방식이 아닌 것은?

① 부(負)마크 부호 방식
② 수평 수직 패리티 방식
③ 정(定)마크 부호 방식
④ 수직 패리티 방식

33 데이터 통신에서 에러 검출 또는 정정 부호가 아닌 것은?

① ASCII Code　　② Hamming Code
③ Biquinary Code　　④ CRC Code

CHAPTER 04

정보 통신 설비

학습방향

정보 단말 설비의 기본 구성의 이해, 정보 교환 설비인 모뎀의 송수신부 구성, 데이터 터미널 장치 간의 접속 규격들에 대한 충분한 학습과 더불어 전화기의 전체 구성품에 대한 상세한 이해가 요구됩니다.

출제빈도

- Section 01 **중** 25%
- Section 02 **중** 25%
- Section 03 **상** 50%

정보 단말 설비

빈출 태그 회선 접속부 • 회선 제어부 • 스토리지 튜브 • 레스터 리프레시 • 랜덤 스캔 방식 • 플라즈마 방식 • COM • CAR

정보 단말 설비는 정보 통신 시스템에서 전송 회선을 통해 정보를 송수신하기 위한 제반 장치들을 말하는 것으로 크게 전송 제어부와 입출력 장치부로 구성된다.

01 정보 단말 설비의 구성 ★

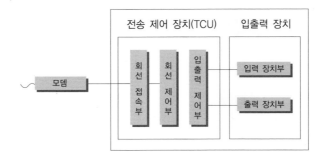

① **회선 접속부** : 회선의 종류와 전송 능력에 따라 터미널과 전송 회선을 적절한 방법으로 연결
② **회선 제어부(오류 제어부)** : 회선 접속부를 통해 들어온 정보의 조립 및 분해, 오류 등의 전송 제어
③ **입출력 제어부** : 입출력 장치에 관한 감시와 제어
④ **입력 장치부** : 입력된 정보를 컴퓨터 처리에 맞는 전기적 신호로 변환
⑤ **출력 장치부** : 컴퓨터가 처리한 결과를 사람이 식별할 수 있는 코드로 변환
⑥ **공통 제어부** : 단말 장치를 종합적(입출력 제어, 오류 제어, 송수신 제어 등)으로 제어

02 그래픽 정보 통신 단말 장치

그래픽 정보 통신 단말 장치는 텍스트뿐만 아니라 설계 도면, 차트, 그림 등을 화면에 표현할 수 있게 하는 장치를 말하며, 주로 CAD/CAM 시스템에 사용된다.
① **입력 장치 부분** : 키보드, 스캐너, 디지타이저, 마우스, 라이트 펜 등으로 구성
② **출력 장치 부분** : CRT, 프린터, XY 플로터 등으로 구성

단말 장치의 화면 출력 방식
• **스토리지 튜브(Storage Tube)** : 전자 빔을 이용한 화면 출력 방식
• **레스터 리프레시(Raster Refresh)** : TV와 같이 라인별 주사 방식으로 화면 출력
• **랜덤 스캔(Random Scan) 방식** : 화면 출력에 전기적인 방식 이용
• **플라즈마(Plasma) 방식** : 방전 원리를 이용한 가장 최근의 방식

03 마이크로그래픽 단말기

1) COM(Computer Output Microfilm)

컴퓨터의 처리 결과를 인간이 인지할 수 있는 문자나 도형으로 변환하여, 마이크로필름에 저장하는 시스템으로 저장 장치, 처리 장치, 카메라 및 CRT 등으로 구성된다.

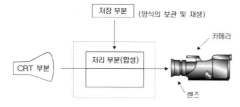

2) CAR(Computer Assisted Retrieval)

마이크로필름에 들어있는 정보를 컴퓨터를 이용하여 검색하는 시스템으로 개방형, 독립형, 폐쇄형이 있다.

① 개방형(Open Loop) : 컴퓨터 온라인 상에 필름 번호를 입력하고, 관리자가 해당하는 필름을 찾아다 입력 장치에 넣어주면 CRT를 통해 검색
② 독립형(Stand Alone) : 컴퓨터와 연결하지 않고 단독으로 운영되는 것으로, 사람이 해당 카세트를 찾아 입력 부분에 삽입시켜 검색
③ 폐쇄형(Closed Loop) : 필요한 필름을 컴퓨터가 직접 찾아 입력시키고, 필요한 내용을 CRT나 프린터 등으로 보여주는 완전 자동화된 시스템

이론을 확인하는 기출문제

01 다음 중 데이터통신 시스템의 기본 구성 요소가 아닌 것은?

① 단말 장치
② 중앙 처리 장치
③ 교환 장치
④ 통신 회선

데이터통신 시스템의 기본 구성
• 데이터 전송계 : 단말 장치, 데이터 전송 회선, 통신 제어 장치
• 데이터 처리계 : 하드웨어(CPU), 소프트웨어

02 다음 그림과 같은 구조를 지닌 컴퓨터의 출력 정보 처리 장치를 무엇이라 하는가?

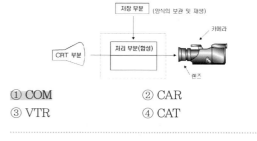

① COM
② CAR
③ VTR
④ CAT

COM의 물리적 구성 : 저장, 처리, 카메라 및 CRT 부분으로 구성

정보 교환 설비

빈출 태그 모뎀의 구성 · 모뎀의 송신부 · 모뎀의 수신부 · 모뎀의 표준 · DSU · CSU · 패턴 발생기

01 모뎀(MODEM; MOdulator DEModulator)★

입력된 0과 1의 디지털 신호를 아날로그 신호를 다루는 전송 회선에 맞게 변조하여 회선을 통해 상대편으로 전송하면, 그 상대편에서 변조 신호를 복조하여 본래의 디지털 신호로 재생시켜주는 신호 변환 장치이다.

1) 모뎀의 구성

① 송신부 : 변조기에서 변조된 반송 주파수(보통 1,700~1,800Hz)를 대역 제한 필터, 증폭기, 변형기를 거쳐 적당한 아날로그 신호로 전송

> **기적의 3초컷**
>
> 모뎀은 송신부에서 변조를, 수신부에서 복조를 수행하는 변복조기입니다.

- 부호화기 : Encoder
- 변조기 : Modulator
- 대역 제한 필터 : BLF(Band Limiting Filter)
- 증폭기 : Amplifer
- 변형기 : Transformer

▲ 모뎀의 송신부 동작

② 수신부 : 송신부에서 전송된 아날로그 신호가 자동 이득 조절기를 거쳐 적당한 신호의 크기로 분할되어 복조기로 전송

- 대역 제한 필터 : BLF(Band Limiting Filter)
- 자동 이득 조절기 : AGC(Automatic Gain Control)
- 복조기 : Demodulator
- 복부호화기 : Decoder

▲ 모뎀의 수신부 동작

2) 모뎀의 표준

- 모뎀의 표준은 ITU-T와 벨 표준이 주로 사용되며, 상호 호환성을 가짐
- ITU-T의 V 시리즈는 아날로그 데이터를 전송하기 위한 데이터 통신 권고안으로 V.21, V.22, V.23, V.26, V.26bis, V.27, V.29 등이 음성 대역 모뎀의 권고안임

02 디지털 서비스 장치(DSU; Digital Service Unit)

DSU는 디지털용 회선 장비로 단말기 등의 2진 부호 데이터를 전송로에서 전송이 가능한 펄스 파형의 디지털 신호로 변환한다(예 1 = 5[V] 파형, 0 = 0[V] 파형).
DSU는 모뎀과 마찬가지로 동기 신호 공급 기능, 회선 상태 감시 기능 외에 되돌림 시험과 성능 감시 같은 회선의 유지 보수 기능도 수행한다.

03 채널 서비스 장치(CSU; Channel Service Unit)

한 Channel은 64[Kbps]의 전송 속도를 가지는데, 실제 전송에서는 집중화기를 이용하여 여러 개의 채널들을 모아서 하나의 대용량 전송로를 통하여 전송하는 트렁크 방식이 사용된다.
CSU는 트렁크라인(24채널의 T1이나 30채널의 E1)을 그대로 수용할 수 있는 고속의 디지털 전용 회선용 회선 종단 장치이며, 디지털 서비스 장치(DSU)나 다중화기(MUX)와 전용 회선 사이에서 인터페이스 및 버퍼로서 동작한다.
CSU는 전용 회선의 회선 조절 기능, 구내 장치의 보호 기능, 되돌림 시험, 회선의 유지 보수 기능, 타이밍 신호의 공급 기능 등을 수행하고, DSU와 하나의 장치로 결합될 수 있으며, 하나로 결합된 장치를 DSU/CSU라고 한다.

> **패턴 발생기**
> **(Pattern Generator)**
> • 각종 기기의 동작 상태를 점검하기 위해 필요한 시험 도형을 만들어 내는 신호 발생기
> • 수직 및 수평 동기 신호 회로에 의해 중형 막대 패턴을 발생시킴

이론을 확인하는 기출문제

01 다음 그림에서 아날로그 신호가 흐르는 구간은?

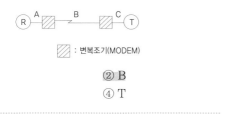

🔲 : 변복조기(MODEM)

① A   ② B
③ C   ④ T

단말기에 사용되는 신호는 디지털 신호이며, 이것이 회선을 통해 전달될 때에는 모뎀 등에 의해 아날로그 신호로 전환됨

02 DSU(Digital Service Unit)의 설명 중 틀린 것은?

① 디지털 정보를 변환 과정 없이 그대로 전송하기 위한 장치이다.
② PPPoE 방식의 프로토콜을 사용한다.
③ 단극형 신호를 양극형 신호로 바꾸어 준다.
④ 모뎀처럼 교류 신호로 변환하지 않는다.

DSU(Digital Service Unit)는 아날로그 신호가 디지털 방식의 전송로에서 이동하기에 적합한 형태로 바꾸어주는 장비로 디지털 정보를 변환 과정 없이 그대로 전송하는 장치로 양극형 신호로 변환하여 전송함

정보 전송 설비

빈출 태그 V 시리즈 • X 시리즈 • 25핀 인터페이스 • RS-232C 인터페이스 • PTN과 PDN의 인터페이스 • IEEE 1394 • 전화 다이얼의 3요소 • 명음 • 교환기 • 화중음

01 DTE/DCE의 접속 규격 표준화★

컴퓨터와 모뎀, 터미널과 모뎀 사이에서 전송 데이터를 주고받는 규격에 대한 정의로 ITU-T, EIA, ISO 등에서 표준화를 제정, 권고하고 있다.

기계적인 면	상호 접속 회로의 숫자와 커넥터, 치수 등을 규정
전기적인 면	상호 접속 회로의 전압 레벨과 관계되는 특성
기능적인 면	상호 접속 회로에 나타나는 신호와 관계되는 특성

1) ITU-T 시리즈 인터페이스★

ITU-T 표준 시리즈 중 데이터 통신과 관련있는 표준안은 V 시리즈와 X 시리즈이다.
① V 시리즈 : 기존의 전화망을 이용한 아날로그 데이터를 전송하기 위해 개발된 터미널 인터페이스로서, 모뎀 인터페이스라고도 함

번호	내용	비고
V.3	국제 전신 부호 CCITT No.5 코드	
V.4	데이터와 메시지 전송을 위한 7단위 코드의 구조	
V.5/V.6	공중 회선을 이용한 동기식 데이터 전송 속도	
V.20	공중 회선 병렬 전송용 변복조기에 관한 사항	
V.21	공중 회선(교환 회선)을 위한 200[Baud] 변복조기의 규격	음성 대역 모뎀 권고안
V.22	공중 회선(교환 회선)을 통한 동기식 1,200[BPS] 변복조기	음성 대역 모뎀 권고안
V.22bis	전용 회선을 통한 동기식 1,200[BPS] 변복조기	
V.23	공중 회선을 위한 600/1,200[baud] 변복조기	음성 대역 모뎀 권고안
V.24	데이터 터미널과 데이터 통신 기기의 접속 규격	
V.25	공중 회선을 이용한 자동 호출 및 응답 장치	
V.26	4선식 전용 회선을 위한 2,400[BPS] 변복조기	음성 대역 모뎀 권고안
V.26bis	공중 회선을 위한 2,400/1,200[BPS] 변복조기	음성 대역 모뎀 권고안
V.27/V.27bis	전용 회선을 위한 4,800[BPS] 변복조기	음성 대역 모뎀 권고안
V.27TER	공중 회선을 위한 변복조기	
V.28	불평형 복류 인터체인지 회로의 전기적 특성	
V.29	전용 회선을 위한 9,600[BPS] 변복조기	음성 대역 모뎀 권고안

② X 시리즈 : 기존의 공중 데이터 교환망(PSDN)으로 디지털 데이터를 전송하기 위해 개발된 신규 터미널용 인터페이스

번호	내용
X.4	PDN을 이용한 데이터 전송시 CCITT No.5 코드의 구조
X.20	PDN에서 비동기 전송을 위한 DTE, DCE의 접속 규격
X.20bis	V.21과 호환성이 있는 PDN에서 비동기 전송을 위한 DTE와 DCE 사이의 접속 규격
X.21	PDN에서 동기식 전송을 위한 DTE와 DCE 사이의 접속 규격
X.21bis	V 시리즈의 동기식 변복조기에 맞게 설계된 DTE의 PDN에서의 사용
X.24	PDN에서 사용되는 DTE와 DCE 사이의 인터체인지 회로에 대한 정의
X.25	PDN에서 패킷형 터미널을 위한 DCE와 DTE 사이의 접속 규격
X.28	동일 국내의 PDN에 연결하기 위한 DTE/DCE 접속
X.29	패킷형 DTE와 PAD 사이의 제어 정보 및 데이터 교환에 대한 절차
X.40	기초군을 주파수 분할하여 전신과 데이터 채널을 만들기 위한 주파수 편이 방식의 표준화
X.50	동기식 PDN 사이의 국제적 접속을 위한 다중화 방법
X.60	동기식 PDN에서 공중 채널 신호(이용자 부분)
X.70	비동기식 PDN 사이의 국제 회선에 Start-Stop 방식을 사용하기 위한 터미널 및 공중 제어 신호 방식
X.75	패킷 교환망 끼리의 연결을 위한 접속 규격

2) 25핀 인터페이스

① DTE/DCE 사이의 2진 직렬 데이터 및 제어 신호, 타이밍 신호의 전송 접속 규격에 관한 인터페이스
② 주로 ITU-T V.24, V.28 및 ISO 2110에서 규정
③ 비동기/동기 방식의 직통 전용 회선, 분기 전용 회선 및 교환 회선 이용
④ 신호 전송 속도는 20[KBPS] 이하이고, 접속 거리는 15m 이내임

3) RS-232C 인터페이스★

미국의 EIA에서 정의한 표준안으로, ITU-T에서 권고한 V.24와 함께 공중 전화망을 통한 데이터 전송에 필요한 모뎀과 컴퓨터를 연결시켜 주는 표준 인터페이스이다.

① 특성

• 모뎀과 DTE가 짧은 거리에 사용되며, 감쇠 영향이 적음
• RS-232C 케이블의 커넥터는 25핀으로 구성되며, RS-232C 케이블은 리본 형식의 케이블이나 멀티코어 케이블 사용

② EIA-접속핀(RS-232C) 회로의 번호와 그 기능

번호	내용
1	SHG/GN(SHield Ground/chassis GrouNd; 보안 접지) : 터미널의 접지 회로
2	TxD(Transmitted Data; 송신 데이터) : 터미널의 데이터를 모뎀에 전달
3	RxD(Received Data; 수신 데이터) : 전송 데이터를 터미널에서 수신
4	RTS(Request To Send; 송신 요구) : DTE에서 DCE로의 전송 방향 제어
5	CTS(Clear To Send; 송신 허가) : DCE의 전송 준비 완료를 DTE에게 알림
6	DSR(Data Set Ready; 데이터 세트 허가) : DCE가 정상 상태임을 DTE에게 알림
7	SIG/GND(SIgnal Ground/signal GrouND; 신호용 접지) : 기준 전위로 사용
8	DCD(Data Carrier Detect; 수신선 신호 감지) : DCE의 신호 수신을 DTE에게 알림
20	DTR(Data Terminal Ready; 데이터 단말 준비) : DTE의 정상 동작을 DCE에게 알림
22	RI(Ring Indicator; 링 신호 감지) : 링 신호가 들어오고 있음을 DCE에게 알림

02 전화기(Telephone)★

사람의 음성을 전기적인 신호로 바꾸고, 다시 그 전기적인 신호를 음성으로 재현시키는 기기이다.

▲ 전화 통신 시스템

송화기 **(Transmitter)**	• 인간의 음성 신호를 전기 신호로 변환하는 장치 • 북 댐퍼(제동자) : 진동판의 공진 현상을 막기 위해, 종이를 진동판 둘레에 겹쳐 감은 것 • 응고 현상 : 고역 차단 주파수 부근에서의 이득 저하 현상 • 호흡 작용 : 탄소 가루의 과열로 인해 출력 전류가 변동하여 통화에 영향을 주는 것 • 열화 현상 : 열화(기계적 물성의 저하)가 진행되면 음질이 훼손되어 잡음이 생김 • 탄소 잡음 : 송화기 내부의 탄소 가루에 스파크가 발생하여 생기는 잡음	
수화기 **(Receiver)**	• 전송된 전기적 신호를 본래의 음성 신호로 변환하는 장치 • 진동판 : 주파수 특성이 평탄하고, 온도에 따른 성능 변화가 적으며 진폭이 커야 함 • 영구 자석 : 수화 음성(−10 ~ −20[dB]) 진동 및 재생 • 코일(Coil) : 전류가 흐르는 순간 진동판을 통과하는 자력선을 변화시켜 음성 재생	
다이얼 **(Dial)**	다이얼의 3요소	임펄스 속도(PPS) : 1초간에 끊어졌다 이어졌다 하는 단속 임펄스 수
		임펄스 메이크율 : 임펄스의 이어짐과 끊어짐 간의 시간 비율
		미니멈 포즈 : 다음 스위치 동작을 위한 임펄스 간의 최소 휴지 시간(600[ms])
	다이얼의 종류	로터리형 : 다이얼을 돌리면 숫자에 해당하는 무전류 상태의 충격파 송출
		푸시–버튼형 : 조작이 쉬우며, 전자 교환기에 제공되는 다양한 서비스 이용 가능
신호 장치 **(Ringer)**	• 자석 벨 : 20[Hz]의 중첩 교류 신호로 매초당 40회 정도의 벨소리를 냄 • 전자 신호 장치 : 신호 전류를 Tone으로 변조 증폭하여, 여러 가지 멜로디 음을 들려줌	
훅 스위치 **(Hook Switch)**	전화기를 통한 발신 및 종료 의사를 교환기에 알려주는 전환 스위치로, 보통 송수화기를 내려 놓으면 끊어지고 드는 순간 통화 회로와 연결됨	
유도 코일	송화 회로와 수화 회로를 분리하여 통화의 효율을 높이기 위한 것으로, 여러 개의 얇은 강판에 3조 권선을 이용하여 측음 방지 회로를 만듦	
측음 방지 회로	자신의 음성이 수화기로 심하게 들리면 통화에 방해가 되기 때문에, 방지 회로(자석식 : 브리지형, 자동식 : 부스터형)를 써서 규정 이상의 측음을 차단함	
분기 접점	클릭음 차단, 다이얼의 수화 회로 단락, 충방전 작용을 하는 장치	
불꽃 방지 회로	콘덴서와 저항을 직렬로 연결하고 이것을 임펄스 접점과 병렬로 접속시킨 회로로, 임펄스 접점에서 발생하는 스파크 방지	

명음(Singing)
• 증폭된 음성 전류의 일부가 입력 측으로 새어나와 다시 증폭되어 이상 발진을 일으키는 현상
• 송화기에서 이상하게 큰 송전 전류가 전화국으로 보내지거나 회로 상수의 균형이 무너지면, 상회선의 신호가 하회선으로 누설되어 증폭되고, 다시 상회선으로 누설되어 증폭을 받는 등 이상 발진을 일으켜서 명음이 생김

DSP(Digital Signal Processor)
디지털 신호를 기계장치가 빠르게 처리할 수 있도록 하는 집적회로로 아날로그 신호인 음성을 디지털 신호로 고속처리하기 위하여 덧셈, 뺄셈, 곱셈 등의 반복 연산을 고속으로 처리할 수 있는 회로를 채용하고 있음

03 교환기★

초기에는 간단한 접속 연결 기능을 담당하는 장치였으나, 지금은 가입자 호출 신호의 감지, 원하는 가입자와의 연결, 통화 완료 후의 복귀 등 다양한 기능을 가진다.

1) 교환기의 통화음

① 발신음(DT; Dial Tone) : 교환기가 다이얼 펄스의 신호를 접수할 준비가 되어 있음을 발신자에게 알리기 위하여 교환기로부터 송출되는 연속적인 신호음
② 호출음(Ring Back Tone) : 착신자에게 호출 신호가 송출되고 있음을 발신자에게 알리기 위해 교환기로부터 발신자에게 보내는 음(수신자가 있다면 통화 가능)
③ 화중음(Busy Tone) : 사용 중인 전화번호를 호출했을 때 들리는 일정 주기의 신호음

2) 교환기 제어 방식

① 단독 제어 방식 : 통화를 위한 스위치 각각에 제어 회로가 붙어 있어서 독자적인 접속 선택이 가능한 방식으로 스트로저(Strowger) 교환기, EMD 교환기 등이 속함
② 공통 제어 방식 : 제어 회로를 한 군데 집중시켜 회로 전체 상태를 파악하여 접속경로를 택하는 방식으로, 결선 논리 제어 방식과 축적 프로그램 제어 방식이 있음
• 결선 논리 제어 방식(WLC) : 배선에 의해 고정된 제어 회로의 동작에 의해 조작되는 교환기로, 기존의 자동 전화 교환기와 X-bar 교환기 등에 적용
• 축적 프로그램 제어 방식(SPC) : 기억 장치에 저장되어 있는 프로그램에 따라 조작을 하는 방식으로, 대부분의 전자 교환기에서 사용

3) 전자 교환기의 구성 및 기능

처리계	중앙 제어 회로	교환기에 요구되는 모든 정보의 판단과 처리
	영구 기억 회로	교환기 동작 프로그램, 전화번호, 가입자 수용 기기 번호, 국번호, 회선 라우트 등을 반영구적으로 기억
	일시 기억 회로	각 부분의 상태와 호출 처리 과정에서 호출에 관련되는 데이터 일시 기억
통화로계	통화 스위치 회로망	통화의 연결 및 단절 관리
	주사 장치	전화선의 전류 상태를 파악하여, 그 결과를 중앙 제어 장치에 전달
	스위치 구동 회로	통화로에 관한 테스트 실행
	신호 분배 장치	중앙 제어 회로에서 지시한 명령을 가입자 회선과 중계선 및 통화로 망의 각 부분에 분배

전자 교환기는 음성, 데이터, 멀티미디어 등을 전송할 수 있으며, 통화로부, 제어부, 정합부로 나눌 수 있음

01 DTE/DCE 접속 규격을 설명하는 것이 아닌 것은?

① 논리적 특성
② 전기적 특성
③ 기계적 특성
④ 절차적 특성

DTE/DCE의 접속 규격 표준화는 기계적 특성, 전기적 특성, 기능적 특성, 절차적 특성 등 4가지 특성을 규정함

02 ITU-T X 시리즈 권고안 중 공중 데이터 네트워크에서 패킷형 터미널을 위한 DCE와 DTE 사이의 접속 규격은?

① X.3
② X.40
③ X.21
④ X.25

X.25 : 공중 데이터 네트워크(PDN)에서 패킷형 터미널을 위한 DCE와 DTE 사이의 접속 규격 규정

03 단말 인터페이스 장치를 X 시리즈와 V 시리즈로 나누는 근거는 어디에 두고 있는가?

① 전송 회선
② 전송 속도
③ 접속 커넥터
④ 전압 레벨

ITU-T 규격에는 V 시리즈, X 시리즈, R 시리즈 등이 있는데, 각각 R 시리즈는 전신 전송(회선), V 시리즈는 전화망을 이용한 아날로그 전송(회선), X 시리즈는 데이터망과 개방 시스템상의 디지털 전송(회선)에 관련된 통신규격임

04 RS-232C 표준 인터페이스 케이블은 몇 개의 핀으로 구성되어 있는가?

① 37
② 10
③ 25
④ 15

RS-232C 케이블의 커넥터는 25핀으로 구성되며, RS-232C 케이블은 리본 형식의 케이블이나 멀티코어 케이블 사용

05 RS-232C 25핀 커넥터의 송신(TXD)과 수신(RXD)의 핀 번호가 순서대로 각각 옳은 것은?

① 2, 3
② 7, 8
③ 15, 16
④ 20, 22

EIA-접속핀(RS-232C) 회로의 번호와 그 기능
• 2 : TD(송신 데이터)
• 3 : RD(수신 데이터)
• 7 : SG(신호 접지)
• 8 : DCD(수신선 신호 감지)
• 20 : DTR(데이터 단말 준비)
• 22 : RI(링 신호 감지)

06 2가지 주파수가 혼합하여 번호를 식별하는 전화기는?

① MFC 전화기
② 다이얼식 전화기
③ 공전식 전화기
④ 자석식 전화기

MFC 전화기
푸시 버튼 전화기라고 불리며 다이얼 대신 1~9, 0, *, #의 12개의 소형키 각각에 2주파 교류신호를 조합하여 발신임을 내는 다이얼 방식의 전화기
PB 방식의 전화기 CCITT 권고의 주파수 할당

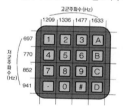

07 다음 중 전화기에서 송·수화기를 올려 놓으면 절단(OFF) 상태이고 송·수화기를 들게 되면 개통(ON) 상태가 되어 신호를 보낼 수 있도록 하는 기능을 가진 것은?

① 훅 스위치
② 측음 방지 회로
③ 다이얼
④ 유도코일

훅 스위치의 역할 : 송화기가 훅 스위치를 누르고 있으면 전화기의 신호회로를 구성하고, 수화기가 훅 스위치를 누르고 있지 않으면 통화 회로를 구성

08 다음 중 전자 교환기의 주요 구성 요소가 아닌 것은?

① 통화로부
② 변조부
③ 제어부
④ 정합부

전자 교환기는 음성이외에 데이터, 화상 등의 멀티미디어도 전송할 수 있는 설비로 통화로부, 제어부, 정합부로 구성됨

01 그래픽 단말기의 화면 출력 방식이 아닌 것은?

① 플라즈마(Plasma)
② 스토리지 튜브(Storage Tube)
③ 순차 스캔(Sequential Scan)
④ 레스터 리프레시(Raster Refresh)

02 컴퓨터와의 연결로, 필요한 마이크로필름의 정보를 CRT로 출력시킬 수 있는 완전 자동 시스템은?

① 오픈 루프(Open Loop) 시스템
② CAD/COM 시스템
③ 클로즈드 루프(Closed Loop) 시스템
④ 스탠드 어론(Stand-alone) 시스템

03 다음 중 모뎀의 수신부에 속하지 않는 장치는?

① 복조기
② 대역 제한 필터
③ 변조기
④ 디코더

04 팩시밀리(Facsimile)의 ITU-T에 의한 분류 중 G3일 경우 A4 용지 600자 기준 시 전송 시간은?

① 5초 이내
② 1분 이내
③ 10분 이내
④ 30분 이내

05 ITU-T X.25는 무엇을 권고하고 있는가?

① 공중 데이터 네트워크에서 패킷형 터미널을 위한 DCE와 DTE 사이의 접속 규격
② 공중 데이터 네트워크에서 동기식 전송을 위한 DTE와 DCE 사이의 접속 규격
③ 공중 데이터 네트워크에서의 패킷 분해/조립 장치
④ 국내의 동일 PDN에 연결하기 위한 DTE/DCE 접속 규격

06 PC에서 통신용 소프트웨어를 구동시켜 통신을 위한 준비가 되었을 때 모뎀측으로 보내는 신호는?

① DSR
② RI
③ DCD
④ DTR

07 모뎀 판넬에서 RS 표시등이 점등(ON) 상태일 때를 설명한 것으로 옳은 것은?

① 상대 신호가 들어온 표시
② 선로로부터 데이터가 복조되고 있을 때 표시
③ DTE로부터 공급되는 상태 표시이며 DCE가 송신 상태임
④ DTE로부터 RTS를 받아 송신 준비임을 표시함

08 EIA에서 규정하고 있는 변복조기(MODEM)와 단말기 사이의 연결 접속 방식은?

① ITU-T V.24
② RS-232C
③ TCP/IP
④ HDLC

09 RTS/CTS 지연 시간이란?

① DCE에서 CTS 송출 시 DTE에서 RTS로 응답 상태 확인 시간
② DCE에서 RTS 송출 시 DTE에서 CTS로 응답 상태 확인 시간
③ DTE에서 CTS 송출 시 DCE에서 RTS로 응답 상태 확인 시간
④ DTE에서 RTS 송출 시 DCE에서 CTS로 응답 상태 확인 시간

10 다음 중 음성 에너지를 전기 에너지로 변환하는 장치는?

① 수화기
② 송화기
③ 정류기
④ 모뎀기

11 수화기에 대한 설명으로 옳은 것은?

① 진동판과 탄소 입자를 이용한다.
② 전송된 전기 신호를 음성 신호로 바꾸어 준다.
③ 음성 데이터를 전기 신호로 바꾸어 준다.
④ 진동판으로 자유 진동을 크게 하는 것이 유리하다.

12 전화기에서 음성을 진동시켜 정확하게 재생하는 기능을 하는 것은?

① 진동판　　　　　② 탄소 입자
③ 영구 자석　　　　④ 코일

13 전화기에서 송수화기를 올려놓으면 절단(OFF) 상태이고 송수화기를 들게 되면 개통(ON) 상태가 되어 신호를 보낼 수 있도록 하는 기능을 가진 부품은?

① 훅 스위치　　　　② 측음 방지 회로
③ 다이얼　　　　　④ 유도 코일

14 다음 중 다이얼의 3요소가 아닌 것은?

① 메이크율　　　　② 시간 조절기
③ 임펄스 속도　　　④ 최소 휴지 시간

15 전기 통신 설비의 회로 간에 전자적, 음향적 결합에 의하여 발생하는 발진음을 무엇이라고 하는가?

① 송출음　　　　　② 반향
③ 명음　　　　　　④ 비트음

16 정보통신용 전자 교환기의 기본 구성 장치가 아닌 것은?

① 프로그램 기억 장치
② 통화로 분할 장치
③ 신호 분배 장치
④ 중앙 제어 장치

17 전자 교환기의 기본 구성에 대한 설명으로 옳지 않은 것은?

① 중앙 제어 장치 : 교환기에 요구되는 복잡한 정보의 판단 및 처리
② 호출 처리용 기억 장치 : 통화망에 관계되는 상태와 호출을 처리하는 과정에서 호출에 관계되는 정보를 일시적으로 기억
③ 주사 장치 : 가입자선 또는 중계선에 흐르는 전류 상태를 시분할적으로 주사하여 그 결과를 호출 처리용 기억 장치에 전달
④ 통화로망 : 중앙 제어 장치의 제어 정보에 의하여 희망하는 스위치를 개폐하여 가입자 및 중계선 상호 접속

18 RS-232C용 케이블 커넥터인 25핀에서 DTE와 DCE 간에 데이터의 송신과 수신용 핀 번호가 순서대로 옳은 것은?

① 2번, 3번　　　　② 7번, 8번
③ 14번, 16번　　　④ 20번, 21번

19 모뎀과 단말기 간을 연결해주는 RS-232C 25핀 커넥터의 기능에 해당되지 않는 것은?

① 인터페이스　　　② 데이터의 송 · 수신
③ 전자유도 차폐　　④ 전기적 접지

20 다음 OSI 7계층의 계층 중 RS-232C와 가장 관련 있는 것은?

① 물리 계층　　　　② 네트워크 계층
③ 표현 계층　　　　④ 응용 계층

21 전송 품질의 척도가 아닌 것은?

① 수화음량　　　　② 음량정격
③ 통화당량　　　　④ 실효전송당량

CHAPTER 05

통신 프로토콜

프로토콜에 대한 기본을 바탕으로 일반적인 통신 프로토콜과 인터넷 관련 프로토콜에 대해 이해하고, OSI 7 레벨 계층에 대해서는 전체 7 레벨에 대한 세세한 특성들까지도 명확하게 구분할 수 있을 정도로 학습하는 것이 좋습니다.

출제빈도

• Section 01	상	45%
• Section 02	중	30%
• Section 03	중	20%
• Section 04	하	5%

프로토콜(Protocol)의 개요

빈출 태그 구문 • 의미 • 순서 • BSC 프로토콜 • DDCM 프로토콜 • SDLC 프로토콜 • HDLC 프로토콜 • HTTP • TCP/IP • IPv6 • 모뎀 프로토콜

컴퓨터와 컴퓨터, 정보 통신망에서 원거리에 있는 통신 개체 사이의 정확한 데이터의 송·수신을 위해 필요한 일련의 절차나 규범의 집합 즉, 송·수신하려는 두 개체 사이에서 무엇을, 어떻게, 언제 통신할 것인가를 정한 약속을 말한다.

> **기적의 3초컷**
>
> 프로토콜의 본래 의미는 외교에서 의례 또는 의정서를 나타내는 말입니다.

01 프로토콜의 기본 요소

구문(Syntax)	데이터 형식, 신호 레벨, 부호화(Coding) 등 정의
의미(Semantics)	조정, 에러 관리를 위한 제어 정보 등 정의
순서(Timing)	통신 속도 및 메시지 순서의 제어 등 정의

> **BSC 프로토콜**
>
> 정보 전송과 제어를 용이하게 하기 위한 문자의 총칭(ACK, DEL, ENQ, EOT, ETX, ETB, NAK, SOH, STX, SYN 등이 있음)

02 프로토콜의 기능

단편화	전송이 용이하도록 전송 블록을 같은 크기의 작은 블록(PDU)으로 나누는 것
재합성	전송된 데이터를 재구성하여 원래의 메시지로 복원시키는 것
캡슐화	각 프로토콜에 적합한 데이터 블록이 되도록 데이터에 제어 정보 추가(프레임화 ; 패킷화)
연결 제어	비연결 데이터 전송, 가상 회선을 위한 통신로의 개설 유지·종결 등의 기능
흐름 제어	데이터의 양이나 통신 속도 등을 조정하여 수신측의 처리 능력을 초과하지 않도록 조정
에러 제어	데이터 전송 중 발생 가능한 오류나 착오 등을 검출하고 정정함
순서 제어	데이터 전송 시 발신측이 보내는 데이터 단위 순서대로 수신측에 전달될 수 있도록 함
주소 결정	발생지, 목적지 등의 주소를 명기하여 데이터가 정확하게 전달되도록 함
동기화	두 통신 개체 간의 상태(시작, 종류, 검사 등)를 일치시킴
다중화/역다중화	하나의 통신로를 여러 개로 나누거나, 여러 개의 회선을 하나의 통신로로 변환
전송 서비스	별도의 부수적인 서비스(보안도, 서비스 등급, 우선 순위 등) 제공

03 프로토콜의 종류

1) BSC(Binary Synchronous Communication) 프로토콜

- 1968년 IBM에 의해 발표된 문자 방식의 프로토콜
- 직렬 전송과 병렬 전송을 모두 지원하며, 전송 코드로 EBCDIC와 ASCII 등 이용
- 포인트 투 포인트, 멀티 포인트 방법만 지원하고, 루프 방식은 지원하지 않음
- 전용 회선과 교환 회선 모두 지원하나 반이중 통신만 가능

2) DDCM(Digital Data Communication Message) 프로토콜

- 바이트(Byte) 방식의 프로토콜로 전이중과 반이중 방식 지원
- 포인트 투 포인트, 멀티 포인트 접속 방식 지원
- 직렬과 병렬 전송 및 동기, 비동기 전송 지원

3) SDLC(Synchronous Data Link Control) 프로토콜

① SDLC 프로토콜의 특징

- 비트(Bit) 방식의 프로토콜로 BSC 프로토콜 대체 가능
- Stop and Wait ARQ 사용
- 네트워크 구조나 기기의 종류에 상관없이 독립적인 운용 가능

② SDLC 프로토콜의 명령 형태

- 정보 전송(Information Transfer) 형식 : I 프레임
- 감시(Supervisory) 형식 : S 프레임
- 비번호(Unnumbered) 형식 : U 프레임

4) HDLC(High-level Data Link Control) 프로토콜

① HDLC 프로토콜의 특징

- ISO에서 제정한 고속의 비트(Bit) 방식 프로토콜로, Go Back N ARQ 사용
- 프레임 단위의 연속적인 전송이 가능하기 때문에 전송 효율이 뛰어남

② HDLC 프로토콜의 프레임 구성

플래그(F)	주소 영역(A)	제어 영역(C)	정보 영역(I)	프레임 검사 순서 영역(FCS)	플래그(F)

- 플래그(Flag) : 시작과 종결을 표시하며 8비트로 구성
- 주소 영역 : 명령을 수신하는 2차국이나 복합국을 식별하기 위한 영역
- 제어 영역 : 주소 영역에서 지정된 2차 또는 복합국의 동작을 지시하는 영역
  - 정보(I) 프레임 : 정보 영역을 가지며 정보 메시지 전송에 사용
  - 관리(S) 프레임 : 정보 영역을 갖지 않으며, 데이터 링크의 감시에 사용
  - 비번호(U) 프레임 : 모드 설정, 오류 제어 및 데이터 전송의 동작 모드 설정

5) 인터넷 관련 프로토콜

① HTTP(Hyper Text Transfer Protocol) : 인터넷의 웹 서버와 웹 브라우저가 파일 등의 정보를 송수신하는 데 사용되는 클라이언트/서버 규약

② TCP(Transmission Control Protocol) : 전송 제어 규칙으로 컴퓨터 간 정보 교환을 담당하는 FTP, 원격지의 호스트 사용을 위한 Telnet, 메일 사용을 위한 SMTP 등이 포함됨

웹 서버(Web Server)
웹 페이지가 들어 있는 파일을 사용자들에게 제공하는 프로그램으로 현재 아파치(Apache), IIS, WebtoB, Tomcat, Iplanet 등이 있음

IPv6
- TCP/IP 중 뒷부분의 IPv4가 업그레이드된 것으로, 주요 컴퓨터 운영체계를 비롯한 많은 제품에서 IP 지원의 일부로서 포함되고 있음
- 기하급수적으로 늘어나는 Internet Address를 감당해낼 수 있고, Multi-media Data 처리가 능숙한 데다 보안성까지 갖추고 있음
- IPv4 체계의 주소가 232개로 현재 포화 상태에 달해 있는데 반해, IPv6는 2^{128}개로 사실상 무한대에 가까워 주소 부족 문제를 원천적으로 해결할 수 있음

③ IP(Internet Prototcol) : IP 주소에 따라 다른 네트워크 간 패킷의 전송, 즉 경로 제어를 위한 규약으로, TCP 또는 UDP와 함께 사용 TCP에 의해 패킷으로 변환된 데이터를 네트워크를 통해 다른 컴퓨터로 에러없이 전송

④ SMTP(Simple Mail Transfer Protocol) : TCP/IP의 상위층 응용 프로토콜의 하나로, 컴퓨터 간에 전자 우편 전송

⑤ SNMP(Simple Network Management Protocol) : TCP/IP의 망 관리 프로토콜로, 라우터나 허브 등 망 기기의 망 관리 정보 전송에 사용

⑥ DHCP(동적 호스트 설정 통신 규약) : TCP/IP 통신을 실행하기 위해 필요한 설정 정보를 자동적으로 할당, 관리하기 위한 통신규약

6) 모뎀 프로토콜

① X-MODEM : 대부분의 개인용 컴퓨터 통신 서비스가 지원하고 있어 유통 소프트웨어에서 X-MODEM을 갖지 않은 것은 없음. X-MODEM을 개량한 프로토콜로는 TELINK나 Y-MODEM, Z-MODEM 등이 있음

② Y-MODEM : 블록 전송 방식에 의한 개인용 컴퓨터 통신의 프로토콜의 일종. 오류 검사 기능이 있어서 2진 데이터의 전송이 가능. 패킷 길이가 1,024바이트이며 X-MODEM보다 전송 효율이 좋음

③ Z-MODEM : 데이터 재전송 요구 등의 제어 코드까지도 오류 체크를 하며, 수신측의 응답을 기다리지 않고 여러 개의 파일을 연속적으로 전송할 수 있음. Y-MODEM, X-MODEM 프로토콜을 내장하고 있으므로 상대방이 Z-MODEM을 지원하지 않아도 Y-MODEM, X-MODEM으로 전환할 수 있음

01 BOOTP 프로토콜 기능과 유사하며 동적으로 IP 주소를 할당하는 기능을 정의하는 프로토콜은?

① UDP
② DHCP
③ ICMP
④ IGMP

- BOOTP(Bootstrap Protocol) : IP 동적 할당을 정의하는 규약으로 DHCP보다 먼저 개발되어 사용하였던 통신 규약
- 동적 호스트 설정 통신 규약(DHCP) : TCP/IP 통신을 실행하기 위해 필요한 설정 정보를 자동적으로 할당, 관리하기 위한 통신 규약

02 다음 중 프로토콜의 계층 구조상의 기본 구성 요소가 아닌 것은?

① 의미(Semantics)
② 구문(Syntax)
③ 타이밍(Timing)
④ 처리(Process)

프로토콜의 기본 요소
- 구문(Syntax) : 데이터 형식, 신호 레벨, 부호화(coding) 등 포함
- 의미(Semantics) : 조정, 에러 관리를 위한 제어 정보 포함
- 순서(Timing) : 통신 속도 및 메시지 순서의 제어 등 포함

03 다음 중 가장 효율이 좋은 데이터링크 계층의 프로토콜은?

① BSC
② HDLC
③ CRC
④ TDM

정보 통신 관련 프로토콜
- HDLC 프로토콜 : 프레임 단위의 연속적인 전송이 가능하기 때문에 전송 효율이 뛰어남
- SDLC 프로토콜 : 비트(Bit) 방식의 프로토콜로 단방향, 반이중 통신, 전이중 방식 모두 지원
- BSC 프로토콜 : 문자 방식의 프로토콜로 직렬 전송과 병렬 전송을 모두 지원

04 다음 중 정보 통신 관련 프로토콜에 해당하지 않는 것은?

① HDLC
② SDLC
③ BSC
④ EBCDIC

EBCDIC는 프로토콜이 아닌 8비트 구성된 IBM 컴퓨터 기종의 정보처리용 코드임

OSI 7 레벨 계층

빈출 태그 OSI 참조 모델 · 물리 계층 · 데이터 링크 계층 · 네트워크 계층 · 전송 계층 · 세션 계층 ·
표현 계층 · 응용 계층 · SLIP

01 OSI 참조 모델 개요

표준 네트워크 구조를 위한 개방형 시스템 간의 상호 접속(OSI) 규정으로 광대역
(WAN)을 위한 모델이다.
1977년 국제 표준화 기구(ISO) 위원회에서 제정했으며, 정보 통신 시스템들 간의 프
로토콜 표준을 개발하기 위한 공통 기반을 제공한다.

02 OSI 참조 모델 구성

① 개방형 시스템 : 응용 프로세스 간의 원활한 통신 수행(통신 · 단말 제어 장치 등)
② 물리 매체 : 시스템 간의 원활한 정보 교환 수행(통신 회선 등)
③ 응용 프로세스 : 실제 정보 처리 수행(응용 프로그램 등)

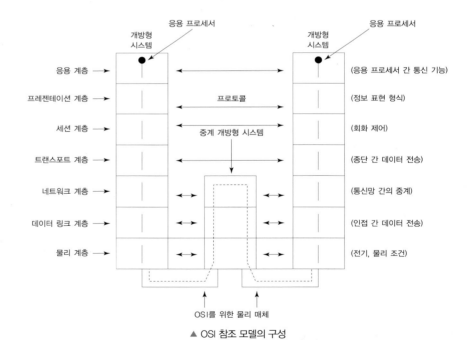

▲ OSI 참조 모델의 구성

03 OSI 7 레벨 계층과 역할 ★

상 위 층	7계층	응용 계층	응용 프로세스 간의 정보 교환, 전자 사서함, 파일 전송
	6계층	표현 계층	정보의 형식 설정과 부호 교환, 암호화, 해독
	5계층	세션 계층	응용 프로세스 간의 연결 접속 및 동기 제어
	4계층	전송 계층	송수신 시스템 간의 논리적 안정과 균일한 서비스 제공
하 위 층	3계층	네트워크 계층	시스템 접속 장비 관리, 패킷 관리, 네트워크 연결 관리 등 담당
	2계층	데이터 링크 계층	동기화, 오류 제어, 흐름 제어 등의 기능을 통해 무오류 전송
	1계층	물리 계층	매체 접근에 있어 기계적, 전기적인 물리적 절차를 규정

① 1계층 : 물리 계층(Physical Layer)

- 비트 전송을 위한 물리적 전송 매체의 기능(기계적/전기적/기능적/절차적) 정의
- 케이블 형태, 데이터 충돌 감지 방식, 전송 방식, 데이터 부호화 방식, 신호 형식, 변조 방식, 데이터율 등 정의
- RS-232C(교환 회선), RS-449(교환 회선), RS-423(비평형 전송), RS-422(평형 전송, 비평형 전송), X.21(평형 전송), X.24 등의 프로토콜이 이에 속함

② 2계층 : 데이터 링크 계층(Data Link Layer)

- 물리 계층에서 사용되는 전송 매체를 통해 이웃한 통신 기기 사이의 연결 및 데이터 전송 기능과 관리 규정
- 에러 검출 및 정정(ARQ), 프레임 형식, 순서 및 전송, 흐름 제어, 채널 제어 및 접속 방식
- HDLC, SDLC, ADCCP(ANSI에서 개발), LAP-B(CCITT에서 채택), SLIP, PPP 등이 이에 속함

③ 3계층 : 네트워크 계층(Network Layer)

- 1, 2계층을 활용하여 네트워크를 연결하는데 필요한 데이터 전송과 교환 기능의 제공 및 관리 규정
- 패킷 관리, 경로 배정, 네트워크 어드레싱, 송신지로부터 수신지까지 패킷 전달
- ITU-T 권고안의 X.25 레벨 3, IP, ICMP, ARP, RIP, GBP 등이 이에 속함

④ 4계층 : 전송 계층(Transport Layer)

- 1~3계층을 활용하여 다른 네트워크들의 종점 간에 정확한 데이터 전송을 기본적으로 제공하고 오류의 복원과 흐름 제어, 최종 이용자의 시스템이나 프로세스 등의 주소 선정 등 담당
- 종점 간 인식, 흐름 제어, 네트워크 어드레싱, 네트워크층의 서비스 정도에 따라 최적화 결정 등 담당
- TCP, UDP, RTP, SCTP 등이 이에 속함

SLIP(Serial Line Internet Protocol)
- TCP/IP 네트웍에 다이얼업 접속을 할 수 있도록 해주는 데이터링크 프로토콜
- 서버에 다이얼업 접속을 하면 대개 직렬회선을 사용하므로, 병렬회선이나 T-1과 같은 다중화 회선에 비해 느림
- SLIP은 PPP보다 오래되고 단순한 프로토콜로 IP 패킷들을 다이얼업과 같은 직렬 링크를 통해 전달함

⑤ 5계층 : 세션 계층(Session Layer)

• 1~4계층을 활용하여 응용 프로그램 간의 대화 제어
• 세션이 선정되면 이에 따른 약정(전송 방식, 문자 코드, 흐름 제어, 윈도우 크기, 암호화, 텍스트 압축의 유무, 트랜스포트 계층의 회복 등) 확립, TCP/IP 세션의 생성 및 제거
• ISO-8327, X.225 등이 이에 속함

⑥ 6계층 : 표현 계층(Presentation Layer)

• 1~5계층을 활용하여 실제의 단말기들을 하나의 가상적인 네트워크 단말기로 변형시킴
• 데이터가 세션 계층에 보내지기 전에 텍스트 압축, 암호화, 네트워크 표준화, ASCII 코드와 EBCDIC 코드 사이의 변환 등 수행
• XDR, SSL, TLS 등이 이에 속함

⑦ 7계층 : 응용 계층(Application Layer)

• 1~6계층을 활용하여 OSI 환경의 사용자에게 데이터베이스, 전자 사서함 등 다양한 응용 프로그램 제공
• 오퍼레이터 지원, 원격 데이터의 이용, 파일 전송 제어, 분산 데이터의 운영, 고수준 대화 기능 등 포함
• HTTP, SMTP, SNMP, FTP, 텔넷, NTS, NTP 등이 이에 속함

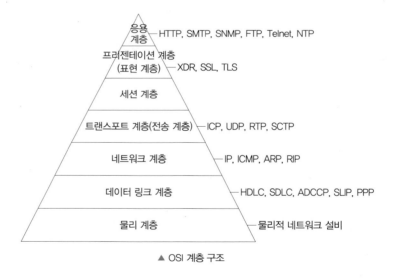

▲ OSI 계층 구조

01 다음 중 데이터의 암호화와 압축을 수행하는 OSI 참조 모델의 계층은?

① 응용 계층
② 표현 계층
③ 세션 계층
④ 전송 계층

표현 계층 : 데이터가 세션 계층에 보내지기 전 텍스트 압축, 암호화, 네트워크 표준화, ASCII 코드와 EBCDIC 코드 사이의 변환 등 수행

02 다음과 같은 기능을 수행하는 OSI 계층은?

> • 텍스트 압축, 암호화, 구문의 변환
> • 단말기와 파일들을 망 표준으로 변형
> • 실제의 단말기를 가상적인 망에 알맞게 변형

① 세션 계층
② 응용 계층
③ 표현 계층
④ 물리 계층

표현 계층의 가장 대표적인 기능은 정보의 형식 설정과 부호 교환, 암호화, 해독 등임

03 OSI 7계층에서 하위 계층은 어떤 계층들인가?

① 물리 계층, 데이터 링크 계층, 네트워크 계층
② 세션 계층, 표현 계층, 응용 계층
③ 물리 계층, 트랜스포트 계층, 표현 계층
④ 데이터 링크 계층, 트랜스포트 계층, 세션 계층

OSI 7계층
• **하위 3계층** : 물리 계층, 데이터 링크 계층, 네트워크 계층
• **상위 4계층** : 트랜스포트 계층, 세션 계층, 표현 계층, 응용 계층

04 OSI 7계층 참조 모델 중 논리적 회로 또는 논리적 링크라고 불리우는 가상 회로와 가장 관계가 깊은 것은?

① 데이터 링크 계층
② 네트워크 계층
③ 트랜스포트 계층
④ 세션 계층

OSI 7계층
• **데이터 링크 계층** : 통신기기 사이의 물리적 연결 및 데이터 전송 기능과 관리 규정
• **네트워크 계층** : 네트워크를 연결하는데 필요한 데이터 전송과 교환 등 논리적 기능과 관리 규정

/ SECTION /
03
TCP/IP
출제빈도
상 중 하

빈출 태그 계층별 프로토콜 · 기본 프로토콜

01 TCP/IP 개념

- TCP : 종단 간에 신뢰성 있는 데이터 전송 서비스를 제공하는 프로토콜
- IP : 사용자의 데이터를 패킷 형태로 전송하기 위한 프로토콜

02 TCP/IP의 계층별 프로토콜

OSI 7 Layer 모델과 대응시킨 TCP/IP 계층별 프로토콜 구조는 다음과 같다.

OSI 7 Layer	TCP/IP
7. 응용 계층	응용 계층
6. 프레젠테이션 계층	
5. 세션 계층	
4. 전송 계층	전송 계층
3. 네트워크 계층	네트워크 계층
2. 데이터링크 계층	네트워크 인터페이스 계층
1. 물리 계층	

03 기본 TCP/IP 프로토콜

Telnet	원격지에서 시스템에 로그인하기 위한 프로토콜	응용 계층
SMTP	Simple Mail Tranfer Protocol. 여러 사용자 간에 전자 메일을 전송하기 위한 프로토콜	
FTP	File Transfer Protocol. 여러 시스템 간에 파일을 전송하기 위한 프로토콜	
TCP	• 종단 간의 연결을 설정한 후 데이터를 전송하는 접속형(Connection-Oriented) 프로토콜 • 종단 간 신뢰성 있는 데이터 전송 서비스 • 데이터를 스트림 방식으로 전송	전송 계층
UDP	User Datagram Protocol. 종단 간의 연결을 설정하지 않고 데이터를 전송하는 비접속형 전송 서비스	
IP	Internet Protocol. 사용자 데이터를 담은 패킷을 패킷 내에 포함된 주소의 목적지로 경로 설정 및 전달	네트워크 계층

계층별 TCP/IP 프로토콜 정리

응용계층(Application Layer)	FTP, SMTP, TELNET, SNMP, HTTP
전송계층(Transport Layer)	TCP, UDP
네트워크 계층(Network Layer)	IP, ARP, RARP, ICMP

기적의 3초컷

TCP는 전송 계층, IP는 네트워크 계층임을 꼭 기억합니다. 또한 TCP가 IP보다 상위 계층임도 꼭 기억합니다. 쉽게 암기하기 위해서 TT로 기억합니다.

4계층	전송 계층 (Transport Layer)	TCP
3계층	네트워크 계층 (Network Layer)	IP

기적의 3초컷

TCP와 UDP 비교
TCP는 UDP에 비해 뛰어난 신뢰성을 갖지만 양단 간 접속을 유지해야 하고, 초기 접속 시 TCP 간 설정 시간 소비가 크므로 멀티미디어 전송에는 주로 UDP가 사용됩니다.

기적의 3초컷

ARP(Address Resolution Protocol)
IP Address를 물리적 하드웨어 주소(MAC Address)로 변환하는 프로토콜

이론을 확인하는 기출문제

01 다음 중 인터넷 관련 사항으로 옳지 않은 것은?

① TCP/IP는 TCP 프로토콜과 IP 프로토콜의 결합적 의미로서 TCP가 IP보다 상위층에 존재한다.
② TCP/IP는 계층형 구조를 가지고 있다.
③ TCP는 OSI 참조모델의 네트워크 계층에 대응되고, IP는 트랜스포트 계층에 대응된다.
④ ICMP는 Internet Control Message Protocol을 뜻한다.

TCP와 IP의 OSI 7 Layer상에서 대응

4계층	전송 계층(Transport Layer)	TCP
3계층	네트워크 계층(Network Layer)	IP

02 IP 주소의 수는 한정되어 있으므로 어떤 기관에서 배정받은 하나의 네트워크 주소를 다시 여러 개의 작은 네트워크로 나누어 사용하는 방식을 무엇이라 하는가?

① Subnetting
② IP Address
③ SLIP
④ MAC

Subnetting : Class IP Address를 효율적으로 활용할 수 있으며 LAN의 트래픽을 줄일 수 있음

오답 피하기
② IP Address : 숫자로 된 인터넷 주소
③ SLIP : TCP/IP 네트워크에 접속할 수 있게 해주는 데이터 링크 프로토콜
④ MAC : 매체 접근 제어

03 인터넷 프로토콜 TCP/IP에서 IP는 OSI 7계층 중 어느 계층에 가장 가까운가?

① 응용계층
② 전송계층
③ 네트워크 계층
④ 데이터링크 계층

TCP는 전송 계층, IP는 네트워크 계층

04 TCP/IP상에서 운용되는 응용 프로토콜이 아닌 것은?

① FTP
② Telnet
③ SMTP
④ SNA

SNA(Systems Network Architecture) : IBM이 메인프레임과 터미널을 연결시키기 위해 고안한 것으로 TCP/IP상에서 운용되는 프로토콜이 아닌 TCP/IP 이전의 프로토콜

05 IP 프로토콜(IP : Internet Protocol)은 OSI 계층 중 어느 계층에 해당하는가?

① 데이터링크 계층
② 네트워크 계층
③ 트랜스포트 계층
④ 세션 계층

IP는 대표적인 네트워크 계층 프로토콜임

06 다음 중 파일을 다른 시스템으로 전송할 때 주로 이용되는 프로토콜은?

① Telnet
② SNMP
③ FTP
④ DNS

FTP(File Transfer Protocol) : 두 컴퓨터 간의 파일 전송을 위한 인터넷 표준 프로토콜로 FTP 클라이언트를 써서 상대방 컴퓨터에 접속, 파일을 보내고 받는 일을 수행함

오답 피하기
• Telnet : 멀리 있는 컴퓨터를 자신의 컴퓨터처럼 사용할 수 있는 시스템(원격 접속)
• SNMP(Simple Network Management Protocol) : 네트워크 관리 및 네트워크 장치와 그 동작을 감시, 관리하는 프로토콜
• DNS(Domain Name System) : 도메인 네임을 컴퓨터가 인식할 수 있는 IP 주소로 변환해 주는 컴퓨터 체계

07 다음 인터넷 응용 서비스 중에서 가상 터미널(VT) 기능을 갖는 것은?

① FTP
② Gopher
③ Telnet
④ WWW

텔넷(Telnet)
• 응용 계층의 서비스
• 멀리 떨어져 있는 컴퓨터에 접속하여 자신의 컴퓨터처럼 사용할 수 있도록 해주는 서비스
• 프로그램을 실행하는 등 시스템 관리 작업을 하기 위한 가상 터미널(Virtual Terminal) 기능을 수행함

국제 표준화 관련 기구

빈출 태그 ISO · ITU–T · ANSI · EIA · IEEE

1) 국제 표준화 기구(ISO)

1947년 통신 시스템과 관련하여 각국의 표준화 사업을 위해 만들어진 비조약 기구로, OSI 7계층 모델을 설계하였다.

2) 전기 통신 표준화 분과회(ITU–T)★

데이터 전송과 국제 간의 전신 전화에 대한 표준화를 담당했던 CCITT(국제 전신 전화 자문 위원회)가 1993년 개칭한 기관으로, 국제 전기 통신 연합(ITU) 소속이다.

3) 미국 규격 협회(ANSI)

1918년 미국 내 기업 간의 표준화를 보다 능률적이고 효과적으로 처리하기 위해 기술 단체 및 업계 단체의 협력으로 설립되었다.

4) 미국 전자 공업회(EIA)

1924년에 미국의 전자기기 제조업 대부분을 대표하는 무역 통상 단체로 설립되었으며 RS–232C 인터페이스, RS–449 인터페이스 등을 발표하였다.

5) 미국 전기 전자 공학회(IEEE)

1980년에 대학과 기업이 함께 발족시킨 조직으로, LAN 모델의 검토와 전송 매체 권고 등을 담당한다.

이론을 확인하는 기출문제

01 정보 통신의 국제적 표준화를 권고하는 국제 기구인 ITU의 우리말 명칭은?

① 국제 정보 통신 표준 기구
② 국제 전기 통신 연합
③ 국제 표준화 기구
④ 세계 정보 통신 연합

표준안 제정 기구
• CCITT : 국제 전신 전화 자문 위원회
• ISO : 국제 표준화 기구
• ITU–T : 전기 통신 표준화 분과회
• FCC : 미국 연방 통신 위원회

02 정보통신관련 표준안을 제안하는 기구가 아닌 것은?

① ISO
② ITU–T
③ ISDN
④ ANSI

ISDN은 종합 정보 통신망(Integrated Services Digital Network)의 약자임

01 정보(데이터) 통신에서 신속하고 정확한 신뢰성 있는 정보를 송수신하기 위해 정해 놓은 규약, 규정을 무엇이라 하는가?

① Program   ② Communication
③ Protocol   ④ Process

02 통신 프로토콜의 기본 요소가 아닌 것은?

① 구문(Syntax)   ② 의미(Semantics)
③ 헤더(Header)   ④ 시간(Timing)

03 송신측에서 전송이 용이하도록 전송 블록을 같은 크기의 작은 블록으로 나누어 전송하는 프로토콜의 기능은 다음 중 무엇인가?

① 재합성(Assembly)
② 세분화(Fragmentation)
③ 동기화(Synchronization)
④ 캡슐화(Encapsulation)

04 통신 프로토콜의 3가지 방식에 해당하지 않는 것은?

① 문자 방식   ② 비트 방식
③ 바이트 방식   ④ 폴링 방식

05 프로토콜 방식 중 바이트 방식에 대한 설명으로 옳은 것은?

① 전송 데이터의 처음과 끝에 특수 문자를 포함시켜 전송한다.
② 전송 데이터의 헤더(Header)에 특수 문자를 포함시켜 전송한다.
③ 8비트의 플래그라는 특수 문자를 사용한다.
④ 대표적인 프로토콜은 BSC이다.

06 HDLC에 대한 설명으로 옳지 않은 것은?

① HDLC는 IBM의 SDLC를 확장한 것이다.
② HDLC는 공중 데이터 통신망에서 사용되는 대표적인 데이터 링크 프로토콜이다.
③ HDLC에서는 Packet 형식으로 데이터를 보낸다.
④ HDLC 전송 제어 절차는 점대점 방식, 멀티포인트 방식, 루프(Loop) 방식 등 다양한 데이터 링크 형태에 적용할 수 있다.

07 HDLC(High-level Data Link Control) 프레임(Frame)을 구성하는 순서로 바르게 열거한 것은?

① 플래그, 주소부, 정보부, 제어부, 검색부, 플래그
② 플래그, 주소부, 제어부, 정보부, 검색부, 플래그
③ 플래그, 제어부, 주소부, 정보부, 검색부, 플래그
④ 플래그, 검색부, 주소부, 정보부, 제어부, 플래그

08 Internet에서 가장 일반적으로 사용되는 프로토콜은?

① TCP/IP   ② BBS
③ X.25   ④ RS-232C

09 TCP/IP 프로토콜에 대한 설명으로 적합하지 않은 것은?

① 범세계 주소 방식을 채용하고 있다.
② 현재 Internet에 널리 사용되고 있다.
③ OSI 기준 모델보다 더 널리 사용되고 있다.
④ 폐쇄형 프로토콜의 표준이다.

10 텍스트만 전달될 수 있는 기존의 e-mail 시스템에서 바이너리 형식의 첨부파일을 포함할 수 있도록 하기 위해 확장된 것은?

① SMTP   ② POP
③ HTTP   ④ MIME

11 다음 중 개방형 시스템 간의 상호 접속을 위한 표준안은?

① CCITT의 X 시리즈
② ISO의 OSI 7계층 참조 모델
③ EIA의 RS-232C
④ CCITT의 V.24, V.28

12 OSI 7계층 모형에서 메모리의 구조에 대한 계층 순서가 옳은 것은?

① 물리 계층 → 데이터 링크 계층 → 네트워크 계층 → 트랜스포트 계층 → 세션 계층 → 프레젠테이션 계층 → 응용 계층
② 물리 계층 → 네트워크 계층 → 데이터 링크 계층 → 트랜스포트 계층 → 세션 계층 → 프레젠테이션 계층 → 응용 계층
③ 물리 계층 → 네트워크 계층 → 트랜스포트 계층 → 데이터 링크 계층 → 프레젠테이션 계층 → 세션 계층 → 응용 계층
④ 물리 계층 → 데이터 링크 계층 → 네트워크 계층 → 트랜스포트 계층 → 프레젠테이션 계층 → 세션 계층 → 응용 계층

13 물리 계층에 대한 설명으로 옳지 않은 것은?

① OSI 참조 모델의 가장 하위 계층이다.
② 기계적, 전기적인 물리적 절차를 규정한다.
③ 정보의 형식 설정, 부호 교환, 암호화 등의 기능을 한다.
④ 대표적 프로토콜은 RS-232C, RS-449, RS-423, RS-422 등이 있다.

14 응용 프로세스 간의 대화를 제어하는 기능을 담당하는 OSI 참조 모델 계층은?

① 세션 계층
② 표현 계층
③ 응용 계층
④ 전송 계층

15 OSI 7계층 참조 모델에서 인접 개방형 시스템 간의 데이터 전송, 에러 검출, 오류 회복 등을 취급하는 계층은?

① 물리적 계층
② 데이터 링크 계층
③ 응용 계층
④ 세션 계층

16 ITU-T에서 권고하는 프로토콜 X.25와 관계가 없는 것은?

① 데이터 링크 계층
② 물리 계층
③ 응용 계층
④ 네트워크 계층

17 FTP(File Transfer Protocol)는 OSI 7계층 중 어느 계층에 속하는가?

① 데이터 링크 계층
② 네트워크 계층
③ 세션 계층
④ 응용 계층

18 다음 중 표준안 제안 기구가 아닌 것은?

① ISO
② ITU-T
③ ISDN
④ ANSI

19 네트워크 관리자가 중앙에서 IP 주소를 관리할당하며 컴퓨터가 네트워크의 다른 장소에 접속되었을 때 자동으로 새로운 IP 주소를 보내줄 수 있게 해주는 서버는?

① DHCP 서버
② DNS 서버
③ SIP 서버
④ WEB 서버

20 차세대 인터넷이라고 부르는 IPv6(Internet Protocol version 6)의 주소는 몇 비트인가?

① 16비트
② 32비트
③ 64비트
④ 128비트

CHAPTER 06

정보 통신망

학습방향

구성 형태에 따른 정보 통신망은 그림과 함께 이론을 연결하여 학습하면 쉽게 이해가 될 수 있으며, 회선 교환망과 축적 교환망, 종합 정보 통신망, 그리고 인터넷 등에 관해서는 단계적으로 하나하나 학습해 나가길 바랍니다.

출제빈도

- Section 01 하 17%
- Section 02 중 28%
- Section 03 중 22%
- Section 04 상 33%

정보 통신망의 기본 구성

빈출 태그 노드・링크・스타형・트리형・망형・링형・버스형・격자형・정보 통신망의 회선 길이

정보 통신망 형태

[스타형]

[트리형]

[망형]

[링형]

[버스형]

[격자형]

정보 통신망의 회선 길이
망형 > 스타형 > 링형 > 트리형

01 정보 통신망(Network)의 개요 ★

1) 정보 통신망의 정의 및 개요

둘 이상의 지점 간에 통신을 하기 위한 변환 수단(신호 변환기), 선택 수단(교환기), 전달 수단(전송로) 등의 요소로 조직된 집합 체계이다.

① 정보 통신망의 기본 요소 : 단말 장치, 전송로, 교환 장치로 구성

② 정보 통신망의 논리적 구조

• 노드(Node) : 호스트 컴퓨터, 전처리 장치, 원격 처리 장치, 단말 제어기와 단말기 등의 정보처리와 통신 처리를 하는 장치

• 링크(Link) : 통신 회선 및 채널 등 정보를 운반하는 매체

• 사용자 프로세서(User Processor) : 단말기의 조작자(Operator) 및 호스트 컴퓨터의 응용 프로그램 등 정보처리 또는 통신을 행하는 당사자

2) 정보 통신망의 3대 동작 기능

① 전달 기능 : 음성, 데이터 등의 정보를 실제로 교환 및 전송

② 신호 기능 : 전기 통신망에서 접속의 설정, 제어 및 관리에 관한 정보 교환

③ 제어 기능 : 단말과 교환 설비 간, 네트워크 간의 접속에 필요한 제어 및 관리

3) 정보 통신망의 목적

① 지리적으로 분산된 컴퓨터나 단말기 간의 정보 교환 및 데이터 자원의 공유

② 하드웨어 및 소프트웨어를 비롯한 컴퓨터 자원의 공동 이용에 의한 경제화

③ 분산 처리 및 공동 처리를 통한 비용 절감, 성능비의 향상, 처리 능력 확대

02 구성 형태에 따른 정보 통신망의 종류 및 특징 ★

스타(Star)형	• 중앙 컴퓨터와 단말기들이 1:1로 연결되어 있는 형태로, 일반적인 온라인 시스템의 전형적 방법 • 중앙 집중 방식으로 보수와 관리가 용이하고, 각 단말의 전송 기능을 간단히 할 수 있음 • 단말 고장은 전체 통신망에 영향을 미치지 않으나, 중앙의 컴퓨터가 고장이 나면 전체의 기능이 정지됨 • 통신 회선의 수가 증가되므로, 통신망 전체가 복잡해지며, 회선 비용이 많이 듦
트리(Tree)형	• 중앙의 컴퓨터와 직접 연결된 단말기로부터 이웃 단말기들이 연장되는 형태 • 분산 처리 시스템이 가능하고 통신 선로가 가장 짧음

망(Mesh)형	• 모든 단말기 각자가 연결된 형태로 보통 공중 전화망(PSTN)과 공중 데이터 통신망(PSDN)에 이용 • 통신 회선의 장애 시 우회 경로를 통해 데이터 전송 • 통신 회선의 총 길이가 가장 긺 • 교환국 수(N)에 대한 경로 수 = $\frac{N(N-1)}{2}$임
링(Ring)형 (루프(Loop)형)	• 컴퓨터와 단말기들을 서로 이웃하는 것끼리만 연결시킨 형태로 LAN에서 가장 많이 채택 • 단말 장치나 전송 매체의 고장 발견이 용이하고 방송 모드의 데이터 전송 가능
버스(Bus)형	• 하나의 통신 회선에 여러 대의 단말을 접속 • 데이터 양이 적은 근거리 통신망에 적합 • 방송 모드이므로 버스상의 모든 단말의 데이터를 수신할 수 있음
격자(Matrix)형	• 2차원적인 형태를 갖는 망으로 네트워크 구성이 복잡함 • 트래픽 처리 능률, 신뢰성 등의 면에서 우수하여 광역 통신망에 적용 • 화상 처리 등의 특수한 분산 처리망으로 적합

⏱ **기적의 3초컷**

망형의 형태에 따른 특징을 구분하시면 됩니다. 스타(Star)형은 중앙의 컴퓨터가 고장이 나면 전체 Network가 마비된다.' 등의 특징을 잡아 정리하세요.

이론을 확인하는 기출문제

01 단말기를 접속하기 위해 사용되는 기기 및 선로 등으로 구성되는 전송 매체들의 연결망을 무엇이라 하는가?

① 데이터 링크(Data Link)
② 인터페이스(Interface)
③ 네트워크(Network)
④ 프로토콜(Protocol)

네트워크 : 컴퓨터 상호 간의 정보 교환과 정보 처리를 위한 데이터 통신망

02 다음 중 컴퓨터 네트워크의 목적이 아닌 것은?

① 컴퓨터 하드웨어 자원의 공유
② 컴퓨터 소프트웨어 자원의 독점
③ 데이터 자원의 공유
④ 컴퓨터 부하의 평균화

정보 통신망의 목적 중 하나는 자원의 독점이 아닌, 지리적으로 분산된 컴퓨터나 단말기간의 정보 교환 및 데이터 자원의 공유임

03 공중 전화망(PSTN)이나 공중 데이터 통신망(PSDN)에 이용되는 정보 통신망의 형태는?

① 스타형
② 트리형
③ 망형
④ 버스형

망형은 보통 공중 전화망(PSTN)과 공중 데이터 통신망(PSDN)에 이용됨

04 중앙에 컴퓨터가 있고 이를 중심으로 터미널이 연결되어 있는 네트워크 형태는?

① 나뭇가지(Tree)형
② 별(Star)형
③ 원(Ring)형
④ 그물(Mesh)형

스타형은 중앙 컴퓨터와 단말기들이 1:1로 연결되어 있는 형태로, 일반적인 온라인 시스템의 전형적 방법임

05 성(Star)형 정보 통신망에 대한 설명으로 옳지 않은 것은?

① 중앙 집중식이다.
② 통신망의 기본적인 형태이다.
③ 통신 회선이 많이 필요하다.
④ 중앙의 컴퓨터가 고장이더라도 전체 시스템 다운은 없다.

스타(Star)형 통신망의 경우 각 단말이 고장 나더라도 전체 통신망에는 영향을 미치지 않으나, 중앙의 컴퓨터가 고장 나면 전체의 기능이 정지됨

06 PC 터미널이 8개가 설치된 시스템에서 각 터미널 상호간을 망형으로 결선하려면 필요한 회선 수는?

① 8회선
② 16회선
③ 28회선
④ 42회선

$\frac{N(N-1)}{2} = \frac{8 \times 7}{2} = 28$

정보 교환망

빈출 태그 회선 교환망 • 축적 교환망 • 메시지 교환망 • 패킷 교환망 • 네트워크 관리 시스템 • 패킷 조립/분해기

01 회선 교환망(Circuit Switching Network)

① 회선 교환망의 특징

• 컴퓨터와 단말기 간 또는 컴퓨터 간에 직접 통신 회선을 설정하여 데이터 교환
• 교환기를 통해 통신할 때마다 경로가 새로 결정되며, 통신이 끝나면 다른 통신에 제공
• 교환기 내의 처리 지연 시간이 없고 즉시성이 좋음
• 단말기 간 1 : 1 정보 전송이 가능하며, 회선이 설정된 후에는 전송되는 과정에 관여하지 않음
• 대량의 정보 송수신이나 통신 밀도가 높은 데이터 통신(팩시밀리 등)에 적합

② 회선 교환망의 종류

• 음성 교환용의 공간 분할 회선 교환망(SDM)과 디지털 전송 기술을 사용하는 시분할 회선 교환망(TDM)이 있음
• 공간 분할 방식(Space Division Multiplexing) : 교환기의 입력과 출력 회선을 서로 엇갈리게 놓고, 단말에서 보내온 신호를 판단하여 교환기에서 공간 분할 스위치를 조작하여 회선 연결
• 시분할 교환 방식(Time Division Multiplexing) : 각 단말기로부터 들어온 신호를 다중화 장치에 의해 시분할 다중화 후 타임 스위치로 보내고, 타임 스위치는 어드레스 번호를 보고 정보 전달

02 축적 교환망

1) 메시지 교환망(Message Switching Network)

• 교환기가 송신측 컴퓨터의 메시지를 받아 축적하였다가, 수신측 컴퓨터가 수신 가능한 상태가 되면 하나 또는 복수 개의 터미널로 전송
• 회선의 효율적 이용 및 우선 순위를 선별할 수 있으며, 속도와 데이터 형태가 다른 터미널 간에도 교환 가능
• 메시지의 길이가 일정하지 않고 전송 지연 시간이 길며, 응답 시간이 느려서 대화형으로 사용하기가 어려움

2) 패킷 교환망(Packet Switching Network)

① 패킷 교환망의 특징

- 송신측에서 모든 메시지를 일정한 크기의 패킷으로 분해하여 적당한 회선 경로로 전송하고, 수신측에서 이를 원래의 메시지로 조립
- 수신측에서 메시지 조립 시 정상적인 패킷은 그대로 받아들이고, 분실된 패킷은 재전송하도록 요구하며 중복된 패킷은 폐기함
- 회선 이용률이 가장 높고 전송량 제어와 속도 및 프로토콜 변환이 용이하며, 순간적인 대량의 데이터 전송에 적합
- 메시지 교환망은 데이터 단위의 길이에 제한이 없는 반면, 패킷 교환망은 제한이 있음

② 패킷 교환망의 종류

- 가상 회선 패킷 교환망(유럽 방식)과 데이터그램 패킷 교환망(미국 방식)이 있음
- 가상 회선 방식 : 패킷 전송을 위한 논리적 경로를 설정한 다음 이 경로를 통해서 모든 패킷을 전송하며, 논리적 접속을 하는 동안 경로가 고정되기 때문에 원래의 전송 순서대로 도착함
- 데이터그램 패킷 방식 : 각 패킷이 독립적으로 처리되고 서로 다른 경로를 거치기 때문에 전송 순서가 다를 수도 있으며, 경우에 따라 패킷이 손실될 수 있으나 패킷수가 적을 때는 속도가 빠름

> **패킷 조립/분해기(Packet Assembly and Disassembly)**
> 패킷 교환망에서는 패킷을 단위로 전송이 이루어지는데, 이 패킷을 생성하지 못하는 장치를 위해서 전송할 또는 전송된 데이터를 패킷으로 조립 또는 분해하는 기능을 수행하는 PAD 장치가 필요함

이론을 확인하는 기출문제

01 다음 중 교환 방식에 따른 통신망에 해당하지 않는 것은?

① 회선 교환망
② 정보 교환망
③ 메시지 교환망
④ 패킷 교환망

> **데이터 교환 방식**
> • 직접 교환 방식 : 회선 교환 방식
> • 축적 교환 방식 : 메시지 교환 방식, 패킷 교환 방식

02 패킷 교환 방식에 대한 설명으로 옳지 않은 것은?

① 속도가 서로 다른 단말기 간 데이터 교환 가능
② 교환기나 통신 회선에 장애가 발생한 경우 우회(대체) 경로를 선택할 수 있음
③ 메시지를 일정 단위의 크기로 분할하여 전송
④ 패킷 교환 방식은 디지털 전송로보다 아날로그 전송로에 유리함

> 패킷 교환 방식은 축적 교환 방식의 하나로 디지털 전송로에 유리함

03 통신망 중 방송망으로 이용되지 않는 것은?

① 패킷 라디오망
② 근거리 통신망
③ 인공 위성망
④ 메시지 통신망

> 메시지 교환 방식은 일단 메시지를 받아서 알맞은 송신 회로가 사용 가능할 때까지 저장하였다가 다시 전송하는 체제로, 방송망으로는 부적합함

04 데이터 교환 방식 중 순간적인 대량의 데이터 전송에 가장 적합한 것은?

① 패킷 교환
② 데이터를 위한 회선 교환
③ 메시지 교환
④ 음성을 위한 회선 교환

> **패킷 교환망** : 회선 이용률이 가장 높고 전송량 제어와 속도 및 프로토콜 변환이 용이하여 순간적인 대량의 데이터 전송에 적합함

SECTION 03

LAN, MAN, VAN, ISDN

출제빈도
상 중 하

빈출 태그 LAN · CO-LAN · MAN · WAN · VAN · ISDN · 서비스 레벨 보증서 · 유비쿼터스 ·
D 채널 · B 채널 · H 채널 · ISDN의 기본 채널 구조

통신망에서 사용되는 장비
라우터, 리피터, 브릿지, 허브 등

CO-LAN(Central Office LAN)
· 공중 기업 통신망이라고 하며 대
학, 병원, 연구소 및 기업체 등에
서 구성 여건이 충분하지 못하
여 기존의 전화 통신망을 이용한
LAN
· 전화 회사의 국내에 설치한 교환
설비를 이용한 데이터, 음성 대
상의 로컬 네트워킹 서비스를 하
지만 이용 형태에서 보면 LAN
에 지나지 않음

**서비스 레벨 보증서(SLA;
Service Level Agreement)**
· 기업이 정보 제공자(IP)와 주고받
는 서비스의 품질에 관한 계약에
사용하는 보증서(≒ 서비스 수준
계약서)
· 어떤 서비스가 제공될 것인지를
측정이 가능한 조건으로 명시한
것으로 많은 수의 인터넷 서비스
공급 회사들이 SLA와 같은 형
태의 계약을 고객들에게 제공함
· SLA에 포함되어야 할 척도
 – 서비스될 수 있는 시간 비율(%)
 – 동시에 서비스할 수 있는 사용
  자의 수
 – 실제 성능을 주기적으로 비교
  할 수 있는 명확한 성능 기준
 – 사용자들이 영향을 받을 수
  있는 네트워크의 변경 작업
  등을 사전에 고지하기 위한
  일정
 – 다양한 종류의 문제에 대한 고
  객상담실의 응답 시간
 – 다이얼업 접속 가능성
 – 제공될 사용량 통계

01 근거리 통신망(LAN; Local Area Network)

근거리나 빌딩 등 한정된 장소에서 작업의 분산 처리나 정보 자원의 공유를 용이하게
하고자 설치된 독립적인 통신망으로 광대역 전송 매체의 사용으로 고속 통신이 가능
하며, 에러율이 낮다.
채널을 공동으로 사용하므로 경로 선택(Routing)이 필요 없으며, 정보 기기의 재배
치 및 확장성이 우수하고, 방송 형태로 이용이 가능하다. 또한 데이터, 음성, 화상 등
의 종합적인 정보 전송 가능하고 자원의 공유와 데이터의 일관성이 있다.

02 대도시 통신망(MAN; Metropolitan Area Network)

LAN은 서비스 영역이 협소하고 일정 지역에만 국한되는 단점이 있다. 이를 개선하
여 LAN과 WAN의 중간 정도의 지역, 도시를 대상으로 약 50[Km] 정도의 영역을
서비스하는 정보 통신망으로, 전송 매체로는 광섬유를 사용한다.

03 광역 통신망(WAN; Wide Area Network)

구역이나 거리에 관계없이 원하는 연구소나 기업 등 상호 유대 기관끼리 연결시킨 망
이다. 인터페이스가 복잡하고 전송 속도도 여러 가지로 나타나지만, 망의 폐쇄적 성
격 때문에 안정성이 뛰어나다.

04 부가 가치 통신망(VAN; Value Added Network)

1) VAN의 개념

회선을 직접 보유하거나 통신 사업자의 회선을 임차 또는 이용하고, 단순한 전송 기
능 이상의 부가 가치를 부여한 음성 또는 데이터 정보를 제공하는 정보 통신망이다.

2) VAN의 제공 기능

① 정보 교환 기능 : 패킷 교환 방식 및 고속의 회선 교환 방식이나 메시지 교환 방식
  사용
② 정보 전송 기능 : 부가 처리가 없는 단순 전송

③ 정보 처리 기능 : 기업 내의 급여 관리, 회계 관리, 판매 관리 등의 처리 제공

④ 통신 처리 기능 : 속도 · 코드 · 포맷 · 프로토콜 변환, 축적 교환, 동보 통신, 오류 제어 등

05 종합 정보 통신망(ISDN; Integrated Services Digital Network)★

1) ISDN의 개념

- 음성 및 비음성(데이터, 화상 등)의 다양한 통신 서비스를 디지털 통신망을 근간으로 하여 종합적으로 제공하는 통신 시스템
- 고속 통신 서비스 및 동시 복수 통신이 가능하며, OSI의 통신 계층 구조 사용

2) ISDN의 분류

① 협대역 ISDN(N-ISDN; Narrowband ISDN)

- 기존의 구리 전화선이나 일반 전화망으로 아날로그 신호 송출
- 변조 과정이 필요하며, 현재까지는 범용 디지털 통신망으로 이용
- 전화, 데이터, 원격 검침, 팩시밀리 등의 서비스 가능

② 광대역 ISDN(B-ISDN; Broadband ISDN)

- 광 케이블 전송과 비동기 전송(ATM)을 통해 협대역 ISDN의 저속도 문제 해결
- 디지털 방식이므로 영상과 문자 등 대량의 정보를 변조없이 전송
- 비동기 전송 모드(ATM)를 사용함으로써 회선 교환형 정보(음성, 화상 등)와 패킷 교환형 정보(데이터 등)의 동시 취급 가능
- 협대역 서비스는 물론 화상 전화, 고속 데이터, 화상 회의, 고해상도 화상 전송, 화상 감시, HDTV 등의 서비스 가능

3) ISDN의 3가지 채널

① D 채널 : 사용자와 통신망 간의 신호 전송

- 통신 기기와 교환기 사이에서 통신을 컨트롤하는 신호 전달
- D 채널의 속도는 16[KBPS] 또는 64[KBPS]임

② B 채널 : 음성, 오디오, 비디오, 데이터를 포함한 다양한 서비스 전송

- 정보 채널이라고 함
- B 채널은 항상 64[KBPS]로 작동

③ H 채널 : B 채널과 같은 기능을 하지만 용량이 큼

- 여러 개의 B 채널을 묶은 것과 같은 크기의 대역 제공
- 고속 팩시밀리, 고속 데이터, 고품질 오디오, 원격 회의, 비디오 서비스 등에 사용
- H_0 : 가장 상위의 비트율 채널로, B 채널 6개를 결합한 384[KBPS]의 전송 능력을 가짐
- H_1 : T1 또는 E1 급으로, B 채널 24개를 결합한 1,544[MBPS]의 전송 능력을 가짐

유비쿼터스(Ubiquitous)
- 라틴어 'Ubique'를 어원으로 하는 형용사로 '동시에 어디에나 존재하는, 편재하는'이라는 사전적 의미를 가지고 있음
- 시간과 장소에 구애받지 않고 언제나 정보통신망에 접속하여 다양한 정보통신서비스를 활용할 수 있는 환경을 의미
- 여러 기기나 사물에 컴퓨터와 정보통신기술을 통합하여 언제, 어디서나 사용자와 커뮤니케이션 할 수 있도록 해 주는 환경

4) ISDN 서비스

ISDN의 기본 채널 구조
- 2B+D = 2×64+16 = 144[KBPS]
  / 서비스 데이터는 128 [KBPS]
- 23B+D=23×64+64=1,536 [KBPS]
  / 서비스 데이터는 1,544[MBPS]
- 30B+D=30×64+64=1,984 [KBPS]
  / 서비스 데이터는 2,048 [MBPS]

① 기본 속도 인터페이스(BRI; Basic Rate Interface)

- 가정이나 소규모 사무실 환경에 제공하는 서비스로 2개의 B 채널과 1개의 16[KBPS] D 채널로 구성
- 2B+D = 144kbps이나, 실제 속도는 오버헤드 48kbps를 포함하여 192kbps가 됨
- 인터페이스의 물리적 · 전기적 · 논리적 규격은 ITU-T의 I-400 계열의 권고에 규정
- 전화기, 데이터 단말 장치, 팩스 장치 등 복수의 가입자 단말 장치를 버스(Bus)형으로 연결

② 1차군 속도 인터페이스(PRI; Primary Rate Interface)

- 디지털 사설 자동 구내 교환기(PABX)나 구내 정보 통신망(LAN)을 갖춘 대용량 업무 가입자를 위한 서비스
- 23개의 B 채널과 1개의 64[KBPS] D 채널의 구성 회선(T1; 미국, 일본)과 30개의 B 채널과 1개의 64[KBPS] D 채널의 구성 회선(E1; 유럽, 한국) 방식이 있음
- 인터페이스의 물리적 · 전기적 · 논리적 규격은 ITU-T의 I-400 계열의 권고에 규정
- 전화기, PC, 워크스테이션, 팩스 등 복수의 가입자 단말 장치가 PABX나 LAN을 공유함

이론을 확인하는 기출문제

01 LAN의 특징과 거리가 먼 것은?

① 정보 처리 기기의 재배치 및 확장성이 뛰어나다.
② 경로 선택이 필요하다.
③ 광대역 전송 매체의 사용으로 고속 통신이 가능하다.
④ 종합적인 정보 전송이 가능하다.

LAN 사용에 있어서 사용자는 일일이 경로를 선택할 필요가 없음

02 회선을 임차하여 네트워크를 구축하고 부가가치가 높은 서비스를 제공하는 통신망을 뜻하는 것은?

① VAN   ② ISDN
③ CATV   ④ LAN

VAN(부가가치통신망) : 통신 회선을 임대하여 회선을 재판매하는 회선 대여업

오답 피하기
- **ISDN(종합정보 통신망)** : 음성 및 비음성의 다양한 통신서비스를 하나의 통신망을 통하여 종합적으로 제공할 수 있는 통신 시스템
- **LAN(근거리 통신망)** : 비교적 가까운 지역을 연결하는 통신망

03 부가 가치 통신망(VAN)의 부가 가치 기능에 해당되지 않는 것은?

① 완충 기억   ② 메시지 변환
③ 속도 변환   ④ 통신 오류 제어

VAN의 제공 기능 : 정보 교환, 정보 전송, 정보 처리 그리고 통신 처리(축적 교환, 스피드 변환, 코드 변환, 포맷 변환, 프로토콜 변환, 동보 통신 등) 기능을 가짐

04 근거리 통신망(LAN)을 구성하는 장치에 속하지 않는 것은?

① Repeater   ② Bridge
③ Multiplexer   ④ Router

네트워크 접속 장비
- **게이트웨이(Gateway)** : 프로토콜이 다른 복수의 통신망을 상호 접속하여 프로토콜 변환 수행
- **브리지(Bridge)** : 두 개의 LAN을 상호 접속할 수 있도록 통신망 연결
- **라우터(Router)** : 기능은 브리지와 같지만, 프로토콜이 서로 다른 복수의 LAN을 접속
- **리피터(Repeater; 간이 중계기, 무선 호출 중계기)** : 디지털신호의 장거리 전송을 위해 전송 신호를 새로 재생시키거나 출력 전압을 높임
- **허브(Hub)** : 스위칭 허브라고도 하며, 이더넷과 ATM 단말의 집선 장치로 사용

인터넷(Internet)

빈출 태그 WWW • FTP • TELNET • 아키 • 유즈넷 • WAIS • 스팸 • 도메인명 • URL • 방화벽 • 게이트웨이 • 라우터 • 스푸핑

01 인터넷의 개념

International Network, 전세계 사용자들을 연결하며 네트워크를 통하여 접근할 수 있는 모든 자원 또는 그 정보로, TCP/IP 프로토콜의 개방된 규격을 기반으로 한 컴퓨터 통신망들의 집합이다.

1969년 군사 전략적 목적으로 미국 국방성 ARPA(Advanced Research Projects Agency)의 통신망인 ARPANet이 시초로, 인터넷상에 있는 모든 호스트는 고유한 IP(Internet Protocol)를 가지며, 누구든지 인터넷을 통해 새로운 서비스를 제공할 수 있다.

02 인터넷의 주요 서비스 ★

① 월드 와이드 웹(World Wide Web) : 하이퍼텍스트(Hyper-Text)를 기반으로 멀티미디어(문자, 그림, 음성, 동영상 등)를 볼 수 있도록 하는 서비스로서 WWW, W3, 웹이라고도 부름

② 전자 우편(E-Mail) : 다른 인터넷 사용자에게 컴퓨터를 이용하여 편지를 주고받는 서비스

③ FTP(File Transfer Protocol) : 문서나 파일을 주고받는 서비스

④ TELNET 서비스 : TELe와 NETwork의 줄임말로 멀리 있는 컴퓨터를 자신의 컴퓨터처럼 사용할 수 있게 하는 서비스

⑤ 아키(Archie) : 인터넷상의 익명 FTP 서버에 공개되어 있는 파일을 검색하는 서비스

⑥ 고퍼(Gopher) : 인터넷에 있는 정보를 찾아주는 서비스로 아키, WWW, 웨이즈(WAIS) 등이 있음

⑦ 유즈넷(Usenet) 뉴스 : 관심 분야별 뉴스 정보를 분석하고 조회할 수 있는 서비스

⑧ 채팅 : 인터넷에 접속된 사용자와 대화하는 서비스로 국내 통신망의 대화방과 같음

⑨ 게임 : 인터넷 상에서 온라인으로 게임을 할 수 있는 서비스

⑩ 웨이즈(WAIS) : 특정 데이터베이스 등을 키워드로 고속 검색하는 환경을 제공하는 서비스

⑪ 홈쇼핑 : 가정에서 통신 회선을 통하여 쇼핑을 할 수 있는 서비스

⑫ 홈뱅킹 : 은행의 주 컴퓨터에 온라인으로 접속하여 가정에서 은행 업무를 제공받을 수 있는 서비스

검색엔진
① 주제별 검색엔진
예술, 정치, 경제, 스포츠, 등 각 분야별로 분류되어있는 항목을 마우스로 클릭하여 그 분야의 세부 항목으로 들어가서 원하는 정보를 찾는 방식
② 키워드형 검색엔진
인터넷에 있는 홈페이지 내용과 URL을 자체 데이터베이스로 구축해둔 것
③ 메타 검색엔진(지능형 검색엔진)
로봇 에이전트를 이용하여 여러 검색엔진을 참조해 정보를 찾아주는 검색엔진

스팸(Spam)
• 인터넷상의 다수 수신인에게 무더기로 송신된 전자 우편(=Junk Mail), 또는 다수 뉴스그룹에 일제히 게재된 뉴스 기사
• 우편을 통해 불특정 다수의 수취인에게 무더기로 발송된 광고나 선전 우편물

사이버 쇼핑몰
사이버 공간과 쇼핑몰의 합성어로, 인터넷상의 가상 공간에서 상품을 진열하고 판매하는 점포들을 모아놓은 가상 상가를 말함

03 인터넷의 주소 ★

1) 인터넷 주소(IP Address)와 체계

- 인터넷에 연결된 컴퓨터의 독립적인 주소를 말함
- 32비트, 4부분으로 구성되며 각 부분은 점(.)으로 구분(예 203.238.128.22)
- IPv4에서 IPv6으로 변화하고 있음

2) 도메인명(Domain Name)과 DNS(Domain Name Service)

- 숫자로 구성된 IP 주소를 사람이 쉽게 알 수 있는 영문자로 표현한 것
- IP 주소 "233.130.200.107"에 대응되는 도메인명은 "naver.com"으로, 점(.)으로 구분된 각각의 단위를 도메인, 이 단위를 조합해서 영역 이름으로 사용하도록 관리하는 서비스를 DNS라고 함
- 오른쪽으로 갈수록 범위가 커지는 계층적 구조로 구성되어 있음

부속 도메인	최상위 도메인	
• ac : 교육 기관(ACademic organizations)	• kr : 한국	• jp : 일본
• co : 영리 기관(COmmercial organizations)	• uk : 영국	• ca : 캐나다
• re : 연구 기관(REsearch organizations)	• fr : 프랑스	• kp : 북한
• go : 정부 기관(GOvernment organizations)	• de : 독일	• dk : 덴마크
• nm : 통신 기관(Network Management)	• cn : 중국	• ru : 러시아
• or : 비영리 기관(ORganizations)		

3) URL(Uniform Resource Locator; 일관된 자원 위치기)

- 인터넷상에서 정보(파일, 뉴스 그룹 등)의 위치를 나타내는 주소
- 규칙에 따라 "프로토콜 이름 + 서버 이름 + 도메인명 + 디렉토리명 + 파일명"의 순서로 구성(예 http://www.snu.ac.kr/index.html, ftp://ftp.tb.ac.kr/pub/public.zip)

04 방화벽 시스템 ★

1) 방화벽(Firewall)의 개념

- 인터넷 프로토콜(IP)로 접속되어 있는 네트워크의 불법적인 침입을 막기 위해 게이트웨이에 설치되는 접속 제한 시스템
- 외부로부터의 불법적인 접속을 막고, 허가되거나 인증된 통신 흐름(Traffic)만을 허용하는 방어 대책

2) 방화벽 구축의 이점

① 위협에 취약한 서비스에 대한 보호 : 네트워크에 대한 보안을 강화하고, 안전하지 않은 서비스를 필터링(Filtering)함으로써 서브넷(Subnet)상에 있는 호스트(Hosts)의 위험 감소
② 호스트 시스템에 대한 액세스 제어 : 메일 서버나 망 정보 서비스(NIS; Network Information Service) 같은 특별한 경우를 제외한 외부로부터의 액세스 차단

③ 보안의 집중 : 보안 소프트웨어를 여러 호스트에 분산시키지 않고 원하는 호스트에만 방화벽을 설치할 수 있음

④ 확장된 프라이버시 : 원하는 사이트에 대해 Finger나 DNS와 같은 서비스를 제한함으로써, 사이트명과 IP 주소에 관한 정보를 숨겨 침입자의 정보 수집을 막음

⑤ 네트워크 사용에 대한 로깅과 통계 자료 : 시스템에 대한 모든 액세스가 방화벽을 통과하므로, 네트워크 사용에 대한 유용한 통계 자료를 제공함

⑥ 정책 구현 : 사용자와 서비스에 대한 액세스를 제어함으로써, 네트워크 액세스 제어 정책 구현

3) 방화벽의 기본 구성 요소

① 네트워크 정책
- 방화벽과 관련한 네트워크 정책은 크게 상위 레벨과 하위 레벨로 나뉨
- 상위-레벨 : 서비스의 허용 또는 거부를 정의하는 네트워크 액세스 정책, 서비스의 사용, 그리고 정책의 예외 조건 등을 규정
- 하위-레벨 : 실제적인 액세스 제한 방법과 서비스 필터링에 관한 규정

② 방화벽 시스템의 사용자 인증 시스템
- 스마트카드, 인증 토큰, 생체인식, 소프트웨어 메커니즘, 일회용 패스워드 등 사용

③ 패킷 필터링
- 패킷 필터링 라우터를 통해 라우터 인터페이스를 지나는 패킷을 필터링함
- 필터링 대상 : 소스 IP 주소, 목적지(Destination) IP 주소, TCP/IP 소스 포트, TCP/IP 목적지 포트

④ 응용 계층 게이트웨이
- 응용 계층 서비스는 축적 전달 방법을 사용하는 경우가 많은데, 이 게이트웨이에서는 보안을 위해 내·외부 간의 모든 트래픽에 대해 로깅이나, Telnet, FTP 등에서 우수한 사용자 인증 방법을 사용함

⑤ 스크린 라우터
- 라우터는 인터넷 패킷을 전달하고 경로 배정(Routing)을 담당하는 장비로서, 패킷의 헤더 내용을 필터링(Screen)할 수 있는 능력을 가짐
- 스크린 대상 : 출발지 및 목적지 주소, 포트 번호, 프로토콜 등
- 스크린 라우터만으로는 제한점이 많고 복잡한 정책을 구현하기 어려우므로, 보통 베스천 호스트를 같이 운영함

⑥ 베스천(Bastion) 호스트
- Bastion은 성의 가장 중요한 수비 부분을 뜻하는 말로, 액세스 제어, 프록시 서버의 설치, 인증, 로그 등을 담당하는 중요 호스트를 베스천 호스트라고 함
- 외부 침입자가 주로 노리는 시스템이므로, 일반 사용자 계정을 만들지 말고 해킹의 대상이 될 어떠한 조건도 두지 말아야 함

⑦ 이중 네트워크(Dual-Homed) 호스트
- 2개 이상의 네트워크에 동시에 접속된 호스트로 보통 게이트웨이 호스트를 말함

네트워크 접속 장비
① **게이트웨이(Gateway)** : 프로토콜이 다른 복수의 통신망을 상호 접속하여 프로토콜 변환 수행
② **브리지(Bridge)** : 두 개의 LAN을 상호 접속할 수 있도록 통신망 연결
③ **라우터(Router)** : 기능은 브리지와 같지만, 프로토콜이 서로 다른 복수의 LAN을 접속
④ **리피터(Repeater; 간이 중계기, 무선 호출 중계기)** : 디지털 신호의 장거리 전송을 위해 전송 신호를 새로 재생시키거나 출력 전압을 높임
⑤ **허브(Hub)** : 스위칭 허브라고도 하며, 이더넷과 ATM 단말의 집선 장치로 사용
⑥ **트랜스시버(Transceiver)** : 데이터나 정보의 송수신이 가능한 단말 장치로, 간이 무선국과 같은 간단한 무선 전화에 주로 사용
⑦ **이더넷** : 동축 케이블에 임의로 OA 기기를 접속할 수 있는 버스 구조 방식으로 네트워크 형성

- 모든 내·외부 트래픽을 이 호스트에 통과하도록 하여 베스천 호스트의 기능을 이곳에서 구현함

⑧ 스크린 호스트 게이트웨이

- 내부 네트워크에 스크린 호스트 게이트웨이를 두어, 스크린 라우터가 내부로 들어가는 모든 트래픽을 스크린 호스트에게만 전달
- 내부에서 외부로 가는 모든 트래픽에 대해서도 스크린 호스트에서 출발한 트래픽만 허용하고, 나머지는 거부함
- '외부 네트워크 – 스크린 라우터 – 스크린 호스트 – 내부 네트워크' 이외의 경로는 허용하지 않음

⑨ 스크린 서브넷

- 인터넷과 사내 통신망 중간에 설치된 일명 '비무장 지대(DMZ; DeMiliterization Zone)'라고 불리는 완충 지역 개념의 서브넷
- 스크린 서브넷을 통한 여과 처리로 FTP, 고퍼(Gopher), 월드와이드웹(WWW) 등의 공개 서버에 대한 부정 접속을 방지할 수 있음

⑩ 암호 장치

- 분산 네트워크에서 방화벽이 구축된 네트워크에 연결된 지점 네트워크의 안전 보호를 위해 '가상 사설 링크(VPL; Virtual Private Link)'를 만들 때, 두 지점 사이에 암호 장비 이용
- 종단 간 암호 방식은 데이터나 패스워드 등이 도청되는 것을 막을 수 있음

이론을 확인하는 기출문제

01 네트워크 서비스와 포트가 잘못 연결된 것은?

① HTTP : 80
② DNS : 53
③ SMTP : 63
④ FTP : 21

SMTP : 25번, POP : 110번 등을 사용함

02 다음과 같은 URL 정보 주소에서 도메인명은?

> http://www.kmanet.or.kr

① kmanet
② http
③ kmanet.or.kr
④ www.kmanet.or.kr

도메인의 구조 : 주 컴퓨터의 이름, 소속 기관의 이름 및 종류, 소속 국가를 나타내는 단어를 마침표(.)로 구분하여 표현

03 내부 네트워크와 외부 네트워크를 구분하여 내부 네트워크를 보호하기 위하여 주로 외부에서 접근하는 접속을 제어하는 장치를 무엇이라 하는가?

① 모뎀(MODEM)
② 방화벽
③ 라우터(Router)
④ 스위치(Switch)

침입 차단(Firewall) 시스템 : 인터넷에 인터넷 프로토콜(IP)로 접속되어 있는 네트워크를 불법적인 침입으로부터 보호하기 위하여 게이트웨이에 설치되는 접속 제한 시스템

04 다음 중 LAN과 동종 혹은 이기종의 외부 네트워크를 상호 접속하는 기기와 가장 관계가 있는 것은?

① 트랜스시버
② 변복조기
③ 게이트웨이
④ 리피터

게이트웨이(Gateway) : LAN에서 호스트 컴퓨터 등 다른 네트워크에 데이터를 보내거나 다른 네트워크로부터 데이터를 받아들이는 등의 통신 기능을 담당하는 기기

01 통신에서 송신측과 수신측을 회선으로 연결하는 작업을 무엇이라고 하는가?

① 버퍼(Buffer) ② 국선(Trunk)
③ 채널(Channel) ④ 링크(Link)

02 네트워크 형태 중 성형에 관한 설명으로 옳지 않은 것은?

① 별 모양의 네트워크이다.
② 중앙에 호스트 컴퓨터가 있고, 이를 중심으로 단말기들이 1:1로 연결되어 있는 형태이다.
③ 통신 선로가 별도로 필요하게 되므로, 비교적 통신의 경로가 길어진다.
④ 모든 제어는 단말기에 의해 이루어지는 분산 제어 방식이다.

03 통신 선로의 총 경로가 다른 구조의 경로보다 가장 짧아지는 장점을 갖고 있는 네트워크 형태는?

① Tree형 ② Ring형
③ Star형 ④ Mesh형

04 회선망 구성에 있어서 10개의 스테이션(국)을 전부 망형 회선망으로 구성하려면 몇 회선이 필요한가?

① 45회선 ② 65회선
③ 85회선 ④ 25회선

05 10개의 교환국(Station)을 성형 회선망으로 구성할 때 소요되는 중계 회선 수는?

① 45 ② 9
③ 90 ④ 10

06 지역별로 산재된 터미널이나 여러 기능을 가진 컴퓨터들이 중앙의 호스트(Host) 컴퓨터와 집중 연결되어 있는 정보 통신망의 구성 형태는?

① 나무형 ② 루프형
③ 스타형 ④ 그물형

07 다음 형태 중에서 망형 통신망은?

①   ②

③   ④

08 정보 교환 방식에 해당되지 않는 것은?

① 메시지 교환 방식 ② 회선 교환 방식
③ 근거리 교환 방식 ④ 패킷 교환 방식

09 교환기가 호출자(송신측 컴퓨터)의 메시지를 받았다가 피호출자(수신측 컴퓨터)에게 보내주는 교환 방식으로 축적 후 전달(Store and Forward) 방식이라고도 하는 것은?

① 데이터그램 교환 방식
② 회선 교환 방식
③ 메시지 교환 방식
④ 패킷 교환 방식

10 회선 교환 방식에 대한 설명으로 적합하지 않은 것은?

① 교환국에서 물리적으로 접속시켜 주는 방식이다.
② 전송 대역폭은 고정 대역폭을 사용한다.
③ 접속에 짧은 시간이 소요되어 전송 지연이 발생하지 않는다.
④ 기존의 음성 전화 교환망이 대표적인 예이다.

11 통신 정보를 발생지에서 목적지까지 전달하는 데에는 아래의 기본적인 방식들이 있다. 비교적 값이 비싼 광대역(Wideband) 회선을 효과적으로 이용하려면 어떤 방식이 가장 적합한가?

① 써킷(Circuit) 스위칭
② 메시지(Message) 스위칭
③ 패킷(Packet) 스위칭
④ 교환(Exchange) 스위칭

12 X.25 프로토콜을 사용하는 패킷형 컴퓨터 단말기를 전용 회선망에 수용하기 위해서는 프로토콜 변환 기능을 수행하여야 한다. 이때 어떤 장치가 필요한가?

① DSU
② MODEM
③ TDM
④ PAD

13 다음 중 패킷 교환망이 회선 교환망에 비해 가지는 장점이 아닌 것은?

① 온라인 대화식 응용이 가능하다.
② 데이터의 고속 전송이 가능하다.
③ 다른 기종 간에 통신 교환이 가능하다.
④ 데이터 전송 지연이 발생하지 않는다.

14 패킷 교환망에 대한 설명으로 옳은 것은?

① 에러 검출 기능이 미비하여 회선 품질에 영향을 많이 받는다.
② 주로 사용되는 표준안은 RS-232C이다.
③ 망과 단말기 간 접속 방식의 기본 프로토콜은 TCP/IP이다.
④ 축적 교환 방식이므로 전용 회선(직통 회선)보다 고속의 전송이 가능하다.

15 근거리 통신망(LAN)의 특징으로 옳지 않은 것은?

① 데이터, 음성, 화상 등의 종합적인 정보 전송이 가능하다.
② 자원의 공유와 데이터의 일관성이 있다.
③ 정보 기기의 재배치 및 확장성이 뛰어나다.
④ 전송 에러율이 비교적 높다.

16 LAN을 구성하는 전송 매체로 거리가 먼 것은?

① 동축 케이블   ② UPT 케이블
③ 해저 케이블   ④ 광 케이블

17 무선 LAN 시스템에 대한 설명으로 적합하지 않은 것은?

① Server에서 무선 접속 장치까지는 유선망이 연결되어야 한다.
② 실내에서는 30~50m, 밖에서는 200m 정도 서비스가 가능하다.
③ 구성 장비로는 무선 접속 장치, 무선 LAN 카드, 운용 소프트웨어가 필요하다.
④ 장거리 무선 이동 통신 시스템이다.

18 근거리 네트워크(Local Area Network)에서 많이 채택하고 있는 구성 형태는?

① 스타(Star)형   ② 트리(Tree)형
③ 망(Mesh)형   ④ 링(Ring)형

19 다음 OA 관련 통신 기술 중에서 특정 통신 회선이나 디지털 데이터 교환망을 이용하여 밀도 높은 서비스를 이용자에게 제공하는 회선의 재판매업은?

① 근거리 통신망
② 고도 정보 통신 시스템
③ 데이터 통신
④ 부가 가치 통신망

20 기존의 통신 사업자로부터 통신 회선을 빌려 컴퓨터나 정보 통신 단말기를 조합·연결하여 통신망(Network)을 구축하고 새로운 기능을 부가해 제3자에게 서비스하는 통신망은?

① ISDN   ② LAN
③ VAN   ④ PSTN

21 음성 및 비음성 정보 통신 서비스를 통합한 종합 정보 통신망은?

① PSTN   ② ISDN
③ ISTN   ④ VAN

22 회선 교환 방식의 실시간 처리 능력과 패킷 교환 방식의 그래픽 처리 능력 등의 장점을 결합한 발전된 교환 방식은?

① ISDN 교환 방식
② INTERNET 교환 방식
③ 축적 교환 방식
④ ATM 교환 방식

23 은행의 컴퓨터와 가정의 단말기 또는 컴퓨터를 연결하여 각종 은행 업무를 처리하는 것은?

① Home Shopping   ② Home Demanding
③ Home Banking   ④ Telemetering

24 다음 설명이 나타내는 것은?

> • Internet 서비스이다.
> • Hypertext 검색 기능이라고 한다.
> • http 프로토콜을 사용한다.
> • 멀티미디어 형태의 정보 통신 서비스를 제공한다.

① TCP/IP   ② ISDN
③ PDA   ④ WWW

25 WWW의 특징이 아닌 것은?

① 각종 문서를 Tree 구조에 기반을 둔 메뉴 형식의 자료 접근
② 하이퍼텍스트를 사용한 브라우저 사용 가능
③ 기존 인터넷에 존재하는 음성, 오디오 지원
④ 제한된 사용자 인터페이스 사용

26 인터넷(Internet)에 대한 설명으로 적합하지 않은 것은?

① 압축 프로그램이 많이 이용된다.
② 프로토콜은 TCP/IP가 주로 이용된다.
③ 일본에서 시작되어 전세계적으로 확산되었다.
④ 전용선 또는 모뎀을 이용한 접속 방법이 있다.

27 컴퓨터 등과 정보 통신 설비를 이용하여 재화 또는 용역을 거래할 수 있도록 설정한 가상의 영업장은?

① 정보 통신망   ② 인터페이스
③ 사이버 몰   ④ 홈페이지

28 다음 용어에 대한 설명 중 옳지 않은 것은?

① 브라우저(Browser) : 웹에서 정보를 볼 수 있도록 해주는 응용 프로그램
② HTTP : 웹 서버와 클라이언트가 상호 통신하기 위해 사용되는 언어(프로토콜)
③ HTML : 하이퍼텍스트를 만드는 수단이 되는 언어로서, 사용자에게 보내줄 문서의 표현 형식을 지정할 수 있게 함
④ DNS 주소 : 네트워크상에서 컴퓨터가 직접 인식할 수 있는 주소로, 점으로 구분되는 4묶음의 숫자

29 WWW 서비스를 이용하여 원하는 정보를 얻고자 할 때, WWW 서버에 접속하여 HTML 문서를 받을 수 있는 클라이언트용 도구는?

① IPv6　　　　　② Browser
③ Domain　　　　④ http

30 다음 중 인터넷의 최상위 도메인명(Domain Name)의 의미가 잘못된 것은?

① gov : 정부 단체　② mil : 군사 기관
③ edu : 교육 기관　④ org : 기업

31 이더넷(Ethernet)에 관한 설명으로 옳지 않은 것은?

① DIX 규격을 사용한다.
② 데이터 전송 속도는 10[MBPS]이다.
③ 10 - BASE - T는 비용이 비교적 저렴하므로 일반적으로 많이 이용된다.
④ 10 - BASE - 2는 HUB 또는 Multiport Tranceiver 기기가 필요하다.

32 LAN의 데이터 전송로 규격 중 10-Base-T에서 "10"이란 무엇을 나타내는가?

① 10[MBPS]　　　② 10[CH]
③ 10[MHz]　　　　④ 10[Baud]

33 정보 기기의 조작 관리에 있어서 허브 중에서 가장 단순한 기능을 가진 것은?

① 더미 허브　　　② 지능형 허브
③ 축적형 허브　　④ 스위치 허브

34 인터넷상의 불특정 다수 수신인에게 무더기로 송신된 전자우편(e-mail) 메시지는?

① 그룹 메일　　　② 스팸(spam)
③ 스푸핑(spoofing)　④ 스캔(scan)

35 인터넷상에서 다수의 시스템이 협력하여 하나의 표적 시스템을 공격함으로써 DoS(Denial of Service)를 일으키게 만드는 것을 무엇이라 하는가?

① ADoS
② BDoS
③ CDoS
④ DDoS

36 바이러스(Virus) 자신의 자기 복제, 자체 메일 전송, 정보 수집 기능 등을 갖추고 있는 바이러스는?

① 웜(Worm)　　　② 백도어(Backdoor)
③ 스팸(SPAM)　　④ 매크로(MACRO)

37 사용자가 네트워크나 컴퓨터를 의식하지 않고 장소에 상관없이 자유롭게 네트워크에 접속할 수 있는 정보통신 환경을 무엇이라 하는가?

① IPTV
② 블루투스(Bluetooth)
③ RFID
④ 유비쿼터스(Ubiquitous)

38 차세대 인터넷이라고 부르는 IPv6(Internet Protocol version 6)의 주소는 몇 비트인가?

① 16비트　　　　② 32비트
③ 64비트　　　　④ 128비트

39 무선 네트워크 기술인 블루투스(Bluetooth)에 대한 표준 규격은?

① IEEE 802.5.1
② IEEE 802.9
③ IEEE 802.10
④ IEEE 802.15.1

CHAPTER 07

멀티미디어

학습방향

멀티미디어는 그 종류와 특성이 매우 다양하기 때문에 종류, 구성, 특성과 새로 선
보이는 멀티미디어에 초점을 두고 공부합니다.

출제빈도

- Section 01 **중** ━━━━━━━━━━━━━━━━━━━━━━ 50%
- Section 02 **중** ━━━━━━━━━━━━━━━━━━━━━━ 50%

멀티미디어의 종류 및 특성

빈출 태그 MPEG • JPG • 사운드 파일 • 인터레이싱 • 비트맵과 벡터 • 애니메이션

01 그래픽(Graphics)/이미지(Image)

1) 비트맵 방식과 벡터 방식

- 텍스트 정보보다 데이터의 시각적 효과가 뛰어나 많이 활용되고 있다.
- 그래픽은 선, 원, 사각형 등의 도형을 이용하여 그려진 벡터 방식과 가로×세로 동일한 간격의 그리드로 세분하여 여러 개의 픽셀로 표시하는 비트맵 방식이 있다.

구분	비트맵(Bitmap) 방식	벡터(Vector) 방식
표현	픽셀★의 단위	선이나 면 단위
기억 공간	많이 차지함	적게 차지함
손상 여부	확대하거나 축소하면 이미지 손상 ○	확대하거나 축소하면 이미지 손상 ×
표시 속도	화면에 표시되는 속도 빠름	화면에 표시되는 속도 느림
계단 현상	○	×
파일 형식	BMP, GIF, JPG, PCX, TIFF, PNG	WMF, AI, CDR, DXF
기타	• 래스터 방식★ 사용 • 부드러운 톤의 이미지를 나타내는 데 사용 • 다양한 질감과 사실적인 효과가 가능	• 이동과 회전 등의 변형이 쉬움 • 좌표 개념을 도입

2) 파일 형식

① 비트맵 파일

BMP	• Windows 표준 비트맵 파일 형식 • 데이터의 압축이 지원되지 않아 그림의 입출력 속도가 빠르나 파일의 크기가 큼
GIF	• 인터넷 표준 형식으로 색상은 최대 256가지의 색 표현 • 애니메이션 기능 제공 • 높은 파일 압축률과 빠른 실행 속도
JPG	• 정지 영상을 표현하는 국제 표준 파일 형식 • 프레임 단위로 중복된 정보를 삭제하여 압축하는 JPEG 방식 사용 • 사용자의 요구에 따라 압축 정도를 지정할 수 있는 방식 • 24비트 컬러를 사용하여 1,670만 컬러까지 나타낼 수 있으며 압축률이 높은 편이고 일반적으로 손실 압축 방법이 많이 사용
PCX	페인트 브러쉬에서 사용하는 이미지 파일 형식
TIFF	DTP에서 사용하는 파일 교환을 목적으로 개발한 형식
PNG	• 다양한 컬러 모드를 지원 • 알파 채널을 지원하여 투명한 배경의 이미지를 만들 수 있고 고해상도 이미지 표현 형식

사이드 노트 (왼쪽 여백)

★ **픽셀(Pixel)**
모니터 화면에 나타나는 각각의 점

★ **래스터(Raster) 방식**
이미지나 문자를 픽셀의 집합으로 표현하는 방법

텍스트 파일 형식
TXT(텍스트 파일), DOC(마이크로소프트 워드 파일), HWP(글 문서), RTF(서식이 있는 문자열 파일), PDF(Adobe Acrobat), TEX(레이텍 문서), PS(포스트스크립트) 등

비트 수	사용 가능 컬러 수	방식
8	256	팔레트 방식
16	65,536	하이컬러 (R:G:B=5:6:5)
24	16,777,216	트루컬러 (R:G:B=8:8:8)

- JPG : 24Bit(2^{24}가지 색상 표현)
- GIF : 8Bit(2^8가지 색상 표현)

손실(Lossy) 기법
압축 후 복원 시 정보의 손실이 발생하는 기법

무손실(Lossless) 기법
압축 후 복원 시 원래의 데이터가 정보의 손실이 없이 완전히 재생되는 기법

RGB 모드
색을 구성하는 3가지 기본색으로 적색(Red), 녹색(Green), 청색(Blue)이 각각 1바이트 크기로 표현되는 경우 3색의 크기로 특정한 색상을 표현

② 벡터 파일

WMF	벡터와 비트맵 정보를 함께 표시
AI	일러스트레이터에서 사용하는 그래픽 형식
CDR	코렐드로에서 사용하는 형식

3) 관련 용어

안티에일리어싱 (Antialiasing)	이미지 외곽의 경계를 부드럽게 처리하기 위해 가장자리의 픽셀들을 주변 색상과 혼합한 중간 색상을 넣어 경계선을 완만하게 만드는 기법
인터레이싱 (Interacing)	이미지가 처음에는 거친 모자이크 형식으로 나타나다가 서서히 선명해지는 기법
메조틴트 (Mezzotint)	이미지에 무수히 많은 점을 찍은 듯한 효과로 부드러운 명암을 다양하게 표현하는 기법
솔러리제이션 (Solarization)	사진의 현상 과정 중에 빛을 쪼여 주면 색채가 반전되는 효과
디더링 (Dithering)	인접하는 색상이나 흑백의 점들을 혼합하여 중간 색조를 만들어 윤곽이 부드러운 이미지를 얻는 방법

▲ 안티에일리어싱(Antialiasing)

▲ 인터레이싱(Interacing)

▲ 메조틴트(Mezzotint)

▲ 솔러리제이션(Solarization)

디더링 0%   디더링 100%
▲ 디더링(Dithering)

02 동영상(Video) ★

1) 동영상의 특징

- 동영상을 구성하는 이미지를 프레임★이라고 하며 비디오를 재생하는 화면의 크기와 초당 프레임 수에 따라 구분한다.
- 데이터 양의 크기가 매우 크므로 저장과 전송을 위해 압축 기술이 필요하다.

> 비디오 파일 크기(Byte) = 화면 해상도 × 픽셀당 비트 수 × 초당 프레임 수

2) 파일 형식

MPEG	• 국제 표준 규격의 동영상 재생 파일 형식 • 프레임 간의 연관성을 이용하여 압축률을 높이는 방식으로, 인접한 프레임 간의 중복된 정보를 제거	
	MPEG-1	비디오와 오디오 압축에 대한 표준
	MPEG-2	• 압축 효율이 향상되고 용도가 넓게 쓰임 • 방송망이나 고속망 환경에 적합
	MPEG-4	• 객체 지향 멀티미디어 통신을 위한 표준 • 양방향 멀티미디어 구현 가능
	MPEG-7	콘텐츠 검색 기술을 제공하기 위한 표준
	MPEG-21	전자 상거래를 위한 콘텐츠 제작부터 서비스 방식, 소비자 보호 방안까지 포괄적으로 표준을 정하는 규격
AVI	마이크로소프트사의 동영상 파일 형식	

★ 프레임(Frame)
동영상을 이루는 한 화면 분량의 화상 정보로 초당 30프레임까지 표현 가능

비디오 파일 크기
해상도는 16비트 하이컬러의 1,024*768, 초당 24프레임 30분 분량, 100:1로 압축할 때
= 1,024×768×16×24
= 301,989,888Bit/8
= 37,748,736Byte = 37MB
30분(1,800초) 분량이므로
(0.037*1,800)/100 = 0.66GByte

압축 방식
• JPEG : 정지 이미지 데이터 손실 또는 무손실 압축 방식
• MPEG : 동영상 데이터 손실 압축 방식

동영상 파일 확장자
- MPEG : mpg
- AVI : avi
- DVI : dvi
- DivX : divx
- QuickTime : mov, qt, moov

DVI	• 인텔사의 동영상 파일 형식 • 이미지를 압축·복원하는 칩과 디스플레이 표시용 칩으로 구성
DivX (Digital video eXpress)	• 동영상을 압축하기 위해 사용하는 고화질, 비표준 동영상 파일 형식 • 기존의 MPEG-3와 MPEG-4를 재조합한 방식으로, 이 형식의 동영상을 보려면 특정한 소프트웨 어나 코덱이 필요한 파일
ASF	마이크로소프트사의 스트리밍 파일 형식
MOV (QuickTime)	• 애플사에서 매킨토시용으로 만든 동영상 파일 형식 • JPEG를 기본으로 한 압축 방식으로 MP3 음악을 지원 • 특별한 하드웨어의 추가 없이 동영상 재생 가능

3) 관련 용어

- 스트리밍(Streaming) : 대용량의 비디오 또는 오디오 데이터를 전체를 다운로드하지 않고 받는 즉시 재생하여 연속적으로 재생시키는 기술이다.
- 크로마키(Chroma Key) : 움직이는 피사체에 인물 등을 합성할 때 사용하는 기술이다.

03 애니메이션(Animation) ★

1) 애니메이션의 특징

- 'Anima'에서 유래된 말로 생명이 없는 물체에 생명을 불어넣거나, 활기를 띠게 한다는 의미이다.
- 이미지 프레임을 연속적으로 보여주어 움직이는 것처럼 보이는 데이터를 말한다.

2) 파일 형식

GIF	Animated GIF로 인터넷 웹 페이지 제작에 사용되는 파일 형식
ANI	마이크로소프트에서 만든 움직이는 마우스 포인터를 만드는 파일 형식
MMM	마이크로미디어사의 디렉터(Director) 파일 형식
FLI/FLC	오토데스크사의 애니메이터 프로(Animator Pro) 2D 파일 형식
PICS	슈퍼 카드, 디렉터, Super3D의 파일 형식
FLX	애니메이션 에디터의 파일 형식
DIR	어도비 디렉터(Director) 파일 형식
DCR	쇽웨이브(Shockwave)로 압축한 파일 형식
3DS	오토데스크사의 3차원 그래픽 모델링 파일 형식

3) 관련 용어

모델링(Modeling)	시각적인 3차원 물체를 만드는 작업
렌더링(Rendering)	3차원 컴퓨터 그래픽에서 화면에 그려지는 3차원 물체의 각 면에 색깔이나 음영 효과를 넣어 화상의 입체감과 사실감을 나타내는 기법
모핑(Morphing)	어떤 이미지를 서서히 다른 모습으로 변화시키는 기법
와핑(Warping)	어떤 이미지를 유사 형태로 변형하는 것으로 이미지 왜곡에 주로 사용하는 기법
필터링(Filtering)	이미지에 필터 기능을 이용하여 새로운 이미지를 바꾸어 주는 기법
리터칭(Retouching)	이미지에 다양한 특수 효과를 줄 수 있는 기법
포깅(Fogging)	먼 거리를 어색하지 않게 안개효과처럼 흐리게 처리하는 기법
로토스코핑(Rotoscoping)	촬영한 영상을 애니메이션 키 프레임으로 바꿔 그 위에 덧붙여 그리는 기법
클레이메이션 (Claymation)	점토, 찰흙 등의 점성이 있는 소재를 이용하여 인형을 만들고, 소재의 점성을 이용하여 조금씩 변형된 형태를 만들어서 촬영하는 형식의 애니메이션 기법

▲ 모델링

▲ 렌더링

▲ 모핑

04 사운드(Sound)

1) 사운드의 특징

- 음악과 음성 등의 물리적인 진동을 나타내는 하나의 파형이다.
- 파장의 높이를 진폭이라고 하고 1초 동안에 발생하는 파장의 수를 주파수라고한다.
- 진동이 빠를수록 많은 주기와 높은 소리의 주파수를 만든다.
- 사운드(Sound) 기록 용량 계산식

> 파일의 크기 = 샘플링 주파수(Hz)×샘플 크기(Bit)/8×재생 방식(1(모노) or 2(스테레오))×시간(s)

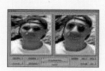

▲ 와핑

▲ 필터링

2) 파일 형식 ★

WAVE	• PC 오디오 표준 형식 • 아날로그 형태의 소리를 디지털 형태로 변형하는 샘플링 과정을 통해 작성된 데이터를 말함 • 음성, 음악, 각종 효과음 등 모든 형태의 소리를 저장 가능함 • 소리의 원음이 저장되어 있으므로 재생이 쉽지만 용량이 큼
MIDI (Musical Instrument Digital Interface)	• 음악에서 사용되는 음의 특색을 기호로 정의하여 코드로 나타내는 전자 악기간 디지털 신호 전달의 통신 인터페이스 규격 • MIDI 악기와 MIDI 사운드 카드와 같은 MIDI 디바이스가 음악을 연주하는 방법을 알려주는 명령어, 음표, 음악의 빠르기 및 음악의 특성들을 나타내는 명령어로 저장함 • 장점 : 파일 크기가 작고 여러 가지 악기로 동시에 연주가 가능한 파일 형식 • 단점 : 음성이나 효과음의 저장이 어려움

▲ 리터칭

▲ 로토스코핑

▲ 클레이메이션

> ⏱ **기적의 3초컷**
>
> 모델링, 렌더링(3글자)은 3차원으로 물체를 만들거나 사실감을 주는 기법이고, 모핑이나 와핑처럼 '~핑'자로 끝나는 것은 이미지를 변형시키는 기법이에요.

WMA	• 마이크로소프트사의 파일 포맷 • Window Media Technologies에서 음악 데이터만 압축하는 기술
MP3 (MPEG-1 layer3)	• 고음질 오디오 압축의 표준 형식 • MPEG에서 규정한 MPEG-1의 압축 기술을 이용한 방식 • 음질의 저하 없이 1/12 정도로 압축하여 CD 수준의 음질(16Bit, 44.1kHz)을 유지하는 파일 포맷
MP4	• MPEG에서 규정한 MPEG-2의 압축 기술에서 파생됨 • 장점 : MP3에 비해 음질이 우수하고 압축률이 높음 • 단점 : 호환성이 부족함

▶ WAVE와 MIDI의 비교

구분	WAVE	MIDI
재생 장치	재생 장치와 관계없이 같은 소리를 냄	재생 장치에 따라 음의 품질이 결정됨
음성 표현	가능	불가능
자료 크기	큼	작음

3) 관련 용어

• 샘플링(Sampling) : 아날로그 파형을 디지털 파형으로 변환하기 위해 연속적인 아날로그 신호를 일정한 간격으로 소리의 높이를 추출하고 각 표본의 진폭을 매우 좁은 펄스인 PAM 신호로 변환하는 과정이다.
• 샘플링 률(Sampling Rate) : 소리가 기록되는 동안 초당 음이 측정되는 횟수로, 샘플링 률이 높으면 높을수록 원음에 보다 가깝다.
• PCM(Pulse Amplitude Modulation) : 아날로그 신호를 샘플링하여 양자화 과정을 거쳐 2진 디지털 부호값으로 출력하는 과정이다.
• 양자화 : 입력 신호를 유한한 개수의 값으로 표현한 것으로 양자화 비트가 작으면 사운드의 질이 떨어진다. 녹음과 재생을 위해서는 16비트 샘플링이 필요하다.

코덱(CODEC)
음성이나 영상의 아날로그 신호를 디지털 신호로 변환하는 코더(Coder)와 디지털 신호를 음성이나 영상으로 변환하는 디코더(Decoder)의 합성어

인코딩(encoding)
신호를 특정한 부호들의 나열로 그 형태를 바꾸는 처리 방식으로 파일 용량을 줄이거나 화면 크기를 변경하는 등으로 활용

디코딩(decoding)
인코딩된 데이터를 다른 형으로 바꾸는 처리 방식

01 다음 중 아래에서 설명하는 멀티미디어 파일 형식으로만 짝지은 것은?

> - 픽셀로 화면을 표시하는 방식으로 래스터(Raster) 이미지라고도 한다.
> - 확대하면 테두리가 계단 모양으로 거칠게 나타나며 사진과 같은 사실적인 이미지를 표현할 수 있다.

① DOC, PDF, DXF   ② WMF, AI, CDR
③ GIF, JPG, PNG   ④ MP3, PCX, BMP

픽셀 단위로 표현하는 비트맵 방식의 파일 형식에는 GIF, BMP, JPG, PCX, TIFF, PNG 등이 있음

02 다음 중 MIDI에 대한 설명으로 옳지 않은 것은?

① 전자악기 간의 디지털 신호에 의한 통신이나 컴퓨터와 전자악기 간의 통신규약이다.
② 음성, 음악, 각종 효과음 등 모든 형태의 소리를 저장 가능하다.
③ 파일 크기가 작고 여러 가지 악기로 동시에 연주가 가능한 파일 형식이다.
④ 음의 높이와 길이, 음표, 빠르기 등과 같은 연주 방법에 대한 명령어가 저장되어 있다.

MIDI : 음악에서 사용되는 음의 특색을 기호로 정의한 규격으로 음성을 표현할 수는 없음

03 다음 중 아래의 설명에 해당하는 용어는?

> - 인터넷상에서 음성이나 동영상 등을 실시간으로 재생하는 기술이다.
> - 전송되는 데이터를 마치 끊임없고 지속적인 물 흐름처럼 처리할 수 있는 기술을 의미한다.

① 샘플링(sampling)   ② 스트리밍(streaming)
③ 로딩(loading)   ④ 시퀀싱(sequencing)

스트리밍 : 대용량의 멀티미디어 자료를 작은 조각으로 나누어 연속적으로 전송함으로써 전체를 다운로드하지 않고도 실시간으로 재생해 주는 기술

오답 피하기
- 샘플링(sampling) : 연속적인 아날로그 신호를 일정한 간격으로 추출하여 매우 좁은 진폭 신호로 변환하는 과정
- 시퀀싱(sequencing) : 정보를 순서 있게 연속적으로 연결시키는 기술

04 다음 중 파일 표준 형식에 대한 설명으로 옳지 않은 것은?

① MOV : 정지 영상을 표현하는 국제 표준 파일 형식으로 JPEG를 기본으로 한다.
② MPEG : 프레임 간의 연관성을 고려하여 중복 데이터를 제거해 압축률을 높이는 손실 압축 기법을 사용한다.
③ ASF : 인터넷을 통해 오디오, 비디오 및 생방송 수신 등을 지원하는 스트리밍을 위한 표준 기술규격이다.
④ AVI : 윈도의 표준 동영상 파일 형식으로 별도의 장치 없이 재생할 수 있다.

MOV : 애플사에서 매킨토시용으로 만든 동영상 압축 방식

05 다음 중 동영상 파일 형식에 대한 설명으로 옳지 않은 것은?

① AVI : 윈도 운영체제상에서 디지털 동영상을 재생하기 위한 파일 포맷(File Format)으로 RIFF 규격을 따르는 사운드와 동영상 파일이다.
② ASF : 실시간 재생을 목적으로 한 스트리밍 미디어로 인터넷을 통해 오디오, 비디오 및 생방송을 수신한다.
③ WMV : DMO 기반 코덱의 멀티미디어 압축 방식으로 같은 수준의 MPEG보다 용량이 크나 호환성이 매우 좋다.
④ DivX : MPEG-4 기술을 기반으로 한 영상 코덱으로 긴 영상도 원본 품질에 가까우면서도 작은 크기로 압축시켜주는 기능을 갖고 있다.

WMV : 마이크로소프트사가 개발한 스트리밍 오디오/비디오 포맷

멀티미디어 처리장치 및 관련기술

빈출 태그 ▶ 멀티미디어의 정의 · 멀티미디어의 구성 요소 · 멀티미디어 저작 과정 · 자료의 압축과 통신 규약 · JPEG · MPEG · MPC

01 멀티미디어 시스템의 개요 ★

1) 멀티미디어의 정의

- 문자, 비디오, 오디오, 애니메이션 등 다양한 종류의 각 매체들이 컴퓨터를 통해 동시에 제시되는 상호 통합적인 미디어 시스템
- 마이크로프로세서, 저장 장치, 통신망 등의 기술 개발로 교육, 의료, 광고 등 다양한 분야로 응용 서비스가 확대되고 있음
- 일반적인 구성 요소로는 컴퓨터를 비롯하여 CD-ROM 드라이브, 비디오 카메라, 비디오 캡처 보드, VTR, TV 외에 조이스틱, 마이크, 헤드폰, 사운드 보드 등이 있음

2) 멀티미디어 구성 요소

- 입출력 장치 : 마우스, AV 시스템, 디지타이저
- 처리 장치 : CPU
- 저장 장치 : CD-ROM, LDP
- 압축 및 복원 장치 : 텍스트, 사운드, 영상, 애니메이션 등의 압축 및 해제 도구
- AV 캡처 장치 : 음성 신호를 디지털 신호로 전환하는 장치

02 멀티미디어 저작 과정

MPC(Multimedia Pc marketing Council)
다양한 업체에서 생산되고 있는 CD-ROM 드라이브, 사운드 카드, 영상 보드 등 멀티미디어 컴퓨터에 사용되는 장비 간의 호환성 및 규격을 정하는 곳

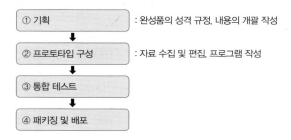

① 기획	: 완성품의 성격 규정, 내용의 개괄 작성
② 프로토타입 구성	: 자료 수집 및 편집, 프로그램 작성
③ 통합 테스트	
④ 패키징 및 배포	

03 자료의 압축과 통신 규약 ★

- JPEG(Joint Photograph Experts Group) : 색상에 대해 중복되는 값들을 가진 픽셀들을 제거함으로써 원래의 크기를 줄이는 기법으로 정지 화상에 주로 쓰임
- MPEG(Moving Picture Experts Group) : 동화상의 각 프레임 간에 배경이나 잘 안 바뀌는 부분을 제거함으로써 크기를 줄이는 방법으로 동화상의 압축에 주로 쓰임
- MIDI(Musical Instrument Digital Interface) : 음악과 관련있는 전자 악기 간의 데이터 교류를 위한 일종의 통신 규약

이론을 확인하는 기출문제

01 컴퓨터를 이용하여 기존의 문자나 숫자 정보뿐만 아니라 텍스트, 이미지, 오디오, 비디오 등 여러 가지 형태의 정보를 통합하여 처리하는 기술을 무엇이라고 하는가?

① 대용량 정보 처리 기술
② 멀티미디어 기술
③ 초고속 정보 통신 기술
④ 종합 정보 통신망 기술

멀티미디어 : 문자, 비디오, 오디오, 애니메이션 등의 다양한 종류의 각 매체들이 컴퓨터를 통해 동시에 제시되는 상호 통합적인 미디어 시스템

02 멀티미디어를 수용하기 위한 전송 및 교환 기술은 계속 발전하고 있다. 이러한 멀티미디어 통신을 구현하기 위하여 선결하여야 하는 기본적인 사항이라고 볼 수 없는 것은?

① 전송 장비의 전송 용량 개선
② 음성 통신의 다중화
③ 각 단말기의 고지능화
④ 화상 통신 장비의 기능 개선

멀티미디어 통신은 문자는 물론 음성, 영상 등 많은 양의 정보를 전송해야 하므로 전송 품질의 개선과 더불어 관련 하드웨어 장비들의 개발이 요구됨

03 다음 중 근래 들어 다양한 기능이 요구되는 다중 매체(Multimedia) 처리 기능과 관계가 없는 것은?

① 데이터 처리
② 음성 처리
③ 영상 처리
④ 레이저 빔 처리

멀티미디어의 처리 대상 정보는 문자, 비디오, 오디오, 애니메이션 등

04 정지 화상의 표준화 압축에 사용하는 것은?

① JPEG
② MPEG
③ TTA
④ OST

JPEG(Joint Photograph Experts Group) : 컬러 정지 화상의 부호화·압축 방식의 표준화를 진행하는 조직 및 그들이 표준화한 컬러 정지 화상의 부호화·압축 방식

05 다음 중 디지털 동화상 압축 기술 방법은?

① FPLMTS
② Hypertext
③ PCS
④ MPEG

MPEG : 디지털 컬러 동화상 및 오디오 신호의 압축·부호화 방법 및 부호화된 신호를 다중화하는 방법의 국제 표준

01 다음 중 정지 이미지 데이터의 압축 방식으로 사용자의 요구에 따라 압축 정도를 지정할 수 있는 방식은?

① MPEG
② IPEC
③ JPEG
④ APEC

02 다음 중 그래픽 데이터를 표시하는 방식 중에서 벡터 방식에 대한 설명으로 옳지 않은 것은?

① 고해상도를 표현하는 데 적합하다.
② 기본적으로 직선과 곡선을 이용한다.
③ 수학적 공식을 이용해 표현한다.
④ 도형과 같은 단순한 개체 표현에 적합하다.

03 다음 중 신호 처리에 있어서 사용되는 샘플링(Sampling) 기법의 목적으로 옳은 것은?

① 아날로그 방식의 데이터가 변경될 수 없도록 데이터를 보호하는 것이다.
② 선형적인 데이터를 비선형적 데이터로 취급할 수 있도록 디지털화 하는 것이다.
③ 디지털 방식의 비선형적인 특성을 파악하기 위해 몇 개를 선택하는 것이다.
④ 아날로그 방식과 디지털 방식의 상호 변환이 불가능하도록 데이터의 특성을 고정하는 것이다.

04 압축은 본래의 자료를 다른 형태의 축소된 코드로 변환하는 것이다. 다음 중 보기의 설명에 해당하는 것으로 옳은 것은?

- 영상, 음성, 음향을 압축하는 표준화 규격이다.
- 프레임과 프레임 사이의 차이에 중점을 준 압축 기법이다.
- 압축 속도는 느리지만 실시간 재생이 가능하다.

① MPEG
② JPEG
③ DVI
④ AVI

05 다음 중 멀티미디어 파일 형식에 대한 설명으로 옳지 않은 것은?

① AVI : 마이크로소프트사가 개발한 동영상을 위한 파일 형식
② MOV : 매킨토시 컴퓨터에서 사용되는 동영상을 위한 파일 형식
③ JPG : 국제 표준화 기구에서 제정한 동영상 압축 기술로써 인터넷에서 많이 사용하는 형식
④ GIF : 화상 압축의 규격으로, 256색상에 적합한 형식

06 점토, 찰흙 등의 점성이 있는 소재를 이용하여 인형을 만들고, 소재의 점성을 이용하여 조금씩 변형된 형태를 만들어서 촬영하는 형식의 애니메이션 기법을 무엇이라고 하는가?

① 로토스코핑(Rotoscoping)
② 클레이메이션(Claymation)
③ 모핑(Morphing)
④ 포깅(Fogging)

07 다음 중 멀티미디어 데이터 형식에 대한 설명으로 옳지 않은 것은?

① MIDI – 소리를 직접 저장한다.
② JPEG – 정지 영상 압축의 국제 표준 규격이다.
③ WAVE – 소리의 원음을 샘플링하여 저장하는 형식이다.
④ MPEG – 동영상 압축의 국제 표준이다.

08 다음 중 오디오 파일 포맷에 대한 설명으로 옳지 않은 것은?

① MP3는 MPEG-3의 오디오 규격으로 개발된 무손실 압축 포맷이다.
② WMA는 오디오 파일을 부호화하는 마이크로소프트사의 파일 포맷이다.
③ MIDI는 사운드 카드와 같은 시스템 성능에 따라 소리 품질에 차이가 발생한다.
④ WAV는 MP3나 WMA에 비해 같은 음질에서 파일 용량이 제일 크다.

09 다음 중 MIDI 파일에 대한 설명으로 옳지 않은 것은?

① MIDI는 Musical Instrument Digital Interface의 약자이다.
② MIDI 파일은 사운드 카드와 같은 MIDI 디바이스가 음악을 연주하는 방법을 알려주는 명령어를 포함한다.
③ MIDI 파일에는 음표, 음악의 빠르기 및 음악의 특성들을 나타내는 명령어가 들어 있다.
④ MIDI 디바이스 역할을 도와주는 사운드 카드는 여러 가지 악기를 동시에 연주할 수 없다.

10 다음 중 그래픽 파일 형식에 대한 설명으로 옳지 않은 것은?

① GIF 형식은 Animation을 표현할 수 있다.
② JPG 형식은 GIF 형식보다 다양한 색상을 나타낼 수 있다.
③ JPG 형식은 인터넷상에서 그림을 전송할 때 많이 사용된다.
④ GIF 형식은 24Bit 트루 컬러로 표현할 수 있다.

11 멀티미디어 시스템의 구성 장치가 아닌 것은?

① 제어 장치
② 저장 장치
③ 처리 장치
④ 입출력 장치

12 멀티미디어 저작 과정을 바르게 나열한 것은?

㉠ 프로토타입 구성	㉡ 완성품의 성격 규정
㉢ 패키징 및 배포	㉣ 통합 테스트

① ㉣, ㉠, ㉡, ㉢
② ㉠, ㉡, ㉢, ㉣
③ ㉡, ㉠, ㉣, ㉢
④ ㉡, ㉢, ㉣, ㉠

13 JPEG에 대한 설명으로 옳은 것은?

① 동화상의 압축에 주로 쓰이는 압축 프로그램이다.
② 음악과 관련있는 전자 악기 간의 데이터 교류를 위한 통신 규약이다.
③ 각 프레임 간에 배경이나 잘 안 바뀌는 부분을 제거하여 크기를 줄이는 방법이다.
④ 정지 화상에 주로 쓰이는 압축 형식이다.

14 서로 다른 업체에서 만들어진 CD−ROM 드라이브, 사운드 카드 같은 멀티미디어 컴퓨터에 사용되는 장비 간의 호환성 및 규격을 정하는 곳을 무엇이라 하는가?

① CCITT
② ISO
③ 프로토콜
④ MPC

15 인터넷−폰(Internet−Phone)에 대한 설명 중 틀린 것은?

① 인터넷망을 통해 음성전화가 가능하다.
② 아날로그 형태의 신호가 전송된다.
③ 인터넷망은 디지털 신호가 전송된다.
④ 주요 기술은 VoIP(Voice over Internet Protocol)이다.

16 MPEG는 멀티미디어 기술 중 어디에 해당하는가?

① 전달 기술
② 표현 기술
③ 압축 기술
④ 변조 기술

CHAPTER 08

정보보안

학습방향

요즘에는 정보보안 부분이 중요하므로 개념 및 종류가 출제될 가능성이 높습니다.

출제빈도

• Section 01	중 ▬▬▬▬▬▬▬▬▬▬▬▬▬▬	25%
• Section 02	중 ▬▬▬▬▬▬▬▬▬▬▬▬▬▬	25%
• Section 03	중 ▬▬▬▬▬▬▬▬▬▬▬▬▬▬	25%
• Section 04	중 ▬▬▬▬▬▬▬▬▬▬▬▬▬▬	25%

정보보안 기초

빈출 태그 기밀성 · 무결성 · 가용성 · 대칭 암호 · 공개키 암호

01 정보보안 개념

1) 기밀성(Confidentiality)

개인의 정보나 데이터의 기밀정보를 부정한 사용자에게 노출되거나 사용하지 못하게 설정하고 또한 이러한 정보가 어떤 목적으로 수집되고 있으며 어떤 목적으로 사용되고 있는지 등을 확인한다.

2) 무결성(Integrity)

규정에 따라서 허가된 상태에서만 데이터를 변경하고 조작할 수 있도록 시스템을 유지한다.

3) 가용성(Availability)

사용자의 필요가 있을 시 즉시 사용할 수 있고 올바른 정보를 제공할 수 있도록 시스템이 빠르게 처리한다.

02 암호기술 개념

부인봉쇄
수신자를 보호하기 위해 송신자의 발신 증거를 제공하거나, 송신자를 보호하기 위해 수신 증거를 제공하는 보안 서비스

보안 설정의 기본적 개념으로는 접근제어, 데이터 기밀성, 데이터 무결성, 부인봉쇄 등이 있다.

여러 가지 암호화 기술을 적용하여 접근을 제어하고 허가된 접속자만 허용된 범위안에서 정보를 볼 수 있는 기밀성과 로그 분석 등을 이용하여 패킷을 전송하거나 확인한 부분을 부정하지 못하도록 설정하는 등의 다양한 방법이 있다.

03 정보보안 및 암호기술 종류와 특징★

1) 정보보안 종류 및 특징

① 접근제어 : 정보 데이터에 접근할 권한을 제한하는 정보보안 기법
② 데이터 무결성 : 규정된 상태에서만 데이터를 변경하고 조작하는 시스템 유지
③ 인증 : 접근이 허용된 사용자가 인증을 통하여 접근할 수 있도록 설정
④ 경로제어 : 접속과 데이터 전송의 경로를 보안 등을 확인하여 제어
⑤ 공증 : 데이터 교환에 신뢰할 수 있는 제3의 시스템을 활용하여 정보를 교환

2) 암호기술 종류 및 특징

① 대칭암호

- 대칭 암호(Symmetric Encryption)는 주로 비밀키 암호라고도 부르며, 공개키가 개발되기 전까지 널리 사용되었던 암호체제
- 가장 대표적인 기법으로는 DES, 3DES, AES 등이 있음

② 공개키 암호

- 1976년 Diffie와 Hellman에 의해 최초로 개발된 공개키 암호는 수학적 함수에 근거하여 다양한 형태의 암호를 생성하여 오래도록 사용되어 온 암호 방식이며 가장 큰 특징은 1개의 키만 사용하는 관용 암호 방식이 아닌 서로 다른 두 개의 키를 이용하는 비대칭 방식을 사용하여 기밀성, 인증, 키 분배 등에 매우 뛰어난 암호 방식

③ Kerberos

- Kerberos는 MIT에서 개발한 키 분배와 사용자 인증을 처리하기 위한 서비스로 시스템에 접근할 시 허가받은 사용자만 접근할 수 있고 서버가 그에 응답하도록 설정하는 서비스
- 대칭 암호를 사용하는 Kerberos는 서버에 접속자를 구분하는 인증 프로그램이나 인증 프로토콜을 설치하는 것 대신에 설치하게 되면 서버는 서버를 이용하려고 하는 사용자를 인증하고 사용자는 서버를 인증하는 서로 간에 정보를 인증하는 인증 서버를 가지게 됨

④ SSL

- 넷스케이프가 처음으로 개발한 보안 프로토콜로 신뢰할 수 있는 종단과 종단 사이의 보안 설정을 통하여 안전한 데이터 패킷전송을 제공하는 웹 보안기술
- 서버와 클라이언트를 연결하여 세션(Session)을 만들어 각각의 암호적 보안 매개변수를 정의

⑤ HTTPS

- 웹브라우저와 웹서버 간의 안전한 데이터 패킷을 전송하기 위해 HTTPS와 SSL을 결합한 웹 보안 기술로 현재 모든 웹브라우저에 내장되어 있는 방법
- HTTPS를 사용하면 요청문서의 URL, 문서 내용, 브라우저 양식 내용, 브라우저가 서버에게 보낸 쿠키와 서버가 브라우저로 보낸 쿠키, HTTP 헤더 내용 등이 암호화가 됨

⑥ SSH

- SSH(Secure Shell)는 다른 보안기술에 비해 비용을 적게 소비하면서 그에 대비 안전한 네트워크 통신용 프로토콜로 원격접속과 전자메일 등의 네트워크 등을 보안 처리할 수 있음
- SSH1은 초기의 원격 로그인에 중점을 두었고 SSH2는 SSH1의 취약점을 수정하여 개발하여 현재 널리 사용되고 있는 암호 기법

⑦ IEEE 802.11

- 무선 LAN의 보안 기법으로 Wi-Fi 무선 네트워크의 보안을 설정하는 기법으로 유선 LAN과 동일한 수준의 서비스를 무선 LAN에서도 제공할 수 있도록 정의되어 있음

계층별 정보보안

빈출 태그 암호화 • 비밀성 • 무결성 • 가용성 • 부인방지 • 사용자 인증

01 애플리케이션 보안

1) 애플리케이션 보안(Application security)의 개념

응용 소프트웨어의 보안 정책에서 나타나는 결함이나 시스템 개발에서 눈에 띄지 않는 위약점 등 코드의 생명주기 전체 과정을 아우른다. 애플리케이션은 자신들에게 부여된 자원만 제어할 수 있으며, 애플리케이션 사용자들에 의해서 자원의 사용을 결정한다.

애플리케이션 보안을 위한 원칙은 위협을 인식하고 네트워크나 호스트, 애플리케이션을 보호하며 소프트웨어 개발 프로세스를 종합적으로 보호한다.

2) 애플리케이션 위협 및 공격

모바일 애플리케이션 보안
- 전송 계층 보안 강화
- 강력한 인증과 인가
- 메모리 쓰기 시 데이터 암호화
- 모바일 애플리케이션과 운영체제와의 미리 정의된 상호작용
- 특권이 필요한 접근 시 사용자의 입력 요구
- 적절한 세션 핸들링

종류	위협 또는 공격
입력 유효성	버퍼 오버플로, 정규화, SQL 삽입, 사이트 간 스크립팅
소프트웨어 부당 변경	공격자는 비인가된 행위를 수행하기 위하여 애플리케이션의 런타임 행위를 수정(익스플로러나 바이너리 패칭, 코드 대체 또는 코드 확장을 통해 가능)
인증	네트워크 도청, 무차별 대입 공격, 사전 공격
인가	권한 확대, 기밀 자료 폭로, 데이터 부동 변경
구성 관리	관리 인터페이스에 대한 비인가된 접근, 설정 저장소에 대한 비인가된 접근, 텍스트 설정 데이터 검색, 과한 권한이 부여된 프로세스와 서비스 계정
민감한 정보	민감한 코드나 자료에 대한 접근, 네트워크 도청, 코드/데이터 변경
세션 관리	세션 하이재킹, 세션 리플레이, 중간자 공격
암호화	형편없는 키 생성과 키 관리
파라미터 조작	쿼리 문자열 조작
예외 관리	정보 공개, 서비스 거부 공격
감사와 로깅	사용자가 동작의 수행을 거부, 공격자가 추적 없이 애플리케이션 취약점 공격

02 네트워크 보안

1) 네트워크 보안의 개념

통신 네트워크에 대하여 부당한 액세스나 우발적 또는 고장에 의한 조작에의 개입 또는 파괴로부터 네트워크를 보호하기 위한 것이다.

2) 네트워크 보안 요구사항

비밀성	네트워크를 통해 전송되는 데이터가 인가되지 않은 자에게 노출되지 않도록 함
무결성	네트워크를 통해 송 · 수신되는 정보가 불법적으로 변경되거나 삭제되지 않도록 해야 함
데이터 발신처 확인	네트워크를 통해 송 · 수신되는 정보가 확인된 자로부터 정확하게 전송되어야 함
가용성	서버나 네트워크 등의 정보 시스템이 장애 없이 정상적으로 요청된 서비스를 수행할 수 있는 능력을 나타냄
부인방지	메시지를 송수신하거나 교환한 후 그 사실을 증명함으로써 부인을 방지하는 보안 기술
사용자 인증	사용자가 자신이 진정한 사용자라는 것을 상대방에게 증명할 수 있도록 하는 것

3) 전자우편 보안

① PGP(Pretty Good Privacy) : MIME(Multipurpose Internet Mail Extension)★ 객체에 암호화 및 전자서명 기능을 추가한 암호화 프로토콜. 네트워크를 통해 주고 받는 메시지에 대하여 송수신자에게 보안 서비스를 제공하며 평문 메시지를 암호화함. 메시지 암호화, 서명, 압축, 분할, 전자 우편 호환성의 5가지 기능을 제공

② PEM(Privacy Enhanced Mail) : 인터넷에서 사용되는 이메일 보안 시스템의 하나이며 중앙집중화된 키 인증 방식으로 구현이 어렵고 보안성이 높음

③ 웹 방화벽 : 홈페이지 자체 웹 프로토콜을 기반으로 하는 모든 서비스와 애플리케이션 데이터 기반 정보 시스템에 대한 보안 서비스를 제공. 웹 애플리케이션의 취약점을 이용한 공격에 대한 대응이며 기업 내부의 중요 데이터에 대한 유출을 방지

웹 방화벽 종류	내용
네트워크 기반 방화	• 방화벽이나 침입방지 시스템과 유사하게 네트워크 구간에 인라인 Transparent 및 프록시 방식으로 구성 • 웹 트래픽에 대한 분석 및 차단 기능
호스트 기반 방화	웹 서버에 설치된 보안 에이전트와 마스터 서버, 관리자용 콘솔로 구성되며 웹 서버 에이전트가 해킹 시도 또는 이상 징후를 탐지하였을 때 보안 정책을 실행
Proxy Method	• 클라이언트 요청을 받아 필터링 처리를 한 후 웹 서버와 재접속을 하는 방식 • 소프트웨어 기반 및 하드웨어 기반 방화벽 지원
Filtering Module Method	• 웹 방화벽이 웹 서버의 플러그인 모듈처럼 동작하는 방식 • 웹 서버가 처리 대기상태에서 보안 모듈에 필터링 처리된 후 정상 트래픽일 때만 클라이언트에 응답하는 방식

4) RFID 보안

마이크로 칩을 내장한 Tag, Label, Card 등에 저장된 데이터를 무선 주파수를 이용하여 Reader기에서 자동 인식하는 기술이다.

RFID 보안기술	내용
Kill Tag	사용자 요청에 따른 태그 무효화
Faraday Cage 원리	주파수를 차단할 수 있는 차폐망 이용
방해 전파	RFID 태그의 신호를 인식할 수 없도록 방해 전파를 전송
Blocker Tag	외부침입을 막기 위한 차단 태그
재 암호화 방법	암호화 된 RFID 태그 정보를 정기적으로 재 암호화

★ MIME
인터넷 통신에서 텍스트, 이미지, 동영상, 사운드 등 멀티미디어를 전송하기 위한 E-mail 통신 규약

5) OTP

OTP(One Time Password)는 매번 다른 난수를 생성하여 인증 시 패스워드를 대신하는 방법이다. 이론적으로 가장 안전한 방법이며, OTP의 난수는 매번 달라지므로 공격자는 난수 값을 획득해도 공격을 할 수 없다.

03 데이터베이스 보안

1) 데이터베이스 보안의 개념

- 데이터베이스는 기업의 기밀정보 또는 고객정보와 같은 것을 저장 및 관리
- 데이터베이스 보안은 각종 외부 또는 내부적 위협에서 데이터베이스의 기밀성, 무결성, 가용성 등을 확보하는 활동
- 데이터베이스 보안에서는 중요 데이터에 대하여 직접적으로 접근하는 방법을 통한 위협요소도 있지만, 개별 데이터를 조합하여 중요한 정보를 획득하는 위협도 존재할 수 있음. 이것을 집합성(Aggregation)이라고 하며, 집합성은 낮은 보안 등급의 정보를 모으면 높은 보안등급의 정보를 알아낼 수 있는 위협요소를 의미

2) 데이터베이스 보안 요구사항

무결성 보장	• 처리 중인 운영적 무결성 보장 • 처리된 데이터의 의미적 무결성 보장
추론 방지	• 일반 정보에서 기밀 정보를 추측하고 도출하는 추론을 방지 • 통계적 집계 정보에서 각 객체에 대한 추론을 방지
사용자 제한	• 인가된 사용자만 접근 가능 • 보다 엄격한 사용자 인증 기준 마련
감사기능	모든 접근을 기록(Write, Read)
암호화	주요 데이터를 암호화함

04 시스템 보안

계정 및 패스워드 관리	권한을 가지고 있는 사용자에 대하여 인증 관리
세션 관리	사용자와 컴퓨터 또는 두 컴퓨터 간의 활성화된 접속 관리
접근 제어	누군가가 특정 시스템이나 정보를 사용하는 것을 허가하거나 거부하는 것
권한 관리	각각의 사용자가 권한을 가지고 올바른 정보에 접근할 수 있도록 함
취약점 관리	시스템의 약점을 파악하여 제거하는 것

보안시스템

빈출 태그 지문인식 • OTP • SSO • 방화벽 • 침입 탐지 시스템 • 침입 차단 시스템

01 보안시스템 개념

- **정보통신보안** : 정보시스템 및 정보통신망을 통해 수집 · 가공 · 저장 · 검색 · 송신 또는 수신되는 정보의 유출 · 위조 · 변조 및 훼손 등을 방지하기 위해 관리적 · 물리적 · 기술적 수단을 강구하는 것
- **정보통신시스템** : 정보의 수집, 가공, 저장, 검색, 송신, 수신 및 그 활용과 관련되는 기기와 소프트웨어의 조직화된 체계
- **정보보호시스템** : 정보의 수집, 저장, 검색, 송신 또는 수신할 경우에 정보의 유출, 위조, 변조 및 훼손 등을 방지하기 위한 하드웨어 및 소프트웨어

02 정보보호 시스템

① SSO(Single Sign-On)
- 한 번의 인증으로 여러 사이트나 서비스를 이용할 수 있는 인증 기능
- 여러 개의 사이트나 서비스를 운영하는 기업 등이 회원을 통합 관리하기 위해 개발
- 하나의 인증 과정을 통과하면 모든 사이트에 접속이 가능하므로 주의해야 함

② 방화벽(Firewall)
- 외부로부터 내부망을 보호하고 유해 정보의 유입을 차단하기 위한 정책과 이를 지원하는 하드웨어 및 소프트웨어를 총칭
- 외부 네트워크와 사설 네트워크의 경계에 패킷 필터링 기능을 수행하는 라우터나 응용 게이트웨이를 두어 모든 정보의 흐름이 이들을 통해서만 이루어지도록 함
- 외부로부터의 공격을 막는 역할을 하므로 내부에서 일어나는 해킹은 막을 수 없다는 단점이 있음

③ 침입 탐지 시스템(IDS)
- 일반적으로 시스템에 대한 원치 않는 조작을 탐지. 방화벽이 탐지할 수 없는 모든 종류의 악의적인 네트워크 트래픽 및 컴퓨터 사용을 탐지하기 위해 필요하며, 취약한 서비스에 대한 네트워크 공격과 애플리케이션에서의 데이터 처리 공격(data driven attack), 권한 확대(privilege escalation) 및 침입자 로그인, 침입자에 의한 주요 파일 접근, 악성 소프트웨어(컴퓨터 바이러스, 트로이 목마, 웜)를 통한 공격 포함

④ 침입 차단 시스템(IPS)
- 외부 네트워크로부터 내부 네트워크로 침입하는 네트워크 패킷을 찾아 제어함. 일반적으로 내부 네트워크로 들어오는 모든 패킷이 지나가는 경로에 설치되며, 호스트의 IP 주소, TCP/UDP의 포트번호, 사용자 인증에 기반을 두고 외부 침입을 차단함. 허용되지 않는 사용자나 서비스에 대해 사용을 거부하여 내부 자원을 보호

⑤ 가상 사설망(VPN)
- 공중 네트워크를 통해 한 회사나 단체가 어떠한 정보를 외부에 드러내지 않고 통신할 목적으로 쓰이는 사설 통신망. 가상 사설망에서 메시지는 인터넷과 같은 공공망 위에서 표준 프로토콜을 사용하여 전달하거나, 가상 사설망 서비스 제공자와 고객이 서비스 수준 계약을 맺은 후 서비스 제공자의 사설망을 통해 전달됨

03 정보보호 시스템 인증

정보보호 시스템
침입차단시스템, 침입탐지시스템, VPN 등

정보보호 시스템 평가기준은 정보보호 시스템 제품을 객관적으로 평가하여 신뢰성을 향상시키려는 인증 제도이다.

1) TCSEC(Trusted Computer System Evaluation Criteria, Orange Book)
- TCSEC은 미국 국방부 문서 중 하나로 1960년대 컴퓨터 보안 연구를 통해서 만들어진 지침이며 1995년에 공식화 됨
- TCSEC은 보안 솔루션을 개발할 때 표준이 되는 정보보호 제품 인증으로 가장 낮은 D부터 가장 높은 A까지 등급으로 되어 있음
- D등급은 최소한의 보안으로 보안설정이 이루어지지 않은 것이고, C등급은 임의적 보안으로 로그인 과정과 보안감사 기능을 제공해야 함. B등급은 임의적 및 강제적 보안으로 관리자에 의한 보안통제가 가능해서 보안정책을 적용할 수 있으며, 마지막 A등급은 수학적으로 완벽한 보안 시스템을 의미

2) ITSEC(Information Technology Security Evaluation Criteria)
- 운영체제와 장치를 평가하기 위하여 유럽에서 만든 정보보호 지침
- 기밀성, 무결성, 가용성을 다룸
- 기능성과 보증을 분리하여 평가

3) CC(Common Criteria, ISO 15408) 인증
- IT 제품 및 정보시스템에 대한 평가 기준으로 CCRA 가입국 간 모두 적용되는 상호인증을 지원
- 만약 한국기업이 침입차단시스템을 개발하고 CC 인증을 받으면 CCRA 가입국인 미국에 침입차단시스템을 수출할 때 추가적인 보안인증을 받지 않고 CC 인증을 인정함

04 지식기반 인증(Type I, Something you know)

1) 지식기반 인증

사용자의 기억을 인증정보로 가지고 있는 것이다(패스워드, Pin 번호 등).

2) 패스워드(Password)의 문제점

- 가장 많이 사용되는 인증방식으로 인증 요소 중 가장 안전하지 않음
- 주기적으로 보안인식에 대한 교육이 필요
- 패스워드 전송 시 암호화하지 않으면 스니핑 툴로 도청 가능

패스워드 공격기법	내용
무차별 공격	Brute Force Attack, 임의의 값을 반복적으로 입력하여 패스워드를 크랙
사전 공격	Dictionary Attack, 사전의 용어를 반복적으로 입력하여 패스워드를 크랙(John the Ripper)
트로이목마 로그인 프로그램	정상적인 프로그램으로 가장하여 정보를 유출
사회공학	심리적 공격
전자적 모니터링	패스워드 입력 또는 전송 시 스니핑함(해결 방법 : OTP 사용)

05 소유기반 인증(Type II, Something you have)

1) 소유기반 인증

- 복제될 수 있으며 분실의 위험이 존재함(예 신분증, 공인인증서, 열쇠, 카드 등)

2) 스마트카드(Smart Card)

- 마이크로프로세스 칩과 메모리를 내장한 일종의 소형 컴퓨터이며 높은 보안성이 요구됨
- 메모리 토큰과 달리 프로세스 능력을 가짐
- 스마트카드의 보안 취약점에는 부채널 공격이 있음. 카드가 기동될 때 발생되는 온도나 전파 등을 이용하여 공격하는 것인데, 동일한 무선 주파수를 복제하여 그대로 전파를 보내면 카드가 작동하는 방식. 이것은 Smart Card 뿐만 아니라 무선 통신에 의해서 발생되는 공통적인 문제점

Smart Card 구성요소	내용
CPU(Microprocessor)	산술 및 사칙연산, 논리연산을 수행하는 연산장치
ROM	운영체제(Chip OS) 탑재, 보안 알고리즘(3DES), 카드 제작 시 저장하고 변경이 불가능
RAM	임시 데이터 저장용(4Kibts 이상)
EEPROM	파일시스템, 프로그램 및 응용 프로그램 키, 비밀번호, 카드 발급 시 저장
I/O시스템	접촉식과 비접촉식, 2가지 동시 지원 콤비형

<aside>

아이핀(i-PIN)
아이핀(i-PIN)은 '인터넷 개인 식별 번호'(Internet Personal Iden-tification Number)의 약자로 온라인상에서 신분을 도용하는 것을 방지하기 위해 주민등록증의 대체 수단으로 사용됨

악성코드(Malicious Software) 종류
- **논리폭탄(Logic Bomb)** : 특정 조건이 발생할 때 실행되는 악성 코드. 특정 조건이 발생하지 않으면 악성코드로 기동되지 않기 때문에 탐지가 어려움
- **키로거(Key-Logger)** : 사용자가 입력하는 정보를 갈취하는 악성코드. 윈도우 후킹(Hooking)을 통해서 키보드 입력정보를 획득
- **트로이목마(Trojan)** : 자기복제 능력이 없으며 시스템 정보, 개인정보 등을 유출하거나 특정 시스템 파일을 삭제
- **백도어(Backdoor, Trapdoor)** : 인증과정을 우회해서 시스템에 접근할 수 있도록 열어둔 뒷문으로 원격조정을 통해서 시스템을 장악할 수 있음
- **루트킷(Rootkit)** : 루트 권한 획득을 위해서 공격자가 심은 악성 코드

</aside>

생체인증 도구의 효과성과
사회적 수용성
• 효과성 : 손바닥 〉 손 〉 홍
채 〉 망막 〉 지문 〉 목소리
• 수용성 : 홍채 〉 키 누름
동작 〉 서명 〉 목소리 〉 얼
굴 〉 지문 〉 손바닥 〉 손 〉
망막

06 존재(생체)기반 인증(Type III, Something you are)

1) 생체인증(Biometrics)

• 개인의 생체적, 행동적 특징을 자동화된 수단으로 등록하여 사용자가 제시한 정보
와 비교하여 판단하고 인증하는 기술
• 물리적 접근 통제에서는 식별로 사용될 수 있음

생체인증 분류	내용
존재(생체) 특징(Type III)	생체특성, 지문, 장문, 얼굴, 손 모양, 홍채, 망막, 정맥
행동 특징(Type IV)	서명, 음성, 키보드 입력

2) 생체인증의 특징

평가항목	내용
보편성(University)	모든 사람들이 보편적으로 지니고 있어야 함
유일성(Uniqueness)	개인별로 특징이 명확하게 구분되어야 함
지속성(Permanence)	발생된 특징은 그 특성을 영속해야 함
성능(Performance)	개인 확인 및 인식의 우수성, 시스템 성능
수용성(Acceptance)	거부감이 없어야 함
저항성(Resistance)	위조 가능성이 없어야 함

07 행동기반 인증(Type IV, Something you do)

• 개인의 고유한 행동적 특성을 사용해서 인증하는 기술로 생체인식 기술의 하나로
도 분류됨
• 하지만 생체인식 기술은 지문, 정맥, 안면, 홍채와 같은 정보를 추출하여 인증하는
것이며, 행동기반 인증은 서명, 키스트로크(Keystroke), 마우스 움직임, 걸음걸
이, 모바일 단말기 사용패턴 등을 분석하여 인증하는 것이므로 약간의 차이가 있음
• 행동기반 인증은 개인의 행위정보를 축적하여 프로파일 정보를 구축해야 함
• 프로파일을 통해서 특징적이고 유일한 정보를 식별해서 인증에 사용

종류	장점	단점
음성인식(Voice)	원격지 사용 가능, 가격이 낮음	신체적, 감정적 변화에 민감
서명(Signature)	입력기기 가격이 낮음, 편의성 좋음	타인이 도용할 가능성 존재
키보드 입력 (Keystroke Dynamic)	키 누름 동작	정확도가 떨어짐

빈출 태그 DRM · 워터마킹 · 핑거프린트

정보통신 비밀 보호조치

01 불법정보의 유통금지

1) DRM(Digital Rights Management)

• 디지털 콘텐츠 유통에 안정성, 유통성, 재사용성을 지원하며, 저작권자, 유통업자, 소비자에 이르는 콘텐츠 라이프 사이클에 관계된 모든 에이전트를 만족시키는 기술

• 디지털 콘텐츠를 안전하게 보호할 목적으로 암호화 기술을 이용하여 허가되지 않은 사용자로부터 콘텐츠 저작권 관련 당사자의 권리 및 이익을 지속적으로 보호 및 관리하는 시스템

• 저작자 및 유통업자의 의도에 따라 디지털 콘텐츠가 안전하고 편리하게 유통될 수 있도록 제공되는 모든 기술과 서비스 절차 등을 포함하는 개념

2) 워터마킹(Watermarking)

• 디지털 정보에 사람이 인지할 수 없는 마크를 삽입하여 디지털 콘텐츠에 대한 소유권을 추적할 수 있는 기술

• 정보은닉기술로 오디오, 비디오, 이미지 등의 디지털 데이터에 삽입되는 또 다른 디지털 데이터로 스테가노그래피(Steganography) 기법 중 하나

기술적 특징	주요 내용
비인지성(Fidelity)	사용자의 워터마크 정보 인지 불가, 데이터 품질 저하 없음
강인성(Robustness)	변형에 대한 견고성 유지, 삽입 정보 제거 불가
연약성(Effeminacy)	콘텐츠 복제와 관계없이 워터마크 복제 불가능
위조방지(Tamper–resistance)	워터마크를 삭제하려는 시도에 대하여 제거되지 않아야 함
키 제한(Key–resistance)	소수의 사용자만 워터마크를 추출할 수 있는 키 제공

3) 워터마킹 공격기법

• Filtering Attack : 워터마크를 노이즈로 보고 노이즈를 제거하는 방법 활용

• Copy Attack : 임의의 신호를 추가하여 워터마크를 사용하지 못하도록 함

• Mosaic Attack : 워터마크가 검출되지 않도록 작은 조각으로 분해하여 다시 합침

• Template Attack : 워터마크 패턴을 파괴하여 검출되지 않게 함

4) 핑거프린트(Fingerprint)

- 워터마킹 기법 중 하나로 디지털 콘텐츠에 원저작자 정보와 함께 디지털 콘텐츠 구매자 정보도 같이 삽입하여 디지털 콘텐츠가 불법적으로 유통될 때 불법적으로 유통시킨 구매자를 확인할 수 있는 디지털 콘텐츠 추적기술
- 원저작자 정보와 구매자 정보를 같이 삽입하기 때문에 핑거프린트를 Dual Watermark라고도 함

02 정보통신 보호조치

컴퓨터 프로그램 보호법	• 프로그램 저작물의 저작자 권리를 보호하고 프로그램의 공정한 이용을 도모하여 프로그램 관련 사업의 발전을 위해 제정한 법 • 프로그램 저작권은 프로그램이 창작된 때부터 발생하며, 어떠한 절차나 형식의 이행을 필요로 하지 않음 • 프로그램 저작권은 그 프로그램이 공표된 다음 연도부터 70년간 존속함
저작권법	저작자의 권리와 이에 인접하는 권리를 보호하고 저작물의 공정한 이용을 도모함으로써 문화 향상 발전에 이바지함을 목적으로 하는 법
통신 비밀 보호법	통신 및 대화의 비밀과 자유에 대한 제한은 대상을 한정하고 엄격한 법적 절차를 거치게 함으로써 통신 비밀을 보호하고, 통신의 자유 신장을 목적으로 하는 법
정보화 촉진 기본법	정보화를 촉진하고 정보통신 산업의 기반을 조성하며 정보통신 기반의 고도화를 실현함으로써 국민 생활의 질을 향상하고, 국민 경제의 발전에 이바지함을 목적으로 하는 법
개인 정보법	개인의 정보를 보호받을 수 있도록 제정한 법

03 OECD 권고의 개인정보의 보호를 위한 8개 원칙

원칙	설명
정보정확성의 원칙	• 개인정보는 사용목적과 범위가 부합되어야 함 • 정확하고 완전하게 갱신되어야 함
목적 명확화의 원칙	개인정보를 수집할 때에는 목적이 명확해야 하고, 이를 이용할 경우에도 최초의 목적과 모순되지 않아야 함
이용제한의 원칙	개인정보는 정보주체의 동의가 있는 경우나 법률의 규정에 의한 경우를 제외하고는 목적 이외의 용도로 공개되거나 이용되어서는 안 됨
안전보호의 원칙	기업이 수집, 보존하고 있는 개인정보가 분실, 불법적인 접근, 파괴, 정보수정 및 공개와 같은 위험에 처하는 것에 대비하여 합리적인 안전보호 장치를 마련해야 함
개인 참가의 원칙	개인정보를 제공한 개인은 자신과 관련된 정보의 존재 확인, 열람 요구, 이의제기 및 정정, 삭제, 보완 청구권을 가짐
공개의 원칙	개인정보에 관한 개발, 운용 및 정책에 있어서 일반적인 공개의 원칙이 적용되어야 함
책임의 원칙	개인정보를 관리하는 자는 이에 대한 책임을 져야 함
수집 제한의 원칙	정보 수집을 위해서는 정보 주체의 인지 또는 동의가 최소한의 요건이 되어야 함

01 다음은 무엇에 대한 설명인가?

> 개인의 정보나 데이터의 기밀정보를 부정한 사용자에게 노출하거나 사용하지 못하게 설정하고 또한 이러한 정보가 어떤 목적으로 수집되고 있으며 어떤 목적으로 사용되고 있는지 등을 확인

① 무결성
② 가용성
③ 기밀성
④ 암호성

02 정보보안 및 암호기술의 종류 및 특징으로 올바른 것은?

① 접근제어 : 접속과 데이터 전송의 경로를 보안 등을 확인하여 제어
② 데이터 무결성 : 규정된 상태에서만 데이터를 변경하고 조작하는 시스템 유지
③ 인증 : 정보 데이터에 접근할 권한을 제한하는 정보보안 기법
④ 경로제어 : 접근이 허용된 사용자가 인증을 통하여 접근할 수 있도록 설정

03 메시지를 송수신하거나 교환한 후 그 사실을 증명함으로써 부인을 방지하는 보안 기술은 무엇인가?

① 부인방지
② 데이터 발신처 확인
③ 사용자 인증
④ 비밀성

04 다음 중 정보보호 시스템으로 올바르지 않은 것을 고르시오.

① 지문인식
② OTP
③ 방화벽
④ 드롭퍼

05 다음 중 생체인증의 특징에 해당되지 않는 것을 고르시오.

① 보편성
② 유일성
③ 지속성
④ 시간의존성

06 다음 핑거프린트에 대한 설명 중 옳지 않은 것을 고르시오.

① 구매자와 판매자 정보를 모두 디지털 콘텐츠에 삽입하여 불법 유통을 방지하는 기술이다.
② 일종의 정보은닉 기술로 구매자와 판매자 정보를 분리해서 저장한다.
③ 구매자 정보와 판매자 정보를 삽입하면 구매자별로 콘텐츠가 다르다.
④ 불법 유통 발생 시 디지털 콘텐츠에서 구매자 정보를 획득하여 추적할 수 있다.

07 디지털 콘텐츠 보호기술에서 Dual Watermark의 기능을 가지고 있는 것은 무엇인가?

① 스테가노그래피
② 핑거프린트
③ DRM
④ 워터마크

정보통신
업무 규정

✓ **4과목 소개**

전기통신 관련법의 기본 목적, 사업의 관장, 정부의 시책, 전기통신사업자의 구분은 거의 매년 출제되고 있으며, 전기통신설비의 운영과 원상복구의 의무, 이용약관 등의 세부적인 문제도 자주 출제되었습니다. 전기통신 설치의 일반적 조건에서 분계점의 설정, 전력 유도의 방지, 절연 저항의 문제는 거의 매년 출제되었고 개인정보의 보호와 이용자 보호 등의 문제와 그에 따른 벌칙과 벌금문제도 조금씩 출제되고 있습니다. 정보보호와 통신비밀의 보호에 관한 위반에 대한 벌금 및 벌칙, 저작권법의 정의, 용어, 저작권법의 법적인 보호 기간 및 저작물 등에 따른 저작권법의 차이 등이 주로 출제되었습니다.

CHAPTER 01

정보통신의 관장과 경영

학습방향

관련 법령의 범위가 넓고 다양한 법률 용어들로 인하여 상당히 많은 시간과 노력을 요하는 부분이므로, 크게 욕심을 부리기보다는 관련 법률 용어 쪽에 치중을 두고, 나머지 부분은 기출문제를 중심으로 한 유형 분석으로 대처하는 것이 좋습니다.

출제빈도

• Section 01	상	30%
• Section 02	중	17%
• Section 03	중	20%
• Section 04	중	21%
• Section 05	중	12%

정보통신 관련 법률 용어

빈출 태그 강전류전선 · 교환설비 · 설계도서 · 전원설비 · 정보통신공사 · 정보통신공사업 · 하자담보책임기간 · 하도급

전류 관련 규정

- **강전류전선** : 전기도체, 절연물로 싼 전기도체 또는 절연물로 싼 것의 위를 보호피막으로 보호한 전기도체 등으로서 300[V] 이상의 전력을 송전하거나 배전하는 전선
- **특별고압** : 7,000[V]를 초과하는 전압
- **고압** : 직류는 750[V], 교류는 600[V]를 초과하고 각각 7,000[V] 이하인 전압
- **저압** : 직류는 750[V] 이하, 교류는 600[V] 이하인 전압

- **강전류** : 300[V] 이상의 전력을 송전하는 전선
- **감리** : 공사(건축사법의 규정에 의한 건축물의 건축 등은 제외)에 대하여 발주자의 위탁을 받은 용역업자가 설계도서 및 관련 규정의 내용대로 시공되는지 여부의 감독 및 품질관리 · 시공관리 및 안전관리에 대한 지도 등에 관한 발주자의 권한을 대행하는 것
- **감리원** : 공사(건축사법의 규정에 의한 건축물의 건축 등은 제외)의 감리에 관한 기술 또는 기능을 가진 자로서 과학기술정보통신부장관의 인정을 받은 자
- **개인정보** : 생존하는 개인에 관한 정보로서 성명 · 주민등록번호 등에 의하여 특정한 개인을 알아볼 수 있는 부호 · 문자 · 음성 · 음향 및 영상 등의 정보(해당 정보만으로는 특정 개인을 알아볼 수 없어도 다른 정보와 쉽게 결합하여 알아볼 수 있는 경우도 포함)
- **게시판** : 그 명칭과 관계없이 정보통신망을 이용하여 일반에게 공개할 목적으로 부호 · 문자 · 음성 · 음향 · 화상 · 동영상 등의 정보를 이용자가 게재할 수 있는 컴퓨터 프로그램이나 기술적 장치
- **광대역통합연구개발망** : 광대역통합정보통신망과 관련한 기술 및 서비스를 시험 · 검증하고 연구개발을 지원하기 위한 정보통신망
- **광대역통합정보통신기반** : 광대역통합정보통신망과 이에 접속되어 이용되는 정보통신기기 · 소프트웨어 및 데이터베이스 등
- **광대역통합정보통신망** : 통신 · 방송 · 인터넷이 융합된 멀티미디어 서비스를 언제 어디서나 고속 · 대용량으로 이용할 수 있는 정보통신망
- **교환설비** : 다수의 전기통신회선을 제어 · 접속하여 회선 상호 간의 전기통신을 가능하게 하는 교환기와 그 부대설비
- **구내통신선로설비** : 국선접속설비를 제외한 구내 상호 간 및 구내 · 외 간의 통신을 위해 구내에 설치하는 케이블, 선조(線條), 이상전압전류에 대한 보호장치 및 전주와 이를 수용하는 관로, 통신터널, 배관, 배선반, 단자 등과 그 부대설비
- **국선** : 사업자의 교환설비로부터 이용자전기통신설비의 최초 단자에 이르기까지의 사이에 구성되는 회선
- **국선접속설비** : 사업자가 이용자에게 제공하는 국선을 수용하기 위해 설치하는 국선수용단자반 및 이상전압전류에 대한 보호장치 등
- **단말 장치** : 전기통신망에 접속되는 단말기기 및 그 부속설비
- **도급** : 원도급 · 하도급 · 위탁 기타 명칭 여하에 불구하고 공사를 완성할 것을 약정하고, 발주자가 그 일의 결과에 대하여 대가를 지급할 것을 약정하는 계약

- 발주자 : 공사(용역 포함)를 공사업자(용역업자 포함)에게 도급하는 자. 다만, 수급인으로서 도급받은 공사를 하도급하는 자는 제외
- 선로설비 : 일정한 형태의 전기통신 신호를 전송하기 위해 사용하는 동선·광섬유 등의 전송 매체로 제작된 선조·케이블 등과 이를 수용 또는 접속하기 위해 제작된 전주·관로·통신터널·배관·맨홀·핸드홀·배선반 등과 그 부대설비
- 설계 : 공사(건축사법의 규정에 의한 건축물의 건축 등은 제외)에 관한 계획서·설계도면·시방서·공사비 내역서·기술계산서 및 이와 관련된 서류(설계도서)를 작성하는 행위
- 수급인 : 발주자로부터 공사를 도급받은 공사업자
- 업무용 건축물 : 건축법시행령에 따른 업무시설
- 용역 : 다른 사람의 위탁을 받아 공사에 관한 조사·설계·감리·사업관리 및 유지관리 등의 역무를 수행하는 것
- 용역업 : 용역을 영업으로 하는 것
- 용역업자 : 엔지니어링 기술진흥법의 규정에 의하여 엔지니어링 활동주체로 신고하거나, 기술사법의 규정에 의하여 기술사사무소의 개설자로 등록한 자로서 통신·전자·정보처리 등 대통령령이 정하는 정보통신관련 분야의 자격을 보유하고 용역업을 영위하는 자
- 이동통신구내선로설비 : 전기통신사업자로부터 이동전화 역무 및 무선호출역무 등을 제공받기 위해 지하 건축물에 건축주가 설치·운용 또는 관리하는 설비로서 관로·전원단자·케이블·안테나·통신용접지설비와 그 부대시설
- 이용자 : 전기통신역무를 제공받기 위해 전기통신사업자와 전기통신역무의 이용에 관한 계약을 체결한 자 또는 정보통신서비스 제공자가 제공하는 정보통신서비스를 이용하는 자
- 이용자전기통신설비 : 전기통신역무를 제공받기 위해 이용자가 관리·사용하는 구내통신선로설비, 단말장치 및 전송설비 등
- 전기통신기자재 : 전기통신설비에 사용하는 장치·기기·부품 또는 선조 등
- 전기통신역무 : 전기통신설비를 이용하여 타인의 통신을 매개하거나 전기통신설비를 타인의 통신용으로 제공하는 것
- 전력유도 : 철도건설법에 따른 고속철도나 도시철도법에 따른 도시철도 등 전기를 이용하는 철도시설(전철시설) 또는 전기공작물 등이 그 주위에 있는 전기통신설비에 정전유도나 전자유도 등으로 인한 전압이 발생되도록 하는 현상
- 전송설비 : 교환설비·단말장치 등으로부터 수신된 전기통신부호·문헌·음향 또는 영상(전기통신신호)을 변환·재생 또는 증폭하여 유선 또는 무선으로 송신하거나 수신하는 설비로서 전송단국장치·중계장치·다중화장치·분배장치 등과 그 부대설비
- 전원설비 : 수변전장치, 정류기, 축전기, 전원반, 예비용 발동발전기 및 배선 등 통신용 전원을 공급하기 위한 설비
- 정보 : 자연인 또는 법인이 특정목적을 위해 광 또는 전자적 방식으로 처리하여 부호·문자·음성·음향 및 영상 등으로 표현한 모든 종류의 자료 또는 지식

통신공사에 대한 하자담보 책임기간

통신구공사(터널식 제외)	3년
통신시설용 철탑, 케이블 설치공사, 지하관로공사 교환기 등	2년
기타 전기통신공사	1년

- **정보보호** : 정보의 수집 · 가공 · 저장 · 검색 · 송신 · 수신 중에 정보의 훼손 · 변조 · 유출 등을 방지하기 위한 관리적 · 기술적 수단(정보보호시스템)을 강구하는 것
- **정보보호산업** : 정보보호제품을 개발 · 생산 또는 유통하는 사업이나 정보보호에 관한 컨설팅 등과 관련된 산업
- **정보통신공사** : 정보통신설비의 설치 및 유지 · 보수에 관한 공사와 이에 따르는 부대공사로서 대통령령이 정하는 것
- **정보통신공사업** : 도급 기타 명칭 여하를 불문하고 이 법의 적용을 받는 정보통신공사를 업으로 영위하는 것
- **정보통신공사업자** : 정보통신공사업법의 규정에 의한 정보통신공사업의 등록을 하고 공사업을 영위하는 자
- **정보통신기술자** : 국가기술자격법에 의하여 정보통신 관련 분야의 기술자격을 취득한 자와 정보통신설비에 관한 기술 또는 기능을 가진 자로서 과학기술정보통신부장관의 인정을 받은 자
- **정보통신서비스** : 전기통신기본법에 따른 전기통신역무와 이를 이용하여 정보를 제공하거나 정보의 제공을 매개하는 것
- **정보통신서비스 제공자** : 전기통신사업법에 따른 전기통신사업자와 영리를 목적으로 전기통신사업자의 전기통신역무를 이용하여 정보를 제공하거나 정보의 제공을 매개하는 자
- **정보화** : 정보를 생산 · 유통 또는 활용하여 사회 각 분야의 활동을 가능하게 하거나 효율화를 도모하는 것
- **주거용 건축물** : 건축법시행령에 따른 단독주택 및 공동주택
- **초고속 정보통신망** : 실시간으로 동영상 정보를 주고받을 수 있는 고속 · 대용량의 정보통신망
- **침해사고** : 해킹, 컴퓨터 바이러스, 논리폭탄, 메일폭탄, 서비스 거부 또는 고출력 전자기파 등의 방법으로 정보통신망 또는 이와 관련된 정보시스템을 공격하는 행위를 하여 발생한 사태
- **통신과금서비스** : 타인이 판매 · 제공하는 재화 또는 용역의 대가를 자신이 제공하는 전기통신역무의 요금과 함께 청구 · 징수하는 업무, 타인이 판매 · 제공하는 재화 등의 대가가 가목의 업무를 제공하는 자의 전기통신역무의 요금과 함께 청구 · 징수되도록 거래 정보를 전자적으로 송수신하는 것 또는 그 대가의 정산을 대행하거나 매개하는 업무
- **통신과금서비스 이용자** : 통신과금서비스 제공자로부터 통신과금서비스를 이용하여 재화 등을 구입 · 이용하는 자
- **통신과금서비스 제공자** : 과학기술정보통신부장관에게 등록을 하고 통신과금서비스를 제공하는 자
- **하도급** : 도급받은 공사의 일부에 대하여 수급인이 제3자와 체결하는 계약
- **하수급인** : 수급인으로부터 공사를 하도급받은 공사업자

01 강전류전선이란 절연물로 싼 전기도체 등으로서 몇 볼트 이상의 전력을 송전하거나 배전하는 전선을 말하는가?

① 220
② 300
③ 450
④ 600

강전류전선 : 300[V] 이상의 전력을 송전하거나 배전하는 전선

02 발주자는 누구에게 공사의 감리를 발주하여야 하는가?

① 도급자
② 용역업자
③ 하도급자
④ 정보통신공사업자

감리 : 공사에 대하여 발주자의 위탁을 받은 용역업자가 설계도서 및 관련규정의 내용대로 시공되는지 여부의 감독 및 품질관리·시공관리 및 안전관리에 대한 지도 등에 관한 발주자의 권한을 대행하는 것

03 다음 중 단말 장치의 정의로 가장 적합한 것은?

① 전기통신망에 접속되는 단말기기 및 그 부속설비를 말한다.
② 다수의 전기통신회선을 제어·접속하여 회선 상호간의 전기통신을 가능하게 하는 교환기와 그 부대설비를 말한다.
③ 사업자의 교환설비로부터 이용자 전기통신설비의 최초 단자에 이르기까지의 사이에 구성되는 회선을 말한다.
④ 정보통신에 이용하는 정보통신기기의 본체와 이에 부수되는 입·출력 장치와 기타의 기기 등을 말한다.

단말 장치 : 전기통신망에 접속되는 단말기기 및 그 부속설비

04 다음 (   ) 안에 들어갈 내용으로 가장 적합한 것은?

건축물의 건축 등에 관한 공사용 도면, 구조 계산서, 시방서, 기타 공사에 필요한 서류를 (   )라고 한다.

① 시방서
② 계획서
③ 설계도서
④ 기술기준

설계도서 : 건축물의 건축 등에 관한 공사용 도면, 구조 계산서, 시방서(示方書), 그 밖에 국토해양부령으로 정하는 공사에 필요한 서류(건축법 제2조)

05 "전기통신설비를 이용하여 타인의 통신을 매개하거나 전기통신설비를 타인의 통신용으로 제공하는 것"으로 정의되는 것은?

① 정보통신사업
② 전기통신사업
③ 전기통신역무
④ 보편적 역무

타인의 통신을 매개하거나 전기통신설비를 타인의 통신용으로 제공하는 것을 '전기통신역무'라고 하고, 그러한 전기통신역무를 제공하는 사업을 '전기통신사업'이라 함

06 "전기통신역무와 이를 이용하여 정보를 제공하거나 정보의 제공을 매개하는 것"으로 정의되는 것은?

① 정보통신망
② 정보통신 제공자
③ 정보보호산업
④ 정보통신서비스

정보통신서비스 : 전기통신기본법른 전기통신역무와 이를 이용하여 정보를 제공하거나 정보의 제공을 매개하는 것

07 "전기통신사업자와 영리를 목적으로 전기통신사업자의 전기통신역무를 이용하여 정보를 제공하거나 정보의 제공을 매개하는 자"로 정의되는 것은?

① 정보보호 사업자
② 정보통신서비스 제공자
③ 정보통신망 관리자
④ 정보통신서비스 이용자

정보통신서비스 제공자 : 전기통신사업법에 따른 전기통신 사업자와 영리를 목적으로 전기통신 사업자의 전기통신역무를 이용하여 정보를 제공하거나 정보의 제공을 매개하는 자

전기통신기본법

01 전기통신기본법의 목적

① 법의 목적 : 전기통신에 관한 기본적인 사항을 정하여 전기통신을 효율적으로 관리하고 그 발전을 촉진함으로써 공공복리의 증진에 이바지함

② 전기통신기본법 관련 용어

- **전기통신** : 유선 · 무선 · 광선 및 기타의 전자적 방식에 의하여 부호 · 문언 · 음향 또는 영상을 송신하거나 수신하는 것
- **전기통신설비** : 전기통신을 하기 위한 기계 · 기구 · 선로 기타 전기통신에 필요한 설비
- **전기통신회선설비** : 전기통신설비 중 전기통신을 행하기 위한 송 · 수신 장소 간의 통신로 구성설비로서 전송 · 선로설비 및 이것과 일체로 설치되는 교환설비 및 이들의 부속설비
- **사업용전기통신설비** : 전기통신사업에 제공하기 위한 전기통신설비
- **자가전기통신설비** : 사업용전기통신설비 외의 것으로서 특정인이 자신의 전기통신에 이용하기 위하여 설치한 전기통신설비
- **전기통신기자재** : 전기통신설비에 사용하는 장치 · 기기 · 부품 또는 선조
- **전기통신역무** : 전기통신설비를 이용하여 타인의 통신을 매개하거나 전기통신설비를 타인의 통신용으로 제공하는 것
- **전기통신사업** : 전기통신역무를 제공하는 사업

02 전기통신사업의 관장

전기통신에 관한 사항은 이 법 또는 다른 법률에 특별히 규정한 것을 제외하고는 과학기술정보통신부장관이 이를 관장한다.

03 정부의 시책

과학기술정보통신부장관은 이 법의 목적을 달성하기 위하여 전기통신에 관한 기본적이고 종합적인 정부의 시책을 강구하여야 한다.

⏱ **기적의 3초컷**

전기통신기본법의 목적은 꼭 알고 있어야 합니다.

사업용전기통신설비
전기통신 사업에 제공하기 위한 전기통신 설비

자가전기통신설비
사업용전기통신설비 외의 것으로서 특정인이 자신의 전기통신에 이용하기 위해 설치한 전기통신설비

전기통신사업
전기통신 역무를 제공하는 사업

04 전기통신기본계획의 수립

① 과학기술정보통신부장관은 전기통신의 원활한 발전과 정보사회의 촉진을 위하여 전기통신기본계획을 수립하여 이를 공고하여야 한다.
② 제1항의 기본계획에는 다음 각 호의 사항이 포함되어야 한다.
- 전기통신의 이용효율화에 관한 사항
- 전기통신의 질서유지에 관한 사항
- 전기통신사업에 관한 사항
- 전기통신설비에 관한 사항
- 전기통신기술(전기통신공사에 관한 기술을 포함)의 진흥에 관한 사항
- 기타 전기통신에 관한 기본적인 사항
③ 과학기술정보통신부장관은 전기통신기술 및 전기통신설비에 관한 기본계획을 수립하고자 하는 경우에는 미리 관계행정기관의 장과 협의하여야 한다.

05 전기통신사업자의 구분

전기통신사업자는 전기통신사업법이 정하는 바에 의하여 기간통신사업자 및 부가통신사업자로 구분한다.

06 권한의 위임 및 위탁

과학기술정보통신부장관의 권한은 그 일부를 대통령령이 정하는 바에 의하여 소속기관의 장 또는 지방우정청장에게 위임·위탁할 수 있다.

07 벌칙

① 자기 또는 타인에게 이익을 주거나 타인에게 손해를 가할 목적으로 전기통신설비에 의하여 공연히 허위의 통신을 한 자는 3년 이하의 징역 또는 3천만원 이하의 벌금에 처한다.
② ①의 경우에 그 허위의 통신이 전신환에 관한 것인 때에는 5년 이하의 징역 또는 5천만원 이하의 벌금에 처한다.
③ 전기통신업무에 종사하는 자가 ②의 행위를 한 때에는 10년 이하의 징역 또는 1억원 이하의 벌금에 처하고, ①의 행위를 한 때에는 5년 이하의 징역 또는 5천만원 이하의 벌금에 처한다.

이론을 확인하는 기출문제

01 전기통신 기본계획 수립 시 포함되지 않는 사항은?

① 전기통신의 이용효율화에 관한 사항
② 전기통신의 질서유지에 관한 사항
③ 전기통신설비에 관한 사항
④ 전기통신 이용자의 이용약관에 관한 사항

전기통신 기본계획에 포함되어야 할 사항
• 전기통신의 이용효율화 및 질서유지에 관한 사항
• 전기통신사업 및 전기통신설비에 관한 사항
• 전기통신기술의 진흥에 관한 사항
• 기타 전기통신에 관한 기본적인 사항

02 전기통신사업의 분류로 옳은 것은?

① 기간통신사업, 별정통신사업
② 기간통신사업, 특정통신사업
③ 기간통신사업, 부가통신사업
④ 부가통신사업, 일반통신사업

전기통신사업은 크게 기간통신사업, 부가통신사업으로 나뉨

03 전기통신사업법의 목적으로 적합하지 않은 것은?

① 전기통신사업의 건전한 발전
② 전기통신이용자의 편의 도모
③ 전기통신기본계획의 합리적 수립
④ 공공복리 증진에 이바지

전기통신사업법의 목적 : 전기통신사업의 운영을 적정하게 하여 전기통신사업의 건전한 발전을 기하고 이용자의 편의를 도모함으로써 공공복리의 증진에 이바지함을 목적으로 함

04 다음 중 전기통신사업법의 목적이 아닌 것은?

① 전기통신사업의 운영을 적정하게 함
② 전기통신사업의 수익성을 증대함
③ 전기통신사업의 건전한 발전을 기함
④ 이용자의 편의를 도모함

전기통신사업의 목적 : 전기통신사업의 운영을 적정하게 하여 전기통신사업의 건전한 발전을 기하고 이용자의 편의를 도모함으로써 공공복리의 증진에 이바지함

05 "전기통신설비를 이용하여 타인의 통신을 매개하거나 전기 통신설비를 타인의 통신용으로 제공하는 것"으로 정의되는 것은?

① 정보통신사업   ② 전기통신사업
③ 전기통신역무   ④ 보편적역무

타인의 통신을 매개하거나 전기통신설비를 타인의 통신용으로 제공하는 것을 '전기통신역무'라고 하고, 그러한 전기통신역무를 제공하는 사업을 '전기통신사업'이라 함

03 전기통신설비

빈출 태그 사업용 전기통신설비 · 전기통신설비의 공동구축 · 자가전기통신설비 · 비상시의 통신 확보 · · 과징금의 부과 · 관로시설의 확보 · 형식승인 · 통신재난관리

01 사업용 전기통신설비

1) 전기통신설비의 유지 · 보수

전기통신사업자는 그가 제공하는 전기통신역무의 안정적인 공급을 위해 해당 전기통신설비를 대통령령이 정하는 기술기준에 적합하도록 유지 · 보수해야 한다.

2) 전기통신설비 설치의 신고 및 승인

① 기간통신사업자는 중요한 전기통신설비를 설치 또는 변경하고자 하는 경우에는 대통령령이 정하는 바에 의하여 미리 과학기술정보통신부장관에게 신고하되, 다만 새로운 전기통신기술방식에 의하여 최초로 설치되는 전기통신설비에 대하여는 대통령령이 정하는 바에 의하여 과학기술정보통신부장관의 승인을 얻어야 한다.

② 중요한 전기통신설비를 설치 또는 변경하려는 기간통신사업자는 중요 전기통신설비 설치(변경)신고서(전자문서 포함)에 다음 각 서류를 첨부하여 과학기술정보통신부장관에게 제출해야 한다.

• 전기통신설비의 설치 또는 변경 명세서(통신망 구성도 포함)
• 전기통신설비의 보안 대책

③ 새로운 전기통신기술방식에 따라 최초로 설치되는 전기통신설비의 설치승인을 받으려는 기간통신사업자는 전기통신설비 설치승인신청서(전자문서 포함)에 다음 각 서류를 첨부하여 과학기술정보통신부장관에 제출해야 한다.

• 사업계획서
• 전기통신설비의 보안 대책
• 해당 전기통신설비의 국내 · 외 규격 등 기술동향
• 해당 전기통신설비의 국내 · 외 연구개발 현황
• 협정서(국내 · 외 다른 사업자와 공동으로 설치하거나 사용하려는 경우에만 해당)

④ 과학기술정보통신부장관은 전기통신설비 설치신청을 받은 때에는 설치하려는 전기통신설비의 기술적 특성 등을 심사하고 15일 이내에 그 승인 여부를 신청인에게 알려야 한다.

3) 전기통신설비의 공동구축

① 기간통신사업자는 다른 기간통신사업자와 전기통신설비를 공동으로 구축하여 사용할 수 있으나, 미리 다른 기간통신사업자와 협의해야 한다.

⏱ **기적의 3초컷**

전기통신설비의 유지 · 보수는 대통령령이 정하는 기술기준에 적합하도록 관리되어야 함을 명심하세요.

사업용 전기통신설비
전기통신사업에 제공하기 위한 전기통신설비로서 전기통신기본법에 따른 기간통신사업자 및 부가통신사업자가 설치 · 운용 또는 관리하는 전기통신설비와 방송법에 따른 전송망사업자가 설치 · 운용 또는 관리하는 전기통신설비를 말함

② 과학기술정보통신부장관은 다음 각각에 해당하는 경우 대통령령이 정하는 바에 따라 기간통신사업자에게 전기통신설비의 공동구축을 권고할 수 있다.

• 사업자 간 협의가 성립되지 아니한 경우로서 당해 기간통신사업자의 요청이 있는 경우

• 공공의 이익을 증진하기 위해 필요하다고 인정하는 경우

③ 과학기술정보통신부장관이 기간통신사업자에게 전기통신설비의 공동구축을 권고하는 경우에는 공동구축 대상 전기통신설비, 구축지역 및 구간, 구축시기, 기술적 조건 등을 구체적으로 정하여 권고해야 한다.

④ 전기통신설비의 공동구축을 희망하는 기간통신사업자는 다음 각 사항이 포함된 서류를 과학기술정보통신부장관에게 제출해야 한다.

• 전기통신설비의 공동구축 계획

• 전기통신설비의 공동구축에 따른 경제적 효과

• 전기통신설비의 공동구축 대상 기간통신사업자와의 협의가 이루어지지 아니한 사유와 그 해소 방안

⑤ 과학기술정보통신부장관으로부터 전기통신설비 공동구축의 권고를 받은 기간통신사업자는 그 권고를 받은 날부터 21일 이내에 이에 대한 수용 여부와 수용할 수 없을 경우에는 그 이유를 과학기술정보통신부장관에게 알려야 한다.

⑥ 기간통신사업자는 전기통신설비의 공동구축을 위해 국가 · 지방자치단체 · 정부투자기관 또는 다른 기간통신사업자 소유의 토지 또는 건축물 등의 사용이 필요한 경우로서 이에 관한 협의가 성립되지 아니하는 경우에는 과학기술정보통신부장관에게 당해 토지 또는 건축물 등의 사용에 관한 협조를 요청할 수 있다.

⑦ 과학기술정보통신부장관은 토지 또는 건축물 등의 사용에 관한 협조요청을 받은 경우 국가기관 · 지방자치단체 또는 공공기관의 장이나 다른 기간통신사업자에게 협조요청을 한 기간통신사업자와 당해 토지 또는 건축물 등의 사용에 관한 협의에 응할 것을 요청할 수 있으며, 이 경우 국가기관 · 지방자치단체 또는 공공기관의 장이나 다른 기간통신사업자는 정당한 사유가 없는 한 기간통신사업자와의 협의에 응해야 한다.

⑫ 자가전기통신설비 ★

1) 자가전기통신설비의 설치

① 자가전기통신설비를 설치하고자 하는 자는 대통령령이 정하는 바에 의하여 주된 설비가 설치되어 있는 소재지를 관할하는 시 · 도지사에게 신고해야 한다.

② 자가전기통신설비를 설치하려는 자는 해당 설비의 설치공사 개시일 21일 전까지 다음 각 사항을 적은 자가전기통신설비 설치공사 설치신고서(전자문서 포함)에 자가전기통신설비 설치공사의 설계도서를 첨부하여 시 · 도지사에게 제출해야 한다.
- 신고인
- 사업의 종별
- 설치의 목적
- 전기통신 방식
- 설비의 설치 장소
- 설비의 개요
- 설비운용(예정)일

③ 자가전기통신설비를 설치 신고사항 중 대통령령이 정하는 중요한 사항(최초 신고 사항 중 신고인과 설비운용일을 제외한 5개 사항)을 변경하고자 하는 때에도 시 · 도지사에게 신고해야 한다.

④ 자가전기통신설비의 설치 신고를 한 자가 신고사항을 변경하려는 경우에는 그 변경개시일(전기통신방식, 설비의 설치 장소, 설비의 개요 등을 변경하려는 경우에는 그 변경공사 개시일) 21일 전까지 변경사항을 적은 변경신고서(전자문서 포함)에 변경사항에 대한 자가전기통신설비공사의 설계도서(변경 전 · 후의 대비표 포함)를 첨부하여 시 · 도지사에 제출해야 한다.

⑤ 시 · 도지사가 설치신고 또는 설치변경신고를 받은 때에는 다음 각 요건을 심사해야 한다.
- 기술기준에 적합한지의 여부
- 전기통신설비의 설치목적 및 사유가 자신의 전기통신에 이용하기 위한 것인지의 여부

⑥ 시 · 도지사는 신청서류의 심사결과 다음 각 호의 어느 하나에 해당하는 경우 적절한 기간을 정하여 보완을 요구할 수 있다.
- 첨부서류가 미비된 경우
- 신청서 및 첨부서류에 적어야 할 내용이 명확하지 아니한 경우

⑦ 시 · 도지사는 심사결과 각각에 따른 요건을 갖춘 경우에는 자가전기통신설비설치(변경)신고확인증을 신고인에게 발급해야 한다.

⑧ 자가전기통신설비의 설치신고 또는 변경신고를 한 자는 그 설비의 설치공사 또는 변경공사가 완공된 날부터 7일 이내에 시 · 도지사의 확인을 받아야 한다.

⑨ 자가전기통신설비의 확인을 받으려는 자는 자가전기통신설비확인신청서(전자문서 포함)에 다음 각 서류를 첨부하여 시 · 도지사에 제출해야 한다.

자가전기통신설비
사업용 전기통신설비 외의 것으로서 특정인이 자신의 전기통신에 이용하기 위해 설치한 전기통신설비

- 기술기준에 적합하게 시공되었음을 확인할 수 있는 서류
- 설계도서에 따라 시공되었음을 확인할 수 있는 서류
- 시공자의 자격증 사본

⑩ 무선방식의 자가전기통신설비 및 군용전기통신설비 등 다른 법률에 특별한 규정이 있는 것에 대하여는 그 법률에 따른다.

⑪ 대통령령이 정하는 다음의 각 자가전기통신설비는 신고없이 설치할 수 있다.
- 하나의 건물 및 그 부지 안에 주된 장치와 단말장치를 설치하는 자가전기통신설비
- 상호 간의 최단거리가 100m 이내인 경우로서 1명의 점유에 속하는 둘 이상의 건물 및 그 부지(도로나 하천으로 분리되어 있지 아니한 건물 및 부지만 해당) 안에 주된 장치와 단말장치를 설치하는 자가전기통신설비
- 경찰 작전상 긴급히 필요하여 설치하는 경우로서 그 사용기간이 1월 이내인 자가전기통신설비

2) 목적 외의 사용의 제한

① 자가전기통신설비를 설치한 자는 그 설비를 이용하여 타인의 통신을 매개하거나 설치한 목적에 반하여 이를 운용해서는 아니되며, 다만 다른 법률에 특별한 규정이 있거나 그 설치목적에 반하지 아니하는 범위 안에서 다음에 해당하는 용도에 사용하는 경우에는 예외로 한다.
- 경찰 또는 재해구조업무에 종사하는 자로 하여금 치안유지 또는 긴급한 재해구조를 위한 경우
- 자가전기통신설비의 설치자와 업무상 특수한 관계에 있는 자 간에 사용하는 경우 (과학기술정보통신부장관 고시)

② 자가전기통신설비를 설치한 자는 대통령령이 정하는 바에 의하여 관로 · 선조 등의 전기통신설비를 기간통신사업자에게 제공할 수 있다.

3) 비상시의 통신 확보

① 과학기술정보통신부장관은 전시 · 사변 · 천재 · 지변 기타 이에 준하는 국가비상사태가 발생하거나 발생할 우려가 있는 경우에는 자가전기통신설비를 설치한 자로 하여금 전기통신업무 기타 중요한 통신업무를 취급하게 하거나 당해 설비를 다른 전기통신설비에 접속할 것을 명할 수 있다.

② 과학기술정보통신부장관은 필요하다고 인정하는 경우에는 기간통신사업자로 하여금 비상 통신 업무를 취급하게 할 수 있다.

③ 비상 통신 업무의 취급 또는 설비의 접속에 소요되는 비용은 정부가 이를 부담하되, 자가전기통신설비가 전기통신역무에 제공되는 경우에는 당해 설비를 제공받는 기간통신사업자가 이를 부담한다.

4) 자가통신설비의 사용정지 및 시정명령

① 시·도지사는 자가전기통신설비를 설치한 자가 전기통신기본법 또는 법에 의한 명령을 위반한 때에는 일정한 기간을 정하여 그 시정을 명할 수 있다.

② 시·도지사는 자가전기통신설비를 설치한 자가 다음 각각에 해당하는 경우에는 1년 이내의 기간을 정하여 그 사용의 정지를 명할 수 있다.

• 시정명령을 이행하지 아니한 경우

• 확인을 받지 아니하고 자가전기통신설비를 사용한 경우

③ 시·도지사는 자가전기통신설비가 타인의 전기통신에 장해가 되거나 타인의 전기통신설비에 위해를 줄 우려가 있다고 인정되는 경우에는 그 설비를 설치한 자에게 당해 설비의 사용 정지 또는 개조·수리 기타의 조치를 명할 수 있다.

5) 과징금의 부과

① 과학기술정보통신부장관 및 시·도지사는 자가전기통신설비에 대한 사용정지를 명함에 있어 그 사용정지가 당해 자가전기통신설비를 이용하여 제공되는 전기통신역무의 이용자에게 심한 불편을 주거나 기타 공익을 해할 우려가 있으면 그 사용정지명령을 갈음하여 10억원 이하의 과징금을 부과할 수 있다.

② 과학기술정보통신부장관 및 시·도지사는 과징금의 금액을 정할 경우에는 다음 각 호의 사항을 고려하여 2분의 1의 범위에서 가중하거나 감경할 수 있다.

• 위반행위의 정도 및 횟수

• 위반행위의 고의·과실여부

• 위반행위의 동기 및 내용

③ 과징금을 부과하는 위반행위의 종별과 그 정도에 따른 과징금의 금액 기타 필요한 사항은 대통령령으로 다음과 같이 정한다.

• 시정명령을 이행하지 아니한 경우(6억원 이내)

• 확인을 받지 아니하고 자가전기통신설비를 사용한 경우(2억원 이내)

• 타인의 통신을 매개하거나 설치한 목적에 반하여 자가전기통신설비를 운용한 경우(10억원 이내)

④ 과학기술정보통신부장관은 과징금을 부과하려는 경우에는 그 위반행위의 종별과 과징금의 금액 등을 명확하게 적어 이를 서면으로 통지해야 한다.

⑤ 과징금 통지를 받은 자는 20일 이내에 과학기술정보통신부장관이 정하는 수납기관에 납부하되, 천재·지변이나 그 밖에 부득이한 사유로 그 기간 내에 과징금을 납부할 수 없는 때에는 그 사유가 없어진 날부터 7일 이내에 납부해야 한다.

⑥ 과학기술정보통신부장관은 과징금을 납부해야 할 자가 납부기한까지 이를 납부하지 아니하는 때에는 국세체납처분의 예에 의하여 이를 징수한다.

❸ 전기통신설비의 통합운영

1) 관로시설의 확보

① 다음 각각의 시설 등을 설치하거나 조성하는 자(시설설치자)는 전기통신설비를 수용할 수 있는 공동구 또는 관로 등의 설치에 관한 기간통신사업자의 의견을 들어 그 내용을 반영하되, 기간통신사업자의 의견 반영이 어려운 경우에는 예외로 한다.
- 도로법 규정에 의한 도로
- 철도사업법 규정에 의한 철도
- 도시철도법 규정에 의한 도시철도
- 산업입지 및 개발에 관한 법률 규정에 의한 산업단지
- 자유무역지역의 지정 및 운영에 관한 법률 규정에 의한 자유무역지역
- 공항시설법 규정에 의한 공항구역
- 항만법 규정에 의한 항만구역
- 기타 대통령령이 정하는 다음의 시설 또는 부지
  - 여객자동차 운수사업법에 따른 여객자동차터미널
  - 물류시설의 개발 및 운영에 관한 법률에 따른 물류터미널 및 물류단지
  - 중소기업진흥에 관한 법률에 따라 조성하는 중소기업 협동화사업을 위한 단지
  - 관광진흥법에 따라 조성하는 관광지 또는 관광단지
  - 하수도법에 따른 하수관로

② 기간통신사업자가 공동구 또는 관로 등의 설치에 관하여 제시하는 의견은 대통령령이 정하는 관로설치기준에 적합해야 한다.

③ 시설설치자가 기간통신사업자의 의견을 반영할 수 없는 경우에는 기간통신사업자의 의견을 받은 날부터 30일 이내에 그 사유를 당해 기간통신사업자에게 통보해야 한다.

④ 시설설치자가 기간통신사업자의 의견을 반영하지 아니한 경우 해당 기간통신사업자는 과학기술정보통신부장관에 조정을 요청할 수 있다.

⑤ 과학기술정보통신부장관은 조정요청을 받아 조정을 할 경우 관계 중앙행정기관의 장과 미리 협의해야 한다.

2) 구내통신설비의 설치

① 건축법의 규정에 의한 건축물에는 구내용 전기통신선로설비 등을 갖추어야 하며, 전기통신회선설비와의 접속을 위한 일정 면적을 확보해야 한다.

② 건축물의 범위, 전기통신선로설비 등의 설치기준 및 전기통신회선설비와의 접속을 위한 면적 확보 등에 관한 사항은 대통령령으로 정한다.

04 권한의 위임 · 위탁

이 법에 의한 과학기술정보통신부장관의 권한은 그 일부를 대통령령이 정하는 바에 의하여 소속기관의 장 또는 지방우정청장에게 위임 · 위탁할 수 있다.

05 벌칙 및 벌금 ★

① 자기 또는 타인에게 이익을 주거나 타인에게 손해를 가할 목적으로 전기통신설비에 의하여 공연히 허위의 통신을 한 자는 3년 이하의 징역 또는 3천만원 이하의 벌금에 처한다.

② ①의 경우 그 허위의 통신이 전신환에 관한 것인 때에는 5년 이하의 징역 또는 5천만원 이하의 벌금에 처한다.

③ 전기통신업무 종사자가 ②의 행위를 한 때에는 10년 이하의 징역 또는 1억원 이하의 벌금에 처하고, ①의 행위를 한 때에는 5년 이하의 징역 또는 5천만원 이하의 벌금에 처한다.

이론을 확인하는 기출문제

01 전기통신기술의 진흥을 위한 시행계획의 수립 및 시행권자는 누구인가?

① 산업통상자원부
② 과학기술정보통신부장관
③ 행정안전부장관
④ 문화체육관광부장관

과학기술정보통신부장관은 전기통신기술의 진흥을 위해 그에 관한 시행계획을 수립·시행해야 함

02 자가전기통신설비에 관한 설명으로 틀린 것은?

① 자가전기통신설비의 설치목적을 위반하여 운용해서는 안 된다.
② 자가전기통신설비가 타인의 전기통신에 장해가 되는 경우 설비사용의 정지를 받을 수 있다.
③ 자가전기통신설비의 설치공사를 완료한 때에는 과학기술정보통신부장관의 확인을 받아야 한다.
④ 자가전기통신설비를 설치하고자 하는 자는 과학기술정보통신부장관의 허가를 받아야 한다.

자가전기통신설비의 설치는 허가를 받는 것이 아니라, 대통령령이 정하는 바에 따라 과학기술정보통신부장관에 신고하면 됨

전기통신사업

 빈출 태그   기간통신사업 · 부가통신사업자 · 정보통신공사업 · 공사도급의 원칙 · 정보통신공사업의 등록기준

01 전기통신사업

① 법의 목적 : 전기통신사업의 적절한 운영과 전기통신의 효율적 관리를 통하여 전기통신사업의 건전한 발전과 이용자의 편의를 도모함으로써 공공복리의 증진에 이바지함을 목적으로 함

② 전기통신사업법 관련 용어

• **전기통신** : 유선 · 무선 · 광선 및 기타의 전자적 방식에 의하여 부호 · 문언 · 음향 또는 영상을 송신하거나 수신하는 것
• **전기통신설비** : 전기통신을 하기 위한 기계 · 기구 · 선로 기타 전기통신에 필요한 설비
• **전기통신회선설비** : 전기통신설비 중 전기통신을 행하기 위한 송 · 수신 장소 간의 통신로 구성설비로서 전송 · 선로설비 및 이것과 일체로 설치되는 교환설비 및 이들의 부속설비
• **사업용전기통신설비** : 전기통신사업에 제공하기 위한 전기통신설비
• **자가전기통신설비** : 사업용전기통신설비 외의 것으로서 특정인이 자신의 전기통신에 이용하기 위하여 설치한 전기통신설비
• **전기통신기자재** : 전기통신설비에 사용하는 장치 · 기기 · 부품 또는 선조
• **전기통신역무** : 전기통신설비를 이용하여 타인의 통신을 매개하거나 전기통신설비를 타인의 통신용으로 제공하는 것
• **전기통신사업** : 전기통신역무를 제공하는 사업
• **이용자** : 전기통신역무를 제공받기 위하여 전기통신사업자와 전기통신역무의 이용에 관한 계약을 체결한 자
• **보편적 역무** : 모든 이용자가 언제 어디서나 적절한 요금으로 제공받을 수 있는 기본적인 전기통신역무
• **기간통신역무** : 전화 · 인터넷접속 등과 같이 음성 · 데이터 · 영상 등을 그 내용이나 형태의 변경 없이 송신 또는 수신하게 하는 전기통신역무 및 음성 · 데이터 · 영상 등의 송신 또는 수신이 가능하도록 전기통신회선설비를 임대하는 전기통신역무를 말함
• **부가통신역무** : 기간통신역무 외의 전기통신역무를 말함
• **특수한 유형의 부가통신역무**
  – 「저작권법」 제104조에 따른 특수한 유형의 온라인서비스제공자의 부가통신역무
  – 문자메시지 발송시스템을 전기통신사업자의 전기통신설비에 직접 또는 간접적으로 연결하여 문자메시지를 발송하는 부가통신역무

> **「저작권법」 제104조**
> 다른 사람들 상호 간에 컴퓨터를 이용하여 저작물 등을 전송하도록 하는 것을 주된 목적으로 하는 온라인서비스제공자는 권리자의 요청이 있는 경우 해당 저작물 등의 불법적인 전송을 차단하는 기술적인 조치 등 필요한 조치를 함. 이 경우 권리자의 요청 및 필요한 조치에 관한 사항은 대통령령으로 정함

⑫ 기간통신사업

1) 역무의 제공 의무

① 전기통신사업자는 정당한 사유 없이 전기통신역무의 제공을 거부하여서는 안 된다.
② 전기통신사업자는 그 업무를 처리할 때 공평하고 신속하며 정확하게 하여야 한다.
③ 전기통신역무의 요금은 전기통신사업이 원활하게 발전할 수 있고 이용자가 편리하고 다양한 전기통신역무를 공평하고 저렴하게 제공받을 수 있도록 합리적으로 결정되어야 한다.

2) 보편적 역무의 제공

① 모든 전기통신사업자는 보편적 역무를 제공하거나 그 제공에 따른 손실을 보전할 의무가 있다.
② 과학기술정보통신부장관은 ①에도 불구하고 다음 각 호의 어느 하나에 해당하는 전기통신사업자에 대하여는 그 의무를 면제할 수 있다.
- 전기통신역무의 특성상 제1항에 따른 의무 부여가 적절하지 아니하다고 인정되는 전기통신사업자로서 대통령령으로 정하는 전기통신사업자
- 전기통신역무의 매출액이 전체 전기통신사업자의 전기통신역무 총매출액의 100분의 1의 범위에서 대통령령으로 정하는 금액 이하인 전기통신사업자
③ 보편적 역무의 구체적 내용은 다음 각 호의 사항을 고려하여 대통령령으로 정한다.
- 정보통신기술의 발전 정도
- 전기통신역무의 보급 정도
- 공공의 이익과 안전
- 사회복지 증진
- 정보화 촉진
④ 과학기술정보통신부장관은 보편적 역무를 효율적이고 안정적으로 제공하기 위하여 보편적 역무의 사업규모 · 품질 및 요금수준과 전기통신사업자의 기술적 능력 등을 고려하여 대통령령으로 정하는 기준과 절차에 따라 보편적 역무를 제공하는 전기통신사업자를 지정할 수 있다.
⑤ 과학기술정보통신부장관은 보편적 역무의 제공에 따른 손실하여 대통령령으로 정하는 방법과 절차에 따라 전기통신사업자에게 그 매출액을 기준으로 분담시킬 수 있다.

3) 전기통신사업의 구분

① 전기통신사업은 기간통신사업 및 부가통신사업으로 구분한다.
② 기간통신사업은 전기통신회선설비를 설치하고 이용하여 기간통신역무를 제공하는 사업으로 한다.
③ 부가통신사업은 부가통신역무를 제공하는 사업으로 한다.

4) 기간통신사업의 허가

① 기간통신사업을 경영하려는 자는 과학기술통신부장관에게 등록하여야 한다.

② 과학기술정보통신부장관은 기간통신사업을 등록을 받는 경우에는 공정경쟁 촉진, 이용자 보호, 서비스 품질 개선, 정보통신자원의 효율적 활용 등에 필요한 조건을 붙일 수 있다. 이 경우 그 조건을 관보와 인터넷 홈페이지에 공고하여야 한다.

5) 허가의 결격사유

다음 각 호의 어느 하나에 해당하는 자는 기간통신사업의 등록을 할 수 없다.
- 국가 또는 지방자치단체
- 외국정부 또는 외국법인
- 외국정부 또는 외국인이 주식소유 제한을 초과하여 주식을 소유하고 있는 법인

6) 역무의 추가 및 허가의 변경

기간통신사업자는 등록한 사항 중 대통령령으로 정하는 중요 사항을 변경하려면 대통령령으로 정하는 바에 따라 과학기술정보통신부장관에게 변경등록을 하여야 한다.

7) 사업의 겸업

① 기간통신사업자는 다음 각 호의 어느 하나에 해당하는 사업을 영위하고자 하는 경우에는 과학기술정보통신부장관의 승인을 얻되, 매출액이 300억원 이하인 기간통신사업자는 예외로 한다.
- 통신기기제조업
- 정보통신공사업법에 따른 정보통신공사업(전기통신망의 개선·통합사업은 제외)
- 정보통신공사업법에 따른 용역업(전기통신망의 개선·통합사업은 제외)

② 과학기술정보통신부장관은 전기통신사업의 운영에 지장을 초래할 우려가 없고 전기통신의 발전을 위해 필요하다고 인정되는 경우에는 ①의 규정에 의한 승인을 해야 한다.

8) 사업의 양수 및 법인의 합병

① 다음 각 어느 하나에 해당하는 자는 대통령령이 정하는 바에 따라 과학기술정보통신부장관의 인가를 받되, 대통령령이 정하는 주요한 전기통신회선설비(설비의 매각 가액의 합계가 50억원 이상인 경우)를 제외한 전기통신회선설비를 매각하는 경우에는 과학기술정보통신부장관에 신고해야 한다.
- 기간통신사업자의 사업의 전부 또는 일부를 양수하고자 하는 자
- 기간통신사업자인 법인을 합병하고자 하는 자
- 등록한 기간통신역무의 제공에 필요한 전기통신회선설비를 매각하고자 하는 기간통신사업자
- 특수관계인과 합하여 기간통신사업자의 발행주식 총수의 $\frac{15}{100}$ 이상을 소유하고자 하는 자 또는 기간통신사업자의 최대주주가 되고자 하는 자

- 등록하여 제공하던 기간통신역무의 일부를 제공하기 위하여 법인을 설립하려는 기간통신사업자
② 과학기술정보통신부장관은 ①에 따른 인가를 하려면 다음 각 호의 사항을 종합적으로 심사하여야 한다.
- 재정 및 기술적 능력과 사업 운용 능력의 적정성
- 주파수 및 전기통신번호 등 정보통신자원 관리의 적정성
- 기간통신사업의 경쟁에 미치는 영향
- 이용자 보호
- 전기통신설비 및 통신망의 활용, 연구 개발의 효율성, 통신산업의 국제 경쟁력 등 공익에 미치는 영향
③ ②에 따른 심사 사항별 세부 심사기준 및 심사절차 등에 관하여 필요한 사항은 과학기술정보통신부장관이 정하여 고시한다.
④ 다음 각 호의 어느 하나에 해당하는 자는 해당 기간통신사업의 허가와 관련된 지위를 승계한다.
- 기간통신사업의 전부 또는 일부를 양수인가를 받아 기간통신사업을 양수한 법인
- 인가를 받아 합병한 경우 합병 후 존속하는 법인이나 합병으로 설립된 법인
- 인가를 받아 기간통신역무의 일부를 제공하기 위하여 설립된 법인
⑤ 과학기술정보통신부장관은 등록을 받는 경우에는 기간통신사업을 허가하는 경우에 공정경쟁 촉진, 이용자 보호, 서비스 품질 개선, 정보통신자원의 효율적 활용 등에 필요한 조건을 붙일 수 있다. 이 경우 그 조건을 관보와 인터넷 홈페이지에 공고하여야 한다.
⑥ 과학기술정보통신부장관은 인가를 하려면 공정거래위원회와의 협의를 거쳐야 한다.
⑦ 인가의 결격사유에 관하여는
- 국가 또는 지방자치단체
- 외국정부 또는 외국법인
- 외국정부 또는 외국인이 주식소유 제한을 초과하여 주식을 소유하고 있는 법인
⑧ 과학기술정보통신부장관은 인가를 받지 아니한 때에 의결권 행사의 정지나 해당 주식의 매각을 명할 수 있고, 부여된 조건을 이행하지 아니한 때에는 기간을 정하여 조건의 이행을 명할 수 있다.
⑨ 인가를 받으려는 자는 인가를 받기 전에 다음 각 호의 행위를 하여서는 아니 된다.
- 통신망 통합
- 임원의 임명행위
- 영업의 양수, 합병이나 설비 매각 협정의 이행행위
- 회사 설립에 관한 후속조치
⑩ ①의 각 호의 어느 하나에 해당하는 자가 공익성심사의 대상인 경우에는 인가를 신청할 때 공익성심사 요청 서류를 함께 제출할 수 있다.

9) 사업의 휴업 · 폐업

① 기간통신사업자는 그가 경영하고 있는 기간통신사업의 전부 또는 일부를 휴업 또는 폐업하고자 하는 경우 그 휴업 또는 폐업 예정일 60일 전까지 이용자에게 통보하고, 그 휴업 또는 폐업에 대한 과학기술정보통신부장관의 승인을 얻어야 한다.

② 과학기술정보통신부장관은 기간통신사업의 휴업 · 폐업으로 인하여 별도의 이용자 보호가 필요하다고 판단하는 경우에는 해당 기간통신사업자에게 가입전환 대행 및 비용부담, 가입해지 등 이용자 보호에 필요한 조치를 명할 수 있다.

③ 과학기술정보통신부장관은 사업의 휴업 및 폐업 승인 신청이 있는 경우 당해 사업의 휴업 · 폐업으로 인하여 공공의 이익이 저해될 우려가 있는 경우에는 그 승인을 해서는 안 된다.

10) 등록의 취소

① 과학기술정보통신부장관은 기간통신사업자가 다음 각 호의 어느 하나에 해당하는 때에는 그 등록을 취소하거나, 1년 이내의 기간을 정하여 사업의 전부 또는 일부의 정지를 명할 수 있다.

• 속임수나 그 밖의 부정한 방법으로 등록을 한 경우
• 공정경쟁 및 이용자 보호 등에 필요한 조건 등을 이행하지 아니한 때
• 외국인제법인에 대한 주식초과 소유 시정 명령을 이행하지 아니한 때
• 기간(기간의 연장을 받은 경우에는 연장된 기간) 내에 사업을 개시하지 아니한 때
• 인가를 받거나 신고한 이용약관을 준수하지 아니한 때
• 시정명령을 정당한 사유없이 이행하지 아니한 때
• 전기통신사업자의 업무처리절차가 현저히 이용자의 이익을 저해한다고 인정되는 때
• 역무의 제공에 지장이 발생한 경우 수리 등 지장을 제거하기 위해 필요한 조치를 신속하게 실시하지 아니한 때

② ①의 규정에 의한 처분의 기준, 절차, 그 밖에 필요한 사항은 대통령령으로 정한다.

03 부가통신사업

1) 부가통신사업의 신고

① 부가통신사업을 경영하려는 자는 대통령령으로 정하는 요건 및 절차에 따라 과학기술정보통신부장관에게 신고(정보통신망에 의한 신고를 포함)하여야 한다.

② 특수한 유형의 부가통신사업을 경영하려는 자는 아래의 사항을 갖추어 과학기술정보통신부장관에 등록하여야 한다.

• 이행을 위한 기술적 조치 실시계획
• 업무수행에 필요한 인력 및 물적 시설
• 재무건전성
• 그 밖에 사업계획서 등 대통령령으로 정하는 사항

3) 등록 또는 신고사항의 변경

부가통신사업의 신고를 한 자(부가통신사업자)는 그 등록 또는 신고한 사항 중 대통령령이 정하는 사항을 변경하고자 하는 때에는 대통령령이 정하는 바에 따라 미리 과학기술정보통신부장관에게 변경등록 또는 변경신고(정보통신망에 의한 변경등록 또는 변경신고 포함)를 하여야 한다.

4) 사업의 양도 · 양수

부가통신사업의 전부 또는 일부의 양도 · 양수 또는 부가통신사업자인 법인의 합병 · 상속이 있은 경우에는 당해 사업을 양수한 자, 합병 후 존속하는 법인, 합병에 의하여 설립된 법인 또는 상속인은 대통령령이 정하는 요건과 절차에 따라 과학기술정보통신부장관에게 신고(정보통신망에 의한 신고 포함)해야 한다.

5) 사업의 승계

부가통신사업의 양도 · 양수, 법인의 합병 또는 부가통신사업의 상속이 있은 때에는 사업을 양수한 자, 합병 후 존속하는 법인, 합병에 의하여 설립된 법인 또는 상속인은 종전의 부가통신사업자의 지위를 승계한다.

6) 사업의 휴업 · 폐업

① 부가통신사업자가 그 사업의 전부 또는 일부를 휴업 또는 폐업하고자 하는 때에는 그 휴업 또는 폐업예정일 30일전까지 그 내용을 당해 역무의 이용자에게 통보하고 과학기술정보통신부장관에 신고(정보통신망에 의한 신고 포함)해야 한다.

② 부가통신사업자인 법인이 합병 외의 사유로 인하여 해산한 때에는 그 청산인(해산이 파산에 의한 경우에는 파산관재인)은 지체없이 이를 과학기술정보통신부장관에 신고(정보통신망에 의한 신고 포함)해야 한다.

7) 사업의 등록취소 및 폐지명령

① 과학기술정보통신부장관은 부가통신사업자가 다음 어느 하나에 해당하는 때에는 등록을 취소하거나 1년 이내의 기간을 정하여 사업의 정지를 명할 수 있다.

- 속임수나 기타 부정한 방법으로 신고를 한 때
- 신고한 날부터 1년 이내에 사업을 개시하지 아니하거나 1년 이상 계속하여 휴업한 때
- 공정경쟁 및 이용자 보호 등에 필요한 조건을 이행하지 아니한 때
- 시정명령을 정당한 사유없이 이행하지 아니한 때
- 전기통신사업자의 업무처리절차가 현저히 이용자의 이익을 저해한다고 인정되는 때
- 역무의 제공에 지장이 발생한 경우 수리 등 지장을 제거하기 위해 필요한 조치를 신속하게 실시하지 아니한 때

② 등록취소 및 폐업명령 처분의 기준, 절차, 기타 필요한 사항은 대통령령으로 정한다.

04 정보통신공사업

1) 정보통신공사업법의 목적

정보통신공사의 조사 · 설계 · 시공 · 감리 · 유지관리 · 기술관리 등에 관한 기본적인 사항과 정보통신공사업의 등록 및 정보통신공사의 도급 등에 관하여 필요한 사항을 규정함으로써 정보통신공사의 적정한 시공과 공사업의 건전한 발전을 도모한다.

2) 공사의 제한

공사는 정보통신공사업자(공사업자)가 아니면 도급을 받거나 시공할 수 없으나, 다음 각각의 경우에는 예외로 한다.

- 전기통신사업법에 의하여 과학기술정보통신부장관에게 등록한 기간통신사업자가 허가받은 역무를 수행하기 위해 시공하는 경우
- 대통령령으로 정하는 다음 각각의 경미한 공사를 도급받거나 시공하는 경우
  - 간이무선국 · 아마추어국 및 실험국의 무선설비설치공사
  - 연면적 1천m² 이하의 건축물의 자가유선방송설비 · 구내방송설비 및 폐쇄회로 텔레비전의 설비공사
  - 건축물에 설치되는 5회선 이하의 구내통신선로 설비공사
  - 라우터 또는 허브의 증설을 수반하지 아니하는 5회선 이하의 LAN선로의 증설 공사
  - 소프트웨어 진흥법에 따라 중소 소프트웨어사업자만 참여하는 공사
  - 군 및 경찰의 긴급작전을 위한 공사로서 과학기술정보통신부장관이 관계 중앙 행정기관의 장과 협의하여 정하는 공사
  - 기타 과학기술정보통신부장관이 정하여 고시하는 공사
- 통신구설비공사 또는 도로공사에 부수되어 그와 동시에 시공되는 정보통신 지하관로의 설비공사를 대통령령이 정하는 바에 의하여 다음 각각에 해당하는 자가 도급받거나 시공하는 경우
  - 통신구설비공사의 경우 건설산업기본법에 따라 토목공사업 또는 토목건축공사 업의 등록을 한 자
  - 도로공사에 부수되어 그와 동시에 시공되는 정보통신 지하관로설비공사의 경우 해당 도로의 공사를 도급받아 시공하는 자

3) 공사업자의 성실의무

공사업자는 정보통신설비의 품질과 안전이 확보되도록 공사 및 용역에 관한 법령을 준수하고 설계도서 등에 따라 성실히 그 업무를 수행해야 한다.

4) 외국공사업자에 대한 조치

과학기술정보통신부장관은 외국인 또는 외국법인에 대하여 공사업의 등록을 위해 필요한 경우에는 공사업에 관한 외국에서의 자격 · 학력 · 경력 등을 인정할 수 있는 기준을 정할 수 있다.

공사도급의 원칙
- 발주자는 공사를 공사업자에게 도급하여야 함
- 공사도급의 당사자는 각기 대등한 입장에서 합의에 따라 공정하게 계약을 체결하고, 신의에 따라 성실히 계약을 이행하여야 함
- 수급인은 하수급인에게 하도급 공사의 시공과 관련하여 자재구입처의 지정 등 하수급인에게 불리하다고 인정되는 행위를 강요해서는 안 됨
- 공사업자가 도급받은 공사 중 그 일부를 다른 공사업자에게 하도급하거나 하수급인이 하도급받은 공사 중 그 일부를 다른 공사업자에게 다시 하도급하고자 할 때에는 당해 공사의 발주자로부터 서면에 의한 승낙을 각각 얻어야 함
- 공사업자는 도급받은 공사의 100분의 50을 초과하여 다른 공사업자에게 하도급하여서는 안 됨

5) 공사업의 등록

① 공사업을 경영하려는 자는 대통령령이 정하는 바에 의하여 시·도지사에게 등록 해야 한다.

② 시·도지사는 등록을 받은 때 등록증 및 등록수첩을 발급한다.

6) 등록의 기준 및 결격사유

① 공사업의 등록기준은 다음 각 사항에 따라 대통령령으로 정한다.
- 기술능력
- 자본금(개인인 경우에는 자산평가액)
- 사무실

② 다음 각각에 해당하는 자는 공사업의 등록을 할 수 없다.
- 피성년후견인
- 파산선고를 받고 복권되지 아니한 자
- 정보통신공사업법을 위반하여 금고 이상의 실형을 선고 받고 그 집행이 종료(집행 이 종료된 것으로 보는 경우 포함)되거나 집행이 면제된 날부터 3년을 경과하지 아 니한 자 또는 그 형의 집행유예 선고를 받고 그 유예기간 중에 있는 자
- 정보통신공사업법의 규정에 의하여 등록이 취소된 후 2년이 지나지 아니한 자
- 국가보안법 또는 형법에 규정된 죄를 범하여 금고 이상의 실형을 선고받고 그 집 행이 종료(집행이 종료된 것으로 보는 경우 포함)되거나 그 집행이 면제된 날부 터 3년이 지나지 아니한 자 또는 그 형의 집행유예 선고를 받고 그 유예기간 중 에 있는 자
- 임원 중 위에 해당하는 사람이 있는 법인

7) 공사업자의 신고의무

① 공사업자는 상호 또는 명칭 기타 대통령령이 정하는 사항에 변경이 있는 때에는 대통령령이 정하는 바에 의하여 이를 시·도지사에게 신고(정보통신망이용촉진보 호등에관한법률의 규정에 의한 정보통신망을 이용한 신고 포함)해야 한다.

② 다음 각각에 해당하는 자는 시·도지사에게 공사업의 폐업을 신고해야 한다.
- 공사업자가 파산한 때에는 그 파산관재인
- 법인이 합병 또는 파산 외의 사유로 해산한 때에는 그 청산인
- 공사업자가 사망한 때에는 그 공사업을 상속하지 아니하는 그 상속인
- 파산 내지 합병의 사유로 공사업을 폐업한 때에는 그 공사업자이었던 개인 또는 법 인의 대표자

 기적의 3초컷

공사업의 등록기준은 꼭 알 아두세요.

정보통신공사업의 구체적인 등록 기준

	자본금	기술능력	사무실
법인	1억5천 만원 이상	기술계 정보 통신기술자 3인 이상·	15m² 이상
개인	2억원 이상	기능계 정보 통신기술자 1 인 이상	

이론을 확인하는 기출문제

01 다음 중 전기통신사업법의 목적이 아닌 것은?

① 전기통신사업의 운영을 적정하게 함
② 전기통신사업의 수익성을 증대함
③ 전기통신사업의 건전한 발전을 기함
④ 이용자의 편의를 도모함

전기통신사업의 목적 : 전기통신사업의 운영을 적정하게 하여 전기통신사업의 건전한 발전을 기하고 이용자의 편의를 도모함으로써 공공복리의 증진에 이바지함

02 기간통신사업자로부터 전기통신회선설비를 임차하여 기간통신역무 외의 전기통신역무를 제공하는 사업은?

① 임차통신사업   ② 별정통신사업
③ 특정통신사업   ④ 부가통신사업

부가통신사업 : 기간통신사업자로부터 전기통신회선설비를 임차하여 기간통신역무외의 전기통신역무(부가통신역무)를 제공하는 사업

03 기간통신사업을 경영하려는 자가 과학기술정보통신부장관에게 등록할 때 갖추어야하는 사항이 아닌 것은?

① 안전진단서
② 재정 및 기술적 능력
③ 이용자 보호계획
④ 사업계획서

기간통신사업 등록을 위해 갖추어야 할 사항
• 재정 및 기술적 능력
• 이용자 보호계획
• 사업계획서 등 대통령령으로 정하는 사항

04 다음 중 정보통신공사업의 등록기준에 속하지 않는 것은?

① 자본금   ② 사무실
③ 공사실적   ④ 기술능력

정보통신공사업의 등록기준 : 자본금, 기술능력, 사무실

05 부가통신사업을 신고한 자가 상호를 변경하려 할 때 그 내용을 신고해야 하는 대상은?

① 시·도지사
② 산업통상자원부장관
③ 과학기술정보통신부장관
④ 방송통신위원회

부가통신사업을 신고한 자는 그 등록 또는 신고한 사항 중 대통령령으로 정하는 사항(상호, 명칭, 주소, 대표자, 제공 역무의 종류 등)을 변경하려면 과학기술정보통신부장관에게 변경등록 또는 변경신고를 하여야 한다.

06 다음 중 기간통신사업의 허가를 받을 수 있는 자는?

① 외국정부   ② 외국법인
③ 국내 대기업 법인 ④ 지방자치단체

기간통신사업 허가의 결격사유
• 국가 또는 지방자치단체
• 외국정부 또는 외국법인
• 외국정부 또는 외국인이 주식소유 제한을 초과하여 주식을 소유하고 있는 법인

전기통신업무

빈출 태그 이용약관의 신고 · 요금의 감면 · 전기통신역무의 이용 · 전기통신사업의 경쟁촉진 ·
· 상호접속 · 토지 등의 일시 사용 · 장해물 등의 제거요구

01 이용약관 ★

1) 이용약관의 신고

① 전년도 전기통신역무 매출액이 대통령령으로 정하는 금액(회선설비 보유사업의 매출액이 300억원 또는 회선설비 미보유사업의 매출액이 800억원) 이상인 기간통신사업자는 그가 제공하려는 전기통신서비스에 관하여 그 서비스별로 요금 및 이용조건을 정하여 과학기술정보통신부장관에게 신고(변경신고를 포함)하여야 한다.

② 과학기술정보통신부장관은 대통령령으로 정하는 이용약관의 포함사항에 따라 제출한 자료의 누락 등으로 신고에 보완이 필요하다고 인정하는 경우에는 신고를 접수한 날부터 7일 이내의 기간을 정하여 보완을 요구하여야 한다.

③ 과학기술정보통신부장관은 신고가 접수된 이용약관이 지정 · 고시된 기간통신사업자의 해당 전기통신서비스에 관한 이용약관인 경우로서 다음 각 호의 어느 하나에 해당한다고 판단하는 경우에는 신고를 접수한 날부터 15일 이내에 해당 신고를 반려할 수 있다. 다만, 이미 신고된 이용약관에 포함된 서비스별 요금을 인하하거나 대통령령으로 정하는 경미한 사항을 변경하는 내용인 경우에는 그러하지 아니하다.

- 전기통신서비스의 요금 및 이용조건 등에 따라 특정 이용자를 부당하게 차별하여 취급하는 등 이용자의 이익을 해칠 우려가 크다고 인정되는 경우
- 다른 전기통신사업자에게 도매제공하는 대가에 비하여 불공정한 요금으로 전기통신서비스를 제공하는 등 공정한 경쟁을 해칠 우려가 크다고 인정되는 경우

④ 전기통신서비스에 관한 이용약관을 신고하려는 자는 가입비, 기본료, 사용료, 부가서비스료, 실비 등을 포함한 전기통신서비스의 요금 산정 근거 자료(변경할 경우에는 신 · 구내용 대비표를 포함)를 과학기술정보통신부장관에게 제출하여야 한다.

2) 요금의 감면

기간통신사업자는 국가안전보장, 재난구조, 사회복지, 공익상의 필요 등 대통령령이 정하는 바에 따라 전기통신서비스의 요금을 감면할 수 있다.

- 전시에 있어서 군 작전에 필요한 통신을 위한 전기통신서비스

> **기적의 3초컷**
>
> 법령 부분이 너무 지루하다면, 기출문제와 예상문제를 통해 내용을 학습해 보세요.

- 신문 등의 자유와 기능보장에 관한 법률에 따른 신문·통신과 방송법에 따른 방송국의 보도용 통신을 위한 전기통신서비스
- 정보통신의 이용 촉진과 보급 확산을 위해 필요로 하는 통신을 위한 전기통신서비스
- 사회복지 증진을 위해 보호를 필요로 하는 자의 통신을 위한 전기통신서비스
- 남·북 교류 및 협력의 촉진을 위해 필요로 하는 통신을 위한 전기통신서비스
- 우정사업 경영상 특히 필요로 하는 통신을 위한 전기통신서비스

02 전기통신역무의 이용

1) 타인사용의 제한

누구든지 전기통신사업자가 제공하는 전기통신역무를 이용하여 타인의 통신을 매개하거나 타인의 통신용에 제공해서는 아니 되나, 다음의 경우는 예외로 한다.

- 국가비상사태하에서 재해의 예방·구조, 교통·통신 및 전력공급의 확보와 질서유지를 위해 필요한 경우
- 전기통신사업 이외의 사업을 영위함에 있어서 고객에게 부수적으로 전기통신역무를 이용하도록 제공하는 경우
- 전기통신역무를 이용할 수 있는 단말장치 등 전기통신설비를 개발·판매하기 위해 시험적으로 사용하도록 하는 경우
- 이용자가 제3자에게 반복적이지 아니한 정도로 사용하도록 하는 경우
- 그 밖에 공공의 이익을 위해 필요하거나 전기통신사업자의 사업경영에 지장을 초래하지 아니하는 경우로서 대통령령이 정하는 경우

2) 전송·선로설비 등의 사용

① 방송법에 의한 종합유선방송사업자·전송망사업자 또는 중계유선방송사업자는 대통령령이 정하는 방법에 따라 보유하고 있는 전송·선로설비 또는 유선방송설비를 기간통신사업자에게 제공할 수 있다.

② 방송법에 의한 종합유선방송사업자·전송망사업자 또는 중계유선방송사업자가 보유하고 있는 전송·선로설비 또는 유선방송설비를 이용하여 부가통신역무를 제공하고자 하는 경우에는 과학기술정보통신부장관에 신고해야 한다.

3) 이용자 보호

① 전기통신사업자는 전기통신역무에 관하여 이용자로부터 제기되는 정당한 의견이나 불만을 즉시 처리하여야 한다. 이 경우 즉시 처리하기 곤란한 경우에는 이용자에게 그 사유와 처리일정을 알려야 한다.

② 방송통신위원회는 ①에 따른 이용자 보호 업무에 대하여 평가한 후 그 결과를 공개할 수 있다. 이 경우 방송통신위원회는 전기통신사업자에게 평가에 필요한 자료를 제출하도록 명할 수 있다.

③ 전기통신역무의 종류, 사업규모, 이용자 보호 등을 고려하여 대통령령으로 정하는 전기통신사업자는 이용자와 전기통신역무의 이용에 관한 계약을 체결(체결된 계약 내용을 변경하는 것을 포함)하는 경우 해당 계약서 사본을 이용자에게 서면 또는 정보통신망을 통하여 송부하여야 한다.

④ 기간통신역무를 제공하는 전기통신사업자가 이용요금을 이용자 등으로부터 미리 받고 그 이후에 전기통신서비스를 제공하는 사업(선불통화서비스)을 하려는 경우에는 그 서비스를 제공할 수 없게 됨으로써 이용자 등이 입게 되는 손해를 배상할 수 있도록 서비스를 제공하기 전에 미리 받으려는 이용요금 총액의 범위에서 대통령령으로 정하는 기준에 따라 산정된 금액에 대하여 과학기술정보통신부장관이 지정하는 자를 피보험자로 하는 보증보험에 가입하여야 한다. 다만, 해당 전기통신사업자의 재정적 능력과 이용요금 등을 고려하여 대통령령으로 정하는 경우에는 보증보험에 가입하지 아니할 수 있다.

⑤ 선불통화서비스를 하려는 전기통신사업자는 다음 각 호의 기준을 따라야 한다.
• 보증보험으로 보장되는 선불통화 이용요금 총액을 넘어 선불통화서비스 이용권을 발행하지 아니할 것
• 보증보험의 보험기간 내에서 선불통화서비스를 제공할 것

⑥ ④에 따라 피보험자로 지정받은 자는 이용요금을 미리 낸 후 서비스를 제공받지 못한 이용자 등에게 보증보험에 따라 지급받은 보험금을 지급하여야 한다.

⑦ 이용자 보호 업무의 평가 대상·기준·절차, 평가 결과 활용, 계약서 사본 송부 절차, 보증보험의 가입·갱신 및 보험금의 지급절차 등에 관하여 필요한 사항은 대통령령으로 정한다.

03 전기통신사업의 경쟁촉진 ★

1) 경쟁의 촉진

① 과학기술정보통신부장관은 전기통신사업의 효율적인 경쟁체제의 구축과 공정한 경쟁환경의 조성을 위해 노력해야 한다.

② 과학기술정보통신부장관은 전기통신사업의 효율적인 경쟁체제의 구축과 공정한 경쟁환경의 조성을 위한 경쟁정책 수립을 위해 매년 기간통신사업에 대한 경쟁상황 평가를 실시해야 한다.

③ 경쟁상황 평가를 위한 구체적인 평가기준, 절차, 방법 등에 대하여는 대통령령으로 정한다.

2) 전기통신설비의 제공

① 기간통신사업자 또는 도로, 철도, 지하철도, 상·하수도, 전기설비, 전기통신회선설비 등을 건설·운용·관리하는 기관(시설관리기관)은 다른 전기통신사업자가 관로(管路)·공동구(共同溝)·전주(電柱)·케이블이나 국사(局舍) 등의 설비(전기통신설비를 포함) 또는 시설(설비등)의 제공을 요청하면 협정을 체결하여 설비등을 제공할 수 있다.

② 다음 각 호의 어느 하나에 해당하는 기간통신사업자 또는 시설관리기관은 제1항에도 불구하고 협정을 체결하여 설비등을 제공하여야 한다. 다만, 시설관리기관의 사용계획 등이 있는 경우에는 그러하지 아니하다.

- 다른 전기통신사업자가 전기통신역무를 제공하는 데에 필수적인 설비를 보유한 기간통신사업자
- 관로 · 공동구 · 전주 등의 설비등을 보유한 다음 각 목의 시설관리기관
  - 「한국도로공사법」에 따라 설립된 한국도로공사
  - 「한국수자원공사법」에 따라 설립된 한국수자원공사
  - 「한국전력공사법」에 따라 설립된 한국전력공사
  - 「국가철도공단법」에 따라 설립된 국가철도공단
  - 「지방공기업법」에 따른 지방공기업
  - 「지방자치법」에 따른 지방자치단체
  - 「도로법」에 따른 지방국토관리청
- 기간통신역무의 사업규모 및 시장점유율 등이 대통령령으로 정하는 기준에 해당하는 기간통신사업자 및 시설관리기관

③ 과학기술정보통신부장관은 제1항 및 제2항에 따른 설비등의 범위와 설비등의 제공의 조건 · 절차 · 방법 및 대가의 산정 등에 관한 기준을 정하여 고시한다. 이 경우 제2항에 따라 제공하여야 하는 설비등의 범위는 같은 항 각 호의 어느 하나에 해당하는 기간통신사업자 및 시설관리기관의 설비등의 수요를 고려하여 정하여야 한다.

④ 설비등을 제공받은 전기통신사업자는 전기통신역무를 제공하기 위하여 필요한 범위에서 그 설비의 효율성을 높이는 장치를 부착할 수 있다.

⑤ 과학기술정보통신부장관은 설비등의 효율적 활용과 관리를 위하여 설비 등의 제공 및 이용 실태에 관하여 현장조사를 할 수 있다.

⑥ 과학기술정보통신부장관은 ① 및 ②에 따른 설비등의 제공을 위하여 전문기관을 지정할 수 있다.

⑦ ⑥의 전문기관의 지정 및 그 업무 처리방법 등에 필요한 사항은 과학기술정보통신부장관이 정하여 고시한다.

3) 가입자선로의 공동활용

① 기간통신사업자는 이용자와 직접 연결되어 있는 교환설비로부터 이용자까지의 구간에 설치한 선로(가입자선로)에 대하여 과학기술정보통신부장관이 정하여 고시하는 다른 전기통신사업자가 공동활용에 관한 요청을 하는 경우에는 이를 허용해야 한다.

② 과학기술정보통신부장관은 가입자선로의 공동활용의 범위와 조건 · 절차 · 방법 및 대가의 산정 등에 관한 기준을 정하여 고시한다.

4) 무선통신시설의 공동이용

① 기간통신사업자는 다른 기간통신사업자로부터 무선통신시설의 공동이용에 관한 요청이 있는 경우에는 협정을 체결하여 이를 허용할 수 있으며, 이 경우 과학기술정보통신부장관이 정하여 고시하는 기간통신사업자간의 공동이용의 대가는 공정하고 타당한 방법으로 산정하여 정산해야 한다.

② 전기통신사업의 효율성을 높이고 이용자를 보호하기 위해 과학기술정보통신부장관이 정하여 고시하는 기간통신사업자는 과학기술정보통신부장관이 정하여 고시하는 기간통신사업자로부터 공동이용에 관청이 있는 경우에는 협정을 체결하여 이를 허용해야 한다.

③ 공동이용 대가의 산정기준·절차 및 지급방법 등과 공동이용의 범위와 조건·절차·방법 및 대가의 산정 등에 관한 기준은 과학기술정보통신부장관 고시로 정한다.

5) 상호접속

① 전기통신사업자는 다른 전기통신사업자로부터 전기통신설비의 상호접속에 관한 요청이 있는 경우에는 협정을 체결하여 상호접속을 허용할 수 있다.

② 과학기술정보통신부장관은 전기통신설비의 상호접속의 범위와 조건·절차·방법 및 대가의 산정 등에 관한 기준을 정하여 고시한다.

③ ① 및 ②의 규정에 불구하고 다음 각각에 해당하는 기간통신사업자는 협정을 체결하여 상호접속을 허용해야 한다.

• 다른 전기통신사업자가 전기통신역무를 제공함에 있어 필수적인 설비를 보유한 기간통신사업자

• 기간통신역무의 사업규모 및 시장점유율 등이 대통령령이 정하는 기준에 해당하는 기간통신사업자

6) 상호접속의 대가

① 상호접속의 이용대가는 공정하고 타당한 방법으로 산정하여 상호정산해야 하며, 구체적인 산정기준 및 절차와 지급방법은 과학기술정보통신부장관의 고시 기준에 따른다.

② 전기통신사업자는 상호접속의 방법·접속통화의 품질 또는 상호접속에 필요한 정보의 제공 등에 있어 자신의 책임없는 사유로 불이익을 받은 경우에는 과학기술정보통신부장관의 고시 기준에 따라 상호접속의 이용 대가를 줄여 상호정산할 수 있다.

7) 전기통신설비의 공동사용

① 기간통신사업자는 다른 전기통신사업자로부터 전기통신설비의 상호접속에 필요한 설비의 설치 또는 운영을 위해 그 기간통신사업자의 관로·케이블·전주 또는 국사 등의 전기통신설비 또는 시설에 대한 출입 또는 공동사용을 요청받은 경우에는 협정을 체결하여 전기통신설비 또는 시설에 대한 출입 또는 공동사용을 허용할 수 있다.

② 과학기술정보통신부장관은 전기통신설비 또는 시설에 대한 출입 또는 공동사용의 범위와 조건 · 절차 · 방법 및 대가의 산정 등에 관한 기준을 정하여 고시한다.

③ ①의 규정에 불구하고 다음 각각에 해당하는 기간통신사업자는 협정을 체결하여 전기통신설비 또는 시설에 대한 출입 또는 공동사용을 허용해야 한다.

• 다른 전기통신사업자가 전기통신역무를 제공함에 있어 필수적인 설비를 보유한 기간통신사업자

• 기간통신역무의 사업규모 및 시장점유율 등이 대통령령이 정하는 기준에 해당하는 기간통신사업자

8) 정보의 제공

① 기간통신사업자는 다른 전기통신사업자로부터 전기통신설비의 제공 · 상호접속 또는 공동사용 등이나 요금의 부과 · 징수 및 전기통신번호안내를 위해 필요한 기술적 정보 또는 이용자의 인적 사항에 관한 정보의 제공을 요청받은 경우에는 협정을 체결하여 요청받은 정보를 제공할 수 있다.

② 과학기술정보통신부장관은 정보제공의 범위와 조건 · 절차 · 방법 및 대가의 산정 등에 대한 기준을 정하여 고시한다.

③ ①의 규정에 불구하고 다음 각각에 해당하는 기간통신사업자는 협정을 체결하여 요청받은 정보를 제공해야 한다.

• 다른 전기통신사업자가 전기통신역무를 제공함에 있어 필수적인 설비를 보유한 기간통신사업자

• 기간통신역무의 사업규모 및 시장점유율 등이 대통령령이 정하는 기준에 해당하는 기간통신사업자

④ ③의 규정에 의한 기간통신사업자는 그 전기통신설비에 다른 전기통신사업자 또는 이용자가 단말기기 기타 전기통신설비를 접속하여 사용하는데 필요한 기술적 기준과 이용 및 공급기준 기타 공정한 경쟁환경의 조성을 위해 필요한 기준을 정하여 과학기술정보통신부장관의 승인을 얻어 이를 공시해야 한다.

9) 상호접속 등 협정의 신고

① 기간통신사업자가 다른 전기통신사업자로부터 전기통신설비의 제공 · 공동이용 · 상호접속 또는 공동사용 등이나 정보제공에 관한 요청을 받은 경우에는 특별한 사유가 없는 한 90일 이내에 협정을 체결하고 과학기술정보통신부장관에 신고해야 하며, 협정을 변경하거나 폐지한 때에도 또한 같다.

② ①의 규정에 불구하고 별도 지정한 기간통신사업자를 당사자로 하는 협정의 경우에는 과학기술정보통신부장관의 인가를 받아야 한다.

③ 과학기술정보통신부장관은 ②의 규정에 의한 인가신청에 대하여 보완의 필요가 있는 경우에 기간을 정하여 그 보완을 명할 수 있다.

10) 전기통신번호

① 과학기술정보통신부장관은 전기통신역무의 효율적 제공 및 이용자의 편익과 전기통신사업자간의 공정한 경쟁환경의 조성 등을 위해 전기통신번호관리계획을 수립·시행해야 한다.

② 과학기술정보통신부장관은 ①의 규정에 의한 계획을 수립한 때에는 이를 고시해야 하며, 수립된 계획을 변경한 때에도 또한 같다.

③ 전기통신사업자는 ②의 규정에 의하여 고시한 사항을 준수해야 한다.

04 전기통신설비의 설치 및 보전★

1) 토지 등의 사용

① 기간통신사업자는 전기통신업무에 제공되는 선로 및 공중선과 그 부속설비(선로 등)를 설치하기 위해 필요한 경우에는 타인의 토지 또는 이에 정착한 건물·공작물과 수면·수저(토지 등)를 사용할 수 있으며, 이 경우 기간통신사업자는 미리 그 토지 등의 소유자 또는 점유자와 협의해야 한다.

② 협의가 성립되지 아니하거나 협의를 할 수 없는 경우에는 기간통신사업자는 공익사업을 위한 토지 등의 취득 및 보상에 관한 법률이 정하는 바에 의하여 타인의 토지 등을 사용할 수 있다.

2) 토지 등의 일시 사용

① 기간통신사업자는 선로 등에 관한 측량, 전기통신설비의 설치 또는 보전의 공사를 하기 위해 필요한 경우에는 현재의 사용을 현저히 방해하지 아니하는 범위 안에서 사유 또는 국·공유의 전기통신설비 및 토지 등을 일시 사용할 수 있다.

② 기간통신사업자는 사유 또는 국·공유재산을 일시 사용하고자 하는 경우에는 미리 점유자에게 사용목적과 사용기간을 통지하되, 미리 통지하는 것이 곤란한 경우에는 사용 시 또는 사용 후 지체없이 통지하고, 점유자의 주소 및 거소부명으로 통지할 수 없는 경우에는 이를 공고해야 한다.

③ 토지 등의 일시 사용기간은 6월을 초과할 수 없다.

④ 사유 또는 국·공유의 전기통신설비나 토지 등을 일시 사용하는 자는 그 권한을 표시하는 증표를 지니고 이를 관계인에게 내보여야 한다.

3) 토지 등에의 출입

① 기간통신사업자의 전기통신설비의 설치·보전을 위한 측량·조사 등을 위해 필요한 경우에는 타인의 토지 등에 출입할 수 있으나, 출입하고자 하는 곳이 주거용 건물인 경우에는 거주자의 승낙을 얻어야 한다.

② 토지 등의 일시사용에 정한 사전통지 및 증표 제출은 측량 또는 조사 등에 종사하는 자가 사유 또는 국·공유의 토지 등에 출입하는 경우에 이를 준용한다.

4) 장해물 등의 제거요구

① 기간통신사업자는 선로 등의 설치 또는 전기통신설비에 장해를 주거나 줄 우려가 있는 가스관·수도관·하수도관·전등선·전력선 또는 자가전기통신설비(장해물 등)의 소유자 또는 점유자에게 그 장해물 등의 이전·개조·수리 기타의 조치를 요구할 수 있다.

② 기간통신사업자는 식물이 선로 등의 설치·유지 또는 전기통신에 장해를 주거나 줄 우려가 있는 경우에는 그 소유자 또는 점유자에게 식물의 제거를 요구할 수 있다.

③ 기간통신사업자는 식물의 소유자 또는 점유자가 요구에 응하지 아니하거나 기타 부득이한 사유가 있는 경우에는 과학기술정보통신부장관의 허가를 받아 그 식물을 벌채 또는 이식할 수 있으나, 이 경우 해당 식물의 소유자 또는 점유자에게 지체없이 통지해야 한다.

④ 기간통신사업자의 전기통신설비에 장해를 주거나 줄 우려가 있는 장해물 등의 소유자 또는 점유자는 당해 장해물 등의 신설·증설·개수·철거 또는 변경의 필요가 있는 경우에는 미리 기간통신사업자와 협의해야 한다.

5) 원상회복의 의무

기간통신사업자는 토지 등의 사용이 끝나거나 사용하고 있는 토지 등을 전기통신업무에 제공할 필요가 없게 되면 그 토지 등을 원상으로 회복하여야 하며, 원상으로 회복하지 못하는 경우에는 그 소유자나 점유자가 입은 손실에 대하여 정당한 보상을 하여야 한다.

6) 전기통신설비의 보호

① 누구든지 전기통신설비를 파손하여서는 아니 되며, 전기통신설비에 물건을 접촉하거나 그 밖의 방법으로 그 기능에 장해를 주어 전기통신의 소통을 방해하는 행위를 하여서는 안 된다.

② 누구든지 전기통신설비에 물건을 던지거나 이에 동물·배 또는 뗏목 따위를 매는 등의 방법으로 전기통신설비를 오손하거나 전기통신설비의 측량표를 훼손하여서는 안 된다.

③ 기간통신사업자는 해저에 설치한 통신용 케이블과 그 부속설비를 호하기 위하여 필요하면 해저케이블 경계구역의 지정을 과학기술정보통신부장관에 신청할 수 있다.

④ 과학기술정보통신부장관은 ③에 따른 신청을 받으면 지정 필요성 등을 검토하고, 관계 중앙행정기관의 장과의 협의를 거쳐 해저케이블 경계구역을 지정·고시할 수 있다.

⑤ 해저케이블 경계구역의 지정 신청, 지정·고시의 방법과 절차, 경계구역 표시의 방법 등에 관한 사항은 대통령령으로 정한다.

7) 설비의 이전

① 기간통신사업자의 전기통신설비가 설치되어 있는 토지 등이나 이에 인접한 토지

등의 이용목적이나 이용방법이 변경되어 그 설비가 토지 등의 이용에 방해가 되는 경우에는 그 토지 등의 소유자나 점유자는 기간통신사업자에게 전기통신설비의 이전이나 그 밖에 방해 제거에 필요한 조치를 요구할 수 있다.

② 기간통신사업자는 ①에 따른 요구를 받은 경우 해당 조치를 하는 것이 업무의 수행상 또는 기술상 곤란한 경우가 아니면 필요한 조치를 하여야 한다.

③ ②의 조치에 필요한 비용은 해당 설비의 설치 이후에 그 설비의 이전이나 그 밖에 방해 제거에 필요한 조치의 원인을 제공한 자가 부담한다. 다만, 기간통신사업자는 그 비용을 부담하는 자가 해당 토지 등의 소유자나 점유자인 경우로서 다음 각 호의 어느 하나에 해당하는 경우에는 해당 설비를 설치할 때 보상금액, 설비기간 등을 고려하여 그 토지 등의 소유자나 점유자가 부담하는 비용을 감면할 수 있다.

• 기간통신사업자가 해당 전기통신설비의 이전이나 그 밖에 방해요소를 없애기 위한 계획을 수립하여 시행하는 경우
• 해당 전기통신설비의 이전이나 그 밖에 방해요소 제거가 다른 전기통신설비에 유익하게 되는 경우
• 국가나 지방자치단체가 전기통신설비의 이전이나 그 밖에 방해요소 제거를 요구하는 경우
• 사유지 내의 전기통신설비가 해당 토지 등을 이용하는 데에 크게 지장을 주어 이전하는 경우

8) 다른 기관의 협조

기간통신사업자는 전기통신설비를 설치·보전하기 위하여 차량, 선박, 항공기, 그 밖의 운반구를 운행할 필요가 있으면 관계 공공기관에 협조를 요청할 수 있으며 이 경우 협조를 요청받은 공공기관은 정당한 사유가 없으면 그 요청에 따라야 한다.

05 벌칙 및 벌금★

1) 벌칙

① 다음 각 호의 어느 하나에 해당하는 자는 5년 이하의 징역 또는 2억원 이하의 벌금에 처한다.
• 전기통신설비를 파손하거나 전기통신설비에 물건을 접촉하거나 그 밖의 방법으로 그 기능에 장해를 주어 전기통신의 소통을 방해한 자
• 통신비밀의 보호 규정을 위반하여 재직 중에 통신에 관하여 알게 된 타인의 비밀을 누설한 자
• 통신비밀의 보호 규정을 위반하여 통신자료제공을 한 자 및 그 제공을 받은 자

② 다음 각 호의 어느 하나에 해당하는 자는 3년 이하의 징역 또는 1억5천만원 이하의 벌금에 처한다.
• 정당한 사유 없이 전기통신역무의 제공을 거부한 자
• 등록을 하지 아니하고 기간통신사업을 경영한 자
• 등록을 하지 아니하고 부가통신사업을 경영한 자

기적의 3초컷
벌칙 및 벌금 내역에 대하여 알아두어야 합니다.

- 등록의 일부 취소를 위반하여 기간통신사업을 경영한 자
- 금지행위에 대한 조치 또는 일부 정지 명령을 이행하지 아니한 자
- 선로등의 측량, 전기통신설비의 설치공사 또는 보전공사를 방해한 자
- 전기통신사업자가 취급 중에 있는 통신의 비밀을 침해하거나 누설한 자

③ 다음 각 호의 어느 하나에 해당하는 자는 2년 이하의 징역 또는 1억원 이하의 벌금에 처한다.

- 사업의 겸업, 정보제공에 따른 승인을 받지 아니한 자
- 사업의 양수 및 법인의 합병에 따른 인가를 받지 아니하거나 사업의 휴업·폐업에 따른 승인을 받지 아니한 자
- 사업의 양수 및 법인의 합병에 따른 인가를 받기 전에 통신망 통합, 임원의 임명행위, 영업의 양수, 합병이나 설비 매각 협정의 이행행위 또는 회사 설립에 관한 후속 조치를 한 자
- 사업의 휴업·폐업 또는 등록의 취소에 따른 이용자 보호조치명령을 위반한 자
- 부가통신사업의 신고를 하지 아니하고 부가통신사업을 경영한 자
- 정당한 권한 없이 기술적 조치를 제거·변경하거나 우회하는 등의 방법으로 무력화한 자
- 등록의 취소에 따른 사업정지처분을 위반한 자
- 사업의 등록취소 및 폐업명령에 따른 사업폐업명령을 위반한 자
- 이용자 보호를 위반하여 보증보험에 가입하지 아니한 자
- 보증보험으로 보장되는 선불통화 이용요금 총액을 넘어 선불통화서비스 이용권을 발행한 자
- 보증보험의 보험기간을 넘어 선불통화서비스를 제공한 자
- 정보의 목적 외 사용금지를 위반하여 정보를 사용하거나 제공한 자
- 분실 또는 도난 등의 사유로 전기통신사업자에게 신고된 통신단말장치의 사용 차단을 방해할 목적으로 통신단말장치의 고유식별번호를 훼손하거나 위조 또는 변조하는 자
- 업무의 제한 또는 정지 명령을 이행하지 아니한 자
- 국제전기통신업무에 따른 승인·변경승인 또는 폐지승인을 받지 아니한 자

④ 다음 각 호의 어느 하나에 해당하는 자는 1년 이하의 징역 또는 5천만원 이하의 벌금에 처한다.

- 기간통신사업자의 주식 취득 등에 관한 공익성심사, 주식 초과소유 금지, 의결권 행사의 정지에 따른 명령을 이행하지 아니한 자
- 사업의 양수 및 법인의 합병에서 전기통신회선설비 매각에 대한 단서에 따른 신고를 하지 아니한 자
- 등록 사항의 변경에 따른 변경등록을 하지 아니한 자
- 부가통신사업의 합병 또는 상속 후 신고를 하지 아니한 자
- 사업의 등록취소 및 폐업명령 등 사업정지처분을 위반한 자
- 이용약관의 신고 또는 변경신고를 하지 아니하고 전기통신서비스를 제공한 자

- 전기통신사업자가 제공하는 전기통신역무를 이용하여 타인의 통신을 매개하거나 이를 타인의 통신용으로 제공한 자

⑤ 다음 각 호의 어느 하나에 해당하는 자는 1년 이하의 징역 또는 1천만원 이하의 벌금에 처한다.

- 부가통신서비스를 제공에서 요금 신고를 하지 아니하거나 신고한 내용과 다르게 전기통신서비스를 제공한 자
- 신고를 하지 아니하고 중요한 전기통신설비를 설치하거나 변경한 자
- 신고 또는 변경신고를 하지 아니하고 자가전기통신설비를 설치한 자
- 자가전기통신설비를 이용하여 타인의 통신을 매개하거나 설치한 목적에 어긋나게 이를 운용한 자
- 비상 시 전기통신업무나 해당 설비를 다른 전기통신설비에 접속하도록 하는 명령을 위반한 자
- 자가전기통신설비 설치자에 대한 시정명령에 따른 사용정지명령을 위반한 자
- 전기통신설비의 제거명령 또는 그 밖에 필요한 조치의 명령을 위반한 자

2) 벌금 및 과료

전기통신설비를 망가뜨리거나 전기통신설비의 측량표를 훼손한 자는 100만원 이하의 벌금 또는 과료에 처한다.

3) 미수범

전기통신설비 손괴 및 전기통신의 소통 방해, 재직 중 알게 된 타인의 비밀 누설, 전기통신사업자의 취급 중인 통신의 비밀 침해 및 누설 미수범은 처벌한다.

4) 양벌규정

법인의 대표자나 법인 또는 개인의 대리인, 사용인, 그 밖의 종업원이 그 법인 또는 개인의 업무에 관하여 위반행위를 하면 그 행위자를 벌하는 외에 그 법인 또는 개인에게도 해당 조문의 벌금형을 과한다. 다만, 법인 또는 개인이 그 위반행위를 방지하기 위하여 해당 업무에 관하여 상당한 주의와 감독을 게을리하지 아니한 경우에는 그러하지 아니하다.

5) 과태료

다음 각 호의 어느 하나에 해당하는 자에게는 1천만원 이하의 과태료를 부과한다.

- 기간통신사업자의 경영권 변경 신고를 하지 아니하거나 공익성심사를 위한 자료 제공 요청이나 출석명령에 응하지 아니한 자
- 기간통신사업의 휴업 또는 폐업 예정일 60일 전까지 이용자에게 알리지 아니한 자
- 부가통신사업의 휴업 및 폐업 신고를 하지 아니한 자
- 이용자의 보호에 관한 의무를 위반한 자
- 이용자에게 전기통신역무의 제공이 중단된 사실과 손해배상의 기준 · 절차 등을 알리지 아니한 자

기적의 3초컷

벌금과 더불어 과태료 부분도 확인해 두세요.

- 기술적 기준, 이용 및 공급기준 또는 공정한 경쟁환경의 조성을 위한 기준을 공시하지 아니한 자
- 전기통신번호자원 관리계획을 준수하지 아니한 자
- 사실조사 공무원의 자료나 물건의 제출명령 또는 제출된 자료나 물건의 일시 보관 명령을 거부 또는 기피하거나 이에 지장을 주는 행위를 한 자
- 전기통신역무의 품질 평가를 위한 관련자료의 제출에 관한 명령을 이행하지 아니한 자
- 확인을 받지 아니하고 자가전기통신설비를 사용한 자
- 전기통신설비의 검사를 거부·방해 또는 기피한 자, 보고를 하지 아니하거나 거짓으로 보고한 자
- 통신자료제공사실 등 관련 자료를 갖추어 두지 아니하거나 거짓으로 기재하여 갖추어 둔 자
- 통신자료제공 요청 내용을 해당 중앙행정기관의 장에게 통보하지 아니한 자
- 통계의 보고 또는 자료제출을 하지 아니하거나 허위로 보고 또는 자료제출을 한 자

01 전기통신역무의 이용약관에 관한 설명으로 적합하지 않은 것은?

① 과학기술정보통신부장관에 신고를 하여야 한다.
② 전기통신역무에 관한 요금, 기타 이용조건을 말한다.
③ 이용약관은 전기통신사업자가 정한다.
④ 이용약관이 부당하여 변경시는 과학기술정보통신부장관의 허가를 받아야 한다.

······

이용약관의 최초 등록 및 변경 등록 모두 과학기술정보통신부장관에 신고 사항임

02 정보통신설비와 이에 연결되는 다른 정보통신설비 또는 이용자설비와의 사이에 정보의 상호전달을 위하여 사용하는 통신규약을 인터넷, 언론매체 등을 활용하여 공개하는 자는?

① 전기통신사업자
② 산업통산자원부장관
③ 방송통신위원회
④ 교육부장관

······

전기통신사업자는 등록 또는 신고를 하고 전기통신역무를 제공하는 자를 말하며 전기통신사업의 경영 주체임

03 다음 중 전기통신사업자가 다른 전기통신사업자로부터 전기통신설비의 상호접속에 관한 요청이 있는 경우 조치사항으로 가장 적합한 것은?

① 전기통신사업자 간 협정을 체결하여 상호접속을 허용한다.
② 전기통신사업자가 과학기술정보통신부장관에 신고한 후 상호접속을 허용한다.
③ 전기통신사업자가 방송통신위원회에 승인을 받은 후 상호접속을 허용한다.
④ 산업통상자원부장관이 고시한 기술 기준에 적합하면 임의로 상호접속을 허용한다.

······

상호접속 : 전기통신사업자는 다른 전기통신사업자로부터 전기통신설비의 상호접속에 관한 요청이 있는 경우 협정을 체결하여 상호접속을 허용할 수 있음

04 통신사업자가 정보통신설비의 설치 및 보전 업무의 수행을 원활하게 하기 위한 특권이 아닌 것은?

① 장애물 등의 제거 요구권
② 안전·보호구역의 표지권
③ 토지 등의 일시 사용권
④ 교통 차도 및 인도 폐쇄권

······

기간통신사업자는 필요한 경우 장애물 제거나 토지 일시 사용 등의 요구가 가능하지만, 차도나 인도 등을 폐쇄할 권리는 없음

01 교환설비, 단말장치 등으로부터 수신된 통신부호, 문헌, 음향 또는 영상을 변환, 재생 또는 증폭하여 유선 또는 무선으로 송신하거나 수신하는 설비로서 전송단말장치, 중계장치, 다중화장치, 분배장치 등과 그 부대설비를 무엇이라고 하는가?

① 전송설비　　　　② 전원설비
③ 교환설비　　　　④ 선로설비

02 기간통신사업자 및 부가통신사업자의 교환설비로부터 이용자 전기통신설비의 최초 단자에 이르기까지의 사이에 구성되는 회선을 무엇이라 하는가?

① 국선　　　　　　② 구내선
③ 중계선　　　　　④ 가입자선

03 전기통신기본법을 제정한 궁극적 목적은 무엇인가?

① 전기통신기술의 개발, 발전
② 공공복리의 증진
③ 공중전기통신사업 경영의 합리화
④ 공중전기통신역무의 효율적 제공, 이용

04 문자, 부호, 영상, 음향 등 정보를 저장 처리하는 장치나 그에 부수되는 입력장치 기타의 기기를 이용하여 정보를 송·수신 또는 처리하는 전기통신설비는?

① 정보통신설비　　② 전자교환기
③ 종합정보통신망　④ 전자계산기

05 전기통신기본계획의 수립권자는?

① 국무총리
② 행정안전부장관
③ 과학기술정보통신부장관
④ 한국통신사장

06 과학기술정보통신부장관이 전기통신기본계획을 수립하는 목적은?

① 전기통신의 원활한 발전과 정보사회의 촉진을 위하여
② 전기통신기술을 경영하는 사업자 및 단체의 육성을 위하여
③ 전기통신에 관한 기술 정보를 체계적, 종합적으로 관리 보급하기 위하여
④ 전기통신 기자재 및 전기통신 방식의 규격화를 위하여

07 전기통신기본계획을 수립하고자 할 때 과학기술정보통신부장관이 관계 행정기관의 장과 협의해야 할 사항은 무엇인가?

① 전기통신의 질서유지에 관한 사항
② 전기통신사업에 관한 사항
③ 전기통신 기술의 진흥에 관한 사항
④ 전기통신의 이용 효율화에 관한 사항

08 기간통신사업자가 중요한 전기통신설비를 설치 또는 변경하고자 하는 때에는 미리 누구에게 신고하여야 하는가?

① 과학기술정보통신부장관
② 한국통신사장
③ 기간통신사업회장
④ 한국통신공사

09 다음의 내용 중 징역이 아닌 단순히 과태료의 대상인 것은?

① 확인을 받지 않고 자가전기통신설비를 사용한 자
② 기술기준 위반에 대한 시정명령에 위반한 자
③ 신고를 하지 아니하고 부가통신사업을 경영한 자
④ 전기통신설비의 제거명령에 위반한 자

10 전기통신사업과 관련하여 과태료를 부가·징수할 수 없는 자는?

① 시·도지사
② 방송통신위원회
③ 중앙전파관리소장
④ 과학기술정보통신부장관

11 전기통신사업법의 주된 목적은?

① 전기통신에 관한 기술정보를 체계적, 통합적으로 관리 보급하기 위해
② 전기통신의 표준화와 규격화를 보급하기 위하여
③ 전기통신의 원활한 발전과 공공복리의 증진을 위하여
④ 전기통신사업을 경영하는 사업자 및 단체의 육성을 위하여

12 전기통신사업자의 구분은?

① 기간통신사업자, 부가통신사업자
② 공간통신사업자, 특별통신사업자
③ 유선통신사업자, 무선통신사업자
④ 일반통신사업자, 특정통신사업자

13 기간통신사업자의 전기통신역무가 아닌 것은?

① 가입전신역무　　② 전화역무
③ 회선설비임대역무　④ 방송역무

14 부가통신사업에 관한 설명 중 적합하지 않은 것은?

① 부가통신사업자가 사업정지처분을 위반한 경우 5천만원 이하의 과태료에 처한다.
② 부가통신사업자가 그 사업의 일부를 폐업하고자 할 경우에는 그 폐업예정일 30일 전까지 그 내용을 당해 역무의 이용자에게 통보하고 과학기술정보통신부장관에 신고하여야 한다.
③ 속임수나 기타 부정한 방법으로 신고한 경우 방송통신위원회는 사업의 폐업을 명하여야 한다.

④ 부가통신사업을 경영하고자 하는 자는 과학기술정보통신부장관에 신고하여야 한다.

15 기간통신사업의 허가가 취소되거나 사업의 전부 또는 일부가 정지되는 사항이 아닌 것은?

① 다른 기간통신사업자에게 사업을 양도하는 경우
② 부정한 방법으로 허가를 받은 경우
③ 정하는 기간 내에 사업을 개시하지 않은 경우
④ 인가받은 이용약관을 준수하지 않은 경우

16 기간통신사업자가 기간통신사업을 폐업하고자 할 경우의 바른 절차는?

① 과학기술정보통신부장관에 신고한다.
② 과학기술정보통신부장관의 승인을 받는다.
③ 노조에 동의를 얻어 폐업한다.
④ 기간통신사업자 임의대로 폐업한다.

17 부가통신사업을 경영하고자 하는 경우에 해당되는 것은?

① 과학기술정보통신부장관의 지정을 받아야 한다.
② 과학기술정보통신부장관의 허가를 받아야 한다.
③ 과학기술정보통신부장관에 신고를 해야 한다.
④ 과학기술정보통신부장관에 등록을 해야 한다.

18 다음 중 과학기술통신부장관이 부가통신사업자의 사업 정지를 명하는 경우에 해당하는 경우는?

① 사위 기타 부정한 방법으로 사업의 신고를 한 경우
② 사업을 1년 이상 휴업한 경우
③ 정보통신 관련 법규 규정에 의한 시정명령을 정당한 사유없이 이행하지 아니한 경우
④ 사업을 신고한 날로부터 1년 이내에 사업을 개시하지 아니한 경우

19 정보통신공사의 조사, 설계, 시공, 감리 등에 관한 기본적인 사항을 규정한 법률은?

① 전기통신기본법
② 전기통신사업법
③ 정보통신공사업법
④ 정보화촉진기본법

20 법령에서 규정하는 정보통신설비공사는 누가 도급을 받거나 시공할 수 있는가?

① 부가통신사업자
② 전기공사업자
③ 정보통신공사업자
④ 기간통신사업자

21 전기통신사업자가 제공하는 통신역무에 대한 이용요금 및 이용조건을 정하여 공고한 것은?

① 통신요금규정　　② 이용약관
③ 통신사업구분　　④ 통신방식

22 기간통신사업자가 전기통신서비스의 요금을 감면할 수 없는 경우는?

① 정보통신연구 사업을 위한 통신
② 군사 · 치안기관의 전용회선 통신
③ 인명, 재산의 위험 및 구조에 관한 통신
④ 전시에 군작전상 필요한 통신

23 전기통신서비스제공 승인을 얻어 타인에게 역무를 제공하는 자가 해서는 아니 되는 사항은?

① 전자계산기 등을 사용하여 수정, 보관된 정보를 가공하여 타인에게 제공하는 행위
② 회선을 사용하여 타인의 정보를 수집, 가공 처리하는 행위
③ 타인에게 사용하게 할 목적으로 다중화 장치 등을 회선에 접속사용하는 행위
④ 회선을 사용하여 수집, 정리, 보관된 정보를 타인에게 제공하는 행위

24 통신업무의 전부 또는 일부를 제한할 수 있는 경우가 아닌 것은?

① 전쟁 중일 때
② 천재지변이 일어났을 때
③ 비상사태인 때
④ 지급통신을 행할 때

25 전기통신사업법의 내용으로 가장 옳지 않은 것은?

① 기간통신사업자는 타인에게 손실을 끼친 경우 손실을 입은 자에 대하여 정당한 보상을 하여야 한다.
② 기간통신사업자는 다른 통신사업자로부터 전기통신 시설에 대한 출입 또는 공동사용을 요청받은 경우에는 협정을 체결하여 공동사용을 허용할 수 있다.
③ 전기통신설비의 설치를 위하여 토지 등을 일시사용한 경우에는 원상회복을 할 필요가 없다.
④ 누구든지 전기통신설비를 손괴하여서는 안 된다.

26 다음 중 벌칙이 가장 강한 것은?

① 정보통신기술자를 공사현장에 배치하지 아니한 경우
② 등록을 하지 아니하고 별정통신사업을 경영한 경우
③ 신고를 하지 아니하고 자가통신설비를 설치한 경우
④ 전기통신업무에 종사하는 자가 재직 중에 통신에 관하여 알게 된 타인의 비밀을 누설한 경우

CHAPTER 02

정보통신의 이용 조건

학습방향

관련 법령의 상당부분이 개정된 정보통신망 이용촉진 부분에서는 기존의 이론 부분을 중심으로 분계점, 전력유도, 절연 저항 등 전기통신 설치의 일반적 조건에 중점을 두기 바랍니다.

출제빈도

• Section 01	**상**	70%
• Section 02	**하**	10%
• Section 03	**중**	20%

방송통신설비의 기술기준

빈출 태그 기술자의 등급 · 한국정보통신기술협회 · 분계점, 전력유도의 방지 · 절연저항 · 국선접속설비 · 통신규약

01 방송통신설비의 기술기준에 관한 규정 ★

1) 목적 및 적용 범위

방송통신발전 기본법, 전기통신사업법 및 주택건설기준 등에 관한 규정에 따라 방송통신설비 · 관로 · 구내통신설비 및 방송통신기자재의 기술기준을 규정한다.

2) 기술기준

① 방송통신설비를 설치 · 운영하는 자는 그 설비를 대통령령으로 정하는 기술기준에 적합하게 하여야 한다.

② 방송통신사업자는 과학기술정보통신부장관이 정하여 고시하는 방송통신설비를 설치하거나 설치한 설비를 확장한 경우에는 방송통신서비스를 제공하기 전에 그 방송통신설비가 기술기준에 적합한지를 시험하고 그 결과를 기록 · 관리하여야 한다.

③ 방송통신설비의 설치 및 보전은 다음 해당자에 의해 작성된 설계도서에 따라 하여야 한다.

- 엔지니어링산업 진흥법 시행령에 따른 통신 · 정보처리부문의 엔지니어링사업자
- 기술사법에 따라 기술사사무소의 개설 등록을 한 기술사로서 같은 법 시행령에 따른 통신정보처리분야의 기술사
- 정보통신공사업법 시행령에 따른 기술계 정보통신기술자

3) 관리규정

방송통신사업자 중 대통령령으로 정하는 자는 방송통신서비스를 안정적으로 제공하기 위하여 방송통신설비의 관리 규정을 정하고 방송통신설비를 관리하여야 한다.

4) 새로운 방송통신 방식 등의 채택

과학기술정보통신부장관은 방송통신의 원활한 발전을 위하여 새로운 방송통신 방식 등을 채택할 수 있다.

5) 표준화의 추진

과학기술정보통신부장관은 방송통신의 건전한 발전과 시청자 및 이용자의 편의를 도모하기 위하여 방송통신의 표준화를 추진하고 방송통신사업자 또는 방송통신기자재 생산업자에게 그에 따를 것을 권고할 수 있다. 다만, 산업표준화법에 따른 한국산업표준이 제정되어 있는 사항에 대하여는 그 표준에 따른다.

기술계 기술자의 등급

등급	기술자격자
특급 기술자	기술사
고급 기술자	• 기사(기능장) 취득 후 5년 이상 공사업무 수행자 • 산업기사 취득 후 8년 이상 공사업무 수행자 • 기능사 취득 후 13년 이상 공사업무 수행자
중급 기술자	• 기사 취득 후 2년 이상 공사업무 수행자 • 산업기사 취득 후 5년 이상 공사업무 수행자 • 기능사 취득 후 10년 이상 공사업무 수행자
초급 기술자	• 산업기사 이상 취득자 • 기능사 취득 후 4년 이상 공사업무 수행자

6) 한국정보통신기술협회

정보통신의 표준 제정, 보급 및 정보통신 기술 지원 등 표준화에 관한 업무를 효율적으로 추진하기 위하여 과학기술정보통신부장관의 인가를 받아 한국정보통신기술협회를 설립할 수 있다.

02 방송통신설비의 일반적 조건

1) 분계점

방송통신설비가 다른 사람의 방송통신설비와 접속되는 경우에는 그 건설과 보전에 관한 책임 등의 한계를 명확하게 하기 위하여 분계점이 설정되어야 한다.

- 사업용방송통신설비의 분계점은 사업자 상호 간의 합의에 따르되, 과학기술정보통신부장관이 분계점을 고시한 경우에는 이에 따름
- 사업용방송통신설비와 이용자방송통신설비의 분계점은 도로와 택지 또는 공동주택단지의 각 단지와의 경계점으로 하되, 국선과 구내선의 분계점은 사업용방송통신설비의 국선접속설비와 이용자방송통신설비가 최초로 접속되는 점으로 함

2) 위해 등의 방지

① 방송통신설비는 이에 접속되는 다른 방송통신설비를 손상시키거나 손상시킬 우려가 있는 전압 또는 전류가 송출되는 것이어서는 아니 된다.
② 방송통신설비는 이에 접속되는 다른 방송통신설비의 기능에 지장을 주거나 지장을 줄 우려가 있는 방송통신콘텐츠가 송출되는 것이어서는 아니 된다.
③ 전력선통신을 행하기 위한 방송통신설비는 다음 각 호의 기능을 갖추어야 한다.

- 전력선과의 접속부분을 안전하게 분리하고 이를 연결할 수 있는 기능
- 전력선으로부터 이상전압이 유입된 경우 인명 · 재산 및 설비자체를 보호할 수 있는 기능

3) 보호기 및 접지

① 벼락 또는 강전류전선과의 접촉 등으로 이상전류 또는 이상전압이 유입될 우려가 있는 방송통신설비에는 과전류 또는 과전압을 방전시키거나 이를 제한 또는 차단하는 보호기가 설치되어야 한다.
② 보호기와 금속으로 된 주배선반 · 지지물 · 단자함 등이 사람 또는 방송통신설비에 피해를 줄 우려가 있을 경우에는 접지되어야 한다.

4) 전송설비 및 선로설비의 보호

전송설비 및 선로설비는 다른 사람이 설치한 설비나 사람 · 차량 또는 선박 등의 통행에 피해를 주거나 이로부터 피해를 받지 아니하도록 하여야 하며, 시공상 불가피한 경우에는 그 주위에 설비에 관한 안전표지를 설치하는 등의 보호대책을 마련하여야 한다.

5) 전력유도의 방지

① 전송설비 및 선로설비는 전력유도로 인한 피해가 없도록 건설 · 보전되어야 한다.
② 전력유도의 전압이 다음 각각의 제한치를 초과하거나 초과할 우려가 있는 경우에는 전력유도 방지조치를 해야 한다.

이상 시 유도위험전압	650[V](고장 전류제거시간이 0.1초 이상인 경우는 430[V])
상시 유도위험종전압	60[V]
기기 오동작 유도종전압	15[V]
잡음전압	0.5[㎷]

6) 전원설비

① 방송통신설비에 사용되는 전원설비는 그 방송통신설비가 최대로 사용되는 때의 전력을 안정적으로 공급할 수 있는 용량으로서 동작전압과 전류의 변동률을 정격전압 및 정격전류의 ±10[%] 이내로 유지할 수 있어야 한다.
② 전원설비가 상용전원을 사용하는 사업용방송통신설비인 경우에는 상용전원이 정전된 경우 최대 부하전류를 공급할 수 있는 축전지 또는 발전기 등의 예비전원설비가 설치되어야 한다. 다만, 상용전원의 정전 등에 따른 방송통신서비스 중단의 피해가 경미하고 예비전원설비를 설치하기 곤란한 경우에는 그러하지 아니하다.
③ 사업용방송통신설비 외의 방송통신설비에 대한 전원설비의 설치기준에 필요한 세부 기술기준은 과학기술정보통신부장관이 정하여 고시한다.

7) 절연저항

기적의 3초컷

절연저항에 대하여 출제되었으니 꼭 알아두어야 합니다.

선로설비의 회선 상호 간, 회선과 대지 간 및 회선의 심선 상호 간의 절연저항은 직류 500볼트[V] 절연저항계로 측정하여 10메가옴[MΩ] 이상이어야 한다.

8) 누화

평형회선은 회선 상호 간 방송통신콘텐츠의 내용이 혼입되지 아니하도록 두 회선사이의 근단누화 또는 원단누화의 감쇠량은 68데시벨 이상이어야 한다.

03 이용자방송통신설비

1) 단말장치의 기술기준

① 과학기술정보통신부장관은 방송통신설비의 운용자와 이용자의 안전 및 방송통신서비스의 품질향상을 위하여 다음 각 호의 사항에 관한 단말장치의 기술기준을 정할 수 있다.
• 방송통신망 및 방송통신망 운용자에 대한 위해방지에 관한 사항
• 방송통신망의 오용 및 요금산정기기의 고장방지에 관한 사항
• 방송통신망 또는 방송통신서비스에 대한 장애인의 용이한 접근에 관한 사항
• 비상방송통신서비스를 위한 방송통신망의 접속에 관한 사항

- 방송통신망과 단말장치 간 또는 단말장치와 단말장치 간의 상호작동에 관한 사항
- 전송품질의 유지에 관한 사항
- 전화역무 간의 상호운용에 관한 사항
- 그 밖에 방송통신망의 보호를 위하여 필요한 사항

② 기간통신사업자는 기술기준 외의 기술기준을 정할 수 있으며, 그 기준을 정한 경우에는 과학기술정보통신부장관의 승인을 받아 이를 공시하여야 한다.

2) 전자파장해 방지기준

단말장치의 전자파장해 방지기준 및 전자파장해로부터의 보호기준 등은 전파에 관한 법령이 정하는 바에 따른다.

3) 전파를 사용하는 단말장치

전파를 사용하거나 전파를 사용하는 기능이 부가되어 있는 단말장치의 기술기준에 관하여 이 영에서 정한 것 외에는 전파에 관한 법령이 정하는 바에 따른다.

4) 구내통신선로설비의 설치대상

전기통신사업법에 따라 구내통신선로설비 등을 갖추어야 하는 건축물은 건축법에 따라 허가를 받아 건축하는 건축물로 한다. 다만, 야외음악당·축사·차고·창고 등 통신수요가 예상되지 아니하는 비주거용 건축물은 제외한다.

5) 구내용 이동통신설비의 설치대상

연면적의 합계가 1,000제곱미터 이상인 건축물로서 다음 각 호의 어느 하나에 해당하는 건축물이다.
- 건축법 시행령에 따른 다중이용 건축물(주택단지에 건설된 건축물은 제외)
- 지하층이 있는 건축물로서 위에 해당하지 아니하는 건축물(공중이 이용하는 지하도·터널·지하상가 및 지하에 설치하는 주차장 등 지하건축물을 포함)

6) 설치방법

① 구내통신선로설비 및 이동통신구내선로설비는 그 구성과 운영 및 사업용방송통신설비와의 접속이 쉽도록 설치하여야 한다.
② 구내통신선로설비의 옥외회선은 지하로 인입(引入)하여야 한다.
③ 구내통신선로설비를 구성하는 접지설비와 이동통신구내선로설비를 구성하는 접지설비는 공동으로 사용할 수 있도록 설치하여야 한다.
④ 구내통신선로설비를 구성하는 배관시설과 이동통신구내선로설비를 구성하는 배관시설은 공동으로 사용할 수 있도록 설치하여야 하며, 설치된 후 배선의 교체 및 증설시공이 쉽게 이루어질 수 있는 구조로 설치하여야 한다.

7) 구내통신실의 면적확보

전기통신회선설비와의 접속을 위한 면적확보 등에 관하여 대통령령으로 정한 면적기준은 다음과 같다.

- 업무용건축물에는 국선·국선단자함 또는 국선배선반과 초고속통신망장비 등 각종 구내통신용 설비를 설치하기 위한 공간(집중구내통신실) 및 각 층에 구내통신용 설비를 설치하기 위한 공간(층구내통신실)을 확보하되, 최소한의 확보 면적 기준은 다음과 같음

건축물 규모	확보대상	확보면적
6층 이상, 연면적 5천㎡ 이상인 업무용 건축물	집중구내통신실	• 10.2㎡ 이상으로 1개소 이상
	층구내통신실 (층별 1개소 이상)	• 층별 전용면적이 1천㎡ 이상이면 층별로 10.2㎡ 이상 • 층별 전용면적이 800㎡ 이상이면 층별로 8.4㎡ 이상 • 층별 전용면적이 500㎡ 이상이면 층별로 6.6㎡ 이상 • 층별 전용면적이 500㎡ 미만이면 5.4㎡ 이상
기타 업무용 건축물	집중구내통신실 (1개소 이상)	• 건축물 연면적이 500㎡ 이상이면 10.2㎡ 이상 • 500㎡ 미만이면 5.4㎡ 이상

- 주거용건축물 중 공동주택에는 집중구내통신실을 확보하되, 최소한의 확보 면적 기준은 다음과 같음

건축물 규모	확보대상	확보면적
50세대 이상 500세대 이하 단지	집중구내통신실	10㎡ 이상 1개소
500세대 초과 1,000세대 이하 단지	집중구내통신실	15㎡ 이상 1개소
1,000세대 초과 1,500세대 이하 단지	집중구내통신실	20㎡ 이상 1개소
1,500세대 초과 단지	집중구내통신실	25㎡ 이상 1개소

8) 회선 수

① 구내통신선로설비에는 다음 각 사항에 지장이 없도록 충분한 회선을 확보해야 한다.
- 구내로 인입되는 국선의 수용
- 구내회선의 구성
- 단말장치 등의 증설

② ①의 규정에 따라 확보해야 하는 최소 회선 수의 기준은 다음과 같다.

대상건축물	회선 수 확보기준
주거용건축물	단위세대당 1회선(4쌍 꼬임케이블 기준) 이상
업무용건축물	각 업무구역(10㎡)당 1회선(4쌍 꼬임케이블 기준) 이상

❹ 사업용방송통신설비

1) 안전성 및 신뢰성

사업자는 이용자가 안전하고 신뢰성 있는 방송통신서비스를 제공받을 수 있도록 다음 각 호의 사항을 구비하여 운용하여야 한다.

- 방송통신설비를 수용하기 위한 건축물 또는 구조물의 안전 및 화재대책 등에 관한 사항
- 방송통신설비를 이용 또는 운용하는 자의 안전 확보에 필요한 사항
- 방송통신설비의 운용에 필요한 시험·감시 및 통제를 할 수 있는 기능에 관한 사항
- 그 밖에 방송통신설비의 안전성 및 신뢰성 확보를 위하여 필요한 사항

2) 사업용방송통신설비와 단말장치 간의 상호연동

방송통신사업자는 사업용방송통신설비를 단말장치와 상호연동이 되도록 설치·운용하여야 한다.

3) 국선접속설비 및 옥외회선 등의 설치

① 기간통신사업자는 해당 역무에 사용되는 방송통신설비가 벼락 또는 강전류전선과의 접촉 등으로 그에 접속된 이용자방송통신설비 등에 피해를 줄 우려가 있는 경우에는 이를 방지하기 위하여 국선접속설비 또는 그 주변에 보호기를 설치하여야 한다.

② 기간통신사업자는 국선을 5회선 이상으로 인입하는 경우에는 케이블로 국선수용단자반에 접속·수용하여야 한다.

③ 기간통신사업자는 국선 등 옥외회선을 지하로 인입하여야 한다. 다만, 같은 구내에 5회선 미만의 국선을 인입하는 경우에는 그러하지 아니하다.

4) 통신공동구 등의 설치기준

① 통신공동구·맨홀 등은 통신케이블의 수용과 설치 및 유지·보수 등에 필요한 공간과 부대시설을 갖추어야 하고, 관로는 차도의 경우 지면으로부터 1미터 이상의 깊이에 매설하여야 한다.

② 통신공동구 또는 관로를 국토의 계획 및 이용에 관한 법률에 따른 도시·군계획시설 또는 도로법에 따른 도로 등에 설치하는 경우 관련 법령에 그 설치기준이 규정된 경우에는 그 법령에서 정한 기준을 적용한다.

5) 전송망사업용설비

① 전송망사업용설비와 수신자설비의 분계점에서 수신자에게 종합유선방송신호를 전송하기 위한 전송설비 및 선로설비에 대한 세부기술기준은 과학기술정보통신부장관이 정하여 고시한다.

② 전송망사업용설비에는 전송되는 종합유선방송신호가 정상적으로 제공되고 있는지를 확인할 수 있도록 전송선로시설의 감시장치를 설치하여야 한다.

③ 전송망사업용설비에 관하여 이 영에서 정하는 것 외에는 전파에 관한 법령에서 정한 기준을 적용한다.

6) 통신규약

① 사업자는 정보통신설비와 이에 연결되는 다른 정보통신설비 또는 이용자설비와의 사이에 정보의 상호전달을 위하여 사용하는 통신규약을 인터넷, 언론매체 또는 그 밖의 홍보매체를 활용하여 공개하여야 한다.

② 사업자가 공개하여야 할 통신규약의 종류와 범위에 대한 세부 기술기준은 과학기술정보통신부장관이 정하여 고시한다.

이론을 확인하는 기출문제

01 다음 ( ) 안에 들어갈 내용으로 가장 적합한 것은?

> 방송통신설비가 다른 사람의 방송통신설비와 접속되는 경우에는 그 건설과 보전에 관한 책임 등의 한계를 명확하게 하기 위하여 ( )가(이) 설정되어야 한다.

① 기준점　　　　　　② 분계점
③ 접지점　　　　　　④ 접속점

분계점의 설정 : 방송통신설비가 다른 사람의 방송통신설비와 접속되는 경우 그 건설과 보전에 관한 책임 등의 한계를 명확하게 하기 위함

02 통신선로 설비의 회선 상호 간을 직류 500[V] 절연 저항계로 측정하여 10[MΩ] 이상 되어야 하는 것은?

① 절연 저항　　　　② 선로 저항
③ 고유 저항　　　　④ 합성 저항

절연 저항 : 선로 설비의 회선 상호 간, 회선과 대지 간 및 회선의 심선 상호 간의 절연 저항은, 직류 500[V] 절연 저항계로 측정하여 10[MΩ]이어야 함

03 사업자가 서로 다른 정보통신설비 또는 단말장치와의 사이에 정보의 상호전달을 위하여 공시해야 하는 것은?

① 기능표준　　　　　② 통신규약
③ 통신구조　　　　　④ 기술기준

사업자는 정보의 상호전달을 위해 사용하는 통신규약을 인터넷, 언론매체 또는 그 밖의 홍보매체를 활용하여 공개해야 함

04 "방송통신을 행하기 위하여 계통적·유기적으로 연결·구성된 방송통신설비의 집합체"로 정의되는 것은?

① 방송통신망　　　② 정보통신전송설비
③ 정보통신망　　　④ 전기통신선로설비

방송통신망 : 방송통신을 행하기 위해 계통적·유기적으로 연결·구성된 방송통신설비의 집합체

오답 피하기

정보통신망 : 정보를 수집·가공·저장·검색·송신 또는 수신하는 정보통신 체제

/ SECTION /

02

지능정보화의 추진

출제빈도

상 중 **하**

빈출 태그 지능정보화 기본법 • 지식정보사회 • 지식정보자원 • 정보격차 • 광대역통합정보통신기반 •
광대역통합연구개발망 • 공공정보화 • 지역정보화

01 지능정보화 기본법의 목적 및 이념

1) 목적

지능정보화의 기본 방향과 관련 정책의 수립 · 추진에 필요한 사항을 규정함으로써 지식정보사회의 실현에 이바지하고 국가경쟁력을 확보하여 국민의 삶의 질을 높인다.

2) 용어의 정의

- **정보** : 광 또는 전자적 방식으로 처리되어 부호, 문자, 음성, 음향 및 영상 등으로 표현된 모든 종류의 자료 또는 지식
- **정보화** : 정보를 생산 · 유통 또는 활용하여 사회 각 분야의 활동을 가능하게 하거나 그러한 활동의 효율화를 도모하는 것
- **정보통신** : 정보의 수집 · 가공 · 저장 · 검색 · 송신 · 수신 및 그 활용, 이에 관련되는 기기 · 기술 · 서비스 및 그 밖에 정보화를 촉진하기 위한 일련의 활동과 수단
- **지능정보기술** : 다음 각 목의 어느 하나에 해당하는 기술 또는 그 결합 및 활용 기술
  - 전자적 방법으로 학습 · 추론 · 판단 등을 구현하는 기술
  - 데이터를 전자적 방법으로 수집 · 분석 · 가공 등 처리하는 기술
  - 물건 상호간 또는 사람과 물건 사이에 데이터를 처리하거나 물건을 이용 · 제어 또는 관리할 수 있도록 하는 기술
  - 클라우드컴퓨팅기술
  - 무선 또는 유 · 무선이 결합된 초연결지능정보통신기반 기술
  - 그 밖에 대통령령으로 정하는 기술
- **지능정보화** : 정보의 생산 · 유통 또는 활용을 기반으로 지능정보기술이나 그 밖의 다른 기술을 적용 · 융합하여 사회 각 분야의 활동을 가능하게 하거나 그러한 활동을 효율화 · 고도화하는 것
- **지능정보사회** : 지능정보화를 통하여 산업 · 경제, 사회 · 문화, 행정 등 모든 분야에서 가치를 창출하고 발전을 이끌어가는 사회
- **지능정보서비스** : 다음 각 목의 어느 하나에 해당하는 서비스
  - 전기통신역무와 이를 이용하여 정보를 제공하거나 정보의 제공을 매개하는 것
  - 지능정보기술을 활용한 서비스
  - 그 밖에 지능정보화를 가능하게 하는 서비스
- **정보통신망** : 전기통신설비, 컴퓨터 및 컴퓨터의 이용기술을 활용하여 정보를 수집 · 가공 · 저장 · 검색 · 송신 또는 수신하는 정보통신체제

- 초연결지능정보통신망 : 정보통신 및 지능정보기술 관련 기기 · 서비스 등 모든 것이 언제 어디서나 연결(초연결)되어 지능정보서비스를 이용할 수 있는 정보통신망
- 초연결지능정보통신기반 : 초연결지능정보통신망과 이에 접속되어 이용되는 정보통신 또는 지능정보기술 관련 기기 · 설비, 소프트웨어 및 데이터 등
- 정보문화 : 지능정보화를 통하여 사회구성원에 의하여 형성되는 행동방식 · 가치관 · 규범 등의 생활양식
- 지능정보사회윤리 : 지능정보기술의 개발, 지능정보서비스의 제공 · 이용 및 지능정보화의 추진 과정에서 인간 중심의 지능정보사회의 구현을 위하여 개인 또는 사회구성원이 지켜야 하는 가치판단 기준
- 정보격차 : 사회적 · 경제적 · 지역적 또는 신체적 여건 등으로 인하여 지능정보서비스, 그와 관련된 기기 · 소프트웨어에 접근하거나 이용할 수 있는 기회에 차이가 생기는 것
- 지능정보서비스 과의존 : 지능정보서비스의 지나친 이용이 지속되어 이용자가 일상생활에 심각한 지장을 받는 상태
- 정보보호 : 정보의 수집 · 가공 · 저장 · 검색 · 송신 또는 수신 중 발생할 수 있는 정보의 훼손 · 변조 · 유출 등을 방지하기 위한 관리적 · 기술적 수단(정보보호시스템)을 마련하는 것

3) 지능정보사회의 기본원칙

① 국가 및 지방자치단체와 국민 등 사회의 모든 구성원은 인간의 존엄 · 가치를 바탕으로 자유롭고 개방적인 지능정보사회를 실현하고 이를 지속적으로 발전시킨다.

② 국가와 지방자치단체는 지능정보사회 구현을 통하여 국가경제의 발전을 도모하고, 국민생활의 질적 향상과 복리 증진을 추구함으로써 경제 성장의 혜택과 기회가 폭넓게 공유되도록 노력한다.

③ 국가 및 지방자치단체와 국민 등 사회의 모든 구성원은 지능정보기술을 개발 · 활용하거나 지능정보서비스를 이용할 때 역기능을 방지하고 국민의 안전과 개인정보의 보호, 사생활의 자유 · 비밀을 보장한다.

④ 국가와 지방자치단체는 지능정보기술을 활용하거나 지능정보서비스를 이용할 때 사회의 모든 구성원에게 공정한 기회가 주어지도록 노력한다.

⑤ 국가와 지방자치단체는 지능정보사회 구현시책의 추진 과정에서 민간과의 협력을 강화하고, 민간의 자유와 창의를 존중하고 지원한다.

⑥ 국가와 지방자치단체는 지능정보기술의 개발 · 활용이 인류의 공동발전에 이바지할 수 있도록 국제협력을 적극적으로 추진한다.

02 지능정보사회 정책의 수립 및 추진체계

1) 지능정보사회 종합계획의 수립

① 정부는 지능정보사회 정책의 효율적 · 체계적 추진을 위하여 지능정보사회 종합계획을 3년 단위로 수립하여야 한다.

② 종합계획은 과학기술정보통신부장관이 관계 중앙행정기관(대통령 소속 기관 및 국무총리 소속 기관을 포함)의 장 및 지방자치단체의 장의 의견을 들어 수립하며, 정보통신 전략위원회의 심의를 거쳐 수립·확정한다. 종합계획을 변경하는 경우에도 또한 같다.

③ 과학기술정보통신부장관이 중앙행정기관의 장 및 지방자치단체의 장에게 종합계획의 수립에 필요한 자료를 요청하는 경우 해당 기관의 장은 특별한 사정이 없으면 이에 응하여야 한다.

④ 종합계획에는 다음 각 호의 사항이 포함되어야 한다.
- 지능정보사회 정책의 기본방향 및 중장기 발전방향
- 공공·민간·지역 등 분야별 지능정보화
- 지능정보기술의 고도화 및 지능정보서비스의 이용촉진과 관련 과학기술 발전 지원
- 전 산업의 지능정보화 추진, 지능정보기술 관련 산업의 육성, 규제개선 및 공정한 경쟁환경 조성 등을 통한 신산업·신서비스 창업생태계 조성
- 정보의 공동활용·표준화 및 초연결지능정보통신망의 구축
- 지능정보사회 관련 법·제도 개선
- 지능정보화 및 지능정보사회 관련 교육·홍보·인력양성 및 국제협력
- 건전한 정보문화 창달 및 지능정보사회윤리의 확립
- 정보보호, 정보격차 해소, 기본계획의 수립에 관한 사항 등 역기능 해소, 이용자의 권익보호 및 지식재산권의 보호
- 지능정보사회 구현을 위한 시책 추진에 필요한 재원의 조달·운용 및 인력확보 방안

2) 지능정보사회 실행계획의 수립

① 중앙행정기관의 장과 지방자치단체의 장은 종합계획에 따라 매년 지능정보사회 실행계획을 수립·시행하여야 한다.

② 중앙행정기관의 장과 지방자치단체의 장은 전년도 실행계획의 추진 실적과 다음 해의 실행계획을 과학기술정보통신부장관과 행정안전부장관에게 제출하여야 한다. 이 경우 행정안전부장관은 지방자치단체의 전년도 실행계획의 추진 실적과 다음 해의 실행계획을 종합하여 과학기술정보통신부장관에게 제출하여야 한다.

③ 중앙행정기관의 장과 지방자치단체의 장은 ②에 따라 제출된 다음 해의 실행계획 중 대통령령으로 정하는 중요한 사항을 변경하는 경우에는 그 내용을 과학기술정보통신부장관과 행정안전부장관에게 제출하여야 한다.

④ 과학기술정보통신부장관과 행정안전부장관은 공동으로 제출된 추진 실적 및 실행계획을 점검·분석하고, 과학기술정보통신부장관은 행정안전부장관의 점검·분석 결과를 종합하여 그 의견을 기획재정부장관에게 제시하여야 한다.

⑤ 기획재정부장관은 실행계획에 필요한 예산을 편성할 때에는 ④에 따른 의견을 참작하여야 한다.

⑥ 과학기술정보통신부장관은 관계 중앙행정기관의 장과 협의하여 국가기관등이 추진하는 지능정보화 사업의 중복투자 방지 등을 위한 방안을 마련할 수 있다.

⑦ 실행계획의 수립 및 시행 등에 필요한 사항은 대통령령으로 정한다.

3) 지능정보화 정책 등의 조정

① 중앙행정기관의 장이나 지방자치단체의 장은 다른 중앙행정기관의 장이나 지방자치단체의 장이 수행하는 지능정보화 정책이나 사업 추진이 해당 기관의 지능정보화 정책이나 사업 추진에 지장을 줄 우려가 있다고 인정될 때에는 과학기술정보통신부장관에게 조정을 요청할 수 있다.

② 과학기술정보통신부장관은 ①에 따라 조정을 한 때에는 그 결과를 해당 중앙행정기관의 장이나 지방자치단체의 장에게 통보하여야 한다.

③ 해당 중앙행정기관의 장이나 지방자치단체의 장은 특별한 사유가 없으면 ②에 따라 통보받은 조정 결과를 해당 지능정보화 정책이나 사업 추진에 반영하여야 한다.

④ 조정의 절차와 방법 등에 관하여 필요한 사항은 대통령령으로 정한다.

4) 지능정보사회원의 설립

① 과학기술정보통신부장관과 행정안전부장관은 지능정보사회 관련 정책의 개발과 국가기관등의 지능정보사회 시책 및 지능정보화 사업의 추진 등을 지원하기 위하여 한국지능정보사회진흥원(지능정보사회원)을 설립한다.

② 지능정보사회원은 법인으로 한다.

③ 지능정보사회원은 다음 각 호의 사업을 한다.

- 종합계획, 실행계획 및 부문별 추진계획의 수립 · 시행에 필요한 전문기술의 지원
- 지능정보기술의 보급을 위한 시책 수립의 지원 및 국가기관등의 지능정보기술 활용 촉진과 관련한 전문기술의 지원
- 초연결지능정보통신기반 구축 · 운영을 위한 전문기술의 지원
- 국가기관등의 초연결지능정보통신망의 관리 · 운영 및 지능정보화의 지원
- 데이터 관련 시책의 수립 지원, 시범사업 추진 및 전문기술의 지원 등 데이터의 생산 · 관리 · 유통 · 활용의 활성화를 위하여 필요한 지원
- 정보격차의 해소, 지능정보서비스 과의존 예방 · 해소 등 지능정보사회 역기능 해소를 위한 지원 및 연구
- 지능정보사회윤리 확립과 정보문화의 창달을 위하여 필요한 지원 및 연구
- 국가기관등의 지능정보화 사업 추진 및 평가 지원
- 지능정보사회 구현과 관련된 정책 개발을 지원하기 위한 동향분석, 미래예측 및 법 · 제도의 조사 · 연구
- 지능정보화 및 지능정보사회 관련 교육 · 홍보 · 컨설팅 등 대국민 인식 제고, 인력 양성 및 국제협력
- 다른 법령에서 지능정보사회원의 업무로 정하거나 지능정보사회원에 위탁한 사업
- 그 밖에 국가기관등의 장이 위탁하는 사업

④ 국가기관등은 지능정보사회원의 설립·시설·운영 및 사업 추진 등에 필요한 경비에 충당하도록 하기 위하여 지능정보사회원에 출연할 수 있으며, 정부는 지능정보사회원의 설립 및 운영 등을 위하여 필요한 국유재산을 무상으로 대여할 수 있다.

⑤ 지능정보사회원은 지원을 받으려는 국가기관등에 그 지원에 드는 비용의 전부 또는 일부를 부담하게 할 수 있다.

03 분야별 지능정보화의 추진

1) 공공지능정보화의 추진

① 국가기관등은 공공서비스의 지능정보화를 도모하고 국민 편익 증진 등을 위하여 행정, 보건, 사회복지, 교육, 문화, 환경, 교통, 물류, 과학기술, 재난안전, 치안, 국방, 에너지 등 소관 업무에 대한 지능정보화(공공지능정보화)를 추진하여야 한다.

② 국가기관등은 공공지능정보화를 효율적으로 추진하기 위하여 필요한 방안을 마련하여야 한다.

2) 지역지능정보화의 추진

① 국가기관과 지방자치단체는 지역 주민의 삶의 질 향상, 주민의 역량강화와 지역 간 균형발전, 정보격차 해소 등을 위하여 하나 또는 여러 개의 지역·도시에 대하여 행정·생활·산업 등의 분야를 대상으로 하는 지능정보화(지역지능정보화)를 추진할 수 있다.

② 국가기관과 지방자치단체는 지역지능정보화를 추진하는 경우 지역의 수요와 특성을 고려하여야 하며, 관계 기관의 의견을 수렴하고 그 결과를 최대한 반영하여야 한다.

③ 국가기관은 지방자치단체가 추진하는 지역지능정보화를 위하여 행정, 재정, 기술 등에 관하여 필요한 사항을 지원할 수 있다.

3) 민간 분야 지능정보화의 지원

정부는 산업·금융·의료 등 민간 분야의 생산성 향상, 부가가치 창출, 국민생활의 균등한 향상, 국가경쟁력 확보 등을 위하여 기업의 지능정보화 및 초연결지능정보통신기반의 구축·이용 등 민간 분야의 지능정보화에 필요한 사항을 지원할 수 있다.

4) 민간기관 등과의 협력

① 국가기관등은 공공지능정보화 및 지역지능정보화를 추진할 때 민간투자를 적극 유치하고, 관련 민간사업자와 민간사업자단체에 필요한 지원을 할 수 있다.

② 국가기관등은 공공지능정보화 및 지역지능정보화를 추진하기 위하여 대통령령으로 정하는 바에 따라 민간기관 등과 협의체를 구성·운영할 수 있다.

5) 지능정보화의 민간 확산

① 정부는 공공분야의 지능정보화를 통하여 정보통신 및 지능정보기술 관련 산업의 조기 구축을 도모하고, 사회 각 분야에서 이용을 활성화할 수 있도록 필요한 시책을 마련하여야 한다.
② 국가기관등은 지능정보화의 추진을 통하여 생성되는 각종 지식과 정보가 사회 각 분야에 유용하게 유통·활용 될 수 있도록 필요한 기반을 마련하여야 한다. 이 경우 국가기관등은 개인정보 및 영업비밀을 보호하여야 한다.

6) 지식재산 및 지식재산권의 보호

① 국가기관등은 지능정보화를 추진할 때 지식재산권이 합리적으로 보호될 수 있도록 필요한 시책을 마련하여야 한다.
② 국가기관등은 공공지능정보화를 추진할 때 지능정보서비스를 제공하는 자 등의 지식재산에 관한 권리 또는 이익을 침해하여서는 아니 된다.
③ ②의 위반으로 그 권리 또는 이익을 침해받거나 침해받을 우려가 있는 자는 실무위원회에 진정을 제기할 수 있다. 다만, 저작권과 관련된 분쟁은 한국저작권위원회가 조정한다.

04 지능정보기술의 개발 및 활용

1) 지능정보기술의 개발

① 정부는 지능정보기술의 개발과 보급을 촉진하기 위한 정책을 추진하여야 한다.
② 정부는 지능정보기술의 지속적 발전을 위하여 대통령령으로 정하는 바에 따라 다음 각 호의 어느 하나에 해당하는 기관이나 단체 또는 사업자(연구기관)로 하여금 지능정보기술의 개발을 하게 할 수 있다.
- 국·공립 연구기관
- 특정연구기관 육성법의 적용을 받는 연구기관
- 정부출연연구기관 또는 과학기술분야 정부출연연구기관
- 고등교육법에 따른 학교
- 대통령령으로 정하는 기준에 따른 기업부설연구소
- 산업기술연구조합 육성법에 따른 산업기술연구조합
- 지능정보화에 관한 사업을 영위하는 사업자
- 그 밖에 대통령령으로 정하는 기관이나 단체 또는 사업자
③ 기술개발에 필요한 비용은 정부의 출연금이나 정부 외의 자의 출연금, 그 밖에 기업의 연구개발비로 충당한다.

2) 기술기준

① 과학기술정보통신부장관은 지능정보기술의 안정성·신뢰성·상호운용성 등을 확보하기 위하여 필요한 기술기준을 정하여 고시할 수 있다.
② 대통령령으로 정하는 국민의 생명 또는 신체안전 등에 밀접한 지능정보기술에 관

련된 사업자는 과학기술정보통신부장관이 정하여 고시하는 기준에 적합하도록 지능정보기술을 개발·관리·활용하여야 한다.

3) 지능정보기술의 표준화

① 과학기술정보통신부장관은 지능정보기술의 발전 및 지능정보서비스의 이용 활성화를 위하여 지능정보기술의 표준화에 관한 다음 각 호의 사업을 추진할 수 있다.
• 지능정보기술과 관련된 표준의 제정·개정 및 폐지와 그 보급
• 지능정보기술 관련 국내외 표준의 조사·연구개발
• 그 밖에 지능정보기술 관련 표준화 사업
② 과학기술정보통신부장관은 민간 부문에서 추진하는 지능정보기술 관련 표준화 사업에 대한 지원을 할 수 있다.
③ 과학기술정보통신부장관은 지능정보기술 표준과 관련된 국제표준기구 또는 국제표준기관과 협력체계를 유지·강화하여야 한다.

05 정보문화의 창달·확산 및 사회변화 대응

1) 정보문화의 창달과 확산

① 국가기관등은 인간의 존엄·가치가 존중되는 자유롭고 개방적인 정보문화 창달 및 확산을 위하여 다음 각 호의 사항이 이루어지도록 노력하여야 한다.
• 지능정보사회 구현에 따른 편익의 보편적 향유
• 지능정보사회윤리의 확립
• 사생활의 비밀·자유와 개인정보의 보호
• 지능정보화에 따른 정보격차의 해소
• 지능정보서비스 과의존의 예방과 해소
• 지능정보기술 및 지능정보서비스 이용자의 권익 보호
② 중앙행정기관과 지방자치단체는 건전한 정보문화의 창달 및 확산과 지능정보사회에 대한 국민의 이해증진 등을 위하여 다음 각 호에 관한 계획을 수립하고 시행하여야 한다.
• 정보문화 교육과 관련 인력의 양성
• 정보문화 창달을 위한 홍보
• 정보문화 교육 콘텐츠의 개발·보급
• 정보문화 창달을 위한 사업이나 활동을 하는 단체에 대한 지원
• 정보문화의 향유 및 교류 활성화를 위한 기반 조성과 제도 개선에 관한 사항
• 그 밖에 정보문화 창달을 위하여 필요한 사항
③ 과학기술정보통신부장관은 국가교육위원회와 협의하여 유아교육법 및 초·중등교육법에 따른 교육과정의 기준과 내용에 정보문화에 관한 교육내용이 포함될 수 있도록 노력하여야 한다.
④ 정부는 건전한 정보문화의 창달 및 확산과 지능정보사회에 대한 국민의 이해증진 등을 위하여 대통령령으로 정하는 바에 따라 정보문화의 달을 지정·운영한다.

2) 정보격차 해소 시책의 마련

국가기관과 지방자치단체는 모든 국민이 지능정보서비스에 원활하게 접근하고 이를 유익하게 활용할 기본적 권리를 누구나 격차 없이 실질적으로 누릴 수 있도록 필요한 시책을 마련하여야 한다.

3) 장애인 · 고령자 등의 지능정보서비스 접근 및 이용 보장

① 국가기관등은 정보통신망을 통하여 정보나 서비스를 제공할 때 장애인 · 고령자 등이 웹사이트와 이동통신단말장치에 설치되는 응용 소프트웨어 등 대통령령으로 정하는 유 · 무선 정보통신을 쉽게 이용할 수 있도록 접근성을 보장하여야 한다.

② 지능정보서비스 제공자는 그 서비스를 제공할 때 장애인 · 고령자 등의 접근과 이용의 편익을 증진하기 위하여 노력하여야 한다.

③ 정보통신 또는 지능정보기술 관련 제조업자는 정보통신 또는 지능정보기술 관련 기기 및 소프트웨어(지능정보제품)를 설계, 제작, 가공할 때 장애인 · 고령자 등이 쉽게 접근하고 이용할 수 있도록 노력하여야 한다. 이 경우 장애인 · 고령자 등이 별도의 보조기구 없이 지능정보제품을 이용할 수 없는 경우에는 지능정보제품이 보조기구와 호환될 수 있게 노력하여야 한다.

④ 국가기관등은 지능정보제품을 구매할 때 장애인 · 고령자 등의 정보 접근과 이용 편의를 보장한 지능정보제품의 우선 구매를 촉진하기 위하여 필요한 시책을 마련하여야 한다.

⑤ 전기통신사업자는 장애인 · 고령자 등의 지능정보서비스 접근 및 이용 편의 증진을 위하여 노력하여야 한다.

⑥ 과학기술정보통신부장관은 장애인 · 고령자 등의 지능정보서비스 접근 및 이용 편의 증진을 위한 지능정보제품 및 지능정보서비스의 종류 · 지침 등을 정하여 고시하여야 한다.

⑦ ④에 따른 우선 구매 대상 지능정보제품의 검증기준, 검증절차, 구매촉진 및 그 밖에 필요한 사항은 대통령령으로 정한다.

4) 정보격차 해소 관련 기술개발 및 지능정보제품 보급지원

국가기관과 지방자치단체는 장애인 · 고령자 등의 지능정보서비스 접근 및 이용환경 개선을 위한 관련 기술을 개발하기 위하여 필요한 시책을 마련하여야 하며, 과학기술정보통신부장관은 관련 기술의 개발 및 지능정보제품 보급을 지원할 수 있다.

06 지능정보기술 및 서비스 이용의 안전성 및 신뢰성 보장

1) 정보보호 시책의 마련

① 국가기관과 지방자치단체는 정보를 처리하거나 지능정보서비스를 제공 또는 이용하는 모든 과정에서 정보보호를 위한 시책을 마련하여야 한다.

② 정부는 암호기술의 개발과 이용을 촉진하고 암호기술을 이용하여 지능정보서비스의 안전을 도모할 수 있는 조치를 마련하여야 한다.

2) 정보보호시스템에 관한 기준 고시

① 과학기술정보통신부장관은 관계 기관의 장과 협의하여 정보보호시스템의 성능과 신뢰도에 관한 기준을 정하여 고시하고, 정보보호시스템을 제조하거나 수입하는 자에게 그 기준을 지킬 것을 권고할 수 있다.

② 과학기술정보통신부장관은 유통·사용 중인 정보보호시스템이 기준에 미치지 못할 경우에 정보보호시스템의 보완 및 그 밖에 필요한 사항을 권고할 수 있다.

3) 사생활 보호 설계

① 지능정보기술을 개발 또는 활용하는 자와 지능정보서비스를 제공하는 자, 지능정보기술이나 지능정보서비스를 이용하는 자는 다른 이용자 또는 제3자의 사생활 및 개인정보를 침해하여서는 아니 된다.

② 지능정보기술을 개발 또는 활용하는 자와 지능정보서비스를 제공하는 자는 해당 기술과 서비스를 사생활등의 보호에 적합하게 설계하여야 한다.

③ 국가기관과 지방자치단체는 지능정보화를 추진할 때 인간의 존엄과 가치가 보장될 수 있도록 사생활등의 보호를 위한 시책을 마련하여야 한다.

4) 지능정보사회윤리

국가기관과 지방자치단체는 지능정보기술을 개발·활용하거나 지능정보서비스를 제공·이용할 때 인간의 존엄과 가치를 존중하고 공공성·책무성·통제성·투명성 등의 윤리원칙을 담은 지능정보사회윤리를 확립하기 위하여 필요한한 시책을 마련하여야 한다.

5) 이용자의 권익보호

① 국가기관과 지방자치단체는 지능정보사회 시책을 추진할 때 지능정보기술 및 지능정보서비스 등을 이용하는 이용자의 권익보호를 위하여 다음 각 호의 시책을 마련하여야 한다.
- 이용자의 생명·신체·명예 및 재산상의 위해 방지
- 이용자의 불만 및 피해에 대한 신속·공정한 구제
- 이용자의 권익보호를 위한 조직의 육성 및 활동 지원
- 이용자의 권익보호를 위한 교육·홍보 및 연구
- 이용자의 안전보장 및 피해구제 등 이용자의 권익구제를 위한 손해배상·보험 등 관련 법령 및 제도의 개선
- 그 밖에 이용자의 권익보호와 관련된 사항

② 정보통신서비스 제공자는 사업을 할 때 이용자를 보호하기 위하여 필요한 조치를 마련하여야 한다.

01 지능정보화 기본법의 목적 및 이념과 관련이 적은 것은?

① 지식정보사회의 구현
② 국민 삶의 질을 높임
③ 국가경쟁력 확보
④ 시장경제의 발전

지능정보화 기본법은 지능정보사회의 구현에 이바지하고 국가경쟁력을 확보하며 국민의 삶의 질을 높이는 것을 목적으로 함

02 국가기관 등의 지능정보사회 시책 및 지능정보화 사업의 추진, 관련 정책 개발 등을 지원하기 위해 설립된 기관은?

① 국가정보화전략위원회
② 정보화책임관협의회
③ 한국지능정보사회진흥원
④ 방송통신위원회

과학기술정보통신부장관과 행정안전부장관은 지능정보사회 관련 정책의 개발과 국가기관등의 지능정보사회 시책 및 지능정보화 사업의 추진 등을 지원하기 위하여 한국지능정보사회진흥원(지능정보사회원)을 설립

03 지능정보사회 종합계획에 포함되는 사항과 가장 관련이 적은 것은?

① 지능정보서비스의 이용촉진과 관련 과학기술 발전 지원
② 지능정보사회 정책의 중장기 발전방향
③ 남북한 정보격차의 해소를 위한 시책
④ 지능정보사회 관련 인력양성 및 국제협력

지능정보사회 정책의 효율적이고 체계적인 추진을 위하여 3년 단위로 수립하는 것으로, 남북한 정보격차에 대한 내용은 포함되지 않음

정보통신망 이용촉진

빈출 태그 정보통신서비스 제공자 및 이용자의 책무 · 전자문서의 송수신 시기 · 개인정보의 보호 · 정보통신망의 보호

ⓞ① 정보통신망 이용촉진 및 정보보호 등에 관한 법률

1) 목적

정보통신망의 이용을 촉진하고 정보통신서비스를 이용하는 자를 보호함과 아울러 정보통신망을 건전하고 안전하게 이용할 수 있는 환경을 조성하여 국민생활의 향상과 공공복리의 증진에 이바지함을 목적으로 한다.

2) 용어의 정의

- **정보통신망** : 전기통신사업법에 따른 전기통신설비를 이용하거나 전기통신설비와 컴퓨터 및 컴퓨터의 이용기술을 활용하여 정보를 수집 · 가공 · 저장 · 검색 · 송신 또는 수신하는 정보통신체제
- **정보통신서비스** : 전기통신역무와 이를 이용하여 정보를 제공하거나 정보의 제공을 매개하는 것
- **정보통신서비스 제공자** : 전기통신사업자와 영리를 목적으로 전기통신사업자의 전기통신역무를 이용하여 정보를 제공하거나 정보의 제공을 매개하는 자
- **이용자** : 정보통신서비스 제공자가 제공하는 정보통신서비스를 이용하는 자
- **전자문서** : 컴퓨터 등 정보처리능력을 가진 장치에 의하여 전자적인 형태로 작성되어 송수신되거나 저장된 문서형식의 자료로서 표준화된 것
- **전자서명** : 서명자의 신원, 서명자가 해당 전자문서에 서명하였다는 사실을 나타내는 데 이용하기 위하여 전자문서에 첨부되거나 논리적으로 결합된 전자적 형태의 정보
- **침해사고** : 해킹, 컴퓨터바이러스, 논리폭탄, 메일폭탄, 서비스거부 또는 고출력 전자기파 등의 방법으로 정보통신망 또는 이와 관련된 정보시스템을 공격하는 행위로 인하여 발생한 사태
- **게시판** : 그 명칭과 관계없이 정보통신망을 이용하여 일반에게 공개할 목적으로 부호 · 문자 · 음성 · 음향 · 화상 · 동영상 등의 정보를 이용자가 게재할 수 있는 컴퓨터 프로그램이나 기술적 장치
- **통신과금서비스** : 타인이 판매 · 제공하는 재화 또는 용역의 대가를 자신이 제공하는 전기통신역무의 요금과 함께 청구 · 징수하는 업무
- **통신과금서비스제공자** : 등록을 하고 통신과금서비스를 제공하는 자

- 통신과금서비스이용자 : 통신과금서비스제공자로부터 통신과금서비스를 이용하여 재화등을 구입·이용하는 자
- 전자적 전송매체 : 정보통신망을 통하여 부호·문자·음성·화상 또는 영상 등을 수신자에게 전자문서 등의 전자적 형태로 전송하는 매체

3) 정보통신서비스 제공자 및 이용자의 책무

① 정보통신서비스 제공자는 이용자를 보호하고 건전하고 안전한 정보통신서비스를 제공하여 이용자의 권익보호와 정보이용능력의 향상에 이바지하여야 한다.
② 이용자는 건전한 정보사회가 정착되도록 노력하여야 한다.
③ 정부는 정보통신서비스 제공자단체 또는 이용자단체의 정보보호 및 정보통신망에서의 청소년 보호 등을 위한 활동을 지원할 수 있다.

4) 정보통신망 이용촉진 및 정보보호등에 관한 시책의 마련

① 과학기술정보통신부장관 또는 방송통신위원회는 정보통신망의 이용촉진 및 안정적 관리·운영과 이용자 보호 등을 통하여 정보사회의 기반을 조성하기 위해 다음의 사항을 포함한 시책을 마련하여야 한다.
- 정보통신망에 관련된 기술의 개발·보급
- 정보통신망의 표준화
- 정보내용물 및 정보통신망 응용서비스의 개발 등 정보통신망의 이용 활성화
- 정보통신망을 이용한 정보의 공동활용 촉진
- 인터넷 이용의 활성화
- 정보통신망에서의 청소년 보호
- 정보통신망의 안전성 및 신뢰성 제고
② 과학기술정보통신부장관 또는 방송통신위원회는 ①에 따른 시책을 마련할 때 지능정보화 기본법에 따른 지능정보사회 종합계획과 연계되도록 하여야 한다.

02 정보통신망의 이용촉진

1) 기술개발의 추진

과학기술정보통신부장관은 정보통신망과 관련된 기술 및 기기의 개발을 효율적으로 추진하기 위하여 대통령령으로 정하는 바에 따라 관련 연구기관으로 하여금 연구개발·기술협력·기술이전 또는 기술지도 등의 사업을 하게 할 수 있다.

2) 기술관련 정보의 관리 및 보급

① 과학기술정보통신부장관은 정보통신망과 관련된 기술 및 기기에 관한 정보를 체계적이고 종합적으로 관리하여야 한다.
② 과학기술정보통신부장관은 기술관련 정보를 체계적이고 종합적으로 관리하기 위하여 필요하면 관계 행정기관 및 국공립 연구기관 등에 대하여 기술관련 정보와 관련된 자료를 요구할 수 있다. 이 경우 요구를 받은 기관의 장은 특별한 사유가 없으면 그 요구에 따라야 한다.

③ 과학기술정보통신부장관은 기술관련 정보를 신속하고 편리하게 이용할 수 있도록 그 보급을 위한 사업을 하여야 한다.

3) 정보통신망의 표준화 및 인증

① 과학기술정보통신부장관은 정보통신망의 이용을 촉진하기 위하여 정보통신망에 관한 표준을 정하여 고시하고, 정보통신서비스 제공자 또는 정보통신망과 관련된 제품을 제조하거나 공급하는 자에게 그 표준을 사용하도록 권고할 수 있다.

② ①에 따라 고시된 표준에 적합한 정보통신과 관련된 제품을 제조하거나 공급하는 자는 인증기관의 인증을 받아 그 제품이 표준에 적합한 것임을 나타내는 표시를 할 수 있다.

③ 인증을 받은 자가 아니면 그 제품이 표준에 적합한 것임을 나타내는 표시를 하거나 이와 비슷한 표시를 하여서는 아니 되며, 이와 비슷한 표시를 한 제품을 판매하거나 판매할 목적으로 진열하여서는 아니 된다.

④ 과학기술정보통신부장관은 ③을 위반하여 제품을 판매하거나 판매할 목적으로 진열한 자에게 그 제품을 수거·반품하도록 하거나 인증을 받아 그 표시를 하도록 하는 등 필요한 시정조치를 명할 수 있다.

4) 인증기관의 지정

① 과학기술정보통신부장관은 정보통신망과 관련된 제품을 제조하거나 공급하는 자의 제품이 고시된 표준에 적합한 제품임을 인증하는 기관을 지정할 수 있다.

② 과학기술정보통신부장관은 인증기관이 다음 각 호의 어느 하나에 해당하면 그 지정을 취소하거나 6개월 이내의 기간을 정하여 업무의 정지를 명할 수 있다.

• 속임수나 그 밖의 부정한 방법으로 지정을 받은 경우
• 정당한 사유 없이 1년 이상 계속하여 인증업무를 하지 아니한 경우
• 지정기준에 미달한 경우

03 전자문서

1) 전자문서의 송수신 시기

① 전자문서는 작성자 또는 그 대리인이 해당 전자문서를 송신할 수 있는 정보처리시스템에 입력한 후 해당 전자문서를 수신할 수 있는 정보처리시스템으로 전송한 때 송신된 것으로 본다.

② 전자문서는 다음 각 호의 어느 하나에 해당하는 때에 수신된 것으로 추정한다.

• 수신자가 전자문서를 수신할 정보처리시스템을 지정한 경우 : 지정된 정보처리시스템에 입력된 때. 다만, 전자문서가 지정된 정보처리시스템이 아닌 정보처리시스템에 입력된 경우에는 수신자가 이를 검색 또는 출력한 때를 말함

• 수신자가 전자문서를 수신할 정보처리시스템을 지정하지 아니한 경우 : 수신자가 관리하는 정보처리시스템에 입력된 때

③ 전자문서는 작성자 또는 수신자의 영업소 소재지에서 각각 송신 또는 수신된 것으로 보며, 영업소가 둘 이상일 때에는 해당 전자문서를 주로 관리하는 영업소 소재지에서 송신·수신된 것으로 본다. 다만, 작성자 또는 수신자가 영업소를 가지고 있지 아니한 경우에는 그의 상거소에서 송신·수신된 것으로 본다.

2) 송신 철회

작성자가 전자문서를 송신하면서 명시적으로 수신 확인을 요구하였으나 상당한 기간(작성자가 지정한 기간 또는 작성자와 수신자 간에 약정한 기간이 있는 경우에는 그 기간) 내에 수신 확인 통지를 받지 못하였을 때에는 작성자는 그 전자문서의 송신을 철회할 수 있다.

04 개인정보의 처리

1) 개인정보의 수집·이용

① 개인정보처리자는 다음 각 호의 어느 하나에 해당하는 경우에는 개인정보를 수집할 수 있으며 그 수집 목적의 범위에서 이용할 수 있다.
- 정보주체의 동의를 받은 경우
- 법률에 특별한 규정이 있거나 법령상 의무를 준수하기 위하여 불가피한 경우
- 공공기관이 법령 등에서 정하는 소관 업무의 수행을 위하여 불가피한 경우
- 정보주체와의 계약의 체결 및 이행을 위하여 불가피하게 필요한 경우
- 정보주체 또는 그 법정대리인이 의사표시를 할 수 없는 상태에 있거나 주소불명 등으로 사전 동의를 받을 수 없는 경우로서 명백히 정보주체 또는 제3자의 급박한 생명, 신체, 재산의 이익을 위하여 필요하다고 인정되는 경우
- 개인정보처리자의 정당한 이익을 달성하기 위하여 필요한 경우로서 명백하게 정보주체의 권리보다 우선하는 경우. 이 경우 개인정보처리자의 정당한 이익과 상당한 관련이 있고 합리적인 범위를 초과하지 아니하는 경우에 한한다.
② 개인정보처리자가 동의를 받을 때에는 다음 각 호의 사항을 정보주체에게 알려야 하며, 어느 하나의 사항을 변경하는 경우에도 이를 알리고 동의를 받아야 한다.
- 개인정보의 수집·이용 목적
- 수집하려는 개인정보의 항목
- 개인정보의 보유 및 이용 기간
- 동의를 거부할 권리가 있다는 사실 및 동의 거부에 따른 불이익이 있는 경우에는 그 불이익의 내용
③ 개인정보처리자는 당초 수집 목적과 합리적으로 관련된 범위에서 정보주체에게 불이익이 발생하는지 여부, 암호화 등 안전성 확보에 필요한 조치를 하였는지 여부 등을 고려하여 대통령령으로 정하는 바에 따라 정보주체의 동의 없이 개인정보를 이용할 수 있다.

2) 개인정보의 수집 제한

① 개인정보처리자가 개인정보를 수집하는 경우에는 그 목적에 필요한 최소한의 개인정보를 수집하여야 한다. 이 경우 최소한의 개인정보 수집이라는 입증책임은 개인정보처리자가 부담한다.

② 개인정보처리자는 정보주체의 동의를 받아 개인정보를 수집하는 경우 필요한 최소한의 정보 외의 개인정보 수집에는 동의하지 아니할 수 있다는 사실을 구체적으로 알리고 개인정보를 수집하여야 한다.

③ 개인정보처리자는 정보주체가 필요한 최소한의 정보 외의 개인정보 수집에 동의하지 아니한다는 이유로 정보주체에게 재화 또는 서비스의 제공을 거부하여서는 아니 된다.

3) 주민등록번호의 사용 제한

① 정보통신서비스 제공자는 다음 각 호의 어느 하나에 해당하는 경우를 제외하고는 이용자의 주민등록번호를 수집·이용할 수 없다.

• 본인확인기관으로 지정받은 경우
• 기간통신사업자로부터 이동통신서비스 등을 제공받아 재판매하는 전기통신사업자가 본인확인기관으로 지정받은 이동통신사업자의 본인확인업무 수행과 관련하여 이용자의 주민등록번호를 수집·이용하는 경우

② ①에 따라 주민등록번호를 수집·이용할 수 있는 경우에도 이용자의 주민등록번호를 사용하지 아니하고 본인을 확인하는 방법(대체수단)을 제공하여야 한다.

4) 본인확인기관의 지정

① 방송통신위원회는 다음 각 호의 사항을 심사하여 대체수단의 개발·제공·관리 업무(본인확인업무)를 안전하고 신뢰성 있게 수행할 능력이 있다고 인정되는 자를 본인확인기관으로 지정할 수 있다.

• 본인확인업무의 안전성 확보를 위한 물리적·기술적·관리적 조치계획
• 본인확인업무의 수행을 위한 기술적·재정적 능력
• 본인확인업무 관련 설비규모의 적정성

② 본인확인기관이 본인확인업무의 전부 또는 일부를 휴지하고자 하는 때에는 휴지기간을 정하여 휴지하고자 하는 날의 30일 전까지 이를 이용자에게 통보하고 방송통신위원회에 신고하여야 한다. 이 경우 휴지기간은 6개월을 초과할 수 없다.

③ 본인확인기관이 본인확인업무를 폐지하고자 하는 때에는 폐지하고자 하는 날의 60일 전까지 이를 이용자에게 통보하고 방송통신위원회에 신고하여야 한다.

5) 본인확인업무의 정지 및 지정취소

방송통신위원회는 본인확인기관이 다음 각 호의 어느 하나에 해당하는 때에는 6개월 이내의 기간을 정하여 본인확인업무의 전부 또는 일부의 정지를 명하거나 지정을 취소할 수 있다.

• 거짓이나 그 밖의 부정한 방법으로 본인확인기관의 지정을 받은 경우

- 본인확인업무의 정지명령을 받은 자가 그 명령을 위반하여 업무를 정지하지 아니
한 경우
- 지정받은 날부터 6개월 이내에 본인확인업무를 개시하지 아니하거나 6개월 이상
계속하여 본인확인업무를 휴지한 경우
- 지정기준에 적합하지 아니하게 된 경우

05 개인정보의 안전한관리

1) 안전조치의무

개인정보처리자는 개인정보가 분실·도난·유출·위조·변조 또는 훼손되지 아니하
도록 내부 관리계획 수립, 접속기록 보관 등 대통령령으로 정하는 바에 따라 안전성
확보에 필요한 기술적·관리적 및 물리적 조치를 하여야 한다.

2) 개인정보 보호책임자의 지정

① 개인정보처리자는 개인정보의 처리에 관한 업무를 총괄해서 책임질 개인정보 보
호책임자를 지정하여야 한다.
② 개인정보 보호책임자는 다음 각 호의 업무를 수행한다.
- 개인정보 보호 계획의 수립 및 시행
- 개인정보 처리 실태 및 관행의 정기적인 조사 및 개선
- 개인정보 처리와 관련한 불만의 처리 및 피해 구제
- 개인정보 유출 및 오용·남용 방지를 위한 내부통제시스템의 구축
- 개인정보 보호 교육 계획의 수립 및 시행
- 개인정보파일의 보호 및 관리·감독
③ 개인정보 보호책임자는 ②의 업무를 수행함에 있어서 필요한 경우 개인정보의 처
리 현황, 처리 체계 등에 대하여 수시로 조사하거나 관계 당사자로부터 보고를 받
을 수 있다.
④ 개인정보 보호책임자는 개인정보 보호와 관련하여 이 법 및 다른 관계 법령의 위
반 사실을 알게 된 경우에는 즉시 개선조치를 하여야 하며, 필요하면 소속 기관 또
는 단체의 장에게 개선조치를 보고하여야 한다.
⑤ 개인정보처리자는 개인정보 보호책임자가 ②의 업무를 수행함에 있어서 정당한
이유 없이 불이익을 주거나 받게 하여서는 아니 된다.

3) 개인정보의 파기

① 개인정보처리자는 보유기간의 경과, 개인정보의 처리 목적 달성 등 그 개인정보가
불필요하게 되었을 때에는 지체 없이 그 개인정보를 파기하여야 한다. 다만, 다른
법령에 따라 보존하여야 하는 경우에는 그러하지 아니하다.
② 개인정보처리자가 개인정보를 파기할 때에는 복구 또는 재생되지 아니하도록 조
치하여야 한다.

③ 개인정보처리자가 ①의 단서에 따라 개인정보를 파기하지 아니하고 보존하여야 하는 경우에는 해당 개인정보 또는 개인정보파일을 다른 개인정보와 분리하여서 저장·관리하여야 한다.

4) 동의를 받는 방법

① 개인정보처리자는 개인정보의 처리에 대하여 정보주체(법정대리인을 포함)의 동의를 받을 때에는 각각의 동의 사항을 구분하여 정보주체가 이를 명확하게 인지할 수 있도록 알리고 각각 동의를 받아야 한다.

② 개인정보처리자는 동의를 서면(전자문서를 포함)으로 받을 때에는 개인정보의 수집·이용 목적, 수집·이용하려는 개인정보의 항목 등 대통령령으로 정하는 중요한 내용을 보호위원회가 고시로 정하는 방법에 따라 명확히 표시하여 알아보기 쉽게 하여야 한다.

③ 개인정보처리자는 개인정보의 처리에 대하여 정보주체의 동의를 받을 때에는 정보주체와의 계약 체결 등을 위하여 정보주체의 동의 없이 처리할 수 있는 개인정보와 정보주체의 동의가 필요한 개인정보를 구분하여야 한다. 이 경우 동의 없이 처리할 수 있는 개인정보라는 입증책임은 개인정보처리자가 부담한다.

④ 개인정보처리자는 정보주체에게 재화나 서비스를 홍보하거나 판매를 권유하기 위하여 개인정보의 처리에 대한 동의를 받으려는 때에는 정보주체가 이를 명확하게 인지할 수 있도록 알리고 동의를 받아야 한다.

⑤ 개인정보처리자는 정보주체가 선택적으로 동의할 수 있는 사항을 동의하지 아니한다는 이유로 정보주체에게 재화 또는 서비스의 제공을 거부하여서는 아니 된다.

⑥ 개인정보처리자는 만 14세 미만 아동의 개인정보를 처리하기 위하여 이 법에 따른 동의를 받아야 할 때에는 그 법정대리인의 동의를 받아야 한다. 이 경우 법정대리인의 동의를 받기 위하여 필요한 최소한의 정보는 법정대리인의 동의 없이 해당 아동으로부터 직접 수집할 수 있다.

5) 이용자의 권리

① 이용자는 정보통신서비스 제공자등에 대하여 언제든지 개인정보 수집·이용·제공 등의 동의를 철회할 수 있다.

② 정보통신서비스 제공자등은 동의의 철회, 개인정보의 열람, 정정을 요구하는 방법을 개인정보의 수집방법보다 쉽게 하여야 한다.

③ 정보통신서비스 제공자등은 동의를 철회하면 지체 없이 수집된 개인정보를 복구·재생할 수 없도록 파기하는 등 필요한 조치를 하여야 한다.

6) 손해배상책임

정보주체는 개인정보처리자가 이 법을 위반한 행위로 손해를 입으면 개인정보처리자에게 손해배상을 청구할 수 있다. 이 경우 그 개인정보처리자는 고의 또는 과실이 없음을 입증하지 아니하면 책임을 면할 수 없다.

06 정보통신망에서의 이용자 보호

1) 청소년 보호를 위한 시책의 마련

① 방송통신위원회는 정보통신망을 통하여 유통되는 음란·폭력정보 등 청소년에게 해로운 정보(청소년유해정보)로부터 청소년을 보호하기 위하여 다음 각 호의 시책을 마련하여야 한다.
- 내용 선별 소프트웨어의 개발 및 보급
- 청소년 보호를 위한 기술의 개발 및 보급
- 청소년 보호를 위한 교육 및 홍보

② 방송통신위원회는 ①에 따른 시책을 추진할 때에는 방송통신심의위원회, 정보통신서비스 제공자단체·이용자단체, 그 밖의 관련 전문기관이 실시하는 청소년 보호를 위한 활동을 지원할 수 있다.

2) 청소년유해매체물의 표시

전기통신사업자의 전기통신역무를 이용하여 일반에게 공개를 목적으로 정보를 제공하는 자 중 청소년 보호법에 따른 매체물로서 청소년유해매체물을 제공하려는 자는 대통령령으로 정하는 표시방법에 따라 그 정보가 청소년유해매체물임을 표시하여야 한다.

3) 청소년유해매체물의 광고금지

누구든지 청소년 보호법에 따른 매체물로서 청소년유해매체물을 광고하는 내용의 정보를 정보통신망을 이용하여 부호·문자·음성·음향·화상 또는 영상 등의 형태로 청소년에게 전송하거나 청소년 접근을 제한하는 조치 없이 공개적으로 전시하여서는 아니 된다.

07 정보통신망의 안정성 확보

1) 정보통신망의 안정성 확보

① 다음 각 호의 어느 하나에 해당하는 자는 정보통신서비스의 제공에 사용되는 정보통신망의 안정성 및 정보의 신뢰성을 확보하기 위한 보호조치를 하여야 한다.
- 정보통신서비스 제공자
- 정보통신망에 연결되어 정보를 송·수신할 수 있는 기기·설비·장비 중 대통령령으로 정하는 기기·설비·장비(정보통신망연결기기등)를 제조하거나 수입하는 자

② 과학기술정보통신부장관은 ①에 따른 보호조치의 구체적 내용을 정한 정보보호조치에 관한 지침을 정하여 고시하고 ①의 각 호의 어느 하나에 해당하는 자에게 이를 지키도록 권고할 수 있다.

③ 정보보호지침에는 다음 각 호의 사항이 포함되어야 한다.
- 정당한 권한이 없는 자가 정보통신망에 접근·침입하는 것을 방지하거나 대응하기 위한 정보보호시스템의 설치·운영 등 기술적·물리적 보호조치

- 정보의 불법 유출·위조·변조·삭제 등을 방지하기 위한 기술적 보호조치
- 정보통신망의 지속적인 이용이 가능한 상태를 확보하기 위한 기술적·물리적 보호조치
- 정보통신망의 안정 및 정보보호를 위한 인력·조직·경비의 확보 및 관련 계획수립 등 관리적 보호조치
- 정보통신망연결기기등의 정보보호를 위한 기술적 보호조치

2) 이용자의 정보보호

① 정부는 이용자의 정보보호에 필요한 기준을 정하여 이용자에게 권고하고, 침해사고의 예방 및 확산 방지를 위하여 취약점 점검, 기술 지원 등 필요한 조치를 할 수 있다.

② 정부는 ①에 따른 조치에 관한 업무를 한국인터넷진흥원 또는 대통령령으로 정하는 전문기관에 위탁할 수 있다.

③ 주요정보통신서비스 제공자는 정보통신망에 중대한 침해사고가 발생하여 자신의 서비스를 이용하는 이용자의 정보시스템 또는 정보통신망 등에 심각한 장애가 발생할 가능성이 있으면 이용약관으로 정하는 바에 따라 그 이용자에게 보호조치를 취하도록 요청하고, 이를 이행하지 아니하는 경우에는 해당 정보통신망으로의 접속을 일시적으로 제한할 수 있다.

④ 소프트웨어 진흥법에 따른 소프트웨어사업자는 보안에 관한 취약점을 보완하는 프로그램을 제작하였을 때에는 한국인터넷진흥원에 알려야 하고, 그 소프트웨어 사용자에게는 제작한 날부터 1개월 이내에 2회 이상 알려야 한다.

3) 영리목적의 광고성 프로그램 등의 설치

정보통신서비스 제공자는 영리목적의 광고성 정보가 보이도록 하거나 개인정보를 수집하는 프로그램을 이용자의 컴퓨터나 그 밖에 정보처리장치에 설치하려면 이용자의 동의를 받아야 한다. 이 경우 해당 프로그램의 용도와 삭제방법을 고지하여야 한다.

4) 영리목적의 광고성 정보 전송차단 소프트웨어의 보급

① 방송통신위원회는 수신자가 영리목적의 광고성 정보를 편리하게 차단하거나 신고할 수 있는 소프트웨어나 컴퓨터프로그램을 개발하여 보급할 수 있다.

② 방송통신위원회는 전송차단, 신고 소프트웨어 또는 컴퓨터프로그램의 개발과 보급을 촉진하기 위하여 관련 공공기관·법인·단체 등에 필요한 지원을 할 수 있다.

③ 방송통신위원회는 정보통신서비스 제공자의 전기통신역무가 영리목적의 광고성 정보 전송 제한을 위반하여 이용되면 수신자 보호를 위하여 기술개발·교육·홍보 등 필요한 조치를 할 것을 정보통신서비스 제공자에게 권고할 수 있다.

5) 중요 정보의 국외유출 제한

① 정부는 국내의 산업·경제 및 과학기술 등에 관한 중요 정보가 정보통신망을 통하여 국외로 유출되는 것을 방지하기 위하여 정보통신서비스 제공자 또는 이용자에게 필요한 조치를 하도록 할 수 있다.

② ①에 따른 중요 정보의 범위는 다음 각 호와 같다.

- 국가안전보장과 관련된 보안정보 및 주요 정책에 관한 정보
- 국내에서 개발된 첨단과학 기술 또는 기기의 내용에 관한 정보

③ 정부는 정보를 처리하는 정보통신서비스 제공자에게 다음 각 호의 조치를 하도록 할 수 있다.

- 정보통신망의 부당한 이용을 방지할 수 있는 제도적·기술적 장치의 설정
- 정보의 불법파괴 또는 불법조작을 방지할 수 있는 제도적·기술적 조치
- 정보통신서비스 제공자가 처리 중 알게 된 중요 정보의 유출을 방지할 수 있는 조치

08 국제협력

정부는 다음 각 호의 사항을 추진할 때 다른 국가 또는 국제기구와 상호 협력하여야 한다.

- 정보통신망에서의 청소년 보호를 위한 업무
- 정보통신망의 안전성을 침해하는 행위를 방지하기 위한 업무
- 그 밖에 정보통신서비스의 건전하고 안전한 이용에 관한 업무

09 벌칙

1) 벌칙

① 사람을 비방할 목적으로 정보통신망을 통하여 공공연하게 사실을 드러내어 다른 사람의 명예를 훼손한 자는 3년 이하의 징역 또는 3천만원 이하의 벌금에 처한다.

② 사람을 비방할 목적으로 정보통신망을 통하여 공공연하게 거짓의 사실을 드러내어 다른 사람의 명예를 훼손한 자는 7년 이하의 징역, 10년 이하의 자격정지 또는 5천만원 이하의 벌금에 처한다.

③ 다음 각 호의 어느 하나에 해당하는 자는 5년 이하의 징역 또는 5천만원 이하의 벌금에 처한다.

- 정당한 접근권한 없이 정보통신망에 침입한 자
- 정보통신망에 장애가 발생하게 한 자
- 타인의 정보를 훼손하거나 타인의 비밀을 침해·도용 또는 누설한 자

④ 다음 각 호의 어느 하나에 해당하는 자는 3년 이하의 징역 또는 3천만원 이하의 벌금에 처한다.

- 속이는 행위로 다른 사람의 정보를 수집한 자
- 대규모 재난 상황을 이용하여 광고성 정보를 전송한 자
- 통신과금서비스제공자 등록을 하지 아니하고 그 업무를 수행한 자

- 다음 각 목의 어느 하나에 해당하는 행위를 통하여 자금을 융통하여 준 자 또는 이를 알선·중개·권유·광고한 자
  - 재화등의 판매·제공을 가장하거나 실제 매출금액을 초과하여 통신과금서비스에 의한 거래를 하거나 이를 대행하게 하는 행위
  - 통신과금서비스이용자로 하여금 통신과금서비스에 의하여 재화등을 구매·이용하도록 한 후 통신과금서비스이용자가 구매·이용한 재화등을 할인하여 매입하는 행위
- 직무상 알게 된 비밀을 타인에게 누설하거나 직무 외의 목적으로 사용한 자
⑤ 다음 각 호의 어느 하나에 해당하는 자는 2년 이하의 징역 또는 2천만원 이하의 벌금에 처한다.
- 청소년유해매체물임을 표시하지 아니하고 영리를 목적으로 제공한 자
- 청소년유해매체물을 광고하는 내용의 정보를 청소년에게 전송하거나 청소년 접근을 제한하는 조치 없이 공개적으로 전시한 자
- 불법정보의 유통금지에 따른 방송통신위원회의 명령을 이행하지 아니한 자
- 침해사고의 원인 분석에 따른 명령을 위반하여 관련 자료를 보전하지 아니한 자
- 속이는 행위에 의한 정보의 수집금지를 위반하여 정보의 제공을 유인한 자
- 통신과금서비스의 이용제한 명령을 이행하지 아니한 자
⑥ 다음 각 호의 어느 하나에 해당하는 자는 1년 이하의 징역 또는 1천만원 이하의 벌금에 처한다.
- 정보통신망의 표준화 및 인증을 위반하여 비슷한 표시를 한 제품을 표시·판매 또는 판매할 목적으로 진열한 자
- 불법정보의 유통금지를 위반하여 음란한 부호·문언·음향·화상 또는 영상을 배포·판매·임대하거나 공공연하게 전시한 자
- 공포심이나 불안감을 유발하는 부호·문언·음향·화상 또는 영상을 반복적으로 상대방에게 도달하게 한 자
- 영리목적의 광고성 정보 전송 제한을 위반하여 조치를 한 자
- 불법행위를 위한 광고성 정보 전송금지를 위반하여 광고성 정보를 전송한 자
- 통신과금서비스제공자 등록사항의 변경등록 또는 사업의 양도·양수 또는 합병·상속의 신고를 하지 아니한 자

2) 과태료

① 다음 각 호의 어느 하나에 해당하는 자에게는 3천만원 이하의 과태료를 부과한다.
- 접근권한에 대한 동의를 위반하여 서비스의 제공을 거부한 자, 이용자 정보 보호를 위하여 필요한 조치를 하지 아니한 자
- 대통령령으로 정하는 기준에 해당하는 임직원을 정보보호 최고책임자로 지정하지 아니하거나 정보보호 최고책임자의 지정을 신고하지 아니한 자
- 정보보호 최고책임자로 하여금 해당업무 외의 다른 업무를 겸직하게 한 자
- 정보보호 관리체계 인증을 받지 아니한 자

- 영리목적의 광고성 정보 전송 제한을 위반하고 전송한 자
- 광고성 정보를 전송할 때 밝혀야 하는 사항을 밝히지 아니하거나 거짓으로 밝힌 자
- 영리목적의 광고성 정보 전송 제한을 위반하여 비용을 수신자에게 부담하도록 한 자, 수신동의 여부를 확인하지 아니한 자
- 영리목적의 광고성 프로그램을 이용자의 동의를 받지 아니하고 설치한 자
- 인터넷 홈페이지 운영자의 사전 동의 없이 영리목적의 광고성 정보를 게시한 자
- 정보통신망 이용촉진 및 정보보호 등에 관한 법률을 위반하여 따라 과학기술정보통신부장관 또는 방송통신위원회로부터 받은 시정조치 명령을 이행하지 아니한 자

② 다음 각 호의 어느 하나에 해당하는 자에게는 2천만원 이하의 과태료를 부과한다.
- 집적된 정보통신시설의 보호조치를 위반하여 보험에 가입하지 아니한 자
- 국내에 주소가 없는 정보통신서비스 제공자로서 국내대리인을 지정하지 아니한 자
- 불법촬영물등 유통방지 책임자를 지정하지 아니한 자

③ 다음 각 호의 어느 하나에 해당하는 자에게는 1천만원 이하의 과태료를 부과한다.
- 본인확인기관의 지정을 받지 아니하고 본인확인업무를 한 자
- 청소년 보호 책임자를 지정하지 아니한 자
- 청소년유해매체물을 이용자의 컴퓨터에 저장 또는 기록되지 아니하는 방식으로 제공하는 것을 영업으로 하면서 대통령령으로 정하는 해당 정보를 보관하지 아니한 정보제공자
- 정보보호 관리체계의 인증 내용을 거짓으로 홍보한 자
- 보안에 관한 취약점을 보완하는 프로그램을 제작하고 소프트웨어 사용자에게 알리지 아니한 소프트웨어사업자
- 침해사고 관련 정보의 제공 거부 등에 따른 시정명령을 이행하지 아니한 자
- 침해사고의 신고를 하지 아니한 자
- 침해사고 원인분석을 위한 자료를 제출하지 아니하거나 거짓으로 제출한 자, 사업장 출입 및 조사를 방해하거나 거부 또는 기피한 자
- 속이는 행위에 의한 정보의 수집금지에 대해 과학기술정보통신부장관 또는 방송통신위원회의 명령을 이행하지 아니한 자
- 영리목적의 광고성 정보 전송 제한을 위반하여 수신동의, 수신거부 또는 수신동의 철회에 대한 처리 결과를 알리지 아니한 자
- 한국인터넷진흥원의 명칭을 허가없이 사용한 자
- 사업의 휴업·폐업·해산의 신고를 아니한 통신과금서비스제공자
- 통신과금서비스에 관한 약관을 신고하지 아니한 자
- 통신과금서비스의 안전성 확보를 위해 관리적 조치 또는 기술적 조치를 하지 아니한 자
- 통신과금서비스 이용일시 등을 통신과금서비스이용자에게 고지하지 아니한 자
- 통신과금서비스이용자가 구매·이용 내역을 확인할 수 있는 방법을 제공하지 아니하거나 통신과금서비스이용자의 제공 요청에 따르지 아니한 자
- 통신과금서비스이용자로부터 받은 통신과금에 대한 정정요구가 이유 있음에도 결

제대금의 지급을 유보하지 아니하거나 통신과금서비스이용자의 요청에 대한 처리 결과를 통신과금서비스이용자에게 알려 주지 아니한 자
- 통신과금서비스에 관한 기록을 보존하지 아니한 자
- 통신과금서비스이용자의 동의를 받지 아니하고 통신과금서비스를 제공하거나 이용한도액을 증액한 자
- 통신과금서비스 약관의 변경에 관한 통지를 하지 아니한 자
- 통신과금서비스이용자의 정보 제공 요청에 따르지 아니한 자
- 통신과금서비스이용자의 이의신청 및 권리구제를 위한 절차를 마련하지 아니하거나 통신과금서비스 계약 시 이를 명시하지 아니한 자
- 과학기술정보통신부장관 또는 방송통신위원회에 관계 물품·서류 등을 제출하지 아니하거나 거짓으로 제출한 자, 출입·검사를 거부·방해 또는 기피한 자
- 방송통신위원회에 투명성 보고서를 제출하지 아니한 자

이론을 확인하는 기출문제

01 정보통신망 이용촉진 및 정보보호 등에 관한 법률의 목적 설명에 적합하지 않은 것은?

① 공공복리의 증진
② 정보통신서비스 이용자 보호
③ 국민생활의 향상
④ 정보통신기술의 발전촉진

정보통신망의 이용을 촉진하고 정보통신서비스를 이용하는 자를 보호함과 아울러 정보통신망을 건전하고 안전하게 이용할 수 있는 환경을 조성하여 국민생활의 향상과 공공복리의 증진에 이바지함을 목적으로 함

02 컴퓨터나 정보처리능력을 가진 장치 등에 의하여 작성, 송수신 또는 저장된 문서형식의 자료로서 표준화된 것은?

① e-Mail
② 개인정보
③ 프로그램
④ 전자문서

전자문서 : 정보처리능력을 가진 장치에 의하여 전자적 형태로 작성, 송수신 또는 저장된 정보

03 국내 산업, 경제 및 과학기술 등에 관한 중요 정보의 국외 유출 제한을 위한 정부의 조치로 맞지 않는 것은?

① 정보통신망의 부당한 이용을 방지할 기술적 장치 설정
② 정보의 열람을 위한 인증방식 간소화
③ 정보의 조작을 방지할 수 있는 제도적 조치
④ 외부 공격으로부터 정보의 파괴를 막는 기술 설정

중요 정보의 국외유출 제한
• 정보통신망의 부당한 이용을 방지할 수 있는 제도적·기술적 장치의 설정
• 정보의 불법파괴 또는 불법조작을 방지할 수 있는 제도적·기술적 조치
• 정보통신서비스 제공자가 처리 중 알게 된 중요 정보의 유출을 방지할 수 있는 조치

04 국외유출이 제한되는 중요 정보에 속할 수 없는 것은?

① 국내 중요 통신사업자의 시스템 통합 편람
② 국가안전보장과 관련된 주요정책
③ 국가안전보장과 관련된 보안정보
④ 국내 개발의 첨단과학기술 및 기기의 내용

국외유출이 제한되는 중요 정보의 범위
• 국가안전보장과 관련된 보안정보 및 주요정책에 관한 정보
• 국내에서 개발된 첨단과학 기술 또는 기기의 내용에 관한 정보

05 다음 중 정보통신서비스제공자 및 이용자의 책무가 아닌 것은?

① 정보통신이용자는 건전한 정보사회가 정착되도록 노력하여야 한다.
② 정보통신서비스 제공자는 이용자의 권익보호와 정보이용능력의 향상에 이바지하여야 한다.
③ 정보통신서비스 제공자는 정보사회의 기반을 조성하기 위한 시책을 마련하여야 한다.
④ 정보통신서비스 제공자는 이용자의 개인정보를 보호하고 건전하고 안전한 정보통신서비스를 제공해야 한다.

정보통신망의 이용촉진 및 안정적 관리·운영과 이용자의 개인정보보호 등을 통하여 정보사회의 기반을 조성하기 위한 시책 마련의 주체는 과학기술정보통신부장관 또는 방송통신위원회 등임

06 정당한 접근권한 없이 정보통신망에 침입한 자에 대한 벌칙은?

① 1,000만원 이하의 과태료
② 2년 이하의 징역 또는 2,000만원 이하의 벌금
③ 3년 이하의 징역 또는 3,000만원 이하의 벌금
④ 5년 이하의 징역 또는 5,000만원 이하의 벌금

5년 이하의 징역 또는 5,000만원 이하의 벌금
• 정당한 접근권한 없이 정보통신망에 침입한 자
• 정보통신망에 장애가 발생하게 한 자
• 타인의 정보를 훼손하거나 타인의 비밀을 침해·도용 또는 누설한 자

01 전기통신설비는 이용자에게 안전하고 신뢰성 있는 전기통신업무를 제공할 수 있도록 누가 정하여 고시하는 기준에 적합하여야 하는가?

① 대통령
② 방송통신위원장
③ 기간통신사업자
④ 행정안전부장관

02 지능정보사회의 기본원칙에 해당하지 않는 것은?

① 국가와 지방자치단체는 인간의 존엄 · 가치를 바탕으로 지능정보사회를 실현한다.
② 지능정보사회 구현시책 추진에 필요한 재원은 국가가 전액 지원한다.
③ 국가와 지방자치단체는 지능정보사회 구현시책의 추진 과정에서 민간과의 협력을 강화한다.
④ 국가와 지방자치단체는 지능정보기술 개발의 국제협력을 적극적으로 추진한다.

03 정보통신 진흥 및 융합 활성화에 관한 정책을 심의하기 위하여 국무총리 소속하에 설치한 기구는?

① 정보통신전략위원회
② 한국정보보호진흥원
③ 한국정보사회진흥원
④ 정보통신연구진흥원

04 지능정보화를 추진함에 있어 이용자의 권익 보호를 위한 시책이 아닌 것은?

① 권익보호를 위한 홍보, 교육 및 연구
② 권익보호를 위한 조직활동의 지원 및 육성
③ 시책 수립에 적극적 참여 유도
④ 이용자의 명예 · 생명 · 신체 및 재산상의 위해 방지

05 한국인터넷진흥원의 명칭을 도용한 자에 대한 처벌은?

① 1년 이하의 징역
② 1천만원 이하의 과태료
③ 500만원 이하의 벌금
④ 500만원 이하의 과태료

06 정보통신망 이용촉진 및 정보보호 등에 관한 시책에 포함되어야 할 사항이 아닌 것은?

① 정보통신망에 관련된 기술의 개발
② 정보통신망의 표준화
③ 인터넷 이용의 활성화
④ 정보통신 기술의 군사기술화

07 정보통신서비스 제공사업을 영위하는 사업자 및 이용자들이 준수하여야 할 사항으로 적합하지 않은 것은?

① 정보통신서비스 제공자는 이용자 개인의 정보를 보호해야 한다.
② 정보통신서비스 제공자는 정보통신망에서의 청소년 보호 등을 위한 시책을 마련하고 활동을 지원해야 한다.
③ 정보통신서비스 제공자는 이용자의 정보 이용능력 향상에 이바지해야 한다.
④ 이용자는 건전한 정보사회가 정착되도록 노력해야 한다.

08 전자문서의 도달시기는 언제로 보는가?

① 송신자가 전자문서의 내용을 작성 완료한 때
② 송신자가 전자문서 파일을 수신자에게 보낸 때
③ 수신자의 컴퓨터에 파일로 기록된 때
④ 수신자가 파일을 열람한 때

09 정보통신망에 관련된 다음 행위 중 가장 엄하게 처벌되는 것은?

① 비방을 목적으로 정보통신망에 사실을 드러내어 다른 사람의 명예를 훼손한 경우
② 비방을 목적으로 정보통신망에 거짓을 드러내어 다른 사람의 명예를 훼손한 경우
③ 타인의 정보를 훼손하거나 타인의 비밀을 침해·도용 또는 누설한 경우
④ 속이는 행위로 다른 사람의 정보를 수집한 경우

10 방송통신설비의 설치 및 보전은 설계도서에 의해 행해야 한다. 이 설계도서를 작성할 수 있는 자는?

① 토목기사기술사
② 과학기술정보통신부산하 통신위원회 위원
③ 기간통신사업자
④ 정보통신공사업법 시행령에 의한 기술계 정보통신기술자

11 정보통신의 표준화에 관한 업무를 효율적으로 추진하기 위한 기구는?

① 전산망조정위원회
② 한국정보사회진흥원
③ 통신진흥협의회
④ 한국정보통신기술협회

12 전력유도 방지조치를 취해야 할 기준이 되는 전압을 나타낸 것 중 틀린 것은?

① 이상시 유도위험전압 : 650[V]
② 상시 유도위험종전압 : 100[V]
③ 기기 오동작 유도종전압 : 15[V]
④ 잡음전압 : 0.5[mV]

CHAPTER 03

정보통신 비밀 관리

학습방향

최근 사회적으로 해킹이나 불법적인 정보 유출을 통한 빈번한 피해 발생의 영향으로 정보보호관리를 위협하는 실제적인 위협요소와 윤리적인 측면에서의 정보통신 역무 제공자, 이용자, 일반인의 준수사항과 지식재산권의 보호 측면이 강화되고 있습니다.

출제빈도

- Section 01 **하** ▭▭▭▭▭▭▭▭▭▭▭▭▭ 5%
- Section 02 **중** ▭▭▭▭▭▭▭▭▭▭ 13%
- Section 03 **상** ▭▭▭▭▭▭▭▭▭▭▭▭▭▭ 70%
- Section 04 **하** ▭▭▭▭▭▭▭▭▭▭▭▭▭ 2%
- Section 05 **중** ▭▭▭▭▭▭▭▭▭▭ 10%

불법정보

01 불법정보의 유통금지 ★

① 누구든지 정보통신망을 통하여 다음 각 호의 어느 하나에 해당하는 정보를 유통해서는 안 된다.

- 음란한 부호 · 문언 · 음향 · 화상 또는 영상을 배포 · 판매 · 임대하거나 공공연하게 전시하는 내용의 정보
- 사람을 비방할 목적으로 공공연하게 사실이나 거짓의 사실을 드러내어 타인의 명예를 훼손하는 내용의 정보
- 공포심이나 불안감을 유발하는 부호 · 문언 · 음향 · 화상 또는 영상을 반복적으로 상대방에게 도달하도록 하는 내용의 정보
- 정당한 사유 없이 정보통신시스템, 데이터 또는 프로그램 등을 훼손 · 멸실 · 변경 · 위조하거나 그 운용을 방해하는 내용의 정보
- 청소년 보호법에 따른 청소년유해매체물로서 상대방의 연령 확인, 표시의무 등 법령에 따른 의무를 이행하지 아니하고 영리를 목적으로 제공하는 내용의 정보
- 법령에 따라 금지되는 사행행위에 해당하는 내용의 정보
- 법령에 따라 분류된 비밀 등 국가기밀을 누설하는 내용의 정보
- 국가보안법에서 금지하는 행위를 수행하는 내용의 정보
- 그 밖에 범죄를 목적으로 하거나 교사(敎唆) 또는 방조하는 내용의 정보

② 방송통신위원회는 불법 정보에 대하여 심의위원회의 심의를 거쳐 정보통신서비스 제공자 또는 게시판 관리 · 운영자로 하여금 그 취급을 거부 · 정지 또는 제한하도록 명할 수 있다.

③ 방송통신위원회는 국가기밀 누설, 국가보안법 위반, 범죄 목적의 정보가 다음 모두에 해당하는 경우에는 정보통신서비스 제공자 또는 게시판 관리 · 운영자에게 해당 정보의 취급을 거부 · 정지 또는 제한하도록 명해야 한다.

- 관계 중앙행정기관의 장의 요청이 있었을 것
- 중앙행정기관의 장의 요청을 받은 날부터 7일 이내에 심의위원회의 심의를 거친 후 방송통신위원회의 설치 및 운영에 관한 법률에 따른 시정 요구를 하였을 것
- 정보통신서비스 제공자나 게시판 관리 · 운영자가 시정 요구에 따르지 아니하였을 것

④ 방송통신위원회는 ②, ③에 따른 명령의 대상이 되는 정보통신서비스 제공자, 게시판 관리 · 운영자 또는 해당 이용자에게 미리 의견제출의 기회를 주되, 다음 각 어느 하나에 해당하는 경우에는 예외로 한다.

해킹(Hacking)

- 뛰어난 컴퓨터 실력을 이용하여, 타인의 컴퓨터에 침입, 그 속에 축적되어 있는 각종 귀중한 정보를 빼내거나 없애는 행위
- 해킹 행위를 하는 사람을 해커(Hacker)라고 함
- 해커와 비슷한 말로 크래커(Cracker)가 있는데, 네트워크의 보안을 지키는 역할을 하는 사람을 일컫는 해커의 본래적 의미와 구분하여 다른 사람의 컴퓨터에 무단으로 침입하여 데이터를 엿보거나 변경하는 등의 범죄행위자를 가리킴.
- 크래커가 행하는 행위를 크래킹이라고 함

- 공공의 안전 또는 복리를 위해 긴급히 처분을 할 필요가 있는 경우
- 의견청취가 뚜렷이 곤란하거나 명백히 불필요한 경우로서 대통령령으로 정하는 경우
- 의견제출의 기회를 포기한다는 뜻을 명백히 표시한 경우

02 명예훼손 분쟁조정부

① 방송통신심의위원회는 정보통신망을 통하여 유통되는 정보 중 사생활의 침해 또는 명예훼손 등 타인의 권리를 침해하는 정보와 관련된 분쟁의 조정업무를 효율적으로 수행하기 위해 5명 이하의 위원으로 구성된 명예훼손 분쟁조정부를 두되, 그 중 1명 이상은 변호사의 자격이 있는 자로 한다.
② 명예훼손 분쟁조정부의 위원은 심의위원회의 위원장이 심의위원회의 동의를 받아 위촉한다.
③ 명예훼손 분쟁조정부의 분쟁조정절차 등에 관하여는 개인정보분쟁조정위원회의 규정을 준용한다.
④ 명예훼손 분쟁조정부의 설치 · 운영 및 분쟁조정 등에 관하여 그 밖의 필요한 사항은 대통령령으로 정한다.

이론을 확인하는 기출문제

01 정보통신망에서 유통금지된 불법정보에 해당하지 않는 것은?

① 음란한 부호 · 문언 · 음향 · 화상 또는 영상
② 사람을 비방할 목적의 공연한 사실 또는 허위의 사실
③ 공포심이나 불안감을 유발하는 부호 · 문언 · 음향 · 화상
④ 영리를 목적으로 제공하는 모든 내용의 정보

영리를 목적으로 하는 정보라 하더라도 상대방의 연령확인, 표시의무 등 법령에 따른 의무를 이행한 경우에는 유통이 가능함

02 해킹의 예방에 대한 설명으로 적합하지 않는 것은?

① 정보보호 관리체계를 구축한다.
② 외국과의 긴밀한 협력체제를 구축한다.
③ 해킹 범죄는 민사상 책임만을 물어야 한다.
④ 사고 발생 시 적극 대처를 위한 조직을 육성한다.

해킹 범죄는 민사상 책임뿐만 아니라 형사상 책임까지도 물어야 함

정보 및 통신비밀보호 조치

빈출 태그 한국인터넷진흥원 · 통신비밀보호 · 정보보호 관리의 위협요소 · 업무의 제한 및 정지

01 한국인터넷진흥원

① 정부는 정보통신망의 고도화와 안전한 이용 촉진 및 방송통신과 관련한 국제협력 · 국외진출 지원을 효율적으로 추진하기 위하여 한국인터넷진흥원을 설립한다.

② 인터넷진흥원은 법인으로 하며, 다음 각 호의 사업을 한다.

- 정보통신망의 이용 및 보호, 방송통신과 관련한 국제협력 · 국외진출 등을 위한 법 · 정책 및 제도의 조사 · 연구
- 정보통신망의 이용 및 보호와 관련한 통계의 조사 · 분석
- 정보통신망의 이용에 따른 역기능 분석 및 대책 연구
- 정보통신망의 이용 및 보호를 위한 홍보 및 교육 · 훈련
- 정보통신망의 정보보호 및 인터넷주소자원 관련 기술 개발 및 표준화
- 정보보호산업 정책 지원 및 관련 기술 개발과 인력양성
- 정보보호 관리체계의 인증, 정보보호시스템 평가 · 인증 등 정보보호 인증 · 평가 등의 실시 및 지원
- 개인정보 보호법에 따른 개인정보 보호를 위한 대책의 연구 및 보호기술의 개발 · 보급 지원
- 개인정보 보호법에 따른 개인정보침해 신고센터의 운영
- 광고성 정보 전송 및 인터넷광고와 관련한 고충의 상담 · 처리
- 정보통신망 침해사고의 처리 · 원인분석 · 대응체계 운영 및 정보보호 최고책임자를 통한 예방 · 대응 · 협력 활동
- 전자서명법에 따른 전자서명인증 정책의 지원
- 인터넷의 효율적 운영과 이용활성화를 위한 지원
- 인터넷 이용자의 저장 정보 보호 지원
- 인터넷 관련 서비스정책 지원
- 인터넷상에서의 이용자 보호 및 건전 정보 유통 확산 지원
- 인터넷주소자원에 관한 법률에 따른 인터넷주소자원의 관리에 관한 업무
- 인터넷주소분쟁조정위원회의 운영 지원
- 정보보호산업의 진흥에 관한 법률에 따른 조정위원회의 운영지원
- 방송통신과 관련한 국제협력 · 국외진출 및 국외홍보 지원
- 위 사업에 부수되는 사업
- 그 밖에 이 법 또는 다른 법령에 따라 인터넷진흥원의 업무로 정하거나 위탁한 사업이나 과학기술정보통신부장관 · 행정안전부장관 · 방송통신위원회 또는 다른 행정기관의 장으로부터 위탁받은 사업

통신보안
- **정의** : 통신수단에 의하여 비밀이 직접 또는 간접으로 누설되는 것을 미리 방지하거나 지연시키기 위한 방책
- **암호자재** : 통신보안을 위하여 통신문의 내용을 보호할 목적으로 문자 · 숫자 · 기호 등의 암호로 만들어진 문서나 기구

02 통신비밀의 보호 ★

1) 통신비밀보호

① 누구든지 전기통신사업자가 취급 중에 있는 통신의 비밀을 침해하거나 누설해서는 안 된다.

② 전기통신업무에 종사하는 자 또는 종사하였던 자는 그 재직 중에 통신에 관하여 알게 된 타인의 비밀을 누설해서는 안 된다.

③ 전기통신사업자는 법원, 검사 또는 수사관서의 장(군 수사기관의 장, 국세청장 및 지방국세청장 포함), 정보수사기관의 장으로부터 재판, 수사(조세범처벌법의 범죄 중 전화, 인터넷 등을 이용한 범칙사건의 조사 포함), 형의 집행 또는 국가안전보장에 대한 위해를 방지하기 위한 정보수집을 위해 다음 각각의 자료 열람이나 제출(통신자료제공)을 요청받은 때에 이에 응할 수 있다.

- 이용자의 성명
- 이용자의 주민등록번호
- 이용자의 주소
- 이용자의 전화번호
- 아이디(컴퓨터시스템이나 통신망의 정당한 이용자를 식별하기 위한 이용자 식별부호)
- 이용자의 가입 또는 해지 일자

④ 통신자료제공의 요청은 요청사유, 해당이용자와의 연관성, 필요한 자료의 범위를 기재한 서면(자료제공요청서)으로 하되, 긴급한 사유가 있는 때에는 서면이 아닌 방법으로 요청할 수 있으며, 그 사유가 해소된 때에 지체없이 전기통신사업자에게 자료제공을 제출해야 한다.

⑤ 전기통신사업자는 통신자료제공을 한 때에는 당해 통신자료제공사실 등 필요한 사항을 기재한 대통령령이 정하는 대장과 자료제공요청서 등 관련자료를 1년간 비치해야 한다.

⑥ 전기통신사업자는 대통령령이 정하는 방법에 따라 통신자료제공을 한 현황 등을 년 2회(반기 종료 후 30일 이내) 과학기술정보통신부장관에 보고해야 하며, 과학기술정보통신부장관은 전기통신사업자가 보고한 내용의 사실여부 및 관련자료의 관리상태를 점검할 수 있다.

⑦ 전기통신사업자는 통신자료제공을 요청한 자가 소속된 중앙행정기관의 장에게 대장에 기재된 내용을 대통령령이 정하는 방법에 따라 통보해야 하되, 통신자료제공을 요청한 자가 법원인 경우에는 법원행정처장에게 통보해야 한다.

⑧ 전기통신사업자는 이용자의 통신비밀에 관한 다음의 업무를 담당하는 전담기구를 설치 · 운영해야 하며, 그 전담기구의 기능 및 구성 등에 관한 사항은 대통령령으로 정한다.

- 이용자의 통신비밀에 관한 업무의 총괄
- 전기통신사업자의 내부직원 또는 제3자에 의한 위법 · 부당한 이용자의 통신비밀 침해행위에 대한 단속
- 통신자료제공 현황보고
- 통신자료제공대장 기재내용의 통보

정보보호 관리의 위험요소
① **내부 보안의 위협 요소 – 60% 이상**
- 비인가자 접근
- 자료의 복사/파괴/위조/변조
- 행위에 대한 부인
- 고의적 유출
- 사용자의 실수 및 관리 태만

② **외부 해킹 위협 요소 – 40% 미만**
- ID 도용/패스워드 노출
- 바이러스 침투
- 트로이 목마

- 이용자로부터 제기되는 통신비밀에 관한 불만이나 의견의 처리
- 통신비밀에 관한 업무를 담당하는 직원에 대한 교육
- 그 밖에 이용자의 통신비밀 보호에 필요한 사항

2) 업무의 제한 및 정지

① 과학기술정보통신부장관은 전시·사변·천재·지변 또는 이에 준하는 국가비상사태가 발생하거나 발생할 우려가 있는 경우 기타 부득이한 사유가 있는 경우에 중요통신을 확보하기 위해 필요한 때에는 대통령령이 정하는 바에 의하여 전기통신사업자에게 전기통신업무의 전부 또는 일부를 제한하거나 정지할 것을 명할 수 있다.

② 과학기술정보통신부장관은 전기통신사업자에게 전기통신업무의 전부 또는 일부의 제한 또는 정지를 명하는 경우 그 제한 또는 정지의 범위 및 정도에 따라 다음의 각 업무를 수행하기 위한 통화의 순으로 소통하게 할 수 있다.

제1순위	• 국가안보 • 군사 및 치안 • 민방위경보 전달 • 전파관리
제2순위	• 재해구호 • 전기통신·항행안전·기상·소방·전기·가스·수도·수송 및 언론 • 제2순위 위 항목 외 국가 및 지방자치단체의 업무 • 주한 외국공관 및 국제연합기관의 업무
제3순위	• 자원관리대상업체 및 방위산업체의 업무 • 정부투자기관 및 의료기관의 업무
제4순위	• 제1순위부터 제3순위 업무 외의 것

③ 제한 또는 정지되는 전기통신업무는 중요통신을 확보하기 위해 필요한 최소한의 것이어야 한다.

④ 전기통신사업자는 전기통신업무의 전부 또는 일부를 제한 또는 정지한 때에는 지체 없이 그 내용을 과학기술정보통신부장관에게 보고해야 한다.

이론을 확인하는 기출문제

01 다음 중 통신보안의 1차적인 책임자는?

① 통신이용자
② 통신문 기안자
③ 해당기관의 장
④ 해당기관의 보안담당관

통신보안의 1차적 책임은 통신이용자에게 있음

02 과학기술정보통신부장관의 명에 의하여 통신사업자가 통신역무의 전부 또는 일부를 제한한 후 다시 소통시켜야 하는 경우 가장 우선적으로 취급해야 하는 업무는?

① 국가안보
② 전기공급
③ 언론
④ 은행거래

통신역무 재소통의 제1순위 : 국가안보, 군사 및 치안, 민방위경보 전달, 전파관리

/ SECTION /
03
출제빈도
상 중 하

정보통신역무제공자, 이용자, 일반인의 준수사항

빈출 태그 사업보고의 의무 • 보편적 역무 • 통계보고의 의무 • 정보통신망 침해행위 등의 금지 • 전기통신설비의 보호 • 원상회복의 의무

01 전기통신사업자의 의무 ★

1) 사업의 시작 의무

① 기간통신사업자는 등록한 날부터 1년 이내에 사업을 시작하여야 한다.
② 과학기술정보통신부장관은 기간통신사업자가 천재지변이나 그 밖의 부득이한 사유로 기간 내에 사업을 시작할 수 없다고 인정하는 경우에는 기간통신사업자의 신청에 따라 그 기간을 연장할 수 있다.

2) 역무의 제공 의무

① 전기통신사업자는 정당한 사유 없이 전기통신역무의 제공을 거부하여서는 아니 된다.
② 전기통신사업자는 그 업무를 처리할 때 공평하고 신속하며 정확하게 하여야 한다.
③ 전기통신역무의 요금은 전기통신사업이 원활하게 발전할 수 있고 이용자가 편리하고 다양한 전기통신역무를 공평하고 저렴하게 제공받을 수 있도록 합리적으로 결정되어야 한다.

3) 보편적 역무 ★

모든 전기통신사업자는 다음의 각 보편적 역무를 제공하거나 그 제공에 따른 손실을 보전할 의무가 있음

보편적 역무
모든 이용자가 언제 어디서나 적정한 요금으로 제공받을 수 있는 기본적인 전기통신역무

유선전화 서비스	• 과학기술정보통신부장관이 이용방법 및 조건 등을 고려하여 고시한 지역(통화권) 안의 전화 서비스 • 시내전화 서비스 : 가입용 전화를 사용하는 통신을 매개하는 전화 서비스 • 공중전화 서비스 : 공중용 전화를 사용하는 통신을 매개하는 전화 서비스 • 도서통신 서비스 : 육지와 도서 간 또는 도서와 도서 간에 무선으로 통신을 매개하는 전화 서비스
긴급통신용 전화 서비스	• 사회질서 유지 및 인명안전을 위한 전화 서비스 • 기간통신역무 중 방송통신위원회가 정하여 고시하는 특수번호 전화 서비스 • 선박무선전화 서비스 : 기간통신역무 중 육지와 선박 간 또는 선박과 선박 간에 통신을 매개하는 전화 서비스
장애인 · 저소득층 등에 대한 요금감면 전화 서비스	• 사회복지증진을 위한 장애인 · 저소득층 등에 대한 전화 서비스 • 시내전화 서비스 및 통화권 간의 전화 서비스(시외전화 서비스) • 시내전화 서비스 및 시외전화 서비스의 부대 서비스인 번호안내 서비스 • 기간통신역무 중 이동전화 서비스 · 개인휴대통신 서비스 • 인터넷 가입자접속 서비스, 인터넷전화 서비스

4) 이용자 보호

전기통신사업자는 전기통신역무에 관하여 이용자 피해를 예방하기 위하여 노력하여야 하며, 이용자로부터 제기되는 정당한 의견이나 불만을 즉시 처리하여야 한다. 즉시 처리하기 곤란한 경우에는 이용자에게 그 사유와 처리일정을 알려야 한다.

5) 통계의 보고

전기통신사업자는 전기통신역무별 시설현황·이용실적 및 이용자 현황과 요금의 부과·징수를 위하여 필요한 통화량 관련 자료 등 전기통신역무의 제공에 관한 통계를 대통령령으로 정하는 바에 따라 과학기술정보통신부장관에게 보고하고 관련 자료를 갖추어 두어야 한다.

6) 원상회복의 의무

기간통신사업자는 토지등의 사용이 끝나거나 사용하고 있는 토지등을 전기통신업무에 제공할 필요가 없게 되면 그 토지등을 원상으로 회복하여야 하며, 원상으로 회복하지 못하는 경우에는 그 소유자나 점유자가 입은 손실에 대하여 정당한 보상을 하여야 한다.

7) 손실보상

기간통신사업자는 토지등의 일시사용, 출입 또는 장애물 제거로 타인에게 손실을 끼친 경우에는 손실을 입은 자에게 정당한 보상을 하여야 한다.

8) 설비의 이전

기간통신사업자의 전기통신설비가 설치되어 있는 토지등이나 이에 인접한 토지등의 이용목적이나 이용방법이 변경되어 그 설비가 토지등의 이용에 방해가 되는 경우에는 그 토지등의 소유자나 점유자는 기간통신사업자에게 전기통신설비의 이전이나 그 밖에 방해 제거에 필요한 조치를 요구할 수 있다.

9) 전기통신역무의 품질 개선

① 전기통신사업자는 그가 제공하는 전기통신역무의 품질을 개선하기 위하여 노력하여야 한다.
② 과학기술정보통신부장관은 전기통신역무의 품질을 개선하고 이용자의 편익을 증진하기 위하여 전기통신역무의 품질 평가 등 필요한 시책을 마련하여야 한다.
③ 과학기술정보통신부장관은 전기통신사업자에게 전기통신역무의 품질 평가 등에 필요한 자료를 제출하도록 명할 수 있다.

02 일반 의무

1) 정보통신망 침해행위 등의 금지

① 누구든지 정당한 접근권한 없이 또는 허용된 접근권한을 넘어 정보통신망에 침입해서는 안 된다.

② 누구든지 정당한 사유 없이 정보통신시스템, 데이터 또는 프로그램 등을 훼손 · 멸실 · 변경 · 위조하거나 그 운용을 방해할 수 있는 프로그램(악성프로그램)을 전달 또는 유포해서는 안 된다.

③ 누구든지 정보통신망의 안정적 운영을 방해할 목적으로 대량의 신호 또는 데이터를 보내거나 부정한 명령을 처리하도록 하는 등의 방법으로 정보통신망에 장애가 발생하게 해서는 안 된다.

2) 비밀 등의 보호

누구든지 정보통신망에 의하여 처리 · 보관 또는 전송되는 타인의 정보를 훼손하거나 타인의 비밀을 침해 · 도용 또는 누설해서는 안 된다.

3) 속이는 행위에 의한 정보의 수집금지

① 누구든지 정보통신망을 통하여 속이는 행위로 다른 사람의 정보를 수집하거나 다른 사람이 정보를 제공하도록 유인해서는 안 된다.

② 정보통신서비스 제공자는 ①을 위반한 사실을 발견하면 즉시 과학기술정보통신부 장관 또는 한국인터넷진흥원에 신고해야 한다.

4) 영리목적의 광고성 정보 전송 제한

① 누구든지 전자적 전송매체를 이용하여 영리목적의 광고성 정보를 전송하려면 그 수신자의 명시적인 사전 동의를 받아야 한다. 다만, 다음 각 호의 어느 하나에 해당하는 경우에는 사전 동의를 받지 아니한다.

• 재화등의 거래관계를 통하여 수신자로부터 직접 연락처를 수집한 자가 대통령령으로 정한 기간 이내에 자신이 처리하고 수신자와 거래한 것과 같은 종류의 재화등에 대한 영리목적의 광고성 정보를 전송하려는 경우

• 방문판매 등에 관한 법률에 따른 전화권유판매자가 육성으로 수신자에게 개인정보의 수집출처를 고지하고 전화권유를 하는 경우

② 전자적 전송매체를 이용하여 영리목적의 광고성 정보를 전송하려는 자는 수신자가 수신거부의사를 표시하거나 사전 동의를 철회한 경우에는 영리목적의 광고성 정보를 전송하여서는 아니 된다.

③ 오후 9시부터 그 다음 날 오전 8시까지의 시간에 전자적 전송매체를 이용하여 영리목적의 광고성 정보를 전송하려는 자는 그 수신자로부터 별도의 사전 동의를 받아야 한다. 다만, 전자우편의 경우에는 그러하지 아니하다.

④ 전자적 전송매체를 이용하여 영리목적의 광고성 정보를 전송하는 자는 다음 각 호의 사항 등을 광고성 정보에 구체적으로 밝혀야 한다.
- 전송자의 명칭 및 연락처
- 수신의 거부 또는 수신동의의 철회 의사표시를 쉽게 할 수 있는 조치 및 방법에 관한 사항

⑤ 전자적 전송매체를 이용하여 영리목적의 광고성 정보를 전송하는 자는 다음 각 호의 어느 하나에 해당하는 조치를 하여서는 아니 된다.
- 광고성 정보 수신자의 수신거부 또는 수신동의의 철회를 회피·방해하는 조치
- 숫자·부호 또는 문자를 조합하여 전화번호·전자우편주소 등 수신자의 연락처를 자동으로 만들어 내는 조치
- 영리목적의 광고성 정보를 전송할 목적으로 전화번호 또는 전자우편주소를 자동으로 등록하는 조치
- 광고성 정보 전송자의 신원이나 광고 전송 출처를 감추기 위한 각종 조치
- 영리목적의 광고성 정보를 전송할 목적으로 수신자를 기망하여 회신을 유도하는 각종 조치

5) 영리목적의 광고성 정보 게시의 제한

① 누구든지 영리목적의 광고성 정보를 인터넷 홈페이지에 게시하려면 인터넷 홈페이지 운영자 또는 관리자의 사전 동의를 받아야 한다. 다만, 별도의 권한 없이 누구든지 쉽게 접근하여 글을 게시할 수 있는 게시판의 경우에는 사전 동의를 받지 아니한다.

② 인터넷 홈페이지 운영자 또는 관리자는 ①을 위반하여 게시된 영리목적의 광고성 정보를 삭제하는 등의 조치를 할 수 있다.

6) 불법행위를 위한 광고성 정보 전송금지

누구든지 정보통신망을 이용하여 법률에서 금지하는 재화 또는 서비스에 대한 광고성 정보를 전송하여서는 아니 된다.

01 다음 중 정보통신서비스 제공자의 책무가 아닌 것은?

① 이용자의 개인정보 보호
② 이용자의 권익보호
③ 건전한 정보사회가 정착되도록 노력
④ 정보이용능력의 향상에 이바지

건전한 정보사회의 정착 노력은 이용자의 책무임

02 모든 이용자가 언제 어디서나 적정한 요금으로 제공받을 수 있는 기본적인 전기통신역무를 무엇이라고 부르는가?

① 전송 역무
② 인터넷 역무
③ 기본적 역무
④ 보편적 역무

보편적 역무 : 모든 이용자가 언제 어디서나 적정한 요금으로 제공받을 수 있는 기본적인 전기통신역무

03 다음 중 보편적 역무의 내용이 아닌 것은?

① 유선전화 서비스
② 저궤도위성통신 서비스
③ 긴급통신용 전화 서비스
④ 장애인·저소득층 등에 대한 요금 감면 전화 서비스

보편적 역무
• 유선전화 서비스
• 긴급통신용 전화 서비스
• 장애인, 저소득층 등에 대한 요금 감면 전화 서비스

04 다음 중 일반적인 정보통신 이용자의 책무가 아닌 것은?

① 누구든지 접근 권한을 넘어 정보통신망에 침입해서는 안 된다.
② 누구든지 정보통신망에 의해 전송되는 타인의 정보를 훼손해서는 안 된다.
③ 누구든지 영리목적의 광고성 정보를 전송해서는 안 된다.
④ 누구든지 전자우편 주소의 무단 수집행위를 해서는 안 된다.

수신자의 사전 동의를 받거나 수신자로부터 직접 연락처를 수집한 자가 그가 취급하는 재화 등에 대한 영리목적의 광고성 정보를 전송하는 것은 허용됨

05 정보통신서비스제공자 및 이용자의 책무가 아닌 것은?

① 정보통신이용자는 건전한 정보사회가 정착되도록 노력하여야 한다.
② 정보통신서비스제공자는 이용자의 권익보호와 정보이용능력의 향상에 이바지하여야 한다.
③ 정보통신서비스제공자는 정보사회의 기반을 조성하기 위한 시책을 마련하여야 한다.
④ 정보통신서비스제공자는 이용자의 개인정보를 보호하고 건전하고 안전한 정보통신서비스를 제공해야 한다.

정보사회의 기반을 조성하기 위한 시책을 마련해야 하는 곳은 과학기술정보통신부장관 또는 방송통신위원회임

저작권의 보호

빈출 태그 저작물·컴퓨터프로그램저작물·외국인의 저작물·저작자의 추정·저작인격권·
저작재산권·보호기간의 원칙·저작권위원회

저작권법에서 사용하는 용어의 정의

- **저작물** : 인간의 사상 또는 감정을 표현한 창작물
- **저작자** : 저작물을 창작한 자
- **전송** : 공중송신 중 공중의 구성원이 개별적으로 선택한 시간과 장소에서 접근할 수 있도록 저작물 등을 이용에 제공하는 것
- **컴퓨터프로그램저작물** : 특정한 결과를 얻기 위하여 컴퓨터 등 정보처리능력을 가진 장치(컴퓨터 등) 내에서 직접 또는 간접으로 사용되는 일련의 지시·명령으로 표현된 것
- **공동저작물** : 2인 이상이 공동으로 창작한 저작물로서 각자의 이바지한 부분을 분리하여 이용할 수 없는 것
- **복제** : 인쇄·사진촬영·복사·녹음·녹화 그 밖의 방법에 의하여 유형물에 고정하거나 유형물로 다시 제작하는 것을 말하며, 건축물의 경우에는 그 건축을 위한 모형 또는 설계도서에 따라 이를 시공하는 것을 포함함
- **배포** : 저작물 등의 원본 또는 그 복제물을 공중에게 대가를 받거나 받지 아니하고 양도 또는 대여하는 것
- **발행** : 저작물 또는 음반을 공중의 수요를 충족시키기 위하여 복제·배포하는 것
- **공표** : 저작물을 공연, 공중송신 또는 전시 그 밖의 방법으로 공중에게 공개하는 경우와 저작물을 발행하는 경우
- **공중** : 불특정 다수인(특정 다수인 포함)을 말함
- **인증** : 저작물 등의 이용허락 등을 위하여 정당한 권리자임을 증명하는 것

01 저작권법 ★

1) 저작권법의 목적

저작자의 권리와 이에 인접하는 권리를 보호하고 저작물의 공정한 이용을 도모함으로써 문화 및 관련 산업의 향상발전에 이바지한다.

2) 외국인의 저작물

① 외국인의 저작물은 대한민국이 가입 또는 체결한 조약에 따라 보호된다.

② 대한민국 내에 상시 거주하는 외국인(무국적자 및 대한민국 내에 주된 사무소가 있는 외국법인을 포함)의 저작물과 맨 처음 대한민국 내에서 공표된 외국인의 저작물(외국에서 공표된 날로부터 30일 이내에 대한민국 내에서 공표된 저작물을 포함)은 이 법에 따라 보호된다.

③ ① 및 ②에 따라 보호되는 외국인(대한민국 내에 상시 거주하는 외국인 및 무국적자는 제외)의 저작물이라도 그 외국에서 대한민국 국민의 저작물을 보호하지 아니하는 경우에는 그에 상응하게 조약 및 이 법에 따른 보호를 제한할 수 있다.

④ ① 및 ②에 따라 보호되는 외국인의 저작물이라도 그 외국에서 보호기간이 만료된 경우에는 이 법에 따른 보호기간을 인정하지 아니한다.

02 저작물

1) 저작물의 예시

① 소설·시·논문·강연·연설·각본 그 밖의 어문저작물

② 음악저작물

③ 연극 및 무용·무언극 그 밖의 연극저작물

④ 회화·서예·조각·판화·공예·응용미술저작물 그 밖의 미술저작물

⑤ 건축물·건축을 위한 모형 및 설계도서 그 밖의 건축저작물

⑥ 사진저작물(이와 유사한 방법으로 제작된 것 포함)

⑦ 영상저작물

⑧ 지도·도표·설계도·약도·모형 그 밖의 도형저작물

⑨ 컴퓨터프로그램저작물

2) 2차적저작물

① 원저작물을 번역 · 편곡 · 변형 · 각색 · 영상제작 그 밖의 방법으로 작성한 창작물은 독자적인 저작물로서 보호된다.
② 2차적저작물의 보호는 그 원저작물의 저작자의 권리에 영향을 미치지 아니한다.

3) 편집저작물

① 편집저작물은 독자적인 저작물로서 보호된다.
② 편집저작물의 보호는 그 편집저작물의 구성부분이 되는 소재의 저작권 그 밖에 이 법에 따라 보호되는 권리에 영향을 미치지 아니한다.

03 저작자

1) 저작자 등의 추정

① 다음 각 호의 어느 하나에 해당하는 자는 저작자로서 그 저작물에 대한 저작권을 가지는 것으로 추정한다.
• 저작물의 원본이나 그 복제물에 저작자로서의 실명 또는 이명(예명 · 아호 · 약칭 등)으로서 널리 알려진 것이 일반적인 방법으로 표시된 자
• 저작물을 공연 또는 공중송신하는 경우에 저작자로서의 실명 또는 저작자의 널리 알려진 이명으로서 표시된 자
② 저작자의 표시가 없는 저작물의 경우에는 발행자 또는 공연자로 표시된 자가 저작권을 가지는 것으로 추정한다.

2) 업무상저작물의 저작자

법인 등의 명의로 공표되는 업무상저작물의 저작자는 계약 또는 근무규칙 등에 다른 정함이 없는 때에는 그 법인 등이 된다.

3) 저작권

① 저작자는 저작인격권 내지 저작재산권을 가짐
② 저작권은 저작물을 창작한 때부터 발생하며 어떠한 절차나 형식의 이행을 필요로 하지 아니한다.

04 저작인격권

1) 공표권

① 저작자는 그의 저작물을 공표하거나 공표하지 아니할 것을 결정할 권리를 가진다.
② 저작자가 공표되지 아니한 저작물의 저작재산권을 양도 또는 이용허락을 한 경우에는 그 상대방에게 저작물의 공표를 동의한 것으로 추정한다.

보호받지 못하는 저작물
① 헌법·법률·조약·명령·조례 및 규칙
② 국가 또는 지방자치단체의 고시·공고·훈령 그 밖에 이와 유사한 것
③ 법원의 판결·결정·명령 및 심판이나 행정심판절차 그 밖에 이와 유사한 절차에 의한 의결·결정 등
④ 국가 또는 지방자치단체가 작성한 것으로서 제1호 내지 제3호에 규정된 것의 편집물 또는 번역물
⑤ 사실의 전달에 불과한 시사보도

2) 성명표시권

① 저작자는 저작물의 원본이나 그 복제물에 또는 저작물의 공표 매체에 그의 실명 또는 이명을 표시할 권리를 가진다.

② 저작물을 이용하는 자는 그 저작자의 특별한 의사표시가 없는 때에는 저작자가 실명 또는 이명을 표시한 바에 따라 이를 표시하되, 저작물의 성질이나 그 이용의 목적 및 형태 등에 비추어 부득이하다고 인정되는 경우에는 예외로 한다.

3) 동일성유지권

저작자는 그의 저작물의 내용·형식 및 제호의 동일성을 유지할 권리를 가진다.

4) 저작인격권의 일신전속성

① 저작인격권은 저작자 일신에 전속한다.

② 저작자의 사망 후에 그의 저작물을 이용하는 자는 저작자가 생존하였더라면 그 저작인격권의 침해가 될 행위를 하여서는 아니 된다.

5) 공동저작물의 저작인격권

① 공동저작물의 저작인격권은 저작자 전원의 합의에 의하지 아니하고는 이를 행사할 수 없으며, 각 저작자는 신의에 반하여 합의의 성립을 방해할 수 없다.

② 공동저작물의 저작자는 그들 중에서 저작인격권을 대표하여 행사할 수 있는 자를 정할 수 있다.

③ 권리를 대표하여 행사하는 자의 대표권에 가하여진 제한이 있을 때에 그 제한은 선의의 제3자에게 대항할 수 없다.

05 저작재산권 ★

1) 저작재산권의 제한

① 재판절차 등에서의 복제 : 재판절차를 위하여 필요한 경우이거나 입법·행정의 목적을 위한 내부자료로서 필요한 경우에는 그 한도 안에서 저작물을 복제할 수 있다.

② 정치적 연설 등의 이용 : 공개적으로 행한 정치적 연설 및 법정·국회 또는 지방의회에서 공개적으로 행한 진술은 어떠한 방법으로도 이용할 수 있다.

③ 학교교육 목적 등에의 이용

• 고등학교 및 이에 준하는 학교 이하의 학교의 교육 목적상 필요한 교과용도서에는 공표된 저작물을 게재할 수 있다.

• 특별법에 의하여 설립되었거나 '유아교육법, 초·중등교육법' 또는 '고등교육법'에 따른 학교 또는 국가나 지방자치단체가 운영하는 교육기관은 그 수업목적상 필요하다고 인정되는 경우에는 공표된 저작물의 일부분을 복제·공연·방송 또는 전송할 수 있다.

④ 시사보도를 위한 이용 : 방송·신문 그 밖의 방법에 의하여 시사보도를 하는 경우에 그 과정에서 보이거나 들리는 저작물은 보도를 위한 정당한 범위 안에서 복제·배포·공연 또는 공중송신할 수 있다.

저작재산권의 종류
① **복제권** : 저작자는 그의 저작물을 복제할 권리를 가짐
② **공연권** : 저작자는 그의 저작물을 공연할 권리를 가짐
③ **공중송신권** : 저작자는 그의 저작물을 공중송신할 권리를 가짐
④ **전시권** : 저작자는 미술저작물 등의 원본이나 그 복제물을 전시할 권리를 가짐
⑤ **배포권** : 저작자는 저작물의 원본이나 그 복제물을 배포할 권리를 가지나, 저작물의 원본이나 그 복제물이 당해저작재산권자의 허락을 받아 판매 등의 방법으로 거래에 제공된 경우에는 예외로 함
⑥ **대여권** : 배포권의 단서 조항에도 불구하고 저작자는 판매용 음반이나 프로그램을 영리를 목적으로 대여할 권리를 가짐
⑦ **2차적 저작물작성권** : 저작자는 그의 저작물을 원저작물로 하는 2차적 저작물을 작성하여 이용할 권리를 가짐

⑤ **시사적인 기사 및 논설의 복제** : 정치 · 경제 · 사회 · 문화 · 종교에 관하여 신문 및 인터넷신문 또는 '뉴스통신진흥에 관한 법률'의 규정에 따른 뉴스통신에 게재된 시사적인 기사나 논설은 다른 언론기관이 복제 · 배포 또는 방송할 수 있으나, 이용을 금지하는 표시가 있는 경우에는 그러하지 못한다.

⑥ **공표된 저작물의 인용** : 공표된 저작물은 보도 · 비평 · 교육 · 연구 등을 위하여는 정당한 범위 안에서 공정한 관행에 합치되게 이를 인용할 수 있다.

⑦ **영리를 목적으로 하지 아니하는 공연 · 방송**

• 영리를 목적으로 하지 아니하고 청중이나 관중 또는 제3자로부터 어떤 명목으로든지 반대급부를 받지 아니하는 경우에는 공표된 저작물을 공연 또는 방송할 수 있다.

• 청중이나 관중으로부터 해당 공연에 대한 반대급부를 받지 아니하는 경우에는 상업용 음반 또는 상업용 영상저작물을 재생하여 공중에게 공연할 수 있다.

⑧ **사적이용을 위한 복제** : 공표된 저작물을 영리를 목적으로 하지 아니하고 개인적으로 이용하거나 가정 및 이에 준하는 한정된 범위 안에서 이용하는 경우에는 그 이용자는 이를 복제할 수 있다.

⑨ **도서관 등에서의 복제** : '도서관법'에 따른 도서관과 도서 · 문서 · 기록 그 밖의 자료를 공중의 이용에 제공하는 시설 중 대통령령이 정하는 시설은 다음 각 어느 하나에 해당하는 경우에는 그 도서관 등에 보관된 도서 등을 사용하여 저작물을 복제할 수 있다.

• 조사 · 연구를 목적으로 하는 이용자의 요구에 따라 공표된 도서 등의 일부분의 복제물을 1인 1부에 한하여 제공하는 경우

• 도서 등의 자체보존을 위하여 필요한 경우

• 다른 도서관 등의 요구에 따라 절판 그 밖에 이에 준하는 사유로 구하기 어려운 도서 등의 복제물을 보존용으로 제공하는 경우

⑩ **시험문제로서의 복제** : 학교의 입학시험 그 밖에 학식 및 기능에 관한 시험 또는 검정을 위하여 필요한 경우에는 그 목적을 위하여 정당한 범위 안에서 공표된 저작물을 복제할 수 있다.

⑪ **시각장애인 등을 위한 복제**

• 공표된 저작물은 시각장애인 등을 위하여 점자로 복제 · 배포할 수 있다.

• 시각장애인 등의 복리증진을 목적으로 하는 시설 중 대통령령이 정하는 시설은 영리를 목적으로 하지 아니하고 시각장애인 등의 이용에 제공하기 위하여 공표된 어문저작물을 녹음하거나 대통령령으로 정하는 시각장애인 등을 위한 전용 기록방식으로 복제 · 배포 또는 전송할 수 있다.

⑫ **방송사업자의 일시적 녹음 · 녹화**

• 저작물을 방송할 권한을 가지는 방송사업자는 자신의 방송을 위하여 자체의 수단으로 저작물을 일시적으로 녹음하거나 녹화할 수 있다.

• 위의 규정에 따라 만들어진 녹음물 또는 녹화물은 녹음일 또는 녹화일로부터 1년을 초과하여 보존할 수 없다.

⑬ 미술저작물 등의 전시 또는 복제 : 미술저작물 등의 원본의 소유자나 그의 동의를 얻은 자는 그 저작물을 원본에 의하여 전시할 수 있으나, 가로 · 공원 · 건축물의 외벽 그 밖에 공중에게 개방된 장소에 항시 전시하는 경우에는 그러하지 아니하다.

2) 출처의 명시

① 시사보도를 위한 이용, 영리를 목적으로 하지 아니하는 공연 · 방송, 시험문제로서의 복제, 그리고 방송사업자의 일시적 녹음 · 녹화의 경우를 제외한 사용에 있어서는 그 출처를 명시하여야 한다.

② 출처의 명시는 저작물의 이용 상황에 따라 합리적이라고 인정되는 방법으로 하여야 하며, 저작자의 실명 또는 이명이 표시된 저작물인 경우에는 그 실명 또는 이명을 명시하여야 한다.

3) 저작재산권의 보호기간

① 보호기간의 원칙

• 저작재산권은 특별한 규정이 있는 경우를 제외하고는 저작자가 생존하는 동안과 사망 후 70년간 존속한다.

• 공동저작물의 저작재산권은 맨 마지막으로 사망한 저작자가 사망 후 70년간 존속한다.

② 무명 또는 이명 저작물의 보호기간

무명 또는 널리 알려지지 아니한 이명이 표시된 저작물의 저작재산권은 공표된 때부터 70년간 존속하며, 이 기간 내에 저작자가 사망한지 70년이 지났다고 인정할 만한 정당한 사유가 발생한 경우에는 그 저작재산권은 저작자가 사망한 후 70년이 지났다고 인정되는 때에 소멸한 것으로 본다.

③ 업무상저작물의 보호기간

업무상저작물의 저작재산권은 공표한 때부터 70년간 존속하며 단, 창작한 때부터 50년 이내에 공표되지 아니한 경우에는 창작한 때부터 70년간 존속한다.

④ 영상저작물의 보호기간

영상저작물의 저작재산권은 보호기간의 원칙 및 무명 또는 이명 저작물의 보호기간의 조항에도 불구하고 공표한 때부터 70년간 존속하며 다만, 창작한 때부터 50년 이내에 공표되지 아니한 경우에는 창작한 때부터 70년간 존속한다.

⑤ 계속적간행물 등의 공표시기

무명 또는 이명 저작물의 보호기간의 조항 또는 업무상저작물의 보호기간의 항목에 따른 공표시기는 책 · 호 또는 회 등으로 공표하는 저작물의 경우에는 매책 · 매호 또는 매회 등의 공표 시로 하고, 일부분씩 순차적으로 공표하여 완성하는 저작물의 경우에는 최종부분의 공표 시로 하며 일부분씩 순차적으로 공표하여 전부를 완성하는 저작물의 계속되어야 할 부분이 최근의 공표시기부터 3년이 경과되어도 공표되지 아니하는 경우에는 이미 공표된 맨 뒤의 부분을 최종부분으로 본다.

⑥ 보호기간의 기산

저작재산권의 보호기간을 계산하는 경우에는 저작자가 사망하거나 저작물을 창작 또는 공표한 다음 해부터 기산한다.

4) 저작재산권의 양도 · 행사 · 소멸

① 저작재산권의 양도
- 저작재산권은 전부 또는 일부를 양도할 수 있다.
- 저작재산권의 전부를 양도하는 경우에 특약이 없는 때에는 2차적 저작물을 작성하여 이용할 권리는 포함되지 아니한 것으로 추정한다.

② 저작물의 이용허락
- 저작재산권자는 다른 사람에게 그 저작물의 이용을 허락할 수 있다.
- 허락에 의하여 저작물을 이용할 수 있는 권리는 저작재산권자의 동의 없이 제3자에게 이를 양도할 수 없다.

③ 저작재산권을 목적으로 하는 질권의 행사 : 저작재산권을 목적으로 하는 질권은 그 저작재산권의 양도 또는 그 저작물의 이용에 따라 저작재산권자가 받을 금전 그 밖의 물건에 대하여도 행사할 수 있으나, 이들의 지급 또는 인도 전에 이를 압류하여야 한다.

④ 공동저작물의 저작재산권의 행사 : 공동저작물의 저작재산권은 그 저작재산권자 전원의 합의에 의하지 아니하고는 이를 행사할 수 없고, 다른 저작재산권자의 동의가 없으면 그 지분을 양도하거나 질권의 목적으로 할 수 없으며, 각 저작재산권자는 신의에 반하여 합의의 성립을 방해하거나 동의를 거부할 수 없다.

⑤ 저작재산권의 소멸 : 저작재산권이 다음 어느 하나에 해당하는 경우에는 소멸한다.
- 저작재산권자가 상속인 없이 사망한 경우에 그 권리가 '민법' 그 밖의 법률의 규정에 따라 국가에 귀속되는 경우
- 저작재산권자인 법인 또는 단체가 해산되어 그 권리가 '민법' 그 밖의 법률의 규정에 따라 국가에 귀속되는 경우

06 한국저작권위원회

1) 한국저작권위원회의 설립 및 구성

① 저작권과 그 밖에 이 법에 따라 보호되는 권리에 관한 사항을 심의하고, 저작권에 관한 분쟁을 알선 · 조정하며, 저작권 등록 관련 업무를 수행하고, 권리자의 권익 증진 및 저작물등의 공정한 이용에 필요한 사업을 수행하기 위하여 한국저작권위원회를 둔다.

② 위원회는 위원장 1명, 부위원장 2명을 포함한 20명 이상 25명 이내의 위원으로 구성한다.

③ 위원은 문화체육관광부장관이 위촉하며, 위원장과 부위원장은 위원 중에서 호선한다.

저작권위원회 위원의 위촉 자격
- 대학이나 공인된 연구기관에서 부교수 이상 또는 이에 상당하는 직위에 있거나 있었던 자로서 저작권 관련 분야를 전공한 자
- 판사 또는 검사의 직에 있는 자 및 변호사의 자격이 있는 자
- 4급 이상의 공무원 또는 이에 상당하는 공공기관의 직에 있거나 있었던 자로서 저작권 또는 문화산업 분야에 실무경험이 있는 자
- 저작권 또는 문화산업 관련 단체의 임원의 직에 있거나 있었던 자
- 그 밖에 저작권과 관련된 업무에 관한 학식과 경험이 풍부한 자

④ 위원의 임기는 3년으로 하며, 한 차례만 연임할 수 있다.

⑤ 위원에 결원이 생겼을 때에는 보궐위원을 위촉하여야 하며, 그 보궐위원의 임기는 전임자 임기의 나머지 기간으로 한다. 다만, 위원의 수가 20명 이상인 경우에는 보궐위원을 위촉하지 아니할 수 있다.

⑥ 위원회의 업무를 효율적으로 수행하기 위하여 분야별로 분과위원회를 둘 수 있다. 분과위원회가 위원회로부터 위임받은 사항에 관하여 의결한 때에는 위원회가 의결한 것으로 본다.

2) 위원회의 업무

① 저작권 등록에 관한 업무

② 분쟁의 알선 · 조정

③ 저작권위탁관리업자의 수수료 및 사용료의 요율 또는 금액에 관한 사항 및 문화체육관광부장관 또는 위원 3명 이상이 공동으로 회의에 부치는 사항의 심의

④ 저작물등의 이용질서 확립 및 저작물의 공정한 이용 도모를 위한 사업

⑤ 저작권 진흥 및 저작자의 권익 증진을 위한 국제협력

⑥ 저작권 연구 · 교육 및 홍보

⑦ 저작권 정책의 수립 지원

⑧ 기술적보호조치 및 권리관리정보에 관한 정책 수립 지원

⑨ 저작권 정보 제공을 위한 정보관리 시스템 구축 및 운영

⑩ 저작권의 침해 등에 관한 감정

⑪ 법령에 따라 위원회의 업무로 정하거나 위탁하는 업무

3) 조정부

위원회의 분쟁조정업무를 효율적으로 수행하기 위하여 위원회에 1인 또는 3인 이상의 위원으로 구성된 조정부를 두되, 그 중 1인은 변호사의 자격이 있는 자이어야 한다.

4) 비공개

조정절차는 비공개를 원칙으로 한다. 다만, 조정부장은 당사자의 동의를 얻어 적당하다고 인정하는 자에게 방청을 허가할 수 있다.

5) 진술의 원용 제한

조정절차에서 당사자 또는 이해관계인이 한 진술은 소송 또는 중재절차에서 원용하지 못한다.

6) 저작권정보센터

기술적보호조치 및 권리관리정보에 관한 정책 수립 지원 및 저작권 정보 제공을 위한 정보관리 시스템 구축 및 운영의 업무를 효율적으로 수행하기 위하여 위원회 내에 저작권정보센터를 둔다.

07 권리침해에 대한 구제

1) 침해의 정지 등 청구

① 저작권 그 밖에 이 법에 따라 보호되는 권리를 가진 자는 그 권리를 침해하는 자에 대하여 침해의 정지를 청구할 수 있으며, 그 권리를 침해할 우려가 있는 자에 대하여 침해의 예방 또는 손해배상의 담보를 청구할 수 있다.

② 저작권 그 밖에 이 법에 따라 보호되는 권리를 가진 자는 ①의 규정에 따른 청구를 하는 경우에 침해행위에 의하여 만들어진 물건의 폐기나 그 밖의 필요한 조치를 청구할 수 있다.

③ ① 및 ②의 경우 또는 이 법에 따른 형사의 기소가 있는 때에는 법원은 원고 또는 고소인의 신청에 따라 담보를 제공하거나 제공하지 아니하게 하고, 임시로 침해행위의 정지 또는 침해행위로 말미암아 만들어진 물건의 압류 그 밖의 필요한 조치를 명할 수 있다.

④ ③의 경우에 저작권 그 밖에 이 법에 따라 보호되는 권리의 침해가 없다는 뜻의 판결이 확정된 때에는 신청자는 그 신청으로 인하여 발생한 손해를 배상하여야 한다.

2) 침해로 보는 행위

① 다음 각 호의 어느 하나에 해당하는 행위는 저작권 그 밖에 이 법에 따라 보호되는 권리의 침해로 본다.
- 수입 시에 대한민국 내에서 만들어졌더라면 저작권 그 밖에 이 법에 따라 보호되는 권리의 침해로 될 물건을 대한민국 내에서 배포할 목적으로 수입하는 행위
- 저작권 그 밖에 이 법에 따라 보호되는 권리를 침해하는 행위에 의하여 만들어진 물건을 그 사실을 알고 배포할 목적으로 소지하는 행위
- 프로그램의 저작권을 침해하여 만들어진 프로그램의 복제물을 그 사실을 알면서 취득한 자가 이를 업무상 이용하는 행위

② 저작자의 명예를 훼손하는 방법으로 저작물을 이용하는 행위는 저작인격권의 침해로 본다.

3) 손해배상의 청구

① 저작재산권 그 밖에 이 법에 따라 보호되는 권리(저작인격권 및 실연자의 인격권 제외)를 가진 자가 고의 또는 과실로 권리를 침해한 자에 대하여 그 침해행위에 의하여 자기가 받은 손해의 배상을 청구하는 경우에 그 권리를 침해한 자가 그 침해행위에 의하여 이익을 받은 때에는 그 이익의 액을 저작재산권자등이 받은 손해의 액으로 추정한다.

② 저작재산권자등이 고의 또는 과실로 그 권리를 침해한 자에 대하여 그 침해행위에 의하여 자기가 받은 손해의 배상을 청구하는 경우에 그 권리의 행사로 통상 받을 수 있는 금액에 상당하는 액을 저작재산권자 등이 받은 손해의 액으로 하여 그 손해배상을 청구할 수 있다.

③ ②의 규정에 불구하고 저작재산권자등이 받은 손해의 액이 ②의 규정에 따른 금액을 초과하는 경우에는 그 초과액에 대하여도 손해배상을 청구할 수 있다.

4) 공동저작물의 권리침해

공동저작물의 각 저작자 또는 각 저작재산권자는 다른 저작자 또는 다른 저작재산권자의 동의 없이 침해의 정지 등에 따른 청구를 할 수 있으며, 그 저작재산권의 침해에 관하여 자신의 지분에 관한 손해배상의 청구를 할 수 있다.

이론을 확인하는 기출문제

01 저작권법의 제정 목적은?

① 정보화촉진 및 정보통신산업기반 조성
② 문화의 향상발전에 이바지함
③ 이용자 권리 보호
④ 공공복리 증진

저작권법의 목적 : 저작자의 권리와 이에 인접하는 권리를 보호하고 저작물의 공정한 이용을 도모함으로써 문화 및 관련 산업의 향상발전에 이바지함

02 인쇄·사진촬영·복사·녹음·녹화 그 밖의 방법에 의하여 유형물에 고정하거나 유형물로 다시 제작하는 것을 무엇이라고 하는가?

① 배포   ② 발행
③ 복제   ④ 공표

프로그램 유형물
• **복제** : 인쇄·사진촬영·복사·녹음·녹화 그 밖의 방법에 의하여 유형물에 고정하거나 유형물로 다시 제작하는 것
• **배포** : 저작물 등의 원본 또는 그 복제물을 공중에게 대가를 받거나 받지 아니하고 양도 또는 대여하는 것
• **발행** : 저작물 또는 음반을 공중의 수요를 충족시키기 위하여 복제·배포하는 것
• **공표** : 저작물을 공연, 공중송신 또는 전시 그 밖의 방법으로 공중에게 공개하는 경우와 저작물을 발행하는 경우

03 저작재산권 보호기간의 기산과 관계 없는 것은 어느 것인가?

① 저작자가 사망한 다음 해부터 기산한다.
② 저작물이 창작된 다음 해부터 기산한다.
③ 저작물이 공표된 다음 해부터 기산한다.
④ 저작자가 사망한 해부터 기산한다.

보호기간의 기산 : 저작재산권의 보호기간을 계산하는 경우에는 저작자가 사망하거나 저작물을 창작 또는 공표한 다음 해부터 기산함

04 다음 중 저작권위원회의 위원을 위촉할 수 있는 위촉권자는 누구인가?

① 대통령
② 국무총리
③ 문화체육관광부장관
④ 지식경제부장관

저작권위원회 위원은 문화체육관광부장관이 위촉하며, 위원장과 부위원장은 위원 중에서 호선함

기타 정보통신 관련 법규

빈출 태그 소프트웨어 진흥법 · 전파법 · 통신비밀보호법

01 소프트웨어 진흥법

소프트웨어 진흥에 필요한 사항을 정하여 국가 전반의 소프트웨어 역량을 강화하고 소프트웨어산업 발전의 기반을 조성함으로써 국민생활의 향상과 국민경제의 건전한 발전에 이바지한다.

02 전파법

전파의 효율적이고 안전한 이용 및 관리에 관한 사항을 정하여 전파이용과 전파에 관한 기술의 개발을 촉진함으로써 전파 관련 분야의 진흥과 공공복리의 증진에 이바지한다.

03 통신비밀보호법

통신 및 대화의 비밀과 자유에 대한 제한은 그 대상을 한정하고 엄격한 법적 절차를 거치도록 함으로써 통신비밀을 보호하고 통신의 자유를 신장한다.

소프트웨어 진흥
과학기술정보통신부장관은 소프트웨어 진흥을 위하여 다음의 중·장기적인 기본계획을 수립해야 함
- 소프트웨어의 진흥을 위한 시책의 기본방향
- 소프트웨어의 부문별 육성시책에 관한 사항
- 소프트웨어의 기반조성에 관한 사항
- 소프트웨어의 창업지원 등
- 소프트웨어 기술의 연구개발 및 보급에 관한 사항
- 소프트웨어의 이용촉진 및 유통 활성화에 관한 사항
- 소프트웨어의 국제협력 및 해외시장 진출에 관한 사항
- 기타 소프트웨어 진흥을 위하여 필요한 사항

이론을 확인하는 기출문제

01 단말장치의 전자파장해 방지기준 및 전자파장해로부터의 보호기준은 어느 법령이 정하는 바에 따라야 하는가?
① 지능정보화기본법
② 전기통신기본법
③ 전파법
④ 정보통신망보급확장과 이용촉진에 관한 법률

전파법의 목적 : 전파의 효율적인 이용 및 관리에 관한 사항을 정하여 전파이용 및 전파에 관한 기술의 개발 촉진

02 통신비밀보호법의 목적이 아닌 것은?
① 통신의 자유 보장
② 통신 대상의 한정
③ 통신 비밀 보호
④ 통신의 검열 강화

통신비밀보호법의 목적 : 통신 및 대화의 비밀과 자유에 대한 제한은 그 대상을 한정하고 엄격한 법적 절차를 거치도록 함으로써 통신비밀을 보호하고 통신의 자유를 신장함을 목적으로 함

01 정보통신망에서 유통을 금지하는 불법정보로 보기 어려운 것은?

① 국가보안법에 위반되는 내용의 정보
② 사행행위에 해당하는 내용의 정보
③ 모든 청소년유해매체물
④ 공포심이나 불안감을 유발하는 내용의 정보

02 불법정보의 유통금지와 관련한 다음의 내용 중 바르지 못한 것은?

① 방송통신위원회는 불법 정보에 대해 정보통신서비스 제공자에게 취급의 거부 · 정지 또는 제한을 명할 수 있다.
② 방송통신위원회는 어떠한 경우에도 정보 제한 명령에 앞서 관련 대상자에게 의견제출 기회를 주어야 한다.
③ 방송통신위원회는 음란 정보 및 명예훼손에 따른 정보는 피해자의 의사에 반하여 제한 명령을 할 수 없다.
④ 사생활 침해 또는 명예훼손 정보와 관련한 분쟁 조정업무의 효율적인 수행을 위해 명예훼손 분쟁조정부를 둔다.

03 정보통신업무종사자로서 정보통신망에 의해 처리, 보관 또는 전송되는 타인의 정보에 대한 조치로 올바른 것은?

① 타인의 정보 훼손
② 타인의 비밀 보호
③ 타인의 비밀 누설
④ 타인의 비밀 침해

04 건전한 정보통신망의 고도화와 안전한 이용 촉진 및 방송통신과 관련한 국가협력을 효율적으로 추진하기 위하여 정부가 설립한 기구는?

① 한국정보사회진흥원
② 한국정보문화센터
③ 한국인터넷진흥원
④ 정보화추진위원회

05 도청, 탐지, 방해통신, 기만통신 및 교신분석 등에 대비한 통신보안은?

① 자재 보안
② 송신 보안
③ 암호 보안
④ 수신 보안

06 통신보안의 필요성에 관련된 사항이 아닌 것은?

① 통신기술의 고도화에 따른 이용도 증가
② 정보통신망사업 홍보내용 누출방지
③ 통신내용은 풍부한 정보의 원천
④ 통신정보의 수집을 위한 도청능력 향상

07 통신보안 대책이 아닌 것은?

① 통신보안장비를 설치한다.
② 통신제원을 자주 변경하여 사용한다.
③ 안전한 전파의 전송 수단을 강구한다.
④ 국제전화 사용을 철저히 통제 감시한다.

08 전기통신사업자가 수사상 필요에 의하여 관계기관으로부터 전기통신업무에 관한 서류의 열람이나 제출을 요구받을 때에는 어떻게 해야 하는가?

① 무조건 응해야 한다.
② 전기통신사업자가 판단하여 처리한다.
③ 서면요구가 있을 때에 한하여 응해야 한다.
④ 과학기술정보통신부장관의 협조공문을 보고 판단한다.

09 다음 중 정보통신역무제공업자가 개인의 사생활에 관한 정보를 보관하는 방법으로 가장 적합한 것은?

① 전용보관함에 넣고 시건장치로 보관한다.
② 공휴일에 한해서 이용하도록 보관한다.
③ 일반 정보자료와 동일하게 보관한다.
④ 야간에 한해서 이용하도록 보관한다.

10 전기통신업무를 제한할 수 있는 경우가 아닌 것은?

① 국가비상사태가 발생하거나 발생할 우려가 있을 때
② 개인의 비밀을 침해하는 경우
③ 중요통신 확보를 위해 필요한 경우
④ 전시 · 사변 · 천재 · 지변 등의 발생시

11 통신 업무의 전부 또는 일부를 제한할 수 있는 경우가 아닌 것은?

① 지급통신을 행할 때
② 전쟁 중일 때
③ 비상사태일 때
④ 천재지변이 일어났을 때

12 전기통신사업자의 의무사항에 해당되지 않는 것은?

① 행정명령시 이용약관 변경 의무
② 전기통신사업자의 이용약관 사전신고(또는 인가)
③ 가입자 구내에 설치한 전기통신설비의 선량한 관리 의무
④ 전기통신사업자의 이용약관 비치 및 게시

13 전기통신사업자가 통신역무 제공시 의무 원칙에 관한 사항으로 볼 수 없는 것은?

① 정당한 사유없이 역무 제공을 거부해서는 안 된다.
② 보편적 역무를 제공 및 그에 따른 손실을 보전해야 한다.
③ 역무의 제공시 국가의 보위 및 안보에 관한 통신 보안 규제를 홍보하도록 한다.
④ 이용자의 정당한 의견이나 불만을 즉시 처리해야 한다.

14 정보통신서비스 제공자의 준수 사항으로 적절하지 않은 것은?

① 국가의 경제 발전에 유해가 되는 행위를 해서는 안 된다.
② 수신자의 의사에 반하여 영리목적의 광고성 정보를 전송하여도 무방하다.
③ 공공의 미풍양속을 해치는 행위를 해서는 안 된다.
④ 국가의 안전을 위태롭게 하는 행위를 해서는 안 된다.

15 전기통신의 발전을 위해 필요한 경우 과학기술정보통신부장관이 통신사업자에 대하여 명할 수 있는 사항이 아닌 것은?

① 전기통신업무에 관한 통계보고
② 중요통신을 위한 통신망의 구축, 관리
③ 전기통신설비 등의 통합운용, 관리
④ 사회복지의 증진을 위한 통신시설의 확충

16 정보통신역무 제공자가 이용자 또는 타인에게 피해를 줄 경우 해당되는 보상은?

① 손해보상
② 심리보상
③ 손실보상
④ 실비보상

17 전기통신설비의 보호사항에 관한 내용 중 옳지 않는 것은?

① 누구든지 전기통신 설비를 손괴하여서는 아니 된다.
② 누구든지 전기통신 설비에 동물. 배 등을 매는 등의 방법으로 전기통신 설비를 오손하여서는 아니 된다.
③ 전기통신설비의 측량표는 훼손하여도 된다.
④ 누구든지 전기통신 설비의 기능에 장해를 주어 전기통신의 소통을 방해하는 행위를 하여서는 아니 된다.

18 저작권법을 제정한 목적에 해당되지 않는 것은?

① 이용자의 권리 보호
② 저작물의 공정한 이용 도모
③ 저작자의 권리에 인접하는 권리 보호
④ 문화의 향상 발전에 이바지함

19 다음 중 보호받을 수 있는 저작물은?

① 법률
② 건축물
③ 지방자치단체의 고시
④ 법원 판결의 편집물

20 다음 중 저작인격권에 속하지 않는 것은?

① 공표권　　　② 성명표시권
③ 동일성유지권　　④ 상표등록권

21 저작권은 어느 때부터 발생하는가?

① 저작물을 이용한 순간부터 발생한다.
② 저작물을 등록한 일자부터 발생한다.
③ 저작물을 공표한 시간부터 발생한다.
④ 저작물을 창작한 때로부터 발생한다.

22 저작재산권은 저작자 사망 후 몇 년간 존속되는가?

① 10년　　　② 30년
③ 70년　　　④ 100년

23 저작물 등의 건전한 이용질서를 확립하고 저작권에 관한 사항을 심의하며 저작권에 관한 분쟁을 조정하기 위한 기구는?

① 방송통신위원회
② 프로그램심의조정위원회
③ 한국저작권위원회
④ 정보통신정책심의위원회

24 다음 중 한국저작권위원회의 위원이 되기 위한 필요자격이 아닌 것은?

① 저작권 관련 분야를 전공한 대학 교수
② 국회의원
③ 현직 판사 또는 검사
④ 문화산업 관련 단체의 임원

25 소프트웨어산업의 진흥을 위하여 중·장기적인 기본계획을 수립하여야 하는 자는?

① 기획재정부장관
② 행정안전부장관
③ 과학기술정보통신부장관
④ 문화체육관광부장관

26 다음 중 전파법에 관한 내용에 해당되지 않는 것은?

① 통신제한조치
② 전파의 진흥
③ 무선설비기기의 형식검정
④ 무선국의 운용

예상문제
정답 및 해설

합격을 다지는 예상문제 정답 & 해설

CHAPTER 01

1-26p

01 ④	02 ②	03 ①	04 ③	05 ④
06 ①	07 ①	08 ①	09 ②	10 ②
11 ③	12 ②	13 ①	14 ③	15 ①
16 ③	17 ④	18 ③	19 ①	20 ①
21 ③	22 ②	23 ②	24 ①	25 ②
26 ①	27 ③	28 ①	29 ①	30 ①
31 ②				

01 ④

컴퓨터의 주요 특징은 대량성, 신속성, 정확성, 범용성 등이며, 다른 방식의 장비와 결합하여 사용할 수 있는 호환성도 일부 특징일 수는 있으나, 동시 사용에 대한 설명까지는 포함되지 않음

02 ②

데이터를 순서대로 가져와 분석한 후 장치에 지시하는 장치는 제어 장치

03 ①

컴퓨터의 처리 시간 : ms(밀리초) < μs(마이크로초) < ns(나노초) < ps(피코초) < fs(펨토초) < as(아토초)

04 ③

중앙 처리 장치 : 각 부분의 동작을 제어하고 제어 장치와 연산 장치로 구성되어 있음

05 ④

미국 법원의 특허 관련 소송에서 ABC를 ENIAC에 앞선 디지털 컴퓨터로 인정하였으나, 논란의 여지가 있음

06 ①

MARK-I : 최초의 전기 기계식 자동 계산기

07 ①

EDVAC : 프로그램 내장 방식과 최초로 2진법을 사용한 컴퓨터

08 ①

세대별 논리 소자
- 제 1세대 : 진공관(Tube)
- 제 2세대 : 트랜지스터(TR)
- 제 3세대 이후 : 집적 회로(IC)

09 ②

진공관 이후의 회로 소자는 트랜지스터임

10 ②

1세대가 하드웨어 중심이었던 것에 반해, 2세대는 컴파일 언어 개발(FORTRAN, CL), 다중 프로그래밍, 실시간 시스템, 온라인 시스템 개발 등 소프트웨어의 비중이 증대됨

11 ③

세대별 언어 특징
- 1세대 : 기계어, 어셈블리어
- 2세대 : 포트란, 코볼, 알골
- 3세대 : 구조적 언어(BASIC, C)
- 4세대 : 문제 중심 언어, 비절차적 언어(데이터베이스, 스프레드시트)
- 5세대 : 객체 지향 언어(C++, Java)

12 ②

진공관은 1세대 컴퓨터에 사용됐던 소자이며, 제3세대 이후 현재까지는 집적회로(IC)가 쓰임

13 ①

기억 소자의 발전 단계
Vacuum Tube → Transistor → IC → LSI → VLSI, SLSI, ULSI

14 ③

컴퓨터는 작동 원리에 따라 디지털 컴퓨터, 아날로그 컴퓨터, 하이브리드 컴퓨터로 구분됨

15 ①

아날로그 컴퓨터는 회로 자체만으로 작동하거나 자체 내장된 프로그램을 사용하기 때문에, 별도의 프로그램이 필요하지 않음

16 ③

주기억 장치의 속도가 CPU의 속도를 따라가지 못하여 발생하는 지연 시간을 최소화하기 위해 캐시 메모리를 사용

17 ④

소프트웨어를 하드웨어처럼 사용하기 위한 프로그램을 펌웨어라고 함

18 ③

정밀도에 있어서 아날로그 컴퓨터보다 디지털 컴퓨터가 뛰어남

19 ①

디지털 컴퓨터의 정밀도는 필요에 따라 증가시킬 수 있음

20 ①

사무자동화 기능을 이용하여 문서의 통일성을 줄 수 있음

21 ③

디지털 컴퓨터와 아날로그 컴퓨터의 구성 회로는 각각 논리 회로와 증폭 회로임

22 ②

프로그램 내장 방식을 처음으로 사용한 컴퓨터는 EDSAC

23 ②

SAM(Sequential Access Method/Memory) : 순차 접근 방법/메모리

오답 피하기

- DAM(Direct Access Method/Memory) : 직접 접근 방법/메모리
- CAM(Cyclic Access Method/Memory) : 순환 접근 방법/메모리

24 ①

범용 컴퓨터란 회사의 사무 처리에서부터 고도의 기술 계산까지를 목적으로 하는 일반적인 디지털 컴퓨터를 말함

25 ②

이산적 데이터(숫자, 문자 등)를 취급하며, 논리 회로로 구성된 컴퓨터는 디지털 컴퓨터임

26 ①

시스템의 응용

- **질의 응답 시스템** : 도서관의 문헌정보 검색, 각종 생활정보, 주식시세, 일기예보 등
- **공정 제어 시스템** : 전력 공급 시스템, 원유정제 시스템, 화학공정, 자동차 조립 등
- **거래 처리 시스템** : 은행 창구나 백화점 판매대 등

27 ③

모의 실험(Simulation) : 현실의 자료를 이용하여 결과를 컴퓨터에 의해 가상으로 모형화하는 작업

28 ①

컴퓨터를 이용한 제조를 일컫는 말은 CAM(Computer Aided Manufacturing)임

29 ①

컴퓨터 활용 시스템

- **CAI** : 컴퓨터를 이용한 개별 학습 시스템
- **FMS** : 다품종 중소량의 생산에 알맞게 유연성을 갖는 제조 시스템

30 ①

다수 학습자의 학습의 이해도, 학습 스케줄, 성적 처리 등 학습자의 교육을 관리하기 위한 도구는 CMI임

31 ②

MIPS : 컴퓨터의 수행 속도를 나타내는 단위의 하나로서, 1초에 백만 개의 명령을 수행할 수 능력을 가리킴

CHAPTER 02   1-44p

01 ③	02 ③	03 ①	04 ③	05 ④
06 ①	07 ③	08 ③	09 ③	10 ④
11 ③	12 ①	13 ③	14 ②	15 ④
16 ④	17 ①	18 ①	19 ②	20 ④
21 ④	22 ④	23 ③	24 ③	25 ②
26 ③	27 ①	28 ③	29 ①	30 ③
31 ②	32 ④	33 ②		

01 ③

제어 프로그램이란 시스템 전체의 상태를 감시하고 프로그램의 실행 과정을 지시하며 다음에 실행할 프로그램을 준비하는 역할을 맡은 프로그램의 집합. 감독 프로그램, 데이터 관리 프로그램, 작업 관리 프로그램

02 ③

펌웨어(Firmware) : 마이크로프로그램 자체나 미니 또는 마이크로컴퓨터에서는 ROM에 저장시킨 프로그램을 가리킴

03 ①

입출력 인터페이스 : 중앙 처리 장치와 입출력 장치 간의 데이터 전송을 지원하는 것으로, 직렬 인터페이스와 병렬 인터페이스로 나뉨

04 ③

액정 디스플레이인 LCD의 설명

05 ④

광학 문자 판독기(OCR) : 타이프라이터나 프린터로 인쇄된 문자를 광학적으로 판독하는 장치

06 ①

연산 장치(ALU) : 누산기, 가산기, 데이터 레지스터, 상태 레지스터, 그리고 시프트 레지스터 등으로 구성

07 ③

연산 장치(ALU)의 연산 결과에 대해 출력 장치로 보내는 것은 제어 장치임

08 ③

상태 레지스터 : 마이크로프로세서나 처리기의 내부에 상태 정보(올림수, 오버플로, 부호, 제로 인터럽트 등)를 간직하도록 설계된 레지스터

09 ③

채널 : CPU와 독립적으로 데이터를 주고받기 위한 회로 또는 소형 컴퓨터

10 ③

문자 표현을 위해서는 비트가 아닌 바이트 단위(6/7/8 비트) 필요

11 ③

RAM의 종류 및 특성
• DRAM : 회로가 간단하기 때문에 집적도가 높고, 소모 전력과 가격이 낮아 주기억 장치로 사용되나 방전에 따른 재충전(Refresh)으로 인해 속도가 느림
• SRAM : 집적도가 낮아 부피가 크고 고가이기 때문에 소용량, 고속을 필요로 하는 캐시(Cache) 등에 사용

12 ①

캐시 메모리 : CPU와 주기억 장치와의 속도차가 시스템의 속도를 저하시킬 수 있으므로 중간에 속도차를 줄일 수 있는 캐시 메모리를 사용

13 ③

캐시 메모리 : CPU와 주기억 장치 사이의 속도 차이를 완화시켜주는 장치로, 주기억 장치에 비해 월등한 읽기/쓰기 속도를 가짐

14 ②

자기 테이프는 데이터를 읽어오는 동작이 순차적인 접근 방식을 사용

15 ④

자기 테이프 : 데이터의 판독을 순차적으로 실행하는 가장 대표적인 장치임

16 ④

BPI(Bits Per Inch) : 자기테이프에서 기록밀도의 단위로서 1인치에 기록 가능한 비트수

17 ①

자기 테이프 간 여백
• IRG : 논리 레코드의 구분을 위한 빈 공간
• IBG : 물리 레코드(Block)의 구분을 위한 빈 공간

18 ①

클러스터(Cluster) : 입·출력의 효율적인 처리를 위해 여러 개의 섹터를 하나로 묶은 단위

19 ②

광디스크는 빛을 이용하여 데이터를 기록하는데, 포맷없이 곧바로 데이터의 기록이 가능함

20 ④

가상 메모리 : 사용자가 주기억 장치의 용량보다 훨씬 큰 가상 공간을 쓸 수 있게 하는 기억 장소 관리 기법

21 ④

가상 메모리 관리를 위해서는 페이징 또는 세그먼테이션 기법을 사용함

22 ④

기억 장치의 처리 속도(빠른 것부터) : 반도체 기억 소자 〉 자기 코어 〉 자기 드럼 〉 자기 디스크 〉 자기테이프

23 ③

메모리 처리 시간
• Seek Time : 디스크의 헤드가 정해진 트랙이나 실린더 위에 도달하기까지의 시간
• Search Time : 디스크의 헤드가 정해진 섹터에 도달하기까지의 시간
• Access Time : 데이터의 요구(Read/Write)가 발생된 시점부터 데이터의 전달이 완료되기까지의 시간(Seek Time + Search Time)
• Idle Time : 컴퓨터 시스템이 사용 가능한 상태이나 실제적인 작업이 없는 시간

24 ③

MICR
• 자성을 띤 잉크로 숫자나 기호를 프린트하여 자기 헤드로 판독
• 수표나 어음 등 주로 금전 거래 업무와 승차권 등에 사용

25 ②

스캐너 : 그림, 사진, 도표, 그래프, 문서 등을 이미지 그대로 입력하는 장치로, 기능과 구조에 따라 플랫베드 스캐너, 핸드 스캐너, 포토 스캐너, 페이지 스캐너 등으로 분류됨

26 ③

광학 장치의 용도
• 광학 마크 판독기(OMR) : 객관식 시험의 답안지나, 수강 신청서 등
• 광학 문자 판독기(OCR) : 전표, 청구서, 바코드 등
• 자기 잉크 문자 판독기(MICR) : 전표, 수표, 어음 등

27 ①

판독 장치의 용도
• OMR : 시험, 수강 신청 등
• OCR : 전표, 청구서, 바코드 등
• MICR : 전표, 수표, 어음 등

28 ③

도트 매트릭스(Dot-Matrix) 프린터
• 핀 수에 따라 8핀, 9핀, 18핀, 24핀 프린터로 구분
• 값이 싸고 내구성이 좋으나, 소음이 크고 인쇄 품질이 떨어짐

29 ①

잉크 분사 방식의 프린터는 비충격식에 속함

30 ③

블록간 간격(IRG)은 마그네틱 테이프와 관련됨

31 ②

레이저 프린터 : 페이지 단위로 인쇄되어 속도가 빠르고 해상도가 높으며, 소음이 적어 개인용으로는 물론 소규모의 탁상 출판용으로 널리 사용

32 ④

플로터 : 기상도나 지도, 통계 도표, 설계 도면, 컴퓨터 아트 등 대형 출력물을 위한 장치

33 ②

- **비휘발성 메모리** : ROM, 디스크
- **휘발성 메모리** : 레지스터, 캐시 메모리, RAM
- 휘발성 메모리는 읽기/쓰기가 가능한 메모리

CHAPTER 03   1-59p

01 ①	02 ④	03 ④	04 ③	05 ①
06 ①	07 ②	08 ④	09 ④	10 ①
11 ④	12 ③	13 ①	14 ②	15 ①
16 ①	17 ④	18 ③	19 ①	20 ①
21 ②	22 ④	23 ④	24 ②	

01 ①

10진수의 2진 변환

```
2 | 353
2 | 176 … 1
2 |  88 … 0
2 |  44 … 0
2 |  22 … 0
2 |  11 … 1
2 |   5 … 1
2 |   2 … 1
2 |   1 … 0 ▲
      0 … 1   ∴ 101100001(2)
```

02 ④

10진수의 8진 변환

```
8 | 144
8 |  18 … 0
8 |   2 … 2 ▲
      0 … 2   ∴ 220(8)
```

03 ④

2진수의 10진 변환 : $101110110_{(2)} = 1 \times 2^8 + 1 \times 2^6 + 1 \times 2^5 + 1 \times 2^4 + 1 \times 2^2 + 1 \times 2^1 = 256 + 64 + 32 + 16 + 4 + 2 = 374_{(10)}$

04 ③

2진수 네 자리는 16진수 한 자리이므로 1010 = A, 0101 = 5

05 ①

8진수의 10진 변환 : $0.114_{(8)} = \dfrac{1}{8} + \dfrac{1}{8^2} + \dfrac{4}{8^3} = 0.1484375 = 0.1484_{(10)}$

06 ①

8진수의 2진 변환 : $0.1142_{(8)} = 0.001\ 001\ 100\ 010 = 0.00100110001_{(2)}$

07 ②

8진수의 16진 변환 : $0.234_{(8)} = 0.010\ 011\ 1_{(2)} = 0.0100\ 1110_{(2)} = 0.4E_{(16)}$

08 ④

진수 변환

```
16 | 3327
16 |  207 … 15(F)
16 |   12 … 15(F) ▲
       0 … 12(C)   ∴ CFF(16)
```

09 ④

1의 10진 변환 : $2F_{(16)} = 2 \times 16 + 15 = 47_{(10)}$

10 ①

16진수의 2진 변환 : $3B4_{(16)} = 0011\ 1011\ 0100 = 1110110100_{(2)}$

11 ④

$10101010_{(2)} = 10\ 101\ 010_{(8)} = 252_{(8)}$

12 ③

16진 연산 : 앞자리의 빌림수 값을 16으로 계산

$$
\begin{array}{r}
\text{F9A} \\
-\ \text{A8F}
\end{array}
\quad \rightarrow \quad
\begin{array}{r}
\overset{16}{\text{F9A}} \\
-\ \text{A8F} \\ \hline
\text{50B}
\end{array}
$$

13 ①

자료의 구성 : 비트 < 바이트 < 워드 < 항목(Field, Item) < 레코드 < 파일

14 ②

과거에는 7비트의 아스키 코드가 폭넓게 사용되었으나, 현재는 8비트의 EBCDIC 코드가 표준으로 사용됨

15 ①

한글 1문자는 2바이트가 필요하므로 Half Word가 있으면 됨

16 ①

절대 번지(Absolute Address) : 바이트 단위로 0, 1, 2, …로 부여한 기억 장치의 고유 번지

17 ④

EBCDIC(확장 2진화 10진 코드) : 4개의 존 비트와 4개의 디지트 비트, 총 8개의 비트로 구성

18 ③

문자 표현 수
• 숫자 10가지 ≤ 2^n ∴ n=4
• 문자 26가지+특수 문자 20여개 ≤ 2^n
∴ n=6

19 ①

양수(C; 1100) 또는 음수(D; 1101)를 뜻하는 부호값이 끝에서 두 번째 Nibble 에 있으므로 언팩 형식이며, 값은 각 바이트의 두 번째 Nibble의 것을 2진 수로 읽음(0001 → 1, 0010 → 2, 0011 → 3, 0100 → 4)

20 ①

음수와 양수의 표현 : 가장 왼쪽 비트가 0이면 양수, 1이면 음수

21 ②

부동 소수점 표현 방식은 「부호 비트+지수부+가수부」로 구성

22 ④

그레이 코드(Gray Code)를 사용하면, 오류의 발생이 적고 자료의 연속적인 변환이 가능함

23 ④

수치 자료의 음수 표현 방식
① 고정 소수점
• **부호와 절대값 표현** : 최 좌측 부호 비트가 0이면 양수, 1이면 음수임
• **1의 보수 표현** : 양수 표현은 부호와 절대값 표현과 같으나, 음수는 1의 보수 형태로 표현
• **2의 보수 표현** : 양수 표현은 부호와 절대값 표현과 같으나, 음수는 2의 보수 형태로 표현
② **부동 소수점** : 최 좌측 부호 비트를 이용하여 음수 표현

24 ②

부동 소수점 표시 : 「부호비트+지수부+가수부」로 구성되어 고정 소수점 숫자에 비해 복잡하며, 실수 형태의 표현이 가능하므로 정밀도가 요구되는 연산 처리에 적합

---

01 ④	**02** ③	**03** ③	**04** ①	**05** ④
06 ③	**07** ②	**08** ②	**09** ④	**10** ②
11 ①	**12** ④	**13** ③	**14** ③	**15** ①
16 ③	**17** ①	**18** ①	**19** ③	**20** ③
21 ④	**22** ①	**23** ②	**24** ②	**25** ①
26 ①	**27** ①	**28** ④	**29** ④	**30** ①
31 ③	**32** ④	**33** ①	**34** ①	**35** ④

01 ④

NAND, NOR, eXclusive-OR 기본적인 논리 회로에 속하기는 하지만, 좁은 의미로는 NOT, AND, OR만 해당됨

02 ③

논리 회로의 기능
• **AND 회로** : 논리곱(곱셈)
• **OR 회로** : 논리합(덧셈)
• **NOT 회로** : 논리 부정(거짓)

03 ③

인코더(Encoder, 부호기)
• 2^n개 이하의 입력 중 하나를 선택하여, n개의 비트를 출력하는 회로
• 10진수를 2진 부호(BCD)로 변환
• OR 게이트로 구성

04 ①

그림의 회로는 OR 게이트임

05 ④

① AND, ② XOR, ③ NOT, ④ NAND

06 ③

논리합 회로의 진리표

입력		출력
A	B	
0	0	0
0	1	1
1	0	1
1	1	1

07 ②

B와 C는 동시에 연결되어야 하는 AND 구조이고, 이 둘과 A는 어느 한쪽만 연결되어도 되는 OR 구조임

08 ②

AND 회로의 결과는 두 입력이 모두 1일 때만 출력이 1임

09 ④

$\overline{A} + A = 1$

10 ②

A와 B의 값 중 어느 하나만 참이어도 출력값이 참이 되는 OR 회로임

11 ①

배타적 OR의 경우는 두 입력값이 다른 경우 출력이 1이 됨

12 ④

$X = A \oplus B = \overline{A} \cdot B + A \cdot \overline{B} = (A + B)(\overline{A} + \overline{B})$

13 ③

NOR 회로의 진리표는 OR에 대한 부정이므로 두 입력이 모두 0일 때만 출력이 1이 됨

14 ③

조합 논리 회로 : 기억 회로가 없으므로, 출력 신호는 입력 신호에 아무런 영향을 주지 못하며 반가산기, 전가산기, 디코더 등이 대표적임

15 ①

2진 논리 연산

$$\begin{array}{r} 1110 \\ \text{and } 1010 \\ \hline 1010 \end{array}$$

16 ③

$\overline{(1010)} + \overline{(0110)} + (1010) \cdot (0110)$
$= \overline{(1110)} + (0010)$
$= 0001 + 0010$
$= 0011$

17 ①

$X = \overline{(1 + 0)} \oplus (1 \cdot 0) = 0 \oplus 0 = 0$
$Y = 1 \cdot 0 = 0$

18 ①

B와 C의 논리합의 결과가 A와 논리곱으로 연결

19 ③

$Y = \overline{(A + A)} + \overline{(B + B)} = \overline{A} + \overline{B} = \overline{A} \cdot \overline{B} = A \cdot B$(드모르간의 정리)

20 ③

불 대수 기본 공식
① $X \cdot X = X$ ② $X + \overline{X} = 1$ ③ $X \cdot \overline{X} = 0$ ④ $\overline{\overline{X}} = X$
⑤ $X + X = X$

21 ④

$A(\overline{A} + B) = A\overline{A} + AB = AB$

22 ①

불 대수 기본 공식 $X + \overline{X}$와 같음

23 ②

$X \cdot (Y + Z) = X \cdot Y + X \cdot Z$

24 ②

드모르간의 정리
• **논리합 정리** : $\overline{(X + Y)} = \overline{X} \cdot \overline{Y}$
• **논리곱 정리** : $\overline{(X \cdot Y)} = \overline{X} + \overline{Y}$

25 ①

$C = XY + X\overline{Y} + X = X(Y + \overline{Y} + 1)$
$\quad = X \cdot 1 = X$

26 ①

$K = (A + B)(A + \overline{B}) = AA + A\overline{B} + AB + B\overline{B}$
$\quad = A + A(\overline{B} + B) = A + A = A$

27 ①

반가산기의 합은 두 입력값의 배타적 OR(XOR), 자리 올림은 논리곱(AND)으로 구함

28 ④

가로×세로로 1이 들어간 자리가 하나임(세로 : AB, 가로 : CD)

29 ④

2개의 입력으로부터 한 개의 합과 한 개의 캐리(자리 올림)를 구하는 회로는 반가산기임

30 ①

레지스터는 산술적 · 논리적 연산이나 정보 해석, 전송 등을 할 수 있는 일정 길이의 2진 정보를 저장하는 중앙 장치 내의 기억 장치로 플립플롭들이나 래치들로 구성됨

31 ③

순서 논리 회로 : 조합 논리 회로에 기억 회로를 추가하여 결과가 기억 회로에 의해 다시 입력에 영향을 주며, 가장 대표적인 것으로 1비트 기억 회로인 플립플롭(Flip-Flop)이 있음

32 ④

플립플롭의 종류
- **RS 플립플롭** : 가장 기본적인 플립플롭이고 둘 다 1일 때 부정 상태가 되는 플립플롭
- **JK 플립플롭** : RS 플립플롭의 결점(R=S=1)을 보완하기 위한 플립플롭
- **D 플립플롭** : RS 플립플롭의 변형으로서 입력과 출력이 동일한 플립플롭
- **T 플립플롭** : JK 플립플롭의 변형으로서 입력과 출력이 반대인 플립플롭

33 ①

JK F/F : RS플립플롭의 결점(R = S = 1)을 보완하여 J = K = 1일 때의 동작은 이전 상태의 반전이 되며, 가장 널리 사용됨

34 ①

T 플립플롭에서의 T는 토글(Toggle; 특정 입력에 의해 출력이 반전)을 의미함

35 ④

D F/F : RS 플립플롭의 변형으로 입력과 출력이 동일함(지연 회로이며, 버퍼로 이용)

---

01 ③	02 ④	03 ③	04 ③	05 ①
06 ①	07 ④	08 ①	09 ①	10 ②
11 ③	12 ④	13 ②	14 ④	15 ②
16 ③	17 ②	18 ④	19 ④	20 ①
21 ②	22 ③	23 ③	24 ①	25 ②
26 ①	27 ③	28 ①	29 ③	30 ①
31 ③	32 ①	33 ②	34 ①	35 ②

01 ③

소스 프로그램을 컴파일러 등에 의해 번역한 상태를 목적 프로그램이라 함

02 ④

프로그래밍의 순서
- **문제** : 프로그램상의 여러 문제를 분석하고 계획하는 작업
- **입출력 설계** : 어떤 매체들을 이용하여 입출력할 것인지를 설정
- **순서도 작성** : 문제 처리 순서를 도식화된 기호를 사용하여 순서대로 나타냄
- **코딩(Coding)** : 순서도에 따라 프로그램 작성
- **프로그램 입력** : 코딩 용지에 작성된 원시 프로그램을 컴퓨터에 입력

03 ③

문법적(Syntax) 오류 : 코딩한 원시 프로그램이 정해진 문법에 맞지 않을 경우 발생

04 ③

디버깅(Debugging) : 프로그램의 오류를 벌레에 비유하여 오류를 찾아 수정하는 일이라는 의미로 쓰이며, 프로그램 개발 공정의 마지막 단계에서 이루어짐

05 ①

프로그램에 대한 문법적, 논리적 오류 등은 프로그램 수행 과정에서 발견됨

06 ①

검증(Verify) : 소프트웨어 개발에서 프로그램 정확도를 증명하는 단계로 시험, 검사, 감사 및 문서화하는 행위를 말함

07 ④

순서도를 작성한다고 해서 메모리가 절약되지는 않음

08 ①

①은 터미널(Terminal) 기호로서 순서도의 시작과 끝을 나타냄

09 ①

순서도의 처리 기호

오답 피하기

- ⬭ : 순서도의 시작과 끝
- ◇ : 조건 비교, 판단,
- ▱ : 일반적으로 터미널에 의한 입 · 출력

10 ②

횟수 카운트가 아닌 마지막 카드 체크이므로 일정하게 정해지지 않은 매수의 카드를 읽어 누적함

11 ③

COBOL(COmmon Business Oriented Language) : 사무용 응용 프로그램을 위하여 1960년대에 개발된 프로그래밍 언어

12 ④

컴파일러(Compiler)는 원시 프로그램을 프로그램 실행 직전의 목적 부호로 번역해 주는 번역 프로그램으로 프로그램 언어에 따라 특성이 조금씩 다름

13 ②

컴파일(Compile) 방식 : 컴파일 언어로 작성된 원시 프로그램을 컴파일러에 의해 번역

14 ④

IBG는 컴파일 언어가 아니라 자기 테이프 상의 블록 간 갭을 말함

15 ②

인터프리터는 원시 프로그램을 한 줄씩 읽어 바로 번역하고 실행하기 때문에, 목적 프로그램을 생성하지 않음

16 ③

어셈블리어 : 알파벳 기호 등 인간이 판독하기 쉬운 기호 형식으로 기계 명령(Machine Instruction)에 대응하는 저수준 언어로 각 명령문은 통상 단일 기계 명령과 1:1로 대응함

17 ②

매번 실행할 때마다 번역 작업이 선행되어야 하므로 실행 속도는 느림

18 ④

작업 스케줄러(Job Scheduler) : 다중 프로그래밍 시스템에서 각 작업의 수행 순서를 결정하는 운영체제의 한 부분

19 ④

라이브러리(Library) : 이미 만들어진 프로그램이나 루틴으로 프로그램 작성시 자주 사용되는 루틴은 해당 라이브러리를 포함시키는 것으로 대신함

20 ①

기계어는 저급 언어로서 기계 친화적이기 때문에 처리 속도가 빠름

21 ②

어셈블리 언어 : 기계어 명령어 하나에 어셈블리 기호 명령어 하나씩을 대응시켜 놓은 것

22 ③

FORTRAN : 과학 기술 계산용으로 개발된 언어

23 ③

어셈블리어는 대체로 컴파일러 언어보다 실행 속도가 빠르고, 프로그래머가 하드웨어(프로세스, 메모리, 화면, 입출력 접속구 등)와 직접 상호 작용할 수 있음

24 ①

기계어 : 컴퓨터가 이해할 수 있는 가장 기초적인 언어로 0과 1의 2진수로만 되어 있으며, 컴퓨터가 바로 이해하고 수행할 수 있음

25 ②

매크로(Macro) : 프로그램 내에서 1개 이상의 문장으로 이루어진 프로그램의 한 블록이 반복적으로 쓰일 때, 이 부분을 따로 정의하여 사용하는 명령어 집합

26 ①

세그먼테이션 : 필요한 세그먼트만 읽어들여 처리하는 메모리 활용 기법으로, 세그먼트의 종류에는 프로그램의 명령 부분을 담고 있는 코드 세그먼트와 프로그램의 자료 부분을 담고 있는 스택/데이터/엑스트라 세그먼트 등이 있음

27 ③

반복(Looping) : 주어진 조건이 만족할 때까지 주어진 범위(Loop)를 반복 처리하는 것

28 ①

컴퓨터의 동작 상태를 관찰하고 통제하며, 제어하는 목적으로 작성된 프로그램은 슈퍼바이저(Supervisor)임

29 ③

연산 순위(높은 순에서 낮은 순) : 괄호 → 함수 → 거듭제곱 → 승제산 → 가감산

30 ③

출력하는 명령은 printf( ), 입력하는 명령은 scanf( )

31 ③

동일한 자료형을 저장하는 것은 배열이며, 구조체는 서로 다른 형태의 자료를 저장하는 것

32 ①

포트란의 연산자 : 거듭제곱(* *), 승산(*), 제산(/), 가산(+), 감산(−)

33 ②

포트란 연산자와 더불어 괄호 연산자 사용

34 ①

코볼의 단계 번호

단계 번호	사용 범위
01	레코드에만 부여
02 ~ 49	레코드 종속 항목에 부여
66	변수명을 재정의할 때 사용
77	독립 항목에 부여
88	조건을 부여할 때 사용

35 ②

코볼 언어의 4개 DIVISION
- IDENTIFICATION DIVISION
- ENVIRONMENT DIVISION
- DATA DIVISION
- PROCEDURE DIVISION

01 ④	02 ③	03 ④	04 ③	05 ①
06 ④	07 ③	08 ①	09 ①	10 ①
11 ④	12 ④	13 ①	14 ③	15 ①
16 ②	17 ④	18 ①	19 ④	20 ③
21 ①	22 ①	23 ④	24 ①	25 ①
26 ③	27 ①	28 ①	29 ①	30 ④
31 ③	32 ②	33 ①	34 ①	35 ④

01 ④

언어 번역 프로그램도 운영체제의 처리 프로그램에 속하는 구성체이기는 하지만 운영체제 자체가 특정 언어의 번역기 역할을 하지는 않음

02 ③

운영체제 : 시스템 소프트웨어의 한 종류로 컴퓨터 시스템의 성능을 최대로 발휘할 수 있도록 도와줌

03 ④

- **운영체제** : 리눅스, 유닉스, 윈도우
- 크롬은 웹브라우저의 일종

04 ③

응답 시간(Turn Around Time) : 사용자가 일에 대한 처리를 요구한 시점부터 처리 결과를 얻을 때까지 걸리는 시간

05 ①

운영체제의 목적
- 사용자에게 컴퓨터를 사용할 수 있는 환경을 제공하고 업무 처리의 생산성을 높임
- 처리 능력(Throughput)의 증대
- 응답 시간(Turn Around Time)의 단축
- 사용 가능도(Availability)의 증대
- 신뢰도(Reliability)의 증대

06 ④

운영체제의 구성
- **제어 프로그램** : 감시 프로그램, 자료 관리 프로그램, 작업 관리 프로그램 등
- **처리 프로그램** : 언어 번역 프로그램, 서비스 프로그램, 문제 처리(사용자 정의) 프로그램 등

07 ③

어셈블러는 언어 번역 프로그램에 속함

08 ①

실시간 처리 방식 : On-Line이 되어 있을 때 가능한 처리 방식으로 단말 장치(터미널, 콘솔), 전송 제어 장치, 전송 회선 등으로 구성되며, 응답 시간이 빠름

09 ①

급료는 사원들의 근무일 등의 자료를 일정기간 모았다가 급여일 직전에 일괄(Batch) 처리함

10 ①

데이터 발생 즉시 처리하는 것은 실시간 처리임

11 ④

데이터가 발생하는 즉시 처리하는 방법은 일괄 처리가 아닌 실시간 처리임

12 ④

펀치 카드는 배치 처리를 위한 자료 수집의 한 방법으로 활용될 수 있음

13 ①

제품을 구매(발주)하거나 생산을 의뢰 받는(수주) 경우는 제품의 특성 및 시기에 따라 일괄 또는 실시간 처리 모두 가능함

14 ③

일괄 처리 방식 : 급여, 전기 요금, 수도 요금 등과 같이 Off-Line 시스템에서 사용하는 방식으로 시분할과 같은 실시간 처리에는 적용되지 않음

15 ①

시분할 처리는 주파수가 아닌 컴퓨터의 CPU 할당 시간에 의해 제어됨

16 ②

컴퓨터를 2대 이상 연결하여 사용하는 것은 다중 처리임

17 ④

자료의 중복과 검색 등이 용이하고 문서를 보관하는 공간이 절약되며 문서의 표준화와 통일화를 기할 수 있음

18 ①

인터럽트 : 프로그램의 오류나 예외 사항을 처리하는 인터럽트와 사용자 프로그램이 운영체제의 기능을 호출하기 위한 인터럽트가 있음

19 ④

인터럽트의 발생 : 시스템에 대한 명령 실행중 오류가 발생하면 인터럽트의 원인이 될 수는 있으나, 정상적으로 하나의 명령이 끝났다면 연속적으로 다음 명령이 수행됨

20 ③

인터럽트의 종류에는 정전, 기계 검사 인터럽트, 외부 인터럽트, 입출력 인터럽트, 프로그램 에러 인터럽트, 슈퍼바이저 콜 인터럽트 등이 있음

21 ①

폴링과 인터럽트

• **폴링** : 컴퓨터 또는 단말 제어 장치 등에서 여러 개의 단말 장치에 대하여 순차적으로 송신 가능 여부를 체크하여 송신 또는 대기토록 하는 전송 제어 방식
• **인터럽트** : 프로그램 실행 중에 중앙 제어 장치가 강제적으로 끼어들어 그 프로그램의 실행을 중단시킨 다음 다른 곳으로 제어를 옮기는 것

22 ①

운영체제 : 컴퓨터를 작동시키고 운영을 도맡아 관리하여 사용자의 응용 프로그램이 효율적으로 실행될 수 있는 환경을 제공하는 총괄 제어 프로그램

23 ④

DOS나 Windows에서 디스켓을 사용 가능하도록 초기화하고 논리적인 구역(트랙과 섹터)을 나누는 작업(명령)은 포맷임

24 ①

읽기 전용 메모리(ROM) : 컴퓨터의 전원이 끊어져도 그 내용이 변함없이 유지되므로 보통 컴퓨터에 기본적인 운영체제 기능이나 언어의 해석장치(Interpreter)를 내장시키기 위해 이용

25 ①

워드프로세서 : 문서 작성용 전용기기 또는 문서 작성용 컴퓨터 프로그램을 말하는 것으로, 두 경우 모두 기본적으로 메인 프로세서(CPU)와 문서 보존 및 관리 장치(디스크 등)를 갖추고 있으며, 전용기기의 경우 프린터가 함께 내장되어 있음

26 ③

각주 : 해당 페이지의 하단 또는 도서의 뒤쪽 한 곳에 인용문의 출처를 밝혀 적거나, 생소한 낱말에 대해 부연 설명 등을 붙여놓는 글귀

27 ①

워드프로세서의 주요 기능은 문서의 작성 및 교정 기능임

28 ①

블록 기능

• **블록 복사** : 문서의 일부를 블록으로 지정하여 그것을 다른 곳에 복사하는 일
• **블록 이동** : 문서의 지정된 부분을 한 곳다른 곳으로 이동시키는 것

29 ①

• **디폴트** : 응용 프로그램에서 사용자가 별도의 명령을 내리지 않았을 때, 시스템이 미리 정해진 값이나 조건을 자동으로 적용시키는 것
• **래그드** : 워드프로세싱에서 텍스트의 왼쪽 끝이나 오른쪽 끝을 가지런히 맞추지 않은 비정렬 상태
• **로그인** : 접속 개시, 사용자가 컴퓨터 시스템을 사용하기 위해 시스템에 자신을 알리고 등록하는 작업
• **옵션** : 선택 사항, 하드웨어나 소프트웨어를 위한 부가 장치 또는 기능

30 ④

금칙 처리 : 문서 편집시 특정 문자나 기호가 행(줄)의 처음이나 마지막에 올 수 없는 규칙으로, 앞에 오지 못하는 행두 금칙과 뒤에 오지 못하는 행말 금칙이 있음

31 ③

기능키 : 컴퓨터 키보드 상에서 특별한 기능을 수행하기 위해 사용되는 키로 F1~F12까지 있으며, Ctrl이나 Alt와 더불어 사용하면 보다 확장된 기능을 실행할 수 있음

32 ②

워드프로세서의 작업 형태
• **Close(폐쇄)형** : 문서 작성 전담자 운영으로 워드프로세서의 생산성(가동률)이 가장 높음
• **Open(개방)형** : 필요시 아무나 문서 작성, 생산성(가동률)은 떨어지지만 문서 작성 효율성은 큼
• **Semi Close(반폐쇄)형** : 몇몇 특정인만이 워드프로세서를 사용
• **Semi Open(반개방)형** : 주로 조작하는 사람을 1명 배정하여 워드프로세서를 사용

33 ①

스프레드시트는 자료의 집계나 표 작성을 위한 전문 프로그램으로, 셀 간 연결된 수식을 통해 임의의 자료를 수정하면 결과가 자동으로 바뀜

34 ①

스프레드시트는 자료의 집계나 표 작성을 위한 전문 프로그램으로, 수시로 자료의 수정이 이루어짐

35 ④

EXCEL, LOTUS–123, QUATTRO 등은 스프레드시트 프로그램임

CHAPTER 01 1–118p

01 ②	02 ③	03 ①	04 ①	05 ③
06 ③	07 ④	08 ③	09 ③	10 ②
11 ①	12 ③	13 ③	14 ②	15 ③
16 ④	17 ③	18 ②	19 ④	20 ②
21 ③	22 ④	23 ③	24 ②	25 ①
26 ②	27 ③	28 ④	29 ①	30 ③
31 ②	32 ②	33 ③	34 ③	35 ③
36 ③	37 ④	38 ③	39 ②	40 ④
41 ③	42 ①	43 ③	44 ②	

01 ②

대전 : 원자가 본래의 수와 다른 전자를 가지게 됨으로써, 특정한 전기적 성질을 가지게 된 것

02 ③

전자 1개의 전기량(전하량)은 1.60219×10^{-19} 쿨롬(C)으로 전하비로는 −1이 됨

03 ①

직류(DC) : 시간이 변화되더라도 전자의 흐름이 방향과 크기에 있어서 항상 일정한 전류

04 ①

허수를 제곱하면 음수가 됨

05 ③

교류의 최대값
$V = \sqrt{2} \times V(실효값) = \sqrt{2} \times 220 = 1.414 \times 220 \fallingdotseq 311$

06 ③

교류의 주파수
• $v = V_m \sin\omega t [V]$에서 $\omega = 2\pi f [rad/sec]$이므로, $v = V_m \sin\omega t = V_m \sin 2\pi f t$
• $100\sin 120\pi t = 100 \sin 2\pi f$ 양쪽을 약분하면 $120 = 2f$ ∴ $f = 60[Hz]$

07 ④

1[A]의 전류가 저항에 흐른다면 $V = IR$이므로, 저항에 흐르는 전압(V) = $1 \times 5 = 5[V]$
∴ a와 b 사이의 전위차, 즉 전압은 $1.5 + 5 = 6.5[V]$임

08 ③

전기 효과

- **톰슨 효과(Tson Effect)** : 서로 온도가 다른 도체 양끝에 전류를 통할 때 줄열 이외에 발열이나 흡열이 일어나는 현상
- **펠티에 효과(Peltier Effect)** : 서로 다른 두 개의 금속이나 반도체의 폐회로에 전류를 흘리면 한 쪽 접점은 고온이 되고, 다른 쪽 저온이 되는 현상
- **지백 효과(Seebeck Effect)** : 제백 효과라고도 하며, 서로 다른 도체 또는 반도체의 접합 회로 2접점의 온도를 서로 다르게 하면 기전력이 생기는 현상
- **홀 효과(Hall Effect)** : 도체 또는 반도체에 전류와 자기장을 가하면 플레밍의 왼손 법칙에 의한 힘과 기전력이 생기는 현상

09 ③

$V = \dfrac{W}{Q} = \dfrac{J}{C}$ 에서 $J = CV = ItV = 2 \times 180 \times 100$
$= 36,000[J]$

10 ②

전류의 세기 : 어떤 도체의 단면에 t(초) 동안 Q(C)의 전기량으로 표시하고, 단위는 암페어(A)를 사용

- $I = \dfrac{Q}{t}[A]$

11 ①

$V = IR$에서 $I = \dfrac{V}{R}$, $\therefore I = \dfrac{100}{20} = 5[A]$

12 ③

옴의 법칙(Ohm's Law)

- $I = \dfrac{V}{R}[A]$: 전류는 전압에 비례하고, 저항에 반비례함
- $R = \dfrac{V}{I}[\Omega]$: 저항은 전압에 비례하고, 전류에 반비례함
- $V = IR[V]$: 전압은 전류와 저항의 곱에 비례함
$10 = V/100$, $V = 1000$
$5 = 1000/R$, $R = 1000/5$, $R = 200[\Omega]$

13 ③

옴의 법칙(Ohm's Law)

- $I = \dfrac{V}{R}[A]$: 전류는 전압에 비례하고, 저항에 반비례함
- $R = \dfrac{V}{I}[\Omega]$: 저항은 전압에 비례하고, 전류에 반비례함
- $V = IR[V]$: 전압은 전류와 저항의 곱에 비례함

14 ②

전류

$I = \dfrac{V}{R} = \dfrac{600}{10 + 20 + 30} = 10[A]$

15 ②

저항의 병렬 접속에서 전체 전류 I는 각 전류의 합과 같고, 각 저항($R_1 = 100[\Omega]$, $R_2 = 200[\Omega]$)에 반비례하여 분배됨
$\therefore I_1 = I \times \dfrac{R_2}{R_1 + R_2} = 300 \times \dfrac{200}{300} = 200[mA]$이며,
참고로, $I_2 = I \times \dfrac{R_1}{R_1 + R_2} = 300 \times \dfrac{100}{300} = 100[mA]$임

16 ④

단자 전압 공식 $IR = E - Ir$을 이용하면,
$1.6 \times R = (2 \times 10) - \{1.6 \times (0.15 \times 10)\}$
$= 20 - 2.4 = 17.6$
$R = \dfrac{17.6}{1.6} = 11[\Omega]$

17 ③

병렬 저항의 합

$\therefore R = \dfrac{1}{\dfrac{1}{R_1} + \dfrac{1}{R_2}} = \dfrac{1}{\dfrac{1}{2} + \dfrac{1}{4}} = \dfrac{1}{\dfrac{3}{4}} = \dfrac{4}{3}[\Omega]$

18 ②

직 · 병렬 저항의 합

$\therefore R = 5 + \dfrac{1}{\dfrac{1}{5} + \dfrac{1}{5} + \dfrac{1}{5}} = 5 + \dfrac{1}{\dfrac{3}{5}} = \dfrac{20}{3}[\Omega]$

19 ④

저항의 연결

- **직렬 연결** : $1[\Omega] \times 10 = 10[\Omega]$
- **병렬 연결** : $1/(1+1+1+1+1+1+1+1+1+1) = 1/10$
  $= 0.1$
∴ 병렬 연결 때와 비교했을 때 직렬 연결시는 100배가 큼

20 ②

도체의 저항 : 길이(L; m)에 비례하고, 단면적(A; m²)에 반비례함

- 저항 = 고유저항 $\times \dfrac{\text{길이}}{\text{단면적}}[\Omega]$
- 단면적 = 반지름 × 반지름 × π(3.14)
- 처음 지름은 1cm(=10mm)이므로, $\dfrac{100}{5 \times 5 \times 3.14} = 12.7388 \cdots$
- 두 번째 지름은 1mm이므로, $\dfrac{1000}{0.5 \times 0.5 \times 3.14} = 1273.88 \cdots$
따라서 원래 저항값의 100배가 됨

21 ③

키르히호프의 법칙

- **제1법칙(전류 평형의 법칙)** : 임의의 접속점(P)에 유입되는 전류의 합은 유출되는 전류의 합과 같음
- **제2법칙(전압 평형의 법칙)** : 임의의 폐회로에서 한 방향으로 일주하면서 얻어지는 전압 강하(전류×저항)의 합은 그 폐회로 중에 있는 기전력(전압)의 합과 같음

22 ④

$I_1 + I_3 + I_4 = I_2 + I_5$ $\therefore I_1 + I_3 + I_4 - I_2 - I_5 = 0$

23 ③

전지의 구분

- **1차 전지** : 방전 이후 충전이 불가능한 전지
- **2차 전지** : 방전 이후에도 재충전하여 반복 사용이 가능한 전지

24 ②

$E = I(r + R)$에서 단자 전압$(IR) = E - Ir$

먼저 전류를 구하면 $I = \dfrac{V}{R} = \dfrac{(2 \times 6)}{(0.5 \times 6 + 9)} = 1[A]$

$\therefore$ 단자 전압은 $IR = 1 \times 9 = 9[V]$ 또는 $E - Ir$
$= (2 \times 6) - (1 \times 0.5 \times 6) = 9[V]$

25 ①

① 콘덴서, ② 건전지

26 ②

콘덴서의 직렬 연결

$C = \dfrac{1}{\dfrac{1}{C_1} + \dfrac{1}{C_2} + \dfrac{1}{C_3}} = \dfrac{1}{\dfrac{1}{2} + \dfrac{1}{3} + \dfrac{1}{6}} = \dfrac{1}{\dfrac{6}{6}} = 1$

27 ③

$1[W]$: 1Sec 동안에 1[J]의 비율로 일을 하는 속도

$\therefore 1[W] = 1\dfrac{J}{Sec}$

28 ④

$P = VI[W]$에서

$\therefore I = \dfrac{25}{110} = 0.2272[A]$

29 ①

$P = I^2R$에서 $I = \sqrt{\dfrac{P}{R}}$이므로 $\sqrt{\dfrac{50}{200}} = \sqrt{0.25} = 0.5[A]$

30 ③

전력 : 1초 동안에 소비되는 전기량(Q), 즉 전류가 1초 동안에 하는 일을 말하며, 단위는 와트(Watt)를 사용

31 ②

전력의 크기

전력$(P) = VI$에서, $P = IV = 100 \times 5 = 500[W]$

32 ②

$P = VI = V \times \dfrac{V}{R} = \dfrac{V^2}{R} = \dfrac{100^2}{50} = 200[W]$

33 ③

직렬 접속 저항의 전력

• 먼저 회로 전체에 흐르는 전류를 구하면

$I = \dfrac{V}{R} = \dfrac{6}{4+2} = 1[A]$

• $V_1 = IR_1 = 1 \times 4 = 4[V]$, $V_2 = IR_2 = 1 \times 2 = 2[V]$

$\therefore P_1 = \dfrac{V^2}{R} = \dfrac{4^2}{4} = 4[W]$

34 ③

$P = VIT = 200 \times 10 \times 2 = 4,000[Wh] = 4[KWh]$

35 ③

$H = 0.24\dfrac{E^2}{R}T = 0.24 \times \dfrac{100^2}{600} \times 60 \times 60 = 14,400[cal]$
$= 14.4[Kcal]$

36 ③

주파수의 단위는 헤르츠[Hz]임

37 ④

파장 $= \dfrac{\text{전파속도(m)}}{\text{주파수[Hz]}}$에서

$\dfrac{3 \times 10^{10}[Cm]}{3[kHz]} = \dfrac{3 \times 10^8[Cm]}{3[kHz]} = 100,000[m] = 100[Km]$

38 ③

음성 주파수 : 사람의 귀로 들을 수 있는 음파의 주파수로서 보통 20~20,000[Hz] 범위에 해당하며, 가청 주파수라고도 하는데, 통화의 질을 해치지 않는 가청 범위는 300~3,400[Hz]임

39 ②

전파의 파장 $= \dfrac{\text{전파속도(m)}}{\text{주파수[Hz]}} = \dfrac{3 \times 10^{10}}{20,000,000} = 15[m]$

40 ④

등화기 : 주파수 특성을 개선하기 위하여 전송 회로 또는 증폭 회로에 삽입되는 수동 회로망

41 ③

이득 $= -5[dB] + 3[dB] - 7[dB] + 2[dB] = -7[dB]$

42 ①

전압 이득(G)

이득은 출력 신호(V_0)에 대한 입력 신호(V_i)의 비[dB]로 표시하며,

전압 이득$(G) = 20\log_{10}\dfrac{V_0}{V_1}[dB]$의 공식에 의해,

$40 = 20\log_{10}\dfrac{V_0}{V_1}[dB]$에서,

$2 = \log_{10}\dfrac{V_0}{V_1}[dB]$ $\therefore \dfrac{V_0}{V_1} = 10^2 = 100$

43 ③

고조파(Harmonic) : 잡음이나 오류가 아니므로, 고조파에 따른 통신의 영향은 없음

44 ②

주기 T[s]와 주파수 f[Hz] 사이의 관계

$T = \dfrac{1}{f}[s]$, $f = \dfrac{V_0}{T}[Hz]$

01 ①	02 ②	03 ③	04 ③	05 ②
06 ③	07 ④	08 ②	09 ④	10 ②
11 ④	12 ③	13 ④	14 ①	15 ②
16 ②	17 ③	18 ①	19 ④	20 ③
21 ④	22 ①	23 ④	24 ③	25 ②
26 ④	27 ①	28 ④	29 ③	30 ④
31 ②	32 ②	33 ①	34 ①	35 ③
36 ④	37 ③	38 ④	39 ②	40 ②

01 ①

전화기에서 전기 에너지를 음성으로 변환시켜 주는 장비는 수화기

02 ②

음성 정보 서비스(ARS) : 고객이 MFC식 전화기의 버튼을 이용하여 조회 코드를 입력하면 음성 합성 장치에서 데이터를 음성으로 변환하여 들려주는 서비스

03 ③

단말 기기의 조건 : 가격이 저렴하고 신뢰성이 있어야 하지만 표시장치를 제외하고는 굳이 대형일 필요는 없음

04 ③

신호 변환 기기 : 디지털(2진) 신호를 아날로그 신호 또는 교류 신호로 바꾸는 것을 변조라고 하고, 반대로 아날로그 신호 또는 교류 신호를 디지털(2진) 신호로 바꾸는 것을 복조라고 함

05 ②

통계적 다중화기 : 지능 다중화기라고 불리며 실제 보낼 데이터가 있는 회선에만 동적으로 전송을 허용한다. 비동기식으로 비용과 시간이 크고 고가인 단점이 있음

06 ③

시분할 다중화(TDM)는 다중화기의 기능임

07 ④

널 모뎀(Null Modem) : 컴퓨터와 컴퓨터 사이를 직렬 케이블(25핀 컨넥터)로 연결

08 ②

음향 결합기는 단말기 끝에 설치됨

09 ④

집중화기는 저속의 여러 통신 회선을 고속의 통신 회선 하나로 집중화시킴

10 ②

DSU : 단극형 신호를 변형된 양극형 신호로 바꾸며, 수신측에서는 그 역과정을 거쳐 본래의 신호로 복원

11 ④

다중화 : 데이터 통신에서 하나의 전송로를 통해 동시에 여러 개의 신호 전송이 이루어지도록 하는 것

12 ③

모뎀을 통한 하나의 통신 회선의 결합 정보를 여러 개의 터미널에 분리 전송하고 있으므로, 다중화기에 해당함

13 ④

통계적(지능) 다중화기 : 동적인 방법을 통해 실제 전송할 데이터가 있는 단말 장치에만 시간폭을 할당하여 전송 효율을 높임

14 ①

가드 밴드 : 2개의 통신로에서 간섭을 방지하기 위해 자료 전송 장치의 2개 통신로에서 사용하지 않고 남아 있는 주파수 대역

15 ②

TDM : 비트 삽입식의 동기 전송과 문자 삽입식의 비동기 전송이 모두 가능하며, 포인트 투 포인트 접속이 가능

16 ②

역 다중화기 : 시분할 다중화기의 역동작을 수행하는 다중화기(바이플렉서, 라인플렉서)

17 ③

블루투스는 근거리 무선 통신을 위한 산업표준이며 IEEE 802.15.1 규격을 사용

18 ①

다중화기와 집중화기의 속도
• 다중화기에서 저속의 부채널 입력(A, B, C)과 고속의 부채널 출력(E)과의 관계 : A+B+C = E
• 집중화기에서 저속의 부채널 입력(A, B, C)과 고속의 부채널 출력(E)과의 관계 : A+B+C ≥ E

19 ④

EEE 802.11은 미국전기전자학회에서 개발한 무선 LAN 규격으로 매체접속 제어 방식으로 반송파 감지 다중 접속/충돌예방(CSMA/CA)을 사용

20 ③

PB 방식의 전화기 CCITT 권고의 주파수 할당

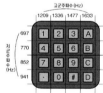

21 ④

MFC 전화기 : 버튼을 누르면 2가지 음(복합주파수 = 고주파수군+ 저주파수군)이 섞여 삐삐 소리를 냄

22 ①

무선(Codeless; Wireless) 전화기 : 선이 없기 때문에 일정 거리 내에서 이동하면서 전화 송수신이 가능함

23 ④

코드 분할 다중 접속(CDMA) : 차세대 디지털 이동 통신 방식의 일종으로 스펙트럼 확산 기술을 채택한 방식

24 ③

- **셀룰러 방식** : 통화 구역을 몇 개의 작은 구역(Cell)으로 분할하여, 각각 그 구역을 관할하도록 한 통신망 구조
- **로밍** : 이동 통신에서 특정 셀(Cell)을 벗어나 다른 셀 구역으로 이동하더라도 가입자가 전화를 받을 수 있게 해주는 기능
- **핸드 오프** : 통화중에 로밍이 되더라도 통화중인 호에 영향을 주지 않고, 통화가 계속되도록 채널이나 회선을 교환해 주는 기능
- **온후크** : 수화기나 휴대 장치를 들지 않고 다이얼하여 상대방이 응답한 후에 통화할 수 있는 기능

25 ②

자동식 교환기의 종류
- **EMD 자동 교환기** : 독일 지멘스 사가 개발한 기계식 교환기
- **AXE-10** : 스웨덴의 Elemtal 연구소와 L.M. Ericsson에 의해 개발
- **TDX-10** : 종합 정보 통신망(ISDN) 구축을 위해 국내 대도시 표준형으로 개발
- **M10CN형 교환기** : 벨기에 BTMC에서 발주하여 미국 ITT 사에서 제작

26 ④

이동 통신 : 선박, 항공기, 자동차 등의 이동체와 고정국과의 상호 무선 통신으로, 무선국이 이동하는 장소에 따라 육상 이동 무선, 해상 이동 무선, 항공 이동 무선 등이 있음

27 ①

인터넷 폰 : PC를 이용해 인터넷에 접속한 상태에서 상대방과 1 대 1로 음성 또는 화상 통신이 가능한 전화

28 ④

60년대 발사된 위성들의 수명은 5년 이하였으나, 최근 상업용 인공위성인 방송 · 통신 위성들의 설계 수명은 15년 정도임

29 ③

위성(Satellite) : 지상 36,000Km의 우주 상공에 쏘아 올린 중계 장치로 지상에서 전송한 신호를 수신, 증폭, 송신해주는 역할을 함

30 ④

CATV의 활용 : 방송 응답 퀴즈, 앙케이트, 홈뱅킹(Home Banking), 홈쇼핑(Home Shopping), 방범, 방재 등의 다양한 서비스 제공에 활용

31 ②

영상 신호 제어 방식에서 기존 TV는 진폭 변조(AM)인 반면 HDTV는 주파수 변조(FM)를 함

32 ②

팩시밀리 : 문자, 도표, 사진 등의 정지 화면을 화소로 분해하여, 이것을 전기 신호로 바꾸어 전송하고, 수신 지점에서 원화와 같은 모양으로 영구적인 기록 화상을 얻는 통신 기기

33 ①

팩시밀리 수신기의 기록 방식에는 전자 프린터 방식, 방전 기록 방식, 정전 기록 방식 등이 있음

34 ①

팩시밀리 계통도 : 송신 원화 → 주사(광전 변환) → 동기(전송로) → 주사(전광 변환) → 수신 원화

35 ③

정보 DB를 통한 정보 검색 시스템과 전화 교환망을 통한 정보 제공 과정을 통해 비디오텍스 시스템임을 알 수 있음

36 ④

비디오텍스의 전송 기술
- **Mosaic 방식** : 사전에 약속된 문자 코드와 모자이크 패턴의 그림 정보를 각각 점으로 변환하여 출력
- **Geometric 방식** : 그림 정보는 점, 선, 호, 원, 다각형 등의 기하학 요소의 조합으로 출력
- **Photographic 방식** : 팩시밀리와 같이 문자 및 그림 정보를 점의 형태로 분리전송

37 ④

PC-FAX : 혼합형 통신 기기의 대표적인 형태로, 혼합형 통신 기기들은 높은 전송 효율과 고품질, 다양한 호환성을 특징으로 함

38 ②

차세대 이동통신 4G에 대한 설명

39 ②

토너(Toner) : 검은색 탄소가루로 레이저 프린터나 복사기 등에 사용되는 분말 잉크

40 ②

MODEM은 아날로그 신호와 디지털 신호를 변경하는 기계로 디지털 신호를 직접 아날로그 회선인 전화회선으로 전송하면 신호가 왜곡되어 올바른 전송이 이루어지지 않음

CHAPTER 03

01 ②	02 ②	03 ①	04 ③	05 ③
06 ④	07 ③	08 ①	09 ③	10 ②
11 ②	12 ①	13 ③	14 ④	15 ②
16 ②	17 ①	18 ①	19 ④	20 ①

01 ②

협의의 사무는 문서 처리 및 데이터 처리 업무와 의사 소통(통신)만을 포함하며, 광의적으로는 의사 결정 업무까지를 포함함

02 ②

사무자동화는 업무 처리의 자동화 기능을 제공해야 함

03 ①

전자 파일은 전통적인 종이 서류에 비해 부피가 작고 서식의 표준화에 대한 적용과 개선이 용이함

04 ③

광 디스크 장치 : 레이저 광선을 렌즈와 조합함으로써 1mm 이하의 초점을 쉽게 얻을 수 있는 점을 응용하여 광학적으로 기록 · 재생하는 고밀도 · 대용량의 기억 장치

05 ③

COM(Computer Output Microfilm) : 자기 테이프 장치, 카메라, 필름 현상기 등으로 구성되어 있으며, 원하는 정보를 시스템 내부의 화면 출력 장치에 비추어 카메라로 촬영한 다음 필름에 수록함

06 ④

데이터베이스의 구축 목적 중 하나는 데이터의 중복성을 최소화하는 것임

07 ③

데이터베이스 시스템이 가지는 단점은 운영비가 많이 들며 시스템이 복잡하고, 시스템 고장에 따른 영향이 너무 큼

08 ①

CAR(Computer Assisted Retrieval) : 컴퓨터를 이용하여 마이크로필름을 고속으로 자동 검색하는 시스템

09 ③

CAM : Computer Aided Manufacturing(컴퓨터 응용 제조)

10 ②

다기능 전화(Keyphone) : 간단한 키 조작에 의해 각종 고도의 서비스 기능을 이용할 수 있는 전화기

11 ②

다이얼 번호 표시 : 다이얼한 번호를 디스플레이에 표시해주는 기능

12 ①

다기능 전화의 기능
- **발신의 편리를 위한 기능** : 자동 다이얼, 재다이얼, 비응답, 음성 다이얼, 발신 예약, 다이얼 번호 표시
- **착신의 편리를 위한 기능** : 대리 응답, 호출 번호 표시, 스피커, 암호 번호 수신, 부재 전송, 자동 응답
- **통화 과정상 편리를 위한 기능** : 핸드 프리, 일시 유보, 정지/재개, 전송

13 ③

비응답(Onhook) : 수화기나 휴대 장치를 들지 않고 다이얼하여 상대방이 응답한 후에 통화할 수 있는 기능

14 ④

전자우편 시스템 : 컴퓨터 상에서 전송 정보가 통신망을 통해 중앙 컴퓨터의 데이터베이스에 기록된 후, 상대방이 컴퓨터를 조작해 이를 받아보는 컴퓨터 통신 시스템

15 ②

전자우편은 온라인 상태에서 언제든 검색이 가능함

16 ②

전자우편 : 시간적 공간적 제약의 해결에는 도움이 되지만 의사 결정과 관련해서는 직접적인 관련성이 적음

17 ①

메시지 처리 시스템(MHS) : 이용자가 컴퓨터를 통해 보내고 싶은 정보를 축적, 전송하고 이용자의 요구 조건에 따라서 수신측에 보내는 축적 전송형의 메시지 통신 서비스로, 전자 사서함 서비스라고도 함

18 ①

복사기의 확대/축소 기능 : 보통 25~400% 내에서의 자유 확대 축소와 A4 → B4, A4 → B5 등과 같은 고정 배율 변경, 그리고 종배 또는 횡배율만의 변경도 가능

19 ④

경영 정보 시스템(MIS) : 기업의 경영진이나 조직의 관리진에게 투자, 생산, 판매, 경리, 인사 등 경영관리에 필요한 각종 정보를 신속하고 정확하게 공급함으로써 생산성과 수익성을 높이고자 하는 정보 시스템

20 ①

- **POS 단말기** : 백화점이나 슈퍼마켓 등에서 바코드를 이용하여 상품의 판매 시점에서 발생하는 금액의 집계나 현금관리
- **경영 정보 시스템(MIS)** : 기업의 내부 및 외부 환경에 관한 정보를 수집, 저장, 검색, 처리하여 적절한 시기에 적절한 형태로 의사 결정에 반영하여 기업의 목표를 달성할 수 있도록 조직화된 시스템

01 ①	02 ④	03 ③	04 ④	05 ①
06 ②	07 ①	08 ③	09 ④	10 ④
11 ②	12 ③	13 ④	14 ②	15 ④
16 ①	17 ②	18 ②	19 ②	20 ②
21 ①	22 ④	23 ④	24 ②	25 ③
26 ②	27 ①	28 ②	29 ①	30 ④
31 ②	32 ③	33 ④	34 ①	35 ③
36 ②	37 ③	38 ④	39 ③	40 ④

01 ①

FLT 방식 : 대형 컴퓨터 등의 CPU에 사용되는 고장 진단 방식으로, 자체적인 회복 및 보수 기능을 갖춘 서비스 프로세서(SVP)를 갖추고 있음

02 ④

컴퓨터에서 탈부착이 가능한 메모리는 RAM으로 보드상의 슬롯에 잘못 꽂을 경우 에러가 생김

03 ③

규격 시험 : 기기의 재료, 형상, 구조, 기능 및 특성 등이 규정된 사항과 일치하는지를 판단하는 시험

04 ④

정보기기의 운용 및 보전을 위한 작업 계획
• 운용, 보전 서비스의 기준치 달성 목표
• 회선이나 시설의 고장 발생 경향
• 회선이나 시설의 불량 상태
• 현재의 가동 시설수와 미래의 시설 증가 예상수
• 운용 보전 요원의 기술 수준 및 교육 계획
• 계절적, 지역적인 특수 사정

05 ①

무정전 장치
• **AVR(자동 전압 조절기)** : 일정한 전압을 유지시켜 주는 장비
• **UPS(무정전 전원 장치)** : 정전이 되어도 일정 시간 동안 전압을 보내주는 장비로 정전압 정주파(CVCF) 장치라고도 함

06 ②

액세스 플로어 방식 : 바닥에 알루미늄 주조물로 된 높이 조정식 조립 마루를 부설하고 그 공간에 케이블을 설치하는 방법

07 ①

컴퓨터실은 누수나 화재 등의 예방을 위하여 가능한 급수나 난방 시설 등은 멀리 두어야 함

08 ③

디스켓은 얇은 플라스틱 재질에 자화되어 있으므로 물이나 기름이 닿아서는 안 되며, 무거운 것 등에 의해 구부러지지 않도록 해야 함

09 ④

디스켓은 TV 등과 같은 강력한 영구 자석이 들어 있는 자기 영역에 노출시키지 않도록 해야 함

10 ④

바이러스의 특징 중 하나는 반복적인 자기 증식과 복제임

11 ②

바이러스로부터 데이터를 안전하게 보호하기 위해서는 중요한 자료의 경우 하드 디스크가 아닌 별도의 보조 기억 장치에 저장하여 보관하는 것이 좋음

12 ③

바이러스에 감염되었더라도 증상이 심하지 않으면 바이러스 퇴치 프로그램 등을 사용하여 원상 복구가 가능함

13 ④

벌레(웜; Worm) 프로그램 : 바이러스와는 달리 시스템에는 직접적인 영향은 주지 않고, 자기 복제만 반복함

14 ②

컴퓨터 바이러스의 전염 경로는 보조 기억 매체인 플로피 디스크와 인터넷 등의 정보 전송 매체임

15 ④

바이러스 : 악의적인 목적을 가진 일종의 프로그램으로, 1차적으로 운영체제와 응용 프로그램 그리고 이들에서 파생된 데이터의 파괴를 목적으로 함

16 ①

실행 파일의 날짜 변경은 파일 바이러스에 의한 증상임

17 ②

부트 바이러스의 감염 증상
• 컴퓨터가 부팅이 되지 않거나 부팅 시간 및 자료를 읽어들이는 속도가 느려짐
• 볼륨 레이블이 다른 것으로 바뀌거나 부팅시 특정 메시지가 화면에 나타남
• 사용 가능한 메모리 및 디스크의 용량이 줄어듦

18 ②

분산서비스 거부 공격 (DDOS)
인터넷 또는 네트워크 연결 상에서 다수의 시스템이 하나의 대상표적을 상대로 많은 양의 데이터를 발생시켜 다운시키는 공격

19 ②

전원이 꺼진 상태에서는 어떤 하드웨어나 소프트웨어도 동작할 수 없음

20 ②

쓰기 방지 탭을 붙이는 것은 가장 기본적인 바이러스 방지책이 될 수 있음

21 ①

바이러스는 복사 단계에서 감염의 가능성이 가장 크기 때문에 가능한 인증된 정품을 사용하는 것이 좋으며, 사전 검사나 치료없이 쓰기 방지를 하는 것은 아무런 의미가 없음

22 ④

실행 파일의 확장자를 변경하는 것은 프로그램 실행을 막는 것으로, 컴퓨터의 기능을 망가뜨리는 행위임

23 ④

비밀번호는 정기적으로 변경해 주며 주변의 전화번호, 주민등록번호 등 쉽게 노출될 수 있는 번호는 피함

24 ②

COMMAND는 단순히 명령 또는 DOS에 있어서 시스템 구성 파일 중 하나인 COMMAND.COM을 가리킴

25 ③

CIH 바이러스 : 타이완의 천잉하오에 의해 개발되었으며, 매년 4월 26일 플래시 메모리와 하드 디스크의 데이터를 파괴하기 때문에 일명 '체르노빌 바이러스'로 불림

26 ②

Jerusalem 바이러스 : 일명 이스라엘 바이러스 또는 13일의 금요일 바이러스로 불리며, 13일인 금요일날에 파일들을 지움

27 ①

시한폭탄형 바이러스의 대표적인 것들로는 예루살렘(이스라엘)/일요일/JOSHI(생일축하)/11월30일/Tenbytes(1554)/자살/월드컵/카지노 바이러스 등이 있음

28 ②

매크로 바이러스 : MS의 오피스 제품(엑셀, 워드, 파워포인터 등) 문서 파일에 감염되는 바이러스로 문서 파일의 매크로 기능을 이용하여 다른 문서를 감염시키며, 대표적인 것에 멜리사(Melisa) 바이러스 등이 있음

29 ①

PC 설치 환경 : AC 220[V]±10%, 50/60[Hz]±2%~4%의 범위에 속하는 전원 사용

30 ④

정보기기 관련 시설은 스프링클러로 진화를 하게 되면 합선 및 감전 등으로 사고가 확대될 수 있음

31 ③

VDT : 컴퓨터 또는 워드프로세서, TV 방송 모니터 등 시각 정보를 표현하는 영상 표시 장치를 총칭

32 ①

작업 시간 : 1일 기준으로는 4~5시간, 주 5일 근무(1달 25일 미만) 권장

33 ④

모니터보다는 눈의 높이가 더 높아야 함

34 ①

작업 테이블의 높이는 70cm가 적당하며, 작업면의 높이를 조정할 수 있는 작업대라면 55~75cm의 조절 범위가 적합함

35 ③

눈과 모니터의 거리는 40~50cm 정도 떨어지게 함

36 ②

올바른 작업 자세
- 팔드랑이에 수직으로 하고 팔꿈치는 90°로 함
- 손등은 팔과 수평 유지
- 의자 깊숙히 앉아 등이 의자 등받이에 닿게 함

37 ③

전산실 등의 작업 테이블 조도는 400~600Lux가 적당함

38 ④

전산실 및 통신실의 적정한 온도 : 16~28℃

39 ③

전산실 및실의 적정한 습도 : 40~70%

40 ②

일반 사무실의 소음 허용도는 50~55dB임

CHAPTER 01
1-184p

01	①	02	④	03	①	04	②	05	①
06	②	07	②	08	②	09	①	10	①
11	③	12	③	13	③	14	②	15	④
16	②	17	④	18	④	19	④	20	①
21	①	22	④	23	③	24	②	25	②
26	②	27	③	28	④	29	①	30	④
31	③								

01 ①

• **사실** : 실제적으로 일어난 현상
• **데이터** : 컴퓨터가 사용할 수 있게 가공한 형태

02 ④

평가 이전의 기호 계열은 데이터(Data)임

03 ①

코드(Code) : 한 방식으로 표현된 자료를 다른 표현으로 나타내는 방법을 설명하는 규칙의 집합

04 ②

다중화 : 데이터 통신에서 하나의 전송로를 통해 동시에 여러 개의 신호 전송이 이루어지도록 하는 것

05 ①

정보화 사회의 중심 산업은 서비스 및 지식 산업임

06 ②

데이터 통신은 정보의 조회와 교환을 주요 분야로 함

07 ②

데이터 통신의 궁극적인 목적은 정보 자원의 공유와 활용에 있음

08 ②

정보 통신의 발전은 컴퓨터와 통신 기술의 발달로 더욱 가속화됨

09 ①

통신 시스템 구성 요소
• **정보원** : 전달하고자 하는 정보가 생성되는 장소
• **전송 매체** : 통신 신호를 전달하는 수단
• **목적지** : 전달 매체에 알맞도록 변형된 정보가 전달되는 곳

10 ①

정보 통신 기술의 발전 단계
• **제1단계** : 음성 전용 회선을 이용한 저속 데이터 전송
• **제2단계** : 정보 전송에 기존의 전화 교환망 이용
• **제3단계** : 광대역 데이터 전송 회선(아날로그 방식)을 이용한 고속 데이터 전송
• **제4단계** : 디지털 전용 회선 구축과 시분할 방식 실현
• **제5단계** : 데이터 전용 교환망 구축
• **제6단계** : 종합 정보 통신망 구축

11 ③

DTE는 컴퓨터와 같은 데이터 단말 장치를, DCE는 모뎀같은 데이터 회선 종단 장치를 뜻함

12 ③

개인 신용 조사(Credit Check)는 은행이나 신용 거래 등에 있어서 고객이나 상대에 대한 정보 검색을 통해 결격 사유 등을 확인하기 위한 수단임

13 ③

입출력 장치와 데이터 전송 장치, 통신 제어 장치 등이 회선을 통해서 직접 컴퓨터에 연결된 데이터 처리 시스템을 온라인 방식이라 함

14 ②

온라인 시스템은 중앙의 컴퓨터와 터미널이 통신 회선을 통해 직결되어 있음

15 ④

거래 처리 시스템 : 은행 창구나 백화점 판매대 등에서 이루어지는 거래 상황을 실시간으로 처리함

16 ②

온라인 시스템은 통신 회로 없이는 구축이 불가능함

17 ④

온라인 구성의 3요소 : 입출력(단말) 장치, 데이터 전송 장치(통신회선), 통신 제어 장치

18 ④

오프라인 시스템은 자료를 실시간으로 즉시 처리하지 않고, 일단 일정량이나 일정 시간 동안 모았다가 처리함

19 ④

일괄 처리 방법 : Data가 발생하는 즉시 처리하는 온라인 처리에 반대되는 것으로, 발생 데이터를 일정 시간 또는 일정 양만큼 모아서 처리함

20 ①

통신 제어 장치 : 단말 장치의 전송 제어 기능이 가지는 버퍼링, 문자 및 메시지의 조립과 분해 기능 외에 전송 회선과의 전기적 결합, 송수신 제어 및 전송 제어, 오류 검출 및 오류 제어, 회선의 감시 및 접속 제어 기능을 가짐

21 ①

발생된 데이터를 사람이 가지고 가서 단말 장치에 입력하는 방식은 오프라인 방식에 속함

22 ④

경영 관리 : 기업이 추구하는 목적 달성을 위해 인적, 물적 자원을 최적으로 분배하고 이용하기 위한 경영 활동

23 ③

공정 제어 : 공업의 각 생산 설비나 그들을 포함하는 생산 공정 등 이른바 공업 프로세스에 있어서 그 상태를 나타내는 제어량(온도, 압력, 유량 등)을 자동으로 제어하는 것

24 ②

오프라인 상태에서는 실시간 처리가 불가능함

25 ②

정보 통신 시스템의 기본 구성 : 컴퓨터(CPU) – 통신 제어 장치 – 데이터 전송 회선 – 단말 장치 순임

26 ②

정보 통신 시스템은 크게 데이터 전송계와 데이터 처리계로 구성됨

27 ③

정보 전송계의 구성 : 단말 장치, 신호 변환 장치, 전송 회선, 통신 제어 장치

28 ④

단말 장치(DTE) : 정보 통신 시스템에서 최종적으로 데이터를 주고받는 기능을 수행하는 장치로 통신 회선에 접속되어 있으며, 구성 장치들을 통하여 입출력 기능, 기억 기능, 전송 제어 기능 등을 담당함

29 ①

모뎀은 변복조 장치로, 데이터 단말 장치가 아니라 신호 변환 기기의 대표 장치임

30 ④

통신 제어 장치의 주요 기능 : 컴퓨터 간을 회선으로 연결하여 원활한 통신이 가능하도록 회선을 감시하고 접속 상태를 제어

31 ③

통신 제어 장치의 역할 : 버퍼링, 문자 및 메시지의 조립과 분해 기능 외에 전송 회선과의 전기적 결합, 전송 제어, 오류 검출 및 제어, 회선의 감시 및 접속 제어 기능을 가짐

CHAPTER 02

01 ④	02 ④	03 ①	04 ①	05 ①
06 ①	07 ①	08 ④	09 ①	10 ②
11 ④	12 ①	13 ④	14 ③	15 ②
16 ②	17 ④	18 ④	19 ②	20 ④
21 ③	22 ①	23 ③	24 ②	25 ②
26 ②	27 ①	28 ②	29 ②	30 ④
31 ④	32 ③	33 ④	34 ②	35 ②
36 ①	37 ③	38 ②	39 ①	40 ④
41 ④	42 ②	43 ①	44 ③	

01 ④

폼 스킨 케이블, PE 케이블, 국내 케이블, 강대외장 케이블 모두가 동축 케이블의 범주에 속함

02 ④

동축 케이블은 혼선, 감쇠, 전송 지연이 적어 TV 급전선, 유선 방송(CATV), LAN에 가장 많이 사용됨

03 ①

광섬유 케이블은 전력 유도나 전자 유도에 영향을 받지 않으므로 잡음이나 누화가 거의 없음

04 ①

CCP 케이블(Color Corded Polyethylene Cable) : 시내전화선로에 사용되는 대표적인 플라스틱 케이블로 모든 심선에 다른 색으로 착색이 되어 식별이 용이함

05 ①

코어는 빛이 전파되는 통로로, 석영을 주원료로 사용함

06 ①

광섬유 간 연결 또는 접속이 까다로우며 연장선이 긴 경우 중계 급전선이 필요한 것은 광통신 케이블의 단점임

07 ①

광섬유 케이블은 전송 신호를 레이저 광으로 하여 전반사에 의한 도파 원리 이용

08 ④

블루투스(Bluetooth) : 무선 통신 기기 간에 근거리에서 저전력으로 무선 통신을 하기 위한 표준

09 ①

광통신 소자
- **발광 소자** : 반도체 레이저 다이오드, 발광 다이오드(LED)
- **수광 소자** : 포토 다이오드(PD), 애벌런치 포토 다이오드(APD)

10 ②

광통신시스템의 구성

송신부		수신부	
음성	(전광변환) (광케이블) (광전변환)		음성
문자 ➡ 부호기 ➡ 전기신호 ➡ 광신호 ── 광검출기 ➡ 전기신호 ➡ 복호기 ➡ 문자			
영상	(발광기) (수광기)		영상

11 ④

광섬유 시스템에서는 빛의 전반사 원리를 이용하기 때문에 모뎀이 필요치 않음

12 ①

광신호의 중계 증폭은 중계 급전선의 역할이며, 광 커넥터는 광섬유 끝의 중심축을 서로 정확하게 연결할 수 있도록 하는 접속 장치임

13 ④

빛이 전파되는 통로는 코어(Core)이며, 클래딩(Cladding)은 코어의 외부에서 코어의 특성을 보호하는 기능을 함

14 ④

전용 회선 : 전기 통신 사업자 또는 통신 주관청과의 임차 계약(전용 계약)에 따라 사용자가 원하는 두 지점 간 또는 다지점 간을 직통으로 연결하여 독점 사용하는 전기 통신 회선으로 고속 · 광대역임

15 ②

장 · 단기 전용의 구분 기준은 구간이 아닌 사용 기간임

16 ②

데이터 전송 회선은 크게 일반 공중 가입자(교환) 회선과 전용 회선으로 구분함

17 ④

전용 회선의 품질 기준으로는 비트오율, 오류초율, 과오류초율 등이 있음

18 ④

단기 전용의 산정 일수는 30일까지임

19 ②

사용자에 따른 전용 회선 서비스의 구분 : 단독 전용, 공동 전용

20 ④

통신 채널 전송 방식의 구분 : 단방향 통신, 반이중 통신, 전이중 통신

21 ③

통신 방식에 따른 분류
- **단방향 통신** : 한쪽 방향으로만 전송 가능(라디오, TV 등)
- **반이중 통신** : 양방향 전송이 가능하나 동시 전송은 이루어지지 않는 통신(무전기 등)
- **전이중 통신** : 양방향 동시 전송 가능(전화 등)

22 ①

출력과 신호 수신을 동시에 한다는 것은 양방향 통신이 가능하다는 뜻임

23 ③

메시지 교환망은 한 망에서 서로 다른 회로상의 두 지점 사이에 데이터를 전송하고자 할 때 데이터의 경로가 중앙점을 통과하게 하여 전송하는 방식으로 방송망으로는 적합지 않음

24 ②

포인트 투 포인트 회선은 곧 2지점 간 방식임

25 ②

A가 전송 중일 때 B는 전송이 불가능하고, 반대로 B가 전송 중일 때 A는 전송이 불가능하므로 반이중 방식임

26 ②

멀티 포인트 회선 : 통신 회선을 공유하므로 속도가 느리며, 고장시 보수가 어려움

27 ①

멀티 포인트 모뎀 : 멀티포인트 시스템에서 중앙 컴퓨터가 고속으로 폴링을 할 수 있도록 설계된 모뎀

28 ②

폴링 : 주국 또는 주컴퓨터가 주체가 되어 단말국 또는 단말기에 송신을 재촉하는 방식

29 ②

회선 제어 절차
① 회로 연결 : 수신지의 위치를 알리고 전송 회선을 연결
② 링크 확립 : 제어 방식을 정하여 그 제어에 따른 데이터 송신
③ 데이터 전송 : 데이터 전송의 오류를 확인하면서 실제 데이터 전송
④ 링크 단절 : 데이터 전송의 종료 후 설정된 링크를 반환
⑤ 회로 단절 : 전송 회선의 단절

30 ④

링크(Link) : 데이터 통신에서 통신하고자 하는 두 지점을 이어주는 물리적, 논리적인 통로를 가리키는 말로, 그 중간에 있는 물리적인 전송 선로, 변환기 등의 통신 설비를 포함하는 개념임

31 ④

모뎀은 전송 속도에 따라 종류와 용도가 구분됨

32 ③

$1600 * 3 = 4800$

33 ④

보(Baud) : 변조된 신호의 최소 간격 T(초)의 역수를 B로 표시하는 속도의 단위
$\therefore B = 1/0.002 = 500[Baud]$

34 ②

2개 비트(Dibit)가 한 개의 신호 단위인 경우 : BPS의 속도비가 2배로 늘어남

35 ②

4위상(2^2)의 경우 2개의 정보 비트를 동시에 전송할 수 있으므로, 60 × 2 = 120[bps]

36 ①

8위상은 2^3이므로 2,400 × 3 = 7,200[bps]

37 ④

전송 시간 = 전체 자료량 / 초당 전송량 = (400bit×100개) / 2,000 = 20[초]

38 ②

데이터 비트(7비트) + 추가 3비트(스타트 비트 + 스톱 비트 + 패리티 비트) = 10비트이므로, 초당 전송 문자수는 2,200/10 = 220문자/초

39 ①

1초 : 2,400 = x초 : (24,000 × 10비트(8 + 1 + 1))
∴ x =100[초]

40 ④

1,200 × 4 = 4,800[bps]

41 ④

전송 속도 : 변조 속도, 신호 전송 속도, 베어러 속도

42 ②

샤논의 정리 : 통신 용량은 대역폭과 신호 전력에 비례하고 잡음 세력에는 반비례함

43 ①

통신 용량은 대역폭과 신호 전력에 비례함

44 ③

1차 정수 : 선로에는 저항(R), 인덕턴스(L), 정전 용량(C), 누설 콘덕턴스(G) 등을 비롯한 여러 가지 요소들이 작용하는데, 이상의 4가지 요소를 1차 정수라고 하며, 이들 사이에는 RC = LG 또는 $\frac{R}{L} = \frac{G}{C}$ 의 관계가 성립함

CHAPTER 03

1-210p

01 ②	**02** ①	**03** ④	**04** ③	**05** ②
06 ②	**07** ③	**08** ②	**09** ③	**10** ③
11 ③	**12** ①	**13** ②	**14** ②	**15** ④
16 ④	**17** ③	**18** ②	**19** ④	**20** ①
21 ①	**22** ②	**23** ①	**24** ③	**25** ③
26 ④	**27** ③	**28** ②	**29** ①	**30** ②
31 ③	**32** ①	**33** ①		

01 ②

병렬 전송 : 데이터를 구성하는 비트가 각각의 전송로를 통하여 동시에 전송되는 것으로, 프린터가 가장 대표적인 예임

02 ①

비동기식 전송 : 스타트 스톱 전송이라고도 하며, 문자 단위로 송수신하는 방식으로 각 문자는 앞쪽에 스타트 비트, 뒤쪽에 1개 또는 2개의 스톱 비트가 있음

03 ④

ATM은 어떠한 정보가 담겨있는지 혹은 어떠한 형태로 정보가 구성되어 있는지 신경 쓰지 않고 단지 53바이트의 일정한 크기로 분할한 후 헤더를 붙여서 수신지로 정확히 전송

04 ③

대역 전송을 위한 변조 방식에는 진폭 편이 변조(ASK), 주파수 편이 변조(FSK), 그리고 위상 편이 변조(PSK) 등이 있음

05 ②

위상 변조(PM) : 신호파의 진폭 변화를 반송파의 위상 변화로 바꾸는 방법

06 ②

• 진폭 변조(AM), 주파수 변조(FM), 위상 변조(PM) 등은 아날로그 신호를 변조없이 반송파에 합성시키는 방식임
• **진폭 변조(AM)** : 반송파의 진폭을 신호파의 순간 진폭에 따라 변화시키는 변조 방식으로 진폭만 변화하고 주파수는 변하지 않음. 변복조 회로 구성은 간단하나 잡음과 혼선에 약하고, 전달 대역이 좁은 단점이 있음

07 ③

주파수 편이 변조(FSK) : 1,200[BPS] 정도의 저속, 비동기 모뎀에 사용

08 ②

디지털신호 변조 방식
• **베이스 밴드 전송** : 컴퓨터 내부의 펄스 신호를 그대로 전송
• **대역 전송** : 컴퓨터 내부의 펄스 신호를 아날로그 형태로 바꾸어 전송

09 ③

정보 전송 방식
- PCM(Pulse Code Modulation) : 펄스 부호 변조
- PAM(Pulse Amplitude Modulation) : 펄스 진폭 변조
- PFM(Pulse Frequency Modulation) : 펄스 주파수 변조
- PPM(Pulse Phase Moation) : 펄스 위상 변조
- PWM(Pulse Width Modulation) : 펄스 폭 변조

10 ③

2^3에서 3개 비트

11 ③

펄스 위치 변조 : PPM(Pulse Position Modulation)

12 ①

- **표본화(Sampling)** : 아날로그 신호의 진폭을 주기적인 간격으로 읽어들여 표본값을 만듦
- **양자화(Quantization)** : 표본값을 정수가 되도록 수량화하는 단계
- **여과(Filtering)** : 복호화시킨 표본 펄스열을 저역 여과기를 통과시켜 원래의 신호로 복원함

13 ②

PCM 진행 순서 : 표본(압축)화 → 양자화 → 부호화 → 복호화(변환) → 여과(여파, 신장)

14 ②

PCM 방식은 아날로그 신호를 표본화하여 디지털 신호로 변환해야 하는데, 이 과정에서 표본화, 양자화, 부호화 등의 과정이 필요함

15 ④

대역 여파기(Filter) : 원하는 형태의 신호 파형만 통과시키고 원하지 않는 파형들을 걸러내는 전자 회로의 한 가지

16 ④

충격성 잡음은 보통 교환기와 케이블 부분에서 발생하며, 데이터 전송시 비트 오류의 가장 큰 요인이 됨

17 ①

충격성 잡음 : 전송 시스템에서 순간적으로 일어나는 높은 진폭의 잡음으로 데이터 전송시 비트 오류의 가장 큰 요인이 됨

18 ②

위상 지터가 발생했으나, 심각한 오류 발생 수준인 15°에는 미치지 않았음

19 ④

조작원의 부주의는 데이터의 입력 오류나 기계 오작동 등의 주요 원인임

20 ①

비트 에러율이란 총 전송한 비트에 대한 에러 발생 비트의 비율을 말함

21 ①

정지 대기(Stop and Wait) ARQ 방식 : 수신측에서 전송된 데이터의 오류를 점검하고 ACK나 NAK를 송신측으로 보내올 때까지 기다리는 방식

22 ②

블록 오율의 측정을 위한 표준 신호의 블록 크기는 511Bit임

23 ①

$$비트 \ 오류율 = \frac{에러 \ 비트 \ 수}{전체 \ 전송량} \times 100 = \frac{72}{36,000} \times 100$$
$$= 0.2(\%)$$

24 ③

일정비 코드(2중 5코드, 바이퀴너리 코드 등)는 각 부호의 1(또는 0)의 개수를 일정하게 유지하여 전송하고, 수신측에서 이를 확인함

25 ③

순환 중복 검사(CRC) : 전송된 데이터에 오류가 있는지를 확인하기 위하여 FCS(체크값)을 결정하는 오류 제어 방식

26 ④

ARQ는 오류 검출 후 재전송 방식으로, 전진 오류 수정(FEC) 방식과 반대되는 방식임

27 ③

패리티 비트는 자료 표현용이 아니라 자료의 전송 오류를 검사하기 위한 부가 코드임

28 ②

패리티 비트 체크에서는 동시에 2개 또는 2의 배수에 해당하는 비트에서 오류가 발생하면 오류의 검출이 불가능함

29 ①

우수(Even) 패리티 검사 : 1의 개수가 짝수가 되도록 하는 방법

30 ②

패리티 비트 부가의 목적은 전송 과정에서의 오류 검출임

31 ③

수평 – 수직 패리티 방식 : 수평, 수직 패리티 검사를 동시에 하는 방식으로 블록 합 검사(Block Sum Check) 등에서 사용되며, 단일 패리티 체크에서 보다 오류 검출 확률이 높아짐

32 ①

부(負)마크 부호 방식은 존재하지 않음

33 ①

아스키(ASCII)는 정보 전송용 문자 코드임

01 ③	02 ③	03 ③	04 ②	05 ①
06 ④	07 ③	08 ②	09 ④	10 ②
11 ②	12 ③	13 ①	14 ②	15 ③
16 ②	17 ③	18 ①	19 ③	20 ①
21 ①				

01 ③

그래픽 단말기의 화면 출력 방식에는 스토리지 튜브, 레스터 리프레시, 랜덤 스캔, 그리고 플라즈마 방식 등이 있음

02 ③

CAR 시스템 중 컴퓨터로 처리되는 완전 자동화된 시스템은 폐쇄형임

03 ③

모뎀의 구성
- **송신부** : 변조기(Modulator), 부호기(Encoder), 대역 제한 필터(BLF), 증폭기, 변형기 등
- **수신부** : 대역 제한 필터, 자동 이득 조절기, 복조기(Demodulator), 복호기(Decoder) 등

04 ②

G3 : MH와 MR으로 데이터를 압축하고 디지털 변조 방식에 의한 대역 압축, 고속 전송으로 A4용지를 1분 내에 전송하는 디지털 팩시밀리로 가장 많이 사용

05 ①

단말기와 데이터 통신 접속
- **X.24** : 공중 데이터 네트워크에서 DTE와 DCE 사이의 인터체인지에 대한 정의
- **X.25** : 공중 데이터 네트워크에서 패킷형 단말기를 위한 DCE와 DTE 사이의 접속 규격

06 ④

EIA-접속핀(RS-232C) 회로의 번호와 그 기능
- **8(DCD; 수신선 신호 감지)** : DCE가 신호를 수신하고 있음을 DTE에게 알림
- **20(DTR; 데이터 단말 준비 완료)** : DTE의 정상 동작을 DCE에게 알림
- **22(R; 링 신호 감지)** : 링 신호가 들어오고 있음(핀 22 상태는 ON)을 DCE에게 알림

07 ③

RS 표시등은 DTE로부터 RTS 신호가 들어와서 DCE가 CTS 신호를 송신하고 있을 때 점등됨

08 ②

RS-232C : 미국의 EIA에서 정의한 표준안으로, ITU-T에서 권고한 V.24와 함께 공중 전화망을 통한 데이터 전송에 필요한 모뎀과 컴퓨터를 연결시켜 주는 표준 인터페이스

09 ④

RTS/CTS 지연 시간 : 호스트(DTE)에서 송신할 데이터가 있음을 표시하는 RTS(Request-To-Send; 송신 요구) 신호를 데이터 회선 종단 장치(DCE)로 전달한 후, DCE에서 전송을 개시해도 된다는 CTS(Clear-To-Send; 송신 가능) 신호가 올 때까지의 시간

10 ②

송화기 : 진동판, 탄소 가루 등을 이용해 인간의 음성 신호를 전기 신호로 변환하는 장치

11 ②

수화기의 구성 : 진동판, 코일, 영구 자석 등으로 구성

12 ③

수화기에서 영구 자석을 사용하지 않으면 잡음만 들림

13 ①

훅 스위치 : 전화기를 통한 발신 및 종료 의사를 교환기에 알려주는 전환 스위치

14 ②

다이얼의 3요소
- **임펄스 속도(PPS)** : 1초간에 끊어졌다 이어졌다 하는 단속 임펄스 수
- **임펄스 메이크율** : 임펄스의 이어짐과 끊어짐 간의 시간 비율
- **미니멈 포즈** : 다음 스위치의 동작을 준비하기 위한 인접한 임펄스 간의 최소 시간

15 ③

명음 : 증폭된 음성 전류의 일부가 입력측으로 새어나와 다시 증폭되어 이상 발진을 일으키는 것

16 ②

전자 교환기의 구성
- **처리계** : 중앙 제어 회로(CC), 영구 기억 회로(PM), 일시 기억 회로(TM) 등
- **통화로계** : 통화 스위치 회로망(SN), 주사 장치(SCN), 스위치 구동 회로(NC), 신호 분배 장치(SD) 등

17 ③

주사 장치는 전화선류 상태를 파악하여 그 결과를 호출 처리용 기억 장치가 아니라, 중앙 제어 장치에 전달함

18 ①

RS-232C(Recommended Standard-232C)는 컴퓨터가 외부에서 자료를 주고받기 위하여 회선으로 연결할 때, 직렬 전송 방식의 통신회선에서 사용하는 물리적인 규격을 의미함. RS-232 규격에서는 DTE와 DCE 사이의 25핀에서 송신과 수신용으로 2번과 3번핀을 사용함

19 ③

RS-232C 인터페이스 : 미국의 EIA에서 정의한 표준안으로, ITU-T에서 권고한 V.24와 함께 공중 전화망을 통한 데이터 전송에 필요한 모뎀과 컴퓨터를 연결시켜주는 표준 인터페이스임

20 ①

모뎀과 컴퓨터를 연결하는 표준 인터페이스로 물리 계층에 가까움

21 ①

전송 품질 척도
- **일반적인 전송 품질 요소** : 전송 손실, 회선 잡음, 신호대 잡음비, 위상지터, 비트오율
- **ITU-T의 전송 품질 척도** : 명료도 등가 감쇄량, 통화당량, 음량정격, 실효 전송당량, 평점 등가 감쇠량

CHAPTER 05   1-237p

01 ③	02 ③	03 ②	04 ④	05 ②
06 ③	07 ②	08 ①	09 ④	10 ④
11 ②	12 ①	13 ③	14 ①	15 ②
16 ③	17 ④	18 ③	19 ①	20 ④

01 ③

프로토콜 : 컴퓨터와 컴퓨터, 정보 통신망에서 원거리에 있는 통신 개체 사이의 정확한 데이터의 송 · 수신을 위해 필요한 일련의 절차나 규범의 집합

02 ③

프로토콜의 기본 요소
- **구문(Syntax)** : 데이터 형식, 신호 레벨, 부호화(Coding) 등 포함
- **의미(Semantics)** : 조정, 에러 관리를 위한 제어 정보 포함
- **순서(Timing)** : 통신 속도 및 메시지의 제어 등 포함

03 ②

Fragmentation : 세분화 또는 단편화

04 ④

프로토콜 방식에는 문자 방식(BSC 프로토콜), 바이트 방식(DDCM 프로토콜), 비트 방식(SDLC · HDLC 프로토콜)이 있음

05 ②

바이트 방식은 송신측과 수신측의 동기를 맞추기 위하여 데이터 블록의 앞에 동기 문자를 사용함

06 ③

HDLC 프로토콜은 고속의 비트(Bit) 방식 프로토콜임

07 ②

HDLC 프로토콜의 프레임 구성

플래그(F)	주소 영역(A)	제어 영역(C)	정보 영역(I)	프레임 검사 순서 영역(FCS)	플래그(F)

08 ①

TCP/IP : 다른 종류의 컴퓨터 상호간의 통신을 가능하게 하는 프로토콜의 하나로, 인터넷의 기본 프로토콜이며 OSI 참조 모델을 구현함

09 ④

TCP/IP는 OSI 참조 모델을 구현하는 개방형 프로토콜임

10 ④

- **MIME** : 인터넷 통신에서 텍스트 · 이미지 · 동영상 · 사운드 등 멀티미디어를 전송하기 위한 E-MAIL 통신 규약
- **SMTP** : E-MAIL 송신 프로토콜
- **POP** : E-MAIL 수신 프로토콜
- **HTTP** : Hyper Text Transfer Protocol 웹 페이지 전송 규약

11 ②

OSI 7계층 모델은 개방형 시스템 간 상호 접속 규정으로 1977년 국제 표준화 기구(ISO)에서 제정함

12 ①

가장 하위가 물리 계층, 가장 상위가 응용 계층임

13 ③

정보의 형식 설정, 부호 교환, 암호화 등은 표현 계층의 기능임

14 ①

세션 계층은 응용 프로세스 간의 연결 접속 및 동기 제어 등의 기능을 담당함

15 ②

데이터 링크 계층 : 물리 계층에서 사용되는 전송 매체를 사용하여 이웃한 통신기기 사이의 연결 및 데이터 전송 기능과 관리를 규정

16 ③

X.25 : 공중 데이터 네트워크(PDN)에서의 패킷형 터미널을 위한 DCE와 DTE 사이의 접속 규격으로 OSI의 하위 계층들과 관련 있음

17 ④

응용 계층에 속하는 프로토콜에는 HTTP, SMTP, SNMP, FTP, 텔넷, NTS, NTP 등이 있음

18 ③

ISDN은 종합 정보 통신망을 의미함

19 ①

동적 호스트 설정 통신 규약(DHCP) : TCP/IP 통신을 실행하기 위해 필요한 설정 정보를 자동적으로 할당, 관리하기 위한 통신 규약

20 ④

IPv6 : TCP/IP 중 뒷부분의 IPv4가 업그레이드 된것으로, IPv6가 IPv4보다 가장 명백하게 개선된 점은 IP 주소의 길이가 32 비트에서 128 비트로 늘어난 것임

---

01 ④	02 ④	03 ①	04 ①	05 ④
06 ③	07 ③	08 ③	09 ③	10 ③
11 ③	12 ④	13 ④	14 ③	15 ④
16 ③	17 ④	18 ④	19 ④	20 ④
21 ②	22 ④	23 ③	24 ④	25 ①
26 ③	27 ③	28 ④	29 ②	30 ④
31 ④	32 ①	33 ①	34 ②	35 ④
36 ①	37 ④	38 ④	39 ④	

01 ④

링크(Link) : 데이터 통신에서 통신하고자 하는 두 지점을 이어 주는 물리적, 논리적인 통로를 가리키는 말로, 그 중간에 있는 물리적인 전송 선로, 변환기 등의 통신 설비를 포함하는 개념임

02 ④

스타형은 중앙의 컴퓨터와 단말기들이 1:1로 연결되어 있는 형태로 일반 온라인 시스템의 전형적 방법이며, 제어는 중앙 컴퓨터에 의함

03 ①

경로의 길이는 망형 > 스타형 > 링형 > 트리형 순임

04 ①

망형에서의 교환국 수(N)에 대한 수 구하는 공식 = N(N-1)/2

$$\therefore \frac{10 \times 9}{2} = 45[회선]$$

05 ④

성형에서는 각 교환국을 중앙의 컴퓨터와 1:1로 연결하므로, 교환국(단말기) 수만큼 회선이 필요함

06 ③

스타(Star)형 : 중앙에 컴퓨터가 있고 이를 중심으로 단말기들이 1:1로 연결되어 있는 형태로, 일반적인 온라인 시스템의 전형적 방법

07 ③

① 링형, ② 버스형, ③ 망형, ④ 격자형

08 ③

정보 교환 방식은 크게 회선 교환 방식과 축적 교환 방식(메시지 교환 방식, 패킷 교환 방식)으로 나뉨

09 ③

메시지 교환망 : 교환기가 송신측 컴퓨터의 메시지를 받아 축적하였다가 수신측 컴퓨터가 수신 가능한 상태가 되면 보내주는 방식의 정보망

10 ③

교환기를 통해 통신할 때마다 통신 상호간에 그 경로가 결정되므로 접속 시간이 많이 걸림

11 ③

패킷 교환망은 회선 이용률이 가장 높고 전송량 제어와 속도 변환이 용이하여 광대역 전송에 가장 유리함

12 ④

PAD(Packet Assembly and Disassembly) : 패킷을 생성하지 못하는 장치를 위해서 전송할 또는 전송된 데이터를 패킷으로 조립 또는 분해하는 기능 수행

13 ④

패킷 교환망은 대용량 전송시 과부하로 인하여 호출 설정을 중단시킬 수 있으므로 전송 지연이 발생함

14 ③

TCP/IP의 TCP 계층은 파일을 패킷 단위로 잘라 각각에 별도의 번호와 함께 목적지의 인터넷 주소를 포함시켜 인터넷상의 서로 다른 경로를 통해 전송함

15 ④

근거리 통신망은 광대역 전송 매체의 사용으로 고속 통신이 가능하며, 에러율이 낮음

16 ③

해저 케이블은 LAN과 같은 근거리용이 아닌 국가나 섬 등과 같은 원거리용 전송 매체임

17 ④

무선 LAN : 전자파(전파) 광(적외선) 등 전선(유선 케이블) 이외의 전송로를 이용하는 구내(단거리) 정보 통신망(LAN)

18 ④

근거리 통신망에서 가장 많이 사용되고 있는 형태는 링형이며, 버스형도 많이 사용되고 있음

19 ④

VAN : 회선을 직접 보유하거나 통신 사업자의 회선을 임차 또는 이용하고, 단순한 전송 기능 이상의 부가 가치를 부여한 음성 또는 데이터 정보를 제공하는 정보 통신망

20 ③

부가 가치 통신망은 광범위하고도 복합적인 서비스의 집합성을 가지며, 불특정 다수를 대상으로 함

21 ②

ISDN : 음성 및 비음성(데이터, 화상 등)의 다양한 통신 서비스를 하나의 통신망(디지털 통신망)을 근간으로 하여 종합적으로 제공할 수 있는 통신 시스템

22 ④

광대역 ISDN에서 회선 교환형 정보(음성, 화상 등)와 패킷 교환형 정보(데이터 등)를 동시 취급 가능한 것은 비동기 전송 모드(ATM)를 사용하기 때문임

23 ③

홈 뱅킹 : 은행의 주 컴퓨터에 온라인으로 접속하여 가정에서 은행 업무를 제공받을 수 있는 서비스

24 ④

WWW(World Wide Web) : 정보를 하이퍼텍스트 형식으로 나타내는 분산 데이터베이스 시스템으로 인터넷상의 정보를 통일적으로 얻을 수 있음

25 ①

월드 와이드 웹(WWW) : 하이퍼텍스트를 기반으로 멀티미디어(문자, 그림, 음성, 동화상 등)를 볼 수 있도록 하는 서비스

26 ④

인터넷은 미국에서 시작됨

27 ③

사이버 쇼핑몰 : 컴퓨터 통신망상의 가상적 세계를 뜻하는 사이버 공간과 보행자 전용 상가를 뜻하는 쇼핑몰의 합성어

28 ④

DNS 주소 : 점으로 구분되는 4묶음의 숫자로 구성되는 IP 주소를 알아보기 쉽게 문자로 바꾸어 놓은 것

29 ②

브라우저 : 인터넷의 각종 자원을 검색할 때 사용하는 클라이언트 프로그램

30 ④

부속 도메인 중 org는 비영리 기관(Organizations)을 나타냄

31 ④

10-BASE-2 : 외부에 별도로 연결되는 트랜시버 케이블을 없애고, NIC에 직접 내장시킴

32 ①

10-Base-T : IEEE 802.3으로 표준화된 구내 정보 통신망(LAN) 전송로 규격의 하나로 전송 속도가 10[MBPS], 신호 방식이 기저 대역, 세그먼트의 최대 길이가 100m인 것을 말함

33 ①

허브의 종류

• 더미 허브(Dummy Hub) : 허브에 연결된 모든 네트워크상의 데이터를 연결해 주는 기능만 제공
• 스위치 허브(Switch Hub) : 허브로 들어온 데이터에 대한 정보를 분류하여 전송할 컴퓨터에 연결된 포트로 데이터를 전송하는 방식

34 ②

스팸(Spam)은 휴대전화 문자나 이메일을 통해 대량으로 보내는 광고를 말함

35 ④

DoS와 DDoS 공격
- **서비스 거부(Denial of Service; DoS) 공격** : 표적 시스템과 그 시스템이 속한 네트워크에 과다한 데이터를 보냄으로써 정상적인 서비스를 할 수 없도록 하는 행위
- **분산 서비스 거부(Distributed Denial of Service; DDoS) 공격** : DoS 공격용 프로그램들이 분산되어 목표 시스템(네트워크)을 마비시키는 기법

36 ①

웜(Worm) : 바이러스와는 달리 시스템에는 직접적인 영향은 주지 않고 자기 복제만 반복하는 것(벌레 프로그램)을 가리켰으나, 최근의 인터넷 웜은 파괴 증상도 나타내고 있음

오답 피하기
- **백 도어(Back Door)** : 시스템의 정상적인 보호 수단을 우회할 수 있는 숨겨진 메커니즘이나 비정상적인 접근을 허가받기 위한 비밀 입구
- **스팸(Spam)** : PC 통신이나 인터넷 ID를 가진 불특정 다수의 사람에게 일방적으로 전달되는 대량의 광고성 전자 우편으로, 정크 메일(Junk Mail)이라고도 함
- **매크로(Macro)** : 매크로 명령어(Macro Instruction)의 줄임말로 프로그램 내에서 반복적으로 사용되는 부분을 약자로 따로 정의하여, 그 약자로 사용되는 명령어

37 ④

정보통신 용어
- **IPTV** : Internet Protocol TV의 약자로 초고속 인터넷 망을 이용하며 시청자가 원하는 프로그램을 보고 싶은 시간에 골라서 볼 수 있는 새로운 개념의 쌍방향 TV 서비스
- **블루투스(Bluetooth)** : 무선 통신 기기 간에 근거리에서 저전력으로 무선 통신을 하기 위한 표준
- **RFID** : 자동화 데이터 수집 장치의 한 분야에 속한 무선통신 시스템으로 사람, 자동차, 화물, 가축 등에 개체를 식별하는 정보를 부가하고, 이 부가 정보를 무선 통신 매체를 이용하여 비접촉으로 해독함
- **유비쿼터스(Ubiquitous)** : 시간과 장소에 구애받지 않고 언제나 정보통신망에 접속하여 다양한 정보통신서비스를 활용할 수 있는 환경

38 ④

IPv6 : TCP/IP 중 뒷부분의 IPv4가 업그레이드된 것으로, IPv6가 IPv4보다 가장 명백하게 개선된 점은 IP 주소의 길이가 32 비트에서 128 비트로 늘어난 것임

39 ④

블루투스는 근거리 무선 통신을 위한 산업표준이며 IEEE 802.15.1 규격을 사용함

01 ③	**02** ①	**03** ②	**04** ①	**05** ③
06 ②	**07** ①	**08** ①	**09** ④	**10** ④
11 ①	**12** ③	**13** ④	**14** ④	**15** ②
16 ③				

01 ③

JPEG : 정지 이미지 데이터의 압축 방식

오답 피하기
MPEG : 동영상 데이터의 압축 방식

02 ①

벡터 방식 : 선이나 면 단위로 직선과 곡선을 그릴 수 있고 이동과 회전 등의 변형이 쉬우며 확대, 축소 시 화질의 손상이 거의 없는 방식

03 ②

샘플링 : 아날로그 파형을 디지털 파형으로 변환하기 위해 소리의 높이를 추출하는 과정

04 ①

- **JPEG** : 정지 화상을 압축한 기술
- **DVI** : 인텔사가 개발한 동영상 압축 기술
- **AVI** : 마이크로소프트사가 개발한 동영상을 위한 파일 형식

05 ③

JPG : 정지 화상 압축 기술

06 ②

클레이메이션 : 찰흙으로 만든 모형을 조금씩 움직여 찍는 애니메이션 기술

오답 피하기
- **로토스코핑** : 촬영한 영상을 애니메이션 키 프레임으로 바꿔 그 위에 덧붙여 그리는 기법
- **모핑** : 3차원 애니메이션을 만드는 과정에서 이미지 모양을 서서히 변화시키는 기법
- **포깅** : 3차원 애니메이션을 만드는 과정에서 먼 거리를 어색하지 않게 안개효과처럼 흐리게 처리하는 기법

07 ①

MIDI : 음을 특정 표기법에 따라 숫자나 문자로 상징적으로 표현하는 파일 형식

오답 피하기
WAVE : 소리를 직접 저장할 수 있는 파일

08 ①

MP3는 MPEG-1의 오디오 규격으로 손실 압축 포맷임

09 ④

MIDI 파일은 여러 가지 악기로 동시에 연주가 가능한 파일 형식

10 ④

GIF는 8Bit인 256색상만 표현 가능

11 ①

멀티미디어 구성 요소
- **입출력 장치** : 마우스, AV 시스템, 디지타이저
- **처리 장치** : CPU
- **저장 장치** : CD-ROM, LDP
- **압축 및 복원 장치**
- **AV 캡처 장치** : 음성 신호를 디지털 신호로 전환하는 장치

12 ③

멀티미디어 저작 과정 : 기획 → 프로토타입 구성 → 통합 테스트 → 패키징 및 배포

13 ④

JPEG : 사진과 같은 정지 화상 정보를 통신하기 위하여 압축하는 기술임

14 ④

MPC : 다양한 업체에서 생산되고 있는 CD-ROM 드라이브, 사운드 카드, 영상 보드 등 멀티미디어 컴퓨터에 사용되는 장비 호환성 및 규격을 정하는 곳

15 ②

아날로그 신호는 일반 전화상의 신호임

16 ③

MPEG는 동화상을 압축하는 표준규격이므로 압축 기술에 해당함

01 ③

오답 피하기

① **무결성** : 규정에 따라서 허가된 상태에서만 데이터를 변경하고 조작할 수 있도록 시스템을 유지
② **가용성** : 사용자의 필요가 있을 시 즉시 사용할 수 있고 올바른 정보를 제공할 수 있도록 시스템이 빠르게 처리

02 ②

오답 피하기

① **접근제어** : 정보 데이터에 접근할 권한을 제한하는 정보보안 기법
③ **인증** : 접근이 허용된 사용자가 인증을 통하여 접근할 수 있도록 설정
④ **경로제어** : 접속과 데이터 전송의 경로를 보안 등을 확인하여 제어

03 ①

오답 피하기

② **데이터 발신처 확인** : 네트워크를 통해 송 · 수신되는 정보가 확인된 자로부터 정확하게 전송되어야 함
③ **사용자 인증** : 사용자가 자신이 진정한 사용자라는 것을 상대방에게 증명할 수 있도록 하는 것
④ **비밀성** : 네트워크를 통해 전송되는 데이터가 인가되지 않은 자에게 노출되지 않도록 함

04 ④

드롭퍼 : 컴퓨터 사용자가 인식하지 못할 때 바이러스나 트로이 목마 프로그램을 설치하는 프로그램

05 ④

생체인증의 특징에는 보편성, 유일성, 지속성, 성능, 수용성, 저항성이 있음

06 ③

핑거프린트는 워터마킹(Watermarking) 기술 중 하나로 구매자 정보와 판매자 정보를 삽입하는 Dual Watermarking을 제공하고 불법 유통을 방지하기 위해서 사용됨. 구매자 정보와 판매자 정보가 삽입되었다고 해서 구매자별로 제공받는 디지털 콘텐츠가 다른 것은 아님

07 ②

핑거프린트는 구매자 정보와 저작자 정보를 같이 삽입하는 Dual Watermarking의 특징을 가짐

CHAPTER 01
1-318p

01 ①	02 ①	03 ②	04 ①	05 ③
06 ①	07 ③	08 ①	09 ①	10 ③
11 ③	12 ①	13 ④	14 ①	15 ①
16 ②	17 ③	18 ③	19 ③	20 ③
21 ②	22 ①	23 ①	24 ④	25 ③
26 ④				

01 ①

전송설비 : 유선 또는 무선으로 송신하거나 수신하는 설비로서 전송단국장치 · 중계장치 · 다중화장치 · 분배장치 등과 그 부대설비

02 ①

국선 : 사업자의 교환설비로부터 이용자전기통신설비의 최초단자 사이에 구성되는 회선

03 ②

전기통신기본법의 목적
- **소극적 목적** : 전기통신의 효율적 관리 및 발전 촉진
- **적극(궁극)적 목적** : 공공의 복리증진

04 ①

정보통신설비 : 유선 · 무선 · 광선 기타 전자적 방식에 의하여 부호 · 문자 · 음향 또는 영상 등의 정보를 저장 · 제어 · 처리하거나 송수신하기 위한 기계 · 기구 · 선로 기타 필요한 설비

05 ③

과학기술정보통신부장관은 전기통신기본법의 목적 실현을 위해 전기통신 기본계획을 수립 · 공고해야 함

06 ①

전기통신기본계획 수립의 목적 : 전기통신의 원활한 발전과 정보사회의 촉진

07 ③

과학기술정보통신부장관은 전기통신기술의 진흥 및 전기통신설비에 관한 기본계획을 수립하고자 하는 경우 미리 관계행정기관의 장과 협의해야 함

08 ①

기존 전기통신설비의 경우는 과학기술정보통신부장관에게 신고하고, 새로운 기술방식에 의한 최초 설치 또는 변경의 경우에는 과학기술정보통신부장관의 승인을 얻어야 함

09 ①

②, ③, ④는 징역 또는 벌금에 해당하는 사항임

10 ③

과태료는 대통령령에 따라 과학기술정보통신부장관, 시 · 도지사, 방송통신위원회가 각각 소관업무에 따라 부과 · 징수함

11 ③

전기통신사업법의 목적 : 전기통신사업의 운영을 적정하게 하여 전기통신사업의 건전한 발전을 기하고 이용자의 편의를 도모함으로써 공공복리의 증진에 이바지함

12 ①

전기통신사업은 크게 기간통신사업, 부가통신사업으로 나뉨

13 ④

방송은 기간통신사업자가 아닌 TV나 라디오, 인터넷 등 인가받은 방송업체의 역무무임

14 ①

사업정지처분을 위반하면, 2년 이하의 징역 또는 1억원 이하의 벌금에 처함

15 ①

다른 기간통신사업자에게 사업을 양도한다고 해서 허가가 취소되거나 정지되지는 않음

16 ②

기간통신사업자는 그가 경영하고 있는 기간통신사업의 전부 또는 일부를 휴업 또는 폐업하고자 하는 경우 60일 전까지 이용자에게 통보하고, 과학기술정보통신부장관의 승인을 얻어야 함

17 ③

부가통신사업을 경영하고자 하는 자는 대통령령이 정하는 바에 따라 과학기술정보통신부장관에게 신고해야 함

18 ③

①, ②, ④의 경우는 사업폐지 처분 대상이며, ③의 경우는 사업폐지 또는 사업정지 3개월에 해당함

19 ③

정보통신공사업법 : 정보통신공사의 조사 · 설계 · 시공 · 감리 · 유지관리 · 기술관리 등에 관한 기본 사항 및 공사 허가, 공사 도급 등에 관하여 규정

20 ③

정보통신설비공사의 도급 및 공사는 허가받은 정보통신공사업자만이 참여할 수 있음

21 ②

이용약관 : 기간통신사업자는 그가 제공하고자 하는 전기통신서비스에 관하여 그 역무별로 요금 및 이용 조건을 정하여 과학기술정보통신부장관에 신고(변경신고 포함)하여야 함

22 ①

요금 감면이 가능한 경우는 국가적으로 중요하거나 언론중계 등과 관련한 때에 한하며, 일반적인 연구사업 등에는 적용되지 않음

23 ③

누구든지 전기통신사업자가 제공하는 전기통신역무를 이용하여 타인의 통신을 매개하거나 타인의 통신용에 제공할 수 없음

24 ④

국가비상사태 하에서 재해의 예방·구조, 교통·통신 및 전력공급의 확보 또는 질서의 유지를 위하여 필요한 경우에는 통신업무의 전부 또는 일부를 제한할 수 있음

25 ③

원상회복의 의무 : 기간통신사업자는 토지 등의 사용이 끝나거나 사용하고 있는 토지 등을 전기통신업무에 제공할 필요가 없게 된 경우에는 원상회복 또는 손실에 대한 보상을 해야 함

26 ④

5년 이하의 징역 또는 2억원 이하의 벌금
• 전기통신설비를 파손하거나 전기통신설비에 물건을 접촉하거나 그 밖의 방법으로 그 기능에 장해를 주어 전기통신의 소통을 방해한 자
• 전기통신업무 재직 중에 통신에 관하여 알게 된 타인의 비밀을 누설한 자
• 통신비밀의 보호를 위반하여 통신자료제공을 한 자 및 그 제공을 받은 자

오답 피하기
① 500만원 이하의 벌금
② 2년 이하의 징역 또는 1억원 이하의 벌금
③ 1년 이하의 징역 또는 1천만원 이하의 벌금

---

01 ①	**02** ②	**03** ①	**04** ③	**05** ②
06 ④	**07** ②	**08** ③	**09** ②	**10** ④
11 ④	**12** ②			

01 ①

전기통신설비를 설치·운영하는 자는 그 설비를 대통령령이 정하는 기술기준에 적합하게 하여야 함

02 ②

국가와 지방자치단체는 지능정보사회 구현시책의 추진 과정에서 민간과의 협력을 강화하고, 민간의 자유와 창의를 존중하고 지원함

03 ①

정보통신 진흥 및 융합 활성화에 관한 정책을 심의·의결하기 위하여 국무총리 소속으로 정보통신 전략위원회를 둠

04 ③

이용자에 대해서는 이용에 따른 편의적 측면에서 지원할 뿐 그들에게 시책 수립에까지 참여하도록 하지는 않음

05 ②

1천만원 이하의 과태료
• 한국인터넷진흥원의 명칭을 허가없이 사용한 자
• 사업의 휴업·폐업·해산의 신고를 아니한 통신과금서비스제공자
• 통신과금서비스에 관한 약관을 신고하지 아니한 자

06 ④

정보사회의 기반을 조성하기 위한 시책
• 정보통신망에 관련된 기술의 개발·보급
• 정보통신망의 표준화
• 정보내용물 및 정보통신망 응용서비스의 개발 등 정보통신망의 이용 활성화
• 정보통신망을 이용한 정보의 공동활용 촉진
• 인터넷 이용의 활성화
• 정보통신망에서의 청소년 보호
• 정보통신망의 안전성 및 신뢰성 제고

07 ②

시책을 마련하고 활동을 지원하는 것은 정보통신서비스 제공자가 아닌 방송통신위원회의 역할임

08 ③

전자문서의 수신 시기
• 지정된 정보처리시스템에 입력된 때. 다만, 전자문서가 지정된 정보처리시스템이 아닌 정보처리시스템에 입력된 경우에는 수신자가 이를 검색 또는 출력한 때를 말함
• 수신자가 관리하는 정보처리시스템에 입력된 때

09 ②

① 3년 이하의 징역 또는 3천만원 이하의 벌금
② 7년 이하의 징역 또는 5천만원 이하의 벌금
③ 5년 이하의 징역 또는 5천만원 이하의 벌금
④ 3년 이하의 징역 또는 3천만원 이하의 벌금

10 ④

설계도서를 작성할 수 있는 자
- 엔지니어링산업 진흥법 시행령에 따른 통신·정보처리부문의 엔지니어링 사업자
- 기술사법에 따라 기술사사무소의 개설 등록을 한 기술사로서 같은 법 시행령에 따른 통신정보처리분야의 기술사
- 정보통신공사업법 시행령에 따른 기술계 정보통신기술자

11 ④

정보통신의 표준화에 관한 업무를 효율적으로 추진하기 위하여 한국정보통신기술협회를 둠

12 ②

상시 유도 위험종전압 : 60[V]

CHAPTER 03   1-376p

01 ③	02 ②	03 ②	04 ③	05 ②
06 ②	07 ④	08 ③	09 ①	10 ②
11 ①	12 ③	13 ③	14 ②	15 ①
16 ③	17 ③	18 ①	19 ②	20 ④
21 ④	22 ③	23 ③	24 ②	25 ③
26 ①				

01 ③

청소년유해매체물이라 하더라도 상대방의 연령확인, 표시의무 등 법령에 따른 의무를 이행한 경우에는 유통이 가능함

02 ②

의견제출 기회 예외의 경우
- 공공의 안전 또는 복리를 위해 긴급히 처분을 할 필요가 있는 경우
- 의견청취가 뚜렷이 곤란하거나 명백히 불필요한 경우로서 대통령령으로 정하는 경우
- 의견제출의 기회를 포기한다는 뜻을 명백히 표시한 경우

03 ②

통신비밀보호
- 누구든지 전기통신사업자가 취급중에 있는 통신의 비밀을 침해하거나 누설해서는 안됨
- 전기통신업무에 종사하는 자 또는 종사하였던 자는 그 재직중에 통신에 관하여 알게 된 타인의 비밀을 누설해서는 안됨

04 ③

정부는 정보통신망의 고도화와 안전한 이용 촉진 및 방송통신과 관련한 국제협력을 효율적으로 추진하기 위하여 한국인터넷진흥원(법인)을 설립함

05 ②

도청, 교신분석 및 기만통신으로부터 송신을 보호하기 위한 수단은 송신 보안임

06 ②

통신보안의 대상은 비밀을 유지해야 할 필요가 있는 정보이지 대외적으로 알려야 되는 홍보내용 등은 대상이 아님

07 ④

통신보안을 위해 국제전화 사용을 감시하는 것은 지나친 개인 사생활 침해에 해당함

08 ③

서면의 자료제공요청서로 요구받은 때에 한하여 응할 수 있으며, 긴급한 사유로 서면이 아닌 방법으로 요청한 때라도 긴급 사유 해소시 지체없이 자료제공요청서를 제출해야 함

09 ①

개인의 사적 정보가 함부로 공개되지 않도록 특정 장소에 보관하며, 아무나 접근하지 못하도록 관리해야 함

10 ②

전기통신업무의 제한 및 정지는 국가비상사태가 발생하거나 발생할 우려가 있는 경우에 준하는 때에 한함

11 ①

전기통신업무의 제한 및 정지는 전시 · 사변 · 천재지변 기타 이에 준하는 국가비상사태가 발생하거나 발생할 우려가 있는 경우 등에 한함

12 ③

가입자 구내에 설치한 전기통신설비의 관리 의무는 사용자에게 있음

13 ③

전기통신사업자의 의무에 국가 정책 홍보는 들어가지 않음

14 ②

정보통신서비스 제공자는 수신자의 의사에 반하여 영리목적의 광고성 정보를 전송할 수 없음

15 ①

전기통신업무에 관한 통계보고는 통신사업자의 의무사항 중 하나임

16 ③

보상의 의무
• **손실 보상** : 타인에게 손실을 끼친 경우의 보상
• **실비 보상** : 설비의 제공에 따른 비용에 대한 보상

17 ③

전기통신설비 측량표도 전기통신설비에 해당하므로 손괴해서는 아니됨

18 ①

저작권법의 목적 : 저작자의 권리와 이에 인접하는 권리를 보호하고 저작물의 공정한 이용을 도모함으로써 문화의 발전에 이바지함

19 ②

건축물 · 건축을 위한 모형 및 설계도서 그 밖의 건축저작물은 저작물에 속함

20 ④

저작권자가 가지는 저작인권권리 : 공표권, 성명표시권, 동일성유지권

오답 피하기

상표등록권은 저작재산권에 해당함

21 ④

저작권은 저작물이 창작된 때로부터 발생하며 어떠한 절차나 형식의 이행을 필요로 않음

22 ③

보호기간의 원칙 : 저작재산권은 특별한 규정이 있는 경우를 제외하고는 저작자의 생존하는 동안과 사망 후 70년간 존속함

23 ③

저작권위원회의 설치 : 저작물 등의 건전한 이용질서를 확립하고 저작권 그밖에 이 법에 따라 보호되는 권리에 관한 사항을 심의하며 저작권에 관한 분쟁을 조정하기 위하여 저작권위원회를 둠

24 ②

4급 이상의 공무원 또는 현직 판사, 검사 변호사 자격이 있는 자는 저작권위원에 위촉될 수 있으나 국회위원은 자격에 해당하지 않음

25 ③

과학기술정보통신부장관은 소프트웨어산업의 진흥을 위하여 다음의 중 · 장기적인 기본계획을 수립해야 함

26 ①

전파법에 관한 주요 내용
• 무선국의 허가 및 운용, 무선설비에 관한 사항
• 전파의 진흥 및 무선설비기기의 형식검정
• 전자파장해 방지기준 및 전자파 내성기준

쏙쏙 찾아보는 INDEX

이렇게
기막힌
적중률

정보기기운용기능사
필기 기본서

2권 · 기출공략집

"이" 한 권으로 합격의 "기적"을 경험하세요!

YoungJin.com Y.
영진닷컴

당신의 합격을 위한

이렇게
기막힌
적중률

영진닷컴

차례

※ 04~05회 기출 문제(PDF) : 이기적 홈페이지 → 자료실에서 다운로드 받을 수 있습니다.
　검색 창에서 '이기적'을 검색하거나 주소 창에 'license.youngjin.com'를 입력하세요.

자주 출제되는 기출문제 114선

001 세대별 기본 소자 1~21p 참고

- 제1세대 : 진공관
- 제2세대 : 트랜지스터
- 제3세대 : 집적회로
- 제4세대 : 고밀도 집적회로, 초고밀도 집적회로
- 컴퓨터 소자의 발전 : 제1세대(진공관) → 제2세대(트랜지스터 ; TR) → 제3세대(집적 회로 ; IC) → 제4세대(대규모 집적 회로 ; LSI) → 제5세대(극대규모 집적 회로 ; ULSI)

---

1. 일반적으로 컴퓨터의 세대 분류를 하는데 제2세대에 해당하는 논리소자는?

① 진공관
② 트랜지스터
③ 집적회로
④ 고밀도 집적회로

2. H/W 중심에서 S/W로 옮겨지고 컴파일 언어가 개발된 단계는 어느 세대인가?

① 제1세대
② 제2세대
③ 제3세대
④ 제4세대

> **기적의 3초컷** 각 세대의 특징과 세대의 논리소자를 연결하여 암기합니다.

002 중앙 처리 장치(CPU) 1~30p 참고

- 제어 장치와 연산 장치로 구성되어 있으며, 과거에는 광의적인 의미에서 주기억 장치를 중앙 처리 장치에 포함시켰으나, 최근에는 주기억 장치보다 레지스터(Register)를 CPU의 일부로 취급하고 있음
- 중앙 처리 장치의 기능 : 정보의 기억, 정보의 연산, 처리 기능의 제어

---

3. 중앙 처리 장치의 주요 기능이라고 할 수 없는 것은?

① 정보의 기억
② 정보의 연산
③ 처리 기능의 제어
④ 오퍼레이터와의 대화(MMI)

4. 중앙 처리 장치(CPU) 구성에 대한 설명으로 틀린 것은?

① 제어 장치, 연산 장치, 기억 장치 등으로 구성되어 있다.
② 연산 장치는 산술 및 논리 연산을 실행하는 전자 회로로 구성되어 있다.
③ 연산에 사용될 데이터를 영구 저장하는 저장 레지스터(Storage Register)가 있다.
④ 주기억 장치로부터 연산할 데이터를 제공 받아 연산한 결과를 다시 보관하는 누산기(Accumulator)가 있다.

> **기적의 3초컷** 중앙 처리 장치의 구성과 역할에 대한 문제는 거의 매회차 시험마다 출제됩니다. 다른 기억 장치와 구분하여 확실히 암기하세요.

003 ROM의 종류 및 특성 1~33p 참고

Mask ROM	제품 생산 시 필요한 내용을 기억시켜 놓은 것으로 사용 중에 내용을 바꾸거나 삭제할 수 없음
PROM	한 번 데이터를 저장하면 다음부터는 판독만 할 수 있는 ROM이 되며, 데이터 저장을 위해서는 PROM 프로그래머라는 특별한 기계 장치가 필요함
EPROM/EEPROM	PROM을 개량한 것으로 자외선이나 고전압을 이용하여 반복적인 기록과 삭제가 가능하여 최근 플래시 메모리(Flash Memory) 형태로 디지털 카메라나 노트북 등에서 수십~수십MB 용량의 보조 기억 장치로 활용되고 있음

5. 반도체 소자로서 기억된 내용을 읽어서 사용할 수는 있으나 임의로 기억시킬 수 없으며 전원이 꺼져도 기억된 내용이 지워지지 않는 것은?

① ROM
② BUS
③ RAM
④ USB 메모리

6. 다음 중 ROM에 대한 설명으로 옳지 않은 것은?

① 일반적으로 윈도 프로그램을 저장한다.
② MASK ROM은 저장된 내용을 지울 수 없다.
③ 전원이 끊어져도 저장된 내용은 지워지지 않는다.
④ UVEROM은 자외선을 이용해 저장된 내용을 지울 수 있다.

기적의 3초컷 ROM과 RAM의 특징을 명확히 구분하여 암기하세요. 거의 매 시험마다 출제되는 항목입니다.

004 주기억 장치 1~33p 참고

프로그램이 실행될 때 보조 기억 장치로부터 프로그램이나 자료를 이동시켜 실행시킬 수 있는 기억 장소로 프로그램이 실행되기 위해서는 해당 프로그램의 전부 또는 일부와 필요한 데이터가 주기억 장치에 적재되어 있어야 함

7. 데이터를 처리하기 위하여 주기억 장치에 기억된 명령을 하나씩 가져와 해독한 후 그 내용에 따라 해당하는 장치에 지시를 하는 장치는?

① 제어 장치
② 연산 장치
③ 기억 장치
④ 입출력 장치

8. 중앙 처리 장치(CPU)의 운영 프로그램이 위치하고 있는 기억 장치는?

① 연산 장치
② 주기억 장치
③ 제어 장치
④ 보조 기억 장치

기적의 3초컷 주기억 장치에는 컴퓨터를 운영할 수 있는 여러 프로그램과 자료(DATA)가 저장되어 사용자의 요구 시 로드(Load)됩니다.

- 컴퓨터와 사용자 간의 매개 수단으로 중앙 처리 장치가 작업을 하기 위해 데이터나 프로그램 등을 전자적인 부호로 변환하는 장치
- 종류 : 마우스, 카드 판독기, OMR, OCR, MICR, 키보드, 스캐너, 디지타이저, 터치패드

기능	컴퓨터	사람
자료 입력	입력 장치(키보드, 마우스 등)	눈, 귀, 감각기관 등
자료 처리	CPU(제어 장치, 연산 장치)	두뇌(머리)
자료 기억	메모리(램, 롬, 캐시, 디스크 등)	두뇌(머리)
자료 출력	출력 장치(스크린, 프린터 등)	입, 손, 몸짓 등

9. 컴퓨터에서 처리하는데 필요한 데이터를 읽어 들이는 장치를 무엇이라 하는가?
① 기억 장치
② 연산 장치
③ 입력 장치
④ 출력 장치

10. 다음 중 입력 장치가 아닌 것은?
① OMR
② OCR
③ 라인 프린터
④ MICR

기적의 3초컷 단순한 입력 장치의 구분 문제보다는 사람의 신체와 비교하는 문제도 자주 출제됩니다.

- 컴퓨터 데이터 정보의 처리한 결과를 외부로 내보내는 장치
- 종류 : 모니터(CRT, LCD, PDP), 프린터, 플로터, 마이크로필름 등이 있음

11. 마이크로필름의 작성을 광학적으로 카메라에 촬영하지 않고 컴퓨터로 출력하는 것은?
① 광디스크
② 팩시밀리
③ COM
④ DVD

12. 출력 장치에 해당되지 않는 것은?
① 카드 리더(Card Reader)
② 단말기(Terminal)
③ 라인 프린터(Line Printer)
④ XY 플로터(Plotter)

기적의 3초컷 카드 천공기는 출력 장치이지만, 카드 리더는 입력 장치입니다.

비교 항목 \ 분류	디지털(Digital) 컴퓨터	아날로그(Analog) 컴퓨터
입력	숫자(음성, 영상, 문자 등 모든 데이터를 부호화하여 입력)	물리량(길이, 전압, 각도, 속도, 압력 등 연속적 변화량)
출력	숫자, 문자, 영상, 그래프 등	곡선, 그래프
구성 회로	논리 회로	증폭 회로
기본 연산	가산	가산, 적분
정밀도	필요에 따라 증가	0.01%(일반적으로는 0.1% 가량)
종류	개인용 컴퓨터	심전도 검사기, 지진계
처리 속도	느림	빠름(결과를 즉시 알 수 있음)

13. 컴퓨터를 데이터의 형태에 따라 분류한 것 중 옳게 나타낸 것은?
① 아날로그 컴퓨터, 대형 컴퓨터
② 아날로그 컴퓨터, 디지털 컴퓨터
③ 범용 컴퓨터, 전용 컴퓨터
④ 초소형 컴퓨터, 중형 컴퓨터

14. 컴퓨터를 취급하는 데이터의 형태와 표현하는 방법에 따라 분류할 때 속하지 않는 것은?
① 아날로그 컴퓨터
② 하이브리드 컴퓨터
③ 자기식 컴퓨터
④ 디지털 컴퓨터

기적의 3초컷 작동 원리에 의한 컴퓨터의 분류 : 디지털 컴퓨터, 아날로그 컴퓨터, 하이브리드 컴퓨터로 구분할 수 있습니다.

- **충격식 프린터** : 도트 매트릭스 프린터라고도 불리며 프린터 헤드의 핀으로 잉크 리본에 충격을 가하여 인쇄하는 방식
- **라인 프린터** : 미리 만들어진 활자로 한 줄을 만들어 줄 단위로 잉크 리본을 때려서 인쇄하는 방식으로 드럼식과 체인식으로 구성됨
- **잉크젯 프린터** : 프린터 헤드의 가는 구멍을 통해 잉크를 분사하여 인쇄하는 방식
- **레이저 프린터** : 드럼에 레이저 빛을 이용해 인쇄를 하는 방식으로 소음이 적고 속도가 빠르며 인쇄 속도의 단위는 PPM(Page Per Minute)을 사용

15. 다음 중 프린터와 관계없는 단위는?

① LPM ② CPI ③ IRG ④ CPS

오답 피하기

- IRG – 자기테이프에서 논리 레코드의 구분을 위한 빈 공간
- IBG – 자기테이프에서 물리적 레코드의 구분을 위한 빈 공간

16. 다음 중 충격 방식의 프린터는?

① 잉크젯 프린터 ② 도트 프린터
③ 레이저 프린터 ④ 열전사 프린터

기적의 3초컷 충격식 프린터에는 도트 프린터와 활자식의 데이지 휠(Daisy Wheel) 프린터, 그리고 라인 프린터 등이 있습니다.

- 저렴하고 전력 소비와 부피가 작아 휴대용으로 많이 사용
- **장점** : 화면이 비교적 안정적이며, CRT에 비해 전자파 방출이 현저하게 적어 눈에 부담이 적고, 정면에서의 선명도가 우수함
- **단점** : CRT에 비해 속도가 느리며, 측면에서 화면을 선명하게 볼 수 없음

17. 액정이 들어 있는 유리판에 전압을 가해 화면을 표시하는 것으로, 노트북이나 휴대 전화와 같은 휴대용 영상 표시 장치로 널리 사용되는 표시 장치는?

① CRT(Cathode Ray Tube)
② LCD(Liquid Crystal Display)
③ PDP(Plasma Display Panel)
④ 프로젝터(Projector)

18. 노트북에서 사용되는 액정 디스플레이의 단점이 아닌 것은?

① 바라보는 위치에 따라 선명도가 다르다.
② 표시 속도가 CRT 디스플레이에 비해 느리다.
③ 화면의 떨림이 심하고, 전자파 방출이 심하다.
④ 비발광체이기 때문에 주위가 어두우면 화면을 읽기 어렵다.

기적의 3초컷 출력 장치인 LCD의 장점과 단점, 부피가 작아 휴대용에 적합하다는 특징을 파악하세요.

- **하드 카피(Hard Copy)** : 작업한 데이터를 종이와 같은 인쇄물로 출력하는 것을 의미함
- **소프트 카피(Soft Copy)** : 종이와 같은 인쇄 매체가 아닌 파일의 형태로 저장하여 표시 장치를 이용해 화면으로 출력하는 것을 의미함

19. 다음 출력 장치 중 하드 카피 장치에 해당되는 것은?

① Plotter ② LCD
③ PDP ④ CRT

20. 다음 입·출력 장치 중 하드 카피(Hard Copy)라 불리는 것은?

① 음극선관(CRT)
② 복사기
③ 콘솔(Console)
④ 라인 프린터(Line Printer)

기적의 3초컷 생소한 용어이니 한 번 정도 읽어서 하드 카피와 소프트 카피를 구분할 수 있도록 익혀둡니다.

주변 장치의 제어 권한을 CPU로부터 넘겨받아 CPU를 관리하는 것으로, 중앙 처리 장치와 입·출력 장치 사이의 속도 차이로 인한 문제점을 해결하기 위해 사용됨

21. 컴퓨터에서 입·출력 동작 속도는 중앙 연산 처리의 동작보다 느리다. 이 동작 속도의 차에 의한 유휴 시간을 줄이기 위하여 중앙 처리 장치와 입·출력 장치 사이에 설치하는 것은?

① 채널(Channel) 제어 장치
② 인덱스 레지스터(Index Register)
③ 디스플레이(Display) 장치
④ 병렬 연산 장치

22. 다음과 같은 컴퓨터의 입·출력 방식 중에서 가장 우수한 것은?

① 중앙 처리 장치에 의한 입·출력 중 인터럽트 방식
② 중앙 처리 장치에 의한 입·출력 중 프로그램 방식
③ 채널(Channel) 제어기에 의한 입·출력
④ Off-Line에 의한 배치(Batch) 방식의 입·출력

기적의 3초컷 고속의 입·출력 장치를 제어하는 셀렉터 채널과 저속의 입·출력 장치를 제어하는 멀티플렉서 채널, 두 개의 기능을 혼합한 블록 멀티플렉서 채널 등이 있습니다.

012 2진수의 변환 1-48p 참고

• 2진수의 10진 변환(1101.1₍₂₎)
 - 정수부 : 1101=8+4+1=13
 - 소수부 : 0.1 = $\frac{1}{2}$ =0.5
 ∴ 1101.1₍₂₎=13.5₍₁₀₎
• 2진수의 8진 변환
 1000110111₍₂₎=1 000 110 111₍₂₎=1067₍₈₎
• 그레이 코드는 가중치가 없는 코드로 2진수를 그레이 코드로 변환

 1 + 0 + 1 + 0 + 1 + 1 + 0 + 1
 ↓   ↓   ↓   ↓   ↓   ↓   ↓   ↓
 1   1   1   1   1   0   1   1

23. 2진수 10101101을 그레이(Gray) 코드로 변환하면?

① 1101001
② 10101101
③ 10101100
④ 11111011

24. 2진수 1000110111을 8진수로 고치면?

① 4334
② 1063
③ 1067
④ 4331

기적의 3초컷 진수 변환 문제는 변환시키는 원리를 확인하고 이해하여 어떤 숫자가 나와도 변환할 수 있도록하여 습득합니다.

013 보수의 연산 1-52p 참고

• 1의 보수 : 원래 수의 1과 0을 반대로 함
• 2의 보수 : 1의 보수 끝자리에 1을 더함

25. -13을 8비트의 2의 보수 방식으로 표현하면?

① 00001101
② 10000011
③ 11110010
④ 11110011

26. (1101)₂의 2의 보수는?

① (0110)₂
② (0101)₂
③ (0011)₂
④ (1101)₂

기적의 3초컷 1의 보수는 0과 1을 반대로 바꾸고 2의 보수는 1의 보수의 끝자리에 1을 더합니다. 암기하세요.

014 컴파일러(Compile) 1~74p 참고

원시 코드(Source Code)로 이루어진 파일을 프로세서가 이해할 수 있는 목적 코드(Object Code)로 변형시켜 주는 소스 코드 번역기를 의미함

컴파일 언어로 작성한 원시 프로그램	번역 (Compile) Compiler	목적 프로그램 (기계어)	연계 편집 (Link) Linker	실행 프로그램

27. 다음 중 번역(Compile) 과정을 바르게 나타낸 것은?

① 원시 프로그램 – 링커 – 목적 프로그램 – 컴파일러 – 실행파일 – 로더 – 실행

② 원시 프로그램 – 컴파일러 – 목적 프로그램 – 링커 – 실행파일 – 로더 – 실행

③ 원시 프로그램 – 컴파일러 – 링커 – 목적 프로그램 – 실행파일 – 로더 – 실행

④ 원시 프로그램 – 컴파일러 – 목적 프로그램 – 로더 – 실행파일 – 링커 – 실행

28. 원시 코드(Source Code)로 이루어진 파일을 프로세서가 이해할 수 있는 목적 코드(Object Code)로 변형시켜 주는 소스 코드 번역기를 무엇이라 하는가?

① 소트(Sort)

② 마우스(Mouse)

③ 컴파일러(Compiler)

④ 링커(Linker)

> **기적의 3초컷** 소스 코드를 목적 코드로 바꾸는 프로그램으로는 컴파일러 외에도 어셈블러와 인터프리터가 있습니다.

015 프로그래밍 언어 1~77p 참고

· 저급 언어 : 기계어, 어셈블리어
· 고급 언어 : FORTRAN, COBOL, ALGOL, PASCAL, C와 같은 대부분의 컴파일형 언어들이 이에 속함

29. 다음 프로그래밍 언어 중 저급언어에 해당하는 것은?

① C++

② 기계어

③ 자바

④ 코볼

30. 프로그래밍 언어 중 저급 언어(Low Level Language)에 속하는 것은?

① 어셈블리 언어

② 객체 지향 언어

③ 비주얼 언어

④ 비절차 언어

> **기적의 3초컷** 기계어에 가까울수록 저급 언어라 합니다. 고급 언어와 저급 언어를 구분할 수 있도록 눈에 익혀둡니다.

016 운영체제 1~88p 참고

컴퓨터의 모든 운영을 관리하고 제어하여 기본적인 동작이 원활히 이루어지도록 하기 위한 기본 체제 시스템 향상과 관련한 운영체제의 평가 기준으로는 처리 능력(Throughput), 응답 시간(Turn Around Time), 사용 가능도(Availability), 신뢰도(Reliability) 등이 있음

31. 프로그램을 사용해 하드웨어를 최대한 활용할 수 있도록 하여 최대의 성능을 발휘하도록 하는 시스템이며, 제어 프로그램과 처리 프로그램을 구성 요소로 하는 시스템은 무엇인가?

① 오퍼레이팅 시스템(Operating System)

② 하드웨어 시스템(Hardware System)

③ 입력 장치

④ 주변 장치

32. 컴퓨터의 시스템 성능을 극대화하고 사용자가 컴퓨터를 효과적으로 사용할 수 있도록 도와주는 시스템 소프트웨어는?

① 운영체제

② 프로그래밍 언어

③ 정보처리

④ 데이터베이스

> **기적의 3초컷** 오퍼레이팅 시스템은 운영체제라고도 불립니다. 운영체제의 역할에 대해 숙지하세요.

017 운영체제의 구성 1-88p 참고

- **제어 프로그램** : 감시 프로그램, 자료 관리 프로그램, 작업 관리 프로그램 등
- **처리 프로그램** : 언어 번역 프로그램, 서비스 프로그램, 문제 처리(사용자 정의) 프로그램 등

---

33. 운영체제의 구성 중 제어 프로그램에 해당하지 않는 것은?

① 감독 프로그램
② 언어 번역 프로그램
③ 데이터 관리 프로그램
④ 작업 관리 프로그램

34. 다음 중 제어 프로그램에 속하지 않는 것은?

① Job 프로그램
② Supervisor 프로그램
③ 언어 번역 프로그램
④ Data 관리 프로그램

> **기적의 3초컷** 프로그램의 종류와 처리 프로그램의 종류는 구분하는 문제가 자주 출제됩니다.

---

018 데이터 처리 방법 1-88p 참고

- **일괄 처리 방법** : 데이터가 발생하는 즉시 처리하는 온라인 처리에 반대되는 것으로, 발생 데이터를 일정 시간 또는 일정 양만큼 모아서 처리함
- **실시간 처리 방법** : On-Line이 되어 있을 때 가능한 처리 방식으로 발생한 데이터를 통신 회선으로 즉시 처리함
- **시분할 처리 방법** : 대형 컴퓨터 1대를 공유하는 방식으로 CPU에 일정한 짧은 시간을 할당해 주면 여러 단말기에서 전송되어 온 데이터를 할당한 시간만큼 번갈아 수행하여 처리함

---

35. 다음 중 일정량의 자료를 모은 후에 처리하는 방식은?

① 원격 처리(Teleprocessing)
② 실시간 처리(Real Time Processing)
③ 일괄 처리(Batch Processing)
④ 온라인 처리(On-line Processing)

36. 정보의 배치(Batch) 처리 방식에 대하여 가장 적합하게 설명한 것은?

① 처리 요구나 데이터가 발생하는 즉시 하나씩 처리하는 방식
② 몇 개의 일(데이터)을 모아 전자계산기에 입력하고 제어 프로그램에 의해 연속 처리하는 방식
③ 다수의 이용자가 동일 전자계산기를 이용하여 동시에 처리하는 방식
④ 처리 요구 또는 데이터가 발생하는 곳에서 바로 통신 회선에 접속하여 입 · 출력을 처리하는 방식

> **기적의 3초컷** 각각의 처리 방식의 특징을 파악하여 구분할 수 있도록 공부하세요. 일정량을 모아 처리하는 방식은 일괄 처리 방식, 즉시 처리하는 방식은 실시간 처리 방식, 여러 대가 시간을 나누어 처리하는 방식은 시분할 방식입니다.

---

019 전기량(Q) 1-104p 참고

[A]에서
전기량(Q) = 전류(I) × 시간(t)
- 도체에 5[A]의 전류가 1분간 흘렀을 때 전기량
  Q = 5 × 60 = 300[C]
- 도체에 20[A]의 전류가 1분간 흘렀을 때 전기량
  Q = 20 × 60 = 1,200[C]

---

37. 도체에 5[A]의 전류가 1분간 흘렀다. 이때 도체를 통과한 전기량은 얼마인가?

① 5[C]   ② 30[C]
③ 50[C]   ④ 300[C]

38. 도체에 20[A]의 전류를 1분간 흘렸을 때 통과한 전기량[Q]은?

① 20[C]   ② 60[C]
③ 80[C]   ④ 1200[C]

> **기적의 3초컷** 공식을 꼭 암기하세요. [A]에서 전류(I) × 시간(t)입니다. 자주 출제되는 공식입니다.

020 전류 1-107p 참고

$I(전류) = \dfrac{V(전압)}{R(저항)}$

- 20[kΩ]의 통신 기기 부하 저항에 100[V]의 전압을 가하였을 경우 흐르는 전류

$I = \dfrac{100}{20000} = 0.005[A] = 5[mA]$

- 12[kΩ]의 저항 양단에 60[V]의 전압을 가하였을 경우 흐르는 전류

$I = \dfrac{60}{12000} = 0.005[A] = 5[mA]$

---

39. 20[KΩ]의 통신 기기 부하 저항에 100[V]의 전압을 가하였다면 얼마의 전류가 흐르는가?

① 5[mA]   ② 2,000[kA]

③ 5[A]   ④ 200[A]

40. 다음 회로의 TEST POINT점에 흐르는 전류를 구하면?

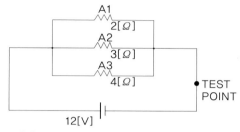

A1 2[Ω]
A2 3[Ω]
A3 4[Ω]
● TEST POINT
12[V]

① 3[A]   ② 13[A]

③ 20[A]   ④ 26[A]

저항의 병렬 연결

$R = \dfrac{1}{\dfrac{1}{R_1} + \dfrac{1}{R_2} + \dfrac{1}{R_3}} = \dfrac{1}{\dfrac{1}{2} + \dfrac{1}{3} + \dfrac{1}{4}} = \dfrac{1}{\dfrac{13}{12}} = \dfrac{12}{13}$

$I = \dfrac{V}{R}$이므로 $I = \dfrac{12}{\dfrac{12}{13}} = 13A$

기적의 3초컷 전류를 계산하는 공식 $I = \dfrac{V}{R}$을 암기합니다. 수치가 바뀌어도 쉽게 계산할 수 있도록 반복합니다.

021 옴의 법칙(Ohm's Law) 1-108p 참고

- $I = \dfrac{V}{R}$ [A]: 전류는 전압에 비례하고, 저항에 반비례함

- $R = \dfrac{V}{I}$ [Ω] : 저항은 전압에 비례하고, 전류에 반비례함

- $V = RI$[V] : 전압은 전류와 저항의 곱에 비례함

---

41. 다음 중 옴의 법칙으로 옳은 것은?

① $I = \dfrac{V}{R}$ ② $I = R \cdot V$

③ $I = \dfrac{R}{V}$ ④ $I = R^2 \cdot V$

42. 옴의 법칙(Ohm's)에 대한 설명으로 틀린 것은?

① 도체의 저항은 전류에 비례한다.

② 도체에 흐르는 전류는 전압에 비례한다.

③ 도체에 흐르는 전류는 저항에 반비례한다.

④ 도체에 가한 전압은 전류와 저항에 비례한다.

기적의 3초컷 옴의 법칙 : 전류의 세기는 두 점 사이의 전위차(電位差)에 비례하고, 전기 저항에 반비례한다는 법칙입니다. 꼭 기억해두세요.

022 컴퓨터 바이러스 1~162p 참고

- 컴퓨터 바이러스는 컴퓨터의 정상적인 작동을 방해하기 위한 운영체제나 저장된 데이터에 손상을 입히는 프로그램으로 시스템 파일을 손상시켜 부팅(Booting)이 정상적으로 수행되지 않거나 파일의 크기가 커지며, 메모리 공간이 줄어드는 증상이 있음
- 감염 대상에 따라 부트, 파일, 매크로 바이러스로 구분함

43. 컴퓨터 바이러스의 감염 증상을 잘못 설명한 것은?

① 디스크 용량을 증가시킨다.
② 파일의 데이터를 바꾼다.
③ 시스템을 정지시킨다.
④ 디스크의 볼륨라벨(Volume Label)을 바꾼다.

44. 미켈란젤로 바이러스에 대한 설명 중 옳지 않은 것은?

① 감염 시 메모리 사용 용량을 136KB로 증가시킨다.
② 부트 바이러스 일종이다.
③ 3월 6일 발병하여 자료를 파괴시킨다.
④ 감염 시 부팅 및 입출력 속도가 현저하게 느려진다.

오답 피하기

미켈란젤로 바이러스 : 부트 섹터 또는 파티션 테이블에 감염되며, 메모리가 2KB 감소되고 미켈란젤로의 생일로 알려진 3월 6일에 시스템을 포맷함

기적의 3초컷 컴퓨터 바이러스의 감염 증상과 대상에 대해 기억하고 바이러스 종류별 증상에 대해서도 기억하세요.

023 화상 회의 시스템 1~135p 참고

멀리 떨어져 있는 회의실 상호 간을 디지털 통신망으로 연결한 후 TV 화면을 통하여 음성, 영상, 데이터를 주고받으며(양방향 동시 전송), 회의를 진행하는 시스템

45. 화상 회의에 관한 설명으로 적합하지 않은 것은?

① 참여자가 영상과 함께 음성도 상호 교환할 수 있는 방식을 TV 회의 방식이라 한다.
② 반드시 1 : N의 상호 교환 방식이 기본적 개념이다.
③ 원거리에 있는 사람들 사이의 화면회합이다.
④ 쌍방향으로 영상 및 음향 회의 방식도 가능하다.

46. 화상 회의에 관한 설명으로 적합하지 않은 것은?

① N : N의 상호 교환 방식이 기본적 개념이다.
② 원거리에 있는 사람들 사이의 화면회합이다.
③ 참여자가 영상과 함께 음성도 상호교환 할 수 있다.
④ 영상, 음향 회의 방식에서는 일방향으로만 가능하다.

기적의 3초컷 실시간으로 서로의 영상을 주고받는 시스템으로 양방향 동시 전송하는 특징을 파악하세요.

024 모뎀(MODEM) 1~126p 참고

- 입력된 디지털 신호를 아날로그 신호로 변조하여 회선을 통해 상대편으로 전송하고, 그 상대편에서 변조 신호를 다시 본래의 디지털 신호로 재생시켜주는 변환 장치로 송신부와 수신부로 나누어지며 표준은 ITU-T와 벨표준이 주로 사용됨
- 멀티포인트 모뎀 : 멀티포인트 시스템에서 중앙 컴퓨터가 고속으로 폴링을 할 수 있도록 설계된 모뎀

47. 모뎀 장치의 기능이 아닌 것은?

① 변조
② 정류
③ A/D 변환
④ 복조

48. 전송 지연을 최소화하기 위해 고속 폴링을 할 수 있도록 설계된 변·복조기는?

① 멀티포인트 모뎀
② 단거리 모뎀
③ 널 모뎀
④ 다이얼 업 모뎀

기적의 3초컷 모뎀 장치의 기능에 대해 정확히 기억하세요.

- 하나의 통신로를 분할하여 개별적으로 독립된 신호를 동시에 송수신할 수 있는 다수 통신로를 구성하는 기술
- 다중화 방식의 종류
- FDM(주파수 분할 다중 방식) : 하나의 주파수 대역을 몇 개로 나누어 각 대역별로 반송파 전송
- TDM(시분할 다중 방식) : 하나의 회선을 시간적으로 잘게 쪼개어 각 시간대에 서로 다른 신호 전송
- WDM(파장 분할 다중 방식) : 광통신에서 상이한 파장의 빛을 이용하여 복수의 채널을 동시에 전송

49. 주파수 분할 멀티플렉서(FDM)에 대한 설명에 해당하지 않는 사항은?

① 동기식 전송에 주로 이용된다.
② 낮은 속도의 데이터를 각각 다른 주파수에 변조하여 통신 선로에 보내는 방식이다.
③ 각 주파수 간의 간섭을 피하기 위하여 가드 밴드 (Guard Band)가 존재한다.
④ TDM에 비해 비교적 구조가 간단하다.

오답 피하기

FDM은 저속의 비동기, 멀티 포인트 전송에 적합합니다.

50. 주파수 분할 다중화(FDM)에 대한 설명으로 틀린 것은?

① 진폭편이 변조방식만을 사용
② 시분할 다중화에 비해 비교적 간단한 구조
③ 재생증폭기는 전체 채널에 하나만 필요
④ 진폭 등화를 동시에 수행

기적의 3초컷 다중화 방식의 종류와 각 특징을 기억하고, FDM의 특징은 꼭 외워두세요.

- 지구를 선회하는 궤도상에 발사된 인공위성을 중계하여 행하는 무선 통신
- 하나의 위성이 중계할 수 있는 통신 구역의 광역성
- 지리적 장애의 극복, 통신 품질의 균일성 및 내재해성
- 고주파대의 전파사용에 따른 광대역(고속) 전송 가능
- 다지점으로 동시에 정보를 분배할 수 있는 동보통신과 다지점 간에 회선을 설정할 수 있는 다원 접속(multi-access)의 기능
- **장점** : 광역성, 내재해성, 동보성, 대용량/고품질의 전송, 무선 통신 방식으로 유선 선로가 필요치 않음
- **단점** : 전파 지연과 강우 감쇠, 보안의 취약성

51. 위성통신의 특성으로 거리가 먼 것은?

① 정보의 전송지연이 발생한다.
② 전송로로 광케이블이 이용된다.
③ 통신용량이 대용량이다.
④ 기후의 영향을 받는다.

52. 위성 통신의 장점으로 볼 수 없는 것은?

① 다원 접속이 가능
② 광대역의 통신 회선 구성
③ 전송 지연이 없음
④ 높은 신뢰성의 통신 확보

기적의 3초컷 위성통신의 특성과 장단점을 잘 정리해 놓으세요.

027 팩시밀리 수신기의 기록 방식 1~136p 참고

- **전자 프린터 방식** : 백지와 카본지를 겹쳐놓고 수신전류에 의해 전자적으로 기록
- **방전 기록 방식** : 반도전성 물질을 바른 기록지에 전압을 가하여 표면층을 파괴하여 기록
- **정전 기록 방식** : 정전 기록지에 토너로 현상하여 열이나 압력을 가해 기록

53. 절연성 수지를 입힌 정전 기록지에 신호에 대응하는 펄스 전압으로 잠상을 만든 다음, 토너로 현상하여 열이나 압력으로 정착시켜 기록하는 팩스 수신 기록 방식은?

① 정전 기록 방식   ② 방전 기록 방식
③ 전해 기록 방식   ④ 전자 사진 기록 방식

54. 팩시밀리의 원리 중 송신기 측에서 보내려는 화상을 일정한 순서에 따라 화소(해상도를 결정하는 요소)로 분해하는 것은?

① 주사   ② 전송
③ 동보   ④ 광선

주사(Scan) : 2차원적인 화면을 여러 개의 미세한 구획(화소)으로 나누어 컴퓨터 내부에서 처리 가능한 전기적 형태로 변환하는 것으로 송신 원화 → 주사(광전 변환) → 동기(전송로) → 주사(전광 변환) → 수신 원화의 순으로 전송됩니다.

기적의 3초컷 팩시밀리의 동작원리와 일반적으로 사용하는 토너를 이용한 정전 기록 방식을 숙지하세요.

028 메시지 통신 시스템(MHS) 1~151p 참고

문자 데이터뿐만 아니라 음성, 수치, 데이터, 도형, 화상 등 각종 정보 매체의 메시지 처리가 가능한 비동시성 통신으로 축적 전송형 메시지 통신 서비스로, 전자 사서함 서비스라고도 함

55. 메시지 통신 시스템(MHS)에 대한 설명으로 적합하지 않은 것은?

① 전자 메일 서비스의 일종이다.
② 문자 데이터만 처리 대상으로 한정된다.
③ 메시지의 양방향 송·수신이 가능하다.
④ 컴퓨터의 축적 처리 기능을 이용한 것이다.

56. 메시지 통신 시스템(MHS)의 설명으로 적합하지 않은 것은?

① 전자 메일 서비스의 일종이다.
② 패킷 교환 방식으로 운용된다.
③ 컴퓨터의 축적처리 기능을 이용한 것이다.
④ 메시지의 양방향 송·수신이 가능하다.

기적의 3초컷 메시지 통신 시스템의 정의를 암기하세요.

029 판매시점 처리 시스템(Point Of Sales) 1~151p 참고

상품에 붙은 레이블의 판독기구와 금전 등록기가 하나로 구성된 장치를 사용하여 판독한 변동자료를 다른 데이터매체 상에 기록하거나 연결망을 통해 중앙 컴퓨터 시스템에 전송하여 처리하는 시스템

57. 바코드(Bar Code)를 이용한 상품의 판매관리에 사용되는 단말기로 주로 편의점, 백화점 등에서 사용되는 것은?

① POS 단말기
② 은행 업무 단말기
③ 범용 단말기
④ 리모트 배치 단말기

58. POS용 단말기를 가장 잘 설명한 것은?

① 일반적인 사무처리, 진료, 연구 등에 사용
② CCTV의 화면 전송 장치로 사용
③ 주가나 상품거래에 대한 정보를 표시하는데 사용
④ 바코드를 이용하여 상품의 판매 시 금액의 집계나 현금관리 등에 사용

기적의 3초컷 POS시스템에 대해 정확히 이해하여 주로 사용되는 시스템의 용도와 특징을 위주로 파악합니다.

030 데이터 통신 1~181p 참고

문자, 부호, 영상, 음향 등 다양한 형태의 디지털 정보를 대상으로 하며, 대상 정보는 음성통화의 아날로그 신호가 아닌 디지털 형태의 정보임

59. 데이터 통신의 정의가 아닌 것은?

① 정보, 기계 사이에 디지털 2진 형태로 표현된 정보를 송수신하는 통신이다.
② 전기 통신 회선에 전자계산기 본체와 그에 딸린 입출력 장치를 이용하는 통신이다.
③ 데이터 전송과 데이터 처리를 소정의 목적을 위하여 유기적으로 결합하여 새로운 시스템으로 구성한 통신이다.
④ 아날로그(Analog) 형태를 띠는 사람의 음성을 목적물로 삼는 통신이다.

60. 데이터 통신의 특성과는 관련이 먼 것은?

① 디지털 형태의 데이터를 목적물로 하는 통신으로 컴퓨터 통신이라고 한다.
② 데이터의 전송과 처리를 소정의 목적을 위하여 유기적으로 결합하여 새로운 시스템으로 구성한 통신이다.
③ 통신회선을 통하여 전화로 대화를 하는 방식이다.
④ 기계와 기계 사이에 디지털 2진 형태로 표현된 정보를 송수신하는 통신이다.

기적의 3초컷 전송에 있어서 기존의 전화통신망을 활용하기 위한 목적으로 아날로그 전송을 이용하기도 하지만, 전화기를 직접 사용하지는 않습니다. 데이터 통신의 특징을 잘 파악하세요.

031 정보 통신 시스템의 기본 구성 1~181p 참고

데이터 전송계	단말 장치(DTE)
	데이터 전송 회선
	통신 제어 장치(CCU)
데이터 처리계	하드웨어
	소프트웨어

정보통신 시스템의 기본 요소는 전송 매체, 정보 목적지, 정보원으로 구성됨

61. 다음 중 정보통신 시스템을 구성하여 통신 행위를 하기 위한 기본 요소에 속하지 않는 것은?

① 전송 매체
② 정보원
③ 정보 목적지
④ 흐름제어

62. 데이터 통신 시스템의 기본 구성 요소가 아닌 것은?

① 반송 중계 장치
② 통신 회선
③ 단말 장치
④ 중앙 처리 장치

기적의 3초컷 데이터 전송에 포함되는 전송계와 처리계의 내용을 파악하여 통신 시스템의 기본 구성 요소를 구분할 수 있게 암기합니다.

- **IPTV** : Internet Protocol TV의 약자로 초고속인터넷 망을 이용하며 시청자가 원하는 프로그램을 보고 싶은 시간에 골라서 볼 수 있는 새로운 개념의 쌍방향 TV 서비스
- **블루투스(Bluetooth)** : 무선 통신 기기 간에 근거리에서 저전력으로 무선 통신을 하기 위한 표준으로, 이동 컴퓨터, 휴대폰, 헤드셋, 개인 휴대 정보 단말기(PDA), 개인용 컴퓨터(PC), 인쇄기 등의 기기 간에 정보 전송을 목적으로 하며 산업표준으로 IEEE 802.15.1 규격을 사용함
- **RFID** : 자동화 데이터 수집 장치의 한 분야에 속한 무선통신 시스템으로 사람, 자동차, 화물, 가축 등에 개체를 식별하는 정보를 부가하고, 이 부가 정보를 무선통신 매체를 이용하여 비접촉으로 해독함
- **유비쿼터스(Ubiquitous)** : 시간과 장소에 구애받지 않고 언제나 정보통신망에 접속하여 다양한 정보통신 서비스를 활용할 수 있는 환경

63. 사용자가 네트워크나 컴퓨터를 의식하지 않고 장소에 상관없이 자유롭게 네트워크에 접속할 수 있는 정보통신 환경을 무엇이라 하는가?

① IPTV
② 블루투스(Bluetooth)
③ RFID
④ 유비쿼터스(Ubiquitous)

64. 무선 네트워크 기술인 블루투스(Bluetooth)에 대한 표준 규격은?

① IEEE 802.5.1
② IEEE 802.9
③ IEEE 802.10
④ IEEE 802.15.1

🏃 **기적의 3초컷** 유비쿼터스와 블루투스는 상식문제로 익혀 두세요.

- **게이트웨이(Gateway)** : 프로토콜이 다른 복수의 통신망을 상호 접속하여 프로토콜 변환 수행
- **브리지(Bridge)** : 두 개의 LAN을 상호 접속할 수 있도록 통신망 연결
- **라우터(Router)** : 기능은 브리지와 같지만, 프로토콜이 서로 다른 복수의 LAN을 접속
- **리피터(Repeater)** : (간이 중계기, 무선 호출 중계기) 디지털 신호의 장거리 전송을 위해 전송 신호를 새로 재생시키거나 출력 전압을 높임
- **허브(Hub)** : 스위칭 허브라고도 하며, 이더넷과 ATM 단말의 집선 장치로 사용

65. 근거리 통신망(LAN)을 구성하는 장치에 속하지 않는 것은?

① Repeater
② Bridge
③ Multiplexer
④ Router

66. 다음 중 정보통신 네트워크 시스템과 거리가 먼 것은?

① 리피터
② 라우터
③ 허브
④ 스캐너

🏃 **기적의 3초컷** 통신망을 구성하는 장비의 종류와 각각의 특징을 구분할 수 있도록 암기합니다.

034 광케이블의 특징 1-189p 참고

- 전력유도나 전자유도에 영향을 받지 않으므로 잡음이나 누화가 없음
- 광대역 전송이 가능하여 다중화에 유리하고 선로의 수를 줄일 수 있음
- 광파를 이용하므로 전송속도가 빠르고 전송 손실이 적음

67. 광섬유 케이블이 보통 전화선이나 동축 케이블에 비해 장점이라 할 수 없는 것은?

① 대역폭이 넓어 채널당 비용이 저렴하다.
② 전기적인 잡음에 영향을 받는다.
③ 신뢰성이 높고 에러 발생률이 낮다.
④ 크기가 작고 가벼워서 설치 비용이 적게 든다.

68. 다음 중 외부 잡음의 영향을 가장 적게 받는 것은?

① STP 케이블
② M/W 무선경로
③ 광섬유 케이블
④ 동축 케이블

기적의 3초컷 광섬유 케이블에 관한 문제는 예전부터 최근까지 꾸준히 출제되는 문제니 특징을 위주로 암기합니다.

035 ITU-T의 X시리즈 인터페이스 1-218p 참고

- X.3 : PAD의 기능적인 매개변수 상술
- X.21 : PDN에서 동기식 전송을 위한 DTE와 DCE 사이의 접속 규격
- X.25 : PDN에서 패킷형 터미널을 위한 DCE와 DTE 사이의 접속 규격
- X.28 : 동일 국내의 PDN에 연결하기 위한 DTE/DCE 접속
- X.29 : 패킷형 DTE와 PAD 사이의 제어 정보 및 데이터 교환에 대한 절차
- X.40 : 기초군을 주파수 분할하여 전신과 데이터 채널을 만들기 위한 주파수 편이 방식의 표준화

69. PAD의 변수(Parameter)를 규정하고 있는 ITU-T 권고는?

① X.25
② X.3
③ X.28
④ X.29

70. ITU-T X시리즈 권고안 중 공중데이터 네트워크에서 패킷형 터미널을 위한 DCE와 DTE 사이의 접속 규격은?

① X.3
② X.21
③ X.25
④ X.40

기적의 3초컷 각각의 X시리즈와 그 규격을 연결하여 구분하도록 암기합니다.

036 단위 1-193p 참고

- **사이클(Cycle)** : 주기(정기적으로 같은 순서로 어떤 공간 또는 시간 내에서 반복되는 현상)의 단위
- **보(Baud)** : 변조 과정에서의 초당 상태 변화 또는 신호 변화의 횟수
- **데시벨(dB)** : 전기 신호의 진폭 변화나 음향 레벨 등을 나타내는 단위
- **헤르츠(Hz)** : 교류 주파수나 진동을 나타내는 단위
- **BPS** : 초당 전송된 비트 수를 의미하며, 초당 신호 변화를 나타내는 Baud와 더불어 전송 속도의 기본 단위

71. 데이터 통신에 있어서 전송 속도의 표준 기본 단위는?

① Bit/sec
② Word/sec
③ Message/sec
④ Character/sec

72. 정보 통신의 전송 기준에서 사용하는 정보 통신 속도의 단위는?

① 보[Baud]만 사용한다.
② 비트[Bit]만 사용한다.
③ 보[Baud] 또는 비트/초[Bits/s]를 사용한다.
④ 비트/초[Bits/s]만 사용한다.

기적의 3초컷 단위는 상식문제로 자주 출제되니 암기하세요. 정답이 아니더라도 보기 내용으로도 자주 출제되는 항목입니다.

037 전송 속도 1-204p 참고

- **4위상 변조** : 2비트 조합, 2배 속도 향상
- **8위상 변조** : 3비트 조합, 3배 속도 향상
- **2진폭 변조** : 위상별 0 또는 1의 두 개 값(1배속)
- 속도를 계산하는 문제는 4위상, 8위상, 진폭 변조인지부터 확인한 뒤 그에 따라 속도를 계산함
- **위상 편이 변조(PSK ; Phase Shift Keying)** : 정현파의 위상에 정보를 전송하는 방식으로 위상을 2등분, 4등분, 8등분으로 나누어 각각 다른 위상에 0 또는 1을 할당함. 계산하는 방법도 익혀 둘 것
- 8진 PSK 변조에서 동기식 모뎀의 신호 변조 속도가 2400[Baud]인 경우 전송 속도는 무엇인가? 라는 속도를 계산하는 문제도 자주 출제됨(2,400×3(2^3)=7,200[bps])

---

73. 4위상 변조를 하여 데이터를 전송하는데 신호변조 속도가 60[Baud]라 할 때 이는 몇 [BPS]에 해당하는가?

① 60
② 120
③ 200
④ 240

2^2에서 60×2=120[BPS]

---

74. 8위상 변조와 2진폭 변조를 혼합하여 변복조할 때 동기식 모뎀의 신호 전송 속도가 1,200[보]인 경우 비트 속도는?

① 1,200[BPS]
② 2,400[BPS]
③ 4,800[BPS]
④ 9,600[BPS]

$2^3 × 2^1 = 2^4$에서 1,200×4=4,800[BPS]

> **기적의 3초컷** bps는 bit per second로 초당 전송되는 bit의 수고, baud는 신호의 변조 속도의 단위입니다. 개념을 이해하여 문제를 풀어보세요.

038 BSC 제어문자 1-200p 참고

SYN (SYNchronous idle)	문자 동기
DLE (Data Link Escape)	전송제어 문자 앞에 삽입하여 전송제어 문자임을 알림
STX (Start of TeXt)	본문의 개시 및 정보 메시지 헤더의 종료를 표시
ENQ (ENQuiry)	상대국에게 데이터 링크의 설정 및 응답을 요구
ACK(ACKnowledge)	수신한 정보 메시지에 대한 긍정 응답
NAK(Negative AcKnowledge)	수신한 정보 메시지에 대한 부정 응답
SOH(Start Of Heading)	정보 메시지 헤더의 첫 번째 문자로 사용
ETB(End of Transmission Block)	전송 블록의 종료를 표시
ETX(End of TeXt)	본문의 종료를 표시
EOT(End Of Transmission)	전송의 종료를 표시하고 데이터 링크를 초기화

---

75. 다음 전송 제어 문자(캐릭터) 중 정의가 잘못된 것은?

① ETX – 텍스트의 종결
② DEL – 전송 제어 확장
③ ACK – 전송측에 대한 긍정적 응답
④ EOT – 전송 종료

---

76. BSC(Binary Synchronous Communication)의 제어 문자가 아닌 것은?

① RNR(Receive Not Ready)
② ETX(End of Text)
③ NAK(Negative Acknowledge)
④ SOH(Start Of Heading)

> **기적의 3초컷** 외울게 많지만 자주 출제되는 문제입니다. 각각의 제어 명령을 구분하여 암기하세요.

- **백색 잡음** : 주파수 대역 전체에 걸쳐서 평탄한 형태로 나타나며 분자나 원자의 열 운동에 의해 발생하여 열잡음이라고도 함
- **충격성 잡음** : 전송 시스템에서 순간적으로 일어나는 높은 진폭의 잡음으로 데이터 전송 시 비트 오류의 가장 큰 요인이 됨

77. 다음 중 전송 회선에서 전자의 열 진동에 의해 발생하는 잡음은?

① 우주 잡음
② 교차 잡음
③ 메아리 잡음
④ 백색 잡음

78. 전송 회선에서 전자의 열 진동으로 인하여 유기되는 잡음은?

① 지연 왜곡(Delay Distortion)
② 교차 잡음(Cross Talk)
③ 메아리 잡음(Echoes)
④ 백색 잡음(White Noise)

> **기적의 3초컷** 백색 잡음은 주파수 대역 전체에 걸쳐 존재하는 잡음이고, 충격성 잡음은 순간적으로 일어나는 높은 진폭의 잡음입니다. 구분하세요.

- PCM 방식(Pulse Code Modulation)은 펄스 변조 방식의 종류로 펄스의 진폭을 양자화 하여 2진법으로 아날로그 신호를 표본화하여 각 표본의 진폭이 같은 크기의 디지털 신호로 변환하여 전송하는 방식으로 누화, 잡음, 진폭의 변동에 강함
- PCM의 진행 순서

송신측의 변조 과정				수신측의 복조 과정	
아날로그	표본화	양자화	부호화	복호화	여파

- PCM(Pulse Code Modulation) : 펄스 부호 변조
- PAM(Pulse Amplitude Modulation) : 펄스 진폭 변조
- PFM(Pulse Frequency Modulation) : 펄스 주파수 변조
- PPM(Pulse Phase Modulation) : 펄스 위상 변조
- PWM(Pulse Width Modulation) : 펄스 폭 변조

79. 다음 중 디지털 전송 방식에 적합한 변조 방식은?

① 주파수 변조
② 진폭 변조
③ 펄스 코드 변조
④ 위상 변조

80. PCM 통신 방식의 특징에 속하지 않는 것은?

① 레벨 변동에 대한 방해가 적다.
② 협대역 주파수가 점유된다.
③ 잡음 누화에 대한 방해가 적다.
④ 펄스 코드를 이용한 변조 방식이다.

> **기적의 3초컷** PCM 방식은 진행 순서와 통신 방식의 특징, 종류에 대한 문제가 골고루 자주 출제됩니다. 내용을 전체적으로 꼼꼼히 암기하세요.

핀 번호	기능
2	송신 데이터(TD ; Transmitted Data)
3	수신 데이터(RD ; Received Data)
4	송신 요구(RTS ; Request To Send)
5	송신 준비 완료(CTS ; Clear To Send)
7	신호 접지(SG)
8	수신선 신호 감지(DCD)
20	데이터 단말 준비(DTR)
22	링 신호 감지(RI)

81. EIA RS-232C의 핀 번호 및 이의 기능에 대한 설명으로 틀린 것은?

① 핀4 : 송신 요청(RTS)
② 핀2 : 수신 데이터(RD)
③ 핀7 : 신호용 접지(SG)
④ 핀1 : 보안용 장치(FG)

82. RS-232C 25핀 커넥터의 송신(TXD)과 수신(RXD) 핀 번호를 순서대로 옳게 나열한 것은?

① 2, 3
② 7, 8
③ 15, 16
④ 20, 22

> **기적의 3초컷** 매우 자주 출제되는 문제유형입니다. 각각의 핀 번호와 역할(2, 3, 5번 자주 출제)을 꼼꼼히 암기하세요.

- **응용 계층** : 응용 프로세스 간의 정보 교환, 전자 사서함, 파일 전송
- **표현 계층** : 정보의 형식 설정과 부호 교환, 암호화, 해독
- **세션 계층** : 응용 프로세스 간의 연결 접속 및 동기제어
- **트랜스포트 계층** : 송수신 시스템 간의 논리적 안정과 균일한 서비스 제공
- **네트워크 계층** : 시스템 접속 장비 관리, 패킷관리, 네트워크 연결 관리 등 담당
- **데이터 링크 계층** : 동기화, 오류 제어, 흐름 제어 등의 기능을 통해 무오류 전송하며 매체 액세스 제어 서브층이 있음
- **물리 계층** : 매체 접근에 있어 기계적, 전기적인 물리적 절차를 규정

83. 다음 OSI 7계층 중 단말과 전송매체 사이의 인터페이스와 밀접한 관계가 있는 계층은?

① 물리 계층
② 네트워크 계층
③ 트랜스포트 계층
④ 데이터 링크 계층

84. 다음 중 데이터의 암호화와 압축을 수행하는 OSI 참조 모델의 계층은?

① 응용 계층
② 표현 계층
③ 세션 계층
④ 전송 계층

> **기적의 3초컷** OSI 7계층 문제는 빈번히 출제되는 문제로 각각의 계층 역할을 확실히 암기하고 구분할 수 있어야 합니다.

- **프로토콜(Protocol)** : 컴퓨터와 컴퓨터, 정보 통신망에서 원거리에 있는 통신 개체 사이의 정확한 데이터의 송·수신을 위해 필요한 일련의 절차나 규범의 집합
- **HTTP(HyperText Transport Protocol)** : 인터넷의 하이퍼텍스트 통신 규약
- **DDCMP(Digital Data Communications Message Protocol)** : 디지털 데이터 통신 메시지 프로토콜
- **SNMP(Simple Network Management Protocol)** : 간이망 관리 프로토콜
- **HDLC(High-level Data Link Control)** : ISO에서 개발한 Bit 중심의 데이터 통신 프로토콜

85. 인터넷상에서 하이퍼텍스트를 전송하기 위한 프로토콜은?

① DDCMP
② SNMP
③ HDLC
④ HTTP

86. HDLC에 대한 설명으로 알맞지 않은 것은?

① HDLC는 공중데이터통신망에서 사용되는 대표적인 데이터링크 프로토콜이다.
② HDLC에서는 패킷 형식으로 데이터를 보낸다.
③ HDLC는 IBM의 SDLC를 확장한 것이다.
④ HDLC 전송 제어 절차는 점대점 방식, 멀티포인트 방식 등 다양한 데이터 링크 형태에 적용할 수 있다.

> **기적의 3초컷** 프로토콜의 정의에 대한 이해와 종류를 구분합니다.

044 동축 케이블 1-188p 참고

- 초고주파(MHz)대의 전송로에 적합
- 광대역 전송과 장거리 다중화 전송에 적합
- 혼선, 감쇠, 전송지연이 적음
- 광케이블에 비해 가격이 저렴함
- TV 급전선, 유선방송(CATV), 근거리 네트워크 등 현재 가장 많이 사용
- 초기의 전신 및 전화망에는 거리에 따른 신호의 감쇠를 줄이기 위해 일정 간격마다 장하 코일을 감은 장하 케이블을 사용하다가, 장하 코일 대신 증폭기를 사용한 무장하 케이블로 대체되었으며, 최근에는 신호 전송과 반환을 하나의 선으로 처리하는 불평형(Unbalanced)의 동축 케이블이 주로 쓰임

87. 동축 케이블 선로의 일반적인 특징으로 볼 수 없는 것은?

① 감쇠는 주파수에 반비례한다.
② 저주파 특성이 불량하다.
③ 고주파 특성이 양호하다.
④ 광대역 전송에 적합하다.

88. 다음 전송매체 중 CATV 방송시스템에서 가입자 댁내 인입전송선로에 가장 적합한 것은?

① 동축 케이블
② 쌍연 케이블
③ 나선 케이블
④ 폼스킨 케이블

🏃 기적의 3초컷 동축 케이블의 사용처와 정의를 숙지합니다.

045 패킷 교환 방식 1-243p 참고

- 송신측에서 메시지를 일정한 크기의 패킷으로 분해하여 적당한 회선 경로로 전송하고 수신측에서 원래의 메시지로 조립하는 교환 방식
- 회선 이용률이 가장 높고 데이터 단위의 길이 제한이 있음

89. 다음 중 패킷 교환 방식의 특징과 관계가 먼 것은?

① 속도 및 프로토콜이 상이한 기기간에도 통신이 가능하다.
② 패킷의 전송 지연이 발생할 수 있다.
③ 통신 내용을 일시 저장할 수 있다.
④ 통화 중인 상태가 발생하면 통화 중 신호를 보내준다.

90. 패킷 교환 방식에 대한 설명으로 옳지 않은 것은?

① 통신망에 의한 패킷의 손실이 있을 수 있다.
② 전송 속도와 코드 변환이 가능하다.
③ 패킷의 저장 및 전송으로 이루어진다.
④ 공중 데이터 교환망에는 거의 사용되고 있지 않다.

오답 피하기

패킷 교환 방식은 메시지 교환 방식과 더불어 축적 교환망에 속하므로, 통화 상태와 상관없이 일정 크기의 패킷 단위의 전송이 가능하며, 회선 교환 방식과 함께 공중 데이터 교환에 주로 사용됨

🏃 기적의 3초컷 패킷 교환 방식의 데이터 전송 방식을 이해해두세요. 일정 크기의 단위인 패킷으로 나누어 전송하는 방식입니다.

정보기기 관련 시설은 전기 배선이 연결되어 있어서 화재 발생 시 스프링클러로 진화를 하게 되면 합선 및 감전 등으로 사고가 확대될 수 있으며, 분말 소화기의 분말은 정상적인 기기에도 손상을 끼칠 수 있으므로 하론 가스나 이산화탄소 등의 가스 소화기를 준비해 두어야 함

91. 컴퓨터실이나 전산실의 화재 대비에 가장 적당한 소화기는 무엇인가?

① 아르곤 가스 소화기
② 네온 가스 소화기
③ ABC 분말 소화기
④ 이산화탄소 소화기

92. 컴퓨터실이나 자기 매체 보관실에 화재가 발생했을 때 사용할 수 있는 소화기 또는 소화설비로 가장 적당한 것은?

① 할로겐 화합물 소화기와 살수 소화 설비
② 이산화탄소 소화기와 옥내 소화전 설비
③ 이산화탄소 소화기와 할로겐화합물 소화 설비
④ 프레온가스 소화기와 옥내 소화전 설비

> **기적의 3초컷** 전기와 기계가 있는 장소임으로 물이나 분말소화기는 사용할 수 없습니다. 설비 문제의 보기로도 출제되니 읽고 이해해 두세요.

- **법의 목적** : 전기 통신에 관한 기본적인 사항을 정하여 전기통신을 효율적으로 관리하고 그 발전을 촉진함으로써 공공복리의 증진에 이바지함에 있음
- **전기통신** : 유선, 무선, 광선 및 기타의 전자적 방식에 의하여 모든 종류의 음향, 문언. 부호 또는 영상을 송신하거나 수신하는 것
- **사업의 관장** : 전기통신기본법 또는 다른 법률에 특별히 규정한 것을 제외하고는 과학기술정보통신부장관이 이를 관장함
- **전기통신 기본계획에 포함되어야 할 사항**
- 전기통신의 이용효율화 및 질서유지에 관한 사항
- 전기통신사업 및 전기통신설비에 관한 사항
- 전기통신기술의 진흥에 관한 사항
- 기타 전기통신에 관한 기본적인 사항

93. 다음 설명 중 적합하지 않은 것은?

① 우리나라의 전기통신은 한국통신사장이 관장한다.
② 전기통신기본법은 공공복리의 증진에 이바지함을 목적으로 한다.
③ 전기통신 역무란 전기통신 설비를 이용하여 타인의 통신을 매개하는 것을 말한다.
④ 전기통신이란 유선, 무선, 광선 및 기타의 전자적 방식에 의하여 송수신하는 것을 말한다.

94. 전기통신 기본계획 수립 시 포함되지 않는 사항은?

① 전기통신의 이용효율화에 관한 사항
② 전기통신의 질서유지에 관한사항
③ 전기통신설비에 관한사항
④ 전기통신 이용자의 이용약관에 관한사항

> **기적의 3초컷** 전기통신의 목적과 관장, 계획의 수립 내용을 꼭 읽어보세요.

048 전기통신사업법 1~296p 참고

- **목적** : 전기통신사업의 운영을 적정하게 하여 전기통신사업의 건전한 발전을 기하고 이용자의 편의를 도모함으로써 공공복리의 증진에 이바지함을 목적으로 함
- **기간통신사업자** : 통신, 전화역무 등 전기통신역무를 제공하는 사업
- **부가통신사업자** : 기간통신사업으로 규정된 전기통신역무 외의 전기통신역무를 제공하는 사업

95. 전기통신사업자의 구분은?

① 기간통신사업자, 부가통신사업자
② 공간통신사업자, 사설통신사업자
③ 유선통신사업자, 무선통신사업자
④ 일반통신사업자, 특정통신사업자

96. 다음 중 전기통신사업법의 목적이 아닌 것은?

① 공공복리의 증진에 이바지
② 전기통신의 효율적 관리
③ 전기통신 이용자의 편의 도모
④ 이동통신설비 기술기준을 규정

기적의 3초컷 전기통신사업자는 기간통신사업자, 부가통신사업자로 나뉩니다. 꼭 암기하세요.

049 정보통신과 전기통신 1~296p 참고

- **정보통신** : 정보의 수집 · 가공 · 저장 · 검색 · 송신 · 수신 및 그 활용과 이에 관련되는 기기 · 기술 · 역무 기타 정보화를 촉진하기 위한 일련의 활동과 수단
- **전기통신** : 유선 · 무선 · 광선 및 기타의 전자적 방식에 의하여 부호 · 문언 · 음향 또는 영상을 송신하거나 수신하는 것

97. 다음 중 정보통신에 대한 설명으로 바른 것은?

① 정보의 훼손, 변조, 유출 등을 방지하기 위한 관리적, 기술적 수단을 강구하는 것
② 정보 및 이와 관련되는 설비, 기술, 인력 및 자금 등 정보화에 필요한 지원
③ 정보화를 촉진하기 위한 일련의 활동과 수단
④ 정보를 생산 · 유통 또는 활용하여 사회 각 분야의 활동을 가능하게 하거나 효율화를 도모하는 것

98. 다음 중 유선 · 무선 · 광선 및 기타의 전자적 방식에 의하여 부호 · 문언 · 음향 또는 영상을 송신하거나 수신하는 것을 뜻하는 것은?

① 방송통신망
② 국선
③ 정보통신
④ 전기통신

기적의 3초컷 정보통신과 전기통신을 정확히 구분할 수 있어야 합니다.

- 전기통신의 이용 효율화에 관한 사항
- 전기통신의 질서 유지에 관한 사항
- 전기통신 사업에 관한 사항
- 전기통신 설비에 관한 사항
- 전기통신 기술(전기통신공사에 관한 기술 포함)의 진흥에 관한 사항
- 기타 전기통신에 관한 기본적인 사항

99. 전기통신 기본 계획 수립 시 포함되지 않는 사항은?

① 전기통신 설비에 관한 사항
② 전기통신 이용 효율화에 관한 사항
③ 전기통신 사업에 관한 사항
④ 전기통신 교육에 관한 사항

100. 다음 중 전기통신 기본 계획의 수립과 관계가 없는 것은?

① 전기통신의 질서유지에 관한 사항
② 전기통신사업에 관한 사항
③ 전기통신기술의 진흥에 관한 사항
④ 유선방송통신의 수신 사업에 관한 사항

🕐 **기적의 3초컷** 자주 출제되는 유형입니다. 전기통신 기본 계획의 종류를 암기하고 시험에 임하세요.

방송통신 설비가 타인의 방송통신 설비에 접속되는 경우에 그 건설과 보전에 관한 책임 한계를 명확히 하기 위하여 방송통신 설비의 기술 기준에 관한 규칙이 정하는 바에 의하여 설정된 장소

101. 분계점에 대한 내용으로 맞지 않은 것은?

① 분계점에서의 접속방식은 간단하게 분리 · 시험할 수 있어서는 안 된다.
② 방송통신망 간 접속기준은 사업자 상호 간의 합의에 따른다.
③ 사업용방송통신설비의 분계점은 사업자 상호 간의 합의에 따른다.
④ 사업자는 이용자로부터 단말장치의 접속을 요청받은 경우 특별한 경우를 제외하고는 거부하여서는 안 된다.

102. 방송통신설비가 다른 사람의 방송통신설비와 접속되는 경우에 그 건설과 보전에 관한 책임 등의 한계를 명확하게 하기 위하여 설정되어야 하는 것은?

① 분계점
② 기술기준
③ 통신규약
④ 단자함

🕐 **기적의 3초컷** 분계점의 정의와 단어를 명확히 외웁니다. 자주 출제되는 문제입니다.

- 방송통신발전 기본법 및 주택건설 기준 등에 관한 규정에 따라 방송통신 설비·관로·구내통신 설비 및 방송통신 기자재의 기술 기준 규정
- 사업자가 공개해야 할 통신규약의 종류와 범위에 대한 세부 기술 기준은 방송통신위원회가 정하여 고시함

---

103. 방송통신 설비에 관한 기술 기준의 적용 범위 내용으로 가장 합당한 것은?

① 정보통신망과 전산망 간 상호 접속
② 디지털 및 아날로그 자동교환 설비
③ 단말 장치 및 방송통신 기자재
④ 방송통신 설비 및 방송통신 기자재

104. 방송통신 설비의 기술 기준에 관한 규칙의 적용 범위가 아닌 것은?

① 방송통신 설비
② 방송통신 회선 설비
③ 방송통신 기자재
④ 소프트웨어 설치

🏆 **기적의 3초컷** 법 문제는 자주 나오는 문제 위주로 파악하여 암기해 둡니다.

보편적 역무란 모든 이용자가 언제 어디서나 적정한 요금으로 제공받을 수 있는 기본적인 전기통신 역무로 공중전화와 같은 사업임

- **유선 전화 서비스** : 과학기술정보통신부장관이 이용 방법 및 조건 등을 고려하여 고시한 지역(통화권) 안의 전화 서비스
- **시내 전화 서비스** : 가입용 전화를 사용하는 통신을 매개하는 전화 서비스(다목적의 도서 통신 서비스 제외)
- **공중전화 서비스** : 공중용 전화를 사용하는 통신을 매개하는 전화 서비스
- **도서 통신 서비스** : 육지와 도서 간 또는 도서와 도서 간에 무선으로 통신을 매개하는 전화 서비스

보편적 역무의 고려 사항
- 정보통신 기술의 발전 정도
- 전기통신 역무의 보급 정도
- 공공의 이익과 안전
- 사회복지 증진
- 정보화 촉진

---

105. 다음 중 보편적 역무의 구체적 내용을 정할 시 고려사항이 아닌 것은?

① 프로그램 저작권 보호
② 전기통신 역무의 보급 정도
③ 공공의 이익과 안전
④ 정보통신 기술의 발전 정도

106. 전기통신사업자의 보편적 역무의 구체적 내용을 정하기 위한 고려사항으로 적합하지 않은 것은?

① 미풍양속의 진작
② 전기통신 역무의 보급 정도
③ 공공의 이익과 안전
④ 정보통신 기술의 발전 정도

🏆 **기적의 3초컷** 보편적 역무의 정의를 숙지하세요.

054 비상 통신의 확보 1~292p 참고

전시, 사변, 천재, 지변 기타 이에 준하는 국가 비상사태가 발생하거나 발생할 우려가 있는 경우에 한함
- **정보통신 업무의 제한 또는 정지 후 소통 제1순위** : 국가안보, 군사 및 치안, 민방위경보 전달, 전파관리
- **제2순위** : 지방자치단체 및 재해구호 업무
- **제3순위** : 의료기관 업무

107. 다음 중 전기통신사업자에게 전기통신 업무의 전부 또는 일부를 제한할 수 있는 경우가 아닌 것은?

① 전쟁 중일 때
② 지급통신을 행할 때
③ 국가 비상사태인 때
④ 천재지변이 발생하였을 때

108. 과학기술정보통신부장관이 중요한 통신을 확보하기 위하여 전기통신사업자에게 전기통신업무의 일부를 제한하거나 정지할 것을 명할 수 있는 경우는?

① 통화폭주가 발생한 경우
② 국가비상사태가 발생한 경우
③ 재해구호가 발생한 경우
④ 통신설비 장해가 발생한 경우

🕐 **기적의 3초컷** 비상사태 중의 가장 우선순위는 암기하세요.

055 강전류 전선 1~282p 참고

300[V] 이상의 전력을 송전하거나 배전하는 전선으로 이중 피막으로 보호함

109. 강전류 전선이란 절연물로 싼 전기도체 등으로서 몇 볼트 이상의 전력을 송전하거나 배전하는 전선을 말하는가?

① 220
② 300
③ 450
④ 600

110. 다음 ( )에 들어갈 내용으로 가장 적합한 것은?

> 강전류 전선이라 함은 전기도체, 절연물로 싼 전기도체 또는 절연물로 싼 것의 위를 보호피막으로 보호한 전기도체 등으로서 ( ) 볼트 이상의 전력을 송전하거나 배전하는 전선을 말한다.

① 220
② 300
③ 600
④ 750

🕐 **기적의 3초컷** 강전류 = 300[V] 이상 연결하여 외워두세요.

056 정보통신공사업의 구체적인 등록 기준 1-303p 참고

	자본금	기술능력	사무실
법인	1억 5천만 원 이상	기술계 정보통신기술자 3인 이상 기능계 정보통신기술자 1인 이상	15m² 이상
개인	2억 원 이상		

111. 정보통신공사업의 등록 기준에 속하지 않는 것은?

① 자본금
② 사무실
③ 공사 실적
④ 기술 능력

112. 다음 중 정보통신공사업의 등록 기준에 속하지 않는 것은?

① 사무실
② 자본금
③ 기술 능력
④ 공사 장비

> **기적의 3초컷** 쉬운 문제인데 꾸준히 출제되고 있습니다. 등록 기준은 자본금, 기술 능력, 사무실입니다.

057 벌칙 1-348p 참고

- 사람을 비방할 목적으로 정보통신망을 통하여 공공연하게 사실을 드러내어 다른 사람의 명예를 훼손한 자 : 3년 이하 징역 또는 3천만 원 이하 벌금
- 사람을 비방할 목적으로 정보통신망을 통하여 공공연하게 거짓의 사실을 드러내어 다른 사람의 명예를 훼손한 자 : 7년 이하 징역 또는 5천만 원 이하 벌금
- 정당한 접근권한 없이 정보통신망에 침입한 자 : 5년 이하 징역 또는 5천만 원 이하 벌금
- 2년 이하 징역 또는 2천만 원 이하 벌금
  - 청소년유해매체물임을 표시하지 아니하고 영리를 목적으로 제공한 자
  - 불법정보의 유통금지에 따른 방송통신위원회의 명령을 이행하지 아니한 자
  - 침해사고의 원인 분석에 따른 명령을 위반하여 관련 자료를 보전하지 아니한 자
  - 속이는 행위에 의한 정보의 수집금지를 위반하여 정보의 제공을 유인한 자
  - 통신과금서비스의 이용제한 명령을 이행하지 아니한 자

113. 청소년유해매체물임을 표시하지 않고 영리를 목적으로 제공한 자에 대한 벌칙은?

① 1천만 원 이하 과태료
② 2년 이하 징역 또는 2천만 원 이하 벌금
③ 3년 이하 징역 또는 3천만 원 이하 벌금
④ 4년 이하 징역 또는 4천만 원 이하 벌금

114. 정당한 접근권한 없이 정보통신망에 침입한 자에 대한 벌칙은?

① 7년 이하 징역 또는 5천만 원 이하 벌금
② 5년 이하 징역 또는 5천만 원 이하 벌금
③ 3년 이하 징역 또는 3천만 원 이하 벌금
④ 1년 이하 징역 또는 1천만 원 이하 벌금

> **기적의 3초컷** 벌금 문제는 자주 출제됩니다. 위반 항목과 벌금을 확인하세요.

MEMO

기출문제 3회

1-20p 참고

01 프로그램 내장 방식(Stored Program Method)을 가장 적절히 설명한 것은?

① 프로그램을 CPU에 저장시킨다.
② 프로그램을 주기억 장치에 기억시켜서 프로그램 수정을 용이하게 하고 프로그램의 실행 효율을 향상시킨다.
③ 프로그램을 항상 컴퓨터의 외부에서 내부에 숫자 형태로 사용될 프로그램을 고정시켜 사용하는 것이다.
④ 보조 기억 장치에 프로그램을 고정시켜 놓는다.

1-31p 참고

02 주소는 지정한 자료에 접근하는 방법에 따라 구분할 수 있다. 다음 중 주소 지정 방식에 해당하지 않는 것은?

① 직접 주소 지정　　② 간접 주소 지정
③ 우편 주소 지정　　④ 즉시 주소 지정

1-57p 참고

03 컴퓨터의 문자 코드 표현에 가중치 코드란 것이 있는데 다음 중 가중치 코드에 해당하지 않은 것은?

① 8421 코드　　② 6421 코드
③ 5421 코드　　④ 2421 코드

1-33p 참고

04 개인용 컴퓨터의 내부 장치인 RAM에 대한 설명으로 옳지 않은 것은?

① 정보를 자유롭게 읽고 쓸 수 있다.
② 전원이 끊어지면 기억된 내용이 소멸된다.
③ 기억된 순서에 상관없이 임의로 접근 할 수 있다.
④ 기본적인 입출력 정보를 저장하여 ROM BIOS라고도 한다.

1-75p 참고

05 다음 중 순서도(Flowchart)의 특징이 아닌 것은?

① 사용하는 언어에 따라 기호, 형태가 달라진다.
② 프로그램 코딩(Coding)의 기초 자료가 된다.
③ 프로그램 보관 시 자료가 된다.
④ 오류 수정(Debugging)이 용이하다.

1-66p 참고

06 다음 중 조합 논리 회로가 아닌 것은?

① Encoder　　② Counter
③ Multiplexer　　④ Full Adder

1-88p 참고

07 컴퓨터를 더욱 효율적으로 사용하기 위하여 작성된 동작 프로그램의 집합과 가장 관련 깊은 것은?

① 시스템 소프트웨어(System Software)
② 스프레드시트(Spread Sheet)
③ 프로그램 언어(Program Language)
④ 전자우편(Electronic Mall)

1-88p 참고

08 시스템 전체의 동작 상태를 감시하고 프로그램의 실행과정을 지시하며 다음에 시행할 프로그램을 준비하는 역할을 맡은 프로그램은?

① 제어 프로그램　　② 처리 프로그램
③ 언어 번역 프로그램　　④ 서비스 프로그램

1-30p 참고

09 다음 중 컴퓨터의 중앙 처리 장치에서 제어 장치에 해당하지 않은 것은?

① 기억 레지스터　　② 프로그램 카운트
③ 누산기　　④ 명령 해독기

1-49p 참고

10 2진수 1100을 그레이 코드로 변환한 결과는?

① 1100   ② 1010

③ 1101   ④ 1011

1-163p 참고

11 바이러스의 예방책으로 볼 수 없는 것은?

① 부팅용 디스켓은 반드시 Write Protect(쓰기 금지)를 시킨다.

② 중요 프로그램이나 자료는 하드 디스크에 보관한다.

③ 부팅과 동시에 메모리 상주용 바이러스 감시 프로그램을 실행한다.

④ 무료 프로그램은 백신 프로그램으로 사전 검사 후 사용한다.

1-256p 참고

12 그래픽 데이터 저장 방법 중 비트맵 방식의 특징이 아닌 것은?

① 이미지를 픽셀 단위로 저장한다.

② 화면을 확대할수록 계단 현상이 발생한다.

③ 파일의 크기가 그래픽 해상도에 비례한다.

④ 대체로 파일의 크기가 벡터 그래픽 방식에 비해 작다.

1-153p 참고

13 MIS(Management Information System)에 대한 설명으로 가장 옳은 것은?

① 고객과 관련된 기업의 내, 외부 자료를 분석, 통합하여 고객 특성에 기초한 마케팅 활동을 계획하고, 지원하며, 평가하는 시스템

② 사무실의 입출입구 보안, 출퇴근, 근태 관리 등 전자카드 및 IC카드 등을 관리하기 위한 시스템

③ 기업의 목표를 보다 효율적으로 달성할 수 있도록 정보를 체계적으로 관리하기 위한 시스템

④ 구성된 장치를 사용하여 판독한 변동자료를 중앙 컴퓨터 시스템에 전송하여 처리하는 시스템

1-163p 참고

14 바이러스와 관련하여 정보 및 기억 장치의 관리방법 중 틀린 것은?

① 소프트웨어의 불법 복사를 금지한다.

② 컴퓨터 바이러스 감염을 예방하기 위해 하드 디스크를 자주 포맷한다.

③ 중요한 정보를 백업해 둔다.

④ 바이러스 체크 프로그램을 준비해 가끔씩 체크한다.

1-274p 참고

15 정보 시스템의 보안을 위협하는 침입 행위가 발생할 경우 이를 탐지하는 기능을 가지고 있는 시스템은?

① 모뎀(Modem)

② 게이트웨이(Gateway)

③ 침입탐지시스템(IDS)

④ 스위치(Switch)

1-40p 참고

16 영상 표시 장치 중 네온관을 사용하는 가스방전에 의한 발광 빛을 이용하여 표시하는 장치는?

① LED   ② CRT

③ LCD   ④ PDP

1-136p 참고

17 지하 주차장에서의 차량 파손 사건이 잇달아 발생하고 있다. 이를 예방·해결하기 위해 설치하기 가장 적합한 시스템은?

① CATV   ② HDTV

③ 3DTV   ④ CCTV

1-135p 참고

18 CATV에서 가입자 단말 장치에 해당하는 것은?

① VTR   ② LDP

③ TV수신기   ④ CDP

1-151p 참고

19 전화기에서 수화기를 들지 않고 다이얼하여 상대방이 응답한 후 통화할 수 있는 기능은?

① 자동대기(Camp On)
② 비응답(Onhook)
③ 핸드프리(Hand Free)
④ 일시유보(Call Hold)

1-132p 참고

20 수신기의 성능 중에서 미약한 전파를 얼마나 수신할 수 있는가를 극한으로 표시하는 양으로서 종합특성을 나타내는 것은?

① 감도   ② 선택도
③ 안정도   ④ 충실도

1-107p 참고

21 30[V]의 전원 전압에 3[A]의 전류가 흐르는 회로에서의 저항[Ω] 값은?

① 30[Ω]   ② 20[Ω]
③ 10[Ω]   ④ 3[Ω]

1-39p 참고

22 그림, 사진, 서적 등의 이미지 자료를 컴퓨터에서 볼 수 있도록 입력하는 장치는?

① 프린트   ② X-Y 플로터
③ 마우스   ④ 스캐너

1-359p 참고

23 정보 보안의 위협 요소 중 내부적 요인이 아닌 것은?

① 실수나 관리 태만
② 내부 직원에 의한 정보시스템 파괴 행위
③ 위조와 탈취
④ 내부에서 외부로 정보 유출

1-137p 참고

24 화상통신의 전송순서로 올바른 것은?

① 정보원-전송망-광전변환-전광변환-수신화상
② 정보원-전광변환-전송망-광전변환-수신화상
③ 정보원-광전변환-전송망-전광변환-수신화상
④ 광전변환-정보원-전광변환-전송망-수신화상

1-217p 참고

25 디지털 서비스 유니트(DSU)에 대한 설명으로 옳지 않은 것은?

① 직류 전송을 한다.
② 전송로 중간에 중계기를 사용하지 않아도 된다.
③ 디지털 신호를 전송로에 그대로 전송하기 때문에 고속 전송이 가능하다.
④ 데이터 단말 장치와 디지털 데이터망 사이에 접속하여 신호를 전송하는 장치이다.

1-108p 참고

26 저항 값이 일정할 때 전력에 대한 설명으로 옳은 것은?

① 전압에 비례한다.
② 전압의 자승에 비례한다.
③ 전압에 반비례한다.
④ 전압의 자승에 반비례한다.

1-107p 참고

27 두 개의 저항 20[Ω]과 30[Ω]이 병렬로 접속된 회로에서 20[Ω]의 저항에 흐르는 전류가 3[A]이라면 전체 전류는?

① 3[A]   ② 4[A]
③ 5[A]   ④ 6[A]

1-127p 참고

28 시분할 다중화기에 대한 설명으로 틀린 것은?

① 동기형과 비동기형으로 구분할 수 있다.
② Point-to-Point 시스템에 가장 많이 사용한다.
③ 1200baud 이하의 비동기에서 주로 사용한다.
④ 별도의 버퍼가 필요하다.

1-113p 참고

29 0.2[μF]와 0.3[μF]의 콘덴서를 병렬로 연결하였을 때 합성 정전 용량은?

① 0.2[μF] 　　② 0.3[μF]
③ 0.4[μF] 　　④ 0.5[μF]

1-151p 참고

30 전자 메일 시스템을 구성하는 요소가 아닌 것은?

① MUA 　　② MRA
③ MTA 　　④ MDA

1-181p 참고

31 데이터통신 시스템의 기본 구성요소로 이루어진 것은?

① 데이터 신호계와 처리계
② 데이터 전송계와 처리계
③ 데이터 생산계와 분배계
④ 데이터 가공계와 응용계

1-193p 참고

32 다음 중 2위상 변조 신호의 변조 속도가 2400[baud]로 전송할 때 데이터 신호 속도[bps]는?

① 1200 　　② 2400
③ 4800 　　④ 9600

1-205p 참고

33 기저대역(Baseband) 전송 방식의 부호화 방식으로 거리가 가장 먼 것은?

① NRZ(Non Return to Zero)
② Manchester
③ Bipolar
④ PCM

1-220p 참고

34 다음 중 대역확산 기술을 이용한 다중 접속 방식에 해당되는 것은?

① TDMA 　　② CDMA
③ FDMA 　　④ WDMA

1-226p 참고

35 다음 중 비트 방식에 해당하지 않는 프로토콜은?

① SDLC　② HDLC　③ X.25　④ BSC

1-182p 참고

36 통신 회선의 양끝에서 신호 변환, 전송 신호의 동기 제어, 송수신 확인 등의 기능을 수행하는 장치는?

① DCE 　　② MODEM
③ DSU 　　④ CCU

1-208p 참고

37 다음 에러 제어 방식 중 고속의 동기식 데이터 전송에 주로 사용되는 것은?

① 수직 패리티 체크 방식
② 수평 패리티 체크 방식
③ 순환 잉여 체크 방식
④ 군계수 체크 방식

1-126p 참고

38 디지털 부호에 대응하여 반송파의 진폭과 위상은 그대로 두고 주파수를 변화시키는 변조 방식은?

① ASK　② QAM　③ FSK　④ DPSK

1-231p 참고

39 네트워크에서 경로 배정, 중계 기능, 네트워크 어드레싱 등을 담당하는 계층은?

① 네트워크 계층 　　② 전송 계층
③ 데이터 링크 계층 　　④ 세션 계층

1-226p 참고

40 프로토콜의 기본적인 요소가 아닌 것은?

① 처리　　　　　　② 순서
③ 구문　　　　　　④ 의미

1-230p 참고

41 국제표준화기구인 ISO에서 제시한 프로토콜 모델은?

① OSI 7계층　　　　② ITU-T X 시리즈
③ IBM의 BSC　　　　④ ANSI의 HDLC

1-132p 참고

42 다음 중 위성통신의 특징으로 거리가 먼 것은?

① 정보의 전송 지연이 발생한다.
② 전송에 광케이블이 이용된다.
③ 통신용량이 대용량이다
④ 기후의 영향을 받는다.

1-227p 참고

43 인터넷상에서 하이퍼텍스트를 전송하기 위한 프로토콜은?

① DDCMP　　　　　② SNMP
③ HDLC　　　　　　④ HTTP

1-219p 참고

44 PAD의 변수(Parameter)를 규정하고 있는 ITU-T 권고는?

① X.25　　　　　　② X.3
③ X.28　　　　　　④ X.29

1-203p 참고

45 AM 변조에서 신호파의 최대 진폭이 4[V]이고, 반송파의 최대 진폭이 5[V]일 때 변조도는 몇 [%]인가?

① 60[%]　　　　　② 80[%]
③ 90[%]　　　　　④ 100[%]

1-191p 참고

46 정보통신회선을 멀티포인트로 구성할 경우 이에 대한 설명으로 적합하지 않는 것은?

① 회선 경비가 증가한다.
② 제어 소프트웨어가 간단하다
③ 포트 수가 증가한다.
④ 변복조기의 대수가 증가한다.

1-208p 참고

47 송신측은 한 개의 블록을 전송한 다음 수신측에서 에러의 발생을 점검 후 ACK나 NAK를 보내올 때 까지 기다리는 방식은?

① STOP-AND-WAIT ARQ
② 연속적 ARQ
③ 적응적 ARQ
④ 전진 에러 수정

1-135p 참고

48 기존 미디어의 기능에 고도로 발달한 전자, 통신, 정보기술 등을 결합하여 정보를 전달하는 뉴미디어라고 볼 수 없는 것은?

① 화상전화　　　　② 위성방송
③ CATV　　　　　④ 신문

1-260p 참고

49 데이터 전송 방식에서 표본화, 양자화, 부호화의 단계가 송신측에 필요한 것은?

① 위상 변조 방식　　② 주파수 변조 방식
③ 펄스부호 변조 방식　④ 진폭 변조 방식

1-126p 참고

50 다음 중 저속도에서 주로 사용되는 변복조기는?

① 비동기식 변복조기
② 동기식 변복조기
③ 광대역 변복조기
④ 멀티포트 변복조기

1-234p 참고

51 TCP/IP 프로토콜에 대한 설명으로 적합하지 않은 것은?

① 범세계 주소 방식을 채용하고 있다.
② 현재 Internet에 널리 사용되고 있다.
③ OSI 기준 모델보다 더 널리 사용되고 있다.
④ 폐쇄형 프로토콜의 표준이다.

1-234p 참고

52 다음 중 옳지 않은 것은?

① TCP/IP는 TCP 프로토콜과 IP 프로토콜의 결합적 의미로서 TCP가 IP보다 상위층에 존재한다.
② TCP/IP는 계층형 구조를 가지고 있다.
③ TCP는 OSI 참조모델의 네트워크 계층에 대응되고, IP는 트랜스포트 계층에 대응된다.
④ ICMP는 Internet Control Message Protocol을 뜻한다.

1-179p 참고

53 TCP/IP 상에서 운용되는 응용 프로토콜이 아닌 것은?

① FTP
② Telnet
③ SMTP
④ SNA

1-234p 참고

54 TCP/IP에서 네트워크 계층과 관련이 없는 프로토콜은?

① IGMP
② SNMP
③ ICMP
④ IP

1-258p 참고

55 다음 중 정지 이미지 데이터의 압축 방식으로 사용자의 요구에 따라 압축 정도를 지정할 수 있는 방식은?

① MPEG
② IPEC
③ JPEG
④ APEC

1-256p 참고

56 다음 중 그래픽 데이터를 표시하는 방식 중에서 벡터 방식에 대한 설명으로 옳지 않은 것은?

① 고해상도를 표현하는 데 적합하다.
② 기본적으로 직선과 곡선을 이용한다.
③ 수학적 공식을 이용해 표현한다.
④ 도형과 같은 단순한 개체 표현에 적합하다.

1-270p 참고

57 다음은 무엇에 대한 설명인가?

> 개인의 정보나 데이터의 기밀정보를 부정한 사용자에게 노출되거나 사용하지 못하게 설정하고 또한 이러한 정보가 어떤 목적으로 수집되고 있으며 어떤 목적으로 사용되고 있는지 등을 확인

① 무결성
② 가용성
③ 기밀성
④ 암호성

1-283p 참고

58 정보통신공사업법상 공사를 감리한 용역업자가 감리한 공사에 대한 준공설계도의 보관기간은?

① 감리 완료 후 3년까지
② 감리 완료 후 5년까지
③ 감리 완료 후 10년까지
④ 하자담보책임기간이 종료될 때까지

1-208p 참고

59 패리티 비트(Parity Bit)에 대한 설명으로 옳지 않은 것은?

① 오류 비트를 검사하기 위하여 사용한다.
② 정보 단위에 여유를 주기 위하여 사용된다.
③ 우수(Even) 체크에 사용할 수 있다.
④ 기수(Odd) 체크에 사용할 수 있다.

1-287p 참고

60 전기통신기본계획에 포함되지 않아도 되는 것은?

① 전기통신사업의 요금책정에 관한 사항
② 전기통신사업의 이용효율화에 관한 사항
③ 전기통신설비에 관한 사항
④ 전기통신사업에 관한 사항

기출문제 02회

1-36p 참고
01 기억 장치 관리 기법의 가변 분할 배치 전략이 아닌 것은?

① 최적 적합 배치 전략　② 최초 적합 배치 전략
③ 최고 적합 배치 전략　④ 최악 적합 배치 전략

1-50p 참고
02 2진수 (101110010)₂를 8진수로 변환하면?

① 265　　　　　　② 370
③ 460　　　　　　④ 562

1-89p 참고
03 컴퓨터 시스템에 예상치 않은 일이 발생하였을 때 그것을 제어 프로그램에 알려주는 역할을 하는 것은?

① 인터럽트　　　　② 누산기
③ 프로그램 라이브러리　④ 컴파일러

1-55p 참고
04 문자 표현 코드에 있어서 비트 구성이 잘못된 것은?

① BCD코드는 4비트로 최대 32문자를 표현한다.
② ASCII코드는 7비트로 최대 128문자를 표현한다.
③ EBCDIC코드는 8비트로 최대 256문자를 표현한다.
④ EBCDIC코드는 16진수 2자리로 표현할 수 있다.

1-74p 참고
05 프로그래밍 언어의 처리 절차로 적합한 것은?

① 원시 프로그램 → 목적 프로그램 → 링커
② 목적 프로그램 → 원시 프로그램 → 링커
③ 링커 → 목적 프로그램 → 원시 프로그램
④ 목적 프로그램 → 링커 → 원시 프로그램

1-33p 참고
06 다음은 어떤 장치를 나타낸 것인가?

> • 기억된 내용을 읽을 수만 있는 장치이다.
> • 비휘발성이다.
> • 기억된 내용은 사용자가 임의로 지울 수 없다.

① ROM　　　　　② RAM
③ EPROM　　　　④ EEPROM

1-21p 참고
07 컴퓨터의 세대별 구분에서 2세대 연산 장치에 해당하는 논리소자는?

① 고밀도 집적 회로(LSI)
② 트랜지스터(TR)
③ 집적 회로(IC)
④ 진공관

1-66p 참고
08 2진 직렬 가산기에 대한 설명 중 틀린 것은?

① 더하는 수와 더해지는 수의 비트 쌍들이 직렬로 한 비트씩 전가산기에 전달된다.
② 1개의 전가산기와 1개의 자리 올림수 저장기가 필요하다.
③ 병렬 가산기에 비해 계산 시간이 빠르다.
④ 회로가 간단하다.

1-62p 참고
09 Y = $\overline{A}$B + AB를 간소화한 것은?

① A　　　　　　② B
③ $\overline{A}$　　　　　　④ $\overline{B}$

1-20p 참고

10 1945년 Von Neumann이 계산기에 기억 장치를 설치하고 여기에 프로그램과 데이터를 저장한 다음 저장된 내용을 제어 장치가 차례로 명령어를 하나씩 읽어내어 해독하고, 해독된 내용에 따라 데이터를 처리하여 그 결과를 출력 장치로 보내어 문제를 처리한다는 프로그램 내장방식을 제창하였다. 이 프로그램 내장방식의 최초 컴퓨터는?

① UNIVAC 1　　　② EDSAC
③ ENIAC　　　　④ ABC

1-150p 참고

11 CAR(Computer Assisted Retrieval)에 대한 설명으로 옳은 것은?

① 컴퓨터를 이용하여 저장 매체에 있는 정보를 고속으로 자동 검색하는 시스템이다.
② 신속 정확한 의사 결정을 위해 기업과 관련된 정보를 체계적으로 시스템화하는 것이다.
③ 전송하고자 하는 정보를 이용자의 요구 조건에 따라서 수신측에 보내는 메시지 통신 서비스이다.
④ 사무실의 보안, 출퇴근 관리, 단말기 패스워드 등에 사용되는 각종 전자카드를 관리하기 위한 시스템이다.

1-165p 참고

12 컴퓨터 관련 단말기로 작업하려고 한다. 작업자세로 옳지 않은 것은?

① 화면과의 거리는 40~60cm가 적당하다.
② 눈은 화면을 올려다보는 것이 좋다.
③ 손등과 팔은 수평으로 하는 것이 좋다.
④ 무릎의 각도는 90도 이상을 유지한다.

1-126p 참고

13 데이터 전송, 송신 과정에서 데이터 전송 신호를 전송에 적합한 전기적 신호로 변환하는 장치는?

① 복조 장치　　　② 변조 장치
③ 혼합 장치　　　④ 검파 장치

1-113p 참고

14 그림과 같은 콘덴서 접속회로의 합성 정전 용량은?

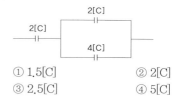

① 1.5[C]　　　② 2[C]
③ 2.5[C]　　　④ 5[C]

1-35p 참고

15 자기디스크 장치에서 동일 순번인 트랙의 집합은?

① 섹터　　　　② 액세스 암
③ 동심원　　　④ 실린더

1-126p 참고

16 RS-232C 케이블로 컴퓨터와 컴퓨터를 직접 연결하여 통신할 때 사용하는 모뎀은?

① 저속 모뎀　　　② 멀티 포트 모뎀
③ 전용회선 모뎀　④ 널(Null) 모뎀

1-162p 참고

17 컴퓨터 바이러스(Virus)의 일반적 성격이 아닌 것은?

① 오류 정정 기능　② 자기복제 기능
③ 다양한 변종　　④ 지능화 및 악성

1-137p 참고

18 다음 그림은 팩시밀리(Facsimile)의 화상통신 계통도이다. 각 번호에 들어갈 내용을 번호순으로 올바르게 나열한 것은?

① 송신원화, 광전변환, 전광변환, 수신원화
② 수신원화, 광전변환, 전광변환, 송신원화
③ 광전변환, 수신원화, 전광변환, 송신원화
④ 전광변환, 송신원화, 광전변환, 수신원화

1-268p 참고

19 다음 중 정보보안 서비스의 목표로 볼 수 없는 것은?

① 정보의 기밀성　　② 정보의 집중성
③ 정보의 가용성　　④ 정보의 무결성

1-203p 참고

20 복사기에서 카본(Carbon) 분말과 열에 의해 녹기 쉬운 수지로 형성되어 있는 분말잉크는?

① 드럼(Drum)　　② 토너(Toner)
③ 셀렌(Se)　　④ 황화카드뮴(CdS)

1-113p 참고

21 10[Ω]의 저항에 4[A]의 전류를 2분간 흘렸을 때 발열량은?

① 4848[cal]　　② 4608[cal]
③ 4120[cal]　　④ 3618[cal]

1-105p 참고

22 전원 회로에서 교류를 직류로 변환시켜 주는 회로는?

① 정류 회로　　② 인버터 회로
③ 컨버터 회로　　④ 주파수 컨버터 회로

1-113p 참고

23 다음 단위 중 다른 종류(차원)에 해당되는 것은?

① [W · sec]　　② [J]　　③ [cal]　　④ [N]

1-128p 참고

24 집중화기에 대한 설명 중 옳지 않은 것은?

① 동적인 시간할당을 한다.
② 회선 교환, 메시지 교환, 패킷 교환 등의 교환방식에 사용된다.
③ 다중화기기에 비해 구조가 간단하고 규칙적인 전송에 적합하다.
④ 실제 전송할 데이터가 있는 단말장치에만 시간폭을 할당할 수 있다.

1-150p 참고

25 데이터베이스 시스템에 대한 설명으로 옳지 않은 것은?

① 운영비가 많이 든다.
② 데이터 보안에 어려움이 따른다.
③ 시스템 고장에 따른 영향이 적다.
④ 시스템이 복잡하다.

1-146p 참고

26 사무자동화(OA)에 대한 설명으로 틀린 것은?

① 컴퓨터 기술, 통신 기술, 시스템 기술의 적용이다.
② 일반적으로 정보의 수집, 가공, 작성, 입력, 전송 등의 기술을 이용한다.
③ 사무정보기기를 활용함으로써 업무처리의 효율을 높일 수 있다.
④ OA란 Open Automation으로 사무의 분산화, 효율화, 자동화를 말한다.

1-115p 참고

27 펄스폭이 30[μs]이고 주파수가 400[khz]일 때 충격계수는?

① 12
② 120
③ 43
④ 0.1

1-105p

28 다음 중 직류(DC)를 가장 옳게 설명한 것은?

① 시간의 변화에 따라 전류의 크기와 방향이 변한다.
② 직류를 정현파 또는 사인파라고 한다.
③ 가정에 흐르는 전기를 직류라고 한다.
④ 전류의 흐름이 항상 한쪽 방향으로만 흐른다.

1-158p 참고

29 정보기기의 운용 · 보전을 위한 기기 시험 방법과 설명이 옳지 않은 것은?

① 규격 시험 : 기기의 재료, 형상, 구조 및 기능일치를 판단하는 시험

② 정비성 시험 : 기술자가 노후, 고장 장비를 정비하는데 소요되는 시간을 측정하는 시험

③ 신뢰성 시험 : 기기의 시간적 안전성을 번–인(Burn–In) 시험 등으로 조사하는 시험

④ 환경 시험 : 온도, 습도, 전자계, 진동 등 운용 환경 적합성을 조사하는 시험

1-160p 참고

30 다음 중 일정한 전압을 유지시켜 주는 장비는?

① AVR   ② 변압기
③ DVD   ④ VOD

1-234p 참고

31 다음 중 취약한 보안 기능 및 IP주소 부족에도 불구하고, 가장 널리 사용되는 인터넷 표준 프로토콜은?

① TCP/IP   ② NetBEUI
③ IPX/SPX   ④ PPP

1-57p 참고

32 다음 중 에러검출 코드가 아닌 것은?

① 2 out–of 5   ② Biquinary
③ CRC   ④ BCD

1-203p 참고

33 다음 중 4진 PSK 변조에서 2400[baud]의 변조 속도인 경우, 전송 속도는?

① 1200[bps]   ② 2400[bps]
③ 4800[bps]   ④ 9600[bps]

1-204p 참고

34 다음 중 동기(synchronous) 방식의 빠른 속도에 가장 적합한 디지털 변조 방식은?

① FSK   ② ASK
③ PSK   ④ SSB

1-275p 참고

35 온라인상에서 신분을 도용하는 것을 방지하기 위해 주민등록증의 대체수단으로 사용하는 것은?

① 마이 핀(My–pin) 패스워드
② 아이핀
③ 인감증명서
④ 디지털 워터마크

1-226p 참고

36 통신을 원하는 두 실체 간에 어떻게 통신할 것인가에 대해 서로 약속한 절차나 규정은?

① 프로그램(Program)
② 인터페이스(Interface)
③ 프로세서(Processor)
④ 프로토콜(Protocol)

1-189p 참고

37 다음 중 전송선로에서 1차 정수에 속하지 않는 것은?

① 저항(R)   ② 인덕턴스(L)
③ 누설 콘덕턴스(G)   ④ 특성 임피던스(Z0)

1-208p 참고

38 패리티 체크를 하는 이유는?

① 전송된 부호의 착오 검출
② 전송되는 부호 용량 검사
③ 컴퓨터의 기억 용량 산정
④ 중계선로의 중계용량 측정

1-230p 참고
39 OSI 7계층 참조 모델 중 응용 프로세서 간의 정보 교환, 전자 사서함, 파일 전송 등을 취급하는 계층은?

① 물리 계층　　　　② 세션 계층
③ 응용 계층　　　　④ 표현 계층

1-203p 참고
40 PCM 전송방식에서 4[khz]까지의 음성신호를 재생시키기 위한 표본화 주기는?

① 100[μs]　　　　② 125[μs]
③ 200[μs]　　　　④ 225[μs]

1-203p 참고
41 256-QAM변조 방식을 사용하여 512[kbps]로 데이터를 전송할 경우 심볼률[kbps]은?

① 32　　　　　　② 64
③ 256　　　　　④ 512

1-203p 참고
42 진폭(AM) 변조에서 반송파 주파수가 710[kHz]이고, 신호파 주파수가 1[kHz]일 때 주파수 대역폭[kHz]은?

① 1　　　　　　② 2
③ 1000　　　　④ 2000

1-227p 참고
43 다음 중 HDLC 전송 제어 절차의 특징으로 거리가 먼 것은?

① 전송효율의 향상
② 바이트 방식의 프로토콜
③ 신뢰성 향상
④ 데이터 링크의 다양성

1-240p 참고
44 단말기가 12개인 경우 이를 모두 망형으로 네트워크를 형성하고자 할 때 최소로 필요한 회선 수는?

① 33　　　　　② 44
③ 55　　　　　④ 66

1-89p 참고
45 다음 중 데이터를 일정 기간 동안 모아두었다가 한꺼번에 입력 처리하는 방식은?

① 온라인(On-Line) 방식
② 실시간 처리(Real Time Processing) 방식
③ 공정 제어(Process Control) 방식
④ 일괄 처리(Batch Processing) 방식

1-208p 참고
46 다음 중 정마크 부호 방식에 해당되는 것은?

① 수직 패리티 부호 방식
② 수평 패리티 부호 방식
③ CRC 부호 방식
④ 비쿼너리(Biquinary) 부호 방식

1-269p 참고
47 다음 중 LAN의 표준에 대한 관계가 잘못 짝지어진 것은?

① IEEE 802.2 : 논리적 링크제어
② IEEE 802.3 : CSMA/CD
③ IEEE 802.5 : 토큰링
④ IEEE 802.10 : 무선 LAN

1-203p 참고
48 음성을 7bit에서 8bit로 양자화 했을 때 맞지 않는 것은?

① 압축 특성이 개선된다.
② 신장 특성이 개선된다.
③ 양자화 잡음이 감소된다.
④ 표본화 잡음이 반으로 감소된다.

1-248p 참고
49 IP 주소 169.5.0.0은 어느 클래스에 속하는가?

① 호스트 IP 주소
② 직접 브로드캐스트 주소
③ 제한된 브로드캐스트 주소
④ 네트워크 주소

1-208p 참고
50 에러 검출 후 재전송(ARQ) 방식에 속하지 않는 것은?

① 정지-대기 ARQ
② 적응적 ARQ
③ 연속적 ARQ
④ 전진에러 ARQ

1-260p 참고
51 다음 중 신호 처리에 있어서 사용되는 샘플링(Sampling) 기법의 목적으로 옳은 것은?

① 아날로그 방식의 데이터가 변경될 수 없도록 데이터를 보호하는 것이다.
② 선형적인 데이터를 비선형적 데이터로 취급할 수 있도록 디지털화 하는 것이다.
③ 디지털 방식의 비선형적인 특성을 파악하기 위해 몇 개를 선택하는 것이다.
④ 아날로그 방식과 디지털 방식의 상호 변환이 불가능하도록 데이터의 특성을 고정하는 것이다.

1-257p 참고
52 압축은 본래의 자료를 다른 형태의 축소된 코드로 변환하는 것이다. 다음 중 보기의 설명에 해당하는 것으로 옳은 것은?

- 영상, 음성, 음향을 압축하는 표준화 규격이다.
- 프레임과 프레임 사이의 차이에 중점을 준 압축 기법이다.
- 압축 속도는 느리지만 실시간 재생이 가능하다.

① MPEG
② JPEG
③ DVI
④ AVI

1-268p 참고
53 정보보안 및 암호기술의 종류 및 특징으로 올바른 것은?

① 접근제어 : 접속과 데이터 전송의 경로를 보안 등을 확인하여 제어
② 데이터 무결성 : 규정된 상태에서만 데이터를 변경하고 조작하는 시스템 유지
③ 인증 : 정보 데이터에 접근할 권한을 제한하는 정보보안 기법
④ 경로제어 : 접근이 허용된 사용자가 인증을 통하여 접근할 수 있도록 설정

1-50p 참고
54 2진수 (10101010)₂을 8진수로 나타내면?

① 170
② 204
③ 368
④ 252

1-113p 참고
55 어떤 전열기에 100[V]의 전압이 가해져 있는데, 그 전류는 5[A]라고 한다. 이때 전열기에 흐르는 소비 전력은 얼마인가?

① 5[KW]
② 500[W]
③ 2[KW]
④ 200[W]

1-242p 참고
56 정보 교환 방식에 해당되지 않는 것은?

① 메시지 교환 방식
② 회선 교환 방식
③ 근거리 교환 방식
④ 패킷 교환 방식

1-39p 참고
57 다음 중 타이프 라이터나 프린터로 인쇄된 문자를 광학적으로 판독하는 입력장치는?

① OCR
② MICR
③ OMR
④ Card Reader

1-219p 참고

58 EIA에서 규정하고 있는 변복조기(MODEM)와 단말기 사이의 연결 접속 방식은?

① ITU-T V.24
② RS-232C
③ TCP/IP
④ HDLC

1-283p 참고

59 다음 중 터널식 통신구 공사의 하자담보책임 기간으로 가장 적합한 것은?

① 1년
② 3년
③ 5년
④ 10년

1-127p 참고

60 실제로 보낼 데이터가 있는 터미널에만 동적인 방식으로 부채널(Sub Channel)에 시간폭을 할당하는 다중화기는?

① 시분할 다중화기
② 주파수 분할 다중화기
③ 펄스 코드 변조기
④ 통계적 시분할 다중화기

1-57p 참고

01 이진수 10101101을 그레이(Gray) 코드로 변환하면?

① 1101001
② 10101101
③ 10101100
④ 11111011

1-131p 참고

02 하나의 입력 회선을 여러 개의 출력 회선에 연결하여 선택 신호에서 지정하는 하나의 회선에 출력하므로 분배기라고도 하는 것은?

① 멀티플렉스
② 디멀티플렉서
③ 코드변환기
④ 비교기

1-35p 참고

03 다음 보조 기억 장치 중 동작 특성이 다른 것은?

① USB 메모리
② 플래시 메모리
③ 자기테이프
④ 광디스크(CD)

1-89p 참고

04 인터럽트의 필요성으로 옳지 않은 것은?

① CPU가 데이터를 효율적으로 입력 또는 출력하고자 하는 경우
② CPU에 타이밍 기능을 부여하고자 하는 경우
③ 시스템에 비상사태가 발생할 때 그 처리를 위한 경우
④ 내부에 부당한 일이 발생할 경우에 이에 상응하는 일을 할 수 없도록 하기 위한 경우

1-31p 참고

05 명령어는 연산자와 오퍼랜드로 구성된다. 다음 중 연산자(Operation Code)의 기능과 관련이 없는 것은?

① 함수연산 기능
② 제어 기능
③ 자료의 주소지정 기능
④ 입출력 기능

1-64p 참고

06 다음 불 대수의 정리 중 옳은 것은?

① $(A+B)+C = A+(B \cdot C)$, $(A+B) \cdot C = A \cdot (B \cdot C)$
② $A+A = A$, $A \cdot A = A+1$
③ $A+A \cdot B = A$, $A \cdot (A+B) = A$
④ $A+0 = A$, $A \cdot 1 = A$, $A+1 = A$

1-30p 참고

07 프로그램 카운트(PC; Program Counter)는 어떤 장치에 속하는가?

① 기억 장치
② 제어 장치
③ 연산 장치
④ 입출력 장치

1-67p 참고

08 JK 플립플롭의 J, K 사이를 NOT 게이트로 연결한 것은?

① D 플립플롭
② MS 플립플롭
③ RS 플립플롭
④ T 플립플롭

1-75p 참고

09 순서도(Flowchart) 작성에 대한 설명으로 틀린 것은?

① 사용하는 언어에 따라 기호 형태가 다르다.
② 프로그램 보관 시 자료가 된다.
③ 프로그램 갱신 및 유지 관리가 용이하다.
④ 오류 수정(Debugging)이 용이하다.

1-88p 참고

10 컴퓨터의 시스템 성능을 극대화하고 사용자가 컴퓨터를 효과적으로 사용할 수 있도록 도와주는 시스템 소프트웨어는?

① 운영체제
② 프로그래밍 언어
③ 정보처리
④ 데이터베이스

1-113p 참고

11 어떤 전지를 이용하여 5A의 전류를 5분간 흘렸을 때 전지에서 나온 전하량은?

① 1000[C] ② 1500[C]
③ 2000[C] ④ 2500[C]

1-153p 참고

12 복사기에서 카본 분말과 열에 의해 녹기 쉬운 수지로 형성되어 있는 분말잉크는?

① 셀렌(Se) ② 토너(Tonner)
③ 황화카드뮴(CdS) ④ 드럼(Drum)

1-162p 참고

13 자기 복제, 자체 메일 전송, 정보 수집 기능 등을 갖추고 있는 바이러스는?

① 웜(Worm)
② 백도어(Backdoor)
③ 스팸(Spam)
④ 매크로(Macro)

1-136p 참고

14 공장, 댐, 은행, 백화점 등의 산업현장에서 보안 등을 위해 사용되는 감시 시스템은?

① CCTV ② VRS
③ HDTV ④ CATV

1-154p 참고

15 판매장에 단말기와 컴퓨터 시스템을 연결하여 사무 관리, 매상관리, 상품관리 등을 종합적으로 할 수 있게 하는 시스템은?

① 판매 시점 관리 시스템(POS)
② 경영 정보 시스템(MIS)
③ 의사 결정 지원 시스템(DDS)
④ ID 관리 시스템

1-39p 참고

16 입력 감지판에 그려지는 선이나 그림을 CRT에 나타내는 입력 장치로서 주로 공학, 건축, 의학 분야에 사용되는 것은?

① 마우스 ② 라이트펜
③ 조이스틱 ④ 디지타이저

1-228p 참고

17 텍스트만 전달될 수 있는 기존의 E-mail 시스템에서 바이너리 형식의 첨부파일을 포함할 수 있도록 하기 위해 확장된 것은?

① SMTP ② POP
③ HTTP ④ MIME

1-150p 참고

18 데이터베이스를 구축하는 목적에 해당하지 않은 것은?

① 데이터의 공유화
② 데이터의 일관성 유지
③ 데이터 중복성의 최대화
④ 데이터의 체계적인 관리

1-150p 참고

19 전자 파일링(Electronic Filing) 시스템의 특징과 거리가 먼 것은?

① 그룹별 보관으로 중복되는 내용의 문서를 없앨 수 있다.
② 문서의 검색 및 사용이 용이하다.
③ 문서 관리에 필요한 공간이 절약되며 업무 환경 개선에 도움을 줄 수 있다.
④ 많은 양의 자료를 보관하므로 일률적이고 표준화된 관리가 어렵다.

1-115p 참고

20 교류가 1주기 변화하는 시간이 0.04초일 때 주파수는?

① 25[Hz] ② 50[Hz]
③ 75[Hz] ④ 100[Hz]

1-158p 참고

21 기기별로 규격에 규정된 기능이 정상적으로 발휘되는지를 시험하는 고장 진단 방식은?

① FLT 방식
② 마이크로 진단 방식
③ 직렬 진단 방식
④ 기능 진단 방식

1-128p 참고

22 비동기식 다중화기로 실제 데이터가 있는 회선에만 동적으로 타임슬롯을 허용하여 전송효율을 높인 장치는?

① 지능 다중화기
② 주파수 다중화기
③ 역 다중화기
④ 광대역 다중화기

1-160p 참고

23 전압을 일정하게 유지시켜주며, 정전에 대비하여 배터리 장치를 갖추고 있어 정전 시 일정시간 동안 전기를 공급하는 장치는?

① UPS
② 정류기
③ 오실로스코프
④ 변압기

1-137p 참고

24 비디오텍스의 종류가 아닌 것은?

① PRESTEL
② TELETELL
③ TELIDON
④ CAPTAIN

1-150p 참고

25 컴퓨터실을 새로 만들려고 할 때 필요한 것이 아닌 것은?

① AVR
② UPS
③ CAR
④ Access Floor

1-220p 참고

26 전기 에너지를 원래 송신한 음성 에너지로 변환하는 장치는?

① 송화기
② 수화기
③ 발진기
④ 정류기

1-149p 참고

27 보조 기억 매체(자기디스크)의 관리 방법으로 잘못된 것은?

① 적당한 온도와 습도가 유지되는 곳에 보관한다.
② 직사광선을 피하도록 한다.
③ 자력이 있는 곳에 보관한다.
④ 기록매체의 노출된 면을 접촉하지 않도록 한다.

1-107p 참고

28 50[Ω]의 저항과 R[Ω]의 저항이 병렬로 접속된 회로에서 50[Ω]의 저항에 흐르는 전류가 10[A], R[Ω]에 흐르는 전류가 5[A]이라면, R 값은?

① 5[Ω]
② 25[Ω]
③ 50[Ω]
④ 100[Ω]

1-149p 참고

29 다음 보조 기억 장치 중 빛을 이용하여 데이터를 처리하는 장치는?

① HDD
② DVD
③ FDD
④ USB

1-113p 참고

30 전압 100[V]인 50W의 백열전구 10개를 2시간 동안 점등하였을 때 전력량은?

① 1[kWh]
② 10[kWh]
③ 50[kWh]
④ 100[kWh]

1-231p 참고

31 OSI 7계층에서 데이터의 압축 및 암호화의 기능을 수행하는 계층은?

① 데이터 링크 계층
② 네트워크 계층
③ 응용 계층
④ 표현 계층

1-188p 참고

32 무선 네트워크 기술인 블루투스(Bluetooth)에 대한 표준 규격은?

① IEEE 802.5.1　　② IEEE 802.9
③ IEEE 802.10　　④ IEEE 802.15.1

1-242p 참고

33 다음 중 교환 방식에 따른 통신망에 해당하지 않는 것은?

① 회선 교환망　　② 정보 교환망
③ 메시지 교환망　　④ 패킷 교환망

1-244p 참고

34 IEEE 802.11 무선 LAN의 매체접속제어(MAC) 방식은?

① 토큰 패싱　　② CSMA/CA
③ 토큰 링　　④ CSMA/CD

1-231p 참고

35 다음 중 RS-232C와 가장 관련 있는 것은?

① 토큰 패싱　　② HDLC 프로토콜
③ INTERNET 주소　　④ 물리 계층

1-234p 참고

36 네트워크 서비스와 포트가 잘못 연결된 것은?

① HTTP : 80　　② DNS : 53
③ SMTP : 63　　④ FTP : 21

1-203p 참고

37 변조속도가 4600[baud] 이고, 디비트(Dibit)를 사용하는 경우 몇 [bps]가 되는가?

① 6600　　② 8400
③ 9200　　④ 12800

1-193p 참고

38 통신속도 보오[Baud]에 관한 설명으로 옳은 것은?

① 1초간 송출한 최단 펄스의 수
② 1초간의 송신 자수
③ 1분간의 송신 자수
④ 1초간 수신한 정지 펄스의 수

1-226p 참고

39 인터넷에서 통신하려는 노드의 계층과 다른 노드와 대응한 계층 사이의 통신을 규정한 것은?

① 링크　　② 인터페이스
③ 중계노드　　④ 프로토콜

1-228p 참고

40 BOOTP 프로토콜 기능과 유사하며 동적으로 IP주소를 할당하는 기능을 정의하는 프로토콜은?

① UDP　　② DHCP
③ ICMP　　④ IGMP

1-219p 참고

41 RS-232C 25핀 커넥터의 송신(TXD)과 수신(RXD) 핀 번호를 순서대로 옳게 나열한 것은?

① 2, 3　　② 7, 8
③ 15, 16　　④ 20, 22

1-245p 참고

42 누구나(Anyone), 언제(Anytime), 어디서나(Any-where) 자유롭게 네트워크에 접속할 수 있는 환경을 의미하는 용어는?

① 멀티미디어(Multimedia)
② 종합정보통신망(ISDN)
③ 유비쿼터스(Ubiquitous)
④ 원거리통신망(WAN)

1-226p 참고

43 패킷 교환망 내에서 손실되는 데이터를 검출하여 재전송하거나 정정하는 제어는?

① 흐름 제어　　　　② 순서 제어
③ 에러 제어　　　　④ 혼잡 제어

1-127p 참고

44 일정한 폭을 가진 한 통신회선의 주파수 대역폭을 여러 개의 작은 대역폭으로 나누어 다중분할기능을 수행하는 것은?

① 시분할 멀티플렉스
② 주파수 분할 멀티플렉스
③ 비동기식 시분할 멀티플렉스
④ 동기식 시분할 멀티플렉스

1-244p 참고

45 광섬유를 이용한 LAN으로 전송로의 속도가 100[Mbps]의 전송이 가능한 것은?

① X.25　　　　② X.28
③ FDDI　　　　④ ANSI

1-126p 참고

46 반송파의 진폭과 위상을 상호 변화하여 신호를 싣는 변조 방식은?

① AM　　　　② FM
③ PM　　　　④ QAM

1-57p 참고

47 에러 검출 코드인 FCS(Frame Check Sequence)를 정보에 추가하여 전송하는 에러 제어 방식은?

① 패리티 검사 방식　　② 블록 합 검사 방식
③ 순환 중복 검사 방식　④ 전진 에러 수정 방식

1-226p 참고

48 통신 프로토콜의 기본 요소에 해당되지 않는 것은?

① 구문(Syntax)
② 의미(Semantics)
③ 타이밍(Timing)
④ 주소(Address)

1-231p 참고

49 다음 OSI 7 계층 중 최하위에 속하는 것은?

① 응용 계층(Application Layer)
② 표현 계층(Presentation Layer)
③ 세션 계층(Session Layer)
④ 물리 계층(Physical Layer)

1-57p 참고

50 다음 중 오류의 검출 및 교정(Detect and Correct)을 할 수 있는 것은?

① BCD 코드
② 해밍(Hamming) 코드
③ 그레이(Gray) 코드
④ 이진 코드

1-256p 참고

51 다음 중 멀티미디어 파일 형식에 대한 설명으로 옳지 않은 것은?

① AVI : 마이크로소프트사가 개발한 동영상을 위한 파일 형식
② MOV : 매킨토시 컴퓨터에서 사용되는 동영상을 위한 파일 형식
③ JPG : 국제 표준화 기구에서 제정한 동영상 압축 기술로써 인터넷에서 많이 사용하는 형식
④ GIF : 화상 압축의 규격으로, 256색상에 적합한 형식

1-259p 참고

52 점토, 찰흙 등의 점성이 있는 소재를 이용하여 인형을 만들고, 소재의 점성을 이용하여 조금씩 변형된 형태를 만들어서 촬영하는 형식의 애니메이션 기법을 무엇이라고 하는가?

① 로토스코핑(Rotoscoping)
② 클레이메이션(Claymation)
③ 모핑(Morphing)
④ 포깅(Fogging)

1-271p 참고

53 메시지를 송수신하거나 교환한 후 그 사실을 증명함으로써 부인을 방지하는 보안 기술은 무엇인가?

① 부인방지
② 데이터 발신처 확인
③ 사용자 인증
④ 비밀성

1-30p 참고

54 다음 중 누산기(Accumulator), 가산기(Adder)와 관계 깊은 장치는?

① 연산장치
② 제어장치
③ 기억장치
④ 출력장치

1-107p 참고

55 1[Ω]의 저항 10개를 직렬 접속했을 때의 합성 저항을 병렬 접속했을 때와 비교하면?

① 직렬로 접속하면 저항은 100배 작다.
② 직렬로 접속하면 저항은 10배 작다.
③ 직렬로 접속하면 저항은 10배 크다.
④ 직렬로 접속하면 저항은 100배 크다.

1-205p 참고

56 시분할 다중 통신 방식의 수신측에서 이루어지는 과정은?

① 복호화
② 표본화
③ 부호화
④ 양자화

1-231p 참고

57 물리계층에 대한 설명으로 옳지 않은 것은?

① OSI 참조 모델의 가장 하위 계층이다.
② 기계적, 전기적인 물리적 절차를 규정한다.
③ 정보의 형식 설정, 부호 교환, 암호화 등의 기능을 한다.
④ 대표적 프로토콜은 RS-232C, RS-449, RS-423, RS-422 등이 있다.

1-240p 참고

58 네트워크 형태 중 성형에 관한 설명으로 옳지 않은 것은?

① 별 모양의 네트워크이다.
② 중앙에 호스트 컴퓨터가 있고, 이를 중심으로 단말기들이 1:1로 연결되어 있는 형태이다.
③ 통신 선로가 별도로 필요하게 되므로, 비교적 통신의 경로가 길어진다.
④ 모든 제어는 단말기에 의해 이루어지는 분산 제어 방식이다.

1-328p 참고

59 다음 ( ) 안에 들어갈 내용으로 적합한 것은?

> 사업자는 정보통신설비와 이에 연결되는 다른 정보통신설비 또는 이용자설비와의 사이에 정보의 상호전달을 위하여 사용하는 ( )을(를) 인터넷, 언론매체 또는 그 밖의 홍보매체를 활용하여 공개하여야 한다.

① 통신구조
② 기술표준
③ 통신규약
④ 기술기준

1-366p 참고

60 저작권법의 제정 목적은?

① 정보화촉진 및 정보통신산업기반 조성
② 문화의 향상발전에 이바지함
③ 이용자 권리 보호
④ 공공복리 증진

정답 및 해설

기출문제 01회

2-30p

01	②	02	③	03	②	04	④	05	①
06	②	07	①	08	①	09	③	10	②
11	②	12	④	13	③	14	②	15	③
16	④	17	④	18	③	19	②	20	①
21	③	22	④	23	②	24	③	25	②
26	②	27	③	28	③	29	②	30	②
31	②	32	②	33	④	34	②	35	④
36	①	37	③	38	③	39	①	40	①
41	①	42	②	43	④	44	①	45	②
46	②	47	①	48	④	49	③	50	①
51	④	52	③	53	④	54	②	55	③
56	①	57	③	58	④	59	②	60	①

01 ②

프로그램 내장 방식 : 1945년 Von Neumann이 계산기에 기억장치를 설치하고 여기에 프로그램과 데이터를 저장한 다음 저장된 내용을 제어 장치가 차례로 명령어를 하나씩 읽어내어 해독하고, 해독된 내용에 따라 데이터를 처리하여 그 결과를 출력 장치로 보내어 문제를 처리하도록 설계한 방식

02 ③

주소 지정 방식의 종류 : 즉시 주소 지정 방식, 직접 주소 지정 방식, 간접 주소 지정 방식, 계산에 의한 주소 지정 방식 등이 있음

03 ②

가중치 코드로는 2진화 10진 코드(BCD), 2진 5코드(Biquinary Code), 2421 코드, 5111 코드, 8421 코드, 5421 코드 등이 있음

04 ④

기본적인 입출력 정보를 저장하고 있는 장치는 ROM

05 ①

순서도의 가장 큰 특징은 어떤 언어라도 똑같은 기호로 흐름을 표시할 수 있는 장점에 있음

06 ②

조합 논리 회로 : 기억 회로가 없으므로, 출력 신호는 입력 신호에 아무런 영향을 주지 못하며 반가산기, 전가산기, 디코더 등이 대표적임

07 ①

컴퓨터의 운영 체계(OS), 처리 및 서비스 프로그램, 컴파일러 등의 번역 프로그램, 유틸리티 등은 시스템 소프트웨어 속함

08 ①

운영체제의 구성
- **제어 프로그램** : 감시 프로그램, 데이터 관리 프로그램, 작업 관리 프로그램
- **처리 프로그램** : 언어 번역 프로그램, 서비스 프로그램(유틸리티), 사용자 정의 프로그램

09 ③

제어 장치는 지시한 명령을 해독하여 입력, 기억, 연산, 출력 등의 동작을 명령하고 감독 · 통제하는 역할로 명령 레지스터, 명령 카운터, 명령 해독기 등이 있음

10 ②

그레이 코드는 가중치가 없는 코드로 옆의 자리와 더하여 내림

```
1 + 1 + 0 + 0
↓   ↓   ↓   ↓
1   0   1   0
```

11 ②

중요한 데이터는 하드 디스크 보다는 다른 장치로 백업을 해 놓는 것이 안전함

12 ④

비트맵 이미지는 이미지를 픽셀을 이용하여 구현하므로 벡터 이미지에 비하여 용량이 큼

13 ③

경영 정보 시스템(MIS) : 기업의 내부 및 외부 환경에 관한 정보를 수집, 저장, 검색, 처리하여 적절한 시기에 적절한 형태로 의사 결정에 반영하여 기업의 목표를 달성할 수 있도록 조직화된 시스템

14 ②

하드 디스크를 포맷하면 데이터의 보관이 어려우며 바이러스의 종류에 따라 하드 디스크 외에 다른 메모리에 상주하는 성격의 바이러스도 있으므로 주기적으로 백신 프로그램으로 체크하고, 최신 버전으로 업그레이드 하는 것이 올바른 방법

15 ③

IDS(Intrusion Detection System) : 악의적인 네트워크 트래픽 및 컴퓨터 사용을 탐지하기 위한 시스템

16 ④

PDP : 네온과 제논 가스 혼합물을 유리판 사이에 집어넣은 뒤 방전시켜 자체 발광토록 함. 고해상도이고 눈에 부담이 적어 그래픽용으로 우수하며 전력 소비와 열이 많고 가격이 비쌈

17 ④

CCTV(폐쇄 회로 텔레비전) : 특정의 수신자에게만 서비스하는 것을 목적으로 한 텔레비전 시스템으로 산업 교육, 의료, 지역 정보 서비스 등에 이용

18 ③

CATV : 가입자(TV수신기)와 방송 센터 간에 의사교환이 가능한 다채널, 양방향 시스템으로 방송 응답 퀴즈, 앙케이트, 홈뱅킹, 홈쇼핑, 방범, 방재 등에 주로 이용됨

19 ②

다기능 전화의 기능
- **발신 편리 기능** : 자동 다이얼, 재다이얼, 비응답, 음성 다이얼, 발신 예약, 번호 표시
- **착신 편리 기능** : 대리 응답, 호출 번호 표시, 스피커, 암호 번호 수신, 부재 전송, 자동 응답
- **통화 편리 기능** : 핸드 프리, 일시 유보, 정지/재개, 전송

20 ①

수신기(전화기, 팩시밀리 등의 장치)에서 감도에 대한 설명 부분

21 ③

$R(저항) = \dfrac{V(전압)}{I(전류)}[\Omega]$: 저항은 전압에 비례하고, 전류에 반비례함
R=30/3
R=10

22 ④

입력 장치 : 이미지를 입력하는 스캐너, 손의 압력으로 입력하는 전자펜, 마우스, 키보드, 터치패드 등이 있음

23 ③

보안 시스템의 위협 요소
- **외부에 의한 위협** : 해킹, 바이러스 등
- **내부에 의한 위협** : 내부인에 의한 정보의 위조 및 조작, 사용자 실수, 직원의 고의성 사고, 내부자 정보 유출 등

24 ③

화면상의 시작 정보를 전송하는 통신으로 텔레라이팅, 비디오텍스 등이 있으며 전송순서는 정보원–광전변환–전송망–전광변환–수신화상 등의 순으로 되어 있음

25 ②

DSU(Digital Service Unit)는 회로 접속 장치로 디지털 통신 회로와 퍼스널 컴퓨터 등 디지털 단말기를 접속하기 위해 설치하며 신호의 속도 변화, 신호의 축적 다중화, 신호를 주고받을 때의 제어, 단말기의 전원 배급 등의 기능이 있음

26 ②

$R = \dfrac{V}{I}[\Omega]$: 저항은 전압에 비례하고, 전류에 반비례함
$P = VI = V^2/R$: 저항 값이 일정할 때 전압의 자승에 비례

27 ③

옴의 법칙(Ohm's Law)

$I = \dfrac{V}{R}[A]$: 전류는 전압에 비례하고, 저항에 반비례함

$R = \dfrac{V}{I}[\Omega]$: 저항은 전압에 비례하고, 전류에 반비례함

$V = RI[\Omega]$: 전압은 전류와 저항의 곱에 비례함
3=V/20, V=60, 전류A=60/30, 전류A=2A
전체 전류는 I=I1+I2
3+2=5[A]

28 ③

시분할 다중화(TDM) 방식은 복수의 데이터나 디지털화한 음성을 각각 일정한 시간 슬롯으로 분할하여 전송함으로써 전송 통신로의 복수채널로 다중화하는 방식으로 디지털 고속 복수 채널로 분할하는 방식임. 동기식과 비동기식으로 구분되며 중간에 버퍼가 필요

29 ④

병렬 정전 용량의 계산식
C1+C2
$0.2[\mu F]+0.3[\mu F]=0.5[\mu F]$

30 ②

전자 메일 시스템 구성
- **MUA(Mail User Agent)** : 사용자가 전자 메일을 송수신할 때 사용하는 클라이언트 프로그램
- **MTA(Mail Transfer Agent)** : 인터넷상에 있는 하나의 컴퓨터로부터 다른 컴퓨터(메일 서버)로 전자 메일을 전송하는 서버 프로그램
- **MDA(Mail Delivery Agent)** : 메시지를 사용자의 우편함에 쓰기 위해 MTA가 사용하는 프로그램

31 ②

데이터 통신 시스템의 기본 구성
- **데이터 전송계** : 단말 장치, 데이터 전송 회선, 통신 제어 장치
- **데이터 처리계** : 하드웨어(CPU), 소프트웨어

32 ②

비트(Bit)와 보(Baud)의 관계
- **1비트가 한 신호 단위인 경우** : BPS와 Baud의 속도비가 같음
- **2개 비트(Dibit)가 한 개의 신호 단위인 경우** : BPS의 속도비가 2배로 늘어남
- **3개 비트(Tribit)가 한 개의 신호 단위인 경우** : BPS의 속도비가 3배로 늘어남
- **4개 비트(Quardbit)가 한 개의 신호 단위인 경우** : BPS의 속도비가 4배로 늘어남

33 ④

디지털 정보 신호의 전송 방식에는 컴퓨터 내부의 펄스 신호를 그대로 전송하는 기저 대역(Base Band) 전송과 아날로그 형태로 바꾸어 전송하는 대역(Band) 전송 방식이 있음. PCM(Pulse Code Modulation) 방식은 아날로그 신호를 표본화하여 각 표본의 진폭이 같은 크기의 디지털 신호로 변환하여 전송하는 방식으로 누화, 잡음, 진폭의 변동에 강함

34 ②

코드 분할 다중 접속(CDMA) : 차세대 디지털 이동 통신 방식의 일종으로 스펙트럼 확산 기술을 채택한 방식

[오답 피하기]

- **FDMA(Frequency Division Multiple Access)** : 주파수 분할 다중 접속
- **TDMA(Time Division Multiple Access)** : 시분할 다중 접속
- **광대역 부호 분할 다중 접속(WCDMA)** : 국제 전기 통신 연합(ITU)이 표준화를 추진하고 있는 국제 이동 통신-2000(IMT-2000)을 위해 부호 분할 다중 접속(CDMA) 방식을 광대역화하는 기술

35 ④

BSC
1968년 IBM에서 발표한 문자 방식의 프로토콜로 직렬 전송과 병렬 전송을 모두 지원

36 ①

데이터 회선 종단 장치(DCE) : 사용자의 댁내(구내)에 설치되어 전송로를 종단하고 사용자의 DTE와의 상호 접속을 위한 물리적인 인터페이스를 제공하는 장치(모뎀, DSU 등)

37 ③

순환 잉여 검사 코드(CRC) : 블록마다 검사용 코드 부가시켜 전송하는 방식으로 집단 오류 검출을 위해 사용

38 ③

FSK(주파수 편이 변조) : 일정 진폭의 정현파를 디지털 신호의 1과 0을 나타내는 2개의 주파수로 변조

[오답 피하기]

- **QAM(Quadrature Amplitude Modulation; 직교 진폭 변조)** : 디지털 변조 방식의 하나로, 피변조(반송파)의 진폭과 위상을 조합하여 변조함
- **PSK(위상 편이 변조)** : 반송파의 위상을 2/4/8등분 등으로 나누어 각각 다른 위상에 0 또는 1을 할당
- **ASK(진폭 편이 변조)** : 일정 주파수의 정현파를 디지털 신호의 1과 0으로 나타내는 2가지 진폭상태로 표시

39 ①

OSI 7 계층

- **계층** : 응용 프로세스 간의 정보교환, 전자 사서함, 파일전송
- **표현 계층** : 정보의 형식 설정과 부호 교환, 암호화, 해독
- **세션 계층** : 응용 프로세스 간의 연결 접속 및 동기제어
- **트랜스포트 계층** : 송수신 시스템 간의 논리적 안정과 균일한 서비스 제공
- **네트워크 계층** : 시스템 접속 장비 관리, 패킷관리, 네트워크 연결 관리 등 담당
- **데이터 링크 계층** : 동기화, 오류제어, 흐름제어 등의 기능을 통해 무오류 전송
- **물리 계층** : 매체 접근에 있어 기계적, 전기적인 물리적 절차를 규정

40 ①

프로토콜의 기본 요소

- **구문(Syntax)** : 데이터 형식, 신호 레벨, 부호화(Coding) 등 포함
- **의미(Semantics)** : 조정, 에러 관리를 위한 제어 정보 포함
- **순서(Timing)** : 통신 속도 및 메시지 순서의 제어 등 포함

41 ①

OSI(Open Systems Interconnection)

- 개방형 시스템 간 상호접속
- ISO(국제표준화기구)가 작성하고 있는 컴퓨터의 통신 절차(프로토콜)에 관한 국제 표준 규격

42 ②

위성통신은 무선망임으로 광케이블 등을 사용하지 않음

43 ④

HTTP(HyperText Transport Protocol) : 인터넷의 하이퍼텍스트 통신 규약

[오답 피하기]

- **DDCMP(Digital Data Communications Message Protocol)** : 디지털 데이터 통신 메시지 프로토콜
- **SNMP(Simple Network Management Protocol)** : 간이 망 관리 프로토콜
- **HDLC(High-level Data Link Control)** : ISO에서 개발한 Bit 중심의 데이터 통신 프로토콜

44 ②

ITU-T의 X시리즈 인터페이스

- **X.3** : PAD의 기능적인 매개변수 상술
- **X.25** : PDN에서 패킷형 터미널을 위한 DCE와 DTE 사이의 접속 규격
- **X.28** : 동일 국내의 PDN에 연결하기 위한 DTE/DCE 접속
- **X.29** : 패킷형 DTE와 PAD 사이의 제어 정보 및 데이터 교환에 대한 절차

45 ②

AM 변조란 진폭 변조를 의미하는 것으로 신호파의 크기에 비례하여 반송파의 진폭을 변화시킴으로 정보가 반송파에 합성되는 방식을 말하는 것으로 원래 신호의 2배의 대역폭이 필요함 신호파/반송파+4/5=0.8

46 ②

멀티포인트 시스템은 중앙 컴퓨터가 고속으로 폴링을 할 수 있도록 설계된 시스템으로 제어 소프트웨어는 복잡하게 구성되어 있음

47 ①

ARQ 방식 : 후진 오류 수정(BEC) 방식이라고도 하며, 수신측의 오류 신호에 대해 데이터를 재전송 하며, 문제의 설명은 정지-대기 ARQ라고 불리는 STOP-AND-WAIT ARQ에 대한 설명임

48 ④

뉴미디어는 영화나 음향 등의 새로운 매체를 이용한 정보전달 미디어를 의미하는 것으로 신문은 해당되지 않음

49 ③

PCM(Pulse Code Modulation)방식은 펄스 부호 변조 방식으로 아날로그 신호를 디지털 신호로 변조하여 전송하는 방식으로 표본화–압축–양자화–부호화의 순서로 변조함

50 ①

속도별 모뎀 용도
• **저속 모뎀** : 비동기식, FSK(주파수 편이 변조) 방식
• **고속 모뎀** : 동기식, DPSK(위상 편이 변조) 방식

51 ④

TCP/IP는 OSI 참조 모델을 구현하는 개방형 프로토콜임

52 ③

TCP와 IP는 OSI 7 Layer 상에서 다음과 같이 대응된다.

4계층	Transport Layer	TCP
3계층	Network Layer	IP

53 ④

SNA(Systems Network Architecture) : IBM이 메인프레임과 터미널을 연결시키기 위해 고안한 것으로 TCP/IP 상에서 운용되는 프로토콜이 아니라 TCP/IP 이전의 프로토콜

54 ②

② SNMP는 네트워크 관리 및 네트워크 장치와 그들의 동작을 감시하는 프로토콜로, HTTP나 FTP처럼 응용계층 프로토콜임

55 ③

JPEG : 정지 이미지 데이터의 압축 방식

오답 피하기
MPEG : 동영상 데이터의 압축 방식

56 ①

벡터 방식 : 선이나 면 단위로 직선과 곡선을 그릴 수 있고 이동과 회전 등의 변형이 쉬우며 확대, 축소 시 화질의 손상이 거의 없는 방식

57 ③

오답 피하기
① **무결성** : 규정에 따라서 허가된 상태에서만 데이터를 변경하고 조작할 수 있도록 시스템을 유지
② **가용성** : 사용자의 필요가 있을 시 즉시 사용할 수 있고 올바른 정보를 제공할 수 있도록 시스템이 빠르게 처리

58 ④

감리 : 공사에 대하여 발주자의 위탁을 받은 용역업자가 설계도서 및 관련 규정의 내용대로 시공되는지 여부의 감독 및 품질관리, 시공관리 및 안전관리에 대한 지도 등에 관한 발주자의 권한을 대행하는 것으로 관련 설계도 등의 보관은 하자담보책임기간이 종료될 때까지 보관함

59 ②

패리티 비트는 정보의 오류 발생 유무를 파악하기 위한 것으로 정보 표현 기능은 없음

60 ①

전기통신기본계획에는 전기통신설비의 이용의 효율화와 사업과 설비에 관한 전반적인 내용이 포함됨

01 ③	02 ④	03 ①	04 ①	05 ①
06 ①	07 ②	08 ③	09 ②	10 ②
11 ①	12 ②	13 ②	14 ①	15 ④
16 ④	17 ①	18 ①	19 ②	20 ②
21 ②	22 ①	23 ④	24 ③	25 ③
26 ④	27 ②	28 ④	29 ②	30 ①
31 ①	32 ④	33 ③	34 ③	35 ②
36 ①	37 ④	38 ①	39 ②	40 ②
41 ②	42 ②	43 ②	44 ④	45 ④
46 ④	47 ④	48 ②	49 ④	50 ④
51 ②	52 ①	53 ②	54 ④	55 ②
56 ③	57 ①	58 ②	59 ③	60 ④

01 ③

기억 관리의 배치 전략은 최초 적합(First Fit), 최적 적합(Best Fit), 최악 적합(Worst Fit)이 있음
① 최초 적합(First Fit)
• 프로그램이 적재될 수 있는 가용 공간 중, 첫 번째 블록에 할당
• 장점 : 배치시간이 신속
• 단점 : 사용되지 않은 작은 크기의 가용공간이 누적될 경우 할당 결정이 늦을 수 있음
② 최적 적합(Best Fit)
• 적재 가능한 가용 공간 중 가장 작은 공백이 남는 블록에 할당
• 기억장소를 크기순서로 배열해야 하므로 많은 시간소요
• 가용공간을 반만 탐색해도 필요한 공간을 찾을 수 있음
• 크기순으로 되어있지 않으면, 가용 공간 전체를 검색
③ 최악 적합(Worst Fit)
• 가용 공간 중 가장 큰 공백이 남는 블록에 할당
• 할당 후 남은 공간이 크기 때문에 다른 프로그램 사용이 가능
• 큰 프로그램이 적재될 수 있는 가용공간이 없어짐
• 크기순으로 배열되지 않으면 모든 공간 탐색이 필요

02 ④

$101110010_2 = 101\ 110\ 010 = 562_8$

03 ①

인터럽트 : 프로그램 실행 중에 중앙 제어 장치가 강제적으로 끼어들어 그 프로그램의 실행을 중단시킨 다음 다른 곳으로 제어를 옮기는 것

04 ①

BCD코드는 4비트 코드로 최대 16문자를 표현

05 ①

원시 프로그램 – 번역기(컴파일러) – 목적 프로그램 – 링커 – 로더 – 실행 결과

06 ①

읽기 전용 메모리(ROM) : 보통 컴퓨터에 기본적인 운영 체계 기능이나 언어의 해석 장치(Interpreter)를 내장시키기 위해 이용

07 ②

• 1세대 – 진공관
• 2세대 – 트랜지스터
• 3세대 – 집적 회로
• 4세대 – 고밀도 집적 회로, 초고밀도 집적 회로

08 ③

직렬 가산기는 병렬 가산기에 비하여 계산 시간은 느림

09 ②

$B(\overline{A}+A) = B \cdot 1 = B$

10 ②

전자계산기의 발달
• 최초의 전자계산기 : ENIAC
• 최초의 프로그램 내장식 계산기 : EDSAC
• 최초의 상업용 전자계산기 : UNIVAC

11 ①

CAR(Computer Assisted Retrieval) 컴퓨터를 이용하여 마이크로필름에 수록된 정보를 자동으로 검색하는 시스템으로 고속으로 저장매체의 정보를 검색함

12 ②

올바른 작업자세 : 눈과 모니터의 거리는 40∼50cm, 모니터 위치는 눈높이보다 약 10∼20도 아래에 놓음, 무릎의 각도는 90도 이상을 유지, 손등과 팔은 수평이 되게 함

13 ②

• 변조 장치 : 전송되는 데이터를 케이블로 이동할 수 있는 전기적인 신호로 변환하는 장치
• 복조 장치 : 케이블을 통하여 전송된 전기적인 신호를 컴퓨터가 처리할 수 있는 데이터로 다시 바꾸는 장치

14 ①

병렬의 정전용량은 $C_1+C_2 = 6[C]$ 직렬의 정전용량은

$$C = \cfrac{1}{\cfrac{1}{C_1} + \cfrac{1}{C_2}}$$

$$C = \cfrac{1}{\cfrac{1}{C_1} + \cfrac{1}{C_2}} = \cfrac{1}{\cfrac{1}{2} + \cfrac{1}{6}} = \cfrac{1}{\cfrac{4}{6}} = 1.5$$

15 ④

- **트랙(Track)** : 디스크를 여러 개의 동심원으로 나누어 놓은 원
- **실린더(Cylinder)** : 디스크 팩(Pack)의 중심축으로부터 동일한 거리에 있는 트랙의 모임
- **섹터(Sector)** : 트랙을 다시 여러 구역으로 나누었을 때 각 구역을 섹터라 부름
- **클러스트(Cluster)** : 입 · 출력의 효율적인 처리를 위해 여러 개의 섹터를 하나로 묶은 단위

16 ④

널(Null) 모뎀 : RS–232C 인터페이스를 사용하여 컴퓨터끼리 연결하는 모뎀으로 전화선 대신 컴퓨터와 컴퓨터 사이를 직렬 케이블로 연결함

17 ①

바이러스는 자체변이, 자기복제, 지능화 및 악성코드 등의 성격을 가짐

18 ①

송신원화 – 광전변환 – 전송 – 전광변환 – 수신원화 순으로 전송

19 ②

정보보안 서비스의 목표는 정보의 기밀성, 가용성, 무결성, 신뢰성 등으로 볼 수 있음

20 ②

토너(Toner) : 전자 사진식 프린터, 재로그래피를 이용한 복사기 등에 사용되는 분말 잉크

21 ②

열량 : 전력량의 공식 W=I²RT에서 저항 R[Ω]에 전류 I[A]를 T초 동안 전기회로에 흘려보낼 때 발생하는 열에너지는 W[J]이 되며, 1[J]의 에너지는 0.24[cal]의 열량과 같음
W= 10[Ω]*4²*120 = 19200*0.24 = 4608

22 ①

정류회로 : 교류를 정류해서 맥류성분을 얻는 정류부와 맥류로부터 직류분을 취하는 평활부로 구성

오답 피하기
- **인버터** : 직류전력을 교류전력으로 변환하는 장치(역변환장치)
- **컨버터** : 직류를 다른 여러 직류전압으로 변환하는 장치(DC/DC)
- **주파수 컨버터(Frequency Converter)** : 수신 전파의 주파수 대역을 그보다 낮은 중간 주파수 대역으로 바꾸는 변환기

23 ④

W = 일의 단위, J = 에너지의 단위, cal = 열량의 단위, N = 몸무게의 단위로 일, 에너지, 열량은 같은 종류의 단위라 볼 수 있고, N은 몸무게의 단위로 다른 개념의 단위라 볼 수 있음

24 ③

- **집중화기** : 데이터 전송의 효율화를 위한 장비로 저속 단말기의 속도의 합이 고속 채널의 속도합보다 크거나 같음. 입력 출력의 대역폭이 다르며 불규칙적인 데이터 전송에 적합함
- **다중화기** : 데이터 전송의 효율화를 위한 장비로 저속 단말기의 속도 합과 고속 채널의 속도 합이 같고 입력 출력의 대역폭도 같음. 규칙적인 데이터 전송에 적합

25 ③

데이터가 집중되어 관리됨으로 시스템고장이 발생하면 모든 업무에 영향을 미치게 됨

26 ④

OA란 Office Automation의 약자로 사무 자동화를 의미함

27 ②

충격 계수는 펄스폭과 펄스 주기와의 비를 충격계수라 하며 %로 표시
- 펄스폭 (t0)
- 반복주기 (T)
- 충격계수 (D : Dute Cycle)
  D = t0/T, 주기 T = 1/f, D = 30/1/400[khz] = 120

28 ④

- **직류** : 시간이 변화되더라도 전자의 흐름이 방향과 크기에 있어서 항상 일정한 전류
- **교류** : 시간에 따른 전하의 변화에 의해 전류의 방향과 크기가 주기적으로 변화하는 전류

29 ②

기기 분석 시험 방법
- **규격 시험** : 기기의 재료, 형상, 구조, 기능 및 특성 등이 규정된 사항과 일치하는지 판단
- **신뢰성 시험** : 기기의 시간적 안정성 조사(번–인 시험, 환경 시험 등 사용)
- **실용 시험** : 시제품을 평가하여 구입 또는 채택 여부 결정
- **상용 시험** : 실용 시험 후 실제 도입 · 운용에 필요한 신뢰성, 정비 유지성 재확인

30 ①

전기적 보호 장치
- **AVR** : 일정한 전압을 유지시켜 주는 장치
- **UPS** : 전압 유지와 더불어 배터리를 통해 정전이 되어도 일정 시간 동안 전원을 공급하는 장비로 CVCF라고도 함

31 ①

인터넷에서 채택하고 있는 표준 프로토콜은 TCP/IP

32 ④

- **순환 중복 검사(CRC)** : 전송된 데이터에 오류가 있는 지를 확인하기 위하여 FCS(체크값)을 결정하는 오류 제어 방식
- 오류 검출용 코드로는 짝수 패리티, 홀수 패리티, 2–5진 코드(Biquinary code), 2–out–of–5 코드, 해밍 코드 등이 있음

33 ③

4진 $= 2^2$

$\therefore 2,400 \times 2 = 4800[\text{BPS}]$

34 ③

위상 편이 변조(PSK; Phase Shift Keying) : 정현파의 위상에 정보를 전송하는 방식으로 위상을 2등분, 4등분, 8등분으로 나누어 각각 다른 위상에 0 또는 1을 할당함

35 ②

아이핀(i-PIN)은 '인터넷 개인 식별 번호'(Internet Personal Identification Number)의 약자로 온라인상에서 신분을 도용하는 것을 방지하기 위해 주민등록증의 대체수단으로 사용됨

> **오답 피하기**
>
> **마이 핀(My-PIN) 패스워드** : 온라인상이 아닌 일상생활에서 사용할 수 있는 본인확인 수단으로 개인정보를 포함하고 있지 않은 13자리 무작위 번호

36 ④

프로토콜이란 두 개체간에 무엇을, 어떻게, 언제 통신할 것인가를 정하는 통신상의 약속 절차를 의미함

37 ④

1차 정수 : 선로에 작용하는 저항(R), 인덕턴스(L), 정전 용량(C), 누설 콘덕턴스(G) 등을 1차 정수라고 하며, 이들 사이에는

$RC = LG$ 또는 $\dfrac{R}{L} = \dfrac{G}{C}$의 관계가 성립함

38 ①

패리티 비트는 오류검출용 코드로 짝수 패리티 비트와 홀수 패리티 비트가 있음

39 ③

OSI 7 계층
- **응용 계층** : 응용 프로세스 간의 정보교환, 전자 사서함, 파일전송
- **표현 계층** : 정보의 형식 설정과 부호 교환, 암호화, 해독
- **세션 계층** : 응용 프로세스 간의 연결 접속 및 동기제어
- **트랜스포트 계층** : 송수신 시스템 간의 논리적 안정과 균일한 서비스 제공
- **네트워크 계층** : 시스템 접속 장비 관리, 패킷관리, 네트워크 연결 관리 등 담당
- **데이터 링크 계층** : 동기화, 오류제어, 흐름제어 등의 기능을 통해 무오류 전송
- **물리 계층** : 매체 접근에 있어 기계적, 전기적인 물리적 절차를 규정

40 ②

- 신호를 일정한 주기로 샘플링하는 과정을 표본화라 함
- 음성신호는 300 ~ 3400[Hz] 대역폭에 채널간 간섭방지를 위하여 역으로 600[Hz]를 포함하여 4000[Hz]로 봄
- 표본화 주파수는 2배 이상이어야 함으로 2*4[KHz] = 8[Khz]
- 표본화 주기(Ts) = 1/Fs = 1/8000 = 125[μs]
- 1초간 8000회 이상 빈도인 125[μs]

41 ②

변조지수(심볼 당 얼마나 많은 비트를 담아내는 정도) : bits/symbol

256 QAM → 2^8 → 8

대입하면 8 = 512/심볼율

심볼율 = 64

42 ②

진폭 변조란 신호파의 크기에 비례하여 반송파의 진폭을 변화시킴으로 정보가 반송파에 합성되는 방식을 말하는 것으로 원래 신호의 2배의 대역폭이 필요함

43 ②

HDLC : 프레임 단위의 연속적인 전송이 가능하기 때문에 전송 효율이 뛰어남

44 ④

망형은 모든 네트워크가 연결되는 형태를 의미함으로 단말기 하나가 다른 단말기와 연결할 때 필요한 회선이 11개로 12개의 1/2인 6개를 연결하면 모든 단말기가 연결됨. 11*6 = 66개의 회선이 필요함

45 ④

처리할 데이터를 모았다가 일정량이 되었을 때 처리하는 방식을 일괄 처리 방식이라 함

46 ④

정마크 부호방식은 n 비트로 된 부호에 항상 마크 수가 r비트로 이루어지는 부호로 비쿼너리 코드나 5중 2코드를 이용한 에러 검사 방식이 있음

47 ④

- IEEE 802.10은 LAN/MAN 보안
- IEEE 802.11은 무선 LAN

48 ④

양자화와 표본화는 단계가 다름

49 ④

IP 주소 169.5.0.0은 B Class에 속하는 네트워크 주소

IP Address의 Class 구분
- **A Class** : 1.0.0.0~127.255.255.255
  - 여기서 127.0.0.0~127.255.255.255는 루프백 어드레스로 예약되어 있음
- **B Class** : 128.0.0.0~191.255.255.255
- **C Class** : 192.0.0.0~223.255.255.255
- **D Class** : 224.0.0.0~239.255.255.255
  - 멀티캐스트 주소(주로 IPTV 서비스 등에 사용)
- **E Class** : 240.0.0.0~ 255.255.255.254
  - 연구용으로 예약된 주소
  255.255.255.255는 브로드 캐스트 주소

50 ④

전송 오류 제어 방식
- **전진 오류 수정(FEC) 방식** : 오류 검출 및 정정용 부가 코드를 함께 전송하여 수신측에서 오류 수정
- **ARQ 방식** : 후진 오류 수정(BEC) 방식이라고도 하며, 수신측의 오류신호에 대해 데이터를 재전송
- **종류** : 정지-대기 ARQ, 적응적 ARQ, 연속적 ARQ

51 ②

샘플링 : 아날로그 파형을 디지털 파형으로 변환하기 위해 소리의 높이를 추출하는 과정

52 ①

- **JPEG** : 정지 영상을 압축한 기술
- **DVI** : 인텔사가 개발한 동영상 압축 기술
- **AVI** : 마이크로소프트사가 개발한 동영상을 위한 파일 형식

53 ②

[오답 피하기]
① **접근제어** : 정보 데이터에 접근할 권한을 제한하는 정보보안 기법
③ **인증** : 접근이 허용된 사용자가 인증을 통하여 접근할 수 있도록 설정
④ **경로제어** : 접속과 데이터 전송의 경로를 보안 등을 확인하여 제어

54 ④

$10101010_{(2)} = 10\ 101\ 010_{(8)} = 252_{(8)}$

55 ②

전력의 크기
전력(P) = VI에서, $P = IV = 100 \times 5 = 500[W]$

56 ③

정보 교환 방식은 크게 회선 교환 방식과 축적 교환 방식(메시지 교환 방식, 패킷 교환 방식)으로 나뉨

57 ①

판독 장치의 용도
- **OMR** : 시험, 수강 신청 등
- **OCR** : 전표, 청구서, 바코드 등
- **MICR** : 전표, 수표, 어음 등

58 ②

RS-232C : 미국의 EIA에서 정의한 표준안으로, ITU-T에서 권고한 V.24와 함께 공중 전화망을 통한 데이터 전송에 필요한 모뎀과 컴퓨터를 연결시켜 주는 표준 인터페이스

59 ③

전기통신공사업법에 따른 공사의 하자담보책임
① 터널식 또는 개착식 등의 통신구공사 : 5년
② "전기통신기본법" 제2조제4호에 따른 사업용전기통신설비 중 케이블 설치공사(구내 시공공사 제외), 관로공사, 철탑공사, 교환기설치공사, 전송설비공사, 위성통신설비공사 : 3년
③ 제①호 및 제②호의 공사 외의 공사 : 1년

60 ④

통계적(지능) 다중화기 : 동적인 방법을 통해 실제 전송할 데이터가 있는 단말 장치에만 시간폭을 할당하여 전송 효율을 높임

01 ④	02 ②	03 ③	04 ④	05 ③
06 ③	07 ②	08 ①	09 ①	10 ①
11 ②	12 ②	13 ①	14 ①	15 ①
16 ④	17 ④	18 ③	19 ④	20 ①
21 ④	22 ①	23 ①	24 ②	25 ③
26 ④	27 ③	28 ④	29 ②	30 ①
31 ④	32 ④	33 ②	34 ②	35 ④
36 ④	37 ③	38 ①	39 ④	40 ②
41 ①	42 ②	43 ②	44 ②	45 ③
46 ④	47 ③	48 ①	49 ④	50 ②
51 ③	52 ②	53 ①	54 ①	55 ④
56 ①	57 ③	58 ④	59 ③	60 ②

01 ④

그레이 코드는 가중치가 없는 코드로 2진수를 그레이 코드로 변환

1 + 0 + 1 + 0 + 1 + 1 + 0 + 1
↓ ↓ ↓ ↓ ↓ ↓ ↓ ↓ ↓
1 1 1 1 1 0 1 1 1

02 ②

디멀티플렉서(Demultiplexer) : 하나의 입력회선을 여러 개의 출력으로 나누어 출력하는 회로
멀티플렉서(Multiplexer) : 여러 개의 입력회선 중 하나를 선택하여 단일 출력선으로 연결하는 회로

03 ③

자기테이프는 데이터를 읽어오는 동작이 순차적인 접근방식을 사용

04 ④

인터럽트 : 프로그램 실행 중에 중앙 제어 장치가 강제적으로 끼어들어 그 프로그램의 실행을 중단시킨 다음 다른 곳으로 제어를 옮기는 것

05 ③

연산자(Operator)는 수행되는 연산(+, −, *, /, shift 등)을 나타내는 부분임
주소 지정 방식
- **절대 번지** : 바이트 단위로 0, 1, 2, …로 부여한 기억장치의 고유 번지
- **즉시 번지** : 주소부의 값이 실제 데이터가 됨
- **상대 번지** : 오퍼랜드(피연산자)의 값과 프로그램 카운터의 값을 더해 주소 결정
- **직접 번지** : 주소부의 값이 실제 데이터의 위치를 나타냄
- **간접 번지** : 주소부에 실제 데이터를 지정하는 주소가 들어 있음

06 ③

불 대수 법칙
- **멱등 법칙** : X · X = X+X = X
- **교환 법칙** : X · Y = Y · X, X+Y = Y+X
- **결합 법칙** : (X · Y) · Z = X · (Y · Z), (X+Y)+Z = X+(Y+Z)
- **흡수 법칙** : (X · Y)+X = X, (X+Y) · X = X

07 ②

제어 장치는 지시한 명령을 해독하여 입력, 기억, 연산, 출력 등의 동작을 명령하고 감독, 통제하는 역할로 명령 레지스터, 명령 카운터, 명령 해독기 등이 있음

08 ①

JK 플립플롭

회로도	진리표	

입력		출력
J	K	Q(t+1)
0	0	Qt(상태 불변)
0	1	0(Reset, Clear)
1	0	1(Set)
1	1	$\overline{Q}$t(반전)

D 플립플롭

회로도	진리표	

입력	출력	
D	Qt	Q(t+1)
0	0	0
0	1	0
1	0	1
1	1	1

입력값과 출력값이 같으므로 버퍼로 주로 사용함

09 ①

순서도는 모든 기호를 통일하여 사용함

10 ①

운영체제 : 컴퓨터를 작동시키고 운영을 도맡아 관리하여 사용자의 응용 프로그램이 효율적으로 실행될 수 있는 환경을 제공하는 총괄 제어 프로그램

11 ②

전하량[C] 1A의 전류가 1초동안 전달되는 양
5*5*60 = 1500[C]

12 ②

토너(Toner) : 검은색 탄소가루로 레이저 프린터나 복사기 등에 사용되는 분말 잉크

13 ①

웜(Worm) : 바이러스와는 달리 시스템에는 직접적인 영향은 주지 않고 자기 복제만 반복하는 것(벌레 프로그램)을 가리켰으나, 최근의 인터넷 웜은 파괴 증상도 나타내고 있음

오답 피하기

- **백 도어(Back Door)** : 시스템의 정상적인 보호 수단을 우회할 수 있는 숨겨진 메커니즘이나 비정상적인 접근을 허가받기 위한 비밀 입구
- **스팸(Spam)** : PC 통신이나 인터넷 ID를 가진 불특정 다수의 사람에게 일방적으로 전달되는 대량의 광고성 전자 우편으로, 정크 메일(Junk Mail)이라고도 함

- **매크로(Macro)** : 매크로 명령어(Macro Instruction)의 줄임말로 프로그램 내에서 반복적으로 사용되는 부분을 약자로 따로 정의하여, 그 약자로 사용되는 명령어

14 ①

CCTV(폐쇄 회로 텔레비전) : 특정의 수신자에게만 서비스하는 것을 목적으로 한 텔레비전 시스템으로 산업 교육, 의료, 지역 정보 서비스 등에 이용

15 ①

- **POS 단말기** : 백화점이나 슈퍼마켓 등에서 바코드를 이용하여 상품의 판매 시점에서 발생하는 금액의 집계나 현금관리
- **경영 정보 시스템(MIS)** : 기업의 내부 및 외부 환경에 관한 정보를 수집, 저장, 검색, 처리하여 적절한 시기에 적절한 형태로 의사 결정에 반영하여 기업의 목표를 달성할 수 있도록 조직화된 시스템

16 ④

디지타이저 : 입력 원본의 아날로그 데이터인 좌표를 판독하여, 컴퓨터에 디지털 형식으로 설계도면이나 도형을 입력하는 데 사용되는 입력 장치

17 ④

- **MIME** : 인터넷 통신에서 텍스트 · 이미지 · 동영상 · 사운드 등 멀티미디어를 전송하기 위한 E-MAIL 통신 규약
- **SMTP** : E-MAIL 송신 프로토콜
- **POP** : E-MAIL 수신 프로토콜
- **HTTP** : Hyper Text Transfer Protocol 웹 페이지 전송 규약

18 ③

데이터베이스를 구축하면 중복성을 배제하고 효율적인 데이터 관리를 할 수 있음

19 ④

자료의 중복을 줄이거나 검색 등이 용이하여 문서를 보관하는 공간이 절약되며 문서의 표준화와 통일화를 기할 수 있음

20 ①

주파수 : 물리량의 시간적 변화인 파(Wave)와 같은 주기 현상이 1초 사이에 몇 번 반복되는가를 나타내는 파형의 수로 F = 1/T
1/0.04 = 25 [Hz]

21 ④

- **기능 진단 방식** : 기기별로 규격에 규정된 기능이 정상적으로 발휘되는지를 시험
- **FLT(Fault Location Test) 방식** : 대형 컴퓨터 등의 CPU에 사용되며, 자체적인 회복 및 보수 기능을 갖춘 서비스 프로세서(SVP; SerVice Processor)를 갖춤
- **마이크로 진단 방식** : 마이크로프로그램에 의해 각 회로의 기능이 정상적으로 동작되는지를 시험

22 ①

통계적 다중화기 : 지능 다중화기라고 불리며 실제 보낼 데이터가 있는 회선에만 동적으로 전송을 허용한다. 비동기식으로 비용과 시간이 크고 고가인 단점이 있음

23 ①

전기적 보호 장치
- **AVR** : 일정한 전압을 유지시켜 주는 장치
- **UPS** : 전압 유지와 더불어 배터리를 통해 정전이 되어도 일정 시간 동안 전원을 공급하는 장비로 CVCF라고도 함

24 ②

비디오텍스(Videotex) : 대량의 중앙 데이터베이스 정보를 전화 통신망을 통하여 제공해 주는 대화형 화상정보시스템으로 미국에서는 '뷰트론', 영국에서는 '프레스텔', 일본에서는 '캡틴', 캐나다에서는 '텔리돈' 등의 서비스 명칭을 가지고 있음

25 ③

CAR(Computer Assisted Retrieval) : 컴퓨터를 이용하여 마이크로필름을 고속으로 자동 검색하는 시스템

26 ②

전화기에서 전기에너지를 음성으로 변환시켜주는 장비는 수화기임

27 ③

자기디스크는 자석등과 닿으면 저장되는 데이터가 사라지거나 변형되므로 자력근처는 피하여야 함

28 ④

옴의 법칙(Ohm's Law)
- $I = \dfrac{V}{R}[A]$: 전류는 전압에 비례하고, 저항에 반비례함
- $R = \dfrac{V}{I}[\Omega]$: 저항은 전압에 비례하고, 전류에 반비례함
- $V = IR[V]$: 전압은 전류와 저항의 곱에 비례함
10 = V/50, V = 500
5 = 500/R, R = 500/5, R = 100[Ω]

29 ②

영상과 음성을 디지털화하여 저장하는 지름 12cm 크기의 광디스크로 레이저를 이용하여 데이터를 처리함

30 ①

W=VI=V²/R
그러므로 R=V²/W=100²/50=20
100V에서 2시간
K=W*h=(V²/R)*h=((100²)/20)*2=100 [Wh] = 1[kWh]

31 ④

OSI 7 계층
- **응용 계층** : 응용 프로세스 간의 정보교환, 전자 사서함, 파일전송
- **표현 계층** : 정보의 형식 설정과 부호 교환, 암호화, 해독
- **세션 계층** : 응용 프로세스 간의 연결 접속 및 동기제어
- **트랜스포트 계층** : 송수신 시스템 간의 논리적 안정과 균일한 서비스 제공

- **네트워크 계층** : 시스템 접속 장비 관리, 패킷관리 네트워크 연결 관리 등 담당
- **데이터 링크 계층** : 동기화, 오류제어, 흐름제어 등의 기능을 통해 무오류 전송
- **물리 계층** : 매체 접근에 있어 기계적, 전기적인 물리적 절차를 규정

32 ④
블루투스는 근거리 무선 통신을 위한 산업표준이며 IEEE 802.15.1 규격을 사용함

33 ②
데이터 교환 방식
- **직접 교환 방식** : 회선 교환 방식
- **축적 교환 방식** : 메시지 교환 방식, 패킷 교환 방식

34 ②
IEEE 802.11은 미국전기전자학회에서 개발한 무선 LAN 규격으로 매체접속제어방식으로 반송파 감지 다중 접속/충돌예방(CSMA/CA) 을 사용함

35 ④
RS-232C 인터페이스 : 미국의 EIA에서 정의한 표준안으로, ITU-T에서 권고한 V.24와 함께 공중 전화망을 통한 데이터 전송에 필요한 모뎀과 컴퓨터를 연결시켜주는 표준 인터페이스. 모뎀과 컴퓨터를 연결하는 표준 인터페이스로 물리 계층에 가까움

36 ③
SMTP : 25번, POP : 110번 등을 사용함

37 ③
변조시 상태변화 수
- **1비트** : 모노비트
- **2비트** : 디비트
- **3비트** : 트리비트
- **4비트** : 쿼드비트
4600*2 = 9200 [bps]

38 ①
Baud는 통신 속도의 단위로 1초 동안 몇 개의 신호변화가 있었는지를 나타냄

39 ④
노드와 노드를 연결하여 계층 간의 통신을 유지하고 동일한 종류의 정보를 전송하도록 하는 규칙을 프로토콜이라 함

40 ②
- **BOOTP(Bootstrap Protocol)** : IP 동적 할당을 정의하는 규약으로 DHCP보다 먼저 개발되어 사용하였던 통신 규약
- **동적 호스트 설정 통신 규약(DHCP)** : TCP/IP 통신을 실행하기 위해 필요한 설정 정보를 자동적으로 할당, 관리하기 위한 통신 규약

41 ①
EIA-접속핀(RS-232C)회로의 번호와 그 기능
- **2** : TD(송신 데이터)
- **3** : RD(수신 데이터)
- **7** : SG(신호 접지)
- **8** : DCD(수신선 신호 감지)
- **20** : DTR(데이터 단말 준비)
- **22** : RI(링 신호 감지)

42 ③
유비쿼터스(Ubiquitous) : 시간과 장소에 구애받지 않고 언제나 정보통신망에 접속하여 다양한 정보통신서비스를 활용할 수 있는 환경

43 ③
데이터의 손실여부를 확인하여 재전송을 요구하거나 정정하는 제어 방식은 에러 제어

44 ②
하나의 주파수를 여러 개의 대역으로 나누어 분할하는 기능을 주파수 분할 멀티플렉스라 함

45 ③
FDDI(Fiber Distributed Data Interface) : LAN과 LAN 사이 혹은 컴퓨터와 컴퓨터 사이를 광섬유 케이블로 연결하는 고속 통신망

46 ④
QAM(Quadrature Amplitude Modulation; 직교 진폭 변조) : 디지털 변조 방식의 하나로, 피변조(반송파)의 진폭과 위상을 조합하여 변조함

47 ③
순환 중복 검사(CRC) : 전송된 데이터에 오류가 있는 지를 확인하기 위하여 FCS(체크값)을 결정하는 오류 제어 방식

48 ④
프로토콜의 기본 요소
- **구문(Syntax)** : 데이터 형식, 신호 레벨, 부호화(Coding) 등 포함
- **의미(Semantics)** : 조정, 에러 관리를 위한 제어 정보 포함
- **순서(Timing)** : 통신 속도 및 메시지 순서의 제어 등 포함

49 ④
OSI 7 레벨 계층

하위층	1계층	물리 계층
	2계층	데이터 링크 계층
	3계층	네트워크 계층
	4계층	트랜스포트 계층
상위층	5계층	세션 계층
	6계층	표현 계층
	7계층	응용 계층

50 ②

해밍 코드 : n개의 비트 속에 m개의 정보 비트와 p개의 체크 비트를 조합하여 전송함으로써, 단일 착오에 대한 검출과 정정이 가능하도록 한 코드

51 ③

JPG : 정지 영상 압축 기술

52 ②

클레이메이션 : 찰흙으로 만든 모형을 조금씩 움직여 찍는 애니메이션 기술

[오답 피하기]

• **로토스코핑** : 촬영한 영상을 애니메이션 키 프레임으로 바꿔 그 위에 덧붙여 그리는 기법
• **모핑** : 3차원 애니메이션을 만드는 과정에서 이미지 모양을 서서히 변화시키는 기법
• **포깅** : 3차원 애니메이션을 만드는 과정에서 먼 거리를 어색하지 않게 안개효과처럼 흐리게 처리하는 기법

53 ①

[오답 피하기]

② **데이터 발신처 확인** : 네트워크를 통해 송 · 수신되는 정보가 확인된 자로부터 정확하게 전송되어야 함
③ **사용자 인증** : 사용자가 자신이 진정한 사용자라는 것을 상대방에게 증명할 수 있도록 하는 것
④ **비밀성** : 네트워크를 통해 전송되는 데이터가 인가되지 않은 자에게 노출되지 않도록 함

54 ①

연산장치 : 누산기, 가산기, 데이터레지스터, 상태 레지스터, 시프트 레지스터 등으로 구성

55 ④

저항의 연결
• **직렬 연결** : $1[\Omega] \times 10 = 10[\Omega]$
• **병렬 연결** : $1 / (1+1+1+1+1+1+1+1+1+1) = 1/10 = 0.1$
  ∴ 병렬 연결 때와 비교했을 때 직렬 연결은 100배 큼

56 ①

PCM 진행 순서

송신측의 변조 과정			수신측의 복조 과정	
아날로그 신호	표본화	양자화	부호화	복호화	여파

57 ③

정보의 형식 설정, 부호 교환, 암호화 등의 기능은 표현계층의 기능임

58 ④

스타형은 중앙의 컴퓨터와 단말기들이 1:1로 연결되어 있는 형태로 일반 온라인 시스템의 전형적 방법이며, 제어는 중앙 컴퓨터에 의함

59 ③

통신규약 : 정보통신설비와 이에 연결되는 다른 정보통신설비 또는 단말장치와의 사이에 정보의 상호전달을 위한 규약

60 ②

저작권법의 목적 : 저작자의 권리와 이에 인접하는 권리를 보호하고 저작물의 공정한 이용을 도모함으로써 문화의 발전에 이바지함

MEMO

시험장까지 함께 가는
핵심 요약

1 과목 **전자계산기 일반**

01 컴퓨터의 개요

● EDPS(Electronic Data Processing System)

전자적 자료 처리 시스템이란 정보의 생산을 위하여 각종의 자동화된 장비들로 구성된 전자계산 조직을 말하는 것으로, 이 때 가장 중심이 되는 것이 컴퓨터임

● 컴퓨터(Computer)의 특징

- 산술(사칙)·관계(대소/비교)·논리(참/거짓) 연산 등 다양한 형태의 자료 처리 가능
- 문자나 수치 및 음성 등 다양한 입력 자료 처리 가능
- 그래프, 도표, 문서, 사진, 소리, 영상 등 여러 형태로의 자료 표현 가능

● 개인용 컴퓨터(PC; Personal Computer)의 용도

일반적으로 널리 보급되어 있는 디지털형의 범용 컴퓨터로서, 형태는 탁상(Desktop)형과 노트북(Notebook)형이 주류임

● 컴퓨터의 처리 시간 단위

- $1[ms] = 10^{-3}$(천분의 일초)(밀리/초, milli second)
- $1[\mu s] = 10^{-6}$(백만분의 일초)(마이크로/초, micro second)
- $1[ns] = 10^{-9}$(십억분의 일초)(나노/초, nano second)
- $1[ps] = 10^{-12}$(일조분의 일초)(피코/초, pico second)
- $1[fs] = 10^{-15}$(천조분의 일초)(펨토/초, femto second)
- $1[as] = 10^{-18}$(백경분의 일초)(아토/초, atto second)
- $1[zs] = 10^{-21}$(십해분의 일초)(젭토/초, zepto second)
- $1[ys] = 10^{-24}$(일자분의 일초)(욕토/초, yocto second)

● 컴퓨터의 세대별 구분

	1세대	2세대	3세대	4세대	5세대
소자	진공관	트랜지스터	IC	LSI VLSI	SLSI ULSI
기억	수은 회로	자기 코어	IC		
저장	자기 드럼	자기 드럼, 자기 테이프	자기 테이프, 자기 디스크		
입력	천공 카드		OCR, MICR, OMR		
언어	기계어, 어셈블리어	FORTRAN, COBOL	구조적 언어, BASIC, LISP	문제 중심어, 비절차적 언어	인공 지능어, 자연어
용도	군사, 일기예보	과학 기술, 사무 처리	예측 의사 결정	전산망 관리, DB 관리	AI 로봇, 자동 설계
특징	H/W 중심, 소비전력 큼, 거대한 부피, 기계 불안정, 보수 곤란	H/W 향상, S/W 중심, 일괄처리, 실시간 처리, 온라인 개발	다중 처리, OS 개발, TSS, 온라인 활성, MIS 개발	Micro processor, 멀티미디어, AI, OA, FA, HA, 분산처리	컴퓨터의 지능화, 퍼지 이론, 인터넷 확대, 패턴 인식, 병렬처리

● 컴퓨터의 분류

① 사용 목적에 따른 분류(용도에 의한 분류)

전용(특수용) 컴퓨터	군사·기상 관측·자동 제어·교통 관제 등 각각의 용도가 제한적임
범용(일반용) 컴퓨터	일반적인 사무 처리와 과학 기술 계산을 하며, 개인용 컴퓨터가 속함

② 작동원리에 의한 분류(취급 자료에 의한 분류)

분류 항목	디지털(Digital) 컴퓨터	아날로그(Analog) 컴퓨터
입력	숫자(부호화 된 음성, 영상, 문자 등)	물리량(길이, 전압, 각도, 속도, 압력 등)
출력	숫자, 문자, 영상, 그래프 등	곡선, 그래프
구성회로	논리 회로	증폭 회로
기본연산	가산	가산, 적분

정밀도	필요에 따라 증가	0.01%(보통 0.1%)
종류	개인용 컴퓨터	심전도 검사기, 지진계
처리속도	아날로그에 비해 느림	빠름(결과를 즉시 얻음)
기타	• 다용도에 적합하나, 설계가 어렵고 비교적 고가임 • 각 용도에 맞는 프로그램 별도 요구 • 일반적 컴퓨터 모델	• 다양한 정보 처리 불가 • 내장된 것 외의 별도 프로그램 불필요 • 설계가 간단하고 처리가 빨라 제어용에 적합

③ 처리능력에 따른 분류(크기에 의한 분류, 용량에 따른 분류)

초대형(Super) 컴퓨터	일기예보, 지진 및 해양탐사, 우주탐사, 영화 제작 등에 이용
대형 (Mainframe) 컴퓨터	많은 수의 이용자가 공유할 수 있는 컴퓨터로 은행, 병원, 대학 등에서 이용
중형(Mini) 컴퓨터	중소기업, 교육기관, 연구기관 등에서 소수 인원이 공유하기 적합한 컴퓨터
마이크로(Micro) 컴퓨터	한두 사람이 독점적으로 사용하는 개인용 컴퓨터와 워크스테이션(Workstation) 등

02 컴퓨터의 구성

● 컴퓨터의 기본 구성

하드웨어 (Hardware)	컴퓨터의 본체나 주변 기기를 포함한 기계적인 부분(5대 장치 : 제어·연산·기억·입력·출력장치)		
	중앙 처리 장치	제어 장치	프로그램의 처리 순서에 따라 각 장치 제어
		연산 장치	주어진 명령에 따라 각종 연산장치 수행
	기억 장치	주기억 장치	프로그램 및 데이터의 일시적 보관
		보조 기억 장치	프로그램 및 데이터의 백업 또는 영구적 보존

주변 장치		입력 장치	프로그램과 데이터를 2진 신호로 변환 입력
		출력 장치	처리 결과의 화면 출력 또는 인쇄 기록
소프트웨어 (Software)	컴퓨터에서 사용되는 각종 프로그램과 개발 기술, 관련 지식, 프로그램 실행 상의 규정이나 절차, 관련 문서 등		
	시스템 소프트웨어		운영체제, 처리 및 서비스 프로그램, 언어 번역 프로그램 등
	응용 소프트웨어		사용자 개발 프로그램, 각종 소프트웨어 패키지 등

● 컴퓨터 하드웨어의 구성(마이크로컴퓨터 시스템)

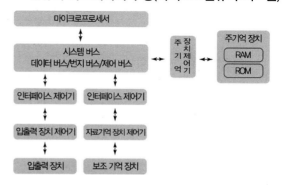

● 시스템 버스의 종류
데이터 버스(Data Bus), 번지 버스(Address Bus), 제어 버스(Control Bus)

● 연산 장치(ALU)의 구성
누산기(Accumulator), 가산기(Adder), 데이터 레지스터, 상태 레지스터, 시프트 레지스터

● 레지스터와 채널
레지스터(Register), 버퍼(Buffer), 채널(Channel)

● 제어 장치(Control Unit)의 구성
프로그램 계수기(Program Counter), 명령 레지스터(Instruction Register), 명령 해독기(Instruction Decoder), 번지 레지스터(Address Register)

● 주기억 장치(Main Storage)

컴퓨터가 수행할 프로그램과 처리할 데이터를 기억하는 장치로 초기에는 자기 코어, 자성 박막 등의 소자가 사용되었으나, 현재는 집적 회로(반도체)를 사용함

① 자기 코어(Magnetic Core)
- 한 개의 코어에 하나의 Bit를 기록
- 파괴성이어서 읽은 후 다시 기억시켜야 함

② 집적 회로(IC; Integrated Circuit)
- ROM(Read Only Memory) : 기억된 내용은 추가, 정정, 삭제가 불가능하며, 전원이 끊겨도 지워지지 않음(비휘발성)
- RAM(Random Access Memory) : 읽기와 기록이 모두 자유로우나, 전원이 끊기면 내용이 모두 지워짐(휘발성)

● 메모리에서의 데이터 기록

● 플래시 메모리(Flash Memory)의 종류

	노어(NOR)형 플래쉬 메모리	낸드(NAND)형 플래쉬 메모리
셀 구조	셀이 병렬로 연결	셀이 직렬로 연결
용도	• MMC카드 • Compact Flash 메모리 • 핸드폰 • 셋톱박스	• SD카드 • Memory Stick • 디지털 카메라 • MP3
특징	• 낸드(NAND)형에 비해 액세스 타임이 짧음 • 데이터 안정성이 우수 • 인텔이 최초로 개발	• NOR형에 비해 제조 단가가 쌈 • 대용량이 가능 • 89년 일본 도시바가 개발한 기술로 삼성전자가 주도하고 있음

● 캐시 및 가상 메모리

- 캐시 메모리 : CPU와 주기억 장치 사이의 속도 차이를 완화시켜주는 장치로, 주기억 장치에 비해 월등한 읽기/쓰기 속도를 가짐

- 연관(연상) 메모리 : 메모리에 저장된 항목을 찾는데 요구되는 시간을 줄이기 위하여 저장된 데이터를 번지에 의해서가 아닌 내용 그 자체에 의해서 찾을 수 있게 한 것
- 가상 메모리 : 주기억 장치의 용량보다 훨씬 큰 가상 공간을 쓸 수 있게 하는 기억 장소 관리 방법으로, 페이징 또는 세그먼테이션 기법 사용

● 보조 기억 장치

① 자기 테이프 관련 용어
- IRG : 자기 테이프에서는 논리 레코드의 구분을 위한 빈 공간(IRG)이 반드시 필요
- IBG : 하나의 블록을 물리적 레코드라 하고 물리적 레코드의 구분을 위한 빈 공간을 IBG라 함
- 트랙(Track) : 테이프에서 자화되는 방향으로 7개나 9개의 bit를 동시에 저장하도록 나누어져 있는 것
- BPI : 기록 밀도의 단위로서 1인치에 기록 가능한 Byte 수
- 블록화 인수(Blocking Factor) : 블록 안에 포함된 논리 레코드 수

② 자기 디스크(Magnetic Disk)
- 둥근 원판(Disk)의 표면에 자성 물질을 입힌 후 특수 코팅하여 자료를 기록, 재생
- 주소에 의해서 임의의 장소에 직접 액세스할 수 있음
- 트랙(Track), 실린더(Cylinder), 섹터(Sector), 클러스터(Cluster)

③ 자기 디스크형 보조 기억 장치의 종류 및 특징
- 플로피 디스크(Floppy Disk) : 디스크 한 장이 간단한 케이스에 들어 있어 휴대가 간편함. 저용량이고 속도가 느려 점차 사용하지 않는 추세임
- 하드 디스크(Hard Disk) : 고정 디스크(Fixed Disk)라고도 하며, 가장 일반적으로 사용됨. 디스크 팩(Pack)과 모터, 제어 구동기 등이 일체화되어 있음
- 기타 : 광자기(Magnetic Optical) 디스크, JAZ 드라이브 등

④ CD-ROM(Compact Disk ROM)
- 레이저 빔(Laser Beam)을 이용하여 정보를 기록하거나 읽는 광 디스크의 한 종류로 디지털 기록 방식이기 때문에 고품질의 기록 가능
- 최근에는 CD-RW 등의 개발로 자료의 추가 및 삭제가 가능

⑤ 자기 드럼(Magnetic Drum)
- 개발 초기에는 잠깐 동안 주기억 장치로 쓰였으나, 새로운 소재의 개발로 보조 기억 장치로 쓰이게 됨
- 원통형으로 표면에 강한 자화물질이 있어 여기에 데이터를 기록하고 읽음

● 메모리 계층 구조 및 처리 시간

① 메모리 계층 구조

메모리 구조	용량	처리 시간	단위 가격
레지스터군 : SRAM			
캐시 메모리 : SRAM			
주기억 장치 : DRAM	소용량 ↕ 대용량	빠름 ↕ 느림	고가 ↕ 저가
보조 기억 장치 : 디스크 장치			
대용량 시스템(MSS) : 테이프 장치			

② 컴퓨터 처리 시간의 종류
탐색 시간(Seek Time), 회전 지연 시간(Search Time, Latency Time), 접근 시간(Access Time), 유휴 시간(Idle Time)

● 입력 장치

① 입력장치의 종류
키보드(Keyboard), 마우스(Mouse), 터치 스크린(Touch Screen), 스캐너(Scanner), 카메라(Camera), 조이스틱(Joystick), 디지타이저(Digitizer), 광학 마크 판독기(OMR), 광학 문자 판독기(OCR), 자기 잉크 문자 판독기(MICR), 바코드 판독기(Bar Code Reader), 마이크(Microphone), 종이 테이프(Paper Tape)

② 입력 환경
- CUI(Character User Interface) : 사용자가 문자를 입력하여 컴퓨터와 정보를 교환하는 환경(DOS, 유닉스 등)
- GUI(Graphic User Interface) : 아이콘(Icon)이나 메뉴항목을 마우스 등으로 선택하여 정보를 교환하는 환경(Windows, 맥 OS 등)

③ 입력 장치의 복합화
- 사무 기기의 복합화 경향에 따라 입력 장치도 여러 가지 형태의 복합 기기로 등장

- 키보드와 마우스 결합 기기, 디지털 카메라와 화상 카메라 겸용 기기, 스캐너에 복사기와 프린터와 팩스 기능까지 갖춘 복합 기기도 있음

● 출력 장치
- 화면출력장치 : 음극선관 디스플레이(CRT), 액정 디스플레이(LCD), 플라즈마 디스플레이, 전계 방출형 디스플레이(FED)
- 인쇄 장치 : 프린터(충격식, 비충격식), 플로터, 카드 천공기
- 소리출력장치 : 스피커

● 하드 카피와 소프트 카피

① Hard Copy
- 소프트 카피된 출력 상태 그대로를 보관할 목적으로 종이 등에 출력하는 것
- 컴퓨터의 출력을 인간이 읽도록 인쇄된 보고서나 표 등의 형태로 휴대할 수 있는 표시 화상의 영구적인 카피

② Soft Copy
- 표시 장치를 이용, 화면에 출력하는 것
- 표시 장치에서 분리할 수 없는 비영구적인 표시 화상

03 자료의 표현

● 진법 변환

① 10진수를 2진수로 변환
- 정수부 : 몫이 0이 될 때까지 2로 나누면서 나머지를 취함
- 소수부 : 2로 곱한 값의 소수부가 0이 될 때까지 곱하면서 정수부를 취함

② 10진수를 8진수로 변환
- 정수부 : 몫이 0이 될 때까지 8로 나누면서 나머지를 취함
- 소수부 : 8로 곱한 값의 소수부가 0이 될 때까지 곱하면서 정수부를 취함

③ 10진수를 16진수로 변환
- 정수부 : 몫이 0이 될 때까지 16으로 나누면서 나머지를 취함
- 소수부 : 16으로 곱한 값의 소수부가 0이 될 때까지 곱하면서 정수부를 취함

● 보수에 의한 감산

- 감수의 보수를 피감수에 더하여 감산은 물론 가산의 반복을 통해 승 · 제산까지 처리
- 컴퓨터에 별도의 감산 및 승 · 제산 회로를 설계하지 않아도 되는 장점이 있음

① 1의 보수(Complement)에 의한 감산

- 1의 보수 : 0은 1로, 1은 0으로 바꾸어 구함
- 감수를 피감수의 자릿수와 맞춘 후, 감수의 보수를 구하여 피감수에 더함

② 2의 보수에 의한 감산

- 2의 보수 : 1의 보수에 1을 더하여 구함
- 감수의 2의 보수를 구하여 피감수에 더함

● 자료의 종류

① 수치 자료

- **정수** : 10진수, 고정 소수점 형식
- **실수** : 부동 소수점 형식

② 문자 자료

- 2진화 10진 코드(BCD)
- 아스키 코드(ASCII)−미국 표준화 코드
- 확장 2진화 10진 코드(EBCDIC)

③ 기타 : 3초과(Excess-3) 코드, 그레이(Gray) 코드, 해밍(Hamming) 코드

● 자료의 구성

비트(Bit; Binary Digit), 바이트(Byte), 워드(Word), 항목(Field, Item), 논리 레코드(Logical Record), 물리 레코드(Physical Record), 파일(File), 볼륨(Volume), 데이터베이스(Database)

● 기억 장치의 기억 단위

- 1[KB](Kilo Byte) = 1,024[Byte] = 2^{10}
- 1[MB](Mega Byte) = 1,024[KB]
  = 1024×1024[Byte] = 2^{20}
- 1[GB](Giga Byte)
  = 1,024[MB] = $1024 \times 1024 \times 1024$[Byte] = 2^{30}
- 1[TB](Tera Byte)
  = 1,024[GB] = $1024 \times 1024 \times 1024 \times 1024$[Byte] = 2^{40}

● 문자 자료의 표현

① BCD(2진화 10진 코드, Binary Coded Decimal code)

- 2개의 존(Zone, 구역) 비트와 4개의 디지트(Digit, 데이터) 비트로 구성
- 2^6 = 64가지 문자 표현이 가능
- 보통 오류를 체크하기 위한 1개의 체크 비트(Parity Bit)를 포함하여 7비트로 사용

② ASCII(American Standard Code for Information Interchange)

- 2^7 = 128가지 문자 표현이 가능하기 때문에 BCD 코드보다 더 많은 문자를 표현할 수 있음
- 보통 오류 검출 비트를 포함하여 ASCII-8 Code로 사용되며 데이터 통신용으로 주로 쓰임
- ITU와 국제 표준 기구(ISO)에 의해 국제 전기 통신 부호 제5호(Alphabet No.5)로 권고

③ EBCDIC(확장 2진화 10진 코드, Extended Binary Coded Decimal Interchange Code)

- 4개의 존 비트와 4개의 디지트 비트로 구성
- 2^8 = 256가지 문자 표현이 가능
- 1개의 오류 검출 비트를 포함하여 9비트로 사용

● 수치 자료의 표현

① 고정 소수점 : 숫자를 정수로 표현

- **부호와 절대값 표현** : 최좌측 비트는 부호, 나머지는 절대값을 나타내며, 부호 비트가 0이면 양수, 1이면 음수임
- **1의 보수** : 양수 표현은 부호와 절대값 표현과 같으나, 음수는 1의 보수 형태로 표현
- **2의 보수** : 양수 표현은 부호와 절대값 표현과 같으나, 음수는 2의 보수 형태로 표현

② 부동 소수점

- 매우 큰 수나 작은 수 표현
- 실수 형태의 표현이 가능하므로 정밀도가 요구되는 연산 처리에 적합
- 최좌측 비트는 부호 비트, 7개 비트의 지수부와 실제 데이터 값이 기록되는 가수부로 구성

③ 10진 데이터 표현

- 부호 비트로 4개의 비트(Nibble)를 사용하며 양수는 $C_{(16)}$, 음수는 $D_{(16)}$로 표기함
- **팩(Pack) 형식** : 연산 목적으로 사용
- **언팩(Unpack) 형식** : 존(Zone) 형식이라고도 하며 저장과 입 · 출력 목적으로 사용

● 기타의 코드

① 3초과 코드(Excess-3 Code)
- 가장 대표적인 비가중치 코드
- 보통의 8421 코드(BCD 코드)에 십진수 $3(11_{(2)})$을 더한 코드
- 자기 보수 코드이므로 연산이 용이

② 그레이 코드(Gray Code)
- 오류의 발생이 적고 자료의 연속적인 변환이 가능
- 입출력 장치나 Analog/Digital 변환기에 사용

③ 해밍 코드(Hamming Code)
- 8421 코드에 3개의 비트를 추가하여 오류의 검출뿐 아니라 교정도 가능
- 3개 이상의 체크 비트를 가지며, 데이터 비트는 BCD(8421)로 구성

④ 2진 5코드(Biquinary Code)
- 각 그룹에 1이 반드시 2개만 포함되어 있어, 어느 한 비트라도 오류가 발생하면 1의 개수가 달라져 오류 검출 가능
- 1과 0의 비트가 동시에 서로 바뀌는 오류에 대해서는 검출이 불가능함

⑤ 보도 코드(Baudot Code)
- 5개의 비트 조합(2^5)에 의해 32개의 정보 표현 가능
- 국제 전기 통신 연합(ITU)에서 정한 국제 전기 통신 부호 제2호(Alphabet No.2)
- 가입 전신(TELEX)이나 전보 등에서 주로 사용되나, 오류 검출 기능은 없음

● 코드의 특징

- **가중치 코드** : 8421(BCD) 코드, 바이퀴너리(5043210) 코드, 링카운터(9876543210) 코드, 5421 코드, 2421 코드, 51111 코드 등
- **비가중치 코드** : 3초과 코드, 5중 2(2-out-of-5) 코드, 그레이 코드, 시프트 카운터(Johnson Code) 등
- **자기 보수 코드** : 3초과 코드, 2421 코드, 51111 코드, 8421 코드 등
- **에러 검출 코드** : 순환 부호, 패리티 부호, 해밍 코드, 2진 5코드, 5중 2코드, 5중 3코드, 링 카운터(Ring Counter) 코드 등
- **에러 정정 코드** : 해밍 코드 등

04 논리 회로

● 기본 논리 회로
- 좁은 의미의 기본 논리 회로는 AND, OR, NOT만을 가리킴
- AND 회로, OR 회로, NOT 회로, NAND 회로, NOR 회로, X-OR(eXclusive-OR : 배타적 논리합) 회로

● 논리 대수(불 대수; Boolean Algebra)

① 기본 공식
$0+X=X$ $1 \cdot X=X$ $1+X=1$
$0 \cdot X=0$ $X \cdot \overline{X}=0$ $X=\overline{X}$ $\overline{\overline{X}}=X$

② 멱등 법칙
$X+X=X$ $X \cdot X=X$

③ 교환 법칙
$X+Y=Y+X$ $X \cdot Y=Y \cdot X$

④ 결합 법칙
$X+(Y+Z)=(X+Y)+Z$
$X \cdot (Y \cdot Z)=(X \cdot Y) \cdot Z$

⑤ 흡수 법칙
$(X \cdot Y)+X=X(X+Y)=X$

⑥ 분배 법칙
$X \cdot (Y+Z)=X \cdot Y+X \cdot Z$
$X+Y \cdot Z=(X+Y) \cdot (X+Z)$

⑦ 드모르간(De Morgan)의 정리
$\overline{X+Y}=\overline{X} \cdot \overline{Y}$ $\overline{X \cdot Y}=\overline{X}+\overline{Y}$

⑧ 카르노 맵(Karnaugh Map)
- 변수가 많은 복잡한 논리식의 간략화에 이용
- 배수승(1, 2, 4, 8, 16, …)으로 함
- 반복 또는 양쪽 모서리의 가로·세로끼리도 묶을 수 있음

● 조합 논리 회로

① 반가산기(Half Adder)
- 두 2진수를 더한 합(S; Sum)과 자리 올림수(C; Carry)를 얻는 회로
- 배타적 논리합과 논리곱 회로로 구성

② 전가산기(Full Adder)
- 완전한 가산을 위해 자리 올림도 처리할 수 있는 회로
- 보통 반가산기 2개와 OR 회로로 구성

③ 디코더(Decoder; 해독기)
- n개의 입력 신호를 2^n개의 출력선 중 하나로 선택 출력하는 회로
- 2진 부호를 10진수로 해독, AND 게이트로 구성

④ 인코더(Encoder; 부호기)
- 2^n개 이하의 입력 중 하나를 선택하여, n개의 비트를 출력하는 회로
- 10진수를 2진 부호(BCD)로 변환, OR 게이트로 구성

● 순서 논리 회로

① RS(Reset-Set) 플립플롭
- 가장 기본적인 플립플롭으로, Set과 Reset의 두 입력 S, R을 가짐
- S=1, R=1이 각각 입력되면 출력값을 예상할 수 없음 (금지 입력)

② JK(Jack-King) 플립플롭
- RS 플립플롭의 결점을 보완한 플립플롭으로 가장 널리 쓰임
- 금지 입력이 없이 J=1, K=1일 때의 동작은 이전 상태의 반전이 됨

③ T(Toggle) 플립플롭
- Toggle(On/Off 반복) 플립플롭으로, T=1일 때 출력이 반전됨
- 카운터 회로(계수기)에 이용

④ D(Delay) 플립플롭
- D는 지연(Delay)을 의미
- 입력값과 출력값이 같으므로 버퍼(Buffer)로 이용

05 기본 프로그래밍

● 프로그램(Program)의 구분

① 소스 프로그램(Source Program)
- 프로그래밍 언어를 이용하여 작성한 원시 프로그램
- 알파벳과 숫자, 기호를 이용하여 기록하므로 인간이 이해할 수 있는 형태

② 목적 프로그램(Object Program)
- 소스 프로그램을 컴파일러에 의해 번역한 상태의 프로그램
- 0과 1로만 구성된 기계어로 기록되어 있으므로 인간이 이해하기 어려움

- 실행에 필요한 여러 가지 데이터가 없으므로 실행이 불가능함

③ 실행 프로그램(Execute Program)
- 목적 프로그램을 연계 편집기에 의해 재편집한 상태의 프로그램
- 기계어이면서 실행에 필요한 모든 정보를 담고 있으므로 실행이 가능함

● 프로그래밍의 순서

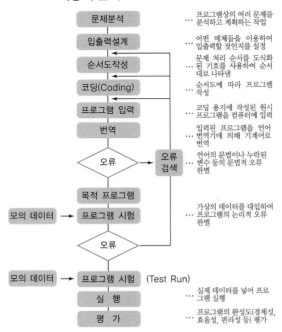

● 오류의 종류 및 수정
- 문법적 오류(Syntax Error) : 프로그램이 정해진 문법에 맞지 않을 경우 발생(번역 시 발견)
- 논리적 오류(Logical Error) : 실행이 되지 않거나 결과가 나타나지 않는 등의 오류(Test Run에서 발견)
- 디버깅(Debugging) : 프로그래밍 과정에서 일어나는 실수(Bug)를 찾아내어 정정하는 것

● 순서도

① 순서도의 종류 및 개념
- 시스템 순서도 : 시스템 전반에 걸친 내용을 나타내며, 처리 순서도라고도 함
- 프로그램 순서도 : 프로그래밍 직전에 작성되며, 개요 순서도와 상세 순서도로 나뉨

- 개요 순서도 : 프로그램의 대략적인 흐름을 한눈에 파악할 수 있도록 작성
- 상세 순서도 : 일반 순서도를 세분화하여 풀어놓은 것으로 코딩의 기본적인 자료가 됨

② 순서도 기호

이름	기호	사용 용도
터미널(Terminal)		순서도의 시작과 끝
처리(Process)		여러 가지의 처리 및 조작을 나타내는 기호
입출력(Input/Output)		일반적으로 터미널에 의한 입출력을 표현
준비(Preparation)		변수의 초기화 및 준비 사항 기입
출력(Document)		서류를 매체로 하는 출력
판단(Decision)		조건 비교, 판단, 분기 등 결정
수작업 입력 (Manual Input)		키나 스위치 또는 콘솔에 의한 입력
수작업 (Manual Operation)		Off–Line에 의한 모든 정보 기억
카드 입출력 (Punch Card)		천공 카드를 매체로 하는 입출력
자기 테이프 (Magnetic Tape)		자기 테이프를 매체로 하는 입출력
표시(Display)		화면 출력
자기 디스크 (Magnetic Disk)		자기 디스크를 매체로 하는 입출력

● 프로그래밍 언어의 분류
- 저급 언어 : 기계어, 어셈블리어
- 고급 언어 : BASIC(Beginner's All-purpose Symbolic Instruction Code), FORTRAN(FORmula TRANslation), COBOL(COmmon Business Oriented Language), ALGOL(ALGOrithmic Language), RPG(Report Program Generator), PL/1(Programming Language/One), PASCAL, C

● 언어 번역기의 종류

① 어셈블(Assemble) 방식 : 어셈블리어

```
어셈블리 언어로 작성한  → 번역(Assemble) → 목적 프로그램
원시 프로그램              Assembler        (기계어)
```

② 컴파일(Compile) 방식 : FORTRAN, COBOL, C, ALGOL, PASCAL 등

```
컴파일 언어로  → 번역(Compile) → 목적 프로그램 → 연계 편집(Link) → 실행
작성한 원시      Compiler       (기계어)        Linker           프로그램
프로그램
```

③ 인터프리트(Interpret) 방식 : BASIC, PROLOG, LISP 등
- 작성된 원시 프로그램을 한 줄씩 읽어 번역 및 실행하기 때문에 대화형이라 함
- 번역에 의해 생성된 중간 코드는 실행이 끝나면 삭제되므로, 목적 프로그램이 남지 않음

● 프로그래밍 관련 기법
- 구조적 프로그래밍 : 작은 단위의 모듈을 작성하는 데는 매우 효과적이나, 전반적인 시스템 분석 및 설계에는 부적합함
- 라이브러리(Library) : 프로그램 작성 시 자주 사용되는, 이미 만들어진 프로그램이나 루틴
- 매크로 : 프로그램 내에서 반복적으로 쓰이는 별도 정의의 명령어 집합
- 세그먼테이션(Segmentation) : 가상 기억 장치에서 주기억 장치보다 큰 프로그램이나 데이터를 처리하기 위한 메모리 활용 기법
- 가상 메모리(Virtual Memory) : 사용자로 하여금 주기억 장치의 용량보다 훨씬 큰 가상 공간을 쓸 수 있게 하는 기억 장소 관리 기법
- 루핑(Looping) : 프로그램에서 일정한 횟수나 조건을 만족할 때까지 반복적으로 수행하는 것
- 서브루틴(Sub-Routine) : 프로그램은 여러 개의 루틴으로 이루어지는데, 자주 수행되는 작업을 서브루틴으로 독립시킨 후 메인 루틴(Main-Routine)이나 다른 서브루틴에서 필요할 경우 호출함

● BASIC

① 변수
- 정수형 변수 : 변수 뒤에 %를 붙여 정의
- 실수형 변수 : 변수 뒤에 !나 #를 붙여 정의(생략 가능)

② 산술 연산 기호
- +(덧셈), −(뺄셈), *(곱셈), /(나눗셈), ^(거듭제곱)
- 연산의 우선 순위 : 괄호 → 거듭제곱 → 곱셈/나눗셈 → 덧셈/뺄셈

③ 명령어

- **READ/DATA** : READ문에서 지정된 변수에 대하여, DATA문에서 지정된 자료 대입
- **IF/THEN** : IF문에서 지정한 조건이 참이면 THEN 이하의 문장을 수행하거나 문번호로 제어를 옮김
- **FOR/NEXT** : FOR문에서 정해진 조건만큼 NEXT가 있는 문장까지 반복 수행
- **GOSUB/RETURN** : 서브루틴으로 제어를 옮겨 실행하다가 RETURN문을 만나 주프로그램으로 복귀

● FORTRAN

① 산술 연산 기호

- $+$, $-$, $*$(곱셈), $/$(나눗셈), $**$(거듭제곱)
- **연산의 우선 순위** : 괄호 → 거듭제곱 → 곱셈/나눗셈 → 덧셈/뺄셈

② 변수

- **정수형 변수** : 실수형으로 선언되지 않고, 변수의 첫 글자가 I, J, K, L, M, N 중 하나이면 정수로 기억(묵시적 선언)
- **실수형 변수** : 변수의 첫 글자가 I, J, K, L, M, N이 아닌 다른 문자로 시작했거나, 실수형으로 선언되었으면 실수형 변수가 됨

③ 관계 연산 기호

- **.GT.** : Greater Than(큼)
- **.LT.** : Less Than(작음)
- **.GE.** : Greater than or Equal to(크거나 같음)
- **.LE.** : Less than or Equal to(작거나 같음)
- **.EQ.** : EQual to(같음)
- **.NE.** : Not Equal to(같지 않음)

④ 실행문 : 입출력문, 제어문 등

- **IF** : 조건 분기
- **DO/CONTINUE** : 순환 반복문
- **STOP** : 실행의 끝을 컴퓨터에게 알려주는 제어문
- **READ/WRITE** : 데이터 입/출력문

⑤ 비실행문 : 선언문, 정의문 등

- **COMMON** : 기억 장소를 공통적으로 사용하도록 지정하는 선언문
- **FORMAT** : WRITE에 의해 인쇄될 내용의 형식을 지정
- **END** : 하나의 루틴이 끝났음을 컴파일러에게 알리는 문장

● COBOL

① 프로그램 구성 : 4개의 DIVISION과 각 SECTION으로 구성

② 단계 번호

- 레코드에는 01을, 항목들에는 02~49의 숫자를 쓰되, 하위의 항목일수록 큰 단계 번호 사용
- 독립 항목에는 77, 재명명(Rename)에는 66, 재정의(Redefine)에는 88을 사용

● C

① 입출력 함수

- **scanf( )** : 대표적인 표준 입력 함수
- **getchar( )** : 키보드로부터 한 글자를 입력받고 Enter 를 기다림(입력 글자 화면 표시)
- **getch( )** : 키보드로부터 한 글자를 입력받음(입력되는 글자는 화면에 나타나지 않음)
- **gets( )** : Enter 를 입력받기 전까지의 모든 문자를 입력받음(입력 글자 화면 표시)
- **printf( )** : 대표적인 표준 출력 함수
- **putchar( )** : 한 문자를 출력하고 줄을 바꾸지 않음
- **puts( )** : 문자행 출력 후 줄을 바꿈

② 산술 연산 기호

- $+$: 덧셈, $-$: 뺄셈
- $*$: 곱셈, $/$: 나눗셈
- $\%$: 나머지
- **a++** : 연산 후에 a값 1 증가
- **++a** : a값의 1 증가 후 연산
- **a--** : 연산 후에 a값 1 감소
- **--a** : a값의 1 감소 후 연산

③ 관계 연산 기호

- $>$: 큼, $<$: 작음
- $>=$: 크거나 같음, $<=$: 작거나 같음
- $==$: 같음, $!=$: 같지 않음

④ 논리 연산 기호

- **!** : NOT
- **&&** : AND
- **||** : OR

06 운영체제와 기본 소프트웨어

● 운영체제의 개념
- 컴퓨터의 모든 운영을 관리하고 제어하기 위한 기본 체제
- 컴퓨터 시스템의 성능을 최대로 발휘하기 위한 시스템 소프트웨어

● 시스템 향상과 관련한 운영체제의 평가 기준
처리능력(Throughput), 응답 시간(Turn Around Time), 사용 가능도(Availability), 신뢰도(Reliability)

● 운영체제의 구성
- 제어 프로그램 : 감시 프로그램, 자료 관리 프로그램, 작업 관리 프로그램
- 처리 프로그램 : 언어 번역 프로그램, 서비스 프로그램, 문제 처리 프로그램

● 시스템의 운영 기법
- 실시간 처리 방식(Real Time Processing) : On-Line이 되어 있을 때 가능한 처리 방식으로 응답 시간이 비교적 빠름(기차표 예매, 온라인 입출금 등 대부분의 전산 시스템에 채택)
- 일괄 처리 방식(Batch Processing) : Off-Line 시스템에서 처리 해야 할 데이터를 정해진 기간이나, 일정 용량이 되기까지 축적해 두었다가, 한꺼번에 처리하여 처리 효율을 높일 수 있음(급여, 전기 요금, 수도 요금 등에 사용)
- 시분할 처리 방식(TSS; Time Sharing System) : 대형 컴퓨터 1대를 공유하는 방식으로 CPU에 일정한 짧은 시간을 할당해 주면 여러 단말기에서 전송되어 온 데이터를 할당된 시간만큼 고속으로 번갈아 수행함
- 다중 프로세싱(Multi Processing) 시스템 : 여러 개의 프로세서를 연결하여 여러 개의 작업을 동시에 수행하는 방식
- 다중 프로그래밍(Multi Programming) 시스템 : 여러 개의 프로그램이 하나의 프로세서에 의해 동시에 수행되는 방식

● 집중 처리 시스템과 분산 처리 시스템
① 집중 처리 시스템 : 중앙의 컴퓨터에 접속하여 모든 작업을 수행하는 호스트 중심의 중앙 집중 방식
② 분산 처리 시스템 : 여러 개의 물리적으로 분산된 데이터 저장장소와 처리기들을 네트워크로 상호 연결하고 이들이 서로 통신을 하면서 일을 처리하는 방식

● 인터럽트의 종류(우선 순위 순)
- 하드웨어적인 인터럽트 : 정전, 기계 검사 인터럽트, 외부 인터럽트, 입출력(I/O) 인터럽트
- 소프트웨어적인 인터럽트 : 프로그램 체크 인터럽트, SVC(SuperVisor Call) 인터럽트

● DOS의 기본 명령
① DIR : 드라이브와 폴더 내의 파일 정보를 보기 위한 명령, DIR A:, DIR /W, DIR /P
② COPY : 드라이브나 폴더 간 파일 복사를 위한 명령, COPY A:*.* C:\TEMP, DELETE, DEL A:*.*
④ CHDIR : 보통 CD로 쓰며, 원하는 디렉터리(폴더)로 이동하기 위한 명령, CD HWP, CD .., CD \
⑤ TYPE : 텍스트 파일(아스키 코드의 문서)의 내용을 보기 위한 명령, TYPE D:\SERIAL.TXT

● WINDOWS에서의 마우스 기본 조작
- 클릭(Click) : 왼쪽 버튼을 눌렀다 떼는 것, 어떠한 대상을 선택할 때 사용
- 더블 클릭 : 왼쪽 버튼을 연속 두 번 누르는 것, 프로그램을 실행시키는 데 사용
- 드래그(Drag) : 대상 선택 후 마우스 왼쪽 버튼을 누른 상태로 이동시키는 것
- 드래그 앤 드롭(Drag & Drop) : 드래그 후 눌렀던 왼쪽 버튼을 놓는 것, 선택된 대상을 다른 위치로 이동시킬 때 사용

● UNIX의 기본 명령어
- ls : 도스의 dir 명령과 비슷하며 파일의 목록을 보는데 사용
- rm : 도스의 del 명령과 비슷하며 파일과 디렉토리를 지우는 명령
- cp : 도스의 copy 명령과 비슷하며 파일의 복사본을 만들 때 사용
- mv : 도스의 move 명령과 비슷하며 파일을 현재 디렉토리에서 다른 곳으로 옮기고 파일명을 바꿀 때 사용
- cd : 디렉토리 이동 명령으로 DOS에서는 디렉토리 구분을 \(역슬래시)로 하지만, UNIX 에서는 /(슬래시)로 함

● 워드프로세서의 기능

정렬(Align), 메일 머지(Mail-Merge), 각주(Foot Note), 매크로(Macro), 레이아웃(Layout), 위지윅(WYSIWYG), 인서트(Insert), 블록 복사, 블록 이동, 스크롤(Scroll), 검색(Search), 치환(Replace), 기능키(Function Key), 들여쓰기(Indent), 내어쓰기(Outdent), 금칙 처리, 디폴트(Default), 래그드(Ragged)

● 워드프로세서의 작업 형태

- **Close형** : 전담자만이 문서를 작성하는 형태로 워드프로세서의 생산성(가동률)이 가장 높음
- **Open형** : 전담자 없이 아무나 문서를 작성하는 형태로 생산성은 폐쇄형보다 떨어지지만 효율성은 큼
- **Semi Close형** : 전담자 없이 몇몇 특정인만이 문서를 작성하는 형태
- **Semi Open형** : 전담자 없이 주로 조작하는 사람을 1명 배정하여 문서를 작성하는 형태

● 응용 프로그램

- **스프레드시트(Spread Sheet)** : 일반 사무실 등에서 사용되는 전표를 컴퓨터에서 사용 가능하도록 컴퓨터 화면을 마치 큰 계산표 같이 사용할 수 있게 해 주는 프로그램(Excel 등)
- **프리젠테이션(Presentation)** : 회의나 발표, 브리핑에서 효과적으로 활용할 수 있는 그래픽 작업을 보다 간편하게 자동화시켜 주는 프로그램(Power Point 등)
- **PC 데이터베이스(Database)** : 서로 연관된 데이터를 저장시킨 후 검색 · 처리 · 갱신 등의 데이터 관련 작업을 위한 소프트웨어(ACCESS 등)

● 데이터베이스 모형

- **계층형 데이터베이스** : 가장 먼저 제안된 데이터 모델로서 트리 형태의 계층 구조 모델
- **네트워크형 데이터베이스** : 그래프 형태를 기반으로 하여 다중 부모(Owner)/자식(Member) 관계 허용
- **관계형 데이터베이스** : 행과 열로 된 2차원의 표로 데이터를 표현하며, 대규모 컴퓨터 시스템을 대상으로 많은 이용자가 대량의 데이터를 다루는 업무 시스템 구축
- **객체지향형 데이터베이스** : 멀티미디어 데이터의 지원이 가능한 모형으로, 레코드와 레코드 사이의 데이터 검색이나 작업이 포인터에 의하여 이루어짐

01 전기기초이론

● 전기의 발생

- **양전기의 발생** : 원자에 열이나 빛 등을 가하면 원자가 전자가 에너지 준위를 이탈하여 자유전자가 되며, 이때 원자 속에는 양성자가 전자보다 많아져 원자(물질)는 양전기(+)를 나타내게 됨
- **음전기의 발생** : 원자 내의 양성자보다 전자의 수가 많아지면 그 원자는 음전기(−)를 나타내게 됨
- **대전과 전하** : 원자가 본래의 수와 다른 전자를 가지게 됨으로써, 특정한 전기적 성질을 가지게 된 것을 대전되었다고 하고, 대전에 의하여 원자가 가지게 된 전기를 전하라고 함

● 원자가전자로 본 도체와 부도체

- **도체(Conductor)** : 원자가전자의 수가 채워져야 할 양의 절반에 훨씬 못미치는 경우의 원자들로 구성된 물질로 주로 금속류가 해당됨. 도체의 특성은 전기 또는 열의 전도성이 뛰어남
- **부도체(Insulator)** : 원자가전자의 수가 많아서 전자가 원자에 속박되어 있어 전자가 잘 이동할 수 없는 원자들로 구성된 물질로 전기 부도체와 열 부도체가 있음
- **반도체(Semiconductor)** : 원자가전자가 채워져야 할 양의 딱 절반인 원자들로 구성된 물질로 저온에서는 부도체의 성질이 강하지만, 고온으로 갈수록 전기의 전도성이 높아짐

● 쿨롬(Coulomb)의 법칙

'전하 둘 사이에 작용하는 전기력(F)은 서로의 거리의 제곱(r^2)에 반비례하며, 각 전하량(q)에 비례한다.'는 법칙($F = k \dfrac{q_1 q_2}{r^2}$)

● 전자의 성질

- 전자 1개의 질량은 9.10955×10^{-28}g으로, 모든 물질 중에서 최소임
- 전자 1개의 전기량(전하량)은 1.60219×10^{-19} 쿨롬(Coulomb)으로, 전하비로는 −1이 됨
- 양성자 1개의 질량은 1.67261×10^{-24}g으로, 전자에 비해 약 1836배 무거움

- 양성자 1개의 전기량은 1.60219×10^{-19} 쿨롬(C)으로, 전하비로는 +1이 됨

● 전자와 전류의 흐름

전하가 서로 다른 두 가지 물질을 도선 등으로 연결하면 전자는 저전위(음전기) 쪽에서 고전위(양전기) 쪽으로 이동하는데 이 흐름을 전류라고 하고, 전류의 방향은 양전기를 기준으로 하여 전자의 흐름과 반대 방향임

● 전기의 종류

① 직류(DC; Direct Current)
시간이 변화되더라도 전자의 흐름이 방향과 크기(전자량)에 있어서 항상 일정한 전류

② 교류(AC; Alternating Current)
시간에 따른 전하의 변화에 의해 전류의 방향과 크기가 주기적으로 변화하는 전류

③ 맥류(PC; Pulsating Current)
전류가 흐르는 방향은 일정한데 크기가 일정하지 못한 전류를 말하며, 와전류라고도 함(예 전화 송수화기의 음성 전류, 직류 전신 부호의 전류 등)

● 일렉트론 볼트(eV; electron Volt)

- 1[eV]는 반도체에서 흔히 사용하는 에너지 단위로, 볼트라는 말이 들어가지만 전압 단위는 아님
- 전자 하나는 -1.6×10^{-19}[C]의 전하량을 지니고 있으므로, 전자 하나가 1[V]의 전압 차이로 움직이면 잃거나 얻게되는 에너지는 1.6×10^{-19}[J]이 되고 이 양을 1[eV]라고 함
- $1[eV] = 1.6 \times 10^{-19}$[J]

● 전압

① 전압(Electric Voltage, 기전력)
- 도체 간 지속적인 전자 이동이 발생하도록 하는 각각의 전기적 크기를 전위라고 하며, 양쪽을 비교할 때 나타나는 차이값을 전위차 또는 전압이라고 함
- 어떤 도체에 Q[C]의 전기량이 이동하여 W[J]의 일을 한 경우의 전압
- $E = \dfrac{W}{Q}$[V] 또는 $W = E \cdot Q$[J]
- 1[V](볼트; Volt) : 1[C]의 전기량이 이동하여 1[J]의 일을 했을 때, 두 점 간의 전위차

② 기전력(EMF; Electro Motive Force)
- 두 지점 사이에 일정한 전위차가 생기게 하는 힘을 기전력이라고 하며, 단위는 전압과 같은 [V]를 사용
- $V = \dfrac{W}{Q}\left[\dfrac{J}{C} = V\right]$

● 전기 효과

- 톰슨(Thomson) 효과 : 도체(금속 또는 반도체) 막대의 양 끝을 서로 다른 온도로 유지하면서 전류를 통할 때 줄(Joule)열 이외에 발열이나 흡열이 일어나는 현상
- 펠티에(Peltier) 효과 : 종류가 서로 다른 두 개의 도체 양단을 접속하여 폐회로를 만들고 여기에 전류를 흘리면 한 쪽 접점은 고온이 되고 다른 한 쪽 접점은 저온이 됨
- 지백(Seebeck; 제백) 효과 : 서로 다른 도체의 양쪽 끝을 접합하여 회로를 만들 때 두 접점의 온도를 서로 다르게 하면 이 회로에 기전력이 발생하는 현상
- 홀(Hall) 효과 : 도체의 A에서 B 방향으로 전류를 흘리고 이것과 직각 방향으로 자기장을 가하면 플레밍의 왼손 법칙에 의해 기전력이 생기는 현상

● 전류(Electric Current)

- 건전지와 같이 전위차가 있는 두 전위를 도체로 연결하면 전자가 이동하게 되는데, 이 때 이 도체의 단면을 1초간 통과한 전기량(전하량)을 전류(I)라고 함
- $I = \dfrac{Q}{t}$[A] $\left(\dfrac{C}{Sec} = [A]\right)$
- 전류(I)는 양전기를 기준으로 하여 [+]에서 [−]로 흐르는 것으로 하며, 시간에 따른 전류의 방향과 크기 변화에 따라 직류, 교류, 그리고 맥류로 구분함
- 1[A](암페어; Ampere) : 1초 동안 1[C]의 전기량이 통과했을 때의 전류를 가리킴

● 저항

① 저항(R; Resistance) : 전기의 이동을 방해하는 성질, 단위로는 [Ω](옴 : Ohm) 사용
② 옴의 법칙(Ohm's Law) : "전류는 전압에 비례하고, 저항에 반비례한다"는 법칙
- $I = \dfrac{V}{R}$[A] : 전류는 전압에 비례하고, 저항에 반비례함
  - 저항이 적을수록 전류는 많이 흐름

- $R = \dfrac{V}{I}[\Omega]$: 저항은 전압에 비례하고, 전류에 반비례 함
  - 단면적(A; m²)이 클수록, 길이(L; m)가 짧을수록 저항이 작아짐
- $V = IR[V]$: 전압은 전류와 저항의 곱에 비례함

③ 저항의 직렬 연결
- 여러 개의 저항을 직렬로 연결하면 합성 저항(RS)은 다음과 같은 식이 성립함
- $RS = R1 + R2 + R3 + \cdots + Rn = nR$

④ 전압 강하(Voltage Drop)
- 저항에 전류가 흐를 때 저항에 생기는 전위차를 말하는 것으로, 저항이 커지거나 전류가 커질수록 전압 강하도 커짐
- 부하(전구) 회로에 직렬로 저항이 들어가면 저항의 양 끝에 걸리는 전압의 크기만큼 부하(전구)에 걸리는 전압은 강하(낮아짐)됨

⑤ 고유 저항으로 본 도체와 부도체
- **도체** : $10^{-4}[\Omega \cdot m]$ 이하의 고유 저항을 가지는 물질로, 온도가 올라가면 저항값도 직선적으로 상승함
- **반도체** : $10^{-4} \sim 10^{6}[\Omega \cdot m]$ 사이의 고유 저항을 가지는 물질로, 온도가 올라가면 전도율이 커져서 저항이 급격히 감소함
- **부도체** : $10^{6}[\Omega \cdot m]$ 이상의 고유 저항을 가지는 물질로, 온도 변화에 매우 다르게 변화하지만 일반적으로는 고유 저항이 작아짐

⑥ 저항의 병렬 연결
- 여러 개의 저항을 병렬로 연결하면 합성 저항(Rs)은 다음과 같은 식이 성립함
- $R^{S} = \dfrac{1}{\dfrac{1}{R^{1}} + \dfrac{1}{R^{2}} + \dfrac{1}{R^{3}} + \cdots + \dfrac{1}{R^{n}}}$
- $\dfrac{1}{R^{S}} = \dfrac{1}{R^{1}} + \dfrac{1}{R^{2}} + \dfrac{1}{R^{3}} + \cdots + \dfrac{1}{R^{S}} = \sum\limits_{i=1}^{n} \dfrac{1}{R^{i}}$

⑦ 저항의 역수(콘덕턴스; Conductance)
- 저항의 역수 $\dfrac{1}{R}$을 콘덕턴스(G)라고 하며, 단위는 지멘스(S; Siemems) 또는 모오(Mho; ℧ 또는 Ω^{-1})를 사용
- 콘덕턴스는 전류의 통과를 방해하는 저항의 역수이므로 전압이 공급되었을 때 전류가 도체에 쉽게 흐르도록 해주는 것이라고 할 수 있음

⑧ 고정 저항
- 저항기에 저항값(컬러 코드로 표시), 허용차 표시(카본 피막 저항, 솔리드 저항, 권선(코일) 저항, 홀 저항, 금속 피막 저항, 산화 금속 피막 저항. 시멘트 저항)

⑨ 가변 저항
- 접점의 이동으로 저항값이 변함(가변 저항 볼륨, 반고정 저항)

● 키르히호프의 법칙(Kirchhoff's Law)
- **제1법칙(전류 평형의 법칙)** : 임의의 접속점(P)에 유입되는 전류의 합은 유출되는 전류의 합과 같음
- **제2법칙(전압 평형의 법칙)** : 임의의 폐회로에서 한 방향으로 일주하면서 얻어지는 전압 강하(전류×저항)의 합은 그 폐회로 중에 있는 기전력(전압)의 합과 같음

● 전지

① 1차 전지(Primary Cell)
- 대표적인 것이 망간 건전지(Dry Cell)로, 표준 전압은 1.5[V]임
- 용량이 작아 수명이 짧고, 전해액의 누출이 심한 단점이 있음

② 2차 전지(Secondary Cell)
- 대표적인 것으로는 납축 전지(Lead Storage Cell), 알칼리 전지 등이 있음
- 납축 전지의 표준 전압은 2[V]임

③ 전지의 직렬 연결
- 합성 전압이 전지의 개수만큼 증가하므로 큰 전압을 얻고자 할 때 사용
- 기전력 E[V], 내부 저항 r[Ω]인 전지 n개를 직렬로 접속시키면, 기전력과 내부 저항이 모두 n배가 됨

④ 전지의 병렬 연결
- 전지의 개수와 상관없이 1개의 전압과 합성 전압이 동일하므로 전지를 오랜 시간 사용하고자 할 때 사용
- 기전력 E[V], 내부 저항 r[Ω]인 m개의 전지를 병렬로 연결하면, 기전력은 전지 1개 때와 같고 내부 저항은 배가 됨

⑤ 전지의 직병렬 연결
- 직렬 전지의 전체 합에 해당하는 전압이 m배만큼 지속적으로 흐름
- 기전력 E[V], 내부 저항 r[Ω]인 전지 n개를 직렬 접속하고, 여기에 다시 m개의 전지를 병렬로 연결하였을 때의 전체 전류는 다음과 같음

- $I = \dfrac{nE}{\dfrac{n}{m}r+R} = \dfrac{nE}{\dfrac{n}{m}+\dfrac{R}{n}}[A]$

● 내부 저항과 단자 전압

- **내부 저항** : 직류 전원인 전압의 경우 전지, 전해액, 도체마다 각각 약간씩의 저항을 가지고 있는데 이것을 내부 저항이라고 하며, 외부 저항(R)과 구분하여 r로 표시함
- **단자 전압** : 전원의 양단자(+, −) 간에 나타나는 전압을 가리키며 전원이 흐르지 않으면 기전력이 없지만, 회로에 전원이 흐르면 양쪽 단자에는 내부 저항값(Ir)만큼이 소비된 전압이 나타남
- $E = I(r+R)$에서 $IR = E-Ir$

● 콘덴서(Condenser; Capacitor)

① 콘덴서의 개념(콘덴서의 정전 용량은 기호 C, 단위는 F(패럿 : Farad)를 사용)

전기를 저축할 수 있는 능력을 정전 용량(Electrostatic Capacity)이라고 하는데, 전기 회로에 연결하였을 때 정전 용량이 발생하도록 만든 장치가 콘덴서(축전기)임

② 콘덴서의 접속

- **직렬 연결** : $C = \dfrac{Q}{V} = \dfrac{Q}{\dfrac{Q}{C_1}+\dfrac{Q}{C_2}} = \dfrac{Q}{Q\left(\dfrac{Q}{C_1}+\dfrac{Q}{C_2}\right)}$

  $\qquad = \dfrac{1}{\dfrac{1}{C_1}+\dfrac{1}{C_2}} = \dfrac{C_1C_2}{C_1+C_2}[F]$

- **병렬 연결** : $C = \dfrac{Q}{V} = \dfrac{V(C_1+C_2)}{V} = C_1+C_2[F]$

● 전력(Electric Power)

- 1초 동안에 소비되는 전기량(Q), 즉 전류가 1초 동안에 하는 일을 말하며, 단위는 와트(Watt)를 사용
- 만약 저항 R[Ω]에 E[V]의 전압을 가하여 1[A]의 전류가 흘렀다면 전력 P는 다음과 같음
- $P = E \cdot \dfrac{Q}{t} = EI = VI = (IR)I = I^2R = E\left(\dfrac{E}{R}\right) = \dfrac{E^2}{R}$

  $\quad = V\left(\dfrac{V}{R}\right) = \dfrac{V^2}{R}[W]$

- **1와트(W)** : 1[V]의 전압(E)을 가하여 1[A]의 전류(I)가 흐를 때의 전력(P)

● 전력량(Electrical Energy)

- 2지점 간의 전압(E) 차이로 전기량(Q)이 이동하여, 일정 시간(T) 동안 일을 지속한 것을 전력량(W)이라고 하며, 단위는 와트시[Wh]를 사용
- $W = PT[Sec] = I^2RT = VIT[Wh]$
- **1와트시[Wh]** : 1W의 전력을 1시간(h) 동안 사용할 때 소비되는 전력량을 말하며, 1[Wh]는 3,600[J]에 해당
- **1칼로리(Cal)** : 열량의 단위로서, 1g의 물(4℃)을 1℃ 높이는 데 필요한 열량을 말하며, 1[J]은 0.24[Cal]에 해당

● 줄의 법칙(Joule's Law)

- "도체에 전류가 흐를 때 발생하는 열량은 전류의 제곱과 저항을 곱한 값에 비례한다"는 법칙
- $H = 0.24PT = 0.24EIT = 0.24I^2RT = 0.24\dfrac{E^2}{R}T[Cal]$

● 주파수(Frequency)와 파형(Wave Form)

- 주파수란 진동 전류나 전파, 음파 등이 도선 또는 공간을 통해 전달되는 과정에서 일정한 진폭으로 운동하는 펄스(Pulse), 또는 물리량의 시간적 변화인 파(Wave)와 같은 주기 현상이 1초 사이에 몇 번 반복되는가를 나타내는 파형의 수를 말함
- 전파는 1888년 독일의 헬츠(Hertz)가 전자기파의 방출 실험을 통해 그 존재를 밝혀내어, 주파수의 단위로 헤르츠(Hz)를 사용
- 주기 T[s]와 주파수 f[Hz] 사이의 관계 :

  $T = \dfrac{1}{f}[s], \ \dfrac{1}{T} = [Hz]$

① 전파의 용도 및 특성

주파수대		주파수 범위/파장	특성	용도
번호	호칭			
4	초장파 (VLF) 데카 킬로 미터파	3~30 [KHz] 10~100 [Km]	파장이 길어 안테나를 수평적으로 설치함	해상 무선 항행 업무
5	장파 (LF) 킬로 미터파	30~300 [KHz] 1~10 [Km]	• 선박 간의 원거리 통신에 주로 사용되었음 • 대형 안테나가 요구되어 이용률이 낮아짐	• 무선 항행 업무 • 선박 및 항공 무선

6	중파 (MF) 헥토 미터파	300~3,000 [KHz] 100~1,000 [m]	• 지구의 지표 면을 따라 전파됨 • 멀리까지 안 정적으로 보 낼 수 있음	• 일반라디오 (AM) 방송 • 중거리의 선 박 통신
7	단파 (HF) 데카 미터파	3~30 [MHz] 10~100 [m]	• 파장이 짧아 지표파는 감 쇠가 심함 • 전리층에 반 사돼 지구 뒤쪽까지 전 파됨 • 위성 통신의 발달에 따라 사용이 점점 줄어듦	• 국제라디오 방송 • 원거리의 국 제통신 • 선박과 항공 기의 통신
8	초단파 (VHF) 미터파	30~300 [MHz] 1~10 [m]	• 전리층에서 반사되지 않 고 통과해 버림 • 보통 가시거 리 통신에 사용 • 차폐물(산악, 고층 건물 등)에 크게 감쇄	• 텔레비전 방송(채널 2~13) • FM라디오 방송 • 육상·해상 ·항공 단 거리통신 • 레이더
9	극초 단파 (UHF) 데시 미터파	300~3,000 [MHz] 10~100 [cm]	• 직진성이 강 해 통달 거 리는 가시거 리에 한정됨 • 470~890 [MHz] 대 는 TV(채널 14~83)에 사용	• 육상·해 상·항공 이동 통신 • 무선 호출, 항공 무선 항행 • 위성 통신, 지구 탐사, 전파 천문
10	초고 주파 (SHF) 센티 미터파	3~30 [GHz] 1~10 [cm]	• 작은 안테나 로 첨예한 빔을 얻을 수 있음 • 다른 전파로 부터의 방해 및 다른 전 파에 대한 방해가 적음 • 광대역 변조 로 S/N비를 크게 개선할 수 있음	• 고정 장거 리 통신, 이 동 통신 • 텔레비전 중계 및 위 성통신 • 무선 항행, 각종 레이 더 • 산업·과 학·의료 분야의 고 주파 이용 설비
11	EHF 밀리 미터파	30~300 [GHz] 1~10 [mm]	• 통신 주파수 대역의 획기 적 확장 • 초광대역 전 송 가능 • 안테나와 송 수신 장치의 소형화 가능 • 빛에 가까운 강한 직진성 • 강수나 수증 기 입자에 흡수 또는 산란됨	• 고정·이 동·위성 통신 • 무선 항행 • 지구 탐사 • 전파 천문

② 주파수의 분류

전파 주파수, 상용 주파수, 음성 주파수, 스퓨리어스(Spurious), 고조파(Harmonic), 저조파(Sub-Harmonic), 반송파(Carrier), 중간주파수(Intermediate Frequency), 정재파(Standing Wave)

02 정보 통신 기기

● 정보 단말 기기

① **범용 단말 장치** : 인쇄 장치, , 표시 장치, 광학 인식 장치, 자기/천공 장치, 그래픽 단말기, 마이크로그래픽 단말기, 전신기 결합단말기

② **복합 단말 장치** : 원격 일괄 처리 단말기, 지능(Intelligent) 단말기

③ **전용 단말 장치** : 특정 업무에 필요한 기능만을 갖춘 단말 장치들로 은행 단말기, 의료 정보용 단말기, 생산 관리용 단말기, 교육용 단말기, 증권·주가용 단말기, POS용 단말기, 교통용 단말기 등이 있음

● 전신기(TELEX; 가입 전신)

'TELeprinter'와 'EXchange'의 합성어로 국내 및 국제적인 통신망 회선을 통하여 가입자 상호 간에 50[Baud](분당 404자)의 전송 속도를 가지는 반이중의 비동기식 전신 서비스이며, 기록 통신으로 사용자가 부재중이라도 통신이 가능하고 조보(Start-Stop)식 5단위(5개 구멍 조합으로 문자, 숫자, 기호 표시) 인쇄기를 사용함

● 음성 정보 서비스(ARS; Audio Response System)

은행/증권사의 부가 서비스, 교통 및 도로 상황 안내 등과 같이 전화로 조회 코드를 입력하면 음성 합성 장치에서 데이터를 음성으로 변환하여 들려주는 시스템으로, 1987년 한국통신이 시작한 700번 서비스가 시초임

● 신호 변환 기기

① 모뎀(MODEM; 변복조기)의 분류
• 동기 방식에 따른 분류 : 비동기식 모뎀, 동기식 모뎀
• 등화 방식에 따른 분류 : 고정 등화 모뎀, 수동식 가변 등화 모뎀, 자동식 가변 등화 모뎀
• 사용 회선에 따른 모뎀 : 교환 회선용 모뎀, 전용 회선용 모뎀
• 변조 방식에 따른 분류 : 진폭 편이 변조 모뎀(ASK), 주파수 편이 변조 모뎀(FSK), 위상 편이 변조 모뎀(PSK), 직교 진폭 변조 모뎀(QAM)
• 기타 모뎀 : 멀티포인트 모뎀, 지능형 모뎀, 널(Null) 모뎀

② 음향 결합기(Acoustic Coupler)
컴퓨터나 텔렉스 등의 단말 장치를 전화와 연결하기 위한 장치로, 데이터 전송을 원할 때는 우선 전화로 수신측 번호를 호출한 다음 전화의 송수화기를 음향 결합기에 올려놓으면 됨

③ DSU(Digital Service Unit; 디지털 서비스 유닛)
• 디지털 정보를 변환 과정(변조)없이 그대로 전송하기 위한 장치로 고속 전송 가능
• 모뎀처럼 교류 신호로 변환하지 않고, 직류(기저대) 전송을 하기 때문에 모뎀보다 경제적임

④ 다중화기(Multiplexer)
주파수 분할 다중화기(FDM), 시간 분할 다중화기(TDM), 지능 다중화기(통계적 다중화기), 광대역 다중화기, 역 다중화기, 파장 분할 다중화기(WDM)

⑤ 집중화기(Concentrator)
전단위 처리기(FEP), 모뎀 공동 이용기, 선로 공동 이용기, 포트 공동 이용기(PSU), 포트 선택기

● 정보 전송 기기

① 전화기의 분류
• 다이얼 방식에 따른 분류 : 회전식 다이얼 전화기(RD; Rotary Dial), 푸시 버튼 전화기(PB; MFC 전화기)
• 전류 방식에 따른 분류 : 자석식 전화기, 공전식 전화기, 자동식 전화기
• 기타 분류 : 가입 전화, 공중 전화기, 무선 전화기(Codeless; Wireless), 발신 전용 전화기, PCS(개인 휴대 통신), 인터넷 폰

② 로밍 및 핸드 오프
• 셀룰러(Cellular) 방식 : 통화 구역을 몇 개의 작은 구역(Cell)으로 분할하여, 각각 그 구역을 관할하도록 함으로써 기지국의 송신 전력과 안테나의 성능을 증강시키지 않고도 통화 구역을 넓히고 경제성을 추구할 수 있는 통신망 구조
• 로밍(Roaming) : 이동 통신에서 특정 셀(Cell)을 벗어나 다른 셀 구역으로 이동하더라도 가입자가 전화를 받을 수 있게 해주는 기능
• 핸드 오프(Hand Off) : 통화중에 로밍이 되더라도 통화 중인 호(Call : 통신 설비의 점유 상태)에 영향을 주지 않고, 통화가 계속 유지되도록 채널이나 회선을 교환해주는 기능

③ 교환기(Switchboard)
• 수동식 교환기 : 자석식 교환기, 공전식 교환기
• 자동식 교환기 : 기계식, 아날 로그형 반전자식, 디지털형 전전자식

④ 무선 송수신기
• AM(진폭 변조) 송수신기
• SSB(단측파대) 송수신기
• FM(주파수 변조) 송수신기
• 마이크로파 송수신기

⑤ 위성(Satellite) 통신 기기
• 지상 36,000Km의 우주 상공에 쏘아 올린 중계 장치로 지상에서 전송한 신호를 수신, 증폭, 송신해주는 역할을 함
• 국내 최초의 통신 · 방송 복합위성은 1995년 발사된 무궁화 1호인데, 목표 궤도 진입 실패 후 연료소모가 많아져 예상 수명이 10년에서 4년으로 단축됨. 이후 무궁화 7호(2017)까지 발사됨

⑥ 위성 통신의 특징
- **광역성** : 지형에 관계없이 동질의 서비스를 광역적으로 제공 가능
- **내재해성** : 지진이나 강우 등의 재해로 지상의 통신 회선이 단절되더라도 차량 등의 이동용 지구국에 의해 통신 가능
- **동보성** : 위성 통신을 통해서 동시에 통신이 가능하기 때문에 그물형 네트워크에서와 같이 다수의 지역과 통신 회의 등을 하는 데에 가장 적합함
- **대용량, 고품질의 전송** : 1개의 위성으로 대용량의 신호를 고품질로 전송
- **전파 지연과 강우 감쇠** : 통신 위성과의 거리로 인하여 약 0.3~0.5초의 전송 지연이 생기고, 강우량이 큰 경우 고주파 신호 감쇠

⑦ 위성 통신 서비스의 종류
- **고정 위성 서비스** : 고정 지점에 있는 지구국 상호 간에 위성을 사용하는 통신 업무로, 국제 전기 통신 위성 기구(INTELSAT)가 대표적임
- **이동 위성 서비스** : 이동국과 지상국 또는 이동국 상호 간의 통신을 수행하는 업무로, 항공 · 해상 · 육상 이동 업무로 나뉨
- **방송 위성 서비스** : 일반 가정에서 수신할 수 있도록 방송 전파를 증폭하여 지상으로 중계 또는 전송하는 것으로, 적도상 동경 110°상의 방송 위성에서 위성 방송을 할 경우 산간 벽지나 지리적으로 지상 중계국을 설치하기 어려운 곳까지 고품질의 방송 가능
- **무선 항행 위성 서비스** : 선박이나 항공기의 위치 파악, 항공기의 편류(기류에 의한 수평 이행), 항공기의 대지 속도(지면이나 해면에 대한 속도) 등의 산출을 도와주는 서비스
- **지구 탐지 위성 서비스** : 지구 자원 탐사 위성(EROS) 등을 통하여 자연 현상, 자원 등에 관계되는 정보를 수집
- **기상 위성 서비스** : 대기권 밖의 기상 위성에서 보내온 대기의 기압, 기온, 습도, 풍향, 풍속 등의 기상 관측 자료들을 분석하여 수치 예보나 강우량, 파도 등을 예보

● 화상 통신 기기
① 화상(영상 · 원격 전자) 회의(Teleconference; Video Conferencing) 시스템
로컬 또는 원격지 간을 디지털 통신망으로 연결한 후 TV 화면을 통하여 음성, 영상, 데이터를 주고받으며 얼굴을 보면서 회의를 진행하는 시스템

② 고품위(High Definition) TV
기존의 TV 해상도를 비약적으로 향상시킨 고화상 텔레비전으로 주사선수 1,125개(종래 525개), 화면의 가로:세로 비율도 16:9(종래 4:3)이며 디지털 전송을 통하여 선명한 화질 가능

③ CATV의 특징
- 케이블(Cable) TV라고도 하며, 최초에는 산간 벽지나 대도시의 난시청 해소를 목적으로 개발
- 초기에는 분배 기능만 갖는 단방향 시스템이었으나, 최근에는 가입자와 방송 센터 간에 의사 교환이 가능한 다채널, 양방향 시스템으로 발전

④ CATV의 기본 구성
- **헤드엔드(Head-End)** : 무선 방송의 수신 설비 및 스튜디오, 유선 전송 설비들로 구성
- **중계 전송망(분배 전송로)** : 전송 선로와 이에 부속되는 증폭기, 분배기들과 조합되어 전송망 구성
- **가입자 설비(단말 장치)** : 정합기, 옥내 분배기, TV 등으로 구성

⑤ CCTV의 특징
특정의 수신자에게만 서비스하는 것을 목적으로 한 텔레비전 전송 시스템

⑥ CCTV의 기본 구성
- **촬영계** : 광학 렌즈, TV 카메라, 지지 보호대 등으로 구성
- **전송계** : 영상 정보를 송신하는 장치로 동축 케이블, 광섬유 등이 주로 사용됨
- **수신계** : 전송받은 영상 신호를 수신하여 재생하는 장치로 TV 모니터를 가리킴

⑦ 원격 검침(Remote Meter Reading) 서비스
- 가정 내의 전화선에 연결된 전자식 계량기를 통해 통화에는 지장을 주지 않으면서 수용가의 전기, 수도, 가스 등의 사용량을 자동으로 검침하는 서비스
- 최근에는 전용 선로를 이용하여 원격 검침은 물론 홈쇼핑, 상수도의 수질 관리, 원격 진료 등에까지 서비스가 확대되고 있음

● 정지 화상 통신 기기

① 팩시밀리의 구성

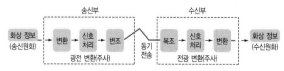

② 팩시밀리 수신기의 기록 방식

- **전자 프린터 방식** : 가격이 저렴한 백지와 카본지를 겹쳐놓고 수신 전류에 의해 전자적으로 기록하는 저속의 기록방식
- **방전 기록 방식** : 반도전성 물질을 바른 기록 용지에 전압을 가하여 흐르는 전류를 통해 표면의 기록층을 파괴하여 기록하는 방식
- **정전 기록 방식** : 정전 기록지에 펄스 전압으로 잠상을 만든 다음 토너로 현상하여, 열이나 압력으로 정착시켜 기록하는 방식으로 고속 기록이 가능하고, 기록 에너지가 적게 들며, 화상 대비가 좋음

③ 팩시밀리의 종류 및 특징

그룹1 (G1)	• ITU-T 권고안 T.2에 해당, A4원고를 약 4~6분에 전송하는 6분기 • 아날로그형으로 AM이나 PM으로 변조하여 전송
그룹2 (G2)	• ITU-T 권고안 T.3에 해당, A4원고를 2~3분에 전송하는 3분기 • 중속의 아날로그형 팩시밀리로 대역 압축 및 진폭 변조를 함
그룹3 (G3)	• ITU-T 권고안 T.4에 해당, 대부분의 디지털형 팩시밀리가 여기에 속함 • 1분기로 분류되며, 부호화 방식에 의해 압축 전송
그룹4 (G4)	• ITU-T 권고안 T.563과 T.6에 해당, 디지털 전용망을 통해 A4원고를 3~5초에 전송 • 미국 전자산업협의회(EIA)의 팩스/모뎀 간 표준 방식에 따라 class1/2/3으로 다시 나뉨

④ 비디오텍스(Videotex)

- 데이터베이스로부터 TV 수상기와 전화회선을 이용하여 필요한 정보를 제공하는 유선, 양방향의 공중 정보 검색 시스템
- 정보 검색, 거래 처리, 메시지 전달, 원격 감시 등 다양한 서비스 분야에 사용됨

⑤ 비디오텍스의 전송 기술

- **Alpha Mosaic Method** : 사전에 약속된 문자 코드와 모자이크 패턴의 그림 정보를 각각 점으로 변환하여 출력하는 방법

- **Alpha Geometric Method** : 문자 정보는 알파 모자이크 방식과 같이 표현하되, 그림 정보는 점, 선, 호, 원, 다각형 등의 기하학 요소의 조합으로 출력
- **Alpha Photographic Method** : 패턴 방식이라고도 하며, 팩시밀리와 같이 문자 및 그림 정보를 점의 형태로 분해하여 전송

⑥ 화상 응답 시스템(VRS; Video Response System)

- 푸시 폰(Push Phone)이나 전용 키보드를 이용하여 중앙의 컴퓨터와 대화하면서 이용자가 원하는 정보를 수신받을 수 있는 대화형 영상 시스템
- 문자, 도형, 자연 화상 등의 정지화, 음성 등의 형태로 되어 있는 각종 정보 안내나 학습 프로그램 등 주로 협대역계 서비스에 사용되며, 최근에는 광대역계 서비스를 통해 고해상의 정지 화면과 동화상까지도 지원이 가능함

⑦ 혼합형 통신 기기

- 혼합형 통신 기기에 대한 표준안은 1984년 ITU-T 제7차 총회에서 발표됨
- 혼합형 통신 기기들은 높은 전송 효율과 고품질, 다양한 호환성을 특징으로 함
- 컴퓨터와 팩시밀리를 결합한 PC-FAX가 대표적임

03 사무 정보 기기

● 사무자동화 일반

① 사무자동화(OA; Office Automation)의 의미

- 사무 처리에 정보처리 및 통신 기술, 시스템 과학, 그리고 행동 과학 등의 분야를 통합하여 사무직 종사자와 사무 업무 전체의 생산성 향상을 이룩하려는 적극적인 노력
- 사무실에서 수행되는 업무에 컴퓨터를 비롯한 각종 사무 정보 기기를 활용하여 정해진 목적을 보다 쉽고 빠르게 달성하는 것

② 사무자동화의 기본 요소

철학(Philosophy), 장비(Equipment), 제도(System), 사람(People)

③ 사무자동화의 배경
- **사회 · 경제적인 요인** : 산업 구조의 변화, 경영 환경의 변화, 사회적인 변화 등
- **기술적인 요인** : 전자 기술의 혁신, 컴퓨터 이용의 대중화, 통신 기술 및 통신망 이용의 보편화, 사무 정보 기기의 대량 보급, 사무 부문의 비용 증가, 고객 요구의 다양화, 정보량의 증대 등

④ 사무자동화의 목적
사무 처리의 비용 절감, 사무 처리의 질적 향상, 최적화된 시스템 구축을 통한 사무 부문의 생산성(효율성) 향상, 조직의 경쟁력과 인간성과 창조성 향상

⑤ 사무자동화의 기능
- **문서화 기능** : 문서를 작성, 편집, 전송, 축적하는 과정의 신속화 및 정확도 향상을 목표로 함
- **통신 기능** : 사무 기기나 사용자 상호 간에 필요한 정보와 의사의 원활한 소통을 목표로 함
- **정보 활용 기능** : 정보에 대한 이용을 고도화시키고, 새로운 창조적 활동에 효율적이고 유용하게 적용하는 것을 목표로 함
- **업무 처리 자동화 기능** : 문서화 · 통신 · 정보 활용 기능을 유기적으로 결합하여 보다 신속하고 정확한 업무 처리를 목표로 함

● 정보 저장 기기

① 광디스크 시스템
- **콤팩트 디스크(CD)** : 디지털화된 음성 신호 기록
- **레이저 디스크(LD)** : 레이저 광선을 이용하여 주로 대용량의 멀티미디어 정보 저장
- **CD-ROM** : 레이저 빔으로 탄 부분(Pit)과 타지 않은 부분(Land)으로 구분하여 자료 기록
- **WORM(Write Once Read Many)** : 일단 기록되면 CD-ROM과 같이 재생만 가능
- **삭제 가능 광디스크** : 레이저 빔과 함께 자화의 방향 전환 원리 이용

② COM(Computer Output Microfilm)
- 컴퓨터에서 가공 처리된 정보를 직접 마이크로필름에 축소 출력하는 시스템
- 자기 테이프 장치, 카메라, 필름 현상기 등으로 구성되어 있으며, 원하는 정보를 시스템 내부의 화면 출력 장치에 비추어 카메라로 촬영한 다음 필름에 수록함

● 정보 검색 기기

① 전자 파일링(Electronic Filing) 시스템
전자 파일 저장 매체에 수록된 자료들의 데이터베이스에 의거, 색인을 작성하고 필요할 때마다 신속하게 데이터를 검색할 수 있도록 한 시스템

② 데이터베이스(Database) 시스템
데이터베이스를 구축하는 목적은 데이터의 중복성을 최소화시키고, 데이터의 공유, 데이터의 일관성 유지, 데이터의 보안 보장 등을 통하여 전체적인 업무의 표준화와 효율을 극대화시키려는 것임

③ CAR(Computer Assisted Retrieval)
컴퓨터를 이용하여 마이크로필름을 고속으로 자동 검색하는 시스템이며, 컴퓨터의 테이프 프로세싱과 마이크로필름의 이미지 프로세싱을 조립하여 필요한 정보를 수초 이내에 찾을 수 있음

● 정보 전달 기기

① 팩시밀리(Facsimile)의 기능
자동 송신, 자동 수신, 정밀도 자동 제어, 상대방 확인, 발신원 및 일시 표시, 자동 급지, 자동 cut, 부분 전송, 중간조 기록, 동보 기능, 전화 통화, 상대 확인, 복사, 음성 응답, 축소 확대

② 다기능 전화(Keyphone)의 기능
- **발신 편리를 위한 기능** : 자동 다이얼, 자동 대기(Camp On), 다이얼 번호 표시, 재다이얼, 비응답(Onhook), 음성 다이얼, 발신 예약 등
- **착신 편리를 위한 기능** : 대리 응답(Call Pickup), 호출 번호 표시, 스피커, 암호 번호 수신, 부재 전송(착신 전송), 자동 응답 등
- **통화 편리를 위한 기능** : 핸드 프리(Hand Free), 일시 유보(Call Hold), 정지/재개, 전송 등

③ 전자 우편(E-Mail; Electronic Mail) 시스템
컴퓨터상에서 자신의 고유 번호와 상대방의 고유 번호를 입력하여 전송을 원하는 정보가 공중 전화망이나 데이터 통신망을 통해 중앙 컴퓨터의 데이터베이스(개인 사서함)에 기록되면, 상대방이 컴퓨터를 조작해 이를 받아볼 수 있는 컴퓨터 통신 시스템

④ 메시지 처리 시스템(MHS; Message Handling System)
이용자가 컴퓨터를 통해 보내고 싶은 정보를 축적, 전송하고 이용자의 요구 조건에 따라서 수신측에 보내는 축적 전송형의 메시지 통신 서비스(=전자 사서함 서비스)

● 사무 주변 기기 및 보조 기구

① 복사기

복사기는 구분 방식에 따라 청사진(Diazo)식, 전자 사진식, 정전식, 감열식으로 구분하는데, 건식과 습식이나 반사식과 투과식으로 구분하기도 함

② 복사기의 복사 과정

대전	감광체가 감광성(정전기)을 가지도록 고압의 전류를 흘림(Electrification)
노광	원화의 음영에 따른 반사광을 감광체에 쪼여 정전 잠상을 만듦(Exposure)
현상	정전 잠상에 토너(Toner)를 묻힘(Appearance)
전사	인쇄 용지의 뒷면에 고압을 가하여 감광체의 토너를 종이로 옮김(Transcribe)
정착	종이에 열을 가하여 토너에 들어있는 수지를 녹여 고착시킴(Fixation)
제전	감광체에 남아있는 정전기 제거(Electrostatic Discharge)
크리닝	감광체에 남아있는 전사되지 않은 토너 제거(Cleaning)

③ 전자 비서(Electronic Secretarial) 시스템

회의 일정 관리, 회의실 예약, 전자 전화 번호부, 스케줄 관리, 명함 정리, 방문객 응대 등의 기능을 전자적으로 제공하는 시스템

④ MIS의 개념

- 기업의 내부 및 외부 환경에 관한 정보를 수집, 저장, 검색, 처리하여 적절한 시기에 적절한 형태로 적절한 의사 결정 과정에 반영함으로써 기업의 목표를 보다 효율적으로 달성할 수 있도록 조직화된 체계
- 경영 정보 시스템에는 인간과 기계(Computer)가 결합되어 상호 보완 작용을 하는 '인간과 컴퓨터 통합 체계(Man−Machine System)'의 개념이 포함됨

⑤ MIS의 기능

- 거래 처리 기능 : 컴퓨터를 이용한 업무를 신속 정확하게 처리하기 위한 기능으로서 거래 처리, 마스터 파일의 보존, 보고서 출력, 데이터베이스 검색 등을 포함
- 정보 처리 기능 : 데이터베이스 시스템이라고도 하며 의사 결정에 필요한 정보 제공
- 프로그램화 의사 결정 기능 : 구조적 의사 결정을 위한 기능으로서 주로 시스템에 의해서 의사 결정이 자동적으로 이루어짐

- 의사 결정 지원 기능 : 프로그램화될 수 없는 비정형적이고 비구조적 의사 결정을 위한 다양한 지원을 하는 기능
- 의사 소통 기능 : 개인용 컴퓨터, 터미널, 팩시밀리, 워드프로세서, 컴퓨터 네트워크와 통신 장치 등을 이용하여 환경과 시스템 간의 의사 소통 또는 정보 전달 담당

⑥ 의사 결정 지원 시스템(DSS; Decision Support System)

다양한 변동 요소가 복잡하게 얽히는 경영이나 정책 등에 대해 변동 요소의 데이터를 컴퓨터를 이용하여 분석하고, 각종 모델을 이용한 모의 실험을 통하여 의사 결정 정보 제공

⑦ ID(IDentification) 관리 시스템

사무실의 출입구 보안, 출퇴근 근태 관리, 식당의 지불, 사내 예금의 환불, 단말 조작의 패스워드 등에 사용되는 각종 전자 카드 및 IC 카드 등을 관리하기 위한 시스템

⑧ 판매 시점 처리(POS; Point Of Sale) 시스템

상품에 붙은 레이블의 판독 기구와 금전 등록기가 하나로 집합, 구성된 장치를 사용하여 판독한 변동 자료(Transaction)를 다른 데이터 매체상에 기록하거나 연결망을 통해 중앙 컴퓨터 시스템에 전송하여 처리하는 시스템

04 기기 운용 관리

● 정보기기의 조작, 운용, 관리 방법

① 정보기기의 운용 및 보전 관리의 개념

- 관련 기기의 작동 상태를 양호하게 유지하고, 보전 관리를 효율적으로 행함으로써, 각 기기들이 고도의 기능을 유지함은 물론 작업의 성과를 극대화시키는 것
- 구체적인 작업 내용에는 운용, 보전 목표를 수립하고, 기기의 결점 또는 고장을 보완, 수리하여 규정된 목표를 유지하도록 하는 일련의 과정을 포함함

② 운용, 보전 관리의 목표

- 신뢰성의 확보 : 각 기기들이 규정된 환경 조건하에서 규정된 일정 시간 동안 고장없이 규정된 성능을 발휘하는 능력을 말하는 것으로, 신뢰성을 높이기 위해서는 평균 고장 시간을 낮추고, 평균 가동 시간을 늘려야 함

- **정비 유지성의 확보** : 규정된 자격의 기술자가 규정된 절차와 기기 및 부품을 사용하여 노후 또는 고장난 제품의 성능을 규정된 수준으로 회복, 유지시킴

③ 고장 진단 방법
- **FLT(Fault Location Test) 방식** : 대형 컴퓨터 등의 CPU에 사용되며, 자체적인 회복 및 보수 기능을 갖춘 서비스 프로세서(SVP; SerVice Processor)를 갖춤
- **기능 진단 방식** : 기기별로 규격에 규정된 기능이 정상적으로 발휘되는지를 시험
- **마이크로 진단 방식** : 마이크로 프로그램에 의해 각 회로의 기능이 정상적으로 동작되는지를 시험

④ 시험(Testing)
- **규격 시험** : 기기의 재료, 형상, 구조, 기능 및 특성 등이 규정된 사항과 일치하는지 판단
- **신뢰성 시험** : 기기의 시간적 안정성 조사(번-인 시험, 환경 시험 등 사용)
- **실용 시험** : 시제품을 평가하여 구입 또는 채택 여부 결정
- **상용 시험** : 실용 시험 후 실제 도입·운용에 필요한 신뢰성, 정비 유지성 재확인
- **환경 시험** : 기기들이 겪게 될 환경 조건(온도, 습도, 방사능, 전자계, 충격, 진동 등)을 만들어 시험
- **번-인(Burn-in) 시험** : 고장 방지를 위해 일정 기간 동안 온도, 습도, 진동 등의 환경적 부하를 가함

⑤ 검사
- **전수 검사** : 검사 대상이 되는 기기에 대하여 하나하나 전부 조사하는 검사 방법으로, 신뢰성은 크지만 시간과 비용이 많이 듦
- **발췌 검사** : 일부 품목 또는 소량만을 추출하여 검사하는 것으로, 전수 검사에 비해 신뢰성은 떨어지지만 시간과 비용은 절약됨
- **간접 검사** : 이미 다른 목적으로 검사된 것을 현재의 조사 목적에 간접적으로 이용
- **완화 검사** : 전수 또는 발췌 검사에 있어서 각각의 조사 대상에 대하여 중요 항목 일부 또는 각 기기별로 상이한 항목 적용

⑥ 정보 기기의 운용 및 보전을 위한 작업 계획
- 운용, 보전 서비스의 기준치 달성 목표
- 회선이나 시설의 고장 발생 경향 및 불량 상태
- 현재의 가동 시설수와 미래의 시설 증가 예상수
- 운용 보전 요원의 기술 수준 및 교육 계획
- 계절적, 지역적인 특수 사정

⑦ 내진 대책
- 진동 가속도 250gal(진도 5에 해당) 정도에도 시스템 운영상 지장이 없어야 함
- 400gal(진도 6에 해당) 정도에는 오동작 가능성이 있더라도 진동 이후에는 재사용이 가능해야 함

⑧ 방화 대책
정보 기기 관련 시설은 스프링쿨러로 진화를 하게 되면 합선 및 감전 등으로 사고가 확대될 수 있으며, ABC 분말 소화기의 분말은 정상적인 기기에도 손상을 끼칠 수 있으므로 하론이나 이산화탄소 등의 가스 소화기를 준비해 두어야 함

● 정보 기억 매체의 보호, 운용, 관리 방법

① 전기적 보호 장치
- **자동 전압 조정기(AVR)** : 일정한 전압을 유지시켜 주는 장치로 전압이 기기가 필요로 하는 수준 이하로 떨어지는 전압 저하나, 전원의 순간적인 전압 상승 현상인 전압 스파이크로부터 장비 및 데이터 보호
- **무정전 장치(UPS, CVCF)** : 일정한 전압을 유지시켜 주면서 순간 정전에 대비하여 배터리 장치를 갖추어 정전이 되어도 일정 시간 동안 전압을 보내주는 장치
- **항온 항습기** : 일정한 온도(21℃; 16~28℃)와 일정한 습도(50%±5%)를 유지

② 마루(Floor) 공사
바닥이 불규칙한 경우 알루미늄 주조물 등의 보조재를 이용하여 수평을 유지하고, 기기의 설치 위치를 조절하여 공기의 흐름을 원활히 하기 위한 공사

③ 배선 공사
- **액세스 플로어 방식** : 바닥에 알루미늄 주조물로 된 높이 조정식 조립 마루를 부설하고 그 공간에 케이블을 설치하는 것으로, 기존의 마루보다 바닥이 높아지기 때문에 천장이 낮은 경우에는 부적합함
- **평면 케이블 방식** : 바닥에 카펫(Carpet)이 깔려있는 경우에는 융통성과 안전성, 미관상에서 가장 효과적임

④ 디스켓(Floppy Disk)의 관리 요령
- 디스켓의 라벨에 기입할 때는 끝이 단단한 필기구 대신 부드러운 것 사용
- 중요한 정보가 담겨 있는 디스켓은 쓰기 방지 홈에 불투명 접착 탭을 붙이거나 슬라이드의 위치를 쓰기 방지 쪽에 두어 Write-Protect시킴
- 디스켓에 클립이나 고무밴드를 사용하지 않도록 함

• TV 등과 같은 강력한 영구 자석이 들어있는 자기 영역에 디스켓을 노출시키지 않도록 함

● 컴퓨터 바이러스

① 컴퓨터 바이러스의 종류
부트 바이러스, 파일 바이러스, 부트/파일 바이러스, 매크로 바이러스, 윈도 바이러스, 웜(Worm), 트로이 목마(Trojan Horse), 백 도어(Back Door), 가짜 바이러스, 스크립트(Script)

② 부트 바이러스의 감염 증상
• 컴퓨터가 부팅이 되지 않거나 부팅 시간 및 자료를 읽어들이는 속도가 느려짐
• 볼륨 레이블이 다른 것으로 바뀌거나 부팅 시 특정 메시지가 화면에 나타남
• 사용 가능한 메모리 및 디스크의 용량이 줄어듦

③ 파일 바이러스의 감염 증상
• 실행 파일 날짜가 최근으로 바뀜
• 파일을 실행시킬 때 LOAD 시간이 오래 걸리거나 아예 프로그램이 실행되지 않음
• 파일을 실행시키고 난 뒤 크기가 지나치게 커져서 기억 장치로 읽어들이지 못함

④ 바이러스의 예방책
• 부팅과 바이러스 치료 기능이 담긴 디스켓을 준비하고 Write-Protect 시켜 보관
• 공개나 무료 프로그램을 사용할 때는 반드시 백신 프로그램으로 검사 후 사용
• 바이러스 예방 및 치료 백신은 반드시 최신 엔진으로 업그레이드해야 함
• 특정 날짜에 발현하는 바이러스에 대해서는 시스템 날짜를 일시 변경하거나 컴퓨터 사용 자제
• 부팅과 동시에 메모리 상주용 바이러스 감시 프로그램 실행
• 다른 사람이 사용하던 컴퓨터를 사용할 때는 반드시 전원을 OFF한 다음 재부팅
• 중요한 프로그램이나 자료는 별도의 보조 기억 장치에 복사해서 보관
• 하드 디스크가 있는 컴퓨터에서는 다른 사람의 부팅용 플로피 디스크로 부팅시키지 않음
• 전자 우편에 대한 보안책이나 공유 폴더에 대한 접근 제한

⑤ 바이러스의 치료법
• 일단 바이러스에 감염되면 디스켓의 경우는 완전히 재포맷하여 사용하는 것이 좋으며, 중요 자료가 담긴 하드 디스크의 경우에는 각종 백신 프로그램을 사용하여 최대한 치료
• 이미 감염된 컴퓨터 안의 백신보다 별도의 치료용 백신 디스켓이나 인터넷 서비스를 이용하는 것이 좋으며, 한 가지 백신에만 의존하거나 몇 년 된 것을 그대로 사용하지 말 것
• 님다(Nimda) 바이러스와 같이 메일이나 공유 폴더를 통해 감염되는 바이러스는 컴퓨터의 LAN선을 제거하거나 공유 폴더를 완전히 해제한 상태에서 치료

● 정보기기 관련 기술 기준 및 환경 기준

① PC 설치 환경
• 전압(AC)은 정격 전압±10%, 정격 주파수 ±0.5Hz 이내의 범위에 속하는 규정 전원 사용
• 전기적인 잡음이나 진동이 적은 곳에 설치
• 전기 사용 용량이 큰 기기(복사기 등)와는 전원부를 공유하지 않도록 함
• 직사광선이 비치는 곳, 난방 열기기 근처 및 습기가 많은 곳을 피하여 통풍이 잘 되는 곳을 고름
• 먼지나 불순물이 적은 곳
• 평평한 장소를 선택하여 알맞은 크기의 테이블 위에 설치

② 작업 시간
1시간에 1회 10~15분 정도의 휴식을 취하는 것이 좋고, 1일 기준으로는 4~5시간, 주 5일 근무를 권장함

③ VDT 증후군
VDT(Video Display Terminal)의 전자파에 장시간 노출됨으로써 입게되는 새로운 직업병으로, 현재 우리나라에서는 키보드를 장기간 두드림으로써 어깨나 손가락 부위의 손상을 입게되는 경우 직업병으로 인정하고 있음

④ 단말기 작업 자세
• 화면을 향한 눈높이는 화면보다 약간 높은 곳(10~20°)에서 내려다 볼 수 있게 함
• 화면과의 거리는 40~50cm로 함
• 팔은 겨드랑이에 수직으로 하고 팔꿈치는 90°로 함
• 무릎의 각도는 90° 이상 유지
• 원고대는 모니터 오른쪽에 50cm 이상 떼어 놓음

⑤ 계절별 온도와 습도 관리 기준

계절	기온	습도	기류	기류
봄·가을	22~23℃	50~60%	0.3~0.4m	19~20℃
여름	25℃	50~60%	0.4~0.5m	21~23℃
겨울	18~20℃	50~60%	0.2~0.3m	18~19℃

⑥ 분진의 허용 농도

분진의 허용 농도는 $50 \mu g/m^2$ 이하이며, 전자 설비가 있는 곳은 $5 \mu m$ 이상, 기계 교환 및 전력 설비가 있는 곳은 $10 \mu m$ 이상의 입자를 각각 90% 이상 제거해야 함

⑦ 전자계 강도와 진동

• **전자계 강도** : 기기로부터 1m 주위에서 측정했을 때 전계 강도는 $127 dB-V/m$, 자계 강도는 $127 dB-A/m$가 허용치임

• **진동** : 설비의 접촉면에서 측정하여 진동치 0.1G, 진동 주파수 0.1~100[Hz] 이하이어야 함

⑧ Gauss(가우스)

• 전기장(전계)은 전기의 힘이 수직으로 미치는 공간을 말하며 V/m로 표시하고, 자기장(자계)은 자기의 힘이 수평으로 미치는 공간을 말하며 단위는 보통 mG로 표시함

• 전계와 자계가 발생되어 인체가 장시간 노출되면 체온 변화와 생체리듬이 깨져 질병으로 발전할 가능성이 큼

• 인체에 영향을 주는 자기장의 세기는 2~3mG로, 세계적으로 권고된 인체 안전 기준은 2mG임

• 전신에 대한 하루 중 최대 2시간까지 노출된 자기장 값은 50,000mG를 초과하지 않아야 함

01 정보 통신의 개요

● **데이터와 정보**

① 데이터(Data)의 개념

• 사상, 개념, 의사, 명령 등을 인간 또는 기계가 인식할 수 있는 형태의 숫자, 문자, 기호 등으로 형식화시켜 표현한 것

• Datum의 복수형이며 수, 단어 또는 숫자나 영문자 혹은 특수한 기호로 구성되어 있는 코드(Code)의 형태를 취함

② 정보(Information)의 개념

• 의도를 가지고 정리되고 가치가 평가된 자료 또는 유용한 형태로 가공되어진 자료의 집합

• 데이터를 체계화하여 인간의 의사 결정과 판단 자료로서의 가치를 부여해 놓은 것

③ 정보의 특성

• **무형태성** : 정보는 현상에 대한 인간의 두뇌 반응이기 때문에 그 자체로는 형태가 없음

• **적시성** : 정보가치는 시간에 따라 급격히 감소하므로 적정시점에 잘 활용되어야 함

• **희소가치성** : 정보는 공개되었을 때보다 비공개된 상태에서, 소유 인원이 적을수록 가치가 큼

• **가치차별성** : 동일한 정보라도 사람, 시간, 장소에 따라 그 가치는 전혀 다르게 평가됨

• **누적효과성** : 정보는 여러 다른 정보와 합쳐지고 누적되는 과정에서 가치가 증대됨

• **비소모성** : 정보 자체는 아무리 사용하고 복사하더라도 소모되거나 없어지지 않음

• **신용가치성** : 정보 창출자 또는 이전 소유자의 신용에 의해 그 가치가 판단됨

● **정보화 사회의 특징**

• 가사 업무의 자동화(HA) 촉진

• 사무자동화와 재택 근무의 확산

• 공장 자동화와 생산 구조의 변화(다품종 소량 생산)

• 노동 인력 구조의 변화(고령자, 여성 및 주부의 취업 확대)

• 환경 보호 및 자연 재해의 방지

• 생활 문화의 국제화

● 정보 통신의 개념과 발달 과정

① 정보 통신의 개념
2진부호(디지털 형태)로 표시된 정보를 대상으로 각종 통신 매체를 통해 인간과 인간, 기계와 기계 또는 인간과 기계 사이에서 정보의 수집, 가공, 처리, 분배 등의 기능을 수행하는 모든 형태의 통신

② 정보 통신의 3요소
- **정보원** : 전달하고자 하는 정보가 생성된 근원지
- **전송 매체** : 통신 신호를 전달하는 수단(회선, 전파 등)
- **정보 목적지** : 정보가 전달되는 곳(정보 처리원)

③ 정보 통신의 특성
- 고속, 다중 전송(하나의 컴퓨터가 다수의 터미널에 동시 전송)이나 광대역 전송 가능
- 에러 제어(Error Control)의 기능을 가지므로 신뢰성이 높음
- 시간, 거리에 구애받지 않고 고품질의 통신 가능
- 경제성이 높고 응용 범위가 대단히 넓음
- 전문적인 기술과 별도의 장비가 요구됨

④ 정보 통신 시스템의 발전 단계

통신 시스템	주요 특징
ENIAC	1946년 개발, 사무 처리 및 정보 통신에 전자계산기 도입
SAGE	1958년 미국 공군에서 군사적 목적으로 개발된 최초의 정보 통신 시스템
SABRE	1964년 미국 Air Line 사가 개발한 최초의 상업용 정보 통신 시스템(좌석 예약 관리)
TSS, On-Line	1960년대 들어 시분할 시스템과 온라인 시스템의 응용으로 정보 통신이 더욱 발달함
CTSS	1963년부터 미국 MIT에서 사용된 운영체제로 세계 최초로 시분할 방식 도입
ARPA-NET	1969년 미국 국방성에 도입된 컴퓨터 통신망으로 인터넷의 모체가 됨
SNA	1974년 컴퓨터와 단말기 간 연결을 위해 IBM에서 개발한 통신 제어용 소프트웨어

⑤ 정보 통신의 이용 형태

정보 통신 시스템	주요 특징
온라인 시스템	• 각종 단말기를 중앙 처리 장치와 직결 처리(응답시간이 빠름) • 기본 구성 요소 : 단말 장치, 중앙 처리 장치, 통신 제어 장치, 통신 회선 • 은행업무(홈뱅킹) 및 좌석예약(홈쇼핑), 전화 교환의 제어 등
오프라인 시스템	• 단말기와 컴퓨터 사이에 직결 회선이 없어 통신 제어 장치 불필요 • 급여, 경영자료 작성 등 즉각적인 처리를 요구하지 않는 업무에 적합
질의 응답 시스템	• 중앙의 데이터베이스를 이용해 터미널의 질의에 즉시 응답 • 도서관의 문헌정보 검색이나 각종 생활 정보, 주식시세, 일기예보 등
정보 정정 시스템	호텔 객실 및 항공기 좌석예약 등의 업무처럼 기존의 내용 수정
데이터 수집/입력 시스템	원격지 발생 데이터를 중앙 컴퓨터에 전송·수집(전기 사용량, 교통량 등)
원격 일괄 처리 시스템	• 원격지 발생 데이터를 중앙 컴퓨터의 유휴 시간에 일괄 처리 • 로컬 배치에 반대되는 개념으로 원격 작업 입력 시스템이라고도 함
거래 처리 시스템	은행 창구나 백화점 판매대 등에서 이루어지는 거래 상황을 실시간으로 처리
공정 제어 시스템	전력 공급 시스템, 원유 정제 시스템, 화학 공정, 자동차 조립 등

● 정보 통신 시스템

① 정보 통신 시스템의 기본 구성

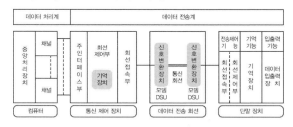

② 데이터 처리계의 구성
- **중앙 처리 장치(CPU)** : 연산 장치, 제어 장치, 기억 장치, 그리고 입출력 채널 등으로 구성
- **주변 장치** : 입력 장치, 출력 장치 등으로 구성

- **통신 소프트웨어** : 데이터 전송 회선과 통신 제어 장치 등을 이용한 정보 통신의 원활한 처리를 위한 프로그램

③ **단말 장치(DTE)의 기능**

입출력 기능, 기억 기능, 전송 제어 기능

④ **신호 변환 장치/회선 종단 장치(DCE)**

- 정보를 원격지까지 전달하기 위한 장치로 통신 회선의 양끝에서 신호 변환, 전송 신호의 동기 제어, 송수신 확인, 오류 제어 등의 기능을 함
- 음성 전용의 아날로그 회선에서는 변복조기(MODEM)가 사용되고, 디지털 정보 전달을 위한 디지털 회선에서는 디지털 서비스 유닛(DSU) 사용

⑤ **통신 제어 장치(CCU)의 역할**

- 데이터 전송계와 데이터 처리계 사이에서 양자 결합
- 데이터 전송회선과 컴퓨터를 전기적으로 결합(인터페이스)시키고, 컴퓨터로 처리된 데이터를 분해하여 전송 회선으로 내보냄
- 단말 장치는 통신 제어 장치와 일 대 일 통신을 수행하지만, 통신 제어 장치는 다수의 단말기들과 통신 수행

⑥ **통신 제어 장치(CCU)의 기능**

데이터의 송 · 수신 및 전문 해석, 문자 및 메시지의 조립과 분해, 회선의 감시 및 접속 제어, 데이터 링크 확립 및 개방, 통신 회선의 차단, 전송 오류의 검출과 정정, 데이터 전송 제어 및 전송 속도 변경(버퍼링), 메시지의 교환 및 순서 정리, 다수 회선의 시분할 다중 제어, 단말로부터의 명령 해석

● 아날로그 및 디지털 통신 시스템

① **아날로그 회선의 정보 통신 시스템** : 신호 변환 장치로 모뎀을 사용하고, 회선 방식이 교환 회선인 경우 그 회선 연결을 위한 교환기 필요

② **디지털 회선의 정보 통신 시스템** : 신호 변환 장치로 DSU를 사용하고, 회선 방식이 교환 회선인 경우 그 회선 연결을 위한 MUX(다중화 장치) 필요

02 정보 전송 회선

● 정보 전송 선로의 종류

① **유선 선로** : 동선케이블, 동축케이블, 광섬유케이블

② **무선 선로** : 마이크로웨이브(Microwave), 라디오웨이브(Radiowave), 웨이브가이드(Waveguide), 인프라레드(Infrared)

● 광섬유와 광통신

① **광섬유의 구조**

② **광통신 시스템**

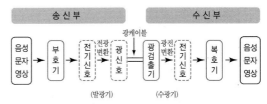

- **발광 소자** : 전기 신호를 광신호로 변환시키는 소자를 말하며, 발광 다이오드(LED)와 레이저 다이오드(LD)가 있음
- **수광 소자** : 광신호를 전기 신호로 변환시키는 소자를 말하며, 포토 다이오드(PD), 에벌런취 포토 다이오드(APD)가 있음

③ **광통신의 3요소**

- **발광기** : 정보의 송신에서 정보에 해당되는 빛을 발생시키는 장치
- **수광기** : 빛을 받아들이는 장치
- **광케이블** : 광신호를 전송하는 선로

● 정보 전송 회선의 종류와 특성

① **접속 형식에 의한 전송 회선**

- **2선식 회선** : 2개 회선으로 단향 또는 반이중 통신 방식만 가능한 저속 회선
- **4선식 회선** : 4개 회선으로 동시 송 · 수신이 가능하여 전이중 통신 방식에 적합

② **전원에 의한 분류**

- **직류 회선** : 데이터를 직류 신호 그대로 전송, 주로 디지털 전송에 사용
- **교류 회선** : 직류 신호를 교류 신호로 변환하여 전송, 전화 회선이 대표적임

③ 전송 정보에 따른 분류
- 아날로그 통신 회선 : 아날로그(연속적인 물리량) 정보 전송(전화)
- 디지털 통신 회선 : 디지털(2진 부호) 정보 전송(전신)

④ 교환 회선과 전용 회선
- 교환 회선 : 다른 가입자와 교환기를 통해 연결되고, 전화가 가능한 곳은 어디든 전송 가능한 보통 4,800BPS 이하의 단시간용 회선
- 전용 회선 : 교환기를 이용하지 않고 단말기 간에 직접 고정적으로 연결되며, 사용 구간 및 시간에 따라 서비스의 종류가 나뉨

⑤ 통신 방식에 전송 회선
- 단향 통신(Simplex) 회선 : 정해진 일방으로만 가능(→ ; 라디오, TV 등)
- 반이중 통신(Half Duplex) 회선 : 동시 양방향 불가능 (⇄ ; 무전기 등)
- 전이중 통신(Full Duplex) 회선 : 양방향 동시 통신 가능 (⇆ ; 전화 등)

⑥ 회선망 형태에 따른 전송 회선
- 포인트 투 포인트(Point To Point) 회선 : 중앙의 컴퓨터와 각 단말기 등이 독립적인 회선으로 일 대 일로 연결
- 멀티 포인트(Multi Point) 회선 : 1개의 회선에 여러 대의 단말기 연결, 멀티 드롭(Multi Drop) 회선이라고도 함
- 통신 제어 장치(CCU)의 혼합(Composite) 회선 : 포인트 투 포인트 회선과 멀티 포인트 회선을 혼합한 형태의 회선

⑦ 회선 제어 방식

콘텐션 (Contention)	• 포인트 투 포인트와 같이 단말기 사이가 대등한 상태에서 이용되는 회선 쟁탈 제어 방식 • 회선제어 형태 중 가장 간단한 방식으로 위성통신과 같은 전파지연시간이 큰 통신망에서 효율적임 • 회선을 점유한 터미널이 실제로 데이터를 전송하고 있지 않아도 오랫동안 회선을 점유하므로, 트래픽이 많은 네트워크에서는 비효율적임
폴링(Polling)	• 중앙의 컴퓨터가 각각의 단말기에 대해 '송신할 데이터가 있는가'라는 질문을 통해 긍정 응답하는 단말기로부터 데이터를 받음 • 터미널에게 폴링을 수행하는 동안에 상당한 제어 오버헤드가 수반됨
셀렉션 (Selection)	• 중앙의 컴퓨터가 각각의 단말기에 대해 '수신 준비가 되어 있는가'라는 질문을 통해 긍정 응답을 하는 단말기로 데이터를 보냄 • 폴링과 셀렉션은 호스트가 터미널을 선택하므로, 터미널 간의 충돌이 없으며 여러 터미널이 회선을 공유하므로 회선비용이 절감됨

⑧ 회선 제어 절차

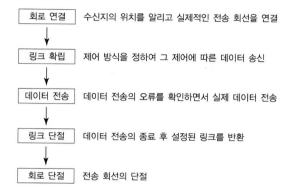

회로 연결	수신지의 위치를 알리고 실제적인 전송 회선을 연결
링크 확립	제어 방식을 정하여 그 제어에 따른 데이터 송신
데이터 전송	데이터 전송의 오류를 확인하면서 실제 데이터 전송
링크 단절	데이터 전송의 종료 후 설정된 링크를 반환
회로 단절	전송 회선의 단절

● 통신 속도와 통신 용량

① 보(Baud)
- 변조 과정에서의 초당 상태 변화 또는 신호 변화의 횟수를 나타냄
- 전신(Telex)에서의 Baud는 초당 송출되는 최단 펄스의 수를 나타냄
- 변조 속도$(B) = \frac{1}{T}$(T : 단위 펄스의 시간)

② 패킷(Packet)
- 전송할 메시지를 일정한 크기의 비트수로 나누어 정해진 형식에 맞춘 데이터 블록
- TCP/IP의 TCP 계층은 파일을 패킷 단위로 잘라 각각에 별도의 번호와 함께 목적지의 인터넷 주소를 포함시켜 인터넷상의 서로 다른 경로를 통해 전송
- CCITT에서 규정한 1패킷의 크기는 1,024비트(= 2 Segment = 128 Octet)임

③ 통신 속도
- **변조 속도** : 전신이나 전화 통신로에서의 신호 변환수로 보(Baud)가 단위임
- **신호 전송 속도** : 단위 시간에 전송되는 문자수, 블록수, 비트수(BPS) 등의 속도
- **베어러 속도** : 베이스 밴드 전송에서 데이터·동기·상태 신호 속도의 합(BPS)

④ 샤논(Shannon)의 정리
- 통신 용량 $= B\log 2(1 + \frac{S}{N})[BPS]$
  (단, B : 대역폭, S : 신호 전력, N : 잡음)
- 통신 용량은 대역폭과 신호 전력에 비례하고, 반대로 잡음 세력에는 반비례함
- 전송로의 통신 용량을 늘리고 전송 속도를 높이기 위해서는 잡음을 줄여야 함

03 정보 전송 방식

● 정보 전송 방식

① 직렬 전송과 병렬 전송
- 직렬 전송 : 정보 비트들이 하나의 전송로에 차례로 전송되는 방식으로, 대부분의 데이터 통신 시스템에서 이용
- 병렬 전송 : 정보 비트들이 여러 전송로를 통해 동시에 전송되는 방식으로, 거리에 따른 비용이 증대됨

② 동기식 전송
- 전송할 자료를 문자 단위가 아닌 블록 단위로 묶어 전송하는 방식
- 문자 동기 방식 : ITU-T에서 정한 ASCII 전송용 제어 문자들을 이용하여 동기를 맞춤
- 문자 동기 방식에 의한 데이터 전송의 예

동기 문자		프레임시작 문자들		데이터 문자열			프레임끝 문자들	
... SYN	SYN	DLE	STX		...		DLE	ETX ...

- 비트 동기 방식 : 문자 동기 방식을 개선한 것으로, 제어 문자를 이용한 방식에 비해 전송 효율과 속도면에서 우수함

③ 비동기식 전송
- 스타트 스톱(Start-Stop) 전송이라고도 하며, 문자 단위로 송수신
- 각 문자 단위는 앞쪽에 스타트 비트, 뒷쪽에 1개 또는 2개의 스톱 비트를 가짐
- 각 문자 단위 간에는 유휴 시간이 있을 수 있음
- 송신측과 수신측이 항상 동기를 맞출 필요가 없으며, 1,800BPS를 넘지 않는 경우에 사용

④ 혼합 동기식 전송
- 비동기식에서와 같이 각각의 문자 단위 앞뒤에 스타트 · 스톱 비트를 삽입한 후 동기 상태에서 전송

- 각 문자 단위 사이에 존재하는 유휴 시간은 한 문자의 길이와 같거나 그 길이의 정수배로 함. 동기식에 비해 효율성이 떨어지지만, 비동기식보다는 빠름

⑤ 코드 및 전송 효율
- 코드 효율(Ec) : 전체 비트 중 정보 비트가 차지하는 비율
- 전송 효율(Er) : 전송 비트 중 정보 비트가 차지하는 비율
- 전체 효율(Es) : $Es = Ec \times Er$

● 정보 신호의 변환 및 전송 방식

① 아날로그 신호 변조 방식
- 진폭 변조(AM) : 입력 신호의 진폭에 따라 반송파의 진폭을 변화시키는 방식으로 회로가 간단함
- 주파수 변조(FM) : 변조 파형에 따라 주파수를 변조하는 방식으로 잡음과 레벨 변동에 영향을 받지 않음
- 위상 변조(PM) : 신호파의 진폭 변화를 반송파의 위상 변화로 바꿈
- 진폭 위상 변조(AMPM) : 정현파의 위상과 더불어 진폭별로 정보를 전송하는 방식

② 디지털 신호 변조 방식
컴퓨터 내부의 펄스 신호를 그대로 전송하는 기저대역(Base Band) 전송과 아날로그 형태로 바꾸어 전송하는 대역(Band) 전송 방식이 있음
- 디지털 신호 전송(기저대역 전송) : 단류 방식, 복류 방식, RZ(Return to Zero)방식, NRZ(None Return to Zero) 방식, 단극성(Unipolar) 방식, 양극성(Bipolar) 방식
- 아날로그 신호 전송(대역 전송) : 진폭 편이 변조(ASK), 주파수 편이 변조(FSK), 위상 편이 변조(PSK)

③ 정현파와 구형파
- 정현파(Sine Wave) : 진폭과 주파수가 시간적으로 매우 일정한 상태를 유지하는 파형
- 구형파(Square Wave) : 디지털 전송에 이용되며, 직류를 번갈아 단속한 것과 같은 파형으로서 머리 부분과 밑 부분의 기간이 같음

④ 펄스 변조 방식의 종류
펄스 변조 방식에는 펄스 진폭 변조(PAM), 펄스 폭 변조(PWM), 펄스 위치 변조(PPM), 펄스 부호 변조(PCM), 펄스 주파수 변조(PFM) 등이 있음

⑤ PCM의 특징
- 아날로그 신호를 표본화하여 각 표본의 진폭이 같은 크기의 디지털 신호로 변환하여 전송하는 방식으로 누화, 잡음, 진폭의 변동에 강함
- 시분할 다중 방식(TDM)의 하나로 입력 신호 정보를 펄스 유무의 조합으로 표시한 부호로 변환하여 전송하면, 수신측에서 원래의 신호로 재생

⑥ PCM의 진행 순서 : 아날로그 신호→표본화(Sampling)→양자화(Quantization)→부호화(Coding)→복호화(Encoding)→여과(Filtering)

⑦ 변성기
- 전압 또는 전류를 변환하는 장치로, 전압을 오르내리게 하는 것은 변압기 또는 트랜스라고 함
- 변성기에는 펄스 전류에 사용하는 펄스 변성기, 4선식 회선과 2선식 회선 접속에 사용되는 3권 변성기(Hybrid Coil) 등이 있음

● 전송 오류 제어 방식

① 오류 발생의 원인 : 백색 잡음(White Noise), 충격성 잡음(Impulsive Noise), 충격파 잡음(Impulse Noise), 상호 변조 잡음(Intermodulation Noise), 위상 지터(Phase Jitter), 위상 히트(Phase Hit), 지연 왜곡(Delay Distortion), 누화(Crosstalk)

② 오류율(Error Rate) 표시 방식

종류	공식	비고
비트 오류율	$\dfrac{\text{오류가 발생한 비트 수(n)}}{\text{총 전송한 비트 수(N)}} \times 100$	전송 회선의 품질 비교에 주로 사용
문자 오류율	$\dfrac{\text{오류가 발생한 문자 수(n)}}{\text{총 전송한 문자 수(N)}} \times 100$	가입 전선 회선의 품질 평가 등에 사용
블록 오류율	$\dfrac{\text{오류가 발생한 블록 수(n)}}{\text{총 전송한 블록 수(N)}} \times 100$	ITU-T에서 정의한 블록의 크기는 511 비트임

③ 전송 오류 제어 방식
- 송신측에서 오류를 정정하는 방식 : 반복전송, 궤환전송
- 수신측에서 오류를 정정하는 방식 : 오류 유추 정정, 전진 오류 수정(FEC), 오류 검출 후 재전송(ARQ) 또는 후진 오류 수정(BEC)

④ 오류 검출 및 정정용 부가 코드 : 패리티 검사 코드(Parity Check Code), 정마크 부호 코드, 순환 잉여 검사 코드(CRC), 군계수 검사 코드, 해밍 코드(Hamming Code)

❹ 정보 통신 설비

● 정보 단말 설비

① 정보 단말 설비의 구성

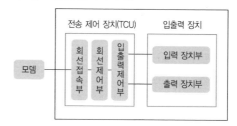

② 단말 장치의 화면 출력 방식
- 스토리지 튜브(Storage Tube) : 전자빔을 이용한 화면 출력 방식
- 레스터 리프레쉬(Raster Refresh) : TV와 같이 라인별 주사 방식으로 화면 출력
- 랜덤 스캔(Random Scan) 방식 : 화면 출력에 전기적인 방식 이용
- 플라즈마(Plasma) 방식 : 방전 원리를 이용한 가장 최근의 방식

③ COM(Computer Output Microfilm)
컴퓨터의 처리 결과를 인간이 인지할 수 있는 문자나 도형으로 변환하여, 마이크로필름에 저장하는 시스템으로 저장 장치, 처리 장치, 카메라 및 CRT 등으로 구성

④ CAR(Computer Assisted Retrieval)
- 개방형(Open Loop) : 컴퓨터 온라인 상에 필름 번호를 입력하고, 관리자가 해당하는 필름을 찾아다 입력 장치에 넣어주면 CRT를 통해 검색
- 독립형(Stand Alone) : 컴퓨터와 연결하지 않고 단독으로 운영되는 것으로, 사람이 해당 카세트를 찾아 입력 부분에 삽입시켜 검색
- 폐쇄형(Closed Loop) : 필요한 필름을 컴퓨터가 직접 찾아 입력시키고, 필요한 내용을 CRT나 프린터 등으로 보여주는 완전 자동화된 시스템

● 정보 교환 설비

① 모뎀의 구성
- 송신부 : 변조기에서 변조된 반송 주파수(보통 1,700~1,800Hz)를 대역 제한 필터, 증폭기, 변형기를 거쳐 적당한 아날로그 신호로 전송

- 수신부 : 송신부에서 전송된 아날로그 신호가 자동 이득 조절기를 거쳐 적당한 신호의 크기로 분할되어 복조기로 전송

② 패턴 발생기(Pattern Generator)
각종 기기의 동작 상태를 점검하기 위해 필요한 시험 도형을 만들어 내는 신호 발생기

● 정보 전송 설비

① DTE/DCE의 접속 규격 표준화
컴퓨터와 모뎀, 터미널과 모뎀 사이에서 전송 데이터를 주고받는 규격에 대한 정의로 ITU-T, EIA, ISO 등에서 표준화를 제정, 권고하고 있음

② ITU-T 시리즈 인터페이스
- V 시리즈 : 기존의 전화망을 이용한 아날로그 데이터를 전송하기 위해 개발된 터미널 인터페이스로서, 모뎀 인터페이스라고도 함
- X 시리즈 : 기존의 공중 데이터 교환망(PSDN)으로 디지털 데이터를 전송하기 위해 개발된 신규 터미널용 인터페이스

③ PTN과 PDN의 인터페이스
- PTN(공중 전화망) : 25핀 커넥터를 사용(ISO 2100)하도록 규정하고 있으며, RS-232C 카드를 인터페이스 방식으로 사용
- PDN(공중 데이터망) : 15핀 커넥터를 사용(ISO 4903)하도록 규정하고 있으며, RS-422A 카드를 인터페이스 방식으로 사용

④ 25핀 인터페이스
- DTE/DCE 사이의 2진 직렬 데이터 및 제어 신호, 타이밍 신호의 전송 접속 규격에 관한 인터페이스
- 주로 ITU-T V.24, V.28 및 ISO 2110에서 규정

⑤ 전화통신 시스템

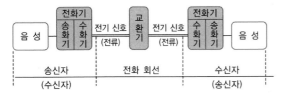

⑥ 전화기(Telephone)의 구성
송화기(Transmitter), 수화기(Receiver), 다이얼(Dial), 신호 장치(Ringer), 훅 스위치(Hook Switch), 유도 코일, 측음 방지 회로, 분기 접점, 불꽃 방지 회로

⑦ 명음(Singing)
증폭된 음성 전류의 일부가 입력측으로 새어나와 다시 증폭되어 이상 발진을 일으키는 현상

⑧ 교환기의 통화음
- 발신음(DT; Dial Tone) : 교환기가 다이얼 펄스의 신호를 접수할 준비가 되어 있음을 발신자에게 알리기 위하여 교환기로부터 송출되는 연속적인 신호음
- 호출음(Ring Back Tone) : 착신자에게 호출 신호가 송출되고 있음을 발신자에게 알리기 위해 교환기로부터 발신자에게 보내는 음(수신자가 있다면 통화 가능)
- 화중음(Busy Tone) : 사용중인 전화번호를 호출했을 때 들리는 일정 주기의 신호음

⑨ 교환기 제어 방식
- 단독 제어 방식 : 통화를 위한 스위치 각각에 제어 회로가 붙어 있어서 독자적인 접속 선택이 가능한 방식
- 공통 제어 방식 : 제어 회로를 한 군데 집중시켜 회로 전체 상태를 파악하여 접속경로를 택하는 방식

⑩ 전자 교환기의 구성 및 기능
- 처리계 : 중앙 제어 회로, 영구 기억 회로, 일시 기억 회로
- 통화로계 : 통화 스위치 회로망, 주사 장치, 스위치 구동 회로, 신호 분배 장치

05 통신 프로토콜

● 프로토콜의 개요

① 프로토콜의 기본 요소

구문 (Syntax)	데이터 형식, 신호 레벨, 부호화(Coding) 등 정의
의미 (Semantics)	조정, 에러 관리를 위한 제어 정보 등 정의
순서 (Timing)	통신 속도 및 메시지 순서의 제어 등 정의

② 프로토콜의 기능
단편화, 재합성, 캡슐화, 연결 제어, 흐름 제어, 에러 제어, 순서 제어, 주소 결정, 동기화, 다중화/역다중화, 전송 서비스

③ 프로토콜의 종류
BSC 프로토콜, DDCM 프로토콜, SDLC 프로토콜, HDLC 프로토콜

④ 인터넷 관련 프로토콜

HTTP, TCP, IP, SMTP, SNMP

⑤ 모뎀 프로토콜

X-MODEM, Y-MODEM, Z-MODEM

● OSI 7레벨 계층

① OSI 참조 모델 개요
- 표준 네트워크 구조를 위한 개방형 시스템 간의 상호 접속(OSI) 규정으로 광대역(WAN)을 위한 모델
- 1977년 국제 표준화 기구(ISO) 위원회에서 제정
- 정보 통신 시스템들 간의 프로토콜 표준을 개발하기 위한 공통 기반 제공

② OSI 참조 모델 구성
- 개방형 시스템 : 응용 프로세스 간의 원활한 통신 수행 (통신 · 단말 제어 장치 등)
- 물리 매체 : 시스템 간의 원활한 정보 교환 수행(통신회선 등)
- 응용 프로세스 : 실제 정보 처리 수행(응용 프로그램 등)

③ OSI 7 레벨 계층과 역할

상위층	7계층	응용 계층	응용 프로세스 간의 정보 교환, 전자 사서함, 파일 전송
	6계층	표현 계층	정보의 형식 설정과 부호 교환, 암호화, 해독
	5계층	세션 계층	응용 프로세스 간의 연결 접속 및 동기 제어
	4계층	전송 계층	송수신 시스템 간의 논리적 안정과 균일한 서비스 제공
하위층	3계층	네트워크 계층	시스템 접속 장비 관리, 패킷 관리, 네트워크 연결 관리 등 담당
	2계층	데이터 링크 계층	동기화, 오류 제어, 흐름 제어 등의 기능을 통해 무오류 전송
	1계층	물리 계층	매체 접근에 있어 기계적, 전기적인 물리적 절차를 규정

● 국제 표준화 관련 기구
- 국제 표준화 기구(ISO) : 1947년 통신 시스템과 관련하여 각국의 표준화 사업을 위해 만들어진 비조약 기구로, OSI 7계층 모델 설계
- 전기 통신 표준화 분과회(ITU-T) : 데이터 전송과 국제 간의 전신 전화에 대한 표준화를 담당했던 CCITT(국제 전신 전화 자문 위원회)가 1993년 개칭한 기관으로, 국

제 전기 통신 연합(ITU) 소속 기구임
- 미국 규격 협회(ANSI) : 1918년 미국 내 기업 간의 표준화를 보다 능률적이고 효과적으로 처리하기 위해 기술 단체 및 업계 단체의 협력으로 설립
- 미국 전자 공업회(EIA) : 1924년에 미국의 전자기기 제조업 대부분을 대표하는 무역 통상 단체로 설립되었으며, RS-232C 인터페이스, RS-449 인터페이스 등 발표
- 미국 전기 전자 공학회(IEEE) : 1980년에 대학과 기업이 함께 발족시킨 조직으로, LAN 모델의 검토와 전송 매체 권고 등을 담당

❻ 정보 통신망

● 정보 통신망의 정의 및 개요

① 정보 통신망의 기본 요소
단말 장치, 전송로, 교환 장치로 구성

② 정보 통신망의 논리적 구조
- 노드(Node) : 호스트 컴퓨터, 전처리 장치, 원격 처리 장치, 단말 제어기와 단말기 등의 정보처리와 통신 처리를 하는 장치
- 링크(Link) : 통신 회선 및 채널 등 정보를 운반하는 매체
- 사용자 프로세서(User Processor) : 단말기의 조작자 (Operator) 및 호스트 컴퓨터의 응용 프로그램 등 정보 처리 또는 통신을 행하는 당사자

③ 정보 통신망의 3대 동작 기능
- 전달 기능 : 음성, 데이터 등의 정보를 실제로 교환 및 전송
- 신호 기능 : 전기 통신망에서 접속의 설정, 제어 및 관리에 관한 정보 교환
- 제어 기능 : 단말과 교환 설비 간, 네트워크 간의 접속에 필요한 제어 및 관리

④ 정보 통신망의 목적
- 지리적으로 분산된 컴퓨터나 단말기 간의 정보 교환 및 데이터 자원의 공유
- 하드웨어 및 소프트웨어를 비롯한 컴퓨터 자원의 공동 이용에 의한 경제화
- 분산 처리 및 공동 처리를 통한 비용 절감, 성능비의 향상, 처리 능력 확대

⑤ 구성 형태에 따른 정보 통신망의 종류 및 특징
- 스타(Star)형 : 중앙 컴퓨터와 단말기들이 1:1로 연결되어 있는 형태로, 일반적인 온라인 시스템의 전형적 방법
- 트리(Tree)형 : 중앙의 컴퓨터와 직접 연결된 단말기로부터 이웃 단말기들이 연장되는 형태
- 망(Mesh)형 : 모든 단말기 각자가 연결된 형태로 보통 공중 전화망(PSTN)과 공중 데이터 통신망(PSDN)에 이용
- 링(Ring)형 / 루프(Loop)형 : 컴퓨터와 단말기들을 서로 이웃하는 것끼리만 연결시킨 형태로 LAN에서 가장 많이 채택
- 버스(Bus)형 : 하나의 통신 회선에 여러 대의 단말을 접속
- 격자(Matrix)형 : 2차원적인 형태를 갖는 망으로 네트워크 구성이 복잡함

● 정보 교환망

① 회선 교환망(Circuit Switching Network)
- 컴퓨터와 단말기 간 또는 컴퓨터 간에 직접 통신 회선을 설정하여 데이터 교환
- 교환기를 통해 통신할 때마다 경로가 새로 결정되며, 통신이 끝나면 다른 통신에 제공
- 음성 교환용 회선 교환망과 디지털 전송 기술을 사용하는 데이터 전용 회선 교환망이 있음

② 축적 교환망
- 메시지 교환망(Message Switching Network) : 교환기가 송신측 컴퓨터의 메시지를 받아 축적하였다가, 수신측 컴퓨터가 수신 가능한 상태가 되면 하나 또는 복수 개의 터미널로 전송
- 패킷 교환망(Packet Switching Network) : 송신측에서 모든 메시지를 일정한 크기의 패킷으로 분해하여 적당한 회선 경로로 전송하고, 수신측에서 정상적인 패킷은 그대로 받아들이고, 분실된 패킷은 재전송토록 요구하며 중복된 패킷은 폐기함

● LAN, MAN, VAN, ISDN

① 근거리 통신망(LAN; Local Area Network)
근거리나 빌딩 등 한정된 장소에서 작업의 분산 처리나 정보 자원의 공유를 용이하게 하고자 설치된 독립적인 통신망

② CO-LAN(Central Office LAN)
공중 기업 통신망이라고 하며 대학, 병원, 연구소 및 기업체 등에서 구성 여건이 충분하지 못하여 기존의 전화 통신망을 이용한 LAN

③ 대도시 통신망(MAN)
LAN의 서비스 영역이 협소하고 일정 지역에만 국한된 점을 개선하여 도시를 대상으로 약 50[Km] 정도의 영역을 대상으로 함

④ 광역 통신망(WAN)
구역이나 거리에 관계없이 원하는 연구소나 기업 등 상호 유대 기관끼리 연결시킨 망

⑤ 부가 가치 통신망(VAN; Value Added Network)
회선을 직접 보유하거나 통신 사업자의 회선을 임차 또는 이용하고, 단순한 전송 기능 이상의 부가 가치를 부여한 음성 또는 데이터 정보를 제공하는 정보 통신망

⑥ 종합 정보 통신망(ISDN)
- 음성 및 비음성(데이터, 화상 등)의 다양한 통신 서비스를 디지털 통신망을 근간으로 하여 종합적으로 제공하는 통신 시스템
- ISDN의 3가지 채널 : D 채널, B 채널, H 채널

● 인터넷

① 인터넷의 개념
- International Network의 약자로 네트워크 상의 사용자들이 접속되어 있는 전 세계를 연결하는 컴퓨터 통신망
- 네트워크를 통하여 접근할 수 있는 모든 자원 또는 그 정보로, TCP/IP 프로토콜을 기반으로 전 세계에 연결된 컴퓨터 통신망들의 집합
- 1969년 군사 전략적 목적으로 미국 국방성 ARPA(Advanced Research Projects Agency)의 통신망인 ARPANet이 시초임

② 인터넷의 주요 서비스
월드 와이드 웹(World Wide Web), 전자 우편(E-Mail), FTP(File Transfer Protocol), TELNET 서비스, 아키(Archie), 고퍼(Gopher), 유즈넷(Usenet) 뉴스, 채팅, 게임, 웨이즈(WAIS), 홈쇼핑, 홈뱅킹

③ 스팸(Spam)
PC 통신이나 인터넷 ID를 가진 불특정 다수의 사람에게 일방적으로 전달되는 대량의 광고성 전자 우편으로, 정크 메일(Junk Mail)이라고도 함

④ 사이버 쇼핑몰

사이버 공간과 보행자 전용 상가를 뜻하는 쇼핑몰의 합성어로, 인터넷상의 가상 공간에서 상품을 진열하고 판매하는 점포들을 모아 놓은 가상 상가를 말함

⑤ 인터넷 주소(IP Address)와 체계

- 인터넷에 연결된 컴퓨터의 독립적인 주소를 말함
- 32비트, 4부분으로 구성되며 각 부분은 점(.)으로 구분 (예 203.238.128.22)

⑥ 도메인명(Domain Name)과 DNS(Domain Name Service)

- IP 주소 "210.117.65.4"에 대응되는 도메인명은 "home.thrunet.co.kr"로, 점(.)으로 구분된 각각의 단위를 도메인, 이 단위를 조합해서 영역 이름으로 사용하도록 관리하는 서비스를 DNS라고 함
- 오른쪽으로 갈수록 범위가 커지는 계층적 구조로 구성되어 있음

⑦ URL(Uniform Resource Locator; 일관된 자원 위치기)

- 인터넷 상에서 정보(파일, 뉴스 그룹 등)의 위치를 나타내는 주소
- 규칙에 따라 "프로토콜 이름 + 서버 이름 + 도메인명 + 디렉터리명 + 파일명"의 순서로 구성

● 방화벽

① 방화벽의 개념

- 인터넷 프로토콜(IP)로 접속되어 있는 네트워크의 불법적인 침입을 막기 위해 게이트웨이에 설치되는 접속 제한
- 외부로부터의 불법적인 접속을 막고, 허가되거나 인증된 통신흐름(Traffic)만을 허용하는 방어 대책

② 방화벽 구축의 이점

- 위협에 취약한 서비스에 대한 보호 : 네트워크에 대한 보안 강화
- 호스트 시스템에 대한 액세스 제어 : 메일 서버나 망 정보 서비스(NIS) 같은 특별한 경우를 제외한 외부로부터의 액세스 차단
- 보안의 집중 : 원하는 호스트에만 방화벽 설치
- 확장된 프라이버시 : 사이트 명과 IP 주소에 관한 정보를 숨겨 침입자의 정보 수집 차단
- 네트워크 사용에 대한 로깅과 통계자료 : 네트워크 사용에 대한 유용한 통계 자료 제공
- 정책 구현 : 네트워크 액세스 제어 정책 구현

③ 방화벽의 기본 구성 요소

네트워크 정책, 방화벽 시스템의 사용자 인증 시스템, 패킷 필터링, 응용 계층 게이트웨이, 스크린 라우터, 베스천(Bastion) 호스트, 이중 네트워크(Dual-Homed) 호스트, 스크린 호스트 게이트웨이, 스크린 서브넷, 암호 장치

④ 네트워크 접속 장비

게이트웨이(Gateway), 브리지(Bridge), 라우터(Router), 리피터(Repeater; 간이 중계기, 무선 호출 중계기), 허브(Hub), 트랜스시버(Transceiver), 이더넷

⑤ 스푸핑(Spoofing)

- 스푸핑은 '골탕먹이다, 속여먹다'는 뜻을 지닌 'spoof'에서 온 말로 해커가 악용하고자 하는 호스트의 IP 주소나 전자메일 주소를 바꾸어서 이를 통해 해킹을 하는 것을 말함
- 전산시스템의 운영권을 완전히 장악해 마음대로 변화시키거나 파괴하는 것
- 승인받은 사용자인 체하여 시스템에 접근하려는 시도

07 멀티미디어

● 멀티미디어(Multimedia)의 정의 및 개요

① 멀티미디어의 정의

- 문자, 비디오, 오디오, 애니메이션 등 다양한 종류의 각 매체들이 컴퓨터를 통해 동시에 제시되는 상호 통합적인 미디어 시스템
- 일반적인 구성 요소로는 컴퓨터를 비롯하여 CD-ROM 드라이브, 비디오 카메라, 비디오 캡처보드, VTR, TV 외에 조이스틱, 마이크, 헤드폰, 사운드 보드 등이 있음

② 멀티미디어 제작 과정

- 기획 : 완성품의 성격 규정, 내용의 개괄 작성
- 프로토타입 구성 : 자료 수집 및 편집, 프로그램 작성
- 통합 테스트
- 패키징 및 배포

③ 자료의 압축과 통신 규약

- JPEG(Joint Photograph Experts Group) : 색상에 대해 중복되는 값들을 가진 픽셀들을 제거함으로써 원래의 크기를 줄이는 기법으로 정지 화상에 주로 쓰임

- MPEG(Moving Picture Experts Group) : 동화상의 각 프레임 간에 배경이나 잘 안 바뀌는 부분을 제거함으로써 크기를 줄이는 방법으로 동화상의 압축에 주로 쓰임
- MIDI(Musical Instrument Degital Interface) : 음악과 관련 있는 전자 악기 간의 데이터 교류를 위한 일종의 통신 규약

08 정보보안

● 정보보안의 개념
① 기밀성(Confidentiality) : 개인의 정보나 데이터의 기밀정보를 부정한 사용자에게 노출되거나 사용하지 못하게 설정하고 또한 이러한 정보가 어떤 목적으로 수집되고 있으며 어떤 목적으로 사용되고 있는지 등을 확인
② 무결성(Integrity) : 규정에 따라서 허가된 상태에서만 데이터를 변경하고 조작할 수 있도록 시스템을 유지
③ 가용성(Availability) : 사용자의 필요가 있을 시 즉시 사용할 수 있고 올바른 정보를 제공할 수 있도록 시스템이 빠르게 처리

● 정보보안 종류 및 특징
① 접근제어 : 정보 데이터에 접근할 권한을 제한하는 정보보안 기법
② 데이터 무결성 : 규정된 상태에서만 데이터를 변경하고 조작하는 시스템 유지
③ 인증 : 접근이 허용된 사용자가 인증을 통하여 접근할 수 있도록 설정
④ 경로제어 : 접속과 데이터 전송의 경로를 보안 등을 확인하여 제어
⑤ 공증 : 데이터 교환에 신뢰할 수 있는 제3의 시스템을 활용하여 정보를 교환

● 애플리케이션 보안(Application security)
- 애플리케이션은 자신들에게 부여된 자원만 제어할 수 있으며, 애플리케이션 사용자들에 의해서 자원의 사용을 결정
- 위협을 인식하고 네트워크나 호스트, 애플리케이션을 보호하며 소프트웨어 개발 프로세스를 종합적으로 보호

● 모바일 애플리케이션 보안
- 전송 계층 보안 강화
- 강력한 인증과 인가
- 메모리 쓰기 시 데이터 암호화
- 모바일 애플리케이션과 운영체제와의 미리 정의된 상호작용
- 특권이 필요한 접근 시 사용자의 입력 요구
- 적절한 세션 핸들링

● 네트워크 보안
① 네트워크 보안의 개념 : 통신 네트워크에 대하여 부당한 액세스나 우발적 또는 고장에 의한 조작에의 개입 또는 파괴로부터 네트워크를 보호

● 네트워크 보안 요구사항

비밀성	네트워크를 통해 전송되는 데이터가 인가되지 않은 자에게 노출되지 않도록 함
무결성	네트워크를 통해 송·수신되는 정보가 불법적으로 변경되거나 삭제되지 않도록 해야 함
데이터 발신처 확인	네트워크를 통해 송·수신되는 정보가 확인된 자로부터 정확하게 전송되어야 함
가용성	서버나 네트워크 등의 정보 시스템이 장애 없이 정상적으로 요청된 서비스를 수행할 수 있는 능력을 나타냄
부인 방지	메시지를 송수신하거나 교환한 후 그 사실을 증명함으로써 부인을 방지하는 보안 기술
사용자 인증	사용자가 자신이 진정한 사용자라는 것을 상대방에게 증명할 수 있도록 하는 것

● 시스템 보안
- 계정 및 패스워드 관리 : 권한을 가지고 있는 사용자에 대하여 인증 관리
- 세션 관리 : 사용자와 컴퓨터 또는 두 컴퓨터 간의 활성화된 접속 관리
- 접근 제어 : 누군가가 특정 시스템이나 정보를 사용하는 것을 허가하거나 거부하는 것
- 권한 관리 : 각각의 사용자가 권한을 가지고 올바른 정보에 접근할 수 있도록 함
- 취약점 관리 : 시스템의 약점을 파악하여 제거하는 것

● 보안시스템 개념

정보의 수집, 저장, 검색, 송신 또는 수신할 경우에 정보의 유출, 위조, 변조 및 훼손 등을 방지하기 위한 하드웨어 및 소프트웨어

● 정보보호 시스템

① 생체 정보를 통한 인증 : 지문인식, 홍채인식 등
② 사용자가 소유한 인증수단을 통한 인증 : 신분증, 스마트카드, OTP, 공인인증서 등
③ SSO(Single Sign-On) : 한 번의 인증으로 여러 사이트나 서비스를 이용할 수 있는 인증 기능. 여러 개의 사이트나 서비스를 운영하는 기업 등이 회원을 통합 관리하기 위해 개발됨. 단점으로는 하나의 인증 과정을 통과하면 모든 사이트에 접속이 가능하므로 주의해야 함
④ 방화벽(Firewall) : 외부로부터 내부망을 보호하고 유해 정보의 유입을 차단하기 위한 정책과 이를 지원하는 하드웨어 및 소프트웨어를 총칭. 외부로부터의 공격을 막는 역할을 하므로 내부에서 일어나는 해킹은 막을 수 없다는 단점이 있음
⑤ 침입 탐지 시스템(IDS) : 일반적으로 시스템에 대한 원치 않는 조작을 탐지. 방화벽이 탐지할 수 없는 모든 종류의 악의적인 네트워크 트래픽 및 컴퓨터 사용을 탐지하기 위해 필요
⑥ 침입 차단 시스템(IPS) : 외부 네트워크로부터 내부 네트워크로 침입하는 네트워크 패킷을 찾아 제어함. 일반적으로 내부 네트워크로 들어오는 모든 패킷이 지나가는 경로에 설치되며, 호스트의 IP 주소, TCP/UDP의 포트번호, 사용자 인증에 기반을 두고 외부 침입을 차단함
⑦ 가상 사설망(VPN) : 공중 네트워크를 통해 한 회사나 단체가 어떠한 정보를 외부에 드러내지 않고 통신할 목적으로 쓰이는 사설 통신망. 가상 사설망에서 메시지는 인터넷과 같은 공공망 위에서 표준 프로토콜을 사용하여 전달하거나, 가상 사설망 서비스 제공자와 고객이 서비스 수준 계약을 맺은 후 서비스 제공자의 사설망을 통해 전달됨

● 정보통신 보호조치

저작권법	저작자의 권리와 이에 인접하는 권리를 보호하고 저작물의 공정한 이용을 도모함으로써 문화 향상 발전에 이바지함을 목적으로 하는 법
통신비밀 보호법	통신 및 대화의 비밀과 자유에 대한 제한은 대상을 한정하고 엄격한 법적 절차를 거치게 함으로써 통신 비밀을 보호하고, 통신의 자유 신장을 목적으로 하는 법
지능정보화 기본법	지능정보사회의 기반을 조성하며 정보통신 기반의 고도화를 실현함으로써 국민 생활의 질을 향상하고, 국민 경제의 발전에 이바지함을 목적으로 하는 법
개인정보 보호법	개인의 정보를 보호받을 수 있도록 제정한 법

01 정보 통신의 관장과 경영

● 정보 통신 관련 법률 용어

- **감리** : 공사에 대하여 발주자의 위탁을 받은 용역업자가 설계도서 및 관련 규정의 내용대로 시공되는지 여부의 감독 및 품질관리 · 시공관리 및 안전관리에 대한 지도 등에 관한 발주자의 권한을 대행하는 것

- **강전류전선** : 전기도체, 절연물로 싼 전기도체 또는 절연물로 싼 것의 위를 보호피막으로 보호한 전기도체 등으로서 300[V] 이상의 전력을 송전하거나 배전하는 전선

- **게시판** : 그 명칭과 관계없이 정보통신망을 이용하여 일반에게 공개할 목적으로 부호 · 문자 · 음성 · 음향 · 화상 · 동영상 등의 정보를 이용자가 게재할 수 있는 컴퓨터 프로그램이나 기술적 장치

- **고압** : 직류는 750[V], 교류는 600[V]를 초과하고 각각 7,000[V] 이하인 전압

- **광대역통합연구개발망** : 광대역통합정보통신망과 관련한 기술 및 서비스를 시험 · 검증하고 연구개발을 지원하기 위한 정보통신망

- **광대역통합정보통신기반** : 광대역통합정보통신망과 이에 접속되어 이용되는 정보통신기기 · 소프트웨어 및 데이터베이스 등

- **광대역통합정보통신망** : 통신 · 방송 · 인터넷이 융합된 멀티미디어 서비스를 언제 어디서나 고속 · 대용량으로 이용할 수 있는 정보통신망

- **교환설비** : 다수의 전기통신회선을 제어 · 접속하여 회선 상호 간의 전기통신을 가능하게 하는 교환기와 그 부대설비

- **구내통신선로설비** : 국선접속설비를 제외한 구내 상호 간 및 구내 · 외간의 통신을 위해 구내에 설치하는 케이블, 선조(線條), 이상전압전류에 대한 보호장치 및 전주와 이를 수용하는 관로, 통신터널, 배관, 배선반, 단자 등과 그 부대설비

- **국선** : 사업자의 교환설비로부터 이용자전기통신설비의 최초 단자에 이르기까지의 사이에 구성되는 회선

- **국선접속설비** : 사업자가 이용자에게 제공하는 국선을 수용하기 위해 설치하는 국선수용단자반 및 이상전압전류에 대한 보호장치 등

- **단말 장치** : 전기통신망에 접속되는 단말기기 및 그 부속설비

- **도급** : 원도급 · 하도급 · 위탁 기타 명칭여하에 불구하고 공사를 완성할 것을 약정하고, 발주자가 그 일의 결과에 대하여 대가를 지급할 것을 약정하는 계약

- **선로설비** : 일정한 형태의 전기통신 신호를 전송하기 위해 사용하는 동선 · 광섬유 등의 전송매체로 제작된 선조 · 케이블 등과 이를 수용 또는 접속하기 위해 제작된 전주 · 관로 · 통신터널 · 배관 · 맨홀 · 핸드홀 · 배선반 등과 그 부대설비

- **설계** : 공사(건축사법의 규정에 의한 건축물의 건축 등은 제외)에 관한 계획서 · 설계도면 · 시방서 · 공사비내역서 · 기술계산서 및 이와 관련된 서류(설계도서)를 작성하는 행위

- **설계도서** : 건축물의 건축 등에 관한 공사용 도면, 구조계산서, 시방서(示方書), 그 밖에 국토해양부령으로 정하는 공사에 필요한 서류

- **시방서** : 설계 · 제조 · 시공 등 도면으로 나타낼 수 없는 사항을 문서로 적어 규정한 것으로, 사양서(仕樣書)라고도 함

- **이동통신구내선로설비** : 전기통신사업자로부터 이동전화 역무 및 무선호출역무 등을 제공받기 위해 지하건축물에 건축주가 설치 · 운용 또는 관리하는 설비로서 관로 · 전원단자 · 케이블 · 안테나 · 통신용접지설비와 그 부대시설

- **이용자전기통신설비** : 전기통신역무를 제공받기 위해 이용자가 관리 · 사용하는 구내통신선로설비, 단말장치 및 전송설비 등

- **저압** : 직류는 750[V] 이하, 교류는 600[V] 이하인 전압

- **전기통신기자재** : 전기통신설비에 사용하는 장치 · 기기 · 부품 또는 선조 등

- **전기통신역무** : 전기통신설비를 이용하여 타인의 통신을 매개하거나 전기통신설비를 타인의 통신용으로 제공하는 것

- **전력유도** : 철도건설법에 따른 고속철도나 도시철도법에 따른 도시철도 등 전기를 이용하는 철도(전철)시설 또는 전기공작물 등이 그 주위에 있는 전기통신설비에 정전유도나 전자유도 등으로 인한 전압이 발생되도록 하는 현상

- **전원설비** : 수변전장치, 정류기, 축전기, 전원반, 예비용 발동발전기 및 배선 등 통신용 전원을 공급하기 위한 설비

- **정보자원** : 정보 및 이와 관련되는 설비 · 기술 · 인력 및 자금 등 정보화에 필요한 자원으로서 행정안전부령이 정하는 것
- **정보통신공사** : 정보통신설비의 설치 및 유지 · 보수에 관한 공사와 이에 따르는 부대공사로서 대통령령이 정하는 것
- **정보통신공사업** : 도급 기타 명칭 여하를 불문하고 이 법의 적용을 받는 정보통신공사를 업으로 영위하는 것
- **정보통신공사업자** : 정보통신공사업법의 규정에 의한 정보통신공사업의 등록을 하고 공사업을 영위하는 자
- **정보통신기술자** : 국가기술자격법에 의하여 정보통신 관련 분야의 기술자격을 취득한 자와 정보통신설비에 관한 기술 또는 기능을 가진 자로서 방송통신위원회의 인정을 받은 자
- **정보통신서비스 제공자** : 전기통신사업법에 따른 전기통신사업자와 영리를 목적으로 전기통신사업자의 전기통신역무를 이용하여 정보를 제공하거나 정보의 제공을 매개하는 자
- **정보화** : 정보를 생산 · 유통 또는 활용하여 사회 각 분야의 활동을 가능하게 하거나 효율화를 도모하는 것
- **초고속정보통신망** : 실시간으로 동영상정보를 주고받을 수 있는 고속 · 대용량의 정보통신망
- **침해사고** : 해킹, 컴퓨터 바이러스, 논리 폭탄, 메일 폭탄, 서비스 거부 또는 고출력 전자기파 등의 방법으로 정보통신망 또는 이와 관련된 정보시스템을 공격하는 행위를 하여 발생한 사태
- **통신과금서비스** : 타인이 판매 · 제공하는 재화 또는 용역(재화 등)의 대가를 자신이 제공하는 전기통신역무의 요금과 함께 청구 · 징수하는 업무, 타인이 판매 · 제공하는 재화 등의 대가가 가목의 업무를 제공하는 자의 전기통신역무의 요금과 함께 청구 · 징수되도록 거래정보를 전자적으로 송수신하는 것 또는 그 대가의 정산을 대행하거나 매개하는 업무
- **특별고압** : 7,000[V]를 초과하는 전압
- **하도급** : 도급받은 공사의 일부에 대하여 수급인이 제3자와 체결하는 계약
- **하수급인** : 수급인으로부터 공사를 하도급받은 공사업자

● 정보 통신의 관장과 경영
- **전기통신기본법의 목적** : 전기 통신에 관한 기본적인 사항을 정하여 전기통신을 효율적으로 관리하고, 그 발전을 촉진함으로써 공공복리의 증진에 이바지함

- **전기통신의 관장** : 전기통신에 관한 사항은 전기통신기본법 또는 다른 법률에 특별히 규정한 것을 제외하고는 방송통신위원회가 이를 관장함

● 전기 통신과 정보 통신 관련 용어
- **전기통신** : 유선 · 무선 · 광선 및 기타의 전자적 방식에 의하여 부호 · 문언 · 음향 또는 영상을 송신하거나 수신하는 것
- **전기통신망** : 전기통신을 행하기 위해 계통적 · 유기적으로 연결 · 구성된 전기통신설비의 집합체
- **전기통신설비** : 전기통신을 하기 위한 기계 · 기구 · 선로 기타 전기통신에 필요한 설비
- **전기통신회선설비** : 전기통신설비 중 전기통신을 행하기 위한 송 · 수신 장소 간의 통신로 구성설비로서 전송 · 선로설비 및 이것과 일체로 설치되는 교환설비 및 이들의 부속설비
- **정보통신** : 정보의 수집 · 가공 · 저장 · 검색 · 송신 · 수신 및 그 활용과 이에 관련되는 기기 · 기술 · 역무 기타 정보화를 촉진하기 위한 일련의 활동과 수단
- **정보통신망** : 전기통신기본법에 따른 전기통신설비를 이용하거나 전기통신설비와 컴퓨터 및 컴퓨터의 이용 기술을 활용하여 정보를 수집 · 가공 · 저장 · 검색 · 송신 또는 수신하는 정보통신체제
- **정보통신설비** : 유선 · 무선 · 광선 기타 전자적 방식에 의하여 부호 · 문자 · 음향 또는 영상 등의 정보를 저장 · 제어 · 처리하거나 송 · 수신하기 위한 기계 · 기구 · 선로 기타 필요한 설비
- **전력선통신** : 전력공급선을 매체로 이용하여 행하는 통신

02 정보 통신의 이용조건

● 방송통신설비의 기술기준
① 방송통신설비의 기술기준에 관한 규정
방송통신발전기본법 및 주택건설기준 등에 관한 규정에 따라 방송통신설비 · 관로 · 구내통신설비 및 방송통신기자재의 기술기준 규정

② 기술기준의 적용
- 방송통신설비를 설치 · 운영하는 자는 그 설비를 대통령령이 정하는 기술기준에 적합하게 해야 함
- 방송통신설비의 설치 및 보전은 해당자에 의해 작성된 설계도서에 의하여 행해야 함

③ 관리규정
방송통신사업자는 전기통신역무의 안정적인 제공을 위해 방송통신설비의 관리규정을 정하여 방송통신설비를 관리해야 함

④ 기술기준 위반에 대한 시정명령
과학기술정보통신부장관은 설치된 방송통신설비가 기술기준에 적합하지 아니하게 된 경우에는 이의 시정, 기타 필요한 조치를 명할 수 있음

⑤ 새로운 방송통신방식 등의 채택
과학기술정보통신부장관은 방송통신의 원활한 발전을 위해 새로운 방송통신방식 등을 채택할 수 있음

⑥ 표준화의 추진
과학기술정보통신부장관은 방송통신의 건전한 발전과 이용자의 편의를 도모하기 위해 방송통신의 표준화를 추진하고 방송통신사업자 또는 통신기자재생산업자에게 이를 권고할 수 있으나, 산업표준화법에 따른 한국산업표준이 제정되어 있는 사항에 대하여는 그 표준에 따름

⑦ 한국정보통신기술협회
방송통신의 표준화에 관한 업무를 효율적으로 추진하기 위해 한국정보통신기술협회(법인)를 둘 수 있음

● 방송통신설비 설치의 일반적 조건

① 분계점의 설정
방송통신설비가 다른 사람의 방송통신설비와 접속되는 경우에는 그 건설과 보전에 관한 책임 등의 한계를 명확하게 하기 위해 분계점이 설정되어야 함

② 위해 등의 방지
• 방송통신설비는 이에 접속되는 다른 방송통신설비를 손상시키거나 손상시킬 우려가 있는 전압 또는 전류가 송출되는 것이어서는 안됨
• 방송통신설비는 이에 접속되는 다른 방송통신설비의 기능에 지장을 주거나 지장을 줄 우려가 있는 방송통신신호가 송출되는 것이어서는 안됨

③ 보호기 및 접지
• 낙뢰 또는 강전류전선과의 접촉 등으로 이상전류 또는 이상전압이 유입될 우려가 있는 방송통신설비에는 과전류 또는 과전압을 방전시키거나 이를 제한 또는 차단하는 보호기가 설치되어야 함
• 보호기와 금속으로 된 주배선반·지지물·단자함 등이 사람 또는 방송통신설비에 피해를 줄 우려가 있을 경우에는 접지되어야 함

④ 전송설비 및 선로설비의 보호
전송설비 및 선로설비는 다른 사람이 설치한 설비나 사람·차량 또는 선박 등의 통행에 피해를 주거나 이로부터 피해를 받지 아니하도록 해야 하며, 시공상 불가피한 경우에는 그 주위에 설비에 관한 안전표지를 설치하는 등의 보호대책을 마련해야 함

⑤ 전력유도의 방지
• 이상 시 유도위험전압 : 650[V](고장 전류제거시간이 0.1초 이상인 경우는 430[V])
• 상시 유도위험종전압 : 60[V]
• 기기 오동작 유도종전압 : 15[V]
• 잡음전압 : 0.5[mV]

⑥ 전원설비
방송통신설비에 사용되는 전원설비는 그 방송통신설비가 최대로 사용되는 때의 전력을 안정적으로 공급할 수 있는 용량으로서 동작전압과 전류의 변동률을 정격전압 및 정격전류의 ±10[%] 이내로 유지할 수 있어야 함

⑦ 절연저항
선로설비의 회선 상호 간, 회선과 대지 간 및 회선의 심선 상호 간의 절연저항은 직류 500[V] 절연저항계로 측정하여 10[MΩ] 이상이어야 함

⑧ 누화
평형회선은 회선 상호 간 방송통신신호의 내용이 혼입되지 아니하도록 두 회선 사이의 근단누화 또는 원단누화의 감쇠량은 68[dB] 이상이어야 함

● 이용자방송통신설비의 기술기준

① 단말장치의 기술기준
과학기술정보통신부장관은 방송통신설비의 운용자와 이용자의 안전 및 방송통신역무의 품질향상을 위해 단말장치의 기술기준을 정할 수 있으며, 세부 기술기준을 정한 때에는 이를 고시해야 함

② 전자파장해 방지기준
단말장치의 전자파장해 방지기준 및 전자파장해로부터의 보호기준 등은 전파에 관한 법령이 정하는 바에 따름

③ 구내통신선로설비의 설치대상
구내용 전기통신선로설비 등을 갖추어야 하는 건축물은 건축법에 따라 허가를 받아 건축하는 건축물로 하되, 야외음악당·축사·차고·창고 등 통신수요가 예상되지 아니하는 비주거용 건축물의 경우에는 예외로 함

④ 구내통신선로설비의 설치방법

- 구내통신선로설비 및 이동통신구내선로설비는 그 구성과 운영 및 사업용전기통신설비와의 접속이 쉽도록 설치해야 함
- 구내통신선로설비의 국선 등 옥외회선은 지하로 인입함

⑤ 회선 수
구내통신선로설비에는 다음 각 사항에 지장이 없도록 충분한 회선을 확보해야 함
- 구내로 인입되는 국선의 수용
- 구내회선의 구성
- 단말장치 등의 증설

● 사업용방송통신설비의 기술기준

① 안전성 및 신뢰성 등을 위한 구비 요건
- 방송통신설비를 수용하기 위한 건축물 또는 구조물의 안전 및 화재대책에 관한 사항
- 방송통신설비를 이용 또는 운용하는 자의 안전 확보에 필요한 사항
- 방송통신설비의 운용에 필요한 시험·감시 및 통제를 할 수 있는 기능에 관한 사항
- 그 밖에 방송통신설비의 안전성 및 신뢰성 확보를 위해 필요한 사항

② 사업용방송통신설비와 단말장치 간의 상호연동
방송통신사업자는 사업용방송통신설비를 단말장치와 상호연동이 되도록 설치·운용해야 함

③ 국선접속설비
- 기간통신사업자는 해당 역무에 사용되는 방송통신설비가 낙뢰 또는 강전류전선과의 접촉 등으로 그에 접속된 이용자방송통신설비 등에 피해를 줄 우려가 있는 경우에는 이를 방지하기 위해 국선접속설비 또는 그 주변에 보호기를 설치해야 함
- 기간통신사업자는 국선을 5회선 이상으로 인입하는 경우에는 케이블로 국선수용단자반에 접속·수용해야 함

④ 통신공동구 등의 설치기준
통신공동구·맨홀 등은 통신 케이블의 수용과 설치 및 유지·보수 등에 필요한 공간과 부대시설을 갖추어야 하고, 관로는 차도의 경우 지면으로부터 1m 이상의 깊이에 매설해야 함

⑤ 전송망사업용설비
- 전송망사업용설비와 수신자설비의 분계점에서 수신자에게 종합유선방송신호를 전송하기 위한 전송선로설비에 대한 세부기술기준은 과학기술정보통신부장관이 정하여 고시함
- 전송망사업용설비에는 전송되는 종합유선방송신호가 정상적으로 제공되고 있는지를 확인할 수 있도록 전송선로시설의 감시장치를 설치해야 함

⑥ 통신규약
사업자는 정보통신설비와 이에 연결되는 다른 정보통신설비 또는 이용자설비와의 사이에 정보의 상호전달을 위해 사용하는 통신규약을 인터넷, 언론매체 또는 그 밖의 홍보매체를 활용하여 공개해야 함

● 지능정보화의 추진

① 지능정보화 기본법의 목적
지능정보화의 기본 방향과 관련 정책의 수립·추진에 필요한 사항을 규정함으로써 지식정보사회의 실현에 이바지하고 국가경쟁력을 확보하여 국민의 삶의 질을 높임

② 지능정보사회 정책의 추진
- 지능정보사회 정책의 기본방향 및 중장기 발전방향
- 공공·민간·지역 등 분야별 지능정보화
- 지능정보기술의 고도화 및 지능정보서비스의 이용촉진과 관련 과학기술 발전 지원
- 전 산업의 지능정보화 추진, 지능정보기술 관련 산업의 육성, 규제개선 및 공정한 경쟁환경 조성 등을 통한 신산업·신서비스 창업생태계 조성
- 정보의 공동활용·표준화 및 초연결지능정보통신망의 구축
- 지능정보사회 관련 법·제도 개선
- 지능정보화 및 지능정보사회 관련 교육·홍보·인력양성 및 국제협력
- 건전한 정보문화 창달 및 지능정보사회윤리의 확립
- 정보보호, 정보격차 해소, 제51조에 따른 기본계획의 수립에 관한 사항 등 역기능 해소, 이용자의 권익보호 및 지식재산권의 보호
- 지능정보사회 구현을 위한 시책 추진에 필요한 재원의 조달·운용 및 인력확보 방안

③ 정보사회의 기반 조성을 위한 시책
- 정보통신망에 관련된 기술의 개발·보급
- 정보통신망의 표준화
- 정보내용물 및 정보통신망 응용서비스의 개발 등 정보통신망의 이용 활성화
- 정보통신망을 이용한 정보의 공동활용 촉진
- 인터넷 이용의 활성화
- 정보통신망에서의 청소년 보호
- 정보통신망의 안전성 및 신뢰성 제고

● 전자문서

① 전자문서의 송신 시기
작성자 또는 그 대리인이 해당 전자문서를 송신할 수 있는 정보처리시스템에 입력한 후 해당 전자문서를 수신할 수 있는 정보처리시스템으로 전송한 때 송신된 것으로 봄

② 전자문서의 수신 시기
지정된 정보처리시스템에 입력된 때. 다만, 전자문서가 지정된 정보처리시스템이 아닌 정보처리시스템에 입력된 경우에는 수신자가 이를 검색 또는 출력한 때

⑬ 정보통신 비밀 관리

● 불법정보

① 불법정보의 유통금지
• 누구든지 정보통신망을 통하여 다음 각 호의 어느 하나에 해당하는 정보를 유통해서는 안됨
 － 음란한 부호 · 문언 · 음향 · 화상 또는 영상을 배포 · 판매 · 임대하거나 공공연하게 전시하는 내용의 정보
 － 사람을 비방할 목적으로 공공연하게 사실이나 거짓의 사실을 드러내어 타인의 명예를 훼손하는 내용의 정보
 － 공포심이나 불안감을 유발하는 부호 · 문언 · 음향 · 화상 또는 영상을 반복적으로 상대방에게 도달하도록 하는 내용의 정보
 － 정당한 사유 없이 정보통신시스템, 데이터 또는 프로그램 등을 훼손 · 멸실 · 변경 · 위조하거나 그 운용을 방해하는 내용의 정보
 － 청소년보호법에 따른 청소년유해매체물로서 상대방의 연령 확인, 표시의무 등 법령에 따른 의무를 이행하지 아니하고 영리를 목적으로 제공하는 내용의 정보
 － 법령에 따라 금지되는 사행행위에 해당하는 내용의 정보
 － 법령에 따라 분류된 비밀 등 국가기밀을 누설하는 내용의 정보
 － 국가보안법에서 금지하는 행위를 수행하는 내용의 정보
 － 그 밖에 범죄를 목적으로 하거나 교사(教唆) 또는 방조하는 내용의 정보
• 방송통신위원회는 국가기밀 누설, 국가보안법 위반, 범죄 목적의 정보가 다음 모두에 해당하는 경우에는 정보통신서비스 제공자 또는 게시판 관리 · 운영자에게 해당 정보의 취급을 거부 · 정지 또는 제한하도록 명해야 함

 － 관계 중앙행정기관의 장의 요청이 있었을 것
 － 중앙행정기관의 장의 요청을 받은 날부터 7일 이내에 심의위원회의 심의를 거친 후 방송통신위원회의 설치 및 운영에 관한 법률에 따른 시정 요구를 하였을 것
 － 정보통신서비스 제공자나 게시판 관리 · 운영자가 시정 요구에 따르지 아니하였을 것

② 해킹(Hacking)
• 뛰어난 컴퓨터 실력을 이용하여, 타인의 컴퓨터에 침입, 그 속에 축적되어 있는 각종 귀중한 정보를 빼내거나 없애는 행위
• 해커와 비슷한 말로 크래커(Cracker)가 있는데, 네트워크의 보안을 지키는 역할을 하는 사람을 일컫는 해커의 본래적 의미와 구분하여 다른 사람의 컴퓨터에 무단으로 침입하여 데이터를 엿보거나 변경하는 등의 범죄 행위자를 가리킴

● 정보 및 통신비밀보호 조치

① 한국인터넷진흥원(법인)
정부는 정보통신망의 고도화와 안전한 이용 촉진 및 방송통신과 관련한 국제협력 · 국외진출 지원을 효율적으로 추진하기 위하여 한국인터넷진흥원을 설립함

② 한국인터넷진흥원의 주요 사업
• 정보통신망, 방송통신과 관련한 법 · 정책 및 제도의 조사 · 연구
• 정보통신망의 이용 및 보호와 관련한 조사 · 분석 · 홍보 · 교육
• 정보통신망의 정보보호 및 인터넷주소자원 관련 기술 개발 및 표준화
• 정보보호 관리체계의 인증, 정보보호시스템 평가 · 인증 등 정보보호 인증 · 평가 등의 실시 및 지원
• 개인정보 보호법에 따른 개인정보침해 신고센터의 운영
• 광고성 정보 전송 및 인터넷광고와 관련한 고충의 상담 · 처리
• 전자서명법에 따른 전자서명인증 정책의 지원 등

③ 통신보안
• 정의 : 통신수단에 의하여 비밀이 직접 또는 간접으로 누설되는 것을 미리 방지하거나 지연시키기 위한 방책
• 암호자재 : 통신보안을 위하여 통신문의 내용을 보호할 목적으로 문자 · 숫자 · 기호 등의 암호로 만들어진 문서나 기구

● 통신비밀의 보호

① 통신비밀보호

- 누구든지 전기통신사업자가 취급 중에 있는 통신의 비밀을 침해하거나 누설해서는 안됨
- 전기통신업무에 종사하는 자 또는 종사하였던 자는 그 재직 중에 통신에 관하여 알게 된 타인의 비밀을 누설해서는 안됨
- 전기통신사업자는 법원, 검사 또는 수사관서의 장(군 수사기관의 장, 국세청장 및 지방국세청장 포함), 정보 수사기관의 장으로부터 재판, 수사(조세범처벌법의 범죄 중 전화, 인터넷 등을 이용한 범칙사건의 조사 포함), 형의 집행 또는 국가안전보장에 대한 위해를 방지하기 위한 정보수집을 위해 자료 열람이나 제출(통신자료제공)을 요청받은 때에 이에 응할 수 있음

② 업무의 제한 및 정지

- 과학기술정보통신부장관은 전시·사변·천재·지변 또는 이에 준하는 국가비상사태가 발생하거나 발생할 우려가 있는 경우 기타 부득이한 사유가 있는 경우에 중요통신을 확보하기 위해 필요한 때에는 대통령령이 정하는 바에 의하여 전기통신사업자에게 전기통신업무의 전부 또는 일부를 제한하거나 정지할 것을 명할 수 있음
- 과학기술정보통신부장관은 전기통신사업자에게 전기통신업무의 전부 또는 일부의 제한 또는 정지를 명하는 경우 그 제한 또는 정지의 범위 및 정도에 따라 각 업무를 수행하기 위한 통화의 순으로 소통하게 할 수 있음

● 정보통신역무제공자(통신사업자)의 의무

① 사업의 개시의무

- 기간통신사업자는 등록한 날부터 1년 이내에 전기통신설비를 설치하고 사업을 개시해야 함
- 과학기술정보통신부장관은 천재·지변 기타 부득이한 사유로 인하여 기간 내에 사업을 개시할 수 없는 때에는 기간통신사업자의 신청에 의하여 그 기간을 연장할 수 있음

② 역무제공의 의무

- 전기통신사업자는 정당한 사유없이 전기통신역무의 제공을 거부해서는 안됨
- 전기통신사업자는 그 업무처리에 있어서 공평·신속 및 정확을 기해야 함

- 전기통신역무의 요금은 전기통신사업의 원활한 발전을 도모하고 이용자가 편리하고 다양한 전기통신역무를 공평·저렴하게 제공받을 수 있도록 합리적으로 결정

③ 보편적 역무

모든 전기통신사업자는 보편적 역무를 제공하거나 그 제공에 따른 손실을 보전할 의무가 있음

④ 이용자보호 의무

전기통신사업자는 전기통신역무에 관하여 이용자로부터 제기되는 정당한 의견이나 불만을 즉시 처리하되, 즉시 처리가 곤란한 경우에는 이용자에게 그 사유와 처리일정을 통보해야 함

⑤ 통계보고의 의무

전기통신사업자는 전기통신역무별 시설현황·이용실적 및 이용자 현황과 요금의 부과·징수를 위하여 필요한 통화량 관련자료 등 대통령령이 정하는 전기통신역무의 제공에 관한 통계를 대통령령이 정하는 바에 의하여 과학기술정보통신부장관에게 보고하고 관련자료를 비치하여야 함

⑥ 원상회복의 의무

기간통신사업자는 토지 등의 사용이 끝나거나 사용하고 있는 토지 등을 전기통신업무에 제공할 필요가 없게 된 경우에는 당해 토지 등을 원상으로 회복하여야 하며, 원상으로 회복하지 못하는 경우에는 그 소유자 또는 점유자가 입은 손실에 대하여 정당한 보상을 하여야 함

⑦ 손실보상의 의무

기간통신사업자는 토지 등의 일시사용, 토지 등에의 출입 또는 장애물 제거로 타인에게 손실을 끼친 경우 손실을 입은 자에 대하여 정당한 보상을 하여야 함

⑧ 설비이전의 의무

기간통신사업자의 전기통신설비가 설치되어 있는 토지 등이나 이에 인접한 토지 등의 이용목적 또는 이용방법의 변경으로 인하여 그 설비가 토지 등의 이용에 방해가 되는 때에는 그 토지 등의 소유자 또는 점유자는 기간통신사업자에게 전기통신설비의 이전 기타 방해의 제거에 필요한 조치를 할 것을 요구할 수 있음

⑨ 전기통신역무의 품질개선 의무
- 전기통신사업자는 그가 제공하는 전기통신역무의 품질을 개선하기 위하여 노력하여야 함
- 과학기술정보통신부장관은 전기통신역무의 품질을 개선하고 이용자의 편익을 증진하기 위하여 전기통신역무의 품질평가 등 필요한 시책을 강구하여야 함
- 과학기술정보통신부장관은 전기통신사업자에게 전기통신역무의 품질평가 등에 필요한 자료의 제출을 명할 수 있음

● 일반 의무

① 정보통신망 침해행위 등의 금지
- 누구든지 정당한 사유 없이 정보통신시스템, 데이터 또는 프로그램 등을 훼손·멸실·변경·위조하거나 그 운용을 방해할 수 있는 프로그램(악성프로그램)을 전달 또는 유포해서는 안됨
- 누구든지 정보통신망의 안정적 운영을 방해할 목적으로 대량의 신호 또는 데이터를 보내거나 부정한 명령을 처리하도록 하는 등의 방법으로 정보통신망에 장애가 발생하게 해서는 안됨

② 비밀 등의 보호
누구든지 정보통신망에 의하여 처리·보관 또는 전송되는 타인의 정보를 훼손하거나 타인의 비밀을 침해·도용 또는 누설해서는 안됨

③ 속이는 행위에 의한 개인정보의 수집금지
- 누구든지 정보통신망을 통하여 속이는 행위로 다른 사람의 정보를 수집하거나 다른 사람이 정보를 제공하도록 유인해서는 안됨
- 정보통신서비스 제공자는 정보 제공 유인사실을 발견하면 즉시 과학기술정보통신부장관 또는 한국인터넷진흥원에 신고해야 함

④ 영리목적의 광고성 정보 전송 제한
- 누구든지 전자우편이나 그 밖에 대통령령으로 정하는 매체를 이용하여 수신자의 명시적인 수신거부의사에 반하는 영리목적의 광고성 정보를 전송해서는 안됨
- 수신자의 전화·모사전송기기에 영리목적의 광고성 정보를 전송하려는 자는 그 수신자의 사전 동의를 받되, 다음 어느 하나에 해당하는 경우에는 예외로 함
  - 재화 등의 거래관계를 통하여 수신자로부터 직접 연락처를 수집한 자가 그가 취급하는 재화 등에 대한 영리목적의 광고성 정보를 전송하려는 경우

  - 전자상거래 등에서의 소비자보호에 관한 법률에 따른 광고 및 방문판매 등에 관한 법률에 따른 전화권유의 경우

⑤ 전자우편주소의 무단 수집행위 등 금지
- 누구든지 인터넷 홈페이지 운영자 또는 관리자의 사전 동의 없이 인터넷 홈페이지에서 자동으로 전자우편주소를 수집하는 프로그램이나 그 밖의 기술적 장치를 이용하여 전자우편주소를 수집해서는 안됨
- 누구든지 수집 프로그램을 통해 수집된 전자우편주소를 판매·유통해서는 안됨
- 누구든지 수집·판매 및 유통이 금지된 전자우편주소임을 알면서 이를 정보 전송에 이용해서는 안됨

⑥ 영리목적의 광고성 정보 게시의 제한
- 누구든지 인터넷 홈페이지 운영자 또는 관리자가 구체적으로 밝힌 거부의사에 반하여 영리목적의 광고성 정보를 인터넷 홈페이지에 게시해서는 안됨
- 인터넷 홈페이지 운영자 또는 관리자는 거부의사에 반하여 게시된 영리목적의 광고성 정보를 삭제하는 등의 조치를 할 수 있음

⑦ 불법행위를 위한 광고성 정보 전송금지
누구든지 정보통신망을 이용하여 정보통신망 이용촉진 등에 관한 법률 또는 다른 법률에서 금지하는 재화 또는 서비스에 대한 광고성 정보를 전송해서는 안됨

⑧ 전기통신설비의 보호
- 누구든지 전기통신설비를 손괴해서는 아니되며, 이에 대한 물건의 접촉 기타의 방법으로 전기통신설비의 기능에 장해를 주어 전기통신의 소통을 방해하는 행위를 해서는 안됨
- 누구든지 전기통신설비에 물건을 던지거나, 이에 동물·배 또는 뗏목 따위를 매는 등의 방법으로 전기통신설비를 오손하거나 전기통신설비의 측량표를 훼손해서는 안됨